国学经典文库

图文珍藏版

治天下者以史为鉴　治郡国者以志为鉴

资政秘典

刘凯◎主编

线装书局

目 录

帝鉴图说 ·· (1)

    上篇　圣哲芳规 ·· (3)

    1 任贤图治 ·· (3)

    2 谏鼓谤木 ·· (4)

    3 孝德升闻 ·· (5)

    4 揭器求言 ·· (6)

    5 下车泣罪 ·· (7)

    6 戒酒防微 ·· (8)

    7 解网施仁 ·· (8)

    8 桑林祷雨 ·· (9)

    9 德灭祥桑 ·· (10)

    10 梦赉良弼 ·· (11)

    11 泽及枯骨 ·· (12)

    12 丹书受戒 ·· (13)

    13 感谏勤政 ·· (15)

    14 入关约法 ·· (16)

    15 任用三杰 ·· (17)

    16 过鲁祀圣 ·· (18)

    17 却千里马 ·· (19)

    18 止辇受言 ·· (20)

国学经典文库

资政秘典

·目录·

图文珍藏版

1

19 纳谏赐金 …………………………………………………………… (20)

20 不用利口 …………………………………………………………… (21)

21 露台惜费 …………………………………………………………… (22)

22 遣幸谢相 …………………………………………………………… (23)

23 屈尊劳将 …………………………………………………………… (24)

24 蒲轮征贤 …………………………………………………………… (26)

25 明辨诈书 …………………………………………………………… (27)

26 褒奖守令 …………………………………………………………… (28)

27 诏儒讲经 …………………………………………………………… (29)

28 茸槛旌直 …………………………………………………………… (30)

29 宾礼故人 …………………………………………………………… (31)

30 拒关赐布 …………………………………………………………… (32)

31 夜分讲经 …………………………………………………………… (33)

32 赏强项令 …………………………………………………………… (34)

33 临雍拜老 …………………………………………………………… (35)

34 爱惜郎官 …………………………………………………………… (36)

35 君臣鱼水 …………………………………………………………… (37)

36 焚裘示俭 …………………………………………………………… (38)

37 留衲戒奢 …………………………………………………………… (38)

38 弘文开馆 …………………………………………………………… (39)

39 上书粘壁 …………………………………………………………… (40)

40 纳箴赐帛 …………………………………………………………… (41)

41 纵鹊毁巢 …………………………………………………………… (43)

42 敬贤怀鹞 …………………………………………………………… (43)

43 览图禁杖 …………………………………………………………… (44)

44 主明臣直 …………………………………………………………… (45)

45 纵囚归狱 …………………………………………………………… (45)

46 望陵毁观 …………………………………………………………… (46)

国学经典文库

资政秘典

·目录·

图文珍藏版

47 撤殿营居 …………………………………… (47)

48 面斥佞臣 …………………………………… (47)

49 剪须和药 …………………………………… (48)

50 遇物教储 …………………………………… (49)

51 遣归方士 …………………………………… (49)

52 焚锦销金 …………………………………… (50)

53 委任贤相 …………………………………… (51)

54 兄弟友爱 …………………………………… (52)

55 召试县令 …………………………………… (53)

56 听谏散鸟 …………………………………… (54)

57 啖饼惜福 …………………………………… (54)

58 烧黎联句 …………………………………… (55)

59 不受贡献 …………………………………… (56)

60 遣使赈恤 …………………………………… (57)

61 延英忘倦 …………………………………… (58)

62 淮蔡成功 …………………………………… (59)

63 论字知谏 …………………………………… (60)

64 屏书政要 …………………………………… (61)

65 焚香读疏 …………………………………… (62)

66 敬受母教 …………………………………… (63)

67 解裘赐将 …………………………………… (64)

68 碎七宝器 …………………………………… (65)

69 受言书屏 …………………………………… (66)

70 戒主衣翠 …………………………………… (67)

71 竟日观书 …………………………………… (67)

72 引衣容直 …………………………………… (69)

73 改容听讲 …………………………………… (70)

74 受无逸图 …………………………………… (71)

国学经典文库

资政秘典

·目录·

图文珍藏版

3

75 不喜珠饰 …………………………………………………… (71)

76 纳谏遣女 …………………………………………………… (72)

77 天章召见 …………………………………………………… (73)

78 夜止烧羊 …………………………………………………… (74)

79 后苑观麦 …………………………………………………… (75)

80 轸念流民 …………………………………………………… (76)

81 烛送词臣 …………………………………………………… (77)

述语 ………………………………………………………… (78)

下篇　狂愚覆辙 …………………………………………… (82)

1 游畋失位 …………………………………………………… (82)

2 脯林酒池 …………………………………………………… (83)

3 革囊射天 …………………………………………………… (84)

4 妲己害政 …………………………………………………… (84)

5 八骏巡游 …………………………………………………… (86)

6 戏举烽火 …………………………………………………… (87)

7 遣使求仙 …………………………………………………… (88)

8 坑儒焚书 …………………………………………………… (89)

9 大营宫室 …………………………………………………… (90)

10 女巫出入 ………………………………………………… (91)

11 五侯擅权 ………………………………………………… (92)

12 市里微行 ………………………………………………… (93)

13 宠昵飞燕 ………………………………………………… (94)

14 嬖佞戮贤 ………………………………………………… (95)

15 十侍乱政 ………………………………………………… (96)

16 西邸鬻爵 ………………………………………………… (97)

17 列肆后宫 ………………………………………………… (98)

18 芳林营建 ………………………………………………… (99)

19 羊车游宴 ………………………………………………… (100)

20 笑祖俭德 …………………………………………………… (101)

21 金莲布地 …………………………………………………… (102)

22 舍身佛寺 …………………………………………………… (103)

23 纵酒妄杀 …………………………………………………… (104)

24 华林纵逸 …………………………………………………… (105)

25 玉树新声 …………………………………………………… (106)

26 剪彩为花 …………………………………………………… (106)

27 游幸江都 …………………………………………………… (107)

28 斜封除官 …………………………………………………… (108)

29 观灯市里 …………………………………………………… (110)

30 宠幸番将 …………………………………………………… (110)

31 敛财侈费 …………………………………………………… (111)

32 便殿击球 …………………………………………………… (113)

33 宠信伶人 …………………………………………………… (114)

34 上清道会 …………………………………………………… (115)

35 应奉花石 …………………………………………………… (116)

36 任用六贼 …………………………………………………… (117)

述语 ………………………………………………………… (119)

张居正:进《帝鉴图说》疏 ………………………………… (121)

治政纲鉴 ……………………………………………………… (125)

第一卷 ………………………………………………………… (127)

一 至言若迂于国有利 ……………………………………… (127)

二 兴大利者不计小弊 ……………………………………… (131)

三 暗去其弊则怨不生 ……………………………………… (135)

四 工于所察遗于所玩 ……………………………………… (136)

五 示人以法不若示之以意 ………………………………… (137)

六 法令之行当自上始 ……………………………………… (141)

七 立大体则不恤小弊 ……………………………………… (144)

第二卷 ·· （151）

　　八　以势处事而借术辅势 ·················· （151）

　　九　不以小利而伤国大体 ·················· （155）

　　十　使人惧畏不若使愧 ···················· （160）

　　十一　为致治而勿使人窥其迹 ············ （165）

　　十二　处利害外而所言公 ·················· （169）

第三卷 ·· （172）

　　十三　兼才则随所遇而能 ·················· （172）

　　十四　不习不能不久不精 ·················· （174）

　　十五　法以治民不贵乎扰 ·················· （176）

　　十六　令有不便则亦可收 ·················· （182）

　　十八　公平用法人则无怨 ·················· （188）

　　十九　施法简略制史详细 ·················· （192）

第四卷 ·· （197）

　　二十　轻浮之境生美名 ···················· （197）

　　二十一　爱民当思所以防民 ·············· （201）

　　二十二　法应虑其终者方可 ·············· （206）

　　二十三　君主善于把握要点国家就百事周详 ···· （211）

　　二十四　不为而后可以有所为 ············ （217）

第五卷 ·· （221）

　　二十五　用人当察其内之法 ·············· （221）

　　二十六　绳之下严则人不敢尽 ············ （225）

　　二十七　小有所屈则大有所伸 ············ （231）

　　二十八　易成之效则易以败 ·············· （236）

第六卷 ·· （241）

　　二十九　事要其终方可知人用心 ·········· （241）

　　三十　议论不一理未必异 ················ （243）

　　三十一　法废则人可肆其情 ·············· （245）

国学经典文库

资政秘典

·目录·

图文珍藏版

三十二　任用不应使人取必 …………………………………… （250）

三十三　逆耳之言怎可不听 …………………………………… （254）

三十四　为治不可以为图美名 ………………………………… （257）

三十五　去夫积弊应以其渐 …………………………………… （260）

第七卷 …………………………………………………………… （264）

三十六　不可用疑心听人言 …………………………………… （264）

三十七　民心难用小惠劫之 …………………………………… （267）

三十八　人主应当固结人心 …………………………………… （269）

三十九　物以顺至而当以逆观 ………………………………… （271）

四十　谏因其明处方才能人 …………………………………… （274）

四十一　救弊不要为目前之计 ………………………………… （276）

四十二　天下之事不可两全 …………………………………… （277）

四十三　利在一时而害在万世 ………………………………… （280）

四十四　致治非难但保治为难 ………………………………… （283）

第八卷 …………………………………………………………… （287）

四十五　施重刑者惧人之玩 …………………………………… （287）

四十六　法无善恶只在人所用 ………………………………… （289）

四十七　行事心同而术异 ……………………………………… （293）

四十八　才法如合还不患其密 ………………………………… （295）

四十九　不以适然而废常然 …………………………………… （296）

五十　法度之外亦有事存 ……………………………………… （299）

五十一　善念无力则恶胜 ……………………………………… （299）

五十二　不以小节而损国之纪纲 ……………………………… （302）

第五十三　士应量力而行 ……………………………………… （304）

五十四　违禁者凶也 …………………………………………… （306）

第九卷 …………………………………………………………… （309）

五十五　刚强生于柔弱之余 …………………………………… （309）

五十六　吏爱民则民爱吏 ……………………………………… （312）

国学经典文库

资政秘典

·目录·

图文珍藏版

五十七　公私兼顾则为良法……………………………………（315）

五十八　治世之灾皆为祥瑞……………………………………（316）

五十九　用人不可以急于求成…………………………………（319）

六十　法本利民何以害民………………………………………（322）

六十一　良法多以权贵而沮……………………………………（323）

六十二　良法不得其人则弊……………………………………（324）

六十三　善兴利者惟去其害……………………………………（327）

第十卷…………………………………………………………（330）

六十四　泛取者　精取之法……………………………………（330）

六十五　法令不信则吏民惑……………………………………（334）

六十六　自慢则令难行…………………………………………（336）

六十七　守法度以系民心………………………………………（339）

六十八　立事不必执事之名……………………………………（344）

六十九　书生过高公卿太卑……………………………………（348）

第十一卷………………………………………………………（351）

七十　无事时须预求人才………………………………………（351）

七十一　用人应当自有主见……………………………………（357）

七十二　使人速得为善之利……………………………………（361）

七十三　不能以成败论英雄……………………………………（363）

七十四　民心以先人者为主……………………………………（365）

七十五　事不足挠不足为忧……………………………………（369）

七十六　不可使人情无所顾……………………………………（372）

七十七　为治者当权衡利害……………………………………（374）

七十八　理在人心随境而见……………………………………（376）

第十二卷………………………………………………………（379）

七十九　人之才有幸与不幸……………………………………（379）

八十　圣人以无私而私…………………………………………（381）

八十一　先其大者则小者服……………………………………（384）

八十二　天下之弊起于相仍 ···································（386）

八十三　不可因一节而弃士 ···································（388）

八十四　宰相正则百官正 ·····································（392）

八十五　因事而谏君于善道 ···································（397）

八十六　生于忧患　死于安乐 ·································（399）

八十七　风物长宜放眼量 ·····································（404）

第十三卷 ···（409）

八十八　功成者而人不知 ·····································（409）

八十九　上启天下之弊 ·······································（413）

九十　循序渐进欲速则不达 ···································（416）

九十一　略其小而重其大为明智之举 ···························（420）

九十二　立场坚定　以不变应万变 ·····························（424）

九十三　公正方可为治 ·······································（430）

附录：清《四库全书》文渊本提要 ·····························（436）

国学经典文库

资政秘典

图文珍藏本

帝鉴图说

[明] 张居正 ◎ 著

导读

明朝中叶，明世宗朱厚熜因喜神仙老道之术，斋醮不断，政事荒废，致使权奸严嵩擅权达 17 年之久。一时弄得兵备废弛，帑藏耗竭，民不聊生，国势日衰。公元 1566 年，世宗驾崩，裕王朱载垕嗣位。朱载垕登基后，革除弊政，躬行节俭，任用大臣徐阶、张居正等，刷新朝政，可惜在位仅 6 年，便一病不起。朱载垕去世时，他的第三个儿子、年仅十岁的朱翊钧还是个不通世事的小孩子。这时候，少师兼太子太师、吏部尚书建极殿大学士张居正在宦官冯保的协助下，将内阁首辅、中极殿大学士高拱逐出朝廷，从而掌握了执掌中枢的大权。

张居正（1525～1582）字叔大，号太岳，湖广江陵（今湖北沙市）人。嘉靖年间，张居正以翰林院编修，领国子监司业，进裕王邸讲官。他进入仕途后，曾亲眼目睹朝廷腐败的种种黑暗，因而一旦身为内阁首辅

《帝鉴图说》书影

大臣时，便一面主持政务，一面担负起了教导幼年皇帝朱翊钧的重任。

张居正编纂了供当时年仅十岁的小皇帝——明神宗（万历皇帝）阅读的《帝鉴图说》，该书由一个个小的故事构成，每个故事配以形象的插图。全书分为上、下两篇，上篇"圣哲芳规"讲述了历代帝王的励精图治之举，下篇"狂愚覆辙"剖析了历代帝王的倒行逆施之祸。本书还对张居正所诠释的帝王之道，以当代人的视角进行了独特评论。书中的插图是明代的木刻版画，线条简单，轮廓清晰，朴拙中带有几分稚趣，可爱又不失传神，兼具欣赏性和收藏性。

书成于隆庆六年，取唐太宗"以古为鉴"之语名之曰《帝鉴图说》，书中所载，皆史册所有。时明神宗方在冲龄，语取易晓，实为古代帝王之启蒙读物。

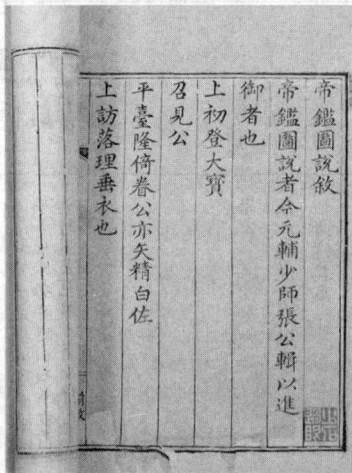

上篇　圣哲芳规

1 任贤图治①

【原文】

唐史纪:尧②命羲和③,敬授人时④。羲仲⑤居嵎夷⑥,理东作⑦;羲叔居南交⑧,理南为⑨;和仲居昧谷⑩,理西成⑪,和叔居朔方⑫,理朔易⑬。又访⑭四岳⑮,兴舜⑯登庸⑰。

【注释】

①本文出于《尚书·虞书·尧典》,也见于司马迁《史记·五帝本纪》。本文主要说明尧能任用贤能之人,共同治理国政,因而天下太平。

②尧:名放勋。因曾为陶唐氏首领,故史称唐尧。尧都唐(今山西太原),后迁平阳(今山西临汾)。他是中国古代传说中"五帝"之一。

③羲和:羲氏、和氏。相传羲氏、和氏两部族世代掌管时令季节。

④敬授人时:慎重地教给民众农事季节。

⑤仲:古人以伯、仲、叔、季作为排行次序。一般又以伯或仲(有时也用孟)指老大;叔或季指老二或按序排行中最小的。

⑥嵎夷:极东的地方。

⑦东作:春天的农事。

⑧南交:南方最远处的边境。

⑨南为:夏天的农事。

⑩昧谷:西方日落的地方。昧,昏暗。

⑪西成:秋天的农事。

⑫朔方:北方尽头处。

⑬朔易：有关冬季积蓄储藏及其变化。

⑭访：咨询。

⑮四岳：分管四方的部落首领。

⑯舜：名重华，姚姓。因曾任有虞氏首领，故史称虞舜。他也是"五帝"之一。

⑰登庸：皇帝即位。这里指舜被举荐而成为尧的继承人。

【译文】

唐虞史书上记载：唐尧在位时，任命羲氏、和氏兄弟四人负责掌管农事季节时令，让他们慎重地教给当时民众农事季节。命令羲仲住在嵎夷，按秩序安排好春天耕种的农事；命令羲叔住在南交，有计划地分配夏天的农事；命令和仲住在昧谷，负责安排好秋天收获的农事；命令和叔住在朔方，负责安排好冬天积蓄储藏，以应付变化。唐尧又向四岳等人征询意见，四岳等人共同推荐虞舜做唐尧的继承人。

2 谏鼓谤木①

【原文】

唐史纪：尧置敢谏之鼓，使天下得②尽其言；立诽谤③之木，使天下得攻④其过。

【注释】

①此篇出自《吕氏春秋·自知》，并见于《淮南子·主术训》。谏：规劝（君主、尊长或朋友），使改正错误。此篇记载了唐尧纳谏的故事。

②得：能够。

③诽谤：说别人的坏话。

④攻：指责过失。

【译文】

唐虞史书上记载：唐尧放置让人们敢于前来劝谏的鼓，让天下的人都能够说出他们想说的话；树立起一块可以书写说他坏话内容的木板，让天下的人都能尽情指出他存在的过错。

3 孝德升闻①

【原文】

虞史纪:舜父瞽叟②,娶后妻生象,父顽③母嚚④,象傲。常欲杀舜,舜避逃,克谐⑤以孝,瞽叟亦允若。帝求贤德,可以逊位⑥,群臣举舜,帝亦闻之。于是以二女妻舜,舜以德率二女,皆执妇道⑦。

【注释】

①本文出于《尚书·虞书·舜典》,也见于《史记·五帝本纪》。本文记述的是虞舜因孝敬父母而名闻天下的故事。

②瞽叟:舜的父亲。瞽:眼睛瞎。这里指不能分辨颜色,引申为没有识别能力。因舜父不辨善恶,故谓之瞽。

③顽:愚妄。

④嚚:吵闹,这里指不通事理。

⑤克谐:能够和谐柔顺。

⑥逊位:特指让出帝王之位。

⑦妇道:女人行为的规矩。

【译文】

虞舜史书上记载:虞舜的父亲瞽叟,在虞舜的母亲去世后,娶了一位后妻,她生下了虞舜的同父异母弟弟象。虞舜的父亲愚鲁狂妄,他的继母不通事理,他弟象恃宠傲慢。他们三人合谋,总想杀死虞舜,虞舜总是设法逃避过去。在这种情况下,虞舜仍能和谐地尽孝道,瞽叟在虞舜的感召之下,也变得和顺了。唐尧这时正在四处寻找德才兼备的人,并准备把帝位让给他。群臣共同推荐虞舜,唐尧也曾听说有关虞舜尽孝的事迹,在这样的情况下,唐尧把两个女儿娥皇、女瑛同时嫁给虞舜做妻子,以便借机进一步考察他。虞舜用道德给她二人做出表率,她二人也都能遵守当时妇女的规矩。

4 揭器求言①

【原文】

夏史纪:大禹②悬钟鼓磬铎鞀③,以待四方之士④,曰:"教寡人⑤以道⑥者,击鼓;谕⑦以义⑧者,击钟;告以事者,振⑨铎;语以忧者,击磬;有狱讼⑩者,摇鞀。"

【注释】

①本文出于《鬻子》。揭:举。本文记述了大禹虚心纳谏的故事。

②禹:姓姒,夏后氏首领。受舜禅让,即天子位,国号曰夏,故史称夏禹。名前加一"大"字,表尊敬。禹实际同舜一样,仍是部落联盟首领,并非是后世所谓君主。

③钟鼓磬铎鞀:古代五种乐器。钟鼓今仍常见。磬是一种石制打击乐器;铎为铜制,形如大铃;鞀状如鼓,但比鼓小,有柄,两边有环,可摇动。

④士:最早义为武士,后为贵族中最低一级,这里泛指人。

⑤寡人:寡德之人。先秦时一般用于帝王或诸侯的自谦。

⑥道:这里指规律、事理。

⑦谕:告、告诉。

⑧义:宜、适宜。

⑨振:摇动。

⑩狱讼:类似于今日所说的"打官司"。古代有关财物之争执为讼;以罪名相告为狱。

【译文】

夏代的史书上记载:大禹曾悬挂钟鼓磬铎鞀等五种乐器来征询执政的意见,用这样的方式来等待四方的士人前来提出问题。他说:"前来教给我事理的人,请击鼓;想告诉我怎样做适宜的人,请敲钟;想告诉我具体事情的人,请振动铎;想要诉说忧虑的人,请击磬;若是有打官司评理的人,请摇动鞀。"

5 下车泣罪①

【原文】

夏史纪:大禹巡狩②,见罪人,下车而泣之③。左右曰:"罪人不顺道④,君王何为⑤痛之?"王曰:"尧舜之人皆以尧舜之心为心⑥;我为君,百姓各以其心为心⑦,是以痛之。"

【注释】

①本文出于刘向《说苑·君道》。本文记述了夏禹勇于自责的故事。

②巡狩:帝王离开国都巡行境内。

③泣之:为之泣,即见到这些罪人后因而哭泣。

④道:这里指律令。

⑤何为:为什么。

⑥以尧舜之心为心:即是按照尧舜的德化要求及想法去做。

⑦以其心为心:即是按照个人的意愿行事。

【译文】

夏代史书上记载:有一次大禹离京出外巡视,看见一些犯罪的人,他下车询问他们犯罪的原因,并且为他们的犯罪感到自责伤心而哭泣。左右的人不理解他的举动,发问说:"罪人们之所以犯罪,是因为他们不遵循法规律令,君王您为什么反而对他们感到伤痛呢?"大禹回答说:"唐尧虞舜时代的人们,都能够把唐尧虞舜的思想感情作为他们自己的思想感情,并认真去体验实行;我做君王时,百姓们都把他们自己的主观意愿作为他们的行事准则,各行其是,因此我感到内心伤痛,这说明我做的不如唐尧虞舜。"

6 戒酒防微①

【原文】

夏史纪:禹时仪狄②作酒。禹饮而甘之③,遂疏仪狄,绝④旨⑤酒,曰:"后世必有以酒亡国者。"

【注释】

①本文出于宋、刘恕《资治通鉴外纪》卷二。本文记述了大禹自律戒酒、以防误国事的故事。

②仪狄:相传夏禹时的一位善于造酒的人。

③甘之:即甜美。

④绝:戒,杜绝。

⑤旨:美味。

【译文】

夏代史书上记载:大禹的时候,仪狄善于造酒。他把造好的酒献给大禹品尝,大禹饮用后,认为这酒味道甘美。于是,大禹从此疏远仪狄,戒掉这美味可口的酒。他并且说:"后世一定会有因为过度纵酒而亡国的君主。"

7 解网施仁①

【原文】

商史纪:汤②出,见网于野者,张其四面而祝③之曰:"自天下四方,皆入吾网。"汤曰:"嘻!尽之矣!"解其三面,而更④其祝曰:"欲左,左;欲右,右;欲高,高;欲下,下;不用命⑤者,乃入吾网。"汉南诸侯⑥闻之,曰:"汤德至矣,及禽兽。"一时归⑦商者,三十六国。

【注释】

①本文出于《史记·殷本纪》。记述汤不忍伤害禽类的故事。

②汤：子姓。商朝的开国君主。谥为成汤；因朝号史又称商汤。

③祝：以言告神祈福。

④更：易换，替代。

⑤不用命：不听从劝告。

⑥诸侯：这里是指当时较大的部落或方国。

⑦归：向往，归附，归顺。

【译文】

商代史书上记载：成汤有一次外出，看见一个在野外张网捕鸟的人。那个人把鸟网四面张开，并且向神祷告说："从天下四方飞来的鸟，全都钻入我的鸟网。"成汤见到这种情形，说："哎呀！若是这样，不是会将天下的鸟捕尽杀绝了吗！"于是成汤让从人解开其中的三面网，只存一面，并命那个人改变他的祈祷内容，让他说："想要往左飞的，就往左飞；想要往右飞的，就往右飞；想要向高飞的，就向高飞；想要向下飞的，就向下飞；不听从劝告的，就进入我的网。"汉江以南的列国诸侯听说这件事后，都说："成汤的道德修养已经达到极点了，竟然能将恩德推广到禽兽身上。"一时之间，归顺商朝的诸侯国竟多达三十六个。

8 桑林祷雨①

【原文】

商史纪：成汤时岁②久大旱。太史③占④之，曰："当以人祷⑤。"汤曰："吾所以请雨者，人也。若必以人，吾请自当⑥。"遂斋戒⑦、剪发、断爪，素车⑧白马，身婴⑨白茅⑩，以为牺牲⑪，祷于桑林之野。以六事自责曰："政不节⑫欤？民失职欤？宫室崇⑬欤？女谒⑭盛欤？包苴⑮行欤？谗夫⑯昌⑰欤？"言未已，大雨方⑱数千里。

【注释】

①本文事出于《淮南子·主术训》。记述商汤重民并为民祷雨及勇于自责的故事。

②岁：年。

③太史：官名。三代（夏、商、周）为史官及历官之长。

④占：视，候。视兆以知吉凶祸福。兆即占兆，占卜时用火灼烧龟腹甲，龟甲上的裂纹叫占兆。

⑤当以人祷：应该杀一个人做牺牲进行祈祷。

⑥自当：自己承当(牺牲)。

⑦斋戒：古时在祭祀前沐浴，整洁身心，以示虔敬。

⑧素车：没有装饰的车子。素：没有染色的丝织品。

⑨婴：缠绕。

⑩自茅：一种多年生草本植物，根可入药。

⑪牺牲：古代供祭祀用的纯色全体牲畜。

⑫节：适度，法度。

⑬崇：高。

⑭女谒：通过宫廷嬖宠的女子进行干求请托。

⑮包苴：这里指通过财物贿赂求取官职。

⑯谗夫：说别人坏话的人。

⑰昌：通"猖"，肆意妄行。

⑱方：方圆，指范围。

【译文】

商代史书中记载：成汤在位时，年久大旱。太史占卜之后，说："应当杀一个人来向神祈雨。"成汤说："我所要做的事，正是为了人才求雨。要是一定要用杀人的方式向神求雨，请允许由我自己来充当那个人"于是成汤沐浴斋戒，修剪头发、指甲，乘着白马拉着的没有华丽装饰的车子，身上缠绕着白茅，作为向神祈雨的牺牲，在桑林旷野中向神祷告，在六件事上进行自我责备，说："是我在政事上没有合乎法度吗？是我使民无道而使之失去职守了吗？是我的宫室过高了吗？是我内宫的妇女过多并且过分奢侈了吗？是请托的人达到其钻营目的了吗？是进谗言的人得逞而肆意妄行了吗？"成汤的话还没有说完，方圆数千里便下起了大雨。

9 德灭祥桑①

【原文】

商史纪：有祥桑与谷②合生于朝③，一暮④大拱⑤，太戊⑥惧。伊陟⑦曰："妖⑧不胜德，君之政，其有阙⑨欤？"太戊于是修先王之政，明⑩养老之礼，早朝晏⑪退，问疾吊⑫丧。三日而祥桑枯死；三年远方重译⑬而至者七十六国，商道复兴。

【注释】

①本文出于《史记·殷本纪》。祥桑:妖桑,有凶兆的桑树。本文记述了太戊以修德行而使祥桑自灭的故事。

②谷:楮树,即构树,叶似桑。

③朝:朝堂。

④一暮:一夜。

⑤拱:两臂合抱。

⑥太戊:商朝君主之一。太甲孙。死后追谥为中宗。

⑦伊陟:伊尹之子。太戊时继父为相。

⑧妖:怪异,邪恶的事物。

⑨阙:同"缺"。这里指政事及修身上的欠缺。

⑩明:彰明。

⑪晏:晚。

⑫吊:对有丧事或受到灾祸的人表示哀悼、慰问。

⑬重译:经过多重翻译

【译文】

商史中记载:太戊在位时,有一棵怪异的桑树和谷树合生在朝堂上,一夜之间长到两手合抱那样大小,太戊感到恐惧,问伊陟怎么办才好。伊陟说:"我听说,妖怪不能战胜有德行的人。君王您的政令,大概有什么失误的地方吧?"太戊于是勤修先王的德政,彰明供养老人的礼教,早上朝、晚退朝,百姓们有病了他去慰问,有丧事的他去哀悼。这样做了三年之后,远方及国外的人,通过多重翻译,前来归顺商朝的竟多达七十六个国家,因此,商朝的统治得以再度兴盛起来。

10 梦赉良弼①

【原文】

商史纪:高宗②恭默③思道,梦帝④赉良弼,乃以形⑤旁⑥求于天下。说⑦筑傅岩⑧之野,惟肖,爰立⑨作相。命之曰:"朝夕纳诲⑩,以辅台⑪德。启乃心,沃⑫朕心。"说总⑬百官,佐成商家中兴之业。

【注释】

①本文出于《尚书·商书·说命》，又见于《史记·殷本纪》。赉：赏赐。弼：辅佐。本文记述了商高宗从"梦中"寻得辅佐贤臣的故事。

②高宗：即武丁，商朝君主之一，因其曾使商晚期一度"中兴"，被追谥为高宗。

③恭默：恭谨沉默。

④帝：上帝、天帝。

⑤形：形象，图画。

⑥旁：通"傍"，靠近，接近。

⑦说：人名，后以地赐姓傅，史称傅说。曾是筑板的奴隶，被武丁提拔为相，佐武丁"中兴"，成为古代"贤臣"。

⑧傅岩：地名。故址在今山西省平陆县东。

⑨立：这里指任命。

⑩纳诲：接受教导。

⑪台：我。

⑫沃：浇灌。

⑬总：统领。

【译文】

商代史书上记载：高宗即位之后，恭谨沉默不语，时时苦苦思索中兴商朝的办法。一天夜里，梦见天帝赏赐给他一位好的辅佐大臣，于是醒后让人根据记忆画成图像，然后派人按图像到各地去寻找这个人。傅说这时正在傅岩郊外筑墙，由于他非常像图画上的人，于是高宗就提拔他做了宰相。高宗对他说："你早晚在我身边进纳善言，不断教诲我，用这样的方式辅助我增进德行。你要像石一样坦露你的心，并以之来滋润我的心。"此后，傅说统领朝中百官，辅佐高宗成就了中兴商朝的帝业。

11 泽及枯骨①

【原文】

周史纪：文王②尝行于野，见枯骨，命吏瘗③之。吏曰："此无主④矣。"王曰："有天下者，天下之主；有一国者，一国之主。我固其主矣。"葬之。天下闻之，曰："西伯之泽及于枯骨，说于人乎？"

国学经典文库

资政秘典

·帝鉴图说·

图文珍藏版

①本文出于《资治通鉴外记》卷二。泽：恩惠。本文记述了周文王推行仁德而能推广到枯骨的故事。

②文王：即周文王。姬姓，名昌。商纣王时被封为西伯，即西部诸侯(方国)之长。

③瘗：掩埋。

④主：领属。这里指"枯骨"的哀主。

【译文】

周代史书上记载：周文王曾经有一次去郊外，看到死人的枯骨暴露在荒野，于是他命令随行官吏把枯骨掩埋好。随行的官吏说："这些都是没有哀主之人的枯骨。"周文王说："拥有天下的人，就是天下的主人；拥有一国的人，就是一国的主人。我本来就是这些死者的哀主。"于是便把枯骨埋葬了。天下的人听到这件事，都说："西伯的恩泽既然能推及至无主的枯骨，更何况对于活着的人呢？"

12 丹书受戒①

【原文】

周史纪：武王②召师尚父而问曰："恶有③藏之约，行之行，万世可以为子孙常④者乎？"师尚父⑤曰："在《丹书》。王欲闻之，则斋矣。"三日，王端冕⑥，下堂南面⑦而立。师尚父曰："先王之道不北面。"王遂东面立，师尚父西面道书之言，曰："'敬⑧胜怠⑨者，昌；怠胜敬者，亡；义⑩胜欲⑪，从⑫；欲胜义者，凶⑬。'藏之约，行之行，可以为子孙常者，此言之谓也。"王闻之而书于席、几⑭、鉴、盥⑮、盘、楹⑯、杖、带、履⑰、觞⑰、豆⑱、户⑲、牖⑳、剑、弓、矛，皆为铭㉑焉。

【注释】

①本文事出于戴德《大戴礼·武王践阼》。《丹书》：古代统治者托言天命，捏造的所谓天书。因用丹笔书写，故称《丹书》。本文记述了周武王屈尊从师尚父以《丹书》受教的故事。

②武王：即周武王。周文王子，名发。承文王业绩而灭商建周王朝。

③恶有：可否有。

④常:法典,伦常。这里是指承继、效法。

⑤师尚父:即姜尚,史又称姜子牙、姜太公。冠以"师""父"表尊敬。他曾辅佐文、武王两代,被封为齐侯,官至太师。

⑥冕:古代天子、诸侯、卿大夫所戴的礼帽。后专指帝王的礼帽。

⑦南面:面朝南。以下皆此用法。古代以面南为天子位,面北为臣位或失败而称臣。

⑧敬:态度及做事恭谨勤勉。

⑨怠:态度及做事懒散。

⑩义:应该,即符合一定道理的"公义"。

⑪欲:私欲,嗜好。

⑫从:跟随,归顺。这里指顺利。

⑬凶:不吉利。这里指不遂顺。

⑭几:小桌子。

⑮盥:古时铜质洗手器,由人从上往下倒水。与盘合用,以盘盛水。

⑯楹:古代厅堂的前柱。

⑰觞:古代铜质的盛酒的大杯。

⑱豆:古代一种小型盛食器。

⑲户:门。

⑳牖:窗户。

㉑铭:在器物上铸或刻写的文字,表功德或示纪念,或用以警示。

【译文】

周代史书上记载:周武王让人找来姜尚,周武王向他问道:"有什么方式能藏起来简便,做起来容易,并能永远有效实行,让子孙能够效法吗?"姜尚回答说:"这种方式载在《丹书》之中。大王您要是想倾听,就请大王您先沐浴斋戒吧。三天后,周武王端庄地戴着皇冠走下大堂,面朝南站立等待受教。姜尚说:"先王传下的治国道理,不能面朝北对着大王。"于是周武王面朝东站立,姜尚面向西站立,诵读《丹书》里面的言语,说:"恭敬战胜懈怠的人,事业就能昌盛;懈怠战胜恭敬的人,事业就会衰亡;公义战胜私欲的人,事业就能遂顺;私欲战胜公义的人,事业就要受到挫折。'这即是所谓藏之简便,做起来容易,能让子孙万世效法的有效方式。"周武王听后,把这几句话书写在席、几、鉴、盥、盘、楹、杖、带、履、觞、豆、户、牖、剑、弓、矛之上,全都作为座右铭,以便时时用以自警自励。

13 感谏勤政^①

【原文】

周史纪:姜后^②贤而有德。王尝早卧而晏起,后乃脱簪^③珥^④待罪^⑤于永巷^⑥,使其傅母^⑦通言于王曰:"妾^⑧不才,致使君王失礼而晏朝,敢请罪。"王曰:"寡人不德,实自生过,非夫人之罪也。"遂勤于政事,早朝晏退,继文武之迹,成中兴之业,为周世宗。

【注释】

①本文事出于《资治通鉴外记》卷三。本文记述了周宣王因受姜后感化而勤政的故事。

②姜后:周宣王的正妻。周宣王:周朝君主之一,周厉王之子,名静。因曾使西周后期一度"中兴",被追谥为世宗。

③簪:古代用以插定发髻或冠的长针。

④珥:用珠子或玉制成的耳环。

⑤待罪:等待被治罪。

⑥永巷:长巷,深巷。

⑦傅母:古代帝王后妃或女儿的老师。

⑧妾:有三义。一是女奴;二是小妻(正妻之外的妻子);三为古代女子自称的谦辞。

【译文】

周代史书上记载:姜皇后贤惠而又有妇德。周宣王曾有一段时间早睡晚起,姜皇后见此状,于是摘下簪珥,在宫中的长街上等待被治罪,同时让她的傅母向周宣王通话说:"妾身没有才德,导致君王您改变早期之礼而晚上朝听政,敢望您给予我惩罚。"周宣王听到这话后,内心立即醒悟过来,说:"我没有按君德要求行事,确实是我自身所为而产生过错,不是夫人的罪过。"于是周宣王从此勤勉于国家政事,早上朝、晚退朝,继承周文王周武王的业绩,成就了西周的中兴帝业,因而被追谥为世宗。

14 入关约法①

【原文】

汉史纪:高祖②初为沛公③,入关,召诸县父老豪杰,谓曰:"父老苦秦苛法④久矣,'诽谤者族⑤;偶语⑥者弃市⑦。'吾当王⑧关中⑨,与父老约,法三章耳:杀人者死,伤人及盗⑩抵罪⑪。余悉除去秦苛法。"又使人与秦吏行县乡邑告谕之。秦民大喜,争持牛羊酒食献享⑫军士,惟恐沛公不为秦王。

【注释】

①本文事出于《史记·高祖本纪》,并见于班固《汉书·高帝纪》。关:即函谷关(今河南省灵宝市东北王垛村),因关在谷中,深险如函而得名。其范围东自崤山,西至潼津,通名函谷,号称天险。约:达成协议。本文记述了汉高祖入关后即与秦民达成三条简法协议的故事。

②高祖:即汉高祖刘邦(前259~前195年),名季,沛县(今江苏沛县西)丰邑(今江苏丰县)中阳里人。秦时曾做过泗水亭长。他是西汉王朝的创立者,前206~前195年在位,追谥尊号高皇帝。

③沛公:沛县令。楚人称县令为公,故名。

④苛法:过于严厉的法律。

⑤族:这里指灭族,为秦苛法之一,即一人犯罪,则杀掉全族之人。

⑥偶语:相聚在一起议论。

⑦弃市:刑法名,在闹市执行死刑,并将尸体暴露街头示众,表示为人所弃,故名。

⑧王:以德统一天下称为王,这里指做王。

⑨关中:这里泛指当时秦都城一带地区。

⑩盗:偷窃。

⑪抵罪:当其罪。

⑫献享:奉献酒食。

【译文】

汉代史书中记载:汉高祖刘邦当初曾做过沛公,带兵进入崤关占领秦都咸阳后,召集各县的父老豪杰,对他们说:"父老们受秦朝苛法的痛苦已经很久了,例如'批评朝政的灭族,相聚在一起议论的弃市'。按当年与诸路起义将领的盟约,我应当做关中王。我与父老们约定三条法律:杀人的人处以死刑,伤人及偷窃的人依法治罪。除此之外,统统废除秦朝的苛法。"汉高祖刘邦又派人同秦朝的官吏一同巡行各县城镇乡村,把"约法三章"及废除秦朝苛法的事告知老百姓。秦朝的老百姓得知这件事之后,非常高兴,争抢着拿羊酒食奉献给刘邦的军士,只怕刘邦不在秦地称王。

15 任用三杰①

【原文】

汉史纪:高帝置酒洛阳②南宫,曰:"通侯③诸将试言吾所以有天下者何?项氏之所以失天下者何?"高起王陵④对曰:"陛下⑤使人攻城略地,因以与之,与天下同其利;项羽⑥妒贤嫉能,战胜而不与人功,得地而不与人利,此其所以失天下也。"上曰:"公知其一,未知其二。夫运筹⑦帷幄⑧之中,决胜千里之外,吾不如子房⑨;镇国家,抚百姓,给馈饷不绝,吾不如萧何⑩;连百万之众,战必胜,攻必取,吾不如韩信⑪。三者皆人杰,吾能用之,此所以取天下者也。项羽有一范增⑫而不能用,此所以为我擒也。"群臣悦服。

【注释】

①本文事出于《史记·高祖本纪》,并见于《汉书·高帝纪》。本文记述了刘邦善用人才的故事。

②洛阳:我国古都之一。故址(汉时)在今洛阳市白马寺东洛水北岸。

③通侯:即彻侯。为秦汉时二十等爵制中最高一级。

④高起、王陵:《史记会注考证》等认为高起是衍文。王陵:沛县人,从高祖起兵,以功封安国侯,官至右丞相。

⑤陛下:本意为帝王宫殿的台阶之下,古代臣子不能与君主直接对话,由陛下侍从传达,故以陛下尊称帝王。

⑥项羽:名籍(前232~前202年),秦时下相人。从其叔父项梁起兵反秦,项梁死后,自立为西楚霸王。后与刘邦争战失利,至乌江垓下(今安徽灵璧县东南沱河北岸)自刎。

⑦运筹：出谋划策。

⑧帷幄：军中的帐幕。

⑨子房：即张良(？～前186年)，字子房。韩国人，秦灭韩后，曾寻求力士在博浪沙行刺秦始皇，未遂。后从汉高祖，为主要谋臣之一，以功封留侯。

⑩萧何：沛县人(？～前193年)。从汉高祖，曾力荐韩信为大将；后守关中，负责粮饷，以功第一而被封为酂侯，官至丞相。

⑪韩信：汉初军事家(？～前196年)。淮阴(今淮安市淮阴区西南)人。初属项羽，后归刘邦，被任为大将。在楚汉相争中发挥了重要作用。曾被刘邦封为齐王，后降为淮阴侯，最后被刘邦妻吕后设计所杀。

⑫范增：秦末居鄛(今安徽桐城南)人(前277～前204年)。项羽主要谋士，尊为亚父。屡劝项羽杀刘邦，项羽不听。后中刘邦反间计，项羽削其权力，愤然出走，途中病死。

【译文】

汉代史书中记载：汉高祖刘邦在洛阳南宫摆设酒宴，说："各位列侯将军，请尝试着谈一谈，我之所以能够得到天下是什么缘故？项羽之所以失去天下是什么原因？"高起、王陵一起回答说："陛下派人攻打城池，夺取土地后，就把城池土地分给他，同天下的人共同享受利益；而项羽却妒贤嫉能，他的将领打了胜仗，他却不能论功行赏，夺取到土地也不给那些人好处，这就是他失去天下的原因所在。"汉高祖刘邦说："您只知其一，不知其二。要说讲到运筹于帷幄之中，而能够决定千里之外的胜利，我不如张子房；镇守国家，安抚百姓，供应粮饷，使运输线路畅通无阻，我不如萧何；统帅百万大军，战而必胜，攻而必克，我不如韩信。这三个人都是杰出的人才，然而我却能够信用他们，这才是我之所以得天下的原因所在。项羽尽管有一个范增，却又不能放心信用他，这就是他最终被我打败的原因所在。"群臣听后都认为说得有道理而心悦诚服。

16 过鲁祀圣①

【原文】

汉史纪：高帝击淮南王黥布②，还过鲁，以太牢③祀孔子④。

【注释】

①本文事出于《汉书·高帝纪》。本文记述了汉高祖刘邦以帝王身份首次祭孔的故事。

②黥布：即英布(？～前195年)。西汉初异姓诸侯王之一。六县(今安徽六安

东北)人。因犯法受黥刑(在脸上刺上记号或文字,并且涂上墨。)故称黥布。先属项羽,被封为九江王。后归刘邦,封为淮南王。汉初举兵反刘邦,兵败逃往江南,被长沙王(吴芮子成王臣)诱杀。

③太牢:盛牲的食器叫牢,大的称太牢。太牢盛三牲,因而也把宴会或祭祀时并用牛、羊、豕三牲叫作太牢。

④孔子:(前551~前479年)春秋末期思想家、政治家、教育家、儒家的创始者。名丘,字仲尼,鲁国陬邑,(今山东曲阜市东南)人。

【译文】

汉代史书中记载:汉高祖刘邦带兵讨伐淮南王黥布,凯旋之时,经过鲁国,用太牢之礼祭祀了孔子。

17 却千里马①

【原文】

汉史纪:文帝时②,有献千里马者。帝曰:"鸾旗③在前,属车④在后;吉行⑤五十里;师行⑥三十里。朕乘千里马,独先安之?"下诏不受。

【注释】

①本文事出于《汉书·贾捐之传》。本文记叙了汉文帝拒收千里马的故事。

②文帝:即汉文帝(前202~前157年),名恒,汉高祖子,前180~前157年在位。

③鸾旗:用鸟羽毛装饰的旗子,用于仪仗。

④属车:皇帝的侍从车子。

⑤吉行:指有关喜庆一类的外出,如巡狩等。

⑥师行:军队出征时队伍的行进。

【译文】

汉代史书上记载:汉文帝在位之时,曾有人

向他进献了一匹千里马。汉文帝说:我出宫殿时有鸾旗在前面导引,有属车在后面簇拥;有时到地方上去巡狩,一天不过行走五十里路;有时进行征战,军队一天不过行进三十里路。我骑着这日行千里的骏马,独自一人跑在前面将要先往哪里去?"于是下诏令,拒绝接受这匹千里马。

18 止辇受言①

【原文】

汉史纪:文帝每朝,郎②、从官③上书疏④,未尝不止辇受言。言不可用者,置之;可用,采之;未尝不称善。

【注释】

①本文事出于《史记·袁盎晁错列传》。本文记述了汉文帝虚怀纳谏的故事。辇:古时用人拉的车。后多指皇帝坐的车。

②郎:官名。战国始置。秦汉时负责宫廷宿卫,隶属于郎中令,为近侍之官。

③从官:皇帝的侍从官员。

④书疏:上书、奏疏,信札之类。

【译文】

汉代史书中记载:汉文帝每次临朝听政,遇有郎、从官一类人在途中上奏书疏,汉文帝不曾有过不停下车子来听取他们的奏书或言论。那言人的书疏言论不能选用的,就先放在一边留待以后参考;所说的有道理,就采纳并实施;而且汉文帝对他们的奏疏没有不说好的。

19 纳谏赐金①

【原文】

汉史纪:文帝从霸陵②上欲西驰下峻阪③,中郎将④袁盎⑤骑并车,揽辔⑥。上曰:"将军怯耶?"盎曰:"臣闻圣主不乘危,不侥幸。今陛下骋⑦六飞⑧驰下峻阪,有如马惊车败,陛下纵自轻,奈高庙⑨、太后⑩何?"上乃止。又从幸⑪上林,奏却慎夫人坐。上说⑫,赐盎金五十斤。

【注释】

①本文事出于《史记·袁盎晁错列传》。本文记述了汉文帝虚心纳谏并重赏谏臣的故事。

②霸陵:古县名。本芷阳县,汉文帝九年(前171年)于此筑霸陵,并改县名。在今陕西西安市东北。汉文帝葬于此。

③峻阪:陡峻的斜坡。

④中郎将:武官名。负责宫廷宿卫及皇帝出行随侍护卫,属郎中令。

⑤袁盎:西汉大臣。字丝,楚人。

⑥揽辔:挽住马缰绳。

⑦骋:纵马奔驰。

⑧六飞:这里指六匹快跑的马。

⑨高庙:汉高帝庙。代指汉朝皇统。

⑩太后:帝王的母亲。

⑪幸:封建时代皇帝到哪里去称为幸。

⑫说:通"悦"。

【译文】

汉代史书上记载:汉文帝从霸陵上想向西飞驰下陡峻的斜坡,中郎将袁盎骑马随行在车旁,他抓住了马缰绳。汉文帝说:"将军胆怯了吗?"袁盎回答说:"我听说圣明的君主不上险境,不图侥幸。现在陛下想纵马奔驰飞跑下这样陡峻的斜坡,一旦马受惊车毁坏,后果不堪设想,陛下即使自我轻身,又怎么对得起列祖列宗及太后?"汉文帝于是停止了想要进行的鲁莽行为。后来袁盎又随从汉文帝巡幸上林苑,上奏书使慎夫人退却,勿再与皇后同席而坐。汉文帝认为他这些都做得对,很高兴,赏赐给他黄金五十斤。

20 不用利口①

【原文】

汉史纪:文帝登虎圈②,问上林尉③诸禽兽簿,尉不能对。虎圈啬夫④从旁代尉对甚悉。帝诏⑤张释之⑥,"拜啬夫为上林令⑦。"释之曰:"周勃⑧、张相如⑨称长者,两人言事曾不出口,岂效此啬夫喋喋⑩利口⑪捷给⑫哉?今以啬夫口辩而超迁⑬之,恐天下随风而靡,争为口辩而无实也。"帝曰:"善"!

【注释】

①本文事出于《史记·张释之冯唐列传》。本文记述了汉文帝从谏而行、避免以言任人的故事。

②圈：关禽兽的场所。

③上林尉：上林苑中管理事务的官员。上林苑：秦始皇所建，是专供皇帝射猎的地方。在今陕西西安市西及鄠邑区、周至县境，北至渭水，南达终南山，周围二百余里。

④虎圈啬夫：掌管虎圈的下级小吏。

⑤诏：皇帝发命令的行为和所发的命令都叫诏。

⑥张释之：字季，堵阳（今河南方城县）人。官至廷尉，廷尉是掌管刑狱的最高长官。

⑦上林令：主管上林苑的首长。

⑧周勃：（？～前169年）沛县（今江苏沛县）人。从刘邦起事，以功封建绛侯；吕后（刘邦妻）时为太尉（主管军事的长官）；文帝时为右丞相。

⑨张相如：从刘邦起事，以功封东阳侯；文帝时为大将军和太子太傅。

⑩喋喋：说话没完没了。

⑪利口：能言善辩。

⑫捷给：应对敏捷。

⑬超迁：破格提拔。

【译文】

汉代史书中记载：汉文帝登上虎圈，问上林尉有关各种禽兽在簿情况，上林尉不能回答。虎圈啬夫从旁边代替上林尉回答，并且回答得非常详细。于是汉文帝命令张释之，让他"任命虎圈啬夫做上林令。"张释之回答说："周勃、张相如这两个人是有德行的长者，这两个人做事勤谨，行动多于言语，不以张扬为是，怎么能效法这个啬夫，只知喋喋不休、巧言善辩呢？现在如因为这个啬夫能言善辩就破格提拔他，恐怕天下的人随风而倒，都将效法他，争着做能言善辩而不务实际的人了。"汉文帝说："回答得好！"

21 露台惜费①

【原文】

汉史纪：文帝尝欲作露台，召匠计之，值百金。上曰："百金，中人②十家之产也。吾奉③先帝宫室,常恐羞④之,何以台为?"

国学经典文库

资政秘典

·帝鉴图说·

图文珍藏版

【注释】

①本文事出于《史记·孝文本纪》。本文记述了汉文帝因惜民财而停建露台的故事。露台:露天高台。

②中人:生活、产业,收入中等的民户。

③奉:接受、继承。

④羞:羞愧,辱没。

【译文】

汉代史书上记载:汉文帝曾经想要造一座露台。他召集工匠们计算工程费用,大约需要一百两黄金(另说"百金"是一百两白银)。汉文帝说:"一百两黄金,是中等民户十家的产业所值。我承继着先帝的宫室,经常害怕自己无德行而辱没了先帝的英灵,为什么还要修这座露台呢!"

22 遣幸谢相①

【原文】

汉史纪:文帝以申徒嘉为丞相,时邓通②爱幸③无比。嘉尝入朝,通居上旁急慢,嘉曰:"陛下爱幸群臣,即富贵之。至于朝廷之礼,不可不肃。"罢朝,嘉坐府④中,为檄⑤召通,不来,且斩通。通恐,入言上。上曰:"汝第⑥往,吾今使人召若⑦。"通诣⑧丞相,免冠、徒跣⑨,顿首谢⑩。嘉责曰:"通小臣⑪戏⑫殿上,大不敬⑬,当斩。"语⑭令吏斩之。通顿首出血,不懈⑮。上使使持节召通,而谢丞相,嘉乃解⑯。通还见上,流涕曰:"丞相几杀臣。"

【注释】

①本文事出于《汉书》卷四十二《申徒嘉传》。本文记述了汉文帝悔过而向丞相道歉的故事。

②邓通:西汉蜀郡南安(今四川乐山市)人。先为黄头郎(郎官一种),得文帝宠,官至上大夫。前后赏赐无数,并赐给他蜀郡严道铜山,许其铸钱,邓氏钱曾遍于天下。后人常用他的名字比喻富有。景帝即位后,免其官,不久家财散尽,寄食人家,穷困而死。

③爱幸:特指受到皇帝的喜爱宠信。

④府:官府通称。这里指丞相府。汉时丞相有专门办事的署衙。

⑤檄:古代官方文书用的木简,长一尺二寸,多用做征召、晓谕、申讨等用。若有急事,则插上羽毛,称羽檄。后世泛指这类官方文书为檄。

⑥第:但。

⑦若:你。

⑧诣:到某人所在的地方。

⑨跣:光脚。

⑩谢:认错,道歉。

⑪小臣:职位低微的臣子。

⑫戏:开玩笑,嘲弄。

⑬大不敬:古代十恶不赦罪之一。

⑭语:告诉。

⑮懈:松弛,懈怠。

⑯解:缓解。

【译文】

汉代史书上记载:汉文帝任命申徒嘉为丞相,当时邓通正受到汉文帝的异常宠幸,无人能与之匹敌。曾经有一次,申徒嘉入朝拜见皇帝,见到邓通位于汉文帝身旁,态度很是不恭敬。申徒嘉于是奏说:"陛下对于喜爱宠幸的群臣,就可以使他们富有和尊贵,但是关系到朝廷的礼纪,则不可以不严肃行事。"朝见结束,申徒嘉回来坐在相府中处理政务,发出传檄召取邓通,并传令:邓通若是不来,就杀掉他。邓通非常害怕,进入宫内告诉汉文帝,向他求救。汉文帝对他说:"你只管先到那里去,我过会儿派人去召唤你。"于是邓通到了相府。见到申徒嘉,邓通摘下帽子,光着脚跪在地上叩头谢罪,申徒嘉指责他说:"你本是一名职位低微的臣子,竟胆敢在朝廷上开玩笑,这是极不恭敬的行为,按律应当斩首。"于是申徒嘉传令将邓通拿下去斩首。邓通吓得连连叩头,直到磕破额头、血流不止,也不敢停下。正在这危急时刻,汉文帝派人拿着符节前来召唤邓通,并向丞相致以歉意。在这种情况下,申徒嘉的怒气才算消散。邓通回去见到汉文帝,泪流满面地说:"丞相方才差点儿杀了臣下。"

23 屈尊劳将①

【原文】

汉史纪:文帝时,匈奴②大入边。使刘礼③屯霸上,徐厉④屯棘门⑤,周亚夫⑥屯细柳⑦,以备胡。上自劳军细柳。先驱⑧至,不得入。曰:"天子且至。"军门都尉⑨曰:"军中闻将军令,不闻天子诏。"上乃使使⑩节诏将军曰:"吾欲入营劳军。"亚夫乃传言开壁门。壁门⑪军士曰："将军约，军中不得驱驰⑫。"于是天子乃按辔徐行⑬。至中营，亚夫持兵揖⑭，曰："介胄⑮之士不拜⑯，请以军礼见。"天子为动，改容式⑰车，使人称谢："皇帝敬劳将军。"成礼⑱而去。既出军门，群臣皆惊。文帝曰："嗟乎！此真将军矣！向者霸上、棘门如儿戏耳，其将固可袭而虏⑲也。至于亚夫，可得而犯邪！"称善者久之。

【注释】

①本文事出于《汉书》卷四十《周勃》传后所附《子·亚夫》传中。本文记述了汉文帝降低身份去细柳营慰劳周亚夫及其军士的故事。

②匈奴：我国古代北方民族之一，也称胡。猃狁、山戎。秦汉时称为匈奴。

③刘礼：汉文帝时将军。

④徐厉：汉文帝时将军。

⑤棘门：古地名。原为秦宫门。在今陕西咸阳市东北。

⑥周亚夫：(？～前143年)西汉名将，周勃之子。初封条侯，文帝时为将军，景帝时任太尉，并平定吴楚七国之乱，后迁为丞相。

⑦细柳：古地名。故址在今陕西咸阳市西南。

⑧先驱：前导人员。

⑨军门都尉：负责把守军营门的下级军官。

⑩使使：派使节。

⑪壁门：军营门。

⑫驱驰：疾行，奔波。

⑬按辔徐行：扣紧马缰绳，使马慢步前行。

⑭揖：拱手行礼。

⑮介胄：即甲胄。介：铠甲，古代军人打仗时穿的护身衣服。胄：古代军人打仗时保护头部的帽子。

⑯拜：这里指跪拜礼。

⑰式：通"轼"，车前横木。式车即手扶车前横木，古时立乘，以此表示恭敬。

⑱成礼：即按一定礼仪劳军完毕。

⑲虏：俘获。

【译文】

汉代史书中记载：汉文帝在位时，匈奴大举入侵边塞。汉文帝派刘礼带兵驻扎在霸上、徐厉带兵驻扎在棘门、周亚夫带兵驻扎在细柳，以之防备匈奴的侵犯。汉文帝亲自到细柳去慰劳屯守将士。前导人员来到细柳军营门，不能够进入军营。前导人

员说:"天子将要到这里了。"军门都尉回答说:"军队之中只听将军的命令,不听从天子的诏令。"汉文帝只好派使者拿着符节诏告周亚夫说:"我要进入军营慰劳将士。"周亚夫这时才传下命令,打开营门,让汉文帝等一行人进入军营。把守营门的士兵说:"将军有军令规定,军营中不允许纵马疾行。"在这种情况下,汉文帝只好下令扣紧马缰绳,慢慢向前行进。到了营中,周亚夫手持兵器,对汉文帝拱手行礼,说:"戎装在身的武士不施叩拜礼,请允许我用军人的礼节与您相见。"汉文帝见此状,立即改变仪容,态度端庄地手扶车轼,派人向周亚夫致以谢意说:"皇帝恭谨地向将军致以问候。"汉文帝按礼仪慰劳军队之后,就离开了军营。已经出了军营门,随从的群臣还都感到震惊不已。汉文帝说:"啊!这才是真正的将军!此前霸上,棘门的防务,有如儿戏一般,驻守在那里的将领本来就可能被偷袭,并可能被人俘获。至于像周亚夫,又怎能偷袭侵犯呢!"汉文帝夸赞了周亚夫好长一段时间。

24 蒲轮征贤①

【原文】

汉史纪:武帝②雅向③儒术④,以赵绾⑤为御史大夫⑥、王臧⑦为郎中令⑧。二人荐其师申公⑨。上使使奉安车⑩蒲轮、束帛⑪加璧⑫以迎之。既至,以为太中大夫⑬,舍鲁邸⑭。上问以治道,对曰:"为政不在多言,顾力行何如耳。"

【注释】

①本文事出于《史纪·儒林列传》。本文记述了汉武帝征聘贤人、重视儒家学说的故事。

②武帝:即汉武帝(前156~前87年)。名彻,汉景帝子。前140~前87年在位。

③雅向:非常向往;特别喜好。

④儒术:以孔子为代表的儒家学说。

⑤赵绾:武帝时任御史大夫;因请立明堂事,得罪窦太后,下狱自杀。

⑥御史大夫:官名。秦置。其位仅次于丞相。主管弹劾、纠察及图书秘籍。与丞相、太尉合称三公。

⑦王臧:汉武帝时为郎中令,与赵绾同为当时著名儒者。

⑧郎中令:官名。秦置。主管宫廷宿卫。

⑨申公:姓申名培,鲁(今山东曲阜一带)人。今文《诗》学中"鲁诗学"的开创者。文帝

时为博士。

⑩安车:用一马拉的可以坐乘的小车。古车立乘,此为坐乘,故称安车。用于高官告老或征召有名望之人。

⑪束帛:古代聘问的礼物。五匹为一束;帛是丝织品。

⑫璧:平圆形、中间有孔的玉器。

⑬太中大夫:官名。主掌议论。

⑭邸:古时朝觐京师者在京的住所。

【译文】

汉代史书上记载:汉武帝非常向往儒家学说,任命赵绾做御史大夫、王臧做郎中令。他二人把他们的老师申公推荐给汉武帝。于是汉武帝派使者恭敬地用安车蒲轮,以束帛加璧作为聘礼,去迎接申公。申公到京城后,汉武帝任命他做太中大夫,让他居住在鲁王的官邸里。汉武帝向申公询问治理国家的方法,申公回答说:"治理国家政事不在于多讲道理,只是在于怎样去尽力实行罢了。"

25 明辨诈书①

【原文】

汉史纪:昭帝②时,盖长公主③、左将军④上官桀⑤及其子安及桑弘羊⑥等,诈令人为燕王旦,上书言大将军霍光⑦擅调幕府⑧校尉,专权自恣。书奏帝,留中⑨。明旦,光闻之不入。有诏召大将军,光入,免冠顿首。上曰:"将军冠。朕知是书诈也。将军调校尉未十日,燕王何以知之?"是时,帝年十四。尚书⑩左右皆惊,而上书者果亡。后桀党有谮⑪光者,上怒曰:"大将军忠臣,先帝所属以辅朕身,敢有毁者,坐⑫之!"桀等乃不敢复言。

【注释】

①本文事出于《汉书·昭帝纪》。本文记述了汉昭帝识破奸佞谗陷霍光的故事。诈:伪装,欺骗。

②昭帝:即汉昭帝(前94~前74年)。名弗陵。前87~前74年在位。

③长公主:即帝王的姐妹。这里指汉武帝的姐姐鄂邑公主。

④左将军:官名。位次于将军。

⑤上官桀：曾与霍光同受命辅幼主，但因欲谋废昭帝、立燕王旦，事泄后被诛族，燕王刘旦自杀。

⑥桑弘羊：洛阳(今河南洛阳市东)人。生卒年为前152～前80年。商人家庭出身。武帝时任治粟都尉。领大司农。后与霍光同受命辅昭帝，任御史大夫。因与霍光争权，失败被杀。

⑦霍光：字子孟，河东平阳(今山西临汾西南)人。生卒年为？～前68年。武帝时任奉车都尉，后受遗诏辅昭帝，为大将军。后又拥立宣帝。前后主政二十年。

⑧幕府：将帅在外的营帐。这里指军事指挥机构。

⑨留中：君主把臣下送来的奏章，留在禁中，不批示、不交议，称为留中。

⑩尚书：官名。秦置，掌殿内文书，职位很低。汉成帝时设尚书员，群臣奏章都经他手，位低而权重。后世尚书一职变化很大。

⑪谮：诬陷，中伤。

⑫坐：获罪。这里指惩治。

【译文】

汉代史书上记载：汉昭帝在位时，因长公主、左将军上官桀和他的儿子上官安以及桑弘羊等人相互结党，令一个人假装燕王旦的身份与口气，向汉昭帝上奏书，说大将军霍光擅自调动幕府校尉，是大权独揽、为所欲为的行径。奏书呈献给汉昭帝后，汉昭帝没有批示，只是留中不发。第二天天亮，霍光听到了这件事，没有进朝议事。随之有皇帝诏书召令大将军进宫晋见。霍光进入朝堂，脱下官冕向汉昭帝叩头。汉昭帝说："将军请戴上帽子。我已经知道这封奏书是诈伪的。因为将军调动校尉之事还不到十天，燕王旦离京遥远，怎么能够知道这件事？"那时，汉昭帝才十四岁。尚书及汉昭帝左右的人都很震惊，而那位上奏书的人，知道汉昭帝这样说，果然因事涉虚妄而逃走了。此后，上官桀等一伙人中又有人诬陷霍光。汉昭帝对此大怒，说："大将军是忠诚之臣，所以先帝遗嘱让他辅佐我。再有敢于诽谤的人，严加惩处。"上官桀等人于是不敢再造谣生事。

26 褒奖守令①

【原文】

汉史纪：宣帝②时，极重守令。尝以为太守吏民③之本，数变易④则下不安。民知其将久，不敢欺罔⑤，乃服从其教化⑥。故二千石有治理效，辄⑦以玺书⑧勉励，增秩⑨赐金，或爵至关内侯⑩。公卿⑪缺，则选诸所表，以次用之。是故汉世良吏于是为盛，称中兴焉。

【注释】

①本文事出于《汉书·宣帝纪》与《循吏传》。本文记述了汉宣帝表彰重用守

令的故事。守令:指地方长官。守指太守;令指县令。

②宣帝:即汉宣帝(前91～前49年)。名询,字次卿,又字病已。为大将军霍光所立,前74～前49年在位。

③吏民:治理民众;统治老百姓。

④数变易:屡次,多次。变易:变化,改换。

⑤欺罔:欺骗,蒙蔽。

⑥教化:政教风化。

⑦辄:总是,就。

⑧玺书:盖有皇帝印鉴的书信。

⑨秩:官吏的职位或品级。

⑩关内侯:二十等爵制中仅次于彻侯的爵位。

⑪公卿:即三公九卿。此泛指朝廷高级官吏。

【译文】

汉代史书上记载:汉宣帝在位时,极为重视州郡一级的守令官员。汉宣帝曾认为太守等地方官员,是治理民众的根本。如果多次改换地方官,那么老百姓便会产生不安。如果民众知道他将在这里长久任职,就不可能欺骗他,于是就会服从他所实施的政教风化。所以,当太守等地方官有显著的治民政绩时,就用加盖皇帝印章的御书加以鼓励,增加他的俸禄品级、并赐给他奖金;有的人爵位已达到关内侯一级,但仍照旧管理原地方政事。一旦等到朝廷中三公九卿有待候补,就选拔那些得到褒奖的人,按次加以任用。因此,汉朝历史上宣帝时期好的地方官众多,历史上称之为"中兴",就表现在这里。

27 诏儒讲经①

【原文】

汉史纪:宣帝时,诏诸儒讲"五经"②同异,萧望之③等平奏其议,上亲称制④临决焉。乃立梁丘⑤《易》、大小夏侯⑥《尚书》、谷梁⑦《春秋》博士⑧。

【注释】

①本文事出《汉书·宣帝纪》。本文记述了汉宣帝诏儒讨论修订儒家经传的

②"五经":儒家整理流传下来的五种古代经典著作,即《诗》《书》《礼》《易》

③萧望之：西汉时儒者。宣帝时任太子太傅。

④称制：行使皇帝权力。

⑤梁丘：名贺，字长翁。西汉经学家，至治《易经》；官至少府。

⑥大小夏侯：即夏侯胜与夏侯建。胜字长公，建字长卿。二人是叔伯兄弟。皆为当时著名经学家，以治《尚书》闻世。二人皆为博士官，都曾官至太子太傅。

⑦谷梁：名俶；又一名赤。经学家，主治《春秋》经。

⑧博士：六国时置，秦汉相承，都是教授官。

【译文】

汉代史书上记载：汉宣帝在位时，下诏令各派儒者讲论"五经"的同异，让萧望之等人公允评论，然后将情况上奏给汉宣帝，汉宣帝再以此为据行使皇帝权力进行裁决。于是在朝廷中设立梁丘贺传授的《易经》、夏侯胜、夏侯建传授的《尚书》、谷梁俶传授的《春秋》等博士。

28 葺槛旌直①

【原文】

汉史纪：成帝②时，张禹③党护王氏④。故槐里⑤令朱云上书求见，公卿在前，云曰："臣愿赐尚方斩马剑⑥，断佞臣⑦一人头，以励其余。"上问："谁也？"对曰："安昌侯张禹。"上大怒曰："小臣廷辱师傅，罪死不赦。"御史将云下，云攀殿槛，槛断。云呼曰："臣得从龙逢⑧、比干⑨游于地下足矣！未知圣朝何如耳？"左将军辛庆忌⑩免冠叩头力救，上意解，得已。及后当治槛，上曰："勿易，因而葺之，以旌直臣。"

【注释】

①本文事出于《汉书》卷六十七《朱云传》。本文记述了汉成帝旌表敢于直谏犯上的朱云的故事。葺：修理。槛：栏杆。旌：表彰。

②成帝：即汉成帝（前51～前7年）。名骜。在位时间为前32～前6年。

③张禹：字子文。河平（前28～前24年）中曾任丞相。封安昌侯。

④王氏：汉元帝皇后，成帝母亲。

⑤槐里：古县名。在今陕西兴平市东南。

⑥尚方斩马剑：尚方剑为皇帝用的剑，因其锋利可斩马，故名。

⑦佞臣：奸巧、谄谀，花言巧语的臣子。

⑧龙逢：即关龙逢。夏桀时的一位大夫。他敢于直言诤谏，被桀杀死。

⑨比干：商纣王的叔父。官至少师。纣淫虐无度，国势危殆，他以死力谏，纣恼羞成怒，将他杀死，并剖腹取心。

⑩辛庆忌：字子真。曾任张掖、酒泉两地太守，后迁左将军；居处俭敬，为当时名臣。

【译文】

汉代史书中记载：汉成帝在位时，张禹阿附庇护外戚王氏集团。曾任槐里县令的朱云，上书求见汉成帝，当时三公九卿等众大臣都在跟前，朱云对汉成帝说："希望陛下能赏赐我一把尚方斩马剑，斩断一名谄谀奸佞大臣的人头，以之来惩戒其余的奸佞之人。"汉成帝问朱云："这个人是谁？"朱云回答说："这个人就是安昌侯张禹。"汉成帝听后大怒说："官职低微的臣子竟敢在朝廷上侮辱我的业师，该当死罪，不可宽赦。"御史等人把朱云捉拿住，拉下朝廷。朱云用手死力抓住宫殿上的栏杆不放，致使栏杆折断。他同时大声呼喊说："我能够跟随关龙逢、比干于九泉之下漫游，在心愿上已经满足了。然而，不知圣明的朝廷今后会怎么样呢？"左将军辛庆忌脱冕跪地向汉成帝叩头，极力解救朱云，汉成帝怒气渐渐缓解，这件事才算平息。等到后来修理栏杆时，汉成帝说："不要换新的，在此基础上修理一下，用它做个纪念标志，以表彰那些耿介直言的朝臣。"

29 宾礼故人①

【原文】

汉史纪：光武少与严光②同学，及即位，思其贤，令以物色③访之。有一男子披羊裘钓齐泽中，帝疑其光，乃备安车④玄纁⑤，遣使聘之，三反而后至。车驾即日幸其馆，光卧不起，帝抚光腹曰："咄咄⑥子陵，不可相助为理也？"光张目熟视曰："昔唐尧著德，巢父⑦洗耳，士故有志，何至相迫乎！"帝叹息而去。复引光入，论旧故，相对累日。因共偃卧，光以足加帝腹，明日太史⑧奏，客星犯帝座甚急，帝笑曰："朕与故人严子陵共卧尔。"

31

【注释】

①此篇出自《后汉书》卷83逸民列传,严光传,记述东汉光武刘秀即帝位后访求故人严光、严光拒不受官的故事。

②严光:字子陵,东汉会稽余姚人(今浙江余姚)。少年时即有贤名,曾与刘秀同学,刘秀即帝后隐名不见,后刘秀派人寻访而得,授谏议大夫,光坚辞不官,归耕于浙江富春山。

③物色:形象面貌。

④安车:用一匹马拉可以乘坐的小车,古代高官告老或征召有名望的人,往往赐乘安车。

⑤玄纁:黑色币帛,古代帝王常用以作为聘请贤士的礼物。

⑥咄咄:呵斥声。

⑦巢父:传说为唐尧时隐士,在树上筑巢而居。亦称许由,尧曾要把帝位让给他,他不愿意听,跑到颍水边去洗耳朵。

⑧太史:汉代掌握天文历法之官。

【译文】

汉代史书上记载:光武帝年少时曾与严光同学,做皇帝后思念严光之贤,便派人按照他的相貌到各处进行查访,有一个男子披着羊皮袄在齐国泽中钓鱼,光武认为就是严光,准备着安车和玄纁的礼物派人去请他,去了三次他才来。光武当天即乘车到馆舍看望,严光睡着不起来,光武用手摸着他的肚子,大声说子陵啊!你不能帮助我治理天下吗?严光睁大了眼睛看着光武很久,说:"古时唐尧很有德行,巢父因不愿意听尧要让位于他的话而去洗耳朵,士人本来各有志愿,何必这样强迫呢?"光武叹息而去。后又领严光到皇宫去,叙说往日故旧之情,一连数日,于是共同仰卧睡觉,严光把脚放在光武的肚子上。第二天,太史官上奏说,有客星侵犯了帝座星的位置。光武帝笑着说:"是我与老朋友共同睡觉呢。"

30 拒关赐布①

【原文】

汉史纪:光武尝出猎,车驾夜还,上东门侯郅恽②,拒关不开。上令从者见面于门间,恽曰:"火明辽远"。遂不受诏。上乃回,从东中门③入。明日,恽上书谏曰:"陛下远猎山林,夜以继昼,如社稷宗庙④何?"书奏,赐恽布百疋,贬东中门侯为参封⑤尉。

【注释】

①此篇出自《后汉书》卷29 郅恽传。叙述光武出猎夜归,门侯郅恽拒不开门,上书谏议,得到赏赐的故事。

②郅恽:字君章,东汉汝南西平(今河南西平县)人,习韩诗内外传和春秋公羊传,曾客居江夏(今湖北武昌)教授,郡举孝廉,为洛阳上东门门侯,后官至长沙太守。

③东汉时,洛阳城凡十二门,每门门侯一人,秩六百石。上东门乃洛阳东城北头门也,东中门乃洛阳东城中间门也。

④社稷宗庙:社稷,古代皇帝和诸侯祭祀的土神与谷神,宗庙,天子和诸侯祭祀祖先的地方。合称为国家政权的代称。

⑤参封:县名,今山东省。

【译文】

汉代史书上记载:光武帝曾经出去打猎,深夜乘车而还,到洛阳上东门,门侯郅恽拒不开门,光武命令侍从去到门中间见面,郅恽说:"夜晚火光辽远,看不清。"不接受命令。光武帝只得走开,转而从东中门进城。第二天,郅恽上书说:"皇上远去山林打猎,昼夜不停,把国家祖先置于何地?"书奏之后,光武帝赏赐给郅恽布一百疋。降东中门侯为参封县尉。

31 夜分讲经①

【原文】

汉史纪:光武数引公卿郎将②,讲论经理③,夜分乃寐。皇太子见帝勤劳不息,乘间谏曰:"陛下有禹汤之明,而失黄老④养性之福,愿颐养精神,优游⑤自宁。"帝曰:"我自乐此,不为疲也。"

【注释】

①此篇出自《后汉书》卷1 光武本纪,是叙述光武刘秀勤于读书,与大臣讨论经

史彻至夜半而不知疲倦的故事。

②公卿郎将：泛指朝廷一些高级官吏与将军。

③经理：经书中的道理，常理，治理。

④黄老：黄帝与老子。道家思想以黄帝与老子为始祖，凡事主张顺其自然，无为而治。其道教尤主张保养身体，延长寿命与长生不老。

⑤优游：悠闲自得。

【译文】

汉代史书上记载：光武帝多次领公卿郎将讲论经书中的道理，直到夜半才去休息。皇太子看见皇帝勤劳不知疲倦，便乘机劝谏说："陛下你有大禹和商汤的明断，却不懂得黄帝和老子修身养性的福分，希望你保育元气，悠闲自得。"皇帝说："我正是以此为乐，不会疲倦的。"

32 赏强项令①

【原文】

汉史纪：光武时董宣②为洛阳令，湖阳公主③苍头④杀人，匿主家，及主出，以奴骖乘⑤，宣驻车叩马，以刀划地，大言数主之失，叱奴下车，格杀之。主还诉帝，帝大怒召宣，欲箠⑥之，宣叩头曰："陛下圣德中兴，而纵奴杀人，将何以治天下乎？臣不须箠，请自杀。"即以头击楹⑦，帝令人持之，使宣叩头谢主，宣不从，强使顿之，宣两手据地，终不肯俯。帝敕强项⑧令出，赐钱三十万，京师莫不震栗。

【注释】

①此篇出自《后汉书》卷77，董宣传。叙述洛阳令董宣不畏豪强，击杀湖阳公主杀人豪奴的故事。因光武帝曾命董宣向公主赔罪，董宣以理拒不低头，故谓之强项令。

②董宣：字少平，东汉陈留圉人(今河南杞县

南)曾官北海相和江夏太守,后为洛阳令。这篇故事即发生在董宣为洛阳令任期。

③湖阳公主:名黄,光武帝刘秀的姐姐,建武二年(26年)封为湖阳公主。

④苍头:奴仆。汉代仆隶以深青色布包头,故称苍头。

⑤骖乘:古代达官贵人乘车外出时,陪乘之人。

⑥棰:马鞭、刑杖。古代用来责打人的一种刑具。

⑦楹:厅堂的前柱。

⑧强项:性格刚强,硬着脖子不肯低头的人。

【译文】

汉代史书上记载:光武时董宣任洛阳令,湖阳公主的奴仆杀了人,藏在公主家里,一次公主外出时,还用这个奴仆陪坐在车上,董宣拦着车挡住马,用刀划着地,大声数说公主的过失,喝命奴仆下车,亲身击杀了。公主回去告诉了皇帝,皇帝大怒,召董宣来,要用杖责打他,董宣叩头说:"陛下大德,中兴汉室,却放纵奴仆杀人,这样怎么能治理天下呢,我不需要你责打,请允许我自杀。"当即用头去撞厅前的柱子。皇帝令人拉住他,命令董宣向公主赔罪,董宣不服从,皇帝强使人按着头,董宣两手撑地,始终不肯低头。皇帝命令这硬脖子的县令出去,赐给他钱三十万。京城内外没有不恐惧害怕的。

33 临雍拜老①

【原文】

汉史纪:明帝幸辟雍②,初行养老礼③,以李躬④为三老,桓荣⑤为五更⑥,礼毕,引桓荣及弟子升堂,上自为辩说,诸儒执经问难于前,冠带搢绅⑦之人,圜桥门而观听者,盖亿万计。

【注释】

①此篇出自《后汉书》卷2显宗孝明本纪,记述永平二年(59年),汉明帝刘庄到太学行养老礼、礼贤下士共同讨论经书的故事。汉明帝,光武帝第四子,宠妃阴丽华所生。

②辟雍:本为周代为贵族子弟所设的大学之一,在汉代即为在京师的太学。

③养老礼:古代对老而贤者按时享以酒食,表示尊敬之意,谓之养老礼。汉制养三老五更于辟雍,郡县则行乡饮酒于学校。

④李躬:永平中拜为三老,以二千石禄养终身。

⑤三老五更:古代为年老德高致仕之人设立的称号。选三公之老者为三老,卿大夫中之老者为五更。汉代太学设有三老五更,向天下表示敬老孝悌之意。

⑥桓荣:东汉沛郡龙亢(今安徽怀远县西)人。光武时为太学博士、太常,辅导太子刘庄读书。明帝即位后拜为五更。

⑦冠带搢绅:泛指官吏与士大夫。冠带,指帽子和腰带;搢绅:古代大官吏插笏于腰间。

【译文】

汉代史书上记载:明帝亲到太学,第一次举行养老礼,封李躬为三老,桓荣为五更,行礼完毕,便领桓荣和学生们到厅堂上去。明帝自己分析讲说,儒生们手拿经书,向明帝问所疑难。官绅和士大夫环绕在太学桥门外,观看听讲者,成千上万。

34 爱惜郎官①

【原文】

汉史纪:明帝时,馆陶公主②为子求郎,帝不许,而赐钱千万,谓群臣曰:"郎官上应列宿③,出宰④百里,苟非其人,民受其殃,是以难之。"

【注释】

①此篇出自《后汉书》卷2,显宗孝明本纪,记述馆陶公主向汉明帝为子求一郎官,汉明帝宁肯赐钱千万而坚不与官。郎官为汉代中央政府之官,秩六百石。

②馆陶公主:名红夫,光武帝之女,明帝之姊,建武十五年(39年)封馆陶公主,嫁驸马都尉韩兴。

③列宿:指天上的星宿,太微宫后二十五星即郎位星。

④宰:主持,管理。地方守令亦称宰。

【译文】

汉代史书上记载:明帝时馆陶公主为她的儿子求一郎官,明帝不允许,却赐给铜钱一千万。对群臣说:"郎官与天上的星宿相对应,出去任职就管理百里的地方,若用错了人,老百姓要受祸害,所以不给他官。"

35 君臣鱼水①

【原文】

三国史纪:诸葛亮②隐于襄阳隆中,有王霸③大略,刘先主④闻其名亲驾顾之,凡三往,乃得见。亮因说先主以拒曹操⑤,取荆州⑥,据巴蜀⑦之策。先主深纳其言,情好日密,关羽、张飞⑧不悦,先主解之曰:"孤⑨之有孔明,犹鱼之有水也,愿诸君勿复言。"

【注释】

①此篇出自《三国志》卷35,蜀书诸葛亮传,记述刘备三顾茅庐,得诸葛亮后事业有很大发展。君臣互相信任,如鱼得水的故事。

②诸葛亮(181～234),字孔明,三国琅邪阳郡(今山东沂南南)人,父亲早逝,随从父诸葛玄依荆州刘表。玄死后,隐居于襄阳隆中(今湖北襄阳西北),号称卧龙。刘备聘请后,帮助刘备建立了蜀汉政权。

③王霸:王业与霸业,即指帝王之业。

④刘先主:即刘备(161～223),字玄德,河北涿郡(今河北涿州市)人,三国蜀汉的创立者,刘备死后,臣下称其为先主。

⑤曹操(155～220),字孟德,沛国谯人(今安徽亳县)。魏的创立者,建安十三年(208年)赤壁之战为孙权与刘备击败。死后被其子曹丕谥为武帝。

⑥荆州:东汉十二州之一,刘表为荆州牧,治所在今湖北襄阳。

⑦巴蜀:巴郡与蜀郡,今四川全境,东汉时称益州。东汉末年,刘璋为益州牧,治所在今成都。

⑧关羽(?～219)、张飞(?～221),蜀汉大将。关羽,字云长,河东解县(今山西临猗西南)人;张飞,字翼德。涿郡(今河北涿州市)人:均随刘备起兵,感情至密,若同兄弟。

⑨孤:古代王侯的谦称,意即少德之人。

【译文】

三国史书上记载:诸葛亮隐居于襄阳隆中时,有兴王定霸的才略,先主刘备听到他的名声,亲自去见他,凡去三次,才见到他。诸葛亮便对刘备讲述了抗拒曹操、夺取荆州、进据四川的策略,刘备完全听从了他的意见,感情日益亲密,关羽张飞对此很不高兴,刘备解释说:"我之有孔明,好像鱼得了水一样,希望你们以后不要再这样讲。"

36 焚裘示俭①

【原文】

晋史纪:武帝时,太医司马程据献雉②头裘,命焚之于殿前,诏中外,自今毋献奇技异服。

【注释】

①此篇出自《晋书》卷3武帝纪。记述晋武帝司马炎(236~290)于咸宁四年(278年)十一月太医司马程据献雉头裘,司马炎表示节俭将裘焚于殿前的故事。

②雉:野鸡,羽毛华丽,可做装饰品。

【译文】

晋代史书上记载:晋武帝时,太医司马程据献了一件用野鸡毛织成的裘衣,武帝命令把它在殿前烧掉,并宣告朝野,从今以后,不许贡献新奇技艺做成的怪异服装。

37 留衲戒奢①

【原文】

宋史纪:高祖微时,尝自于新洲②伐荻,有衲③布衫袄,藏皇后④手所作也。既贵,以付其长女会稽公主⑤曰:"后世有骄奢不节者,可以此衣示之。"

【注释】

①此篇出白《宋书》卷71徐湛之传。记宋高祖刘裕(363~422)留下自己微贱

时所穿的补丁衣服,告诫后人不要奢侈的故事。

②新洲:今南京北大江中,与幕府山相对,亦名萍家洲。

③衲:补丁,衲袄,有补丁的袄。

④臧皇后:刘裕微贱时的发妻,名爱亲,东莞莒人(今山东莒县),郡功曹臧俊之女,生会稽公主。义熙四年(408)逝世,年四十八,刘裕即皇帝位后,追谥为敬皇后。

⑤会稽公主:刘裕长女,名兴弟,嫁徐逵之。

【译文】

南朝宋代史书上记载:高祖刘裕微贱时,曾常去新洲砍伐芦荻,有一件补丁衫袄,是妻子臧皇后亲手做的,到他做了皇帝以后,将这件衣服交给长女会稽公主说:"后代有骄傲奢侈不节俭者,就把这件衣服拿给他看。"

38 弘文开馆①

【原文】

唐史纪:太宗于弘文殿,聚四部书二十余万卷,置弘文馆②于殿侧。精选天下文学之士虞世南③、褚亮④、姚思廉⑤、欧阳询⑥、蔡允恭⑦、萧德言⑧等,以本官兼学士,令更日宿直⑨,听朝之隙,引入内殿,讲论前言往行,商榷政事,或至夜分乃罢。

【注释】

①此篇出自《旧唐书》卷189上儒学传并《资治通鉴》卷192,唐纪八,高祖武德九年。记唐太宗重视文学讨论政事的故事。

②弘文馆:唐高祖武德四年(621)门下省设修文馆。武德九年(626)唐太宗即位后改为弘文馆。

③虞世南(558~638),字伯施,唐越州余姚(今浙江余姚)人,在隋官秘书郎、起居舍人,入唐官至秘书监、弘文馆学士。长于文学,并善书法,与欧阳询并称欧虞。

④褚亮,字希明,杭州钱塘(今浙江杭州)人,褚遂良父,好学善文、陈时为尚书

殿中侍郎，隋时为东宫学士、太常博士。入唐授秦王府文学馆学士。与杜如晦、房玄龄、于志宁、薛收、姚思廉、陆德明、孔颖达等十八人俱为文学馆学士。贞观初为弘文馆学士，唐太宗命阎立本作《十八学士写真图》，命诸亮作像赞。

⑤姚思廉(557~637)，字简之，雍州万年(今陕西西安)人。唐初史学家，隋时为代王侑侍读，入唐为秦王府文学馆学士。贞观初为著作郎，弘文馆学士。著《梁书》50卷，《陈书》30卷。

⑥欧阳询(557~641)唐潭州临湘(今湖南长沙)人，隋为太常博士，贞观初为太子率更令，弘文馆学士。善书，为唐代大书法家。

⑦蔡允恭，荆州江陵(今湖北江陵县)人，工诗，隋时任著作佐郎，起居舍人，入唐后先为秦王府参军兼文学馆学士，贞观初为太子洗马，弘文馆学士。

⑧萧德言(？~654)，字文行，雍州长安(今陕西西安)人。父、祖皆官梁、陈，有名于时，德言精于春秋左氏传，好属文，贞观时任著作郎、弘文馆学士、秘书监少监。

⑨更日宿直：按日轮流值班。

【译文】

唐代史书上记载：唐太宗在弘文殿聚集经史子集四部书二十多万卷，又在殿旁设立弘文馆，精选天下专长于文学的学者虞世南、褚亮、姚思廉、欧阳询、蔡允恭、萧德言等，以原官兼任弘文馆学士，按日轮流值班。每天朝廷议事之余，即令进入内殿，共同讲论古人的言论与行事，商量处理政事，有时到夜半才停止。

39 上书粘壁①

【原文】

唐史纪：太宗谓裴寂②曰："比多上书言事者，朕皆粘之屋壁，得出入省览，数思治道，或深夜方寝，公辈亦当恪勒职业，副朕此意。"

【注释】

①此篇出自《贞观政要》卷2,《求谏第四》,记述唐太宗重视臣下上书的故事。

②裴寂(570~632),字玄真,蒲州桑泉(今山西临晋)人,隋时任左亲卫、侍御史、晋阳宫副监,与唐高祖李渊有旧,李渊起兵后任将军府长史,李渊称帝后拜尚书右仆射、左仆射、晋州道行军总管等职。

【译文】

唐代史书上记载:太宗对大臣裴寂说:"近来上书奏事的很多,我都把它们贴在墙壁上,以便出入观看思考,反复考虑治理天下的办法,有时到深夜才去休息。你们也应当谨慎勤于职守,不辜负我的期望。"

40 纳箴赐帛①

【原文】

唐史纪:太宗即位,张蕴古②上《大宝箴》,其略曰:"今来古往,俯察仰观,惟辟作福③,为君实难,圣人受命,拯溺亨屯④,归罪于己,因心于民,大明⑤无私照,至公无私亲,故以一人治天下,不以天下奉一人,勿谓无知,居高听卑,勿谓何害,积小就大,乐不可极,乐极生哀,欲不可纵,纵欲成灾。壮九重⑥于内,所居不过容膝,彼昏不知,瑶其台而琼其室,罗八珍⑦于前,所食不过适口,惟狂罔念,丘其糟而池其酒,勿内荒于色,勿外荒于禽,勿贵难得货,勿听亡国音,勿谓我尊而傲贤慢士,勿谓我智而拒谏矜己,安彼反侧,如春阳秋露;巍巍荡荡,恢汉高大度,抚兹庶事,如履薄临深,战战栗栗,用周文小心⑧。诗云:"不识不知⑨。"书曰:"无偏无党⑩。"众弃而后加刑,众悦而后行赏,勿浑浑而浊,勿皎皎而清,勿汶汶⑪而暗,勿察察⑫而明,虽冕旒⑬蔽目,而视于无形,虽黈纩⑭塞耳,而听于无声。"上嘉之,赐以束帛,除大理丞。

【注释】

①此篇出自《旧唐书》卷190上张蕴古诗。记述张蕴古给唐太宗上《大宝箴》而得到赏赐的故事。

②张蕴古,唐相州洹水(今山西黎城)人,博涉书传,为州郡所称,由幽州总管府记室兼值中书省。上《大宝箴》后升任大理寺丞。

③惟辟作福:出自《尚书·洪范》,意为只有天子造福。辟,天子、诸侯的通称。

④亨屯:亨,通顺;屯,艰难。亨屯谓解救危难。

⑤大明:指太阳。或日月兼称。

⑥九重:指宫禁之深而不可至。

⑦八珍:古代八种烹饪的方法。泛指很多珍贵的食品。

⑧周文小心:《诗·大雅·大明》篇:"维此文王,小心翼翼。"指周文王处理政事特别小心谨慎。

⑨不识不知:《诗·大雅·皇矣》:"不识不知,顺帝之则。"意为不知不觉地顺从上帝的法则。

⑩无偏无党:《尚书·洪范》:"无偏无党,王道荡荡。"不偏不倚,王道宽广无边。

⑪汶汶:昏愚不明。

⑫察察:苛察小事自以为精明。

⑬冕旒:古代皇帝的礼帽,前边垂有玉珠的疏。

⑭黈纩:黄色丝绵。古代帝王戴冕,两旁各挂一小团黄绵,以示不听无益之言。

【译文】

唐代史书上记载:太宗即位之后,张蕴古上奏了一篇《大宝箴》,大略说:"从古到今,上观下察,只有国君可以造福,做一个君主也实在很难,圣人接受上天的命令,拯危救难,有罪归于自己,施恩及于人民,太阳没有私心不会有照不到的地方,最公正的人不会有私心于自己的亲近。所以用一人来治天下,但不是以天下人来侍奉一人,不要以为上天无知,它可以居高而听下,不要以为小事没有什么害处,积小害可以变成大害,享乐不可太甚,过分享乐就会产生悲哀,私欲不可放纵,放纵私欲必定成灾,宫室修得再壮大,所居住的地方不过只能容下膝盖,那些昏庸无知的君主,用美玉砌成楼台,用琼玉装饰官室,桌前摆着各种山珍海味,所吃不过只到腹饱为止。由于狂妄的念头,把酒糟堆成山,把酒注成池,不要在内迷恋酒色,不要在外迷恋于游猎,不要看重那些难得的货物,不要听那亡国的邪音。不要认为自己尊贵,看不起和慢待贤能之士,不要认为自己聪明而拒绝规劝以维持自己的尊严。安抚那些不顺从人的心,有如春天的阳光和秋天的雨露。既高大而且宽广,发扬汉高祖的宽怀大度,处理各种政事,好像踩着薄冰和面临深渊,战战兢兢,应当像周文王那样小心谨慎。《诗经》上说:"不识古、不知今,顺天道行事"。《书经》上说:"不偏不倚"。众人都反对而后加以刑罚,众人都赞扬而后给以赏赐,不要糊里糊涂而

是非不清，不要过分洁净而示清明，不要乱七八糟而蒙受玷污，不要过分苛察而表示自己精明。虽然王冠上的冕旒挡住目光，也可以看到还没有发生的事情，虽然绵丸塞着耳朵，也可以听到没有发出的声音。太宗很赞赏这些意见，赏赐给他许多布帛，授以大理寺丞。

41 纵鹊毁巢①

【原文】

　　唐史纪：太宗时，尝有白鹊构巢于寝殿之上，合欢如腰鼓，左右称贺。上曰："我常笑隋帝②好祥瑞③，瑞在得贤，此何足贺"。命毁其巢，纵鹊于野外。

【注释】

　　①此篇出自《旧唐书》卷37，五行志。并见《资治通鉴》卷193唐纪9，贞观二年。记述唐太宗不信祥瑞的故事。
　　②隋帝：指隋炀帝。
　　③祥瑞：吉祥的征兆。

【译文】

　　唐代史书上记载：唐太宗时，曾有白鹊筑巢于皇帝的寝殿之上，两个互相拥抱像个腰鼓，左右大臣便向太宗祝贺。太宗说："我常嘲笑隋炀帝喜好祥瑞，真正的祥瑞在于得到贤人。这有什么值得道贺的？"便命令把巢毁掉，放鹊于野外。

42 敬贤怀鹞①

【原文】

　　唐史纪：太宗尝得佳鹞，自臂之，望见魏徵②来，匿怀中，徵奏事故久不已，鹞竟死怀中。

【注释】

①此篇出自唐刘𫗧《隋唐嘉话》,并见《资治通鉴》卷 193 唐纪 9,贞观二年。记唐太宗因听魏徵奏事,将鹞匿死怀中的故事。

②魏徵(580~643),唐初大臣,字玄成,馆陶(今河北)人,隋末参加瓦岗起义,李密败,降唐。初为太子洗马,太宗即位后任谏议大夫,秘书监等职,以善谏闻名。前后陈谏二百余事。

【译文】

唐代史书上记载:太宗曾得一只很好的鹞子,驾在臂膊上玩,望见魏徵来了,便藏匿在怀中,魏徵奏事故意久而不停,鹞子竟死在太宗怀中。

43 览图禁杖①

【原文】

唐史纪:太宗览《明堂针灸图》②,人五脏之系,咸附于背。诏自今毋得笞③囚背。

【注释】

①此篇出自《新唐书》卷 56,刑法志。记唐太宗在贞观四年于刑法方面爱惜人民生命的故事。

②《明堂针灸图》:古中医书名。《四库全书》著录为《明堂灸经》八卷,专论针灸之法,并有图式。

③笞:古代刑法之一。唐律定笞、杖、徒、流、死五种刑罚。笞是用竹板或荆条打人的背部或臀部。为刑罚最轻的一种。

唐代史书上记载:太宗观看《明堂针灸图》时,看到人体五脏都贴附在背部,诏命自今以后,笞刑不得抽打囚犯的脊背。

44 主明臣直①

【原文】

唐史纪:太宗尝罢朝,怒曰:"会须杀此田舍翁。"后问为谁,上曰:"魏徵每廷辱我。"后退,具朝服,曰:"妾闻主明臣直,今魏徵直,由陛下之明故也,妾敢不贺。"上乃悦。

【注释】

①此篇出自唐刘餗;《隋唐嘉话》并见《资治通鉴》卷194唐纪10,贞观二年。记唐太宗听取长孙皇后的劝谏优容魏徵的故事。

【译文】

唐代史书上记载:一天唐太宗罢朝后,大怒说:"我一定要杀这个庄稼佬。"长孙皇后问是谁,唐太宗说:"魏徵常常在朝廷上侮辱我。"长孙皇后退去后穿上朝服,对太宗行礼说:"我听说君主圣明臣下便耿直,今魏徵耿直,也是由于你圣明的原因,我怎敢不祝贺你呢。"唐太宗才高兴了。

45 纵囚归狱①

【原文】

唐史纪:太宗亲录系囚②,见应死者悯之,纵使归家,期以来秋就死③,仍敕天下死囚皆纵遣,至期来诣京师。至是九月,去岁所纵天下死囚,凡三百九十人,无人督率,皆如期自诣朝堂,无一人亡匿者,上皆赦之。

【注释】

①此篇出自《新唐书》卷56,刑法志。记贞观六年(632)唐太宗赦免死囚的故事。
②审察记录囚犯的罪状,称录囚。
③古代死刑在秋九月执行。

【译文】

唐代史书上记载:唐太宗亲自审察记录囚犯的罪状,对应该被处死的人很怜悯,便放他们回家,限以来年的秋天前来服刑。还命令全国所有死囚都放他们回家,按期到京城来。到了九月,凡是去年所放归的死囚一共三百九十人,没有人监督率领,都按期限来到朝廷的大堂上,没有一个人逃亡。唐太宗全都赦免了。

46 望陵毁观①

【原文】

唐史纪:太宗葬文德皇后于昭陵,上念后不已,乃于苑中作层观,以望昭陵②尝引魏徵同登,使视之,徵熟视之曰:"臣昏眊,不能见。"上指示之,徵曰:"臣以为陛下望献陵③,若昭陵,则臣故见之矣。"上泣,为之毁观。

【注释】

①此篇出自《资治通鉴》卷194 唐纪10 贞观十年。记唐太宗接受魏徵的讽喻毁掉台观的故事。
②昭陵:唐太宗墓,在今陕西礼泉县九嵕山。从贞观十年开始营建,至二十三年完成。唐太宗死前,其皇后长孙亦葬于此。
③献陵:唐高祖李渊墓,在今陕西三原县东十五里。

唐代史书上记载：唐太宗把文德皇后安葬在昭陵，非常思念，便在禁苑中建造了一个有好多层的高台，以便瞭望昭陵。曾领魏徵同登台，使他观看，魏徵仔细观看很久说："臣下眼睛昏花，看不见。"太宗指示给他方向，魏徵说："我以为陛下是在瞭望太祖的献陵，若是昭陵臣下是早已看见了。"太宗哭了，便把高台毁掉。

47 撤殿营居①

【原文】

唐史纪：太宗以魏徵宅无堂，命辍小殿之材以构之，五日而成，仍赐以素屏褥几杖等，以遂其所尚。徵上表谢，上手诏曰："处卿至此，盖为黎元②与国家，何事过谢。"

【注释】

①此篇出自《旧唐书》卷71魏徵传，并见《贞观政要》卷2，任贤，魏徵。记述唐太宗爱护臣下的故事。

②黎元：即黎民百姓。

【译文】

唐代史书上记载：太宗因为魏徵的住宅没有厅堂，命令停止小殿的建筑材料，给魏徵修盖厅堂，五天就建成了。还赐给他素色的屏风和褥、几、杖等物，以满足他朴素的爱好。魏徵上表感谢，太宗亲手答诏说："这样对待你，是为了老百姓和国家的，何必要过分感谢呢。"

48 面斥佞臣①

【原文】

唐史纪：太宗尝至树下，爱之，宇文士及②从而誉之不已，太宗正色曰："魏徵尝劝我远佞人，我不知佞人是谁，意疑是汝，今果不谬。"士及叩头谢。

【注释】

①此篇出自唐刘悚《隋唐嘉话》，并见《资治通鉴》卷196，唐纪12，贞观十六年。记唐太宗批评宇文士及阿谀奉承的故事。

②宇文士及（？～642）字仁人，雍州长安（今西安）人，宇文化及之弟，尚隋炀帝女南阳公主，降唐后武德时任中书令，后任凉州都督。蒲州刺史。终殿中监。

【译文】

唐代史书上记载：太宗曾到一树下，表示非常爱惜，宇文士及便跟着称赞这树不已。太宗态度很严肃地说："魏徵曾劝我远离佞人，我不知道佞人是谁，心里也怀疑是你，今天果然不错。"宇文士及叩头认错。

49 剪须和药①

【原文】

唐史纪：太宗时，李世绩②常得暴疾，方云须灰可疗。上剪须为之和药。世绩顿首出血泣谢。上曰："朕为社稷，非为卿也，何谢之有？"

【注释】

①此篇出自《旧唐书》卷93李绩传，并见《资治通鉴》卷197，唐纪13。记唐太宗体恤大臣的故事。

②李世绩（594～669）本姓徐，名世绩，字懋公。曹州离孤（今山东东明东南）人。最初参加瓦岗农民起义，后降唐，赐姓李，屡建军功，封英国公。

【译文】

唐代史书上记载：太宗时李世绩得了暴

病,医方说胡须的灰可以治疗。太宗便剪了自己的胡须为李世绩配药。李世绩把头磕出血来哭泣着感谢,太宗说:"我是为了国家,不是为了你个人,有何可感谢的呢。"

50 遇物教储①

【原文】

唐史纪:太宗自立太子,遇物则诲之。见其饭则曰:"汝知稼穑之艰难,则常有斯饭矣。"见其乘马则曰:"汝知其劳而不竭其力,则常得乘之矣。"见其乘舟则曰:"水所以载舟,亦所以覆舟。民犹水也,君犹舟也。"见其息于木下,则曰:"木从绳则正,后从谏则圣②。"

【注释】

①此篇出自《资治通鉴》卷197唐纪13,贞观十七年。并见《贞观政要》卷4,教诫太子诸王。

②见《尚书·说命上》,意为木以木匠的绳墨可以校正,国君听从规劝就可成为圣人。后,古代指国君与诸侯。

【译文】

唐代史书上记载:太宗自从立太子以后,遇到事物就要给以教诲,看到吃饭时就说:"你知道种庄稼的艰难,就会常有这样的饭吃。"看到乘马时就说:"你知道马的劳顿,不要使尽它的力气,就会常有马骑。"看到乘船时就说:"水能够载船运行,也能够把船打翻,老百姓就好像水,国君就好像船。"看到在树荫下休息就说:"木用绳墨可以校正,国君听从规劝就可以变成圣人。"

51 遣归方士①

【原文】

唐史纪:太宗时,天竺②方士娑婆寐③,自言有长生之术,上颇信之,发使诣婆罗门④诸国采药,药竟不就,乃放还。高宗即位,复诣长安,上复遣归,谓宰相曰:"自古安有神仙,秦始皇汉武求之,卒无所成,果有不死之人,今皆安在?"李绩对曰:"此人再来,容发衰白,已改于前,何能长生。"竟未及行而死。

【注释】

①此篇出自《旧唐书》卷198西戎天竺国传。记印度方士妄言有长生不老之术被唐高宗遣归的故事。

②天竺:古印度的国名。

③婆婆寐:唐代前来中土的印度僧人。

④婆罗门:印度四大种姓之首,宗教贵族,因政教合一,所以古印度也被称为婆罗门。

【译文】

唐代史书上记载:天竺国方外道士婆婆寐自称他有长生不老的药方,太宗很是相信,派遣使者到婆罗门诸国去采访药物,叫他制药,始终没成,便放他回去。高宗即皇帝位后,他又来到长安,高宗再遣送他回去。对宰相说:"自古以来哪里能有神仙呢,秦始皇汉武帝寻求它,最终都没结果。要是真有不死的人,今天他们在哪里呢?"李绩回答说:"这个人这次再来,面目衰老,头发已白,和前次大不相同,哪能长生?"还没来得及走,就死了。

52 焚锦销金①

【原文】

唐史纪:玄宗以风俗奢靡,制②:"乘舆服御③金银器玩,令有司④销毁,以供军国之用,其珠玉、锦绣⑤,焚于殿前,后妃以下,皆毋得服珠玉锦绣,天下更毋得采珠玉、织锦绣等物。罢两京⑥织锦坊⑦。"

【注释】

①此篇出自《资治通鉴》卷211,唐纪27,玄宗开元二年(714年)。记唐玄宗即位之初,反对奢侈浪费,销毁金银器玩和禁服珠玉锦绣的故事。

唐玄宗(685~762)名隆基,唐睿宗李旦第三子。先封临淄王,中宗景龙四年(710年)发动政变杀韦后,拥立其父即位,延和元年(712年)受父禅即皇帝位。

②制:唐玄宗即位时。尊睿宗为太上皇,上皇命曰诰,皇帝命曰制、敕。

③乘舆服御:皇帝乘的车马及其衣服用具。

④有司:有关主管衙门。司,衙门。

⑤珠玉锦绣:珍珠、玉石、精致华丽的丝织品。

⑥两京:指当时的京城长安与京都洛阳。

⑦织锦坊:专门织造锦绣的作坊。

【译文】

唐代史书上记载:唐玄宗即位后,因为社会习俗奢侈浪费,下命令说:"皇帝的车马服用,凡是用金银制造的玩赏器物,命令有关衙门销毁,作为国家军需之用。那些珍珠玉石精美华丽的丝织品,都集中到大殿前烧掉。皇后与妃子以下,都不许穿用珠玉锦绣,全国再不许采买珍珠美玉和织造锦绣等物。撤销长安和洛阳的织锦坊。"

53 委任贤相①

【原文】

唐史纪:玄宗初即位,励精为治,以姚元之②为相,每事访之,元之应答如响,同僚皆唯诺而已,故上专委任之。元之尝奏请序进郎吏③,上仰视殿屋,再三言之,终不应,元之惧,趋出,罢朝,高力士④谏曰:"陛下新总万几⑤,宰臣奏事,当面加可否,奈何一不省察。"上曰:"朕任元之以庶政,大事当奏闻共议,郎吏卑秩,乃以烦朕耶?"会力士宣事至省⑥中,为元之道上语,元之乃喜,闻者皆服上识人君之体。

【注释】

①本篇出自《资治通鉴》卷210唐纪26,玄宗开元元年(713年),记述唐玄宗委任姚元之为宰相,信任不疑的故事。

②姚元之:即姚崇(650~721),陕州硖石(今河南三门峡南)人,本名元之,因避开元年号讳改名崇。武则天时任凤阁侍郎,睿宗、玄宗时任中书令。多有建树,后引宋璟自代,史称"姚宋",为唐代名相。

③郎吏:唐代尚书省各部都有郎官,如郎中、员外郎,郎下又有主事。

④高力士(684~762),唐玄宗时宦官,高州良德(今广东高州东北)人,本姓冯,为宦官高延福养子,改姓高。深得玄宗信任,负责内侍省事务,各种奏章都经他的

手转送玄宗,故权力很大。

⑤万几:指帝王每日处理事务非常繁多。几,微也,言当谨慎注意万事万物之微。亦作"万机"。

⑥省:唐代官制,中央有中书、门下、尚书三省。中书省首脑为中书令,称右相,门下省首脑为侍中,称左相,尚书省首脑为左右仆射,加同中书门下平章事者亦为宰相。

【译文】

唐代史书上记载:唐玄宗初即位时,振奋精神,治理国家。用姚元之为宰相,每有事时就询问他,元之随即回答,其余同官的人都只有答应顺从。所以玄宗很专心信任他。元之曾经奏请按程序晋升郎吏,玄宗仰面看着殿庭,元之奏了几次,都没得到回答。元之心里很害怕,连忙快步走出。朝议结束之后,高力士劝谏玄宗说:"陛下新近总理国家事务,宰相奏事,应该当面表示可否,为什么一点不审辨考察呢?"玄宗说:"我任用元之以诸多政事,大的事应该奏给我听,共同商议,郎吏是低级官吏,还需要麻烦我吗?"高力士到中书省宣布事情时,给姚元之说了玄宗的话,元之才高兴了。听到的人都心服玄宗通晓君主的身份。

54 兄弟友爱①

【原文】

唐史纪:玄宗素友爱,初即位,为长枕大被与兄弟共寝,饮食起居,相与同之。薛王业②有疾,上亲为煮药,火燃上须,左右惊救之,上曰:"但使王饮此药愈,须何足惜。"

【注释】

①此篇出自《资治通鉴》卷111,唐纪27,玄宗开元二年。记述唐玄宗即帝位后,仍与诸兄弟共寝、互相友爱的故事。

②薛王业:睿宗李旦第五子,本名隆业,因避玄宗讳,改单名业。为人好学,初授秘书监,后至太子太保。

【译文】

唐代史书上记裁:唐玄宗一向待人友爱,初做皇帝后,仍做一个长的枕头和大的被子,和兄弟们共同睡眠,吃喝行动,都在一起。薛王李业有病,便亲自煎药,煮药时火把胡须烧了,左右侍奉他的人连忙去救,玄宗说:"只要薛王吃了这药病好了,我的胡须有什么可惜呢。"

55 召试县令①

【原文】

唐史纪:玄宗悉召新除②县令至殿庭,试理人策③,惟韦济④词理第一,擢为醴泉⑤令,余二百人不入第,且令之官,四十五人放归学问。又敕京官五品以上,外官刺史⑥,各举县令一人,视其政善恶,为举者赏罚。

【注释】

①此篇出自《旧唐书》卷88韦思谦传,并见《资治通鉴》卷111。唐纪27。玄宗开元四年。记述唐玄宗重视地方官的任命,亲自考试县令的故事。

②除:拜官授职。

③理人策:即理民策,治理民众之策。唐避李世民讳,将民称作人。

④韦济:郑州阳武(今河南省原阳县)人,以辞翰闻名。开元初调鄄城令,擢醴泉令,四迁至户部侍郎,太原尹。天宝时授尚书左丞。祖韦思谦、父韦嗣立,均在武则天、中宗朝以韦后族人,官居要职。

⑤醴泉:今陕西礼泉县。

⑥刺史:唐代郡的长官。从三品或正四品。

【译文】

唐代史书上记载:唐玄宗全部召来新授职的县令到殿廷,亲自考试治民之策。只有韦济文辞义理第一,升为醴泉县令。其余二百人没有入等,但还让他们去赴任,四十五人放回原籍再学习。又命令京官五品以上和外官刺史,各推举县令一人,观察他们的政绩好坏,对举荐人进行赏罚。

56 听谏散鸟①

【原文】

唐史纪:玄宗尝遣人诣江南,取鸂鶄②鸂鶒③等,欲置苑中,所至烦扰。汴州刺史倪若水④上言:"今农桑方急,而罗捕禽鸟,陆水转送,道路观者,岂不以陛下为贱人而贵鸟乎。"玄宗手敕谢之,纵散其鸟。

【注释】

①此篇出自《旧唐书》卷185下,倪若水传,并见《资治通鉴》卷11唐纪27,玄宗开元四年。记述唐玄宗听从汴州刺史倪若水的劝谏,停止派使臣到江南搜罗禽鸟的故事。

②鸂鶄:水鸟名,亦即"池鹭"。

③鸂鶒:一种像鸳鸯的水鸟。

④倪若水:恒州藁城(今河北藁城)人,开元初任中书舍人,尚书右丞,出为汴州刺史,开元四年,唐玄宗令宦官至东南采禽,路经汴州,倪若水上谏至之。后官拜户部侍郎,尚书右丞。

【译文】

唐代史书上记载:玄宗曾派人到江南搜罗鸂鶄、鸂鶒等水鸟,打算放在园林中,所到之处扰害地方。汴州刺史倪若水上书说:"现在农耕蚕桑事业正忙,而网罗捕捉野鸟,陆路水路传递运送,沿途观看的人,岂不认为陛下轻贱人民而贵重野鸟吗?"玄宗亲书手谕表示感谢,把鸟都纵放了。

57 啖饼惜福①

【原文】

唐史纪:肃宗为太子,尝侍膳,有羊臂臑②,上顾太子使割,肃宗既割,余污漫刃,以饼洁之,上熟视不怿,肃宗徐举饼啖之,上大悦,谓太子曰:"福当如是爱惜。"

【注释】

①此篇出自李德裕《次柳氏旧闻》,记述唐肃宗遵从玄宗教导吃饼惜福的故事。

唐肃宗李亨(711~762),唐玄宗第三子。公元756~761年在位。天宝十四年(755年)"安史之乱"爆发后,唐玄宗逃往四川。李亨以太子位即位于灵武(今宁夏)。尊玄宗为上皇。

②臂臑:牲畜前体的中下部,肩下谓之臂,臂下谓之臑。

【译文】

唐代史书上记载:唐肃宗做太子时,曾陪玄宗吃饭,有一块羊臂臑,玄宗看着太子让他切割,肃宗切割之后,油脂沾满刀刃。肃宗用饼擦净了,玄宗仔细看着很不高兴,肃宗便慢慢把饼拿起来吃了。玄宗大为高兴,对太子说:"福分要这样爱惜。"

58 烧黎联句①

【原文】

唐史纪:肃宗召处士李泌②于衡山③,至,舍之内庭,尝夜坐地炉,烧二梨以赐李泌,颖王④恃宠固求,上不许曰:"汝饱食肉,先生绝粒⑤,何争耶?"时诸王请联句⑥,颖王曰:"先生年几许,颜色似童儿。"信王⑦曰:"夜枕九仙⑧骨,朝披一品⑨衣。"一王⑩曰:"不食千钟粟⑪,惟餐两颗梨。"上曰:"天生此间气⑫,助我化无为。"后肃宗恢复两京⑬,泌之策为多。至德宗时拜相,时人方之张子房⑭。

【注释】

①此篇出自李繁《邺侯家传》。记述唐肃宗礼遇处士李泌烧黎赠诗的故事。

②李泌(722~789),字长源,其先辽东襄平(今辽阳)人,后徙居京兆(唐长安),唐玄宗天宝时为太子供奉。因遭杨国忠之忌而遁归名山,肃宗即位后召请,拜银青光禄大夫。复隐旧衡山。代宗时任检校郎中、杭州刺史,德宗时任中书侍郎、平章事。封邺县侯。

③衡山:湖南衡山,五岳之一。

④颖王:名璬,玄宗第十三子,读书有文辞。开元十三年封颖王。

⑤绝粒:道家所说的辟谷法。一个时期内不食五谷。

⑥联句:赋诗时人各一句或几句,相连而合成一篇,叫联句。

⑦信王:名瑝,唐玄宗第二十三子。初名沄,开元二十三年封为信王。

⑧九仙:言诸多神仙。

⑨一品:指一品官,最高的官级。

⑩一王:据《邺侯家传》指沔王,名璬,唐玄宗第三十子,开元二十五年封沔王。按此事指肃宗即位以后召请李泌,时沔王已死。

⑪千钟粟:钟,古代容量单位,六斛四斗为一钟。千钟粟,指很多的俸禄米。

⑫间气:即闲气。古以五行附会人事。正气为帝,闲气为臣。

⑬安史之乱后,玄宗逃蜀,肃宗在灵武即位后,陆续收复长安和洛阳。

⑭张子房:即张良(?~前186),汉刘邦谋臣。

【译文】

唐代史书上记载:唐肃宗派人到衡山把处士李泌召来,住在皇帝宫廷。肃宗曾在晚上坐于地炉旁,烧了两个梨赐给李泌吃。颖王恃着肃宗的宠爱要这两只梨。肃宗不给,说:"你饱食肉味,先生绝粒不吃饭,你为什么要争呢?"当时诸王请共同作诗赠李泌。颖王说:"先生你多少年纪,脸上颜色像儿童。"信王说:"晚上枕着九仙的骨睡觉,早上穿一品官衣服上朝。"另一王说:"不吃多至千钟的俸米,只吃两个梨。"肃宗说:"上天把灵气降在这里,帮助我化天下太平。"后来肃宗收复两京,李泌贡献的计策最多。到唐德宗时,官至宰相。当时人把他比作张良。

59 不受贡献①

【原文】

唐史纪:宪宗②初即位,升平公主献女口③。上曰:上皇不受献,朕何敢违!遂却之。荆南④献毛龟。诏曰:朕永思理本,所宝惟贤,至如嘉禾神芝⑤,珍禽奇兽,皆虚美尔,所以《春秋》不书祥瑞⑥。自今勿复以闻,其有珍奇,亦毋得进。

【注释】

①此篇出自《资治通鉴》卷236、唐纪52。《旧唐书》卷14、宪宗上。记述唐宪

宗遵循皇父身教，不受贡献，同时拒绝祥瑞的故事。

②宪宗：李纯(778~820)，顺宗长子。805~820年在位。《新唐书》卷7称"宪宗刚明果断，自初即位，慨然发愤，志平僭叛，能用忠谋，不惑群议，卒收成功。自吴元济诛，强藩悍将皆欲悔过而效顺。当此之时，唐之威令，几于复振，则其为优劣，不待较而可知也。"但是"淮西既平，上浸骄侈"。他宠信宦官，迷信佛教。晚年好神仙，竟下诏"天下求方士"。最终被宦官毒死。此后，唐朝遂为宦官专权。

③升平公主献女：升平公主为代宗长女，宪宗的郭妃之母。郭妃为郭子仪之孙郭暖之女。郭暖位居左仆射、驸马都尉之尊。升平公主即郭暖之妻。所以，升平公主实为唐宪宗之岳母。顺宗永贞元年(805)八月，宪宗即位。当月升平公主即向宪宗献女。

④荆南：荆州为古九州之一。北据荆山，南及衡山之阳，属湖广行省。荆州南方之地，泛指南方之地。

⑤嘉禾神芝：生长得特别茁壮的禾稻，古时认为是吉祥的象征。神芝，与灵芝同。《汉书·王莽传上》"甘露降，神芝生"。古代以灵芝为瑞草。

⑥祥瑞：吉祥符瑞。瑞本为圭、璧、璋、琮的总称，引申为瑞气感应，若合符节之义。

【译文】

唐代史书上记载：宪宗刚刚即位，升平公主就献上妇女五十人做宫女。宪宗说，我父皇在世时，就不接受奉献，我怎敢违背其身教，于是拒绝了。荆南又献上两个绿毛龟。皇上下诏说：我常常思考治理国家的道理，所要珍惜的宝贵财产唯有资德之才。至于嘉禾灵芝、珍禽异兽之类，都是虚浮的美观。所以一字褒贬的《春秋》就不写"祥瑞"。从今以后，不要再拿这种事上报，他们有珍奇之物，也不得进献。

60 遣使赈恤①

【原文】

唐史纪：宪宗四年，南方旱饥，命左司郎中②郑敬等为江淮③、两浙④、荆湖、襄鄂⑤等道宣慰使⑥，赈恤之。将行，上戒之曰："朕宫中用帛一匹，皆籍其数，惟周⑦救

百姓,则不计费。卿辈宜识此意,勿效潘孟阳⑧饮酒游山而已。

【注释】

①此篇出自《资治通鉴》卷236、237。《新唐书》卷160、潘孟阳传。《旧唐书》卷162,潘孟阳传。记述唐宪宗及时派遣使臣,而且迅速调整使臣,认真对待赈济灾民的故事。

②左司郎中:尚书仆射之下,有左丞,左丞之下有左司郎中掌付十二司之事。元和三年,左司郎中郑敬即曾参与复策贤良之士。于此,郑敬以左司郎中为宣慰使。

③江淮:指长江、淮河,江淮泛指江苏、安徽两地。

④两浙:浙为水名。唐代分置浙江东、西二道。

⑤襄鄂:唐代设襄阳郡,今属湖北。唐置鄂州,今湖北武昌。

⑥宣慰使:唐宪宗平淄青节度留后李师道,分其地为三镇,曾置十二州宣慰使,并非常制。以掌地方军民事务。

⑦周:给,救济。《颜氏家训》"周穷恤匮"。

⑧潘孟阳:其父炎,大历末,官右庶子。孟阳少年以恩荫为官,又以公卿多为父行,故被慰荐,擢为兵部郎中。永贞元年八月,宪宗刚刚即位,遣孟阳以度支、盐铁转运副使宣慰江淮,并察诸使治否?孟阳特有奥主,从仆三百人,所至会宾客,流连倡乐,招金钱,多补吏,誉望大丧。元和元年(806)三月使还,罢其度支、盐铁转运副使。

【译文】

　　唐代史书上记载:唐宪宗元和四年,南方大旱,百姓饥荒。于是命左司郎中郑敬等人,为江淮、两浙、荆湖、襄鄂等各道的宣慰使,去赈济抚恤他们。将要出发,辞别朝臣,皇上告诫他们说:我在宫里用一匹帛都要登记账目,唯独对周济百姓的费用,就在所不计。你们应当体会朝廷的意思,不要效仿潘孟阳只是吃酒游山而已。

61 延英忘倦①

【原文】

　　唐史纪:宪宗尝与宰相论治道于延英殿,日旰②暑甚,汗透御服,宰相恐上体倦,求退。上留之,曰:"朕入宫中,所与处者,独宫人近侍耳③。故乐与卿等且共谈为理之要,殊不知倦也。"

【注释】

①此篇出自《资治通鉴》卷238、唐纪54。又见于《新唐书》卷152、李绛传。记述唐宪宗与宰相在延英殿讨论治道不知疲倦的故事。

②日旰:日已晚。《汉书·张汤传》。"汤每朝奏事,语国家用,日旰,天子忘食。"

③近侍:亲近侍奉。亲近侍从之人。指宫女、宦官。

【译文】

唐代史书上记载:宪宗曾在延英殿,与宰相议论治理天下之道,直到太阳偏西了。天气炎热,汗水湿透皇上的衣服,宰相恐怕皇上身体疲倦,请求退下。皇上留住他们,说:回到宫里,与我相处的人,只是宫女、宦官。所以,喜欢和你们暂且共同议论治国之理的纲领和紧要的事务,唯独不感觉疲倦。

62 淮蔡成功①

【原文】

唐史纪:吴元济反淮西②,宪宗命发兵讨之。是时诸道节度使及宰相李逢吉③,皆与元济交通,多请罢兵,惟裴度力主讨贼之议。上曰:吾用度一人,足破此贼,遂以度为相。师累岁无功。度请自诣行营。上许之。度陛辞④。言曰:臣若灭贼,则朝天有期,贼在,则归阙⑤无日。上为之流涕,解通天御带以赐之。度至淮西,身督战。由是诸将效力。李愬夜袭蔡州,擒元济,淮西遂平⑥。韩愈奉诏撰平淮西碑曰:凡此蔡功,惟断乃成⑦。

【注释】

①此篇出自《资治通鉴》卷240、唐纪56。又见于《新唐书》卷7、宪宗本纪7。《旧唐书》卷14,本纪14,宪宗下。记述唐宪宗任用裴度,平定淮西的故事。

②吴元济(783~817)反淮西:吴元济为淮西节度使吴少阳之子。少阳死,他匿不发丧。以父病请求皇帝由他主兵。因朝廷不允,遂于元和九年(814),自领军务,纵兵焚掠舞阳等地,威胁洛阳。元和十年派人刺杀宰相武之衡,又刺伤御史中丞裴

度。后来裴度讨伐，将士多叛离，其割据蔡州（今河南汝南），李愬攻破，他被俘，斩于长安。

③李逢吉：系出陇西。举明经，又擢进士第。元和时，迁给事中。后拜门下侍郎。同中书门下平章事。险谲多端，夺得高官权位，一心报复他个人的恩怨。居于相位，与吴元济私自勾通，裴度征讨淮西，唯恐其成功，密图阻止，与主持和议者，请罢道兵。宪宗知而恶之，出为剑南东川节度使。

④陛辞：陛下犹阶下，秦以后对帝王之专称。陛辞，即辞别天子。

⑤阙：指皇帝所居。

⑥李愬（773~821）：字元直，洮州临潭（今甘肃临潭）人。元和九年，吴元济据申（今河南信阳市）、光（今潢川）、蔡（今汝南）三州叛变，政府讨伐，连年不克，他上表自请参战。十一年，为唐（今河南泌阳）、隋（今湖北随县）、邓（今河南邓州市）节度使。在吴元济西边，双方主战场在蔡州西北之郾城（今河南郾城）一线。他上任后利用这一形势，表面不肃军政，麻痹敌方，暗中抚养士卒，善待降人。次年冬，乘雪夜突袭蔡州，俘吴元济。成为战史上奇袭范例。"故曰平蔡功，愬为多。"

⑦韩愈（768~824）：唐代杰出的散文家、诗人和哲学家。字退之，昌黎人，世称韩昌黎，贞元八年进士。元和十二年，随裴度平定淮西。

【译文】

唐代史书上记载：吴元济叛乱淮西，宪宗下令发兵征讨他们。当时，诸道节度使和宰相李逢吉，都与吴元济私相勾通，多请朝廷罢兵，唯有裴度坚决主张讨伐叛逆。皇上说：我用裴度一人，足以击败此贼，于是就以裴度为宰相。政府军队连年不能取得战绩。裴度请求亲自到行营。皇上答应了他。裴度告辞皇上，就说，我若消灭此贼，就回朝有期，如果叛贼还在，就归朝无日了。皇上为之而痛心流泪，解下了犀牛腰带赐给他。裴度到淮西，亲身督战，由此而激发了诸将奋身效力。李愬雪夜下蔡州，生擒了吴元济，淮西就平定了。韩愈奉诏撰写"评淮西碑"文，其中指出凡此蔡功，唯有明断遂成。

63 论字知谏①

【原文】

唐史纪：穆宗②见翰林学士柳公权③书独爱之，问曰："卿书何能如是之善？对曰:用笔在心,心正则笔正。上默然改容,知其以笔谏也。

【注释】

①此篇出自《新唐书》卷163、柳公权传。记述柳公权借与穆宗谈论书法进行笔谏的故事。

②穆宗:李恒(795~824),820~824年在位。宪宗第三子。昏童失德。喜欢击毬、奏乐,追求奢侈放纵的生活,根本不关心朝政。长庆元年到二年,卢龙、成德、魏博三镇,再次脱离唐朝,唐朝再也不可收复河北。宦官与朝臣这两派势力斗争激烈。幸而穆宗"在位不久,故天下未至于败乱!"

③柳公权(778~865):唐代杰出的书法家。京兆华原(今陕西耀州区)人。元和进士,任侍书学士,官至太子少师。他的书法自成一家,笔力刚劲挺拔,与颜真卿并称"颜柳","柳骨颜筋"。

【译文】

唐代史书上记载:穆宗看见翰林学士柳公权写的字,特别喜爱。就问:你的字怎么能如此之好? 回答说,用笔在于心,心要正,笔就正。皇上沉默地改变了脸色,知道他是借笔为谏净。

64 屏书政要①

【原文】

唐史纪:宣宗②尝以太宗所撰《金镜书》③授翰林学士令狐绹④,使读之,至乱未尝不任不肖,治未尝不任忠贤。上止之,曰:凡求致太平,当以此言为首。又书《贞观政要》⑤于屏风,每正色拱手⑥而读之。

【注释】

①此篇出自《资治通鉴》卷248、大中二年(848)。《新唐书》卷166、令狐绹传。记述唐宣宗法祖图治,认真钻研唐太宗著作的故事。

②宣宗李忱(810~859),846~859年在位。宪宗第13子。他器识深远,在位期间,"权豪敛迹""奸臣畏法""阉寺詟气","十余年间,颂声载路,""虽汉文、景不足过也"。但是,他即位以后,全面否定前朝唐武宗的革新措施,"务反会昌之政",

所以僧尼之弊。均复其旧,由此"是非可见。"

③金镜书:此书误作《金镜录》,那是唐玄宗时张九龄所作。唐太宗所撰为《金镜书》。《唐实录》载:"令狐绹为翰林学士,夜召与论民间疾苦,出《金镜书》,曰,此太宗所著也。"

④令狐绹(795~872):字子直,京兆华原(今陕西耀州区东南)人。大和四年进士。宣宗时,为吴兴太守,旋升宰相,辅政十年。累官至吏部尚书,右仆射,封凉国公。

⑤贞观政要:唐代著名史学家,有"今董狐"之称的吴兢(670~749)撰著。此书十卷。大约成于玄宗开元八年(720),共40篇,篇为一类,为258章,约八万字。记贞观年间,唐太宗与魏征、房玄龄、杜如晦等大臣45人之间政论答问,以及有关谏诤事迹,当时政治设施等等。对唐初立国方针、君道政体、历史借鉴、刑罚贡赋、官员选任、君臣作风、君民关系、道德规范、学术文化、征伐安边等多有详述。系统总结贞观之治的历史经验,对唐太宗政绩及其晚年衰退腐化,均直书不讳。此书历来受到后世统治者乃至日本皇家、幕府重视,多被用作讲读教材。

⑥拱手:两手抱拳以示敬意。

【译文】

唐代史书上记载:宣宗曾以唐太宗编撰的《金镜书》交给翰林学士令狐绹,让他选读,读到"动乱未曾不任用不肖之人,治平未曾不任用精忠贤德之人"。宣宗让他停下来,说"凡是要求达到天下治平,应当以这句话为首要之点"。把《贞观政要》这部书的内容写在屏风上,常常严肃的、恭敬的阅读它。

65 焚香读疏①

【原文】

唐史纪:宣宗乐闻规谏②。凡谏官③论事,门下封驳④,苟合于理,常屈意从之。得大臣章疏,必焚香盥手⑤而读。

【注释】

①此篇出自《资治通鉴》卷858。记述唐宣宗乐闻规谏,极其尊重大臣奏章的故事。

②规谏:以正言相劝诫。《墨子·尚同上》"上有过则规谏之"。

③谏官:掌谏诤的官员。班固《白虎通·谏诤》。"君至尊,故设辅弼置谏官"。唐设谏议大夫、补阙、拾遗等谏官。

④门下封驳:唐中央最高权力机构中书、门下和尚书三省长官同为宰相。中书出令,门下封驳,尚书行政。宰相于门下省议事,为议政决策之所。门下省长官为侍中,掌献纳谏正等事,有封驳之权。对诏敕认为不当者,封还加驳正。

⑤焚香盥手:焚香,即烧香,焚香始于汉。盥手,为洗手。以手承水冲洗为盥。焚香盥手是表示诚敬之意的行为。

【译文】

唐代史书上记载:宣宗喜欢听到谏诤。凡是谏官议论政事,门下省给事中等官员对诏敕的内容,以为欠妥因而论驳封还,只要讲的合乎道理,往往屈己之意而接受驳议。收到大臣所上奏疏,必定要焚香洗手以表达诚挚的尊崇之意,然后阅读。

66 敬受母教①

【原文】

宋史纪:太祖②尊母南郡夫人杜氏为皇太后③。太祖拜殿上,群臣称贺。后愀然④不乐。左右进曰:"臣闻母以子贵,今子为天子,胡为不乐?"后曰:"吾闻'为君难⑤'。天子置身兆庶之上,若治得其道,则此位可尊。苟或失驭⑥,求为匹夫⑦不可得,是吾所以忧也。"太祖再拜,曰:"谨受教。"

【注释】

①此篇出自《宋史》卷242,后妃上"太祖母昭宪杜太后"。记述赵匡胤夺取政权后,杜太后激发他警惕丧失政权的故事。

②太祖:赵匡胤(927~976)960~976在位。涿州(今河北涿州市)人。后周时,任殿前都点检,领宋州归德军节度使,率军抵御契丹。至陈桥驿(今开封东北40里),发动兵变。黄袍加身,即帝位,国号宋,是为宋太祖。"杯酒释兵权"以削夺禁军将领以及藩镇兵权。设三司理财,以分宰相之权。派文臣带京官衔出任地方官,

治理州事。设各路转运使，控制地方财政，惩治贪赃枉法官员，遣使臣以分割地方政权。兴修水利，奖励农耕，整治汴梁运河，慎刑薄敛，兴办学校。采取先南后北方针，逐步实现全国统一。

③南郡夫人杜氏：五代后周显德年间，赵匡胤为宋国军节度使，封其母杜氏为南阳郡太夫人。太祖即位，尊为皇太后。

④愀然：忧惧貌。《荀子·修身》"见不善，愀然必以自省也"。

⑤为君难：出自《论语·子路》："古之言曰：'为君难，为臣不易'。谓君主当国甚难。"

⑥失驭：同"失御"。丧失统治能力。

⑦匹夫：平民。庶人。《韩非子·有度》："刑过不避大臣，赏善不遗匹夫"。

【译文】

宋代史书上记载：宋太祖叩拜于宫殿，为其母南阳郡夫人杜氏，上皇太后的尊号。群臣恭贺。太后满怀忧思而不欢乐。身边群臣进言，道："我们听说母以子贵，今天儿子既成为天子，怎么反而不高兴呐？"太后说："我听说'为君难'，天子置身于亿兆庶民之上，如治理天下，能得其道，则臣民拥戴，这君位就可以尊崇，假如失去控制，再想当一平民也不可能了！以此，我所以忧虑呀！"太祖再次叩头，说："谨当受教。"

67 解裘赐将①

【原文】

宋史纪：王全斌②之伐蜀也，属汴京③大雪，太祖设毡帷④于讲武殿。衣紫貂裘帽以视事⑤。忽谓左右曰：我被服⑥如此，体尚觉寒。念征西将士，冲冒霜雪，何以堪处？即解裘帽，遣中使驰赐全斌。仍谕诸将曰：不能遍⑦及也！全斌拜赐感泣，故所向有功。

【注释】

①此篇出自《续资治通鉴长编》卷5，乾德二年十二月。《宋史》卷255、王全斌传。又见于《宋朝事实类苑》卷1，主要记述宋太祖感冬暮雪寒，立即解衣赐予西征将士的故事。教育后代主上必须关心百姓和下属。

②王全斌(908~976)：并州太原(今属山西)人。乾德二年冬，为忠武军节度。

命他为西川行营前军都部署,率军骑二万,诸州兵万人,由凤州路进讨。召示川陕地图,授以方略。四年正月十三日,师次魏城,蜀主孟昶奉表请降,自全斌等发自京师,至昶降仅用了66天。全斌率部进入成都。

③汴京:北宋以汴州为京都,故称汴京。即今河南开封市。

④毡帏:兽毛制成的毡片账幕。

⑤视事:治事,任职。多指政事。

⑥被服:穿,着。

⑦遍:全面,遍及。

【译文】

宋代史书上记载:王全斌伐蜀之际,适值汴京大雪。太祖设毛毡帐幕在讲武殿。穿着紫貂的皮衣皮帽处理政事。忽然对身边的人说:我穿着这样,身上还觉得寒冷。想念西征将士,冒着霜雪冲击,怎么承受?就脱下貂皮衣帽,派遣宦官马上赐给全斌。还要告诉诸将,说:不能普遍给予了!全斌拜谢,感动流涕,所以,所向取胜。

68 碎七宝器①

【原文】

宋史纪:太祖尝见蜀主孟昶②宝装溺器③命撞碎之。曰:汝以七宝饰此,当以何器贮食?所为如是,不亡何待!

【注释】

①此篇出自《宋史》卷3、"太祖本纪"。《宋朝事实类苑》卷1"祖宗圣训"。记述宋太祖撞碎蜀主孟昶宝装溺器的故事。

②孟昶:五代后唐明宗死,蜀王孟知祥称帝,国号蜀。孟昶继为后蜀国主卅年,王全斌灭后蜀,孟昶归降。

③宝装溺器:溺同尿,小便。谓孟昶所用七宝装饰溺器。

【译文】

宋代史书上记载:太祖曾看到后蜀国主孟昶装上宝石的溺器,命打碎它! 说:你以七块宝石装饰这个,该用什么样的器皿贮藏食物呐? 如此所作所为,不亡国还等什么!

69 受言书屏①

【原文】

宋史纪:太祖征处士王昭素为国子博士②。召见便殿,年七十余矣。令讲乾卦③,至九五飞龙在天④,昭素援引证据,因示讽谏微旨。太祖大悦。问治世养身之术。对曰:治世,莫若爱民;养身,莫若寡欲。太祖爱其言,书于屏几。

【注释】

①此篇出自《续资治通鉴长编》卷11。开宝三年(970)三月辛亥。《宋史》卷431,王昭素传。记太祖召处士王昭素议论《易》的故事。

②王昭素(894~982):开封酸枣(今河南延津西)人。少笃学不仕,有至行,为乡里所称。聚徒教学以自给。博通九经,兼习《老》《庄》、尤精《诗》《易》,著《易论》33篇。太祖以处士王昭素为国子博士,留月余,数求归。故致仕,年八十九,卒于家。处士,指未仕或不仕的士人。

③乾:为《易经》第一卦题目。指天。

④至九五飞龙在天:乾卦用三,即三个阳爻组成。爻,画成八卦的符号的长短横道。重卦三三,由六个阳爻组成。乾卦有六道称六爻。一为阳爻,称九。以上九五指倒数第五爻。卦辞:"飞龙在天,利见大人。"意谓龙飞在天上,见贵人有利。"飞龙在天,上治也"。意谓"飞龙在天"比喻在上位治国。

【译文】

宋代史书上记载:太祖征用处士昭素为国子博士,召见于便殿,年已七十多岁了。令他讲"乾卦",讲到"九五飞龙在天"。王昭素援引证据,因而暗示讽谏的精微含意。太祖大为忻悦。又问到治世养身之术。回答说,治世莫如爱民,养身莫如寡欲。太祖喜欢他的话,就写在屏风上。

70 戒主衣翠①

【原文】

宋史纪:永庆公主②尝衣贴绣铺翠襦入宫中③。太祖谓曰:"汝当以此与我,自今勿复为此饰。"公主笑曰:"此所用翠羽④几何?"太祖曰:"不然。主家服此,宫闱戚里必相效。京城翠羽价高,小民逐利,展转贩易,伤生浸广⑤,实汝之由。汝生长富贵,当念惜福,岂可造此恶业之端?"公主惭谢。

【注释】

①此篇出自《续资治通鉴长编》卷13,太祖、开宝五年秋七月。《宋史》卷3、本纪3。记述宋太祖指责公主,勿复穿翠羽衣襦的故事。

②永庆公主:宋太祖陈国大长公主,开宝五年封永庆公主,下嫁右卫将军、驸马都尉魏咸信。

③翠襦:翠,鸟名,青绿色。襦,自膝以上短衣。

④翠羽:翡翠之羽。翡翠是动物名,翠鸟。青绿色鸟羽。

⑤浸广:渐渐扩大。

【译文】

宋代史书上记载:永庆公主曾穿着贴绣铺翠的上衣进入宫中。太祖对她说:你应当把这件衣服给我,从今以后不要再这样装饰。公主笑道:一件衣服所用的翠羽才有多少?太祖说:不然!主家穿这样的衣服,宫廷贵戚之间必定互相效仿,京城之内,青色鸟羽价格就要提高,小百姓追逐私利,辗转贩卖,伤害生灵的事就逐渐扩大,归根结底是你带的头。你生长于富贵环境。应该珍惜幸福,怎么能造成这种坏事的起端呐?公主表示惭愧、谢罪。

71 竟日观书①

【原文】

宋史纪:太宗②勤于读书,自巳至申③,然后释卷。诏史馆修《太平御览》一千

卷④，日进三卷。宋琪⑤以劳瘁为谏。帝曰：开卷有益，不为劳也。朕欲周岁读遍是书耳。每暇日，则问侍读吕文仲⑥以经义，侍书王著⑦以笔法，葛湍以字学⑧。

【注释】

①此篇出自《宋史》卷265，李昉传。《续资治通鉴长编》卷18，卷24太宗、太平兴国二年(977)正月戊寅，八年十一月庚辰。又见于《宋朝事实类苑》卷2祖宗圣训。记述宋太宗天天勤奋读书，编纂大型类书的故事。

②太宗：太祖弟，初名匡义，改赐光义(939~997)，976~997在位。即位二年，改名炅。性嗜学，工文业，多艺能。太祖即位后，为殿前都虞候，领睦州防御使。任开封尹，兼中书令。封晋王，序班宰相之上。在位期间，继续推行统一全国的政策，迫降吴越，灭北汉，对辽用兵屡败。注意农田水利，鼓励开荒，社会生产有所发展，社会秩序比较安定。进一步加强了封建专制主义中央集权的统治。编纂了几部巨型类书，大规模扩大科举取士，增强了重文的风气。

③巳：上午九点至十一点。申，指下午三点至五点。

④太平御览：是一部篇幅巨大，卷帙浩繁的类书，所采多为经史百家之言。由于雕版刊印书籍盛行，而得以完整地保存下来。自太平兴国二年(977)开始编纂，用了六年半时间，于八年(983)完成。参与编纂的有翰林学士李昉等人。此书初名《太平总类》，又称《太平类编》《太平编类》。太宗为炫耀其好学，书将成时，命每天进呈三卷，故诏令改今名。是书在前代类书基础上，修葺增删而成，约四百七十万字。

⑤宋琪(917~996)：字叔宝，范阳蓟(今北京大兴)人。太宗即位，召赴阙，太平兴国三年，授太子洗马。八年擢拜右谏议大夫，同判三司。至道二年，拜右仆射。琪素有文学，在使府三十年，周知人情，尤通吏术。太平兴国九年，上谓琪等曰，在昔帝王多以崇高自处，颜色严毅，左右无敢言者。卿等但直道而行，无得有所顾避。

⑥吕文仲：字子臧，歙州新安人。在江左举进士。迁大理评事，掌宗室书奏。入朝，授太常寺太祝，稍迁少府监丞。预修《太平御览》《太平广记》《文苑英华》、改著作郎。太平兴国中，上每御便殿观古碑刻，辄召文仲等读之。尝令文仲读《文选》，又令读《江海赋》。以本官兼翰林侍读寓直御书院，与侍书王著更宿。时书学葛湍亦值禁中。太宗暇日，每从容问文仲以书史，著以笔法，湍以字学。

⑦王著：字知微。"伪蜀明经及第"。著善攻书，笔迹如媚，颇有家法。太平兴国六年，召见，赐绯，加著作郎、翰林侍书与侍读，更直于御书院。太宗听政之暇，以笔法为意，诸家字体，洞臻精妙。尝令中使持御扎示著，著曰："未尽善也。"太宗临

学益勤。又以示著，著答如前。诘其故，著曰：帝王始攻书，或骤善，则不复留心矣。久之，复以示著。著曰："功已至矣，非臣所能及。"其后，真宗尝对宰相语其事，且嘉著之善于规益，于侍书、待召中亦无其比。

⑧字学：研究文字形、音、义之学。

【译文】

宋代史书上记载：太宗勤于读书，从上午读到下午，方才放下书本。令史馆的学士编纂《太平御览》，共一千卷，每天进呈三卷。宋琪谏言恐过于劳累。太宗说：开卷有益，不算劳累呀！我打算用一年时间读完这部书的。每逢空暇日，就向侍读吕文仲问经典书义，向侍书王著问书法，向葛湍问文字学。

72 引衣容直①

【原文】

宋史纪：寇准②为枢密直学士③，尝奏事殿中，语不合，太宗怒起。准辄引帝衣，请复坐，事决乃退。太宗嘉之曰：朕得寇准，犹文皇④之得魏征也。

引衣容直

【注释】

①此篇出自《宋史》卷281，寇准传。记述寇准挽衣留谏，太宗容直嘉美的故事。

②寇准（961～1023）：字平仲，华州下邦（今陕西渭南东北）人。年十九，举进士。召试学士院，授右正言，直史馆。会诏百官言事，而准极陈利害，太宗越益器重之。擢枢密院直学士，判吏部铨。参决政事，正直敢言。真宗时，请帝御驾亲征，迫辽订澶渊之盟，封莱国公。著有《寇忠愍公诗集》。

③枢密院直学士：后唐始置，宋代沿置。掌侍从，备顾问应对，地位次于翰林学士。

④文皇：唐太宗李世民。

【译文】

宋代史书上记载：寇准任枢密直学士时，曾在殿廷奏事中，言语不合，太宗愤怒起身就走，寇准即上前拉住太宗的衣服，请他仍回座上，直到事情定下来才回去。太宗嘉奖他，说：我得到寇准，犹如唐太宗之得到魏征啊。

73 改容听讲①

【原文】

宋史纪:仁宗②初年,宰相王曾③,以帝初即位,宜近师儒,乃请御崇政殿西阁,名侍讲学士孙奭④、直学士冯元⑤讲《论语》。初诏双日御经筵。自是虽只日⑥,亦召侍臣讲读。帝在经筵,或左右瞻瞩,及容体不正,奭即拱立⑦不讲。帝为竦然改听。

【注释】

①此篇见于《宋史》卷431、孙奭传。《宋朝事实类苑》卷4、祖宗圣训。记述宋仁宗御经筵稍有失神,立即改容听讲。

②仁宗:赵祯(1010~1063),1022~1063在位。他初名受益。在位时虽经济、文化有所发展,然而土地兼并严重,国家财政空虚、辽夏屡次进犯。对西夏以岁币,对辽以增纳税以求和。致北宋形成积贫积弱局面。但史称"仁宗恭俭仁恕"。在位42年间,能"屈己爱民",此为以一定角度比较而言。

③王曾(978~1038):字孝先,青州益都(今属山东)人。咸平五年,进士第一。真宗初崩,内外汹汹,王曾正色独立,朝廷倚以为重。景祐二年,拜右仆射、兼门下侍郎、平章事,集贤殿大学士,封沂国公。

④孙奭(962~1033):字宗古,博州博平(今山东茌平西)人。初以经术进,守道自处。即有所言,未尝阿附取悦。仁宗即位,召为翰林侍讲学士,知审官院,判国子监,修真宗实灵。三迁兵部侍郎、龙图阁学士。每讲论至前世乱君亡国,必反复规讽。

曾摄"五经"切于治道者,为《经典徽言》五十卷。又曾奉诏校定诸经正义等。

⑤冯元:翰林学士兼龙图阁学士。乾兴元年仁宗初御经筵,时任侍讲,曾讲《论语》《老子》。并参与同修国史。尤精于《易》,与孙奭俱名大儒。

⑥只日:单日,对双日而言。

⑦拱立:抱拳,敛手。《论语·微子》:"子路拱而立"。

【译文】

宋代史书上记载:宋仁宗即位之初,宰相王曾,以皇上刚刚即位,应当接近儒

师。就请皇上至崇政殿西阁，召侍讲学士孙奭，直学士冯元讲《论语》。起初令双日开经筵。此后，虽单日也召侍臣讲读。皇上在经筵，有时左右瞻看，或面容身体不够端正。孙奭就拱手而立，不再讲课，皇上马上肃然改变过来，注意听讲。

74 受无逸图①

【原文】

宋史纪：龙图阁学士孙奭，尝画《书》"无逸"为图以进②。上命施于讲读阁。及作"迩英""延义"二阁成。又命蔡襄③写"无逸"篇于屏。

【注释】

①此篇出自《续资治通鉴长编》卷110、仁宗、天圣九年秋七月癸酉。《宋朝事实类苑》卷4、祖宗圣训。卷11、名臣事迹。《宋史》孙奭传。记述宋仁宗将"无逸"图书于屏风的故事。

②"无逸"图：《书》经、周书有"无逸"篇，为周公当年戒成王勿贪乐，荒废政事的一篇诰词，以其中故事绘成画图。

③蔡襄（1012～1067）：字君谟，兴化仙游（今属福建）人。举进士，为西京留守推官、馆阁校勘。进直史馆，兼修起居注，迁龙图阁直学士。襄工于书，为当时第一。仁宗尤爱之。以枢密直学士再知福州，闽人刻碑纪德。

受无逸图

蔡襄 宋仁宗

【译文】

宋代史书上记载：有龙图阁学士孙奭尝取《书经》"无逸"篇为题作画并献给仁宗，仁宗命人持在讲读阁里。后来，新造迩英、延义二阁成，又命馆阁校勘蔡襄把"无逸"一篇写在二阁之屏上。

75 不喜珠饰①

【原文】

宋史纪：仁宗宫中颇好珠饰。京师珠价腾涌，上患之。一日上在别殿，妃嫔毕集,所幸张贵妃②至,首饰皆珠。上望见,举袖掩面,曰:满头白纷纷的,没些忌讳。贵妃惭,起易之,上乃悦。自是禁中③更不戴珠,珠价大减。

【注释】

①此篇出自宋马永卿编《元城语录解》卷中,又见于宋胡仔撰《渔隐丛话》后集、卷19,和丁传靖辑《宋人轶事汇编》卷1,张后。记述宋仁宗斥责张贵妃奢侈浪费的故事。

②张贵妃:河南永安人。天圣二年立郭后时,即欲立张氏。庆历元年十二月以才人张氏为修媛。宠冠后庭。八年以扈跸功,为贵妃,宠爱日盛,出入车御华楚。元和元年正月贵妃张氏薨,年卅一。用后礼于皇仪殿治丧。追册为皇后,谥温成。

③禁中:秦汉制度,皇帝宫中称禁中,谓门户有禁,非侍卫及通籍之臣,不得入内。

【译文】

宋代史书上记载:宋仁宗宫里的人很喜好珠宝装饰,京城的珠宝价格猛涨。皇上愤怒这种现象。一天,皇上在别殿,妃嫔们全都到了。仁宗特别宠幸的张贵妃来时,首饰竟是满头珍珠。皇上远远看见,抬起衣袖遮住脸,说满头上白花花的,没个忌讳! 张贵妃感到惭愧,起身去换掉了,皇上这才忻悦。此后,宫里再也不敢戴珍珠,珍珠的价格也就降下来了。

76 纳谏遣女①

【原文】

宋史纪;仁宗时王德用②进二女,王素③论之,上笑曰:"朕真宗子,卿王旦④子,有世旧,非他人比,德用实进女,然已在朕左右,奈何?"素曰:"臣之忧正恐在陛下左右耳。"上动容,立命宫官遣女。素曰:"陛下既不弃臣言,亦何遽耶?"上曰:"朕若见其人留恋不肯行,恐亦不能出矣。"顷之,宫官奏宫女已出内东门,上乃起。

【注释】

①此篇出自王巩:《闻见近录》、邵博《闻见后录》卷一,并见《宋史》卷320王素传。记述宋仁宗听从王素的谏言遣送宫女的故事。

②王德用(980~1058)，宋郑州管城(今河南郑州)人，字元辅，年十七从父王超出击李继迁，累行内殿崇班、殿前左班都虞候、英州团练使等。仁宗即位后，领安德军节度使，定州路都总管，在定州任内，曾向仁宗进献两女子。

③王素(1007~1073)，宋大名莘县(今属山东)人，字仲仪，真宗时宰相王旦次子。庆历时，累迁知谏院，以论事无所畏惧，获仁宗嘉奖，擢天章阁待制、淮南都转运按察使等官。晚年官至工部尚书。

④王旦(957~1017年)宋大名莘县人。字子明。太平兴国进士，真宗时任同知柜密院事，参知政事，寇准对他屡加非议，但他却常称寇准之美，天禧元年(1017)罢相，还极力推荐寇准继任。

【译文】

宋代史书上记载：仁宗时王德用进献了两个女子，王素上书劝谏，宋仁宗笑着说："我是真宗皇帝的儿子，你是王旦的儿子，有世代旧交，不能和他人相比，王德用确实进献了女子，但已在我左右侍候了，怎么办？"王素说："我所忧虑的就是怕这女子在陛下左右侍候。"仁宗改变了态度，立刻命令内宫官员去送走女子。王素说："陛下既然听取了我的意见，何必这样急促呢？"仁宗说："我若见到这两个女子留恋不愿走时，也恐怕不能打发走了。"不一会儿，宫官来报告说：宫女已送出内东门了。仁宗才起身回去。

77 天章召见①

【原文】

宋史纪：仁宗幸龙图天章阁②，以手诏问辅臣及御史中丞③以上时政阙失，皆给笔札④，令即坐以对。时翰林学士张方平⑤条对四事，帝览奏惊异，诘旦更赐手札，问诏所不及者。侍御史何郯⑥乞诏两制⑦臣僚，自今有闻朝政阙失，并许上章论列，帝嘉纳之。

【注释】

①此篇出自《续资治通鉴长编》卷163，仁宗庆历八年(1048年)三月，并见《宋

史》卷11仁宗本纪三,卷318张方平传,记述宋仁宗在天章阁召见大臣听言纳谏的故事。

②龙图天章阁:即龙图阁和天章阁,龙图阁:咸平四年(1001)建,收藏太宗御书、御制文书,各种典籍等。景德中置龙图阁直阁学士、待制等官。天章阁,天禧四年(1020)建,收藏真宗御制文集、御书等,后置待制、侍讲、学士、直学士等官。

③御史中丞:宋御史台长官。

④笔札:即笔与纸。札,木简,古无纸,书于札。故曰笔札。

⑤张方平(1007~1091)宋应天宋城(今河南商丘)人。字安道,宋仁宗时,任知谏院,直集贤院,知制诰、权知开封府,进翰林学士,御史中丞。神宗时,任参知政事。反对王安石变法。

⑥何郯,宋成都人,字圣从。景祐进士,历监察御史、殿中侍御史。言事无所畏惧。英宗朝,移知永兴军及河南府。

⑦两制:指翰林学士知制诰、与其他官员加知制诰者。即内、外两知制诰。

【译文】

宋代史书上记载:仁宗到龙图天章阁,亲自下诏询问辅佐大臣和御史中丞以上官员,当前的政治有何差错,都给纸与笔,让他们就座,写下来回答。当时翰林学士张方平列举了四条,皇帝看了很是惊异,第二天早上又给他写了一个纸条,问昨天手诏中还有什么没有提到,殿中侍御史何郯上奏,请求下诏:内外知制诰官员从今以后听到朝政有差错处,准许上奏陈述。皇帝很高兴地采纳了。

78 夜止烧羊①

【原文】

宋史纪:仁宗尝语近臣,昨因不寐而饥,思食烧羊,曰:"何不取索?"曰:"恐遂为例。可不忍一夕之饥而启无穷之杀。"或献蛤蜊二十八枚,枚千钱,曰:"一下箸②费二十八千,吾不堪也。"

【注释】

①此篇出自宋魏泰《东山笔录》卷1、宋陈师道《后山谈丛》卷4,记述宋仁宗宁肯饿一夜肚子而不肯让做烧羊,爱惜民力的故事。

②下箸:用筷子夹菜。箸,筷子。

【译文】

宋代史书上记载:仁宗一天曾对近臣说:"昨天晚上因为睡不着觉而肚子饥,想吃烧羊肉。"近臣说:"为什么不令人去取?"仁宗说:"我怕由此成为定例,夜夜要做。岂能因为忍受一晚上的饥饿而开无穷的杀害生命"。一次有进献蛤蜊二十八枚,每枚值一千钱。仁宗说:"这一顿饭就要费二万八千钱,我不能忍受。"

79 后苑观麦①

【原文】

宋史纪:仁宗幸后苑,御宝岐殿观刈麦,谓辅臣曰:朕作此殿,不欲植花卉而岁以种麦,庶知稼穑之不易也。

【注释】

①此篇出自《续资治通鉴长编》卷166,仁宗景祐元年(1049)五月,纪述仁宗于后苑内观看割麦亲知稼穑的故事。

【译文】

宋代史书上记载:仁宗到后花园去,坐在宝岐殿观看收麦。对辅佐他的大臣说:我建立这座殿,不打算种植花和草,而每年种上麦,就能了解耕种和收获的困难了。

80 轸念流民①

【原文】

宋史纪:神宗②时东北大旱,诏求直言,郑侠上流民图,③疏奏,帝反复观图,长吁数四,袖以人内,是夕寝不能寐,翌日遂命开封体勘④新法⑤不便者,凡十有八事罢之,民间欢呼相贺。是日果大雨,远近沾洽⑥。

【注释】

①此篇出自《宋史》卷321,郑侠传,记述郑侠上《流民图》,宋神宗纳谏罢黜王安石新法不便于民者的故事。

②宋神宗:赵顼(1048～1085),英宗子,1067～1085年在位,熙宁二年(1069年)任用王安石,进行变法。图谋富强。熙宁七年(1074年)部分新法停止。死后新法被废。

③郑侠(1041～1110)宋福州福清(今属福建)人,字介夫,治平进士,任光州(今河南潢川县)司法参军。熙宁七年,天久旱不雨,郑侠绘《流民图》上奏神宗、称新法不便。次日罢黜新法不便者十八事。后因指斥吕惠卿被编管英州(今广东英德),哲宗时始归。

④体勘:即体察查看。

⑤新法:指王安石变法时实行的法令。

⑥沾洽:雨泽沾足,恩泽普及。

【译文】

宋代史书上记载:宋神宗时,东北方大旱,下诏征求直言,郑侠进上流民图的奏书,皇帝反复观看,长叹多次,把图置于袖内回宫,这天晚上睡不着觉,第二天便命令开封府查看新法不便于百姓者,共有十八件事废除了。老百姓们欢呼互相庆贺,这天果然天下大雨,远近地方都受到了雨水的好处。

81 烛送词臣①

【原文】

宋史纪:苏轼②为翰林学士③,尝宿禁中,召见便殿,太皇太后④问曰:"卿今何官?"对曰:"待罪翰林。"曰:"何以遽至此?"对曰:"遭遇太皇太后皇帝陛下。"曰:"非也,此先帝⑤意也,先帝每诵卿文章,必叹曰:'奇才奇才。'但未及进用卿耳。"轼不觉哭失声,太皇太后与帝亦泣,左右皆感泣。已而命坐赐茶,撤御前金莲烛送归院。

【注释】

①此篇出自《宋史》卷338 苏轼传,记述宋哲宗重用苏轼的故事。

②苏轼(1037~1101)宋眉州眉山(今属四川)人,字子瞻,号东坡居士。嘉祐进士。曾任开封府推官,因上言王安石新法不便,下狱,出为黄州团练副使。哲宗即位后,起为起居舍人,翰林学士。后以"诽谤先帝"罪贬官惠州(今广东)。再贬昌化军(海南琼州)安置。元符三年(1100年)赦还,次年病死。

③翰林学士:即翰林侍读学士、翰林侍讲学士,为皇帝进读书史、讲释经义,备顾问。

④太皇太后:即宋英宗高皇后(1032~1093年),宋亳州蒙城(今安徽)人,生神宗,神宗即位后尊为皇太后,哲宗立,尊为太皇太后、哲宗时年八岁,由太皇太后垂帘听政。

⑤先帝:指宋神宗。

【译文】

宋代史书上记载:苏轼任翰林学士时,一天在宫内值夜班,被召见于便殿,太皇太后问他:"你今任何官?"回答说:"待罪翰林。"又问:"何以很快能任此官?"回答说:"受到太皇太后和皇帝的恩遇。"太皇太后说:"不是的,这是先帝的意思,先帝每次读到你的文章,必感叹地说,奇才奇才,还没来得及提拔和任用你罢了。"苏轼不觉失声哭泣,太皇太后和皇帝也哭了。皇帝左右侍候的人也都感动得流了泪。随即命他坐下并赐茶吃,取下皇帝前面用的金莲蜡烛送苏轼回翰林院。

述语

【原文】

右善①可为法者八十一事，臣等既论次终篇，乃作而叹曰：嗟乎！孟轲称：五百年必有王者兴"②，传曰："千年一圣，犹旦暮也"③，讵不信哉④！夫自尧舜以至于今，代更几世，主更几姓矣，而其可取者，三十余君而已。中间又或单举一善，节取一行，究其终始，尚多可议。其完善烁懿、卓然可为世表者，才什一耳，可不谓难哉！

天佑我明，圣神继作⑤。臣等尝伏读我祖宗列圣《实录》⑥，仰稽创守鸿规⑦，则前史所称圣哲之事，无一不备者。略举其概：如二祖之开基靖难⑧，身致太平，则尧舜汤武功德并焉⑨。典则贻休⑩，谟烈垂后⑪，则汉纲唐目⑫，巨细具焉。昭皇帝之洪慈肆宥⑬，培植国脉、则解网泽骨之仁也⑭。章皇帝之稽古右文⑮，励精图治，则宏文、延英之轨也⑯。睿皇帝之聘礼处士⑰，访问治道，则蒲轮玄纁之举也⑱。纯皇帝之亲爱诸王⑲，厚遇郎邸⑳，则敦睦友于之风也㉑。敬皇帝之延见群臣，曲纳谠言㉒、则揭器止辇之明也㉓。肃皇帝之心存敬一㉔，治本农桑，则《丹书》《无逸》之箴也㉕。皇考穆宗庄皇帝之躬修玄默㉖，服戎怀远，则垂衣舞干之化也㉗。其他片言之善，一事之美，又不可以殚述。盖明兴才二百余年，而圣贤之君，已不啻六七作矣。以是方内乂安㉘，四夷宾服㉙，重熙袭洽㉚，迭耀弥光㉛，致治之美，振古罕俪焉㉜。猗欤休哉！岂非乾坤光岳之气㉝，独锺于昭代㉞；河清里社之兆㉟，并应于今日哉！《诗》曰㊱："下武维周，世有哲王""王配于京，世德作求。"我明盖轶有周而特盛矣。今皇上睿哲挺生㊲，膺期抚运㊳，又将觌光扬烈㊴，以远追二帝三王之治焉㊵。臣等何幸，躬逢其盛！

【注释】

①述语：是张居正为上、下两册末尾写的两段小结。万历初年《帝鉴图说》刻本俱附卷末。《张太岳集》明刻本编入第七卷。清光绪田桢刻本编入第三卷。

②五百年必有王者兴：此句出于《孟子》第四篇，公孙丑（下）。《颜氏家训、慕贤》"千载一圣，犹旦暮也"。

③千年一圣：谓经历千年，圣人乃一出。

④讵：副词，岂。

⑤圣神继作：圣，君主专政时代对帝王之尊称。《礼》"大传"："圣人南面而治天下"。神：谓神明的皇帝。神圣，此谓对明君的尊称。作，兴起。

⑥实录：专记某一皇帝统治时期的国家大事。为编年体史书。明代以前的实录大都失传。明代专设实录馆，专司其事，所存者基本上是完整的。

⑦仰稽创守鸿规：仰，仰望思慕。稽，考。创守，创业与守成。鸿，大。规，规范，法度。

⑧二祖之开基靖难：明太祖朱元璋开创大明王朝基业，实现洪武之治。成祖朱棣，乃元璋第四子，封燕王，驻北平。建文朝用齐泰、黄子澄谋略，削除诸藩权力时，朱棣起兵南下，指齐、黄为奸人，号称起兵靖难，攻破南京，取代皇位，开创永乐盛世。

⑨尧舜禹汤文武功德：指唐尧、虞舜、夏禹、商汤、周文王、周武王。功德，功业与德行。

⑩典则贻休：典则，典制。贻，遗留。休，善美。

⑪谟烈垂后：谟，谋划。烈，功业。垂，留传。

⑫汉纲唐目：汉唐盛世治理国家的纲目，即其典章法制。

⑬昭皇帝：仁宗朱高炽谥号，成祖长子。继成祖为帝，在位一年。仁宗执行较为宽仁的政策，如放宽刑罚，赈恤灾民，宥赦建文臣属等，以此称之为。"洪慈肆宥"。宥，宽免赦罪。

⑭解网：《史记·段本纪》讲，汤外出，见野张网四面，乃去其三面。诸侯闻之，认为汤仁德，恩泽及于禽兽，于是纷纷归附。泽骨，《吕氏春秋·异用》说，周文王使人掘地，掘出死人骸骨，令官吏以衣棺收殓，换个地方埋葬。天下人闻知文王贤德，泽及枯骨，何况于人呐！

⑮章皇帝：宣宗朱瞻基谥号，仁宗长子。稽古右文，渭重视考察古典政治文化，提倡文治。

⑯宏文延英之轨：宏同弘，沿袭唐太宗弘文馆，唐宪宗于延英殿讲学勤政的道路。唐初设弘文馆，选当时之名士入馆讲学论政。延英指唐宪宗与宰相李绛、裴度于延英殿论治道，汗透御服，不知疲倦。

⑰睿皇帝：英宗朱祁镇谥号。宣宗长子。聘礼处士，谓天顺二年，授处士吴与弼左谕德之官位，辞不就职，后送回故里。

⑱蒲轮玄纁之举：蒲轮，以蒲草包裹车轮，取其安稳。《汉书·武帝纪》："遣使者，安车蒲轮，束帛加璧，征鲁申公"。玄纁，黑色的币帛，聘请贤士的礼物。意谓征聘贤士，以示敬意的举动。

⑲纯皇帝：宪宗朱见琛谥号，英宗长子。亲爱诸王，指成化二年，封弟见治为忻王，见沛为徽王。

⑳厚遇郕邸：成化十一年，复郕王帝号。郕王为宣宗次子，英宗即位，封郕王，正统十四年八月，土木之变，英宗为瓦剌所俘，皇太后命王监国，九月即皇位，遥尊英宗为太上皇帝，以明年为景泰元年。八年，英宗复辟，废帝为郕王，幽杀于西内。

㉑友于：兄弟之间的友爱。《书·周书·君陈》"惟孝友于兄弟"。《尔雅·释训》"善父母为孝，善兄弟为友"。敦睦，笃爱和睦。

㉒曲纳谠言：曲，委婉曲折。谠言，正直的话。敬皇帝，孝宗朱祐樘谥号，宪宗第三子，为中兴令主。他能经常临朝听政，接见群臣，虚心纳谏。如弘治十年，召大学士刘健、李东阳、谢迁于文华殿议庶政，后以为常。又多次以灾异之故，下诏求直言。如弘治二年秋，以京师霪雨，南京大风雷之变，修省，求直言等，此即所谓"曲纳谠言"。

㉓揭器止辇之明：贤明如夏禹的揭器，汉文帝的止辇。揭器，夏禹为多听取臣民的意见，乃将钟鼓、磬、铎、鞀五种乐器，挂在外面，有所告诉，即击应击之器，便会被召见。止辇，指汉文帝虚心纳谏。《汉书·袁盎传》"陛下从代来，郎官上书疏，未

尝不止辇受其言"。辇,皇帝乘坐的车子。

㉔肃皇帝:世宗朱厚熜谥号。宪宗孙。武宗朱厚照死,无子,乃继位为皇帝。

㉕丹书无逸之箴:如同用《丹书》《无逸》来做自己的铭箴。《丹书》,《大戴礼、武王践阼》武王然后召师尚父而问焉,曰"黄帝颛顼之道存乎?师尚父曰:在丹书。"武王乃将《丹书》中的话,作为自己的座右铭。《无逸》《尚书、周书》篇名。宋仁宗赵祯把孙奭画的"无逸图"挂在讲读阁。又命蔡襄把《无逸》篇全文写在阁屏上,以备随时观览,作为鉴戒。

㉖穆宗庄皇帝:朱载垕庙号穆宗,谥庄皇帝,世宗第三子。躬修玄默,清静无为之意。《汉书、刑法志》:"孝文即位,躬修玄默"。

㉗垂衣舞干之化:不用武力,即为被化。垂衣出自《易·系辞下传》:"黄帝、尧、舜垂衣裳而天下治,盖取诸《乾》《坤》"。黄帝始制衣裳,垂示天下。其意无为而治。舞干,即干舞,古代武舞之一种。全名是说以文治达到国家安定。

㉘方内乂安:方内,指四方边境以内。《史记·文帝纪》:"赖天地之灵,社稷之福,方内安宁"。乂安,太平无事。

㉙四夷宾服:四境以外的少数民族统治者,臣服入贡之意。四夷,东夷、西戎、南蛮、北狄,统称四夷。这是古代统治者对少数民族的蔑称。

㉚重熙袭洽:重,再。熙洽,谓时世清明和乐。《汉书、班固传》"重熙而累洽"。

㉛迭耀弥光:一个一个都很光彩。迭,更替。

㉜振古罕俪:自古以来很少可以相比。振,自。俪,比。

㉝乾坤光岳之气:天地山川之灵气。乾坤,此谓天地。光岳,三光(日、月、星),五岳,东岳泰山、西岳华山、南岳衡山、北岳恒山、中岳嵩山。

㉞锺于昭代:锺,聚集。昭代,清明的时代。古代人臣用以称颂本朝。

㉟河清里社之兆:河清,黄河多挟泥沙,水常混浊,古人以河清为祥瑞征兆。里社,民户聚居之地。社,古代地方区域名称。

㊱《诗》曰四句:出自《诗、大雅、下武》"下武维周,世有哲王",能继承祖先的是周朝后人,世代之王都英明。"王配于京,世德作求",武王配世德于镐京,世世积德功业成。

㊲挺生:秀异突出,杰出。

㊳膺期抚运:承当天意据有美好时运。《书、周书、武成》:"诞膺天命",是说愿敬承天意。膺,承当。期,运。抚,据有。

㊴觐光扬烈:表现发扬光辉的业绩。烈,功业。

㊵二帝三王:指尧舜二帝,夏禹、商汤、周文王三王。

【译文】

以上是善可为法的八十一事,我们既论述终了,则就此书之作而感叹说,哎呀!孟子说"每五百年必有王者兴起。"据解释说,一千年出个大圣人,犹如一个日夜。岂不可以证实吗!从尧舜以至于如今,几经世代更替,君主更换了多少家,可是其中值得称许的,不过卅多位国君而已。有的单举一件好事,有的仅摘取其一言一行。然而追究他从始至终的一生,还有很多可以议论的地方。那些具有完美盛德,高超不凡，足可以作为世代表率的，才十分之一，可以说是很艰难么！

上天保佑我大明王朝，神圣相继而起。我们曾经恭敬的阅读二祖列宗先圣的《实录》，以仰慕之情考察了创业守成的宏伟法度，那么前代历史上所称之为至圣明哲的事，没有一点是不具备的。大略举出它的概况：比如，二祖开创基业，举兵靖难，亲身致使天下太平，乃是尧舜汤武之功业德行的总和。精美的典章制度遗留下来，宏伟的谋略功业传之后代，汉唐盛世的大纲细目都具备了。

昭皇帝的宽宏仁慈，培育了国家命脉，乃是商汤解网之恩，周文王泽及枯骨的仁德呐！

章皇帝的尊古考史，倡导文治，刻苦自励，细心求治，就是唐代的太宗弘文、宪宗延英的道路呐！

睿皇帝的礼聘处士吴与弼，访求治国之道，就是汉武蒲轮玄纁的举动呐！

纯皇帝的亲爱诸王，厚待郕王及其后人，就是古代所提倡的兄弟之间笃爱和睦的风气呀！

敬皇帝的接待群臣，委婉采纳正直的意见，就属于夏禹揭器，汉文止辇的明智呐！

肃皇帝的发自内心，尊崇敬一之道，治理农桑为根本，就是《丹书》《无逸》的规谏之言呐！

皇父穆宗庄皇帝的清静无为，不用武力，使边远夷狄被制伏而向化！

其他，有的是一句话讲得好，有的是一件事传为美谈，又是不可描述净尽。可是明朝兴起才二百多年，圣贤的君主，已不只六七代了，因此四方边境太平无事，四境以外的夷狄表示臣服，时世清明和乐，一代又一代都富有光彩。至于治世的美景，自古以来很少可以相比。幽美极了！岂不是天地山川的灵气，唯独集聚于本朝清明之世。民户聚居之地，河清之征兆，都应验于今日了！《诗》经说："能继承祖先的是周朝后人，世代之君，都很英明。""武王配世德于镐京，世世代代积德，功业大成。"我们大明王朝是超越周朝而特别兴盛啊！当今的皇上秀异突出，承当皇位据有美好的时运，又要发扬光辉的业绩，从而遥追尧、舜、禹、汤、文、武的治世。我们亲身遇到这个盛世，是何等幸运啊！

下篇　狂愚覆辙

1 游畋失位①

【原文】

夏史纪:太康即位②,荒逸,不恤国事。畋猎于洛水之表,十旬弗返。有穷后羿③因民之怨④,拒之于河,弗许归国。厥弟五人⑤,作歌以怨之⑥。太康失国,居阳夏⑦。

【注释】

①此篇出自《尚书·夏书·五子之歌》,并见《史记·夏本纪》,记述夏代君主太康荒淫失国的故事。

②太康:夏代第三代君主,大禹的孙子,启的儿子,因荒淫暴虐,被有穷氏后羿所逐。

③不恤:恤,顾虑,忧虑。不恤国事,不考虑国家大事,只顾自己享乐。

④有穷后羿:有穷,即有穷氏,中国古代氏族部落名称,据传该部落首领为后羿,以善射闻名,推翻夏代统治,夺得太康的王位、不久因喜狩猎,不理民事,被家众所杀。

⑤厥:代词,他的。

⑥怨:责备。作歌:见《尚书·夏书》,即《五子之歌》。

⑦阳夏:古地名。秦置县。治所在今河南太康县。隋开皇七年(公元587年)改名太康。

【译文】

夏代史书上记载:太康即位后,只顾自己荒淫、逸乐,不考虑国家大事。他到洛水以外,很远的地方去打猎,一百多天还不回朝。这时,他的大臣有穷氏部落首领后羿,把老百姓恨他,当作借口,到河边上挡住他,不许他回到都城。他的五个弟弟听说这件事后,也跑到河边上,遥望不得归国的太康,作了五首歌来责备他。太康就这样

失去父祖建立的夏朝,后来只好居住在阳夏。

2 脯林酒池①

【原文】

夏史纪:桀伐有施氏,得妹喜②。喜有宠,所言皆从,为瑶台③、象廊④。殚百姓之财⑤,为肉山脯林⑥。酒池可运船,糟堤可以望十里,一鼓而牛饮者三千人⑦。妹喜笑,以为乐。

【注释】

①此篇出自《国语·晋语一》。叙述夏桀暴虐、纵欲,导致亡国的故事。

②妹喜:人名。夏桀的妃子,有施氏之女,有施氏是出自喜姓的一个分支。当夏桀打败了有施氏后,有施氏被迫把妹喜进献给他。妹喜受他的宠爱。后来商汤灭夏,桀和妹喜南奔而死。楚辞《天问》中,写作妹嬉,《吕氏春秋·慎大》作末嬉,《荀子·解蔽》《史记·外戚世家》《汉书·外戚传》作末喜。

③瑶台:美玉砌成的台。瑶,美玉。

④象廊:用象牙雕刻而成的画廊,是说极其华贵。

⑤殚:尽,竭尽。

⑥脯:干肉。

⑦牛饮:像渴急了的牛饮水那样地饮酒。

【译文】

夏史上记载:夏桀打败了有施氏,有施氏把妹喜送给了他。妹喜受到桀的宠爱,她说的话,桀全都听从。还为她建造了美玉砌成的台,象牙雕刻成的画廊,等等。把百姓的财产用尽了,使宫中有肉山和脯林。大酒池内有船划动,造酒耗费的粮食堆成了一个高大的糟堤,登上去可远望十里。桀一声号令,命人击鼓,像渴急了的牛饮水那样,跑到酒池边饮酒的,达三千人。妹喜见此情景喜笑颜开,桀以此为乐。

3 革囊射天①

【原文】

商史纪:武乙无道②,为偶人,谓之天神。与博不胜而戮之③。为革囊盛血,仰而射之,谓之射天。在位五年,猎于河渭之间,暴雷震死。

【注释】

①本篇出自《史记·殷本纪》。叙述了殷纣王前三代君主武乙无所顾忌,任意妄为的故事。
②武乙:殷代君主名,以射天神著称于史。
③博:赌博。

【译文】

商代史书上记载:商王武乙不敬道尊人,他让人做了个偶人,把这个假的偶人叫作天神。并且和这个偶人赌博,如果偶人不能取胜,便把它砍碎,以此表示不敬天信神。他还让人在皮口袋中盛满血,再把它吊在高高的木杆上,抬头搭箭射这个盛满血的皮口袋,说这是在射天。他在位五年,后来在黄河与渭水之间打猎时,被暴雷震死。

4 妲己害政①

【原文】

商史纪:纣伐有苏②,获妲己③。妲己有宠,其言是从④,作奇技淫巧以悦之。使师延⑤作朝歌⑥北鄙之音⑦、北里之舞⑧、靡靡之乐。造鹿台⑩,为琼室玉门。厚赋敛,以实鹿台之财,盈钜桥之粟⑪。以酒为池,悬肉为林。使男女裸而相逐。宫中九市⑫,为长夜之饮。百姓怨望,诸侯有叛者,妲己以为罚轻,威不立。纣乃为铜柱,以膏涂之,加于炭火之上,令有罪者行焉。辄堕炭中⑬,以取妲己笑。名曰:炮烙之刑⑭。

①此篇出自《史记·殷本纪》，叙述商代末世帝王纣，因宠信妲己而亡国的故事。

②有苏：是商朝一个诸侯国名。

③妲己：有苏氏漂亮女子，因被商纣王宠信而闻名于史。姓己，名妲。

④其言是从：听从她的话。

⑤师延：商纣王时的宫廷乐官。作靡靡之乐，以供商纣王淫乐。到武王伐纣时，师延被迫东走，到达濮水（一说为汨罗江）而投水自杀。

⑥朝歌：一、地名，商朝都城，武乙所建。纣王在那里纵欲享乐。二、宫廷乐歌。本文应为后者之意。

⑦北鄙之音：鄙，是边境；北鄙，是国家北部边境地区。这一地区生活着蛮族，放纵，因此被中原人视为不文明、野蛮。他们的音乐歌舞放纵地表现情欲，也被视为有害身心健康的。

⑧北里之舞：北里是古代舞曲的名字。晋代阮籍《咏怀诗》："北里多奇舞，濮上有微音"。可见，北里之舞与北鄙之音都源于北方的蛮族。而又都是师延加工后，引入商代宫廷，以供纣王淫乐的。

⑨靡靡之乐：指师延所作供纣王享乐的音乐作品，后来泛指一切使人精神萎靡不振，沉浸于声色的音乐作品。

⑩鹿台：是商纣王所筑，故址在今河南汤阴县朝歌镇南。刘向《新序·刺奢》："纣为鹿台七年而成，其大三里，高千尺，临望云雨。"纣王在鹿台聚积民脂民膏，当周武王攻进朝歌，商纣登鹿台自焚而死。周武王散鹿台之财，以赈贫民。

⑪钜桥：商代粮仓所在地。在今河北曲周县东北。商纣王向百姓多征赋税，使钜桥的粮仓充盈。当周武王灭商后，发钜桥中的粟，赈济贫民。

⑫九市：九，应是虚指，意思是商纣王在宫设置了多种市场，以交易为名搜刮民财。

⑬辄：便，就。

⑭炮烙之刑：是商纣王时设立的肉刑。对此刑施刑情况的另一说法是：把人捆绑在中空的铜柱之上，从底下加薪烧火，以烙烤受刑之人。

【译文】

商史上记载：纣王攻打有苏国取胜后，得到了有苏国进献的美女妲己。妲己受到纣王的宠爱，只要是她说的话，没有不听从的。还为了让妲己高兴，制作各种奇

异、精巧的玩物,以供妲己玩乐。让宫中乐师师延作朝中乐歌,其中有北方蛮族的音乐、歌舞等,全都是纵情声色,使人精神萎靡不振的乐舞。他还建造储存财物的鹿台,装有昂贵的美玉做成的门的琼室,以供享乐。为了充实鹿台的财物、奢侈品,为了装满钜桥仓库中的粟米,他向百姓疯狂地征收赋税,以搜刮、聚敛钱财。他在朝歌装满了酒池,到处悬挂着烤肉,让男女裸体在这酒池肉林中相互追逐戏闹。他在宫中有多种买卖的商市,以供那些长夜豪饮的王公大臣之需。百姓们愤愤不平地表现他们的不满,诸侯中也有人叛乱,妲己认为,这是由于处罚得太轻,纣王的淫威显示的还不够。于是,纣王便让制造一个铜柱,上面涂满了光滑的膏油,然后放在火上烧烤,命令那些被判有罪名的人,在这灼炀而光滑的铜柱上行走。当看到这些人纷纷堕入燃烧的木炭中时,妲己纵笑不止。这就是有名的炮烙之刑。

5 八骏巡游①

【原文】

周史纪:穆王②臣造父③善御,得八骏马④。王使造父御之,西巡乐而忘返。东方徐夷⑤,乘间作乱,周乃中衰。

【注释】

①本篇出自《穆天子传》《史记·赵世家》,叙述周穆王只顾巡游、导致内乱而使王业中衰的故事。

②穆王:即周穆王,昭王之子,各满。他西击犬戎,东征徐夷。《尚书》中的《君牙》《同命》《吕刑》相传为穆王诰谕。《穆天子传》演述其乘八骏西行见西王母的故事。

③造父:周代善于驯马驾车的人。他曾取骏马献给周穆王,得赐赵城,由此为赵氏。事见《史记·赵世家》。

④八骏:相传周穆王有八匹骏马,名目记载不一。《穆天子传》上记为:赤骥、盗骊、逾轮、山子、渠黄、华骝、绿耳。《列子·周穆王》略有改动。《拾遗记》则变动很大。

⑤徐夷:周代东方夷人中的一个诸侯国。周穆王时,徐夷的国君是徐偃王。当周穆王西游时,诸侯只尊偃王。后来,穆王令楚出兵灭掉徐夷。参见《荀子·非相》《史记·秦本纪》《水经注·济水》等。

周朝史书上记载：穆王有个叫造父的大臣善于驯马驾车，精选了八匹骏马献给穆王。穆王便让造父为他驾车，向西巡游玩乐，以至于都忘记了归朝治理朝政。当穆王巡游无度时，东方夷人的徐国，乘机作乱，导致强大的周朝中道衰落。

6 戏举烽火①

【原文】

周史记：幽王②嬖③爱褒姒，褒姒不好笑，王说之万方，故不笑。王与诸侯约，有寇至，举烽火为信，则举兵来援。王欲褒姒笑，乃无故举火，诸侯悉至，至而无寇，褒姒大笑。后犬戎伐王，王举火征兵，兵莫至。戎杀王于骊山下，掳褒姒。

【注释】

①本篇出自《国语·晋语一》《史记·周本纪》。叙述周幽王为博得宠妃褒姒一笑，而以烽火戏诸侯，导致国破身亡的故事。烽火：是古代报警的信号。

②幽王：周幽王（？～前771年）。宣王子，名宫湦。宠爱褒姒，生伯服。废申后及太子宜臼，立褒姒为后，以伯服为太子。申侯怒，联合犬戎攻幽王，杀之于骊山下。西周因此而亡。

③嬖：宠爱。

【译文】

周代史书记载：周幽王宠爱褒姒，褒姒不爱笑，周幽王想尽各种办法，想逗褒姒笑。越是这样，褒姒越是故意不笑。本来，周王与各国诸侯王约定，一旦有敌寇入侵，便点燃烽火作为信号，大家见到烽烟升起，就立刻带兵前来援救。周幽王为了博得褒姒一笑，便无缘无故地点燃烽火，诸侯全都带兵前来救援，来到之后才发现并无敌寇，褒姒大笑不止。后来，犬戎攻打周幽王，他再举烽火请求诸侯援救，可是，救兵全都没有到达。犬戎在骊山脚下杀死了周幽王，把褒姒也掳走了。

7 遣使求仙①

【原文】

秦史纪:始皇帝东巡海上,遣方士齐人徐市②等,入海求蓬莱、方丈、瀛洲三神山③,及仙人不死之药。市等诳始皇,言未能至,望见之焉。请得斋戒④,与童男、女,及百工之事求之,即得之矣。始皇从其言,使童男女三千人,与百工之事偕往⑤。徐市止,王,不来⑥。

【注释】

①本篇出自《史记·秦始皇本纪》,参见《史记·淮南王传》《括地志》。叙述了秦始皇听信方士徐市的诳骗,求不死之药的故事。

②徐市:即徐芾、或徐福。秦朝的方士,齐人。曾上书秦始皇,说海上有三神山,有仙人居住。于是,秦始皇派他率领三千童男童女入海求仙。

③蓬莱、方丈、瀛洲:古代传说中三座仙山。《史记·封禅书》:"自威、宣、燕、昭使人入海求蓬莱、方丈、瀛洲。此三神山者,其传在勃海中。"到了汉代,汉武帝在山东东莱郡黄县,望见海中蓬莱山,因此筑城以为名。唐贞观八年置蓬莱镇,后又置蓬莱市。

④斋戒:本文指供奉神佛的食品、礼品。

⑤百工:指各种工匠。《周礼·考工记》注曰:"百工,司空事官之属,司空掌营城廓,建都邑,立社稷宗庙,造宫室、车服、器械百工者。"

⑥王不来:这里的"王",作动词,指徐市称王,不再回到秦朝。

【译文】

秦代史书上记载:他向东巡游到海上,派遣方士徐市等人,入海寻求传说中的蓬莱、方丈、瀛洲三座神山,以及神山上的仙人所用的长生不死之药。徐市等人诳骗秦始皇,说他们虽然未能到达三神山,却曾经望见过海上这三座神山。向秦始皇请得供奉神仙用的各种珍贵的供品、礼物,和童男、童女,以及各种有技艺的工匠,就会求得。秦始皇听从了他们各种骗人的谎言,召集了童男、童女三千人,还有具备各种技艺的工匠,随同徐市前去。徐市停在那里,自称为王,不再回来。

8 坑儒焚书①

【原文】

秦史纪:始皇三十四年,用李斯之言②,烧《诗》《书》、百家语。有敢偶语《诗》《书》者弃市③,以古非今者族④,吏见知不举者与同罪。所不去者,惟医药、卜筮、种树之书。侯生、卢生相与讥议始皇。因亡去。始皇闻之大怒曰:诸生为妖言,以乱黔首⑤。使御史案问,诸生转相告引,犯禁者四百六十余人,皆坑之⑥。

【注释】

①本篇出自《史记·秦始皇本纪》。叙述秦始皇焚书坑儒的故事。

②李斯:(？~前208)楚上蔡人。初为郡小吏,后以荀卿为师。入秦,初为吕不韦舍人,后被秦王政任为客卿。不久,官为廷尉。统一六国后,任丞相。反对分封制。主张禁私家之学,焚毁《诗》《书》。秦始皇死后,他与赵高合谋,伪造遗诏,迫使长子扶苏自杀,立少子胡亥为秦二世。后为赵高所忌,被杀。

③弃市:处以死刑。《礼记·王制》:"刑人于市,与众弃之。"

④族:这里意思是"灭族",即诛杀全族。

⑤黔首:战国及秦朝称国民为黔首。《史记·秦本纪》:"二十六年,……更名民曰黔首。"黔,意思是黑。黔首,指面目黧黑的民众。

⑥坑:活埋。

【译文】

秦史上记载:秦始皇三十四年采纳丞相李斯的建议,烧毁了《诗经》《尚书》等儒家经典,及诸子百家的各种典籍。并且下令:如果有人胆敢与别人谈论《诗经》《尚书》等焚毁的书籍,就要被处以死刑;对那些以古非今的人,不仅处死本人,还要诛杀与他同族的全部成员;如果官吏看到、知道上述情况不举报,也被处以同样的刑罚。只有医药、占卜算卦、种树的书,不烧毁。侯生、卢生这两个儒生在一起讥讽、议论秦始皇,因为害怕就逃亡了。秦始皇听说这件事后,大怒,说:这些儒生用妖言惑众,来使百姓动乱。他命令御史抓起部分儒生拷问这件事,儒生们相互揭发、连累,结果有四百六十多人,犯有违背上述禁令的行为,秦始皇下令把他们全部

活埋了。

9 大营宫室①

【原文】

秦史纪:始皇以先王宫廷小,乃营朝宫渭南上林苑中②。先作前殿阿房③,东西五百步,南北五十丈。上可以坐万人,下可以建五丈旗。周驰为阁道,自殿下直抵南山,表山颠为关。复道渡渭,属之咸阳。计宫三百,帷帐、钟鼓、美人充之,各案署不移徙。

【注释】

①本篇出自《史记·秦始皇本纪》,记述秦始皇穷奢极欲,大造宫室的故事。

②上林苑:秦都咸阳时始建,始皇三十五年(公元前212年)营建朝宫于苑中,阿房宫即其前殿。汉初荒废,高帝十二年(公元前195年),许民入苑开垦。武帝时,又收为宫苑,周围至二百多里,苑内放养禽兽,供皇帝游玩射猎,并建高宫、观、馆数十处,司马相如《上林赋》极言其侈。故址在今陕西西安市西及周至、户县界。

③阿房宫:秦代著名的大建筑。是秦始皇朝宫的前殿。始筑于始皇三十五年(公元前212年),遗址在西安市西阿房村(俗名郿鄂

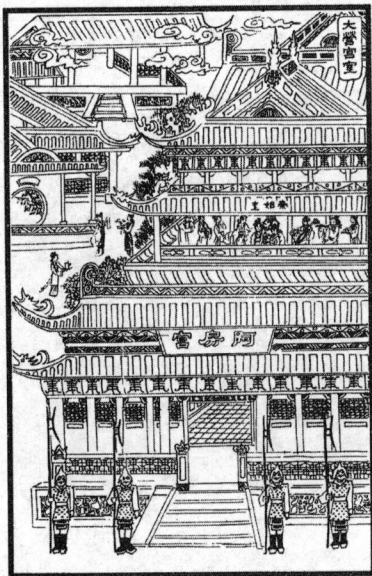

岭)。全部工程至秦亡时还未全部完成,故未正式命名,时人因此殿所在地名为阿房,即称之为阿房宫。其规模极为宏大。秦亡时被项羽焚毁。现尚存高大的夯土台基,高约7米,长约1000米。是全国重点文物保护单位之一。

【译文】

秦朝史上记载:当秦始皇统一六国后,因为秦国朝廷小,就在渭河南岸的上林苑中营建朝宫。首先动工修建前殿阿房宫。东西五百步,南北五十丈。上面能够坐下万人,下面可以建五丈旗。宫殿周围,都开辟了可供驰走的高阁道,从前殿下一下抵达南山,在南山顶上竖立起高大的阙门,卫护着朝宫。又修一条复道,跨越渭水,把渭水变成了都城咸阳的护城河。宫殿共有三百,里面陈设着帐幔帷幕,钟鼓器乐,住满天下的美人。为此设置专门的官署登记在案,不得随便挪移,随时供他享用。

10 女巫出入①

【原文】

汉史纪：武帝时，女巫往来宫中，教美人度厄②，每屋辄埋木人祭之③。因妒嫉恚骂④，更相告讦⑤以为咒诅。上怒，多所击杀。上心既疑，尝梦木人数千，持杖欲击上。因是体不平。江充自知为太子所恶⑥，因言上疾⑦，祟在巫蛊⑧。于是使江充治巫蛊狱⑨。充云：于太子宫得木人⑩，尤多。太子愤恨，无以自明。于是发武库兵捕江充诛之。武帝怒，使人捕太子。太子自缢。

【注释】

①本篇出自《汉书》卷63《武五子传戾太子据》，并见《江充传》。记述汉武帝允许女巫出入宫中引起戾太子被杀的"巫蛊之狱"。

②厄：灾难。

③辄：就、便。

④恚：生气、愤怒。

⑤讦：相互攻击，揭发短处。

⑥恶：讨厌。

⑦疾：重病。

⑧巫蛊：古人的一种迷信。认为巫师使用邪术会嫁祸于人。

⑨江充（？～前91年）汉代邯郸人。本名齐。因畏罪逃亡，改名为充。先是告发太子丹起家。被武帝任为直指绣衣使者，负责镇压三辅盗贼，禁察贵贱奢僭，取得信任。因与太子据有嫌隙，而诬陷，被其斩杀。

⑩太子：即卫太子，又称戾太子。名叫刘据，（前128～1191年），汉武帝第六子，卫皇后所生。元狩元年（前122）年七岁时立为皇太子。武帝末年，卫皇后失宠。因巫蛊之狱，被江充陷害，发兵杀害江充后，自杀。第二年，巫蛊案平反后，汉武帝族灭江充，在湖县作思子宫和归来望思台。其孙刘洵继昭帝后而继位，是为宣帝，乃下诏谥刘据为戾太子。

【译文】

汉代史书上记载：武帝时女巫往来出入宫中，她们以法术教宫中美人解脱灾难。常常在屋里埋上木制人像祈祷祭祈。由于妒忌而生气谩骂，进而相互攻击揭短，因此还相互诅咒。汉武帝发怒，把她们杀死了很多。但也引起武帝的疑惑。曾

经梦见数千个木制的偶人,手持棍棒,前来打他。因而身体欠安。江充自知被太子嫌恶,因此便编造谎言,说皇上的病重,是由于那些女巫师加害于皇上。江充又报告说,在皇太子的宫中,掘得的女人害人的木头人最多。太子知道后,非常痛恨江充,又无办法向武帝说明真相。于是,便分发武库中的兵器,擅自发兵逮捕了江充,并把他杀死。汉武帝大怒,派人去抓捕太子。太子被迫自杀。

11 五侯擅权①

【原文】

汉史纪:成帝初立,以元舅阳平侯王凤②为大司马,大将军辅政。诸舅谭、商、立、根、逢时同日封侯,世谓之五侯③。是日,黄雾四塞。商、根又相继秉政。王氏一门,乘朱轮华毂者二十五人④。分处势要,朝士皆出其门,赂遗四面而至。五侯争为奢侈,大治第室,至为赤墀⑤青锁,⑥起土山渐台⑦。像白虎殿。穿城引澧水注第中。群臣及吏民多上书,言王氏威权太盛。上皆不听。于是,王氏益横。其后,新都侯王莽遂篡汉自立⑧。

【注释】

①本篇出自《汉书·元后传》。并见《资治通鉴》卷30汉纪22。叙述成帝时,纵容母舅擅权、骄奢,终于导致王莽篡汉的故事。

②王凤(?~前22)字孝卿,东平陵(今山东济南)人。元帝皇后王政君之兄。嗣父爵为阳平侯。成帝即位,王凤以元舅任大司马、大将军,领尚书事。在执政的十一年内,排除异己,挟持皇帝,公卿为之侧目。最后促成了王莽代汉。

③五侯:汉成帝河平二年(前23年),封王凤诸弟五人同日为侯。封舅王谭平阿侯、王商成都侯、王立红阳侯、王根曲阳侯、王逢时高平侯。时人谓之"五侯"。

④朱轮华毂:红漆车轮,彩绘车毂。古代贵官所乘的车。毂,是车轴及轮辐聚集的轴瓦。按《资治通鉴》卷30纪22成帝阳朔二年(前23年)四月刘向奏称"今王氏一家,乘朱轮华毂者二十五人。"

⑤赤墀:皇帝宫殿阶地涂丹漆,故称赤墀,也称丹墀。

⑥青锁:宫门上镂刻的青色图案纹饰。《汉书·89卷·元后传》,曲阳侯根骄奢僭上,赤墀青锁。"注"青锁者,刻为连环文,而青涂之也。"

⑦渐台:汉武帝作建章宫,太液池中有渐台,高二十余丈,台址在水中,故名。这是王氏模仿汉武所造之渐台,是僭越行为。

⑧王莽:(前45~公元23)字巨君,元帝后王政君之侄。永始元年(前16年),封新都侯。平帝即位,王莽复任大司马,总揽朝政。元始五年毒死平帝,伺称假皇帝。初始元年,自立为帝,改国号:"新"。托古改制。更始元年农民起义军入长安,被商人杜吴所杀。

【译文】

汉朝史书记载:成帝刚刚立为皇帝时,任用他的舅舅阳平侯王凤为大司马、大将军辅佐政事。后来又同日封王谭平为阿侯、王商为成都侯、王立为红阳侯、王根为曲阳侯、王逢时为高平侯,时人把他们并称为:"五侯"。在封五侯的那天,天气突变,到处充满了黄雾。以后,王商、王根又相继执掌朝中大权。王家一族中,坐着红漆车轮、彩绘车毂的高官,共有二十五人之多,这些人分别把持着势大而重要的岗位,朝中的重要官员几乎全都出自他们的门下,那些贿赂送礼的人,从四面八方赶到王家的门庭。五侯争相比奢侈,大肆修建宅第居室,甚至也像皇宫那样,把台阶涂成朱红色,把门上镂刻的连环花纹,涂成青色,还模仿汉武帝筑起土山渐台,像皇帝的白虎殿一般,打穿城墙,把澧水引入他们自家的宅第。群臣及吏民多次上书,说王家的威势权位太过分了。成帝完全不听。就这样,王氏一家更加骄纵、蛮横。在这之后,新都侯王莽便篡夺了汉朝的江山,自立为皇帝。

12 市里微行①

【原文】

汉史纪:成帝为微行。从期门郎②,或私奴,或乘小车,或皆骑,出入市里郊野,远至旁县,斗鸡走马③,常自称富平侯家人。富平侯,张放也④。宠幸无比,故假称之。

【注释】

①本篇出自《汉书》卷97下,《外戚传孝成赵皇后》,并见《资治通鉴》卷31汉纪23,成帝阳朔四年。记述汉成帝自甘堕落,微行市里以纵情玩乐。微行,指隐瞒高贵的身份不使人知的私自行动。

②期门郎:又简称期门。西汉时皇帝身旁的武卫人员。武帝选拔禁军,六郡良家子弟中

有勇力的武士,执兵器随皇帝微服私行,并约定在京师诸殿门等候,故称期门。又叫期门武士。平帝时,改称虎贲郎。

③斗鸡走马:泛指不务正业的纨绔弟子从事玩乐活动。走,意思是跑。走马,即赛马,古人的一种赌博活动。

④张放:雍州杜陵(今西安东)人。当汉成帝未即帝位时,便与张放一齐微行游玩。成帝即位后,更加宠信,官侍中中郎将,受封富平侯,与其同卧微行,到处玩乐。

【译文】

汉史上记载:成帝的种种微行。他有时带着卫士,有时带着私奴,有时乘一辆小车,有时与众人一同骑马,到市井小人活动的场所、荒郊野外出入。甚至远到京师以外的邻县,参加不务正业斗鸡走马的活动。还常常自称是富平侯的家人。富平侯、名叫张放,受到皇帝的无比宠信,皇帝也假称是他的家人。

13 宠昵飞燕①

【原文】

汉史纪:成帝微行,过阳阿(公)主家,见歌舞者赵飞燕而悦之②召入宫,大幸。有女弟合德③,姿性尤称粹④,亦召入。披香博士淖方成在帝后唾曰:祸水也,灭火必矣。后姊弟俱立为婕妤⑤。果僭告许皇后,咒诅主上。帝乃废许后,而立飞燕为后。

【注释】

①本篇出自《汉书·卷97下·孝成赵皇后传》,内容记述汉成帝宠爱歌舞女子赵飞燕姊妹,导致败德乱政的故事。

②赵飞燕:(? ~前1年)汉成帝宫人,咸阳侯赵临之女。初学歌舞,以体轻号曰:飞燕。被汉成帝宠爱后,先为婕妤,许皇后被废,立为皇后。与其妹昭仪专宠十余年。哀帝立,尊为皇太后。平帝即位,废为庶人,自杀。

③女弟合德:女弟,即妹妹。合德是赵飞燕的妹妹的名字。

④称粹:美艳绝伦的样子。

⑤婕妤:宫中女官。汉武帝时置。位视上卿,秩比列侯。又写作倢伃。

【译文】

汉朝史书上记载:成帝隐瞒身份私下到宫
外出游时,路过阳阿公主家,看见有个能在堂上轻盈舞蹈的赵飞燕,便喜欢上她了。
把她召宫中,宠爱无比。赵飞燕有个妹妹名叫合德,姿容性情更加美艳绝伦。成帝
也把她召入宫中。当时披香殿有个博士,名叫淖方成,在成帝的身后暗中唾骂道:
这两个女人是祸水,扑灭汉家火德的一定是这样的祸水啊!后来,成帝立她们姊妹
俩为宫中女官婕妤。她们诬告许皇后,暗中诅咒皇帝。于是汉成帝便废掉许皇后,
立赵飞燕为皇后。

14 嬖佞戮贤①

【原文】

汉史纪:哀帝时,侍中董贤姿貌美丽②,以和柔便辟得幸于上③,贵震朝廷。常
与上卧起。诏将作大匠,为贤起大第,穷极技巧。赐武库禁兵,尚方珍宝④,及东园
秘器⑤,无不备具。郑崇谏上⑥,上怒,下崇狱,竟死。

【注释】

①本篇出自《汉书卷93·佞幸列传董
贤》。并见《资治通鉴》卷34汉纪26哀帝建
平四年,叙述汉哀帝宠爱侍中董贤,不听贤臣
郑崇之谏,反将其下狱治死的故事。嬖佞:指
皇帝的近侍小人。

②董贤(前23~前1年)汉朝云阳人。字
圣卿。哀帝时,以貌美而得宠幸。迁为光禄大
夫。出则与帝同轿,入则与帝同卧,赏赐巨万,
贵倾朝廷。一日昼寝,贤枕帝袖,帝欲起,不忍
惊贤,乃断袖而起,故有"断袖"之典,可见是
受宠备至。封高安侯,官至大司马卫将军。后
为王莽所劾,畏罪自杀。

③便辟:逢迎谄媚的样子。

④尚方:也作"上方"。掌管供应制造帝王所用器物的衙署及官名。尚方宝物
是皇帝的专用品,比如:尚方剑,是皇帝专用的宝剑。

⑤东园秘器:汉朝有官署称东园,掌管王公贵族的葬具及墓内随葬品的制作。
所以又称棺木为东园秘器。《书汉·卷93·董贤传》:"及至东园秘器、珠襦玉柙,
豫以赐贤,"无不备具。注引《汉旧仪》:"东园秘器作棺樟,素木长两丈,崇广

⑥郑崇:汉朝高密(今山东高密人),字子游,少为郡文学使。至丞相大车属。哀帝时荐擢尚书仆射。卒以直谏见疏。被哀帝下狱,论死。

【译文】

汉朝史书记载:汉哀帝时侍中董贤姿态容貌美丽,用和柔的体态、逢迎谄媚的样子,受到皇帝的宠爱。这使他尊贵到足以震慑朝廷。他常常和皇上并卧共起。汉哀帝下诏,命负责建筑的官署,起用最好的工匠,为董贤造起规模宏大的府第,穷尽了当时的技艺巧饰。赐给他国宝武库中禁止外用的武器,皇帝专用的珍奇宝物,还有东园为王公制造的棺木葬器。几乎无所不备。郑崇直言上谏,惹怒了汉哀帝,被逮捕入狱,竟死在狱中。

15 十侍乱政①

【原文】

汉史纪:"桓帝封宦者左悺②、贝瑗③、徐璜④、唐衡⑤、单超⑥为列侯。侯览上缣五千匹⑦,封高乡侯,又封小黄门⑧八人俱为乡侯。由是悺等,占据势要,专擅威权,交通四方贿赂。就中五侯尤为贪纵。倾动内外。天下为之语曰:左回天,贝独坐,徐卧虎,唐两堕。"兄弟姻戚,宰州临郡,与盗贼无异。民不堪命,多为盗贼。其后中常侍曹节,王甫及赵忠,张让等十常侍⑨,相继专政,浊乱海内,寻召董卓之乱⑩。汉因此亡。

【注释】

①本篇出自《后汉书·单超传》和《后汉书·张让传》,叙述东汉桓帝时为五位宦官封侯,即"五侯",接着又有十常侍作乱的故事。

②左悺:东汉平阴(今河南孟津东北)人,桓帝初为小黄门史,时梁冀专横,桓帝授意单超、左悺诛之。悺得官,迁中常侍,封上蔡侯,后为司隶校尉。被奏劾后,自杀身死。

③贝瑗:与左悺同时的宦官,同为列侯。独霸一方,无人敢与之比。

④徐璜:东汉下邳(今江苏睢宁西北)人。桓帝时,初为小黄门史,以诛梁冀为武原侯。

⑤唐衡：东汉郾城（今属河南省）人。桓帝时，初为小黄门史，以诛梁冀封汝阴侯。

⑥单超：东汉河南（今内蒙古河套以南）人，桓帝初，为中常侍，桓帝畏惧梁冀，与超密谋杀梁冀，封新丰侯。常侍预谋获封者五人合称"五侯"。

⑦侯览：东汉防东（今在山东省）人。桓帝时初为中常侍。以佞猾进。倚势贪放，侵货南遗，累封高乡侯。熹平初为有司所举奏，遂自杀。

⑧黄门：古代皇宫的门是黄色的，是禁地。汉代设黄门官署，负责皇宫内庭的服务。由于从事此项服务的是宦官，因此"黄门"便成了宦官的代称。

⑨十常侍：汉灵帝时，宦官张让、赵忠、夏恽、郭胜、孙璋、毕岚、栗嵩、段珪、高望、张恭、韩悝、宋典十二人都是中常侍，封侯贵宠，父兄子弟，布列州郡，侵掠百姓。当时，张钧上书："宜斩十常侍，悬头南郊以谢百姓"。称十常侍，是取个整数。

⑩董卓：（公元？～192年）东汉临洮人，字仲颖。桓帝末，以破羌胡拜郎中。灵帝时为前将军。少帝时，大将军何进设谋诛杀作乱宦官，密召卓；卓乃引兵入朝。宦官既诛，卓遂擅权。他自封为相国，废少帝，立献帝。凶暴淫乱，人心惶恐。袁绍、孙坚等起兵征讨。卓乃挟献帝西迁长安，并驱赶洛阳百姓同迁长安，乘机掠夺，积尸盈路，惨不忍睹。到了长安，他自为太师，位在诸侯王之上。司徒王允设计诱使董卓部将吕布杀死董卓，弃尸于市。事见《后汉书》及《三国志》中的董卓传。

【译文】

汉朝史上记载：桓帝封宦者左悺、贝瑗、徐璜、唐衡、单超为列侯。侯览献给皇上五千匹缣，也被封为高乡侯。还封八个侍奉皇上的小宦官为乡侯。从此，宦官左悺等人，占据势大位要的岗位，专横、擅权、逞威，以贿赂的手段，收买勾结上下四方之朝廷政要。其中被并称为五侯的宦官，特别地贪婪、放纵，权力之大、动摇了朝廷内外。当时传遍天下的一首歌谣说："左回天"，意思是左悺能改变皇帝的意向；"贝独坐"，贝瑗权势无人敢比；"徐卧虎"，徐璜令人生畏；"唐两堕"，唐衡任意妄为。他们的兄弟姻亲，主宰州县，君临郡邑，横行乡里，与盗贼没有两样。在他们的迫害之下，百姓忍无可忍，许多人反抗朝廷，沦为盗贼。在桓帝之后的灵帝时，中常侍曹节、王甫，及赵忠、张让等十常侍，相继专权擅政，把国家政事搞得一团糟。不久，招致董卓之乱，汉因此败亡。

16 西邸鬻爵①

【原文】

汉史纪：汉灵帝开西邸卖官，入钱各有差：二千石，二千万；四百石，四百万。其以德次应选者，半之。令长随县好丑、丰约有价。富者先入，贫者到官倍输。又私令左右卖公卿。公，千万；卿，五百万。于西园立库贮之，以为私藏。

国学经典文库

资政秘典

·帝鉴图说·

图文珍藏版

【注释】

①本篇出自《后汉书·灵帝本纪》，叙述汉灵帝卖官鬻爵的故事。汉灵帝，名刘宏(156~189)公元168~189年在位。这期间宦官专权，党锢祸起，还公开标价卖官，天下田亩增税十钱，大修宫室等等，导致阶级矛盾恶化，终于在中平元年，爆发了黄巾大起义。

【译文】

汉朝历史记载：汉灵帝在皇宫禁地西园设邸舍卖官，根据官职大小不同，标价也有差别，俸禄两千石的官职，标价二千万钱；官俸四百石的官职，标价四百万钱。就是按规定根据德行年资依次序应该提升的官员，也要减半交钱。州县长官，要根据任职所在地的好坏，标出不同的价码出售。有钱买官的，先交钱，凑不够钱买官的，先赴任，然后加倍交钱。他还私自下令出卖公、卿爵位。公爵的封号，卖千万钱；卿的爵位，卖五百万钱。他把卖官得到的钱，在西园立库贮存起来，作为私有财产藏在那里。

17 列肆后宫①

【原文】

汉史纪：灵帝作列肆于后宫②，使诸采女③贩卖。更相盗窃、争斗。帝着商贾服，从之饮宴为乐。

【注释】

①本篇出自《后汉书卷8·灵帝本纪》。记述灵帝在宫中设立商店扮作商贾嬉戏游乐的故事。

②肆：店铺。

③采女：东汉宫中，在皇后、贵人之外，又置美人、宫人、采女三等。采女是一般宫女。

【译文】

汉朝史书上记载:灵帝在后宫摆起了各种店铺。让宫中采女贩卖各种货物。进而相互偷盗、争斗不止。灵帝还穿上商人的服装,穿梭于店铺之间。和那些人饮宴取乐。

18 芳林营建①

【原文】

魏史纪:明帝好土功,大营宫殿。役连岁不休。徙长安钟簴②、铜驼、承露盘③于洛阳。铸铜人二,列司马门外。又铸黄龙、凤凰,置内殿前。起土山于芳林园④,欲其速成,使公卿皆负土。树杂木善草,捕禽兽致其中。光禄勋高堂隆⑤、尚书卫觊⑥及司徒掾董寻⑦,皆上疏极谏,不听。

【注释】

①本篇出自《三国志·魏志》卷3,明帝,裴松之注引《魏略》,并见《资治通鉴》卷73魏纪5,明帝景初二年。记述魏明帝曹睿(205~239)好兴土木拒谏的故事。

②钟簴:即笋簴,是古代悬挂钟、磬、鼓的木架。其横木叫笋,笋旁所立二柱叫簴。簴的两端,刻龙画凤。两簴之下,用跗支撑,上刻伏狮或卧兔等。钟则饰以兽,磬则饰以鸟。

③承露盘:汉武帝大搞神仙迷信,在神明台上作承露盘,立铜仙人舒掌以接甘露,认为饮此甘露会延年益寿。以后又加工成仙人手擎盘承甘露。《三畏故事》:"建章宫承露盘高二十丈,大七围,以铜为之,上有仙人掌承露,和玉屑饮之"。三国时魏明帝模仿汉武帝,在芳林园制承露盘。

④芳林园:本在东汉时建造的,遗址在今洛阳市东。三国时齐王曹芳即帝位,改称华林园。

⑤高堂隆:魏平阳(今山西临汾西献)人。字长平,高堂生后,黄初中为堂阳长。明帝即位,官散骑常侍。曾上书谏止大治宫室,迁光禄勋。

⑯卫觊:魏安邑(今山西夏县西北)人,字伯儒,少以才学称。汉末为司空椽,累迁尚书。魏时,官侍中。以文章显,明帝时封闾乡侯。

⑦董寻:魏河东(今山西西南部)人。为司徒军议椽。上书明帝谏止徙长安钟

【译文】

三国史书上记载:魏明帝特别喜好大兴土木之功,大肆营建宫殿。劳役连年不停。把秦汉故都长安的钟鼓连同壮观的支架、铜骆驼,巨大的仙人承露盘全都迁移在新都洛阳。还铸造了两个巨大的铜人,摆列在司马门外。又铸造了黄龙、凤凰,置于内殿前。在东汉造的芳林园里,人工堆起一座土山,让朝中的公、卿士大夫们往土山上背土。在园中种植了各种花果树木、好草善苗,捕获各种禽兽,放养在其中,以供游乐。当时,光禄勋高堂隆、尚书卫觊及司徒掾董寻,全都上疏极力劝谏,可他根本不听。

19 羊车游宴①

【原文】

晋史纪:武帝既平吴,颇事游宴,怠于政事。掖庭②殆③将万人,常乘羊车,恣其所之。至便宴寝,宫人竞以竹叶插户、盐汁洒地,以引帝车。而后父杨骏始用事④,交通请谒,势倾内外。朝政大坏,至其子惠帝,遂有五胡乱华之祸⑤。

【注释】

①本篇出自《晋书·后妃上·胡贵嫔传》。记述晋武帝平吴后,贪图享乐、淫逸无度,朝政大坏;到惠帝时,五胡乱华,中原涂炭的故事。

②掖庭:宫中帝舍,妃嫔居住的地方。《汉官仪》:"婕妤以下皆居掖庭。"也写作"掖廷"、或"液庭"。

③殆:大概。

④杨骏:晋华阴(今陕西华阴市)人,字文长。其女为晋武帝后,官车骑将军,封临晋侯。武帝疾危时,后秦请以杨骏辅政。武帝死后,骏秉持国政。惠帝贾后惧骏,密谋杀骏,诛三族。

⑤五胡乱华:晋武帝死后,我国北方五个少数民族相继建立王朝,并纷纷内迁,先后建立十六国,历经一百三十五年的分裂、战乱的历史。主要有:匈奴族的刘渊及沮渠氏的赫连氏政权,羯族的石氏,鲜卑族的慕容氏及秃发氏、乞伏氏,氐族的符氏、吕氏,羌族的姚氏。史称五胡乱华,或五胡内迁,经历的历史时期称为"五胡十

六国"。

【译文】

晋朝史书上记载:武帝平定东吴后,心驰意懒,大肆游乐饮宴,政事荒废。在他的后宫中大概聚集了万名嫔妃。他常乘坐羊拉的小车,随其所到之处,便住下宴乐。宫中嫔妃争相把竹叶插在门上,把盐汁洒到地下,用各种方式引来武帝乘坐的羊车。由于他不理朝政,皇后的父亲杨骏,开始大权独揽,用各种方式结交死党,在朝廷内外独断专行,势焰很盛。从此,朝廷政事大坏。到了他的儿子晋惠帝时,周边五个少数民族,乘机内侵,把中国推入了分裂混战的祸乱之中。

20 笑祖俭德①

【原文】

宋史纪:宋主骏大修宫室②,土木披锦绣。坏高祖所居阴室③,起玉烛殿,与群臣观之:床头有土障,壁上挂葛灯笼,麻蝇拂。袁颛④以盛称高祖⑤俭德。宋主曰:田舍翁得此,已为过矣。

【注释】

①本篇出自《资治通鉴》卷129 宋纪11 大明七年(463),记述南朝宋孝武帝刘骏大兴土木,毁坏其祖高祖刘裕的阴室,并嘲笑祖先俭德的故事。

②宋主骏:(430~464)即南朝宋孝武帝刘骏,公元 453~464 在位。宋文帝第三子。435年,立为武陵王。453 年,太子刘劭弑文帝自立,刘骏移檄四方,共讨刘劭,攻克台城(宫城)后,杀刘劭及同党。即皇帝位后,又杀其叔父南郡王刘义宣,又逼武昌武王刘浑自杀;竟陵王刘诞被迫起兵抗命,广陵被克后,杀三千多人,以妇女作军赏,海陵王刘休茂起兵败死。刘宋王朝很快衰落。卒后,谥孝武皇帝。

③阴室:私室。南朝时,当皇帝死后,把他平时居住处辟为私室。藏生前衣物及日用品。

④袁颛:南朝宋大臣。字景章。宋孝武帝大明年间拜侍中。当孝武帝欲废太子子业时,颛盛称太子好学有日新之美。及其即位,以为吏部尚书。不久,惧祸请出,为雍州刺史,当宋明帝立,颛在军中大失人心,被明帝起兵征讨,颛兵败被杀。

国学经典文库

资政秘典

·帝鉴图说·

图文珍藏版

⑤高祖：即刘裕(363~422)，南朝宋开国皇帝。公元420~422年在位。少时家贫，以贩履、种田、捕鱼、伐荻为生。后投身行武，屡立战功，成为北府兵的著名将领。桓玄篡晋，刘裕谋复兴晋室，被推为盟主，攻入建康(今江苏南京)，迎安帝司马德宗复位，从而大权在握。409年，北伐灭南燕；回师镇压卢循起义，使建康转危为安；遗将西征，收复巴蜀；再分兵五路，北伐后秦，并灭掉后秦，420年，废晋帝自立为帝，定都建康，国号宋，史称刘宋。建国后，生活俭朴，勤于政事，建树很多，为宋初繁荣奠定了基础。死后谥号"武皇帝"庙号"高祖"。

【译文】

南朝宋的历史上记载：宋孝武帝刘骏大修宫室。新修建的宫殿全都披上了华丽的锦绣。还把高祖居住过的阴室拆掉。建造起玉烛殿。在拆掉之前，他与群臣前去观看，看到室内床头屏障是用泥土做成的；墙壁上挂着用葛布作罩的灯笼；用过的蝇拂竟是个用麻绳作的。大臣袁颛见了，不由地盛赞高祖勤俭的美德。可是，刘骏却说：他不过是个庄稼佬，能享受这样的待遇，已经是超出一般了。

21 金莲布地①

【原文】

齐史纪：齐王宝卷②，荒淫奢侈，后宫服御，极选珍奇。宠爱潘妃，尝凿金为莲花以贴地，令潘妃行其上曰：此步步生莲花也。嬖幸因缘为奸利，课一输十。百姓困穷，号泣道路。

【注释】

①本篇出自《南史》卷5《齐本纪·废帝东昏侯》，并见《资治通鉴》卷143齐纪9永元二年。记述东昏侯萧宝卷，凿金为莲花令宠妃行其上的故事。

②齐王宝卷：(483~501)即东昏侯萧宝卷，南朝齐皇帝。公元498~501年在位。齐明帝次子。自幼玩乐不读书。即位后，肆意游荡，不分昼夜，所经道路，屏除居民，躲避不及者多被打死。喜走马射雉，置射雉场296处，为政苛暴，赋税繁重，生活奢侈荒淫。在位期间辅政的六位大臣先后死于其手，逼得握有重兵的老臣、将领先后起兵反抗，有的投降魏。最后，萧衍立萧宝融为帝，并进逼建康。在重

兵围困下,宝卷依然醉生梦死,加强搜刮,最后被叛变的禁卫军杀死。谥为东昏侯。

【译文】

南朝齐的历史上记载:齐王萧宝卷,荒淫奢侈,后宫的服饰、车马,都选尽了各种珍奇的宝货加以铺张装饰。他宠爱潘妃,曾经凿金作成莲花铺在宫中地上,让潘妃在上面行走,还说:这叫作步步生莲花。宠信的人乘机行奸网利,本来百姓应交一分租赋,实际却交了十分,因此,百姓困顿穷极,到处都是生活不下去号叫哭泣的人群。

22 舍身佛寺①

【原文】

梁史纪:武帝②幸同泰寺③,设大会④。释御服,持法衣,行清净大舍。素床瓦器,乘小车,役私人,亲为四众讲《涅槃经》⑤。群臣以钱一亿万奉赎,表请还宫。三请乃许。⑥

【注释】

①本篇出自《资治通鉴》卷153,梁纪94大通元年(529)并见《梁书》本纪3,叙述梁武帝崇佛,舍身佛寺,群臣以亿万钱赎回的故事。

②梁武帝:见前篇《金莲布地》注(3)

③同泰寺:梁武帝大通元年(527)建于宫城北掖门处,原为吴之后苑。唐许嵩《建康实录》卷十七引《舆地志》说:"此寺有浮屠(塔)九层,大殿六所,小殿及堂十余所,"梁武帝四次舍身于此寺。

④设大会:梁武帝多次要同泰寺设四部(僧、尼及男、女居士)无遮(或无碍,任何人都可参加)大会,讲《涅槃经》《般若经》等。

⑤《涅槃经》:涅槃,是梵文的音译,又译作"泥洹",意译为"寂灭""圆寂"。是佛教修习所要达到的最高理想。《涅槃经》分大、小乘两类。小乘《涅槃经》记载释迦牟尼佛入灭的历史,现存有西晋白法祖译本二卷、东晋法显译本三卷。及阙名译本三卷。大乘佛教的《涅槃经》是以阐明教义为主,《大藏经》中共收录十六种,著名的有两种:北本《涅槃经》四十卷,北凉昙无谶译;南本《涅槃经》,为南朝宋慧观、觉严、谢灵运等参照法显译《大般泥洹经》本删定整理而成。

⑥梁武帝从大通元年(527)起四次舍身于同泰寺,每次群臣皆以钱亿万奉赎,于"众僧默许"后还宫。《广弘明集》卷四有《叙梁武帝舍事道法》。

【译文】

梁朝历史上记载:梁武帝到同泰寺,在那举行佛教大法会。脱去帝王的装束,穿上僧人的常服,并且把自己的帝王之身施舍给寺庙。他睡的是硬板床,用的是瓦器,乘坐小车,使唤的是私家人,亲自为男、女居士、僧、尼讲解《涅槃经》。群臣用一亿万钱把他的帝王之身从寺庙中赎回,上表请他还朝主持国政。如此三次请他,才答应回宫。

23 纵酒妄杀①

【原文】

齐史纪:齐主洋嗜酒淫佚②,肆行狂暴。尝作大镬、长锯、锉碓之属,陈之于庭。每醉,辄杀人以为戏乐。杨愔乃简死囚③,置帐内,谓之供御囚。齐主欲杀人,辄执以应命。

【注释】

①本篇出自《北史》卷7,《齐本纪(中),显祖文宣皇帝》,并见《资治通鉴》卷166,梁纪22,太平元年(556)六月。记述北齐文宣帝高洋统治末期,嗜酒滥杀无辜的暴行。

②齐主洋:指北齐政权的建立者高洋,(529~559),字子进,祖籍渤海蓨(今河北景县),后迁居怀朔镇(今内蒙古包头市东北),公元550年~559年在位。谥号文宣皇帝,庙号显祖。原为东魏大臣。公元550年5月,废东魏孝静帝元善见,自立为帝,国号齐,定都邺(今河北磁县南),史称北齐。初期,励精图治,释放奴隶为自由人,请汉族士人杨愔改定律令,推行全国。不断出击北方柔然,契丹等部族,又在合肥操练水军,攻击南朝,战果辉煌。后期矜功嗜酒,淫暴无度。最后因酗酒暴病而亡。天下早已为之骚然。

③杨愔:(511~560),南北朝时华阴(今属陕西)人,出身士族。历任北魏、东魏、北齐三朝,竭诚事主,重义轻财,为人谨慎。北齐时官至宰相,处理万机,无所凝滞,多有建树。乾明元年(560),被孝昭帝高演诛杀。

【译文】

北朝齐国史书上记载:北齐君主高洋,嗜酒淫佚,行为无所约束,狂暴异常。曾经准备好用来煮杀人的大锅、长锯、铁锉、碓口等刑具,把这些杀人凶器摆在阴森森的宫廷之中。每当他酣醉,就拿它杀人游戏取乐。宰相杨愔,就提前把该杀的死囚准备好,安置在庭中的账内,叫作供御囚,每当皇帝要杀人时,便把囚犯拉过来,以便应付皇帝行凶杀人之命。

24 华林纵逸①

【原文】

齐史纪:齐主纬②,好自弹琵琶为"无愁之曲",民间谓之无愁天子。于华林园立贫儿村③,自衣蓝缕之衣,行乞其间以为乐。

【注释】

①本篇出自《资治通鉴》卷 172 陈纪 6 太建七年二月,并见《北齐书》帝纪 8 幼主高纬,记述高纬放纵行乐不理国政的故事。

②华林园:见前《芳林营建》注(4)

③齐主纬:北齐武成帝高湛子高纬,(556~578),公元 565~577 年在位,史称齐后主。在位初期诏用士人为县令,引文士入文林馆为待诏。公元 576 年 12 月,北周大举伐齐,逼进陪都晋阳(今山西太原),高纬弃军逃跑,逃回都城邺(今河北磁县南)。次年禅位给太子恒,自己渡河南逃,至青州(今属山东)被周军俘虏,押送长安。578 年,被人诬告,受害至死。在位期间,只顾游乐,"罕接朝士,不亲政事",因而"土崩瓦解,众叛亲离"。

【译文】

北齐历史上记载:后主高纬,喜欢自弹琵琶曲,名为"无愁之曲"。民间管他叫作"无愁天子"。他曾在华林园立"贫儿村",自己穿上破衣烂衫,在园内行乞为乐。

25 玉树新声①

【原文】

陈史纪:后主起临春、结绮、望仙三阁,各高数十丈,陈延数十间,其窗牖栏槛②,皆以沉檀为之,饰以金玉,间以珠翠。其服玩瑰丽,近古所未有。上每饮宴,使诸妃嫔及女学士与狎客共赋诗,互相赠答。采其尤艳丽者,被以新声。选宫女千余人歌之。其曲有《玉树后庭花》《临春乐》等,大略皆美诸妃嫔之容色。君臣酗歌,自夕达旦以为常。

【注释】

①本篇出自《陈书》卷7,《后主沈皇后传·张贵妃》,并见《资治通鉴》卷176陈纪10至德二年。记述陈后主纵情声色、荒于政事,导致败亡的故事。

②牖:窗户。

【译文】

陈朝史上记载:后主建起临春、结绮、望仙三阁。每一个楼阁都高达数十丈,有数十间房那么宽阔,上面的窗户、栏杆全都用贵重的沉檀木作的,还用金玉加以雕饰,有的还镶嵌上珍珠翡翠。他的服饰、珍玩瑰丽,是从来未曾有过的。每当他饮宴,都要让那些妃嫔及女学士与狎客相互赋诗赠答。从中选出美艳的诗词,让人谱上淫荡的新曲。再选出宫女千余人边唱边舞。这些歌曲中有《玉树后庭花》《临春乐》等,内容大概都是颂扬赞美陈后主宠爱的妃嫔的容貌如何漂亮。君臣酗歌,从晚上直到天明,习以为常。

26 剪彩为花①

【原文】

隋史纪:炀帝筑西苑②,周二百里,其内为海,周十余里,为方丈、蓬莱、瀛洲诸山③,高百余尺,台、观、宫殿,罗络山上。海北有渠,萦纡注海内④;缘渠作十六院,缘皆临渠;每院以四品夫人主之;穷极华丽,宫树凋落,则剪彩为花、叶缀之;沼内亦剪彩为荷、芰⑤、菱、芡⑥;色渝,则易以新者。十六院竞以饷羞精丽相高⑦,求市恩宠。帝好以月夜从宫女数千骑游西苑,作清夜游曲,于马上奏之。

【注释】

①本篇出自《资治通鉴》卷180,隋纪4,大业元年,记述隋炀帝筑西苑、造高宫,沉湎酒色游幸无度的故事。

②西苑:隋炀帝所造的宫苑。又叫芳华苑、禁苑。唐称紫苑。北据北邙,西至孝水。中翠微宫、积翠池。故址在河南洛阳市西。

③方丈、蓬莱,瀛洲:本是传说中的海上仙山,秦始皇曾派人去寻找,据说汉武帝曾在海边望见,而隋炀帝则用人工造此三仙山。

④萦纡:萦,缠绕。纡,曲折。萦纡,这里形容渠水迂回曲折盘旋的样子。

⑤芰:即菱。芰荷,出水的荷叶、荷花。

⑥芡:植物名,即"鸡头"。实可食,可入药,俗称"鸡头米"。

⑦饷羞:饷同肴。羞,美好的食品。

【译文】

隋朝史上记载:炀帝建筑了西苑,周围有二百里。苑中有个海,周围也十多里。苑中还建造了传说中海上的三座仙山:方丈、蓬莱、瀛洲,山高百余尺,楼台、道观、宫殿,在仙山上层叠起伏。海的北面有条渠,它迂回曲折盘旋而下,把水注入海中;沿着这条渠建造十六座院,大门全都临渠;每座院由一位四品夫人主持,华丽无比,无所不用其极。当宫中树叶凋残落地时,就剪五彩绢帛,作树花朵、绿叶,点缀在树枝上;池沼内也用彩绸剪成荷花、荷叶、鸡头、菱角;每当彩绢褪色,就换上新的。十六座院争相以美味佳肴求得皇帝的恩宠。炀帝喜欢在月夜中,率领数千名宫女骑马畅游西苑,还让人作了清夜游的曲子,在马上演奏。

27 游幸江都①

【原文】

隋史纪:炀帝幸江都②,龙舟四重:上重有正殿、内殿、朝堂;中二重有百二十房,皆饰以金玉;下重内侍处之。皇后乘翔螭,此舟差小。别有浮景九艘,三重,皆

水殿也。余数千艘,后宫、诸王、公主、百官以下乘之。共用挽士八万余人,皆以锦彩为袍。卫兵所乘,又数千艘。舳舻相接③,二百余里。骑兵夹两岸而行。所过州县,五百里内,皆令献食,一州至百舆④;极水陆珍奇,后宫厌饫多弃埋之⑤。

【注释】

①本篇出自《资治通鉴》卷180,隋纪4大业元年。记述隋炀帝游幸江都、劳民伤财的故事。

②江都:隋大业初改扬州为江都郡。治所在江阳(今江苏扬州市)。隋炀帝大筑江都宫苑,定为行都。

③舳舻相接:舳是在船尾持舵的地方;舻是船头刺棹的地方。这句是说船很多,船尾接着船头,绵延不绝。

④舆:车。

⑤饫:饱食。

【译文】

隋史上记载:炀帝游幸江都。他乘的龙舟高达四层;最上面的一层有正殿、内殿、朝堂;中间两层共有一百二十个房间;这三层全都用金玉装饰得金碧辉煌;底层则居住着他的内侍。皇后乘坐船叫翔螭,只比他乘坐的龙舟略微小一些。另外还有九艘船叫作浮景,每艘有三层,全是水中的宫殿,以作离宫别馆,其他的船,还有数千艘,船上分别乘坐着后宫、诸王、公主、百官等人。为他们划船、掌舵、拉牵的挽士共有八万余人,全都穿着漂亮锦彩制成的袍。卫兵们乘坐的船,又有数千艘。首尾相连,蜿蜒河中二百余里。河的两岸各有一队骑兵护行。他经过的州县,离河岸五百里内,全都奔赴河岸,前来献食,一州献食人队伍多达百辆车。食品极尽水陆珍肴奇品,后宫饱食生厌,大多抛弃埋掉。

28 斜封除官①

【原文】

唐史纪:中宗委政宫闱,安乐②、长宁公主③,及韦后④妹郕国夫人,上官婕妤⑤、尚容柴氏、女巫第五英儿,皆依势用事。卖官鬻爵,虽屠沽臧获⑥,用钱三十万,则别降墨敕除官⑦,斜封付中书。时人谓之斜封官。⑧上官婕妤等皆有外第,出入无节。朝士咸出其门,交通贿赂⑨,以求进达。

【注释】

①本篇出自《资治通鉴》卷209,唐纪25景龙二年并见《新唐书》卷45,《选举志下》,记述中宗沉溺酒色,将朝政委托于韦后,韦后及其诸女卖官鬻爵的故事。

②安乐公主:(？~710)唐中宗李显与韦后所生的幼女,很受宠爱。先嫁武三思子崇训,中宗复位后与武三思把持朝政。崇训死,又嫁武廷秀。欲拥韦后临朝,以己为皇太女。与韦后合谋,毒死中宗。后李隆基(玄宗)起兵,被诛杀。

③长宁公主:中宗与韦后所生女。先嫁杨慎交。倚韦后爱宠,权倾一朝。争任事,贿谒纷纭。筑有多处豪华府第,财竭贪赃。仅西京鬻第,仅木石值二十亿万。慎交死后,又嫁苏彦伯。最终,以坐赃数十万废终生。

④韦后:(？~710)唐中宗后,京兆万年(今陕西长安)人。神龙元年(705)中宗复位后,勾结武三思等,专擅朝政,重用韦氏族人。景龙四年(710)毒死中宗,立重茂为帝,临朝称制。不久,李隆基发动政变,被诛杀。

⑤上官婕妤:即上官婉儿(664~710),唐陕州(今河南陕县)人,弘文馆学士,西台侍郎,因曾建议高宗废武皇而遭害。时婉儿在襁褓中,随母入配宫廷。及长,因聪敏善文章,十四岁便为武后草拟诏命,受宠。中宗即位,又得武后、武三思宠信,拜昭仪,掌文学、音乐等事。诗篇文采斐然。诏封婕妤。韦后败,被斩于阙下。玄宗令人辑婉儿诗文二十卷,并令张说作序。

⑥屠沽臧获:屠,指屠夫。沽,指卖酒的。臧,即臧佾,驴马市上的中间商人。获,是对女婢的贱称。这些在古代都被认为是从事不正当职业的下贱人。

⑦墨敕除官:皇帝亲笔书写、不经外廷直接下达的命令,叫墨敕。除官:除,提升。不经主管部门考试、审核,由皇帝直接签署任官命令,叫墨敕除官。

⑧斜封官:唐中宗时,韦后及太平、安乐、长宁等公主,都仗势用事,贪纳货贿,别于侧门降墨敕,斜封付中书授官,号"斜封官"。

⑨交通:交往、勾结。

【译文】

唐朝历史上记载:中宗把朝廷大政交给宫中有权势的女人们处理,她们是安乐公主、长宁公主、韦皇后的妹妹郕国夫人,上官婕妤、尚容柴氏、女巫第五英儿,她们全都依仗权势,任意行事。把国家的官爵标价出卖,只要交上三十万铜钱,纵然是屠夫、酒贩、驴马市上的奸徒、下贱的婢女,都可以得到由皇帝亲自签署的升官令,

斜封交付中书授官。如此得官,时人管叫"斜封官"。上官婕妤等人都在朝廷之外置有外宅,随便出入宫廷,没人敢管。朝中大臣全都出自她们的门下,这些人相互勾结、贿赂,用这种肮脏手段,求得升官发财的机会。

29 观灯市里①

【原文】

唐史纪:中宗春正月,与韦后微行观灯于市里。

【注释】

①本篇出自《旧唐书》本纪7,中宗景龙,四年正月。并见《旧唐书》卷51,《韦庶人传》。记述中宗与韦后隐去身份,混迹于平民百姓之中在元宵节观灯的故事。

【译文】

唐朝历史上记载:中宗曾在春正月,与韦皇后隐去身份,穿上普通人的衣服,到街市上观看元宵灯节。

30 宠幸番将①

【原文】

唐史纪:玄宗以番将范阳节度使安禄山为御史大夫②。禄山体肥,腹垂过膝。外若痴直,内实狡黠。上常指其腹曰:"胡儿,腹中何所有?"对曰:"更无余物,止有赤心耳。"上悦,容其出入禁中。上与杨贵妃同坐,禄山先拜妃。上问何故?曰:"胡人先母而后父"。上益悦之。常宴勤政楼,百官列坐,特为禄山于御座东间,设金鸡障,置榻,使坐其前,仍令卷帘,以示荣宠。

【注释】

①本篇出自姚汝能《安禄山事迹》卷上并见《资治通鉴》卷215唐纪引,玄宗天宝六年,记述唐玄宗宠信番将安禄山、养虎遗患的故事。

②安禄山:(? ~757年)。唐朝营州柳城奚族人。本姓康,初名轧荦山。母嫁

突厥人安延偃,改姓安,更名禄山。通晓多种语言,受玄宗宠信,官平卢、范阳、河东三镇节度使。天宝十四年冬在范阳起兵叛乱,先后攻陷洛阳、长安,称雄武皇帝,国号燕,建元圣武,后被其子庆绪杀死。

③张九龄:(678~747),字子寿,唐韶州曲江(今广东韶关)人,七岁能属文,长安二年(702)举进士、任右拾遗。开元二十一年(733)任中书侍郎同中书门下平章事。言事预见常有所应,玄宗生日,百官上寿,而九龄进《金镜录》,言古代兴废之道。安禄山讨契丹,败后,被捕入京师,九龄切谏不宜免禄山死,玄宗不听,放了他。后因荐周子谅被李林甫所忌,获罪被贬。

④版荡:又写作"板荡"。《诗经·大雅》中有《版》与《荡》二首诗,内容是讥刺周厉王无道,败坏国家。后因以"版荡"指政局的变乱或社会动荡不安。唐玄宗曾有诗:疾风知劲草,版荡识诚臣。安史之乱中,都城长安失陷,已步入老年的唐玄宗乘车离京师外逃。这里的"版荡",指安史之乱中的这次外逃。

⑤非我族类,其心必异:出自《左传·成公四年》。意思是:不是我们同族的人,他们不会和我们一条心。

【译文】

唐朝历史上记载:玄宗曾提拔胡人将领、范阳节度使安禄山为御史大夫。安禄山身体肥胖,大肚子垂下来超过膝盖。表面上一幅直心、憨态可掬的样子,内心却怀有阴险狡诈的鬼点子。玄宗指着他那下垂的大肚子问:"胡儿,你的肚子里装着些什么?"禄山答道:"根本没有任何别的东西,只有对皇上的赤诚忠心罢了。"玄宗非常高兴,允许他随便出入宫禁之中。一天,玄宗与杨贵妃并肩而坐,安禄山先向杨贵妃行拜见礼。玄宗问为什么要这么做?他说:"我们胡人先拜见母亲,后拜见父亲。"玄宗听了更加喜欢他了。玄宗常常在勤政楼设宴,百官依次两旁列坐,却特地为安禄山在御座的东间,挂上一副金鸡障,摆上榻案,让他坐在榻案前,还让人卷起挂帘,在众人面前炫耀对安禄山的荣恩与宠信。

31 敛财侈费①

【原文】

唐史纪:玄宗在位久,用度日侈,常赋不足以供。于是江淮租庸使韦坚②,户部

郎中王鉷③，竟火聚敛以悦上意。韦坚引浐水为潭，以聚江淮运船，上幸望春楼观之。坚以新船数百艘，载四方珍货。陕城尉崔成甫，着锦半臂④、绿衫、红袙首⑤，居前船，唱"得宝歌"⑥；使美妇百人，盛饰而和之，上喜，为之置宴，竟日而罢。鉷于岁贡额外，进钱帛百亿万，另贮于内库，以供宫中赏赐。上以国用丰衍，故视金帛如粪壤，赏赐无极，海内骚然。

【注释】

①本篇出自《旧唐书》卷105韦坚传、王鉷传，并见《资治通鉴》卷215唐纪引玄宗天宝二年，记述唐玄宗为了自己游幸奢侈浪费搜刮民财的故事。

②韦坚：(？～764)，字子金，唐京兆万年(今陕西西安)人。妹皆为王妃。初任长安令，后擢为陕郡太守、水陆运使。在咸阳附近壅渭为堰，作一与渭水平行之渠，因而便利漕运。在禁苑东建望春楼，楼下凿一广运潭以通漕运。二年乃成，坚令洛、汴等地小舟三百，各陈本地特产，集于潭中，请玄宗登楼观看。因而得官、受封。坚妻为李林甫表妹，得意后与妻疏远，得罪了李林甫。李林甫诬其参与谋立太子，被玄宗贬斥，在流往岭南的路上被杀。

③王鉷(？～752)唐太原祁县(今山西祁县东南)人。初为监察御史，擢户部郎中。审狱时，极为严酷。玄宗拜御史中丞。为李林甫的爪牙，打击异己，屡兴大狱，谋废太子，大肆陷害忠臣。将搜刮百姓及地方官吏所得上贡，岁进亿万，以供玄宗挥霍，升为御史大夫兼京兆尹，加知总监裁接使。天宝十一年(752)因其弟谋反作乱，被擒杖死，及抄其家，珍宝无数。

④着锦半臂：《旧唐书·卷105·韦坚传》上为："锦半臂偏袒膊。"

⑤红袙首：《旧唐书·卷105·韦坚传》上为："红罗抹额。"

⑥得宝歌：开元二十九年(741)田同秀上言，见玄宗皇帝云：有宝符在陕州桃林县古关令尹喜宅，发中使，求而得之，以为殊祥，改桃林为灵宝县。当韦坚筑潭成功。在此次欢聚中，陕县尉崔成甫，根据一首民歌重新填词，唱道："得宝弘农野，弘农得宝耶，潭里船车闹，扬州铜器多，三郎(唐玄宗)当殿坐，看唱得宝歌。"此外崔成甫又作歌词十首。

【译文】

唐朝历史上记载：唐玄宗在位时间长久，日常的耗费一天比一天奢侈。国家如数收取的贡赋逐渐不够开支，就在这时，江淮租庸使韦坚，户部郎中王鉷，争相搜刮聚敛民财来借此取悦于玄宗。韦坚引来浐水，在京都修筑了水潭。聚集了江淮等各地的船只，唐玄宗登上新筑的望春楼观看，韦坚用新船数百艘，载着四方的珍宝财货。陕城尉雀成甫，他穿着锦衣偏袒，露出一只臂膀，绿色的衣衫，额头上扎着红色帛带，站在船头唱着庆贺桃林得宝、新潭筑成、宝货云集的歌曲。有百名漂亮的女子，盛装美饰和着他的歌声。唐玄宗见了非常高兴，为此大宴群臣直到天很晚了才结束。王鉷在每年贡赋数额之外，进献钱帛百亿万，另外贮藏在内库，来供应唐玄宗在宫中赏赐。玄宗以为国家财力丰富，用度丰裕，所以，更加挥霍无度，视金帛如粪土，赏赐没有限量，引起国内动荡不安。

32 便殿击球①

【原文】

唐史纪：敬宗初即位②，即游戏无度，幸内殿击球、奏乐。赏赐左右乐人，不可胜纪。又召募力士，昼夜不离侧。好自捕狐狸。视朝，月不再三。大臣罕得进见。

【注释】

①本篇出自《资治通鉴》卷243唐纪59宝历二年，记述唐敬宗初即位时，游戏无度，不理朝政的故事。

②敬宗：(809~826)是唐朝第14代皇帝。唐穆宗长子，名李湛。即位时年仅16岁，在位仅2年。在位期间藩镇割据、宦官专权、牛李党争均有甚于前朝，可他却游乐无度，荒于政事，还信佛修庙，大权旁落，朝政被宦官左右，是个十足的无道昏君。宝历二年(826)1月，夜猎还宫，先击球，后饮酒，酒酣，入室更衣时被宦官谋害。死时，年仅18岁。由此引起一场宫廷政变及内乱。

【译文】

唐朝历史上记载：唐敬宗刚即位，就不顾一切地游戏玩乐，到内殿击球、奏乐。对哄他高兴的左右及乐人，大行赏赐，无法计算他究竟赏赐了多少。还召募一些大力士，昼夜都不离开身边。喜欢自己去捕狐狸。一个月内上朝理政不超过三次。朝中大臣很少能够见到他。

33 宠信伶人①

【原文】

五代史纪:后唐庄宗②,幼善音律,故伶人多有宠,常侍左右。庄宗有时自傅粉墨,与优人共戏于庭,以悦刘夫人。优人常名之曰:李天下。诸伶出入宫掖③,侮弄缙绅④。庄宗信其谗,疏忌宿将,诸将叛之。庄宗为乱兵所弑。侍臣敛庑下乐器⑤,聚其尸而焚之。

【注释】

①本篇出自《资治通鉴》卷271 后唐纪1 同光元年(923)内容叙述五代后唐庄宗与伶人共戏于庭,进而宠信他们,危及天下的故事。

②后唐庄宗:名李存勖(885~926),西突厥沙陀人,李克用的长子。公元908 年李克用病死,李存勖继位为晋王,当时年仅24 岁。开始与朱温争天下。征战中,他身先士卒,攻城掠地,自立为皇帝(923),建立后唐,是为庄宗。同年灭梁,迁都洛阳,统一了黄河流域。从此志满意得,修宫室,采宫女,重用宦官,宠信伶人,皇太后行诰命,皇后刘氏行教命,政出多门。被群小所惑,疑忌大臣。称帝仅四年,部将反抗,众叛亲离,被乱军流矢射死,年仅43 岁。

③宫掖:指皇宫的旁门。

④缙绅:古代士人做官,垂绅插笏,所以称士大夫为缙绅。绅,是束腰的大带。古代儒士襃衣博带。缙,同搢,意思是插。缙绅的字面意思是插笏于绅。

⑤庑:小曰室,大曰庑。庑是大屋。庑的另一义是廊。

【译文】

五代历史上记载:后唐庄宗从小擅音律,能够自己谱曲。因为这个缘故,那些伶人受到他的宠信,得以常侍其左右。庄宗有时也自己化好妆,和伶人一起在庭堂上共演杂戏,来让刘夫人看了快活。优伶们常管他叫作李天下。这些优伶出入皇宫禁地,侮辱戏弄正人儒士。庄宗听信他们的谗言,疏远疑忌功臣勋将,逼得将领众叛亲离,起兵反抗。庄宗也被乱兵杀死。那些侍臣把宗室大厅内他平时喜欢的乐器,聚集在他的尸体旁,然后一齐烧掉了。

34 上清道会①

【原文】

宋史纪：徽宗幸上清宝箓宫②，设千道会，且令士庶入听林灵素讲经。③帝为设幄其侧。灵素据高座，使人于下再拜请问。然所言无殊绝者，时时杂以滑稽媟语④，上下为大哄笑，无复君臣之礼。又令吏民诣宫，授神霄⑤秘箓。道箓院上章⑥，册帝为教主、道君皇帝。

【注释】

①本篇出自《宋史》卷462《方技传林灵素》，内容叙述宋徽宗崇道术，作教主道君皇帝的故事。

②上清宝箓宫：是宋徽宗为道士林灵素所建的宫观。其所以如此称其宫，是因为：道教认为，在三十六天中仅次于大罗天的最高天界，是三清境，或三清天，它是神仙所居的最高仙境，是由大罗天所生的玄元始三气化成。《道教义枢》卷七引《太真科》："大罗生玄元始三，化为三清气天：一曰清微天玉清境，始气所成；二曰禹余天上清境，玄气所成；三曰大赤天太清境，玄气所成。"此三境各有一尊神仙主持，其中禹余天上清境由灵宝天尊，也就是太上老君主持。这就是"上清"的来历。"宝箓"：是道教所称的符箓，是一种笔画屈曲，似字非字的图形。道教谓可用它来"遣神役鬼""镇魔压邪"。道教中以符录咒语驱鬼治病为主的教派称为符箓派。

③林灵素：宋朝温州人。少依佛门为僧，常受其师笞骂，后改从道教。以方术被宋徽宗宠信。称宋徽宗为神霄玉清主下降，又称自己是从神霄府仙乡下降以佐帝君。徽宗赐号通真达灵先生、金门羽客玄妙先生。爱说大话，欺世惑众，生活豪奢，恣肆横行，大为民患。曾建议立道学，欲尽废佛教，被众所痛恨。后路遇皇太子不避，斥回乡里，不久病死。

④媟语：媟，义同亵，因太亲近而态度不恭敬，媟语，轻慢亵渎的话。

⑤神霄：道家把最高的天，叫神霄。

⑥道箓院：宋代掌管道教事务的官署。

【译文】

宋史上记载：宋徽宗临幸他为道士林灵素建造的上清宝箓宫，在那里设置千道会，并且令士人百姓都来听林灵素讲道经。为了表示崇信道教，宋徽宗在讲坛一侧

·帝鉴图说·

图文珍藏版

设有的御幄旁听。而林灵素却高高在上地据正座,让人们在座下一再地向他礼拜请问。可是,他讲的道经根本没有任何新鲜内容,只是常常用滑稽轻佻的言语,引得上上下下哄堂大笑,破坏了国君在场时严肃庄严的礼仪。又令官吏民众到上清宝箓宫,请林灵素授以神霄秘箓。道箓院还公然上奏章,册封宋徽宗作教主道君皇帝。

35 应奉花石①

【原文】

宋史纪:徽宗性好花石。朱冲密取浙中珍异以进②。帝嘉之,岁岁增盛,舳舻相衔于淮、汴③,号"花石纲"④。又置应奉局于苏州,命冲子勔总其事⑤,于是搜岩剔薮⑥,幽隐不遗。凡士庶之家,一石一木,稍堪玩者,即领健卒入其家,用黄帕覆之,指为御物。及发行,必撤屋抉墙⑦以出。斫⑧山辇石,程督惨刻。虽在江湖不测之渊,百计取之,必得乃止。民预是役者,多破产或卖子女以供其需。

【注释】

①本篇出自《宋史》卷470,朱勔传,参见宋赵彦卫《云麓漫钞》卷七,张淏《云谷杂记·寿山艮岳》等,叙述宋徽宗大造"万岁山",派朱勔置应奉局,承办"花石纲",耗资巨大,民怨沸腾的故事。

②朱冲:北宋商人。宋徽宗时奸臣朱勔的父亲。因进献珍玩讨得宋徽宗欢心。

③舳舻相衔:船队首尾相接,络绎不绝。

④花石纲:宋徽宗在东京(今河南开封)造寿山艮岳,即"万岁山",崇宁四年派朱勔置应奉局,搜刮江南奇花异石,使民怨沸腾。当时运花石的船队,不断往来于淮汴之间,号称"花石纲"。纲,是说成帮结队地运输货物。

⑤朱勔:(1075~1126)宋朝苏州人。是宋末"六贼"之一。他掌管苏州应奉局期间,大肆搜刮。服役者往往家破人亡,荼毒东南达二十年。方腊起义,声讨花石纲所造成的罪恶,要杀掉朱勔,朝廷被迫罢了他的官。方腊失败后,朱勔又复职擅权。他本是商人出身,谄事蔡京、童贯,冒军功为官。后被宋钦宗杀死。

【译文】

宋朝史书上记载:宋徽宗喜欢奇花怪石。朱冲得知后,秘密地把两浙省中珍玩

异宝进献给他。宋徽宗更加喜欢奇异的花石,求贡的花石也一年比一年盛多。运送花石的船队,在淮河、汴河之间,首尾相接,络绎不绝。号作"花石纲"。又在苏州设置了应奉局,让朱冲的儿子,朱勔总领这件事。就这样山岩之上,湖泽之下,全都搜捡遍了,连最隐蔽的地方也没漏下。凡是士人百姓家中,有一块石、一棵树,稍微能够玩赏的,立即有应奉局官员率领健壮的兵卒冲入家门,用黄帕盖上,指为皇帝御用之物。等发运时,一定要拆屋毁墙,把它搬去。掘山刹景,推车运石,督促工程极其残酷苛刻。纵然是在深不可见的江湖底下,也要千方百计地取上来,定要得到才肯罢手。如果百姓摊上这种苦役,大多破产,或是被迫卖儿卖女,以供其需。

36 任用六贼①

【原文】

宋史纪:徽宗在位,承平日久,帑庾盈溢②。蔡京为相③,始倡为"丰、亨、豫、大"之说④,劝上以太平为娱。上尝大宴。出五盏玉卮以示辅臣曰⑤:"此器似太华。"京曰:"陛下当享天下之奉,区区玉器,何足计哉!"上曰:"先帝作一小台,言者甚众。"京曰:"事苟当理,人言不足畏也。"由是上心日侈,谏者俱不听。京又求羡财以助供费⑥,广宫室以备游幸。兴延福宫、景龙江、艮岳等工役,海内骚然思乱,而京宠愈固,权震海内。是时梁师成⑦、李彦⑧以聚敛幸,朱勔以花石幸,王黼⑨童贯⑩,以开边幸。而京为之首。天下号为"六贼"⑪,终致靖康之祸⑫。

【注释】

①本篇出自《宋史》卷472,《蔡京传》,并见《宋史》卷455《陈东传》,内容叙述了北宋末年以蔡京为首的六贼,在宋徽宗身上打开缺口,固宠有方,误国很深,终致靖康之乱的故事。

②帑庾:帑,指库,库藏的金帛。庾:积存谷物的露天场所。

③蔡京:(1045～1126)宋朝仙游(今福建省)人。字元长。熙宁三年进士。徽宗时,因童贯得为尚书右仆射,后为太师。以恢复王安石新法为名,四掌权柄,排斥异己,专以奢侈迎合帝意,广兴土木,工役浩繁。遍布党戚。金兵入侵,率全家南逃,为钦宗贬死。

④丰、亨、豫、大之说:《宋史·卷472·蔡京传》:"京倡为丰、亨、豫、大之说,视官爵财物如粪土。"其中的"丰"与"豫",是《易经》中的两卦名。《易·丰》:丰,亨。

王假之"。疏:"财多德大,故谓之为丰。德大则无所不容,财多则无所不齐,无所拥碍,谓之为亨,故曰丰亨"。《易·序卦》:"有大而能谦,必豫。"形容富足隆盛的太平安乐景象。蔡京的"丰、亨、豫、大"之说,为宋徽宗的奢华寻到理论根据。朱熹在《朱子语类·易九》(卷73 中说:"宣(和)政(和)间有以奢侈为言者,小人却云当丰亨豫大之时,须是恁地侈泰方得,所以一味放肆,如何得不刮。"

⑤卮:古代一种盛酒器。

⑥美财:余财。

⑦梁师成:(? ~1126)北宋末年的宦官,六贼之一。政和年间得徽宗宠信。善逢迎,凡御书号令皆出其手;常找人仿帝字伪造圣旨。善聚敛,受贿赂,卖官鬻爵,为人阴险,善于表现,关键时刻,极力保护太子,后来即位的钦宗,虽感其恩,迫于公议,还是贬他出京师,押解途中,被缢杀。

⑧李彦:(? ~1126)北宋末年宦官,六贼之一。宣和三年(1121)主持"西城所",残酷霸占民田,有敢控诉者,加以重刑,致死者千万。运送贡物,劳民妨农。喜赏怒刑,福祸转手,因之得美官者甚众。钦宗即位,削官赐死,籍没其家。

⑨王黼:(1079~1126)北宋末年奸臣,六贼之一,崇宁进士,多智善佞。蔡京复相,助之有功,得与之勾结。宣和二年(1120)代蔡京执政,不久设应奉局,自兼提领,搜括四方水土珍奇物品,据为己有,天下财力被用来挥霍。时朝廷欲联金灭辽,他借口军用,括天下丁夫,计丁况钱,搜刮民财,以为"大功"。钦宗为太子时,恶其所为,曾谋划夺其太子位。钦宗即位,携家东逃,被诛杀,籍没其家。

⑩童贯:(1054~1126),北宋末宦官,六贼之一。性巧媚,因善迎合徽宗意图而获宠。徽宗以他为供奉官,在杭州搜方书画奇巧。助蔡入相,京则荐他在西北监军。颇恃功骄横。使辽,邀赵良嗣归宋,遂开联金灭辽之计。掌兵权二十年,权倾朝野。蔡京为取悦徽宗,建言在皇宫北修建"延福宫",童贯等五名宦官分领工役,互以侈丽高广相夸耀。统兵镇压方腊起义。钦宗即位,金兵攻宋,他逃回京都,钦宗命他留守,他不受命而随徽宗外逃。过浮桥时,卫士难离故土恸哭,他竟命亲军射倒百余人,以便速逃。被贬英州,途中钦宗下诏,数其十大罪状,被斩于南雄(今属广东)。

⑪六贼:北宋末年受宋徽宗宠信的六名权臣宦官:蔡京、梁师成、李彦、朱勔、王黼、童贯。太学生陈东等向皇帝上书,请诛六贼,因此得名。他们的罪状是对人民残酷无道,对金屈膝投降等。

⑫靖康之祸:靖康是宋钦宗赵桓的年号。靖康元年(1126)冬,金军攻破东京(今河南开封)。次年四月,金贵族在大肆勒索搜刮后,俘徽宗、钦宗和宗室、后妃等数千人,以及教坊、乐工、技艺工匠,携法驾、仪仗、冠服、礼器、天文仪器、珍宝玩物、皇家藏书、天下州府地图等北去,东京城中公私蓄积为之一空。北宋灭亡。史称"靖康之变"、或"靖康之祸",又称"靖康之难"。靖康之变,反映北宋极其虚弱,造成如此虚弱的国势,与宋徽宗宠信"六贼",挥霍无度,劳民伤财,不惜民力有直接的关系。

国学经典文库

资政秘典

·帝鉴图说·

图文珍藏版

【译文】

宋史上记载:宋徽宗在位时,天下太平的日子已经很长了,国家府库积贮财物丰盛。蔡京为宰相,开始倡导"丰、亨、豫、大"之说,意思是天下富足隆盛的太平景象,是由于君主德大而财多,尽情挥霍无有尽时,因此,他劝皇上应该尽享太平之乐。一次在国宴上,宋徽宗指着金玉制成的酒具,说:"这酒器似乎太奢华了"。蔡京回答:"陛下身处天子之尊,应当享尽天下奉献的一切,区区玉制酒器,又算得了什么!"徽宗说:"先帝只建造了一个小的亭台,当时谏言劝阻的人很多。"蔡京又说:"事情如果在理,就是有人议论也并不足以畏惧。"从这以后,徽宗心中放松了警觉,一天比一天奢侈,即是有人劝谏,也全都不听。蔡京在国家正常租赋之外又广求多余财来供皇上挥霍,还扩大皇宫建筑,预备皇上游乐。兴建延福宫,开凿景龙江,修造艮岳等工程,国内民怨沸腾,准备叛乱,可是蔡京受皇上的宠信却更加巩固,权势威震海内。此时,宦官梁师成和李彦由于能搜括民财而受宠,朱勔由于能搜括奇花异石而受宠,王黼、童贯由于假冒边功而受宠,而蔡京则是首恶。当时天下人把他们叫作"六贼",最终导致了靖康年间北宋灭亡之祸。

述语①

【原文】

右恶可为戒者三十六事。自古人君复亡之辙,大略不出乎此矣。谚曰:"前人踬②,后人戒。"然世主皆相寻而不改。彼下愚不移,固无足论。至如晋武、唐玄、庄宗之流③,皆英明雄武,又亲见前代败亡之祸;或间关险阻④,百战以取天下;及其志得意盈,迷心鸩毒⑤,遂至一败涂地,不可收拾,其视中才守成之主,反不逮焉。《书》曰:"惟圣罔念作狂⑥。"成败得失之机,可畏也哉!

臣等尝伏读我太祖高皇帝《实录》,与侍臣论及古来女宠、宦寺⑦、外戚、权臣、藩镇、夷狄之祸。侍臣曰:"叔季之君⑧,至于失天下者,常在于此。"高皇帝曰:"朕究观往古,深为用戒,然制之有道。若不惑于声色,严宫闱之禁,贵贱有体,恩不掩义,则女宠之祸,何自而生?厚其恩赏,不任以事,苟干政典,裁以至公,则外戚之祸,何由而作?宦寺便习⑨,供给使令,不假以兵柄,则无宦寺之祸。不设丞相,六卿分职⑩,使上下相维,大小相制,防耳目之壅蔽,谨威福之下移,则无权臣之祸。藩镇之设,本以卫民。使财归有司,兵必合符而调⑪,岂有跋扈之忧?修武备,谨边防,来则御之,去不穷追,则无夷狄之虞。"渊哉睿谟,诚万世圣子神孙所当遵守而弗失者也。至于端本澄源,正心修身,以销衅孽于未萌,杜间隙于无迹者,则又备载宝训及御制诸书,伏维圣明留意焉。臣等不胜幸焉!

【注释】

①这一段是本书下篇、恶可为戒的卅六事的结束语。

②前人踬：前人跌倒。踬，跌倒，挫折。

③晋武：晋武帝司马炎，为西晋开国创始之君，但平吴以后，怠于政事，有羊车游宴故事。唐玄，指唐玄宗李隆基，为开创开元盛世之令主，但天宝之际，骄奢淫逸，宠杨贵妃一家。有骄纵安禄山故事，以致战乱。庄宗，为五代之后唐庄宗李存勖，为后唐开国之君，后宠信伶人，疏忌宿将，终致灭亡。

④间关险阻：间关谓崎岖辗转，是说经历崎岖艰难。

⑤鸩毒：《左传》闵公元年"宴安鸩毒，不可怀也"。此指宴安之为害，犹如鸩之有毒。

⑥惟圣罔念作狂：出自《书·周书·多方》"惟圣人无念于善，则为狂人"。意谓明哲的人不肯思考，就会变成无知。圣，指明哲的人。念，思考。作，为。狂，与圣相对，指狂妄无知的人。

⑦宦寺：宦官。古代宫中使唤之小臣。有宦人、寺人等称呼，亦即太监。

⑧叔季之君：叔世、季世合称。叔世，衰乱时代。谓国家扰攘濒临衰亡之际的国君。

⑨便习：熟悉接近。

⑩六卿分职：由吏、户、礼、兵、刑、工六部分掌国家行政。明初、洪武十三年废宰相制、政归六部，由皇帝亲自执掌，中期以后，内阁实权渐重，内阁首辅无宰相之名，往往实为宰相。

⑪合符而调：调遣军队，必经验证，兵符必须相合。

【译文】

以上是可以作为训诫的卅六件恶事，自古以来君主覆亡的轨迹，大体不出乎这些事例了，谚语说："前车颠覆，后车鉴借。"可是世上庸主都相继而不改。他的愚顽不化，固然不值一谈。至于如同晋武帝、唐玄宗和后唐庄宗之类，都是英明雄武，又亲自见过前代败亡的灾祸，或者是历经崎岖艰难，身经百战夺得天下。等到他志得意满，却醉心于宴安享乐，就沦入一败涂地，无法收拾，他比中等资质的守成之君反而不如。《书》经讲："圣人无念于善，则为狂人。"这成败得失的契机，可怕呀！

我们曾恭读洪武《实录》，太祖与侍臣谈起古代的女宠、宦官、外戚、权臣、藩镇与"夷狄"的祸乱。侍臣说："濒临亡国的君主，以至丧失江山的，常常由于这些原因。"太祖说："我认真观察已往的古代，深深以此为戒，可要防止它也有办法：如不受声色蛊惑，严肃宫廷规制，贵贱有别，恩逮不能淹没家法，那女宠的祸患，何从产生呐？给予丰厚赏赐，不委任职务，倘若涉及典制，就依法裁断，外戚的灾祸，从哪里发作呐？宦官，接近的人就是提供使唤，不凭借他们执掌兵权，就没有宦官的祸患。不设置宰相，六部分掌政权，使上下互相维系，大小相互制约，防止耳目闭塞，谨慎皇帝威福的下移，就没有权臣的祸乱。藩镇的设置，本来用以保卫百姓。使财政收入归于财政机关，军队调遣，坚持兵符相合，还哪有跋扈之忧？建设军事装备，严守边防，来进攻就防御它，逃去，也不再穷追，就没有"夷狄"的忧虑。渊博哟！富有远见的谋划！实在是万代尊贵的子孙所当遵守，而不可失掉的。至于端正根本，澄澈源流，端正思想，注意修身，以消除争端，在未尝萌发之际，杜绝间隙于未露形迹的道理，即已备载于祖宗《宝训》和先皇诸书。敬祈圣明天子留意，我们为臣的，就不胜庆幸了！

张居正：进《帝鉴图说》疏①

【原文】

臣等闻商之贤臣伊尹②告其君曰："德惟治，否德乱。与治同道，罔不兴；与乱同事，罔不亡③。"唐太宗曰："以铜为鉴，可正衣冠；以古为鉴，可见兴替④。"臣等尝因是考前史所载治乱兴亡之迹，如出一辙。大抵皆以敬天法祖，听言纳谏，节用爱人，亲贤臣，远小人，忧勤惕厉⑤即治。不畏天地，不法祖宗，拒谏遂非，侈用虐民，亲小人，远贤臣，般乐怠傲⑥即乱。出于治，则虽不阶尺土⑦一民之力。而其兴也勃焉。出于乱，则虽藉祖宗累世之资，当国家熙隆之运，而其亡也忽焉。譬之佩兰者之必馨⑧；饮鸩⑨者之必杀。以是知人主欲长治而无乱，其道无他，但取古人已然之迹，而反己内观⑩，则得失之效，昭然可睹矣。

仰惟皇上天纵英资，光膺鸿宝⑪。孜孜诵习，懋殷宗典学之勤⑫；事事讲求，迈周成访落之轨⑬。海内臣民，莫不翘首跂足⑭，想望太平。臣等备员辅导，学术空疏，夙夜兢兢，思所以佐下风效启沃者，其道无由。窃以人求多闻，事必师古。顾史家者流，亡虑⑮千百，虽儒生皓首，尚不能穷，岂人主一日万机，所能遍览。乃属讲官臣马自强等，略仿伊尹之言，考究历代之事。除唐、虞⑯以上，皇风玄邈⑰，纪载未详者，不敢采录。谨自尧、舜以来，有天下之君，撮其善可为法者八十一事，恶可为戒者三十六事。善为阳为吉，故用九九，从阳数也。恶为阴为凶，故用六六，从阴数也。每一事前，各绘为一图，后录传记本文，而为之直解，附于其后，分为二册，以辨淑慝⑱。仍取唐太宗以古为鉴之意，僭名⑲《历代帝鉴图说》，上呈睿⑳览。昔班伯指画屏以谏㉑，意专戒惩。张九龄《千秋金鉴》一书㉒，词涉隐讽。今臣等所辑，则懿㉓恶并陈，劝惩斯显。譬之薰蕕㉔异器，而臭味顿殊。冰镜澄空，而妍媸㉕自别。且㉖欲触目生感，故假像于丹青㉗。但取明白易知，故不嫌于俚俗。虽条目仅止百余，而上下数千年理乱之原，庶几略备矣。

伏望皇上俯鉴愚忠，特垂省览。视其善者，取以为师，从之如不及；视其恶者，用以为戒，畏之如探汤。每兴一念，行一事，即稽古以验今，因人而自考。高山可仰㉙，毋忘终篑之功㉚；复辙在前㉛，永作后车之戒。则自然念念皆纯，事事合理。德可媲㉜于尧舜，治将埒㉝于唐虞。而千万世之下，又必有愿治之主，效忠之臣，取皇上今日致治之迹，而绘之丹青，守为模范者矣。

【注释】

①此疏乃隆庆六年十二月己巳上奏，编入《张太岳集》卷38。清刻本《张文忠公全集》编入卷3。万历初年《帝鉴图说》刻本，俱将此疏列入卷首，由张居正与次

辅吕调阳并列署名。此书编者仅提马自强，只张居正受奖，在历史上曾引起种种非议。但此疏与此书所饱含的民族文化底蕴，确乎表现了张居正非常善于继承优良传统，这是他发凡起例的历史功绩。

②伊尹：商汤之贤相。名挚，曾是随汤妻陪嫁的奴隶，后佐汤伐夏桀，建立商朝，被尊为阿衡（宰相）。汤逝世，孙太甲破坏商汤法制，伊尹遂放逐太甲至桐宫，几年后复位，《尚书》序称伊尹作"汤誓"等篇。1973年长沙马王堆出土帛书有《伊尹》零篇。

③德惟治……罔不亡：出自《尚书·商书·太甲下》。德，谓推行德政。否德，谓不推行德政。同道，采取同样措施。同事，做同样事。事，指三风十愆，即巫风、淫风、乱风、舞、歌、货、色、游、畋、侮、逆、远、比。愆，过错。

④以铜力鉴……可见兴替：出自《新唐书·魏徵传》。鉴，镜，此指铜镜。以古今成败为法戒，曰鉴。即借鉴之意。兴替：兴起与灭亡。

⑤惕厉：危惧。《易·乾卦》"君子终日乾乾，夕惕若。厉，无咎"。意谓贵人整天忧虑戒惧，至夜警惕着，情况严重，也没有危害。

⑥般乐怠傲：出自《孟子·公孙丑上》。意谓追求享乐、怠惰游玩。般与乐同义、傲同遨，出游。

⑦不阶尺土：《汉书·异姓诸侯王表》"汉无尺土之阶，由一剑之任，五载而成帝业"。阶，凭籍。意谓不凭借疆土。

⑧佩兰者必馨：《书·周书·君陈》"黍稷非馨，明德惟馨"，是说黍稷的香气不是远闻的馨香，只有明德才是远闻的馨香。以喻流芳千古的声誉。佩兰草以为饰，以喻身怀美德。馨，香气远闻。

⑨鸩：鸩羽有毒，入酒饮之，可杀人。

⑩反己内观：意谓反躬自问，内自省察。

⑪光膺鸿宝：谓继承皇位。膺，当。

⑫懋殷宗典学之勤：懋，勉励。殷宗，指殷代高宗武丁，为殷商较为贤明之君。《尚书·商书·说命下》"念终始典于学"，意谓自始至终念念不忘学习。典，从事。这句是说勉励如武丁学习那样的勤奋。

⑬迈周成访落之轨：《诗·周颂·访落》周成王即政。祭庙并咨谋群臣。访落，为以道延访群臣之意。访，谋。落，始。这句说要超越周成王谋求致治的行动轨迹。

⑭翘首：抬头而望，形容盼望殷切。跂足，踮起脚尖。

⑮亡虑：即无虑，大概之意。

⑯唐虞：即唐尧、虞舜。

⑰皇风玄邈：天子之德，高尚清远。

⑱淑慝：善恶。

⑲僭：超越本分，此为谦辞。

⑳睿：明智，称颂皇帝的套语。

㉑班伯：西汉末人，乃班固伯祖，历官中常侍、光禄大夫等职。班伯在一次宫廷宴会上，指屏风绘画向汉成帝进谏。

㉒张九龄:韶州曲江(今广东韶关市)人。开元年间任中书侍郎、同平章事。玄宗生日,大臣多献珍异,唯张九龄上事鉴十章,用以讽谏,即著名的《千秋金鉴录》。

㉓懿:善,同"美"。

㉔薰蕕:香草,臭草。

㉕妍媸:美丑。

㉖且:连词,转折更进之意。

㉗丹青:丹砂和青䐆,两种可制颜料的矿石。泛指绘画用的颜色。

㉘探汤:用手探试沸水,有烫伤危险,以喻戒惧之意。

㉙高山可仰:《诗、小雅、车辖》"高山仰止"。意谓德如高山,则慕而仰之。

㉚毋忘终篑之功:《书,周书、旅獒》:"为山九仞,功亏一篑"。譬如堆垒九仞高的土山,只差一筐土,还是不算完成。篑,盛土的竹器。意谓不要忘记最终成功的努力。

㉛复辙:翻车。《韩诗外传》"前车复,后车戒"。

㉜媲:比,配。

㉝埒:同等。

【译文】

我们听说商朝的贤臣伊尹告诉他的君主说:"实行德政的就太平,不实行德政的就战乱。采取与治世同样的做法,没有不兴盛的;采取与乱世同样的做法,没有不灭亡的。"唐太宗说:"以铜为镜,可以端正衣冠;以古史为借鉴,可以认识到国家的兴亡。"我们曾以此考察前代历史所记载的治乱兴亡事迹,如同出于同样轨道。大都以敬天法祖,听言纳谏,节用爱人,亲贤臣,远小人,终日忧虑戒惧,就会天下大治;不畏皇天后土,不尊祖宗成宪,拒绝谏诤,迁就错误,过分苛剥百姓,靠近小人,疏远贤臣,怠惰游玩,就要混乱。出于治道,虽不凭借尺土一民的力量,那也可以勃然兴起;出于败政,虽凭借祖宗世代积累的基业,正当国家光明兴隆之际,它的衰亡也是必然的。犹如身怀优美的素质,必定馨香流传;喝了毒酒的,必遭杀害。由此可知君主想要长治久安而不发生动荡,那条道路没有别的,就是单取古人已经得到历史明证的经验,而反躬自问,深自反省,那政治得失的效验,就明白可知了。

俯伏思维,皇上天生英睿,光耀的承当大位。孜孜不倦地读书习作,奋勉如殷高宗自始至终念念不忘学习;每一件事都精心研究,谋求政事治理的行迹,能够超过周成王,那是全国官民莫不抬头踮脚,望眼欲穿的太平天下。我们充作朝廷的讲官,学术上空乏疏陋,从早到晚兢兢业业,总想治理臣下的风气,报效启示皇上,却找不到一条途径。我考虑人们总想扩展见闻,事事必要以古为师。看看历史学家之流,大约是成百上千,虽然儒生白发终生,尚且不能穷尽,哪里是一日万机,身为一国之主的人所能遍加浏览。所以嘱咐讲读官、大臣马自强等人,大略仿效伊尹所说的,考察历代的政事。除唐尧、虞舜以前,天子之风高尚清远,记载不详的,不敢采录。谨从尧舜以来,有天下的君主摘取其美善可以效仿的八十一事;恶劣可作为警戒的三十六事。善为光明属吉,所以用九九,从阳之数;恶为黑暗属凶,所以用六六，从阴之数。每一故事之前，各自绘制一幅插图，然后选录传记本文，再加上直解，附在后面，分成两册，以分辨善恶。取唐太宗以古史作为借鉴之意，僭名曰《历代帝鉴图说》，上呈睿览。以往班伯指屏风的绘画向汉成帝进谏，其意义专在惩戒。盛唐张九龄的《千秋金鉴录》一书，它的内容涉及隐喻讥讽。现在我们所汇辑的，则善恶并列，劝导和惩戒之意就更加明显。好象香草与臭草各自放置，而臭味就顿然显出不同。如冰的镜子，澄澈的天空，那真善美与假恶丑自然区别开来。况且想要触目惊心，从而引发激情，所以要借助于形象的插图。辄取其明白易懂，所以不厌粗俗。虽然条目仅只一百多，可是上下数千年的治理与昏乱根源，差不多大体略备了。

国学经典文库
资政秘典

图文珍藏本

治政纲鉴

[宋] 永嘉先生 ◎ 著

导读

  《治政纲鉴》据有关考证《永嘉先生八面锋》大概是在南宋孝宗年间成书的。该书自从问世后,倍受孝宗的重视,他认为这本书无所不备,各方面的国家政事触之即解,因此赐名"八面锋";并令参加科举考试的学子人手一册,以为考场应试之助。从此以后"家传人诵,与六经并轶",被誉为"万世良策""天下之奇宝"。

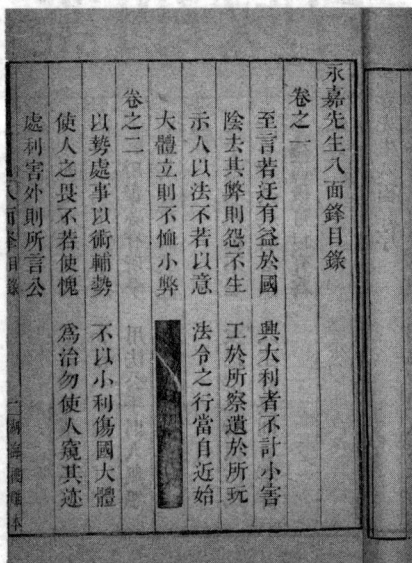

《治政纲鉴》书影

  该书原本著撰人为永嘉先生。此书在论及法度、刑法、资格、铨选、任子等问题时,多与叶适《别集》中的"国本下""资格""铨选""任子"等条旨意大致相同,书十三卷,列目九十三条。汇集了古人的治国方略和作者的政治主张。作者不拘门户,博观约取,立论大体允正,颇重史实,言辞富有哲理,令人回味,体现了作者的博大精深。

第一卷

一　至言若迂于国有利①

【原文】

仁人之言,其始若迂阔而不可行②,及要其终而究其所成③,则夫取利多而终以无弊者④,无有能过其说。故夫子之于卫⑤,尝欲正名⑥,而子路笑之矣⑦;有若之于鲁⑧,尝欲以彻⑨,而鲁君非之矣⑩。夫卫之乱,若非正名之所能理⑪;而鲁之饥,若非彻之所能救。然而欲无饥与乱,则莫若此二者,何也? 其取利也远,故取之多而民不知;其致力也深,故政不暴而事有渐⑫。

【注释】

①至言:深切中肯的言论。

②迂阔:不切实情。

③要:察。究:探求。

④夫:指示代词,等于"彼""那"。

⑤夫子:指孔子。

⑥正名:辨正名分。指君君、臣臣、父父、子子的名分。

⑦子路:名仲由,子路为字。孔子的弟子。

⑧有若:字子有。孔子的弟子。

⑨彻:周代的田税制度。即百分之十的税率。

⑩鲁君:即鲁哀公。春秋时鲁国君主。公元前494——前476年在位。鲁哀公以为百分之十的税率太少,因此遭到他的反对。

⑪若:好象。

⑫渐:渐进。

【译文】

志士们的言论,起初听起来,像是脱离实际似的,等到考察它的最终社会效果和探求它的成就时,而那使国家和百姓受益多,而且最终不会使社会产生弊病的,没有哪家能超过志士们的言论。[正由于志士们的言论像是不符合实际而不能实行似的,]因此孔子对于卫国,曾要辨正君、臣、父、子的名分,却受到了子路的讥笑;

有若对于鲁国,曾要实行周代的百分之十的税率,却遭到了鲁哀公的反对。混乱的卫国政局,好象不是靠辨正君、臣、父、子的名分所能治理的;而鲁国的灾荒,好象不是靠减轻税率所能解决的。但是要使国家没有灾荒和动乱,就再也没有其他办法比得上这两种措施了,这是为什么呢?这两种措施取得的社会效益是长远的,所以取得的实惠多而百姓很难觉察出来;这两种措施所达到的功力是深厚的,因此国家的政治不苛刻而事业蒸蒸日上。

【原文】

国家当以匮财为常①,勿以乏用为惩②;当以养财为急,勿以聚财为意。优游以当之③,暇裕以待之④,节用以为之先,通济以为之权⑤,崇本以为之政,谨察州县以为之纪纲,赈恤灾害以为之左右⑧。愚非为是长者之言、不急之说⑦,事理之极至盖如此也。

【注释】

①"国家"句:因为作者主张藏富于民,所以持这种说法。匮,空乏。
②惩:苦。
③优游:悠然自得。
④暇裕:与"优游"意相近。
⑤通济:流通。权:变通。
⑧赈恤:救济。左右:辅佐。
⑦长者:谨厚者之称。

【译文】

国家应该认为国库财富空乏是正常现象,不应因供给不足而苦恼;当务之急应该是养财,不要以聚财为富国的宗旨。[对于国家出现的各种问题,]要从容对待,要把节省开销作为国家的首要问题,要把互通有无作为国家的变通措施,要把重视农业作为治国的根本,要把认真地体察州县官员的政绩和民情作为国家行政的准绳,要把救灾作为国家的辅助措施。我不是发表这些如同长者的言论和脱离实际的见解,事理的根本法则大概就是这样。

【原文】

昔刘晏之在唐①,号为善理财者,而晏之言曰:"户口滋多②,赋税自广。"观晏之言,不啻不知为利③,正当倾倒坐困耳。然财非天雨鬼输。不厚其所出,而厚其所取,其末不可继。此理固无难晓者。晏之言若缓而切,若迂而直,若费而优④。不能使人不悠悠于此尔⑤。至于钱流地上,报政无留⑥,然后前日之所谓悠悠者,于此始决然矣。

【注释】

①刘晏:字士安。唐曹州南华(今山东东明)人。唐理财家。肃宗、代宗时,历任京兆尹、户部侍郎、吏部尚书、同中书门下平章事及度支、盐铁、转运、铸钱等使,管理财政二十年。改进南北水运方法,整顿盐税,行平准法,改善了安史之乱后财政紊乱的状况。德宗初,被杨炎诬陷,被诛。

②户口滋多:指流民少、百姓安居乐业。滋,益。

③啻:但,只。

④优:丰厚。

⑤悠悠:忧思。

⑥报政:陈报政绩。

【译文】

从前刘晏在唐为官时,算得上是善于理财的人。他理财的名言是:"户口每天都在增加,国家的财源自然就广了。"冷眼看刘晏的理财之说,他似乎不但不晓得如何获利,也正该坐以待毙。但是财富不是天上掉下来的和鬼神赐给的。不广开财源,却不停地向百姓索取,最终会导致财源枯竭。这个道理本来并不难理解。这些话给人的印象是,似乎徐缓而又切合实情,好象迂阔而又直率,似乎耗费资财而又财源茂盛。不能不使人对此产生忧虑。等到财源从各地滚滚而来,刘晏毫无保留地向朝廷报告政绩时,人们先前所担心才焕然冰释。

【原文】

梁惠王以利国问孟子①,而孟子对以仁义。曹刿以战问鲁庄公②,而庄公对以听狱③。夫仁义非所以为利④,而听狱亦非所以为战。古之君臣虽若迂阔而不切于事情也,然天下之理未有仁而遗其亲,未有义而后其君。彼以利而责望民⑤,则民散而为利之从,而卒不获吾之所求矣⑥。孟子之言,非有见于斯乎⑦! 狱,死地也。战,亦死地也。人之在缧绁之中⑧,锧铁之施⑨,视若金石;毛发之惠,视若丘山。使君临一国者⑩,小大之狱,皆必用情,有哀矜之意⑪,而无喜怒之私,则是昔之居死地者,尝受其赐,今安得不赴死地以答其赐哉! 民既乐为之死,则陷坚却敌特余事耳。庄公之言,非有见于斯乎! 班超不扰事。见后(即"法以治民不贵乎扰"条)。

【注释】

①梁惠王:即魏惠王。战国时魏国君主。公元前 369——前 319 年在位。孟

子：名轲，字子舆。战国时邹人。政治上极力推崇"法先王""行仁政"、恢复井田制、省刑薄赋。

②曹刿：即曹沫，一作曹翙。春秋时鲁国武士。鲁庄公十年（前684）齐鲁长勺之战，助鲁庄公击败齐国的进攻。鲁庄公：春秋时鲁国君主。名同。公元前693——前662年在位。

③听狱：即听讼。审判诉讼案件。

④夫：发语词。

⑤彼：这里指治国者。责望：责难抱怨。

⑥卒：终。

⑦斯：此。

⑧缧绁：拘系犯人的绳索，引申为囚禁。

⑨锱铢：锱铢均为古代很小的重量单位。十黍之重为铢，八两为锱。

⑩临：治理。

⑪矜：怜悯，同情。

【译文】

梁惠王向孟子讨教利国之道，孟子却用行义之道回答他。曹刿问鲁庄公为什么与齐国作战，庄公却用认真审判处理案件回答他。行义之道并非直接用来利国的，而审理案件也不是直接用来为作战服务的。古时君臣虽然貌似迂阔而不切实际情况，但是按天下的常理，还没有仁孝之人而遗弃他的亲人，也没有忠义之士把君国大事放在次要位置上。那些统治者往往以获得功利的多少为标准去责难抱怨人民付出的太少，人民就会如同一盘散沙一样去追逐个人的功名利益，而统治者最终也不能获得自己想要得到的利益。孟子回答梁惠王的话，莫非是觉察到了这一点吗？牢狱是犯人送死的场所，战场是将士献身的地方。人在监牢里，微薄的施舍，看得比金石还要贵重；一点点恩惠，看得比丘山还要崇高。如果治理一个国家的统治者，大大小小的案件都能按实际情况进行审理，而且还怀有怜悯的心理，而不是从个人的喜怒好恶出发，那么这些先前处在绝境的人，因为曾得到统治者的恩赐，今天怎么不能身临险境以报答统治者的恩赐呢！人民既然乐意为君国献身，那么冲锋陷阵只不过是小事罢了。鲁庄公回答曹刿的话，难道是看清了这一点吗？

【原文】

卫之乱而孔子正名，秦楚交兵而孟子言义。盖非正名不能已乱①，非言义不能息兵②故也。

【注释】

①已：止。

②兵：战事。

卫国政局混乱的时候,孔子却主张辨正卫国君、臣、父、子的名分;秦楚两国交战的时候,孟子却谈行仁义之道。这是由于不辨正君、臣、父、子的名分,卫国政局的混乱还得持续下去;不谈行仁义之道,秦楚两国就不能停止战争,和平共处。

二　兴大利者不计小弊

【原文】

天下之患,莫大于逆于所不可为而止。以其可为而为之,庶乎其有成也①。逆其不可为而止,则天下无可成之功矣。何者?天下未尝有百全之利也。举事而待其百全,则亦无时而可矣。圣人之举事也,利一而害十,有所不忍为;利十而害一,当有所必为;利害之相当,有所不能为——以其害之相当,虽得其利,而其为害亦足以偿矣,不若安于无事之为愈也②。

【注释】

①庶:几乎。
②愈:胜,佳,更好。

【译文】

天下的祸患,没有比不应该做而硬去做以至于失败后才不得不停下来再大的了。凡事可以做而去做,还可能成功。不应该做而硬性去做以至于失败后才停下来,那么天下就没有可以成就的功业了。这是什么原因呢?天下不曾有过有百利而无一害的事业。从事某项事业,等到有百利而无一害的时候再去做,就会没有可以动手的时间。具有大德大智的人从事某项事业,获利小而害处大,不忍心去做;获利大而害处小,就应当坚决去做;若利害相当,就不能去做——因为利与害相等,即使得到了一些好处,也会被损失抵消,还不如安于无事更好。

【原文】

汉高帝捐黄金四万斤与陈平①,以间楚之君臣②。既而项王果疑范增③,而增谢病以去。向使高帝计一时之小费④,而有所爱于平⑤,则楚之君臣何至于相疑乎!汉景帝从周亚夫之计⑥,以梁委吴⑦,而不顾其母弟之亲。既而吴楚之兵尽锐于梁⑧,而亚夫得以破七国⑨。向使景帝顾区区之私爱,而有所顾于梁,则七国之锋何为而可挫乎!诸郡棹卒⑩,多费粮谷,吴汉欲罢之⑪,而光武卒从岑彭之请而不遣⑫。盖蜀之功苟可以是集⑬,则粮谷不足较也。出内库百五十万缗以赐魏博⑭,左右以为与之太多,而宪宗卒从李绛之言而不吝⑮。盖魏博六州之心,苟可以是结,则府库不足计也。若夫楚子重伐吴而克鸠⑯,(畏)吴报楚而取驾⑰。君子以为所获不如所亡,则子重不为可也。汉武帝捕虏斩首⑱,征伐四克,而士马物故亦略相当⑲。君子以为利不十者不易业,功不百者不变常,则武帝不为可也。

【注释】

①汉高帝:即汉高祖刘邦,字季。西汉王朝的建立者。公元前202——前195年在位。陈平:刘邦的重要谋臣。高帝三年(前204),刘邦采用了陈平的反间计,离间了项羽与范增之间的关系。

②楚:指项羽于公元前206年建立的西楚政权。

③既而:不久。项王:项籍,字羽。秦末,跟从叔父项梁在吴中起义。秦亡后,自立为西楚霸王。后被刘邦打败,自刎于乌江。范增:项羽的重要谋臣。项羽尊他为亚父。范增曾多次劝项羽杀刘邦,项羽不听,后来项羽中了陈平的反间计,怀疑范增有二心,范增愤而离去,途中背上发疽而死。

④向使:假使。

⑤爱:吝惜。

⑥汉景帝:刘启,汉文帝之子。公元前157——前141年在位。吴楚等七国起兵,景帝以周亚夫为太尉,讨伐平定七国,巩固了中央政权。周亚夫:周勃之子。汉景帝时,任太尉,平定吴楚七国之乱。景帝三年(前154),吴楚反时,周亚夫向景帝建议,把梁国舍弃给吴国,用以牵制吴楚的兵力,并断绝吴楚的粮道,从而达到平息叛乱的目的。景帝采纳了他的建议。

⑦梁:西汉诸侯国。汉文帝封子刘武于大梁,后迁到睢阳。梁王武为景帝的同母弟。委:舍弃。吴:西汉诸侯国。高帝十一年(前196),刘邦封兄子濞于吴。景帝三年,吴王濞约诸侯国以诛晁错的名义,起兵叛乱,兵败出逃,后为越人所杀。

⑧楚:西汉诸侯国。高帝六年,刘邦封弟刘交于楚。景帝三年,楚王造反,兵败自杀。

⑨七国:指西汉的吴、楚、胶西、胶东、菑川、济南、赵等七个诸侯国。

⑩棹卒:指战船上的负责撑篙的士兵。

⑪吴汉:东汉南阳宛(今河南南阳市)人,字子颜。光武时,作为偏将军,伐蜀,八战八胜。

⑫光武:东汉开国皇帝刘秀的谥号。岑彭:东汉南阳棘阳(今河南南阳南)人,字君然。光武时,拜为廷尉,负责大将军的事。后率师入蜀,攻公孙述,直逼成都,被公孙述所遣刺客刺杀。刘秀伐蜀时,岑彭装战船数十艘。吴汉认为设置水军耗费很多粮谷,想罢置水军。岑彭上书光武帝,以为蜀军强盛,不可以罢置水军。光武采纳了他的意见。

⑬蜀:指公孙述政权。是:此。集:成功。

⑭缗:钱贯。一千文为一缗。魏博:唐方镇名。治所在今河北大名东北。领有魏、博、贝、卫、澶、相六州。安史之乱平息后,为田承嗣、何进滔等及其子孙割据,宪宗七年(公元812)听命于中央。朝廷接受了李绛的建议,从内库中出五十万贯钱,赏赐魏、博等六州将士。

⑮宪宗:唐顺宗李诵之子,名纯。公元805—820年在位。李绛:唐赵郡赞皇(今河北赞皇)人,字深之。宪宗元和中拜相。直言敢谏。

⑯若夫:至于。子重:春秋时楚国令尹。鸠:地名。即鸠兹。吴邑。在今安徽芜湖东南。

⑰畏;疑为衍文。驾:地名。在今安徽无为县境。

⑱汉武帝:刘彻,汉景帝之子。公元前140——前87年在位。承文、景之业,对内实行政治经济改革,对外用兵,开拓疆土。尊儒术,倡仁义,而罢黜百家。但迷信神仙,大兴土木,横征暴敛,重刑诛,连年用兵,使海内虚空,人口减半。捕房斩首:指汉武帝出征四夷。

⑲物故:死亡。

【译文】

汉高祖拿出四万斤黄金来送给陈平,用来离间西楚君臣之间的关系。不久,楚王项羽果然怀疑范增与汉国私通,范增只好因病引退。假如汉高祖只计较一时的微小损失,而对陈平吝啬,那么西楚的君臣怎么能变得相互猜疑呢?汉景帝听从了太尉周亚夫的计谋,把梁国舍弃给吴国(指让势单力孤的梁国来阻挡吴国的进攻),却不顾及与梁王的手足之情。不久,吴楚的精兵全部指向梁国,而周亚夫才得以平息吴楚等七国之乱。假如汉景帝只顾及兄弟之间的私情,而对梁国恋恋不舍,那么吴楚等七国叛军的凶猛势头怎能被挫败呢!东汉光武时,各郡都设置水军,耗费了很多粮食,偏将军吴汉提议解散水军,而光武皇帝最终采纳了大将军岑彭的意见而保留了水军。灭蜀之功,倘若能依靠水军来完成,那么粮食耗费的多少是不值得计较的。唐宪宗时,内库曾拿出一百五十万贯钱来犒赏魏、博等六州将士,宪宗身边的大臣都认为赏赐的太多,而宪宗最后则采纳了丞相李绛的意见,没有吝惜这笔钱财。魏、博六州将士之心,倘若能靠这笔钱财去团结系,那么国家府库支出的多少是不值得计较的。至于春秋时楚国令尹子重征伐吴国并占领了吴国的鸠兹,吴国为了报复楚国,攻占了楚国的驾地。明智的人认为楚国所得到的,还不如失去的多,那么子重不征伐吴国也是可以的。汉武帝派兵攻打匈奴并多次取胜,然而兵马死伤也与所获得的相当。明智的人认为,没有太多的利益,不能轻易改变原来的行业;没有百倍的功效,不能改变常规:这样看来汉武帝不对外用兵也是可以的。

【原文】

夫去猛虎之为害者,焚山而不顾野人之菽粟①;去蛟蚓之为患者②,断流而不顾渔人之网罟③。天下之事,其所利者大,则其所害者小,固有国者之乐为也。赵欲以长安君质齐④,太后不可⑤。大臣强谏,太后益怒。左师触龙以其王赵之福,一说而行之。是王赵之利大⑥,而质齐之辱不足计也。汉高皇捐黄金数万斤与陈平,以间楚。恣其所为,不问出入,而楚之君臣卒以相疑而至于亡。是亡楚之利大,则黄金之费不足爱也。

【注释】

①菽粟:菽,本指大豆,引申为豆类的总称;粟,古代也称"禾""稷""谷"。菽粟,这里指庄稼。

②蛟蜿:蛟,鲨鱼;蜿,鼋。蛟蜿,这里是指水兽。

③罟:网的流称。

④赵:战国时赵国。长安君:赵太后小儿子的封号。质齐:指把长安君送到齐国作人质。赵惠文王死后,因成王年幼,由太后执政。秦进攻赵国,赵向齐求救,齐要求把长安君作人质才能发兵。

⑤太后:赵惠文王后,赵孝成王母。

⑥王:通"旺"。

【译文】

消除猛虎之害,放火烧山时就不能考虑山里人庄稼的得失;消除水兽之害,截断水流时就不能考虑渔人的渔业活动。天下的事情,如果有利的一面占的比重大,那么有害的一面占的比重就小,统治者就一定愿意去做。战国时赵国的大臣们要求把长安君送到齐国作人质,以换取齐国出兵救赵,太后不同意这种做法。大臣们竭力规劝,太后更加愤怒。左师触龙用这种做法可以使赵国兴旺发达的道理,很快就说服了太后,使她同意把长安君送到齐国作人质。这种做法,对赵国的兴旺来说利多弊少,而长安君给齐国作人质的耻辱就不值得计较了。汉高祖拿出数万斤黄金送给陈平,用来离间西楚君臣之间的关系。允许他自行支配这笔资金,而不过问这笔资金的支付状况,最后西楚的君臣终因互相猜忌导致了西楚的灭亡。这种做法,对于灭是楚利多弊少,那么,即使损失了一些黄金也是不值得可惜的。

【原文】

忍弃其所(不可弃)〔爱〕者①,必有其不可弃者也。刃在头目,断指不顾;病在心腹,灼肤不辞。彼岂以为不足爱而弃之哉!是闭闭其不可弃者而夺其爱也。

【注释】

①不可弃:此三字当为涉下文而误。原文当作"爱"字。译文作"爱"。

【译文】

人们忍心舍弃他所心爱的东西,就必然有他不能舍弃的东西。有杀头的危险时,即使有断指的危险也不能顾及;有内脏病患,就不能考虑皮肤的灼伤。难道他们认为手指和皮肤不值得爱护而可以随便舍弃吗?这是因为一定有不能轻易舍弃的东西,而不得不忍痛割爱。

三　暗去其弊则怨不生

【原文】

人有常言："天下之事苟有当于理，虽拂乎人情①，勿恤也②。"吾则非之曰："事虽当于理，而情则拂乎人，而事不能以终济③。莫若阴有以去之，使人由之而不知，而怨乱不作之为愈也。"汉人不力农，使之力农，未必乐也。惟晁错以为不若使之入粟者赐爵④，则农自劝。楚人不事蚕⑤，使之事蚕，未必乐也。惟高郁以为不若使之输税者以帛而代钱⑥，则蚕自劝。诸侯之强大，削之则必变也。而贾谊以为分王其子弟⑦，则有以悦其心，而其势自弱。荒远之屯，敌至则弃而走。陆贽以为募士使居焉⑧，则人当自为战。夫天下之弊，贵乎阴有以去之，则事无有不济者矣。

【注释】

①拂：违背。

②恤：忧虑。

③济：成功。

④晁错：西汉颍川（今河南禹县）人。景帝时为御史大夫，请削诸侯之地以尊崇京师。他坚持"重本抑末"政策，主张纳粟受爵。

⑤楚：指五代时的楚国。

⑥高郁：五代楚王马殷的谋臣。

⑦贾谊：西汉洛阳（今河南洛阳市）人。被文帝召为博士，迁太中大夫。他曾多次上疏，批评时政。他建议朝廷用诸侯王的领地分封其子弟的办法来削弱诸侯王的势力。

⑧陆贽：唐苏州嘉兴（今浙江嘉兴市）人，字敬舆。德宗时的重要谋臣，官至宰相。他主张积谷边境，改进防务。

【译文】

人们常说："天下的事情如果合乎道理，即使违背人之常情，也不要有所顾虑。"我就不同意这种说法，我认为："事情即使符合道理，如果违背人之常情，就终究不能取得成功。不如暗中除掉违背人之常情的因素，使人自觉地服从统治者的意愿而又不易觉察出来，以使人民不怨天尤人，社会不发生动乱为妙。"汉代的百姓不肯致力于农业，国家强迫他们务农，他们未必甘心情愿。只有晁错认为，不如让百姓向国家交纳粮食用来换取官爵，这样百姓就自然会尽心于农业。〔五代时，〕楚人不愿意从事养蚕业，如果强行让他们从事养蚕业，他们也未必心甘情愿。只有高郁认为，不如让百姓在交纳租税时以帛代钱，这样百姓就自然会尽心于养蚕业。

图文珍藏版

[西汉时,]诸侯王的势力强大,国家如果通过行政手段削弱诸侯王的势力,必然导致动乱。而贾谊认为,用诸侯王的领地来分封他们自己的子弟,这样就有了使他们高兴的因素,从而诸侯王的势力也就自然削弱了。[唐德宗时,]在边塞屯兵,敌人来了就弃地逃跑。陆贽认为,如果征集有劳动能力的男子到那里定居,敌人来了,人们就会自觉投入战斗。国家的弊端,贵在于人们不知不觉中除掉,就这样事情就没有不取得成功的。

四　工于所察遗于所玩①

【原文】

士大夫之有为于斯世②,未尝不为去弊之说,而多至于遗其耳目之所玩③。是以弊之在天下,去之虽若甚多,而算计见效,茫然如捕风搏影,卒不能有益于人之国也。

【注释】

①工于所察:善于发现问题。遗于所玩:见下文注③。
②斯:此。这个。
③遗其耳目之所玩:指不留意身边耳濡目染的社会现象。玩:欣赏。

【译文】

有知识有地位的人在现实社会中有所作为,未尝不创立拯救时弊的学说,然而他们往往不会留意身边耳濡目染的社会现象。因此,国家存在的弊端,表面看来好像去掉很多,而估算一下实际取得的成效,却茫茫然如捕风捉影一般,最终还是不能对国家有利。

【原文】

环坐而议政①,皆曰官不可不省也,而至于任子之弊②、三年之郊动以万计③。此最为滥官之大者,则习以为常而不怪。皆曰俗不可不敦也④,而至于榷酤之弊⑤,倡优幄帝耀世而招之⑥。此最为伤风教之甚者,则恬然不以为耻。异端皆言不可长,而度牒之降则未有能为之言者⑦。农桑皆言不可缓,而末作之炽则未有能为之一说。如此等弊,士大夫不惟不能言之,亦且不自知之。耳目习熟,玩以为常。不知其源之浊则其流无自而清、其表之枉则其影无自而正也⑧。

【注释】

①环:环绕。
②任子:因父兄的官业而得官。这种制度始于汉代。

③郊:在郊外祭祀天地。

④敦:敦厚。

⑤榷酤:官府专利卖酒。

⑥倡优:歌舞杂技艺人。幄帟:帐幕。

⑦度牒:指僧尼出家,由官府发给凭证。

⑧表:标帜。

【译文】

大家围坐在一起讨论国家政事,都说国家的行政机构不能够不精简;至于达官贵人的子弟凭借父兄的功业而得到官位的弊病、朝廷三年举行一次的祭祀天地的仪式所增加的官吏数,常常以万为单位来计算。增设不必要的官吏,没有比这两种做法更加严重的了,然而人们对此却习以为常而不去责怪。大家都说社会风俗不可以不使之敦厚,而至于国家实行酒业的官营政策中所出现的与民争利的弊端,歌舞杂技艺人在市区设置帐幕张扬本业以招揽生意,这是最损害儒家礼俗的做法,然而人们却恬然不以为耻。大家都说佛教不应该提倡,且对官府发给僧尼出家凭证的做法,却无人能对此发表看法。大家都说农业不应该放松,而那些与国计民生关系不大的行业的兴盛,却无人对此发表过一次意见。面对这些社会弊病,那些有地位、有知识的人不但不能发表看法,反而也缺少自知之明。他们对这些不良社会现象耳濡目染,习以为常。这就是没有认识到水源污浊则它的下游就无从清澈、标帜不正则它的影子也无从端直的道理。

五　示人以法不若示之以意①

【原文】

田子与隰子登台南望不言②,而隰子知其意在于伐宋。齐威公谋于台而口吃③,而役人知其意在于伐莒④。曹公下"鸡肋"之令⑤,而杨修知其意在于退师⑥。上之人举目摇足,而天下已知其意之所在。是故以法示人不若以意示人。其意在是,其法不在是,则不令而自行;其法在是,其意不在是,则虽令而不从。

【注释】

①意:意念,思想动机。

②田子:即田常。一名田成子,又名田恒。战国时齐国人。齐简公时专齐政。简公四年,田常杀简公,拥立平公,自任齐相,齐国之政尽归田氏。隰子:即隰斯弥。战国时齐人。与田常同时代。

③齐威公:即齐威王。姓田,名因齐。战国时齐国君主。公元前356——前320年在位。

④莒:战国时莒国。在今山东莒县境内。

⑤曹公:即曹操,字孟德,东汉沛国谯(今安徽亳县)人。汉献帝时,位至丞相、大将军,被封魏王。鸡肋:喻乏味而又不忍舍弃之物。曹操攻汉中,不能胜,想要退兵。部下请令,曹操即出令曰"鸡肋"。

⑥杨修:东汉弘农华阴(今陕西华阴)人,字德祖。曾为曹操主簿。后为曹操所杀。

【译文】

田常与隰斯弥一起登台南望而沉默不语,而隰斯弥领会他的意图是在于征伐宋国。齐威王与臣下在高台上谋划国事时,语言表达较为迟缓,然而服役的人领会到他的用意在于征伐莒国。曹操出征汉中时,向部下下达了"鸡肋"之令,而杨修领会到他的用意是退兵。统治者刚有一举一动,天下的吏民就已经领会到他们的用意所在。因此,与其让人们去了解法令,还不如让人们了解统治者的用意所在。统治者的意志集中在某个方面,即使在这个方面没有成文的法律,吏民们也能自觉地按照统治者的意志行事;倘若在某个方面有了成文之法而统治者的意志却没有集中在这个方面,那么吏民就不会自觉去执行。

【原文】

汉文帝诏书数下①,岁劝民耕殖,而野不加辟②。至于示敦朴以为天下先,而富庶之风自还。意之所重,无待于法也。唐德宗即位③,用杨炎议④,作两税法⑤。新旧色目,一切罢之。未几⑥,刻剥之令,纷然继出。法虽备具,意常诛求也⑦。人主无不泄之意,而密意常在于所向之(外)[中]⑧。天下之人伏其外而窥其中,以其泄而得其密。是故背人主之所令,以阴合其所向,天下之情甚易晓也。

【注释】

①汉文帝:刘恒。汉高祖刘邦之子。公元前180——前157年在位。即位后,提倡农耕,免农田租税十二年,主张清静无为,与民休息,废除肉刑。在历代帝王中以生活俭朴著称。

②辟:开拓。

③唐德宗:李适。唐代宗李豫之子。公元779——804年在位。性情猜忌刻薄,刚愎自用。即位后,重用小人,为谄佞所欺骗。

④杨炎:唐凤翔天兴(今陕西凤翔)人,字公南。唐朝理财家。德宗时,官至门

下侍郎同平章事。他建议改革赋税制度,废除"以丁夫为本"的租庸调制,改行以资产多少为标准的两税法。

⑤两税法:即分夏秋两季向国家交税。唐初实行租庸调法。到德宗时,把租庸调合并为一,规定用钱纳税。夏税不得超过六月,秋税不得超过十一月。

⑥未几:不久。

⑦诛:求。

⑧外:当为"内"或"中"之讹。否则,与下文不谐。译文作"中"。

【译文】

汉文帝多次向全国颁发诏书,年年都勉励人民致力于耕作养殖,然而耕地面积却没有增加。至于汉文帝力树敦厚俭朴之风俗而给全国的吏民树立了榜样,经济繁荣的景象就自然出现。唐德宗即位后,采纳了杨炎的建议,制定了两税法。其他各种名目的税法,则一律停止实行。然而过了不长时间,各种剥削百姓的法令就又相继出笼。法令虽然很完备,但统治者的用意仍然放在搜刮民脂民膏这一点上。君主的真实意图没有不泄露的,并且而他那秘而不宣的真实意图往往倾注在他所追求的目标之中。全国的吏民身居朝廷之外而窥测到朝廷中的消息,趁君主流露真情时,获知君主平时秘而不宣的用意所在。因此人们往往会背离君主所制定的法令条文,来暗中投合君主所追求的目标。[只有这样看问题,]天下的情理才能比较容易明白。

【原文】

子之养亲也,脍炙以为羞①,礼也。蛙蛤以为进②,非礼也。父告子以所膳,必曰脍炙,而不曰蛙蛤也。然退而察其亲,则蛙蛤之为嗜。为子者何惮而不进之以蛙蛤哉③!夫父曰脍炙,而子曰蛙蛤。曷为不(以其所命而以其所不命耶)[以其所不命而易其所命耶]④?盖其所命者饰也⑤,其所不命者真也。

【注释】

①脍炙:脍,细切的肉;炙,烤肉。均指美味佳肴。羞:进献。

②蛙蛤:蛤蟆之类。

③惮:怕。

④曷为:为何。以其所命而以其所不命耶:此句疑有讹倒。原文当为"以其所不命而易其所命耶"。译文从后者。

⑤饰:原作"号",据文渊本改。

【译文】

子女赡养亲人,进献精制、烹烤的美味,是符合敬老的礼仪的。而送上蛤蟆一类的食品,则不符合敬老的礼仪。父亲把自己所需的膳食告诉子女时,一定会说要精制、烹烤的美味,而不说要蛤蟆之类的食品。然而从日常生活中观察父亲的饮食习惯却发现,父亲喜欢吃蛤蟆一类的食品。当子女的还要顾虑什么而不向父亲进献蛤蟆一类的食品呢?父亲说,进献精制、烹烤的美味;而子女却说,进献蛤蟆一类的食品。做子女的为什么不用父亲没有明着索要的食品去替代父亲所索要的美味呢?父亲索要精制、烹烤的美味,只不过是些掩饰之词;而他没有索要的蛤蟆一类的食品,才是他真正喜欢吃的。

【原文】

齐威公谋于台而口吃,人知其伐莒;揖朝而逊①,人知其释卫②。任官之道,示之以法,不若示之以意。其法是也,其意非也,虽重而亦轻;其意是也,其法非也,虽轻而亦重。且学士之任,未为崇贵也③,唐太宗一贵尚之④,而天下之人歆艳素美⑤,往往指为登瀛洲者⑥,非重其官也,重其意也。师儒之官,学者之指南也。鱼朝恩一升讲座⑦,而缙绅名流耻与之列⑧,往往以横经讲道为鄙⑨。非轻其官,轻其意也。

【注释】

①揖朝而逊:在朝廷上拜让贤者。逊,谦让。
②卫:战国时卫国。在今河南濮阳一带。
③贵:原本作"实",据文渊本改。
④唐太宗:李世民。唐高祖李渊之子。公元626——649年在位。隋末劝李渊起兵,推翻隋王朝。即位后,推行均田制和租庸调法,兴修水利,恢复农业生产,旧史称之为贞观之治。
⑤歆艳:羡慕。素美:纯洁无瑕的美德。
⑥瀛洲:传说中的仙境。
⑦鱼朝恩:唐肃宗、代宗时宦官,权倾朝野,滥杀无辜。后为代宗缢杀。讲座:学者的讲坛。
⑧缙绅:缙同"搢",插;绅,束腰大带。古之仕者,垂绅插笏,因此称士大夫为缙绅。
⑨横经:陈放经书。

【译文】

齐威王与大臣在望台上谋划国事时,语言表达较为迟缓,然而服役者领会到他的用意是征伐莒国;他在朝中拜让贤者,左右大臣就领会到他要放弃进攻卫国的计划。任用官吏的方法,与其让官吏熟悉法令,还不如让官吏体会统治者的用意所在。统治者所制定的法令是正确的,然而统治者的思想动机往往是错误的,虽然下面吏民表面上都很重视自己的使命,而实际上却往往不以为然;统治者的思想动机是端正的,而在法制方面却有失误,这时虽然下面的吏民表面看起来不以为然,但往往不敢玩忽职守。翰林学士的职衔,并不曾很高贵。唐太宗一旦崇尚这种职衔,全国上下的吏民就都爱慕翰林学士们纯洁无瑕的美德,往往把他们看作"登瀛洲"的人。这并不是人们看重了这一官职,而主要是看重了这些人的思想品德。传授儒家道理的学官们,是士人学子的楷模。鱼朝恩一旦登上传授儒家道艺的讲坛,那些有地位有学识的社会名流就觉得与他为伍是一种耻辱。[因此,]往往把读经讲道看作是很低贱的事。这并不是看轻了鱼朝恩的官职,而是鄙视他的思想品德。

【原文】

荀子曰①:"人主之患,不在乎不言用贤,而在乎诚必用贤②。夫言用贤者,口也;却贤者,行也。口行相反,而欲贤者之至,不亦难乎!"

【注释】

①荀子:即荀况。战国时思想家。李斯、韩非都是他的学生。其学术以孔子为宗,主张人性皆恶之说。荀子所言,见于《荀子·致士》

②必:果决。

【译文】

荀子说:"做君主的弊病,不在于嘴上不提倡用贤,而在于诚心实意、毫不迟疑地用贤。提倡用贤,不过是在口头上;而疏远贤者,却体现在行动上。言行不一,却想让贤者来到自己的身边,这不是很困难吗!"

六　法令之行当自上始

【原文】

苏文忠公厉法禁之说①,曰:"圣人之制刑,知天下之畏乎刑也。是故施其所畏者②。自上而下,公卿大臣有毫发之罪③,不终朝而罢随之④。是以下之为不善者⑤,知其无有不罚也。"至哉斯言⑥!"夫天下之所谓权豪贵显而难令者,此乃自古圣人之所借以徇天下也⑦。舜诛四凶而天下服⑧,何也?此四族者,天下之大族也。夫惟圣人能击天下之大族,以服小民之心。故其刑至于措而不用。周之衰也,商鞅、韩非,嶮刑酷法以督责天下⑨。然其所为得者,用法始于贵戚大臣⑩,而后及于疏贱。故能以其国霸。由此观之,商鞅、韩非之刑,非舜之刑;而所以用刑者,亦舜之术也。"

【注释】

①苏文忠公:即苏轼。字子瞻,宋眉山(今四川眉山)人。文学家。文忠为谥号。历仕英宗、神宗、哲宗各朝,官至礼部尚书。因与执政者政见不合,导致仕途坎坷,屡遭贬谪。厉法禁之说:见《经进东坡文集事略》卷十六。厉,振兴。

②是故:因此。

③公卿:泛指朝廷执政大臣。

④终朝:早晨。比喻时间极短。

⑤是以：所以。

⑥至：极。斯：此。

⑦徇：向众宣示。

⑧舜：传说中父系氏族社会后期部落联盟领袖。姓姚，名重华，号有虞氏。四凶：上古四个恶人，指不服舜控制的四个部族的首领，即浑敦、穷奇、梼杌、饕餮。

⑨商鞅：姓公孙，名鞅。因封于商，也称商鞅、商君。战国时期政治家。辅助秦孝公变法，使秦国富强。韩非：战国韩诸公子，法家，与李斯师于荀子。后出使秦，李斯忌其才，使之入狱自杀。嵁：高险。

⑩贵戚：君主的内外亲族。

【译文】

苏轼有过振兴法制之说，其中谈道："圣人制定刑法，是由于了解到全国吏民都有惧怕刑法的心理。因此国家要实施具有震慑作用的刑法。全国自上而下推行法制，公卿大臣犯有轻微罪行的，要尽快地免职。这样下级官吏和普通百姓中犯法的，就知道自己也一定会受到处罚。"这话讲的真是太好了！"举国上下那些所谓权豪势要、官贵人难以用法令约束的，自古以来就是英明的君主借以实施刑罚而昭示天下的主要对象。舜处死了四个无恶不作的部族首领而使天下归服。这是什么原因呢？这四个部族，都是天下的高门大族。只有英明的君主才能用打击天下大族的势力的方法，来征服平民百姓的心。因此后来刑罚就到了弃置不用的地步。周朝衰落以后，商鞅、韩非用严刑酷法督察责罚天下的吏民。然而这种严刑酷法的可取之处，就是行法首先从皇亲国戚和王公大臣开始。然后再扩大到下级官吏和平民百姓。因此能使秦国成为诸侯国中的霸主。由此看来，商鞅、韩非所制定的刑法，虽然不同于舜的刑法，但实施刑法的原因，也与舜的治国之道没有什么不同。"

【原文】

商鞅欲变法，而不赦公孙贾之贵幸①。赵武灵王欲行胡服②，而不恤公子成之异议③。赵奢欲收租税④，虽平原君之贵⑤，杀其用书者九人⑥。

【注释】

①公孙贾：秦孝公太子的老师。太子犯法，公孙贾被处以墨刑。

④赵武灵王：名雍。战国时赵国君。公元前325——前299年在位。在位期间，进行军事改革，改穿胡服，学习骑射。攻灭中山国，攻破林胡、楼烦，国势大盛。胡服：少数民族的服装。

③恤：顾。公子成：赵武灵王之弟。

①赵奢：战国时赵将。开始任赵田部吏。不久，主治国赋。后被任命为将军，善于用兵。

⑤平原君：原名赵胜。战国赵惠文王之弟，封于东武城，号平原君。曾三任赵相。

⑥"杀其"句：赵奢作田部吏时，收租税，平原君家不肯出，赵奢依法杀掉其用

事者九人。

【译文】

商鞅想要推行变法，而没有赦免地位显赫、受到秦孝公宠幸的公孙贾。赵武灵王要在全国上下推行穿少数民族的服装的政策，而没有顾及到胞弟公子成的不同意见。赵奢要为国家收取租税，即使遇到像平原君这样地位显赫的人物，也敢依法杀掉他手下九个用事者。

【原文】

方今驭吏之难，莫难于赃吏。盖朝廷亦求所以禁之矣，而未尝得所以禁之之方。宽以养其廉，则尝狃上之宽而不知畏[1]。绳之以法，则虑其怨而不服。抑将何以处也[2]？愚以为用宽不如用度，用法不若先服其心。天下心服而后法可尽行，赃可尽禁也。夫何故？天下之所以服者，常生于不偏；而其不服也，常起于不平。

【注释】

①狃：习惯。
②抑：表示转折的连词。相当于"则""然"。

【译文】

当今任用官吏的困难，再也没有比用贪官污吏更为棘手的了。朝廷也正在探讨杜绝产生贪官污吏的办法，但不曾获得根除产生贪官这种弊端的有效措施。国家采用宽大的政策来培养官吏的廉洁作风，但某些官吏却习惯于这种比较宽松的环境而无所畏惧。如果对贪官污吏给予刑事处罚，又担心他们会怨天尤人而内心不服气。然而如何解决这个问题呢？我认为，与其采用宽大的政策，不如实行法治而实行法治，不如先使各级官吏相信朝廷会秉公办事。天下各级官吏都相信朝廷会秉公办事，刑法才能不折不扣地实施，官吏贪赃枉法的现象才能被完全禁止。这是什么缘故呢？这是由于天下各级官员相信朝廷的主要因素，往往来源于朝廷执法的不偏不倚；而他们不相信朝廷的主要因素，则往往产生于朝廷执法的不公道。

【原文】

《孟子》曰："夫子教我以正[1]，夫子未出于正也。"已不正而正诸人[2]，父不能以行其子，况正天下而不出于正者，谁也？岂非朝廷之大吏耶[3]？大吏而不正，不正而法不行矣。至于举法以禁小吏，宜其怨而不服矣。昔陆宣公之秉政[4]，至于蕃镇之靴鞭亦确不受[5]。虽德宗喻之而不奉诏[6]。以为靴鞭之一弊，必至于金玉。则今之大吏省卒徒自给者[7]，恬不知禁；而箱箧之大于靴鞭者[8]，亦熟视而不问。此何理哉！大吏不正而责小吏，法略于上而详于下，天下之不服，固也。

【注释】

①"夫子教我以正"两句:见于《孟子·离娄上》。为孟子与公孙丑的对话。夫子,这里指父亲。

②诸:他。

③大吏:朝廷中执政大臣。

④陆宣公:即陆贽,字敬舆,唐苏州嘉兴(今浙江嘉兴)人。"宣"为谥号。德宗时,任翰林学士,参与机谋,勇于指陈时弊。官至中书侍郎同平章事。

⑤蕃镇:即藩镇。又称方镇。唐代指统领一方的军府,领数州甲兵,兼掌财政大权。主事者为节度使。

⑥德宗,即唐德宗李适。

⑦省卒徒:指裁省士卒和差役的银饷。

⑧箱筐:指用来装礼品的竹器。

【译文】

《孟子》说:"您拿正理正道来教诲我,而您的所作所为却都不出于正理正道。"自己的行为不端正而去纠正别人的缺点错误,即使是父亲对儿子也行不通,更何况那些想纠正天下时弊而自己行为却不是出自正理正道的人呢?这些人是谁呢?难道不就是朝廷中那些身居高位的执政大臣吗?身为大臣就行为不端正;不端正,法律就不能够贯彻实施。至于朝廷用法律去约束下级官吏,下级官吏就理所当然地怨天尤人而内心并不服气。唐德宗时,陆贽执掌朝政,即使像藩镇馈赠的靴鞭之类的微薄礼品,也坚决不受。虽然德宗皇帝已经传旨批准,陆贽也拒不受命。[陆贽]以为,今天如果收了别人馈赠的靴鞭之类的微薄礼品,以后就必然要接受别人馈赠的金玉之类的贵重礼品。当今朝廷中的执事大臣克扣士卒和差役的银饷用来中饱私囊的,朝廷却泰然处之,不知道禁止;至于执政大臣接受远远超过靴鞭之类的贵重礼品,朝廷也熟视无睹而不闻不问。这是什么道理呢?执政大臣的行为不轨还要去责问那些下级官吏,执法对上级宽而对下级严,天下的官吏对自己所受到的不公正的处罚心怀不满,也是理所当然的。

七　立大体则不恤小弊①

【原文】

合抱之木,不能无数寸之朽;径寸之珠②,不能无微颣之嫌③。良法之在天下,吾固知其不能无小弊也。惟其大体既正,则小弊有所不足虑矣。是故夏(道)[人]尊命④,商人尊神,周人尊礼,而当时不文之弊,三代卒不以是而废其所尊;夏政尚忠,商政尚质,周政尚文⑤,而当时以野以鬼以僿之弊⑥,三代亦不以是而变其所尚。

诚以其大体既正⑦,则微疵小害虽时有之,亦势之所不免也。

【注释】

①大体:指立国的根本原则,或根本大法。恤:顾及。

②径:直径。

③僝:缺点毛病。

④是故:因此。道:据下文"商人""周人"例,当为"人"。译文从"人"。

⑤文:文雅。

⑥野:质朴,粗鲁。额:轻薄,不真诚。

⑦诚:如果确实。

【译文】

粗壮高大的树木,不能没有一点腐朽的地方;一寸直径大的宝珠,不能没有存在小斑点的缺憾。一部好的法律公布于天下,我固然知道它不可能没有一些小小的失误。只要它在根本原则上正确,即使有一点小的失误,也不值得忧虑。因此,夏代的百姓敬重天命,商代的百姓敬重鬼神,周代的百姓敬重礼仪,虽然这三个朝代都不同程度地存在着朴拙之风有余而文雅之风不足的倾向,但这三个朝代终究没有一个因此而舍弃自己的信仰;夏代的政治崇尚忠诚,商代的政治崇尚质朴,周代的政治崇尚文雅,这三个朝代也都不同程度地存在着文雅之风不足、迷信鬼神、人际关系缺乏真情实意等弊病,但这三个朝代也没有因此而改变自己的风尚。如果确实认为立国的根本原则已经正确,小的缺点和失误即使时常出现,也是不可避免的。

【原文】

汉文帝除肉刑①,定笞法②,而或者议其外有轻刑之名③,内实杀人。是不知文帝之大体也。宣帝枢机周密④,综合名实⑤,而或者议其王成之赏⑥、赵盖杨韩之诛⑦。是不知宣帝之大体也。天之春温而秋凛⑧。春岂无一日之寒,秋岂无一日之热哉!亦不失四时之体而已。传曰⑨:"本必先颠,而后枝叶从之。"管仲曰⑩:"四维不张⑪,国乃灭亡。"韩子曰⑫:"纪纲者,脉也。脉不病,虽瘠不害;脉病而肥者死矣。"左氏之所谓本⑬,管仲之所谓维,韩氏之所谓脉,吾之所谓体也。固其本,张其维,寿其脉,大体立矣。区区之小弊,不足深虑也。

【注释】

①汉文帝:见本卷5条第二段注①。肉刑:残害肉体的刑法。古代有墨、劓、荆、宫等种类。

②笞:用鞭、杖、竹板抽打。

③或:指代词。有的。

④宣帝:即汉宣帝刘询。汉武帝刘彻曾孙。公元前74——前49年在位。霍光

废昌邑王刘贺后,迎立为帝。即位后,励精图治,任用贤能,重视吏治。枢机:比喻事物的关键部分。此处指国家的大政方针。

⑤名实:理论与实际。

⑥王成:汉宣帝时,为胶东王相。宣帝因为他治绩卓异,赐爵关内侯。

⑦赵盖杨韩:即京兆尹赵广汉、司隶校尉盖宽饶、平通侯杨恽、左冯翔韩延寿。

⑧凛:寒冷。

⑨传:指《春秋左传》。

⑩管仲:名夷吾,字仲。春秋时齐颖上(颖颖水之滨)人。相齐桓公。主张通货积财,富国强兵。

⑪四维:指礼、义、廉、耻。

⑫韩子:指战国时法家韩非。

⑬左氏:《春秋左传》的作者左丘明。

【译文】

汉文帝废除残害肉体的刑罚,制定了笞法,然而有的人认为这种做法虽在形式上有减轻刑罚之名,却在本质上有杀人之实(如笞数过多,人也会致死)。这种人是不知道汉文帝这种做法的实质所在。汉宣帝对国家的大政方针考虑得很周密,并且能综合考察名分与实际的统一,然而有的人议论汉宣帝赏赐王成以及杀赵广汉、盖宽饶、杨恽、韩延寿四人,也有违于名分与实际的统一。自然界的规律是春季温暖而秋季凉爽。然而春季难道就没有一天凉爽的天气、秋季就没有一天炎热的天气吗?[尽管有时出现春凉秋热的反常现象,]但这也没有违背自然界的根本规律。《左传》说:"树木的根基必先倾倒,然后枝叶才能随之落地。"管仲说:"礼、仪、廉、耻之风如果得不到发扬,国家就会灭亡。"韩非说:"国家的根本大法,是一个国家的命脉。一个人如果血脉畅通无阻,即使消瘦,对身体也不会有什么妨害;血脉滞涩不通而身体肥胖,则必死无疑。"这里左丘明所说的根本,管仲所说的纲维,韩非所说的命脉,就是我所说的根本原则。巩固国家的根基,发扬礼、义、廉、耻之风,使国家的命脉运行通畅不止,治国的根本原则也就确立了。即使在某些小环节上有一点失误,也不值得过于忧虑。

【原文】

唐世之法,大抵严于治人臣,而简于人主之身①;遍于四境,而不及乎其家。州、间、乡、井断断然施之实政②,而宗庙朝廷之上所谓礼乐者③,皆虚文也。当是时坊团有伍④,而闺门无政⑤。古人制度,宜不如此。上下以相维,而父子夫妇不足保。古人纪纲,宜不如此。

【注释】

①简:简慢。即怠慢。

②州、间、乡、井:均为地方行政单位。周制两千五百家为州,二十五家为间,两万五千家为乡,八家为井。这里泛指州里、乡里。

③宗庙：天子、诸侯祭祀祖先的地方。

④坊：城市中街市里巷的通称。团：军队编制单位名。伍：部伍，行列。

⑤闺门：古代女子所居的内室。这里指帝后所居之宫。

【译文】

唐代的法律，一般说来，对人臣惩治的较严，而对于皇帝就比较松弛；法律能实施到边远地区，却没有实施于皇帝的家族里。州里、乡里坚决施行务实的政治，而宗庙朝廷里所鼓吹的礼乐，却都是一纸空文。当时的街坊和军队中都有部伍、行列，而皇后宫中却没有一定的行政措施。根据古代的政治制度，是不应该这样的。朝廷上下关系应该用法制相维系，[而由于皇族内部没有法律相约束，]结果出现了皇族内父子夫妇都很难保全的现象。古代的治国方略，不该是这样。

【原文】

周人之大①，不若邾、莒②，存于战国相吞噬之间③，殆数百年。独立于既弱之后，虽秦、楚、三晋之强④，犹有所畏而不敢动。秦之强加于吴、越⑤，不二世而匹夫荷梃夺之⑥，曾不若周人既弱之后。

【注释】

①周：此处指东周。周自平王至赧王，都于洛邑（今河南洛阳市）。史称东周，为秦所灭。

②邾、莒：均为春秋时小国，为楚所灭。邾在今山东济宁县境，莒在今山东莒县。

③噬：吞。

④三晋：春秋末，晋国为韩赵魏三家卿大夫所分，各自独立为国，史称三晋。在今山西、河南及河北西南部。

⑤吴、越：西周和春秋时的吴国和越国。在今江浙一带。

⑥匹夫：庶民，平民。荷：用肩承物。梃：木棒。

【译文】

东周的地盘，还不如春秋时邾、莒等小国大，然而存在于战国各诸侯相互吞并的间隙里，几乎达数百年之久。它能独立存在于国势已经衰落之后，虽然韩、赵、魏三国的国力较强，但对它仍有所畏惧而不敢轻举妄动。秦国虽然凭借强大的军事力量侵占了吴、越等国，然而第二任皇帝还没有坐稳宝座，政权就被手持木棒的平民百姓给夺去了，竟然还不如衰落以后的东周政权所维持的时间长。

【原文】

唐赞曰①："高祖之兴亦何异②？因时而起者欤！虽其有治有乱，或绝或微③，然其有天下，年几三百。可谓盛哉！岂非人厌隋乱而蒙德泽？继之以太宗之治。制

·治政纲鉴·

图文珍藏版

【注释】

①唐赞:《新唐书·高祖本纪》赞语。

②高祖:即唐高祖李渊,唐王朝的建立者。公元618——626年在位。仕隋,为太原留守。隋末各地农民起义,李渊与子建成、世民等起兵,攻入长安,次年称帝,国号唐。

③绝:绝嗣。指皇位无子接代。

【译文】

《新唐书·高祖本纪》称赞说:"高祖建功立业,与他人比较起来有什么不同呢?他是凭借有利时机而起事的吧!虽然唐王朝政治上有清明安定的时期,也有黑暗动荡时期;有时后继无人,有时衰微不振;然而它享有天下将近三百年的时间。可以说,唐朝的国运也够兴旺的了!难道这不是人民厌恶隋朝政治的黑暗动荡因而承受了李唐王朝的好处吗?[唐高祖以后,]接着就是唐太宗的贞观之治。这个时期所建立的制度和根本大法,被后代的统治者作为安邦定国的依据而加以扶持,因而唐王朝的国统能够长久地持续下去啊!"

【原文】

汉承秦后,民始息肩①。萧何作画一之法②,曹参载清净之说③。后之议者,谓参幸当与民更始之际④,不能立法度、兴礼乐、为汉建长久之计。不知秦鼎沸乱⑤,息薪为策;秦病烦热,安形为务。

【注释】

①息肩:卸去负担。

②萧何:西汉沛县(今江苏沛县)人。辅佐刘邦建立汉朝。刘邦称帝后,任丞相。汉代的律令典制,多为萧何制定,因此世称萧何定律。画一:整齐,明白。

③曹参:西汉沛县(今江苏沛县)人。辅佐刘邦灭项羽。汉惠帝时,继萧何为相,以无为而治,一遵萧何之法。载:承受。

④更始:重新开始。

⑤秦鼎沸乱:喻秦朝的政治形势纷扰动乱。

【译文】

汉朝取代秦朝政权之后,百姓才如释重负。丞相萧何制定了统一的、使人容易理解接受的法令条文。曹参继任后,继承了道家清静无为的学说[,完全遵照萧何制定的法令办事]。后来有人议论到这段历史时,说曹参虽有幸与百姓一样正值除旧布新之际,而他却不能创立法制、振兴礼乐、为汉朝建立长治久安之计。这法议事者不明白正是由于秦朝政治形势的动荡,曹参才采取了与民休的政策;秦朝政治制度的主要弊病就在于使人感到烦闷焦躁,因此应当以稳定形势为当务之急。

【原文】

汉治之大体,正在于清净不扰。抚摩其痛痒,劳来其呻吟①,与之相生养之具,假其岁月②,以极其涵养之功③,而返忠厚浑朴之气。如斯而已④。必欲从事于区区之弊,如汉儒所谓改正朔、易服色、定历数、协音律、作《诗》《书》、建封禅⑤,果足以救当时之疮痍凋瘵、轻浮锲薄之习乎⑥?

【注释】

①劳:来:慰劳。为双声字。"来"也训"劳"。
②假:给予。
③涵养:滋润养育。
④斯:此。
⑤正朔:一年的第一天。正,一年的开始;朔,一月的开始。古时改朝换代,新王朝为表示"应天承运",须重新正朔。正朔遂指帝王新颁的历法。服色:古时每个王朝所定的车马祭牲的颜色。历数:推算节气的方法。音律:五音六律。五音为宫、商、角、徵、羽。六律为黄钟、太族、姑洗、蕤宾、无射、夷则。作《诗》《书》:指为《诗经》《尚书》等儒家经典作传注。封禅:古代帝王祭天地的典礼。在泰山上筑土为坛祭天,以报天功,称封;在泰山下梁父山上辟场祭地,以报地功,称禅。
⑥痍:创伤。凋瘵:凋敝,疾苦。锲:刻。

【译文】

汉代治国的大政方针,正是在于使国家清净而百姓不受到侵扰。安抚百姓的伤痛,慰劳百姓的疾苦,教给他们养活自己的方法,并给他们安排出一定的时间,来尽其滋润养育之功,使上古时代的忠厚纯朴的社会风气重新发扬光大。汉代治国的大政方针,也不过如此而已。有些人却一定要去做那些无损于大政方针的小弊病,如汉代儒者所称道的更改历法、变换服饰的颜色、协调五音六律、为《诗》《书》等儒家经典作传注、创建祭祀天地的礼仪等等,这些做法果真能够拯救当时的社会创伤和轻浮刻薄的陋习吗?

【原文】

以文帝之圣,岂不足于建立?奏更法令,循于苟且①;请兴礼乐,谦逊未遑②。方且镇之以渊默③,示之以敦朴,守之以木强敦厚之吏④。虽稽古礼文之事缺然⑤,亦略不以为意。岂不曰汉家制度?虽云未具,而大体不可乱耶!

【注释】

①苟且:得过且过。
②未遑:来不及。

③方且：正要。渊默：深沉不语。

④木强：质朴而倔强。

⑤礼文：礼节仪式。

【译文】

凭着汉文帝的圣明，难道还会缺少创建吗？［大臣］上疏修改法令，文帝却安于得过且过；［大臣］请求振兴礼乐，文帝谦虚礼让怕来不及。文帝正是要用深沉不语的态度来淡化大臣们的兴功好事的心思，用敦厚朴实的作风来给臣下作出表率，用质朴倔强宽厚的官吏来固守国家的基业。虽然在研习古事和礼仪等方面尚存在不足，也不把它放在心上。难道这不就是汉朝的制度吗？虽然说还不够完善，但它的大政方针是不可动摇的啊！

第二卷

八 以势处事而借术辅势

【原文】

处天下之事,不可以不因其势①。辅天下之势,不可以不用其术。汉文帝之治尚宽②,文帝之势也。至于杀使者而必诛③,差首虏而必治④,盗环欲致之族⑤,犯跸欲弃之市⑥,此又辅宽之术也。汉宣帝之治尚严⑦,宣帝之势也。至于务行宽大之诏,酷恶为贤之责,黄霸以宽而见擢⑧,延年以严而见诛⑨,此又辅严之术也。居文帝之时,而为宣帝之严;居宣帝之时,而为文帝之宽:是之谓不审势。有文帝之宽,而不辅之以宣帝之严;有宣帝之严,而不济之以文帝之宽:是之谓不得术。

【注释】

①因:顺应。

②汉文帝:刘恒,汉高祖刘邦之子。公元前180——前157年在位。即位后,提倡农耕,主张清静无为,与民休息,废除肉刑。

③"杀使者"句:薄太后的弟弟、汉文帝的舅舅、将军薄昭杀汉使者,文帝令其自杀。

④"差首虏"句:魏尚任云中守时,匈奴进犯,魏尚所杀甚众。请功时,多报了六颗首级。朝廷免去他的爵位,罚他服役。

⑤"盗环"句:汉文帝三年(前177),有人盗高庙坐前玉环,被判处死刑。

⑥"犯跸"句:汉文帝三年,文帝行出中渭桥,有人从桥下过,乘舆马惊,廷尉张释之判为罚金。文帝认为处罚太轻。释之以理说服了文帝,维持原判。跸,古代帝王出行时,禁止行人以清道。弃市:处死刑。

⑦汉宣帝:刘询,汉武帝之曾孙,戾太子之孙。公元前74——49年在位。即位后,励精图治,任用贤能,重视吏治。

⑧黄霸:西汉淮阳阳夏(今河南太康)人,字次公。汉宣帝时为颍川太守。治理政事外宽内明,得吏民之心,户口岁增,治为天下第一。

⑨延年:即汉宣帝时河南太守严延年。字次卿,西汉东海下邳(今江苏睢宁)人。神爵四年(前62),处决囚犯,流血数里,河南百姓称之为"屠伯"。

【译文】

处理国家大事,不能够不顺应形势。引导国家的形势向正确的方向发展,不能够不来用法术。汉文帝处理国家政事主张宽大,这是文帝时的主要形势。至于[将军薄昭]妄杀朝廷使者而一定要处以死刑,[云中太守]上报军功时报差了几颗首级而一定要受到惩治,有人盗窃高庙坐前的玉环而要处以灭族之刑,有人冲撞文帝的銮驾而要被处以斩刑,这些又是与文帝所崇尚的宽大政策所相辅相成的。汉宣帝处理国家政事崇尚严明,这是宣帝时的主要形势。至于宣帝曾多次颁发告诫公卿大夫务行宽大的诏书,并责备公卿大夫以严酷暴虐为贤能,而颍川太守黄霸因治事崇尚宽大得到提拔,河南太守严延年因治事崇尚严酷而被处死,这些又都是与宣帝所崇高的严法重刑所相辅相成的。生活在文帝的时代,却要用宣帝时的严法重刑来治理国家;生活在宣帝的时代,却又提倡文帝的宽厚仁慈之风:这种做法,可以说是缺乏对形势的正确认识。只有文帝的宽厚仁慈之风,而不用宣帝的严法重刑来作为辅助措施;有宣帝严法重刑之风,而不用文帝的宽厚仁慈的措施去补救:这就是治国不得其法。

【原文】

昔晁错言兵事于文帝之时①,其说曰:"山林积石,草木所在,此步兵之地,车骑十不当一。土山丘陵,曼衍相属②,此车骑之地,步兵十不当一。平陵相远,仰高临下,此弓弩之地也③,短兵百不当一。两阵相近,可前可后,此长戟之地也,剑盾三不当一。"是说也,用兵之势也。又曰:"兵不全利,与空手同。甲不坚密,与袒裼同④。射不能中,与无矢同。中不能入,与无镞同。"是说也,辅势之术也。用兵而不察其势,固不足以取胜;察势而不辅之以其术,则亦有败而已。

【注释】

①晁错:西汉颍川(今河南禹县)人。治申商刑名之学。文帝时,为太子家令,被称为"智囊",多次上书言事。景帝即位后,迁为御史大夫,请削诸侯封地以尊京师。七国反时,景帝用袁盎言,斩晁错于东市。

②曼衍不绝:连绵不绝。

③弩:用机械发射的弓,射程较远。

④袒裼:脱衣露体。

【译文】

西汉文帝时,晁错谈论用兵之道,他说:"山区林地,峰峦叠嶂,是草木丛生的地方,这里是步兵用武之地,战车和骑兵在这里作战,十乘十骑也抵挡不住一个步兵。土山丘陵地带,连绵不断,这里是战车和骑兵用武之地,十个步兵也抵挡不住一辆战车或一个骑兵。平原和山陵相距较远,或抬头仰望,或居高临下,这里是弓箭用武之地,上百只刀剑一类的短兵器也抵挡不了一副弓箭。敌我双方的阵地相距较近,可以前进,也可以后退,这里是矛戟一类长兵器用武的地方,三只剑盾一类的短兵器也抵挡不住一只矛戟一类的长兵器。"这段话,讲的是用兵的情势。晁错又说:"兵器都不锋利,就与赤手空拳一样。盔甲如不坚固细密,就与赤身裸体一样。射箭不能命中目标,与没有弓箭一样。射中目标而不能致人要害处,与没有箭头一样。"这段话,讲的是辅助用兵情势的方法。用兵而不去体察用兵的情势,当然是不能取胜的;体察了情势而不用具体的方法作为辅助,那么,也只能失败罢了。

【原文】

岂惟用兵?凡天下之事,莫不尽然。今之屯田①,不可行于内地,而可行于远地;今之劝农②,不必责于江浙,而当责于两淮:势也。屯田既行于远地,劝农既责于两淮,而又当得牧农御众之才③,以尽其规画措置之方④:术也。盖自江而南,井邑相望⑤,所谓闲田旷土,盖无几也。是田有所不可屯,农有所不必劝,又将何施焉?

【注释】

①屯田:自汉代以来,政府利用军队或农民商人垦种土地,征取收成以充军饷,称为屯田。
②劝农:勉励农耕。
③牧:统治。
④规画:既规划。措置:处理。
⑤井邑:村落和城镇。

【译文】

难道只有用兵需要讲究情势和方法?凡是天下的事情,没有哪一件不是这样的。现在国家的屯田措施,不可以在中原地区推行,却能在边远地区推行。勉励百姓从事农耕,对江浙一带不必督促检查,而对两淮一带则应该督促检查:这是由江浙一带与两淮一带的情势不同所决定的。屯田制已经在边远地区推行开,勉励百姓从事农耕已经在两淮一带督促落实,然而还要得到能够管理农业统领百姓耕作的专门人才,充分运用他们管理农业的各种方法:这是因地而异采取的措施。自长江以南,村落和城镇比较集中,人们所说的"闲田旷土",估计是没有多少了。所以这里是不能搞屯田的,就没有必要督促农夫从事耕作,那还采取什么措施呢?

【原文】

施之既得其势,而行之又不可以无术。具其室庐①,治其钱镈②,假贷其粮食③,免宽其租赋,授之以种殖之法,率之以劝课之政④。以如是之术,济如是之势,则沙砾之场化为膏腴⑤;荆棘之丛变为桑麻⑥,可指日而俟也。不然,徒讲其政,不察其势,是犹于步兵之地而用车骑,于弓弩之地而用长戟。徒察其势,而不得其术,是犹士卒之不服习、器械之不精利,农之实效终无时而可见也。

【注释】

①具:供设。

②治:筹措。鏄:锄田去草的农具。③假贷:借。

④率:遵循。课:考察,考核。

⑤沙砾:呈颗粒状的碎石子。这里指贫瘠的土地。膏腴:指土地肥沃。

⑥桑麻:此泛指农作物。"桑"原本作"柔",据文渊本改。

【译文】

在实施大政方针上要符合各地的形势特点,但在具体做法上又不能不采取相应的措施。诸如为农民建造房舍,为农民筹集资金和农具,借给农民粮食,减免农民的租税,把鼓励农耕和考察农事优劣的政令作为行动的准绳等等。采用这些措施,来帮助和发展各地的优势,这样贫瘠不毛之地就会变成肥沃的良田,荆棘就会被庄稼所取代,这种景象很快就会到来。否则,只讲执行政令,却不去考察各地的具体情况,这就犹如在适合步兵作战的地方采用车战和骑兵、在适合弓箭作战的地方采用长戟之类的兵器一样不合理。只考察各地的具体情况,而没有找到恰当的实施措施或方法,这就犹如士兵不练习作战的方法、作战的器械不精良锐利一样,农业的实际效益终究还很难见到。

【原文】

昔韩延寿守冯翊①,不劝农;龚遂守渤海②,则劝农。若延寿、龚遂可谓审其势者也。劝课农桑,出入阡陌③,教令种殖,至使卖剑买牛,卖刀买犊。若遂则又可谓得其术者也。至于大江以北,黄茅白苇荟蔚盈目④,苍烟白露弥满百里⑤,不于此而屯田,不于此而劝农,其可乎!

【注释】

①韩延寿:西汉燕(今北京西南)人,后迁到杜陵(今陕西西安市东南),字长公。汉昭帝时为谏议大夫,后任淮阳、东郡太守,颇有政绩。宣帝时,代萧望之为左冯翊。左冯翊:汉代郡名。为拱卫首都长安的三辅之一。辖二十四县。其长官也称左冯翊。

②龚遂:西汉山阳南平阳(今山西临汾西南)人,字少卿。汉宣帝时,任渤海太守,时值饥荒。龚遂单车至郡,开仓济贫,劝民农桑。渤海:汉郡名。在河北河间市以东,至沧县之地。

③阡陌:田间小路。

④荟蔚:草木繁密的样子。

⑤白露:秋天的露水。

【译文】

西汉时,韩延寿出任左冯翊,不勉励百姓从事农耕;龚遂出任渤海太守,却勉励百姓从事农耕。象韩延寿、龚遂这样的官吏,可以说是能够审时度势。[龚遂]为了勉励农耕和考察农事活动,经常出现在田间地头,教导百姓如何从事耕种和养殖,以至于使百姓卖剑买牛,卖刀买犊。象龚送这样的官吏,可以说在管理农业上是很得法的。至于长江以北的地区,杂草丛生,触目皆是;青色的云烟和秋季的露水,弥漫于广袤的原野上,不在这样的地方搞屯田制,不在这样的地方鼓励百姓从事农耕,能说得过去吗!

九　不以小利而伤国大体①

【原文】

为大者不屑于其细②,而事之非甚迫者,君子不枉己以从之也③。今夫千金之家④,虽其甚欲,必不屑为贩负之所为⑤。诗礼之儒,虽其甚窭⑥,终不敢鬻先世之图籍⑦。何者? 所伤者大也。是以计天下者,当不顾区区之小利,而深防乎廉隅之际⑧,可也。

【注释】

①大体:大政方针,根本原则。

②不屑:不值得。

③枉己:屈己。指违心地去服从别人。

④千金之家:指富贵人家。

⑤贩负:担货贩卖。

⑥窭:贫穷而简陋。

⑦鬻:出卖。

⑧廉隅:棱角。比喻人的行为、品行端正不苟。

【译文】

做大事的人属于得把精力花费在细小问题上,而情势不到比较紧迫的时候,有教养的人就不能违心地会屈从别人。当今的富贵之家,即使有较重的利欲之心,也一定不属于去做货郎那样的小本生意。精通《诗》《礼》的儒生,即使比较贫困,终究不敢出卖先辈传下来的图书典籍。这是为什么呢? 因为损失的太大了。所以那些谋划天下大事的人,应当不去考虑那些无关大局的小利,然而对于自己的行为、品性是否端正加以深深的提防,则是应该的。

【原文】

昔晁错说汉文帝①,令募天下入粟县官②,得以拜爵,得以免罪。夫上之获利以佐国也,下之脱祸以省刑也。一举而二利从,至便也。而识者每不可,曰"长恶而伤死也"。儒者之论，大抵迂阔而不切时变③。然使稍知体者观之，虑其终，稽其弊④，则宁不食而死，无(宁)贸贸然以自蹙也⑤。

【注释】

①晁错：见本卷8条第二段注①。汉文帝：见本卷8条第一段注②。

②募：征集，招募。县官：这里指朝廷。

③迂阔：不切实情。

④稽：查。

⑤宁：当为涉上而衍。不译。贸贸然：轻率的样子。蹙：局促。

【译文】

西汉时，晁错向文帝进言，请文帝下诏书征集天下的粮食，如将上缴国库，就可以加官晋爵，可以免罪。这样，朝廷获利而且有助于改善国家的经济状况，下面的百姓可以赎罪而使国家减少刑罚。实行这种措施，可以得到两方面的好处，最便宜不过了。而一些有识之士却往往认为这种措施不能实行，说这种措施"助长邪恶而使受害者蒙受损失"。儒者的见解，一般都脱离实际而不能够适应形势的发展变化。然而让那些稍稍懂得些治国之道的人来看待这些儒生的见解，估计它所造成的后果，考察它所带来的弊病，就会知道他们宁愿自己绝食而死，也不愿使自己轻易地陷入困境。

【原文】

今天下所可虑者，循一切而忘大体也。淫湎者先王所禁①，今反劝焉。贱谷粟之养，盛醪醴之设②。白昼大都之中，列倡优③，具幄帟④，耀市人而招之，曰："吾酒尔⑤！吾色尔！"此甚可愧也。负乘者⑥，圣人所戒，今反诱焉。闾巷之子⑦，侩贾侠商⑧，轻剽以射什一之利⑨。辈流所不齿⑩。国家捐告身而委之⑪，曰："吾官尔，吾禄尔。"此甚可惜也。问其然，曰"利之也"。岂惟是哉？度牒数万⑫，以侩天下钱谷之人耳⑬。滋异端，耗生齿⑭不恤也⑮。楮数寸以劝⑯，无有岁月之智耳。长妄伪滥⑰，桎梏不顾也⑱。夫伐冰之家不与民争利⑲。而诡遇以获禽⑳，一艺者之所羞为，至于朝廷独安为之。既务其细而忘其大，则以其不知体也。

【注释】

①淫湎：沉溺于酒。

②盛：赞美。醪醴醴，浊酒；醴，甜酒。醪醴，指各种美酒。

③倡优：歌舞杂技艺人。

④幄帟：帐幕。

⑤尔：句尾语气词。

⑥负乘：比喻小人占据君子之位。

⑦闾巷：里巷，泛指民间。

⑧侩：买卖的中间人。贾：持货待售者，指坐商。侠：侠客。旧时指打抱不平、见义勇为的人。商：贩卖货物的人。

⑨轻剽：轻漫浮剽。射：追逐。什一：十分之一。此处指获利微薄。

⑩流：同辈人。不齿：不眉于与之同列，表示极端鄙视。

⑪捐：即捐纳。封建时代政府准予士民捐资纳粟以得到官位。告身：委任官吏的文凭。

⑫度牒：僧尼出家，由官府发给凭证。

⑬佘：剃去头发。

⑭生齿：古人以为男孩出生八月而生齿，女孩出生七月而生齿，官府登记其数，载入户籍。后世指人民为生齿。

⑮恤：忧虑，顾惜。

⑯楮：即楮币。宋金元发行的纸币，多用楮皮纸做成。

⑰长：滋长。妄：荒诞。伪：欺诈。滥：越轨。

⑱桎梏：刑具。指脚镣手铐。

⑲伐冰之家：指贵族豪门。古代只有卿大夫贵族用得起冰。

⑳诡遇：指打猎时不按礼法规定而横射禽兽。后比喻用不正当的手段猎取名利地位。

【译文】

如今全国上下值得担忧的，是［朝廷］只行使权宜之计而忽略了立国的根本原则。嗜酒的风俗是前代君王所禁止的，当今反而会提倡。轻视五谷杂粮的营养价值，而去称赞酒席陈设的丰盛。光天化日之下，在大都市之中，允许歌舞杂技艺人列队于集市，还要为他们提供帐幕，好让他们宣扬本业来招揽生意，他们向市人大声呼叫："我这有好酒！我这有美女！"这种行为是很令人羞愧的。缺德少才的小人占据在只有德才兼备的君子才能够胜任的位置上，这是英明的君主所应该警惕的，可当今朝廷反而诱导人们去这样做。民间子弟，商贾侠士，行为举止都轻漫浮剽，都以追逐微薄的利益。这种做法为同辈人所轻视。然而朝廷却根据人们捐资纳粟的多少来颁发委任状以委任他们官职，朝廷主管部门还向人们声张说："我这有官职！我这有俸禄！"这种做法真是叫人叹惜。问朝廷为什么这样做，则回答说："对国家有利。"难道仅仅是这样吗？国家发给数万僧尼身份证，使为天下提供钱财和粮食的人削了发，出家作了僧尼。这种做法助长了佛教的流行，使广大人民蒙受了损失，朝廷却并不忧虑。朝廷发行了一些纸币来安抚人心，缺乏长远的考虑。这些做法助长了社会上的荒诞、欺诈和犯法的作风，人们置刑罚于不顾。贵族豪门不应与普通百姓争夺利。益不按礼法来获取禽兽,这是有一技之长的人所引以为耻的。至于朝廷竟能心安理得地推行上述一些做法。[其结果是,]既然注重了小的方面,大的方面就必然有所忽略,这是因为执政者不懂得立国的根本原则是什么的缘故。

【原文】

神宗熙宁间①,执政以河朔灾伤②,国用不足,乞今岁亲郊两府不赐金帛③。司马温公与(李)[孙]觉、王珪、王安石同对④。温公言:"救灾节用,宜自贵近始,可听两府辞赐。"安石曰:"常衮辞赐馔⑤,时议以为衮自知不能,当辞位,而不当辞禄。且国用不足,非当今急务也。"王珪进曰:"救灾节用,宜自贵近始。司马光言是也。然所费无几,恐伤国体。王安石言亦是。惟明主裁择。"上曰:"朕意与光同⑥。"温公语曰:"臣非谓今日得两府郊赏能富国也,欲陛下以此为裁省之始耳。且陛下强裁省之则失体。今臣以河北灾伤,自求省郊赍⑦,从其所请,以成其美。何伤体之有?"

【注释】

①神宗:即宋神宗赵顼。公元1067——1085年在位。宋中叶以后,政治腐败,民生日益凋敝。神宗即位,于熙宁二年(公元1069)起用王安石主持变法,力图改变"积贫积弱"的局面,史称熙宁变法。熙宁:宋神宗年号(公元1068——1077)。

②执政:指宰相曾公亮。河朔:泛指黄河以北的地区。

③郊:即郊祭。指在郊外祭祀天地。为朝廷盛典。两府:指中书、枢密两府。

④司马温公:即司马光。字君实。北宋陕州夏县(今山西夏县)人。神宗时任御史中丞。王安石推行新法,他曾竭力反对,出外做官。哲宗即位后,入朝为相,恢复旧制。死后谥号文正,追封温国公。李觉:当为孙觉之误。孙觉,字莘老。神宗即位后,主管集贤院。王珪:北宋华阳(今陕西华阴东)人,字禹玉。神宗时曾任参知政事、同平章事。王安石:北宋临川抚州(今江西抚州市西)人,字介甫。仁宗时曾上万言书,主张变法。神宗熙宁二年(公元1069)任参知政事,领三司条例使,实行新法,为旧党所反对。熙宁九年(公元1076)罢相。元丰中封为荆国公。

⑤常衮:唐京兆(今陕西西安市)。代宗时累拜门下侍郎同平章事。曾奏请朝廷取消宰相封邑和皇帝所赐的饮食。为时人所讥,认为"朝廷厚禄,所以养贤;不能,当辞位,不当辞禄。"馔:食物。

⑥朕:自秦始皇起专用为皇帝的自称。

⑦郊赍:郊祀用的礼品。

【译文】

宋神宗熙宁年间,宰相曾公亮因黄河以北地区发生水灾,损失惨重,而国家的经费不足,请求在当年由皇上亲自参加的郊祀盛典中,不赐给中书、枢密两府黄金和绢帛。司马光及孙觉、王珪、王安石一同回答神宗的提问。司马光说:"救灾节用,就应当先从主上身边的达官贵人们开始,可以接受中书、枢密两府辞去赏赐的意见。"王安石说："[唐代宗时,]宰相常衮奏请朝廷取消皇帝赏赐给大臣们的饮食,当时舆论普遍认为常衮自知没有治国的才能,就应当辞去宰相的职务,而不应当仅辞掉应得的俸禄。而且国家经费不足,并不是当前急需办理的事务。"王珪则进言:"救灾节用,应该先从主上身边的达官贵人开始。司马光说的固然很对。然而达官贵人所消耗的经费并不算多,如果取消郊祀盛典中的赏赐,恐怕会伤害到国家的体制。王安石说的也对。请英主您裁定抉择。"神宗说:"我的意见与司马光一致。"司马光对神宗说:"臣下并不是说目前得到中书、枢密两府辞去的郊赏就能够使国家富强起来。这样做的目的在于使主上从此开始节约开支。况且主上采取强制手段节省开支,容易损伤到国家的体制。当前臣下认为黄河以北发生水灾,损失惨重,宰相府主动提出节省郊祀的礼品,就应该答应他们的请求,来成全他们的美名。这又会对国家有什么伤害呢?"

【原文】

裴匪舒奏马苑之利①,刘仁轨以非嘉名而止之。

【注释】

①"裴匪舒"二句:唐高宗时,少府监裴匪舒善营利,奏请朝廷卖苑中马粪,每年可获利二十万贯。高宗征求太子少傅刘仁轨的意见,刘仁轨说:"利则厚矣,恐后代称唐家出卖马粪,非嘉名也。"

【译文】

[唐高宗时,]少府监裴匪舒奏请朝廷出卖苑中马粪以取利,刘仁轨认为这种做法会给唐朝留下不好的名声,而制止了这种做法的实施。

【原文】

唐宇文融括客户事①,凡得客户田八十余万,岁入数百万缗②。其利非不厚矣,而杨瑒以为不可③。张说常引大体廷争④。事见《宇文融传》。

【注释】

①宇文融:唐万年(今陕西西安市)人。玄宗时为监察御史、御史中丞兼劝农使。唐玄宗用兵边陲,急需费用,宇文融以每年年终所增数百万贯钱入官,深得玄宗宠信。括:简括。即通过简明扼要的方法统计天下客户。客户:指未入户籍的外来住户。

②缗:贯。

③杨瑒:唐华阴(今陕西华阴)人。玄宗时曾为户部侍郎。他对宇文融征籍外田税款的做法极力反对,认为这种做法使百姓陷入困境,得不偿失。

④张说:唐洛阳(今河南洛阳市)人,字道济,玄宗时为同平章事、左丞相,封燕国公。廷争:在朝廷上向皇帝建议提意见。

【译文】

　　唐代宇文融用非常简要的方法统计客户的事情，共查出客户占有田八十余万，每年他们向国家缴纳数百万种外田税款。这笔收入并不是不多，而杨玚认为这种办法容易使百姓陷入困境，所以不应该实行。张说也经常援用立国的根本原则，在朝廷上向皇帝提出建议。

【原文】

　　《萧望之传》载张敞上书①，令有罪者入谷以备边。望之不可云云。事竟罢。

【注释】

　　①萧望之传：见《汉书》。萧望之，西汉东海兰陵（今山东兰陵县兰陵镇）人，字长倩。宣帝时官至谏大夫、御史大夫。张敞：西汉时平阳（今山西临汾西南）人，字子高。宣帝时为太中大夫、京兆尹、冀州刺史等，敢直言，严于赏罚。西羌反时，国家费用不足。张敞奏请朝廷允许有罪者（盗贼、受贿、杀人及犯法不可赦者除外）入谷赎罪。萧望之认为这种做法会导致贫富异刑执法不一。

【译文】

　　《汉书·萧望之传》上面记载张敞上写文章给朝廷，[请求朝廷]同意犯罪者向国家缴纳粮食来准备备边境战争之需。萧望之认为这样做会导致贫富被处以不同的刑罚、法令不统一，不应该实行等等。所以入谷赎罪的事最终没有实行。

十　使人惧畏不若使愧

【原文】

　　使人有所畏，不若使人有所愧。盖有所愧，则不忍欺；而有所畏，则不敢欺。人之情迫于畏而不敢欺者，不得已也。得已则复自若也①。且法令以格其前②，刑罚以督其后。此人君之所可畏也。然法令有时而穷，刑罚有时而不及。天下于其所穷、所不及之处要当保其无穷耶！故夫人君所恃以革天下者，惟曰愧其心可也。闾巷少年终日袒裼而奋呼③，过衣冠揖逊之君子④，则未有不逡巡而却退⑤；猎夫之勇，弯弧挟矢以驰骋于山林，过浮屠老子之宫⑥，则敛衽肃容而委蛇于其侧⑦。孰谓士大夫风俗之弊，而独无愧之之术乎！

【注释】

　　①自若：就是自如，保持原样。
　　②格：纠正。

③闾巷:民间。祖裼:脱衣露出身体。

④衣冠:士大夫的穿戴。代指士大夫、官绅。

⑤逡巡:迟疑徘徊,欲行又止。

⑥浮屠:佛。梵语音译。老子:即老聃。春秋时楚人。曾为周藏书室史官。相传著《老子》(又名《道德经》)五千言。

⑦敛衽:提起衣襟夹于带间。表示敬意。委蛇:蜿蜒曲折。

【译文】

　　使人惧怕,倒还不如使人感到惭愧。使人感到惭愧,别人就不忍心欺骗你;使人惧怕,别人就不敢欺骗你。人的感情因为畏惧所迫而所以不敢欺骗别人的原因,那是出于不得已。如果出于并非不得,便又我行我素。先用法令来规范人们的行为,然后再用刑罚来进行监督。这是君王使人感到畏惧的原因。然而法令总有不完备的时候,刑罚也总有用不到的时候。国家在法令不完备、刑罚用得不当的时候,还要应该保证它的长期存在与发展。因此,君主变动天下风俗所依赖的,只不过是让百姓有羞耻之心就可以了。民间少年整天在街市上祖胸露体、奋力疾呼,当他们在衣冠整洁、彬彬有礼的君子面前走过时,就不能不迟疑徘徊、退却不行;猎手勇悍,拉弓持箭,在山林中驰骋的猎户,当他走路过佛祖、老子寺观时,就提起衣襟,会神态端庄而举止谦虚地在寺观低头而行。谁说士大夫阶层风气的短处,唯独就没有使人感到羞耻的方法呢?

【原文】

　　今天下之所甚病者,在于士大夫之奔竞而官吏之贪墨也①。吾以谓奔竞不必抑②,要先于奖恬退③;贪墨不必惩,要先于崇廉耻。夫仁义之性著在人心,末流之弊生于人欲。彼方冒昧乎利达之涂④,颠冥乎富贵之境⑤,而吾惟恬退之是奖、廉耻之是崇。追巢许于上古⑥,追夷齐于中古⑦,则端静之余声⑧、峻洁之末观皆足以激颓风而警流俗⑨。岂必日抑之惩之而后可革乎!入逊畔逊路之境⑩,而虞芮之争以息。闻饿于首阳之风⑪,而顽夫之贪以廉⑫。名义之足以愧人心也如此。

【注释】

①奔竞:奔走争着跑。多指追求名利。贪墨:贪财好贿。

②抑:抑制。

③恬退:淡泊,安于退让。

④冒昧:轻率。利达:功利显贵。涂:通"途"。

⑤颠冥:迷惑。

⑥巢许:即巢父、许由。传说均为尧时隐士。尧以天下让巢父,不接受;又授许由,也不接受。

⑦夷齐:即伯夷、叔齐。商代孤竹君的两个儿子。相传其父遗命要立次子叔齐为继承人。孤竹君死后,叔齐让位给伯夷,伯夷不受,叔齐也不愿即位,先后都逃到周国。周武王伐纣,他俩曾叩马谏阻。武王灭商后,他们认为食周粟可耻,逃到首

阳山,采薇而食,饿死在山里。

⑧端静:端庄娴雅。

⑨峻洁:峻峭清白。

⑩"入逊畔逊路"二句:商纣王时,虞、芮二国国君相互争田,久不能决,于是一起朝周。入周境后,见到耕者让田界、行者让路等情景,深受感动,于是也相互让田。逊,让。畔,田界。

⑪首阳:即首阳山,在今山西永济市南,亦称雷首山,又名首山。传说为伯夷、叔齐饿死处。

⑫顽皮:贪婪恶劣的人。

【译文】

当今天下人所比较忧虑的,在于士大夫追名逐利和官吏们的贪赃受贿。但我认为士大夫追名逐利不必强行抑制,要先对淡泊名利、安详于退让的人进行奖励;对贪赃受贿的官吏不必动手于惩罚,要先让人们崇尚廉洁知耻之风。仁义的本性深怀在人的心里,没落时期的不良的习俗产生在人的欲望中。当一些士大夫和官吏们轻率地踏入追名逐利的歧途,或者为富贵的环境迷住了心窍时,而我却奖励淡泊名利、安于退让的人,并推广崇尚廉洁知耻的风气。我们缅怀上古时代的巢父、许由,追念中古时代的伯夷、叔齐,那么,上古时代和中古时代的端直娴雅的遗风、清廉清白的余下的风气都可以激荡当今颓败的社会风气和关注流行的习俗。难道一定要天天去抑制士大夫的追名逐利的行为并且惩罚贪赃受贿的官吏然后才可以改革国家政治吗?虞芮二国的国君进入耕者让田界、行者让路的处境后,二国争田的行为很快就停止。听到伯夷、叔齐饿死在首阳山的高风亮节,贪婪的人也会变得清正廉洁。高风亮节足以使人产生羞耻之心,它的作用竟如此之大。

【原文】

古之治天下者,有使其人不忍欺,有不敢欺,而又有不能欺。若汉之文帝是不忍欺者也①,武帝不敢欺者也②,宣帝不能欺者也③。然不忍者,出于其诚,而不敢欺者与夫不能欺者,特其威与察而已。威与察之用,有时而穷,则不欺之心亦与之为有穷。诚之用,无时而尽,则不欺之心亦与之为无尽。

【注释】

①文帝:即西汉皇帝刘恒。见本卷8条第一段注。

②武帝:即西汉皇帝刘彻。景帝刘启之子。公元前140——前74年在位。即位后,承文景之业,对内实行政治经济改革,对外用兵,开拓疆土,加强中外经济、文化交流。尊儒术,倡仁义,而罢黜百家。但迷信神仙,大兴土木,急征敛,重刑诛,连年用兵,使海内虚耗,人口减半。

③宣帝:即西汉皇帝刘询。见本卷8条第一段注⑦。

【译文】

古代管理天下的君主,有的能使别人不忍心去欺骗他,有的能使别人不敢于欺骗他,而有的能使别人不能欺骗他。象汉文帝这样的君主,那是属于别人不忍心欺骗的;象汉武帝这样的君主,他是属于别人不敢骗的类型;像汉宣帝这样的君主,他是属于别人不能欺骗的。可别人不忍心欺骗的,是出于诚意,然而别人不敢欺骗和那别人不能欺骗的,仅是出于惧怕权威和担心考核罢了。权势和考核的效用,总有中断的时候,那么因此,人们的不敢欺骗和不能欺骗之心也就不能有始有终。诚意的效用却是没有穷尽的,那么,人们的不忍欺骗之感情也是没有穷尽的。

【原文】

吾观文帝天资长者①,允恭渊默②,见于躬行之际③;不明不德,形于诏旨之辞。其所以尚忠厚、崇名义者,如护元气④,如保赤子⑤,卒能激流俗而起愧心。吏不深刻⑥,俗不告讦⑦,自爱重而恶犯法,务宽厚而耻过失。廉平醇谨之吏,彬彬然盛于当时⑧。非其至诚不息⑨,不忍欺之明效大验欤!

【注释】

①天资:天赋,天性。

②允恭:诚信恭敬。渊默:深沉不语。

③躬行:亲身实践,身体力行。

④元气:真气,即先天之气。

⑤赤子:婴儿。

⑥深刻:严厉刻薄。

⑦告讦:揭人阴私。

⑧彬彬:文质兼容貌。

⑨至诚:最诚实。

【译文】

依我看汉文帝是天性宽厚的人,他为人诚信恭敬、深沉不语,这个性在他日常的立身行事中就可以体现出来;他从不显示自己的英明和品德,这也就在他所颁发的诏书和旨意中可以表现得出来。他之所以崇尚忠厚和名誉道义,以至于像保护人身的生命和婴儿一样,那是因为忠厚之风和名誉道义终究能洗涮不良的社会习俗就能使人们萌生羞耻之心。官吏治事不严厉刻薄,民间没有揭人阴私之风,人们都自爱自重而厌恶犯法,流行宽厚之风而以过错为耻辱。廉洁、公平、厚重、谨慎的官吏,文质彬彬,在当时朝野上下极其普遍。这难道不是由于文帝用最诚挚的感情待人,以至于产生了臣民们不忍欺骗他的效果的最好的验证吗?

【原文】

若夫武宣则不然①。杀戮非不惨,明察非不至,然宫闱之严②,或者逆节犹露③;

宗庙之敬④，或者包藏祸心。此非臣子之所忍为而为之，况其他乎！威有所不至，察有所不及，彼其欺者未尝不自若也。呜呼！武帝刑政满天下，而不能禁恶逆于庙堂之上⑤。文帝至诚在方寸，而朴厚忠实之风，形见于一时之久。治天下者，亦何贵夫斯人之不敢欺与不能欺耶！

【注释】

①若夫：至于。武宣：指汉武帝和汉宣帝。原本作"宣武"，此依文渊本。
②宫闱：宫中后妃所居之处。
③逆节：不守节操。
④宗庙：天子、诸侯祭祀祖先的处所。
⑤庙堂：宗庙明堂。这里代指朝廷。

【译文】

至于到了汉武帝和汉宣帝就不是这样了。他们对犯法者的惩罚并不是不严厉，对官吏的精确考核不是没有做到，然而后妃宫中尽管控制得很严密，可仍然有的后妃不守节操的丑闻仍泄露出来；在祭祀宗庙的时候，虽然皇亲大臣表现得很恭敬，但有的人仍包藏祸心。这并不是臣下所忍心做的，而他们却偏要这样做，更何况其他人呢？权威有达不到的地方，考核有间断的时候，而那些心怀欺诈的官吏未必曾经不安然自得。唉！汉武帝的刑法和政治法令充斥天下，然而不能在朝廷里杜绝叛逆行为。汉文帝的真情实意永远存在于心中，于是朴实忠厚的风气却在社会上持续很长一段时间。如此看来，治理天下，何必看重此人是不是不敢欺骗自己和不能欺骗自己呢！

【原文】

《敦俗论》曰①汉之文帝承秦之余，旧染犹在。文帝一以君子长者待之②。镇之以渊默③，示之以敦朴，行之以质木重厚之人④。比其久也⑤，昔之告讦无行⑥，与诤语无亲者⑦，人人自重，耻言人过失。汉之治，荡然与泰和同风⑧。乃知书可焚、儒可坑，是古者可禁，而为民生厚者不销铄也⑨。

【注释】

①《敦俗论》：此书已失。
②君子：此指有才德的人。长者：谨厚者之称。
③镇：安定。
④质木：朴实无华。重厚：庄重宽厚。
⑤比：等到。
⑥无行：没有好的品行。
⑦诤语：怨言。
⑧荡然：平易的样子。泰和：太平和乐。

⑨销铄:销熔。

【译文】

《敦俗论》上面说:汉文帝承受秦朝的留下来的风气,旧的社会习俗的熏陶还存在。[秦朝的遗老遗少,]文帝都把他们看成为君子和长者。他用深沉少语的谦恭态度来安抚天下,以敦厚朴实的形象来为天下做表率,任用质朴庄重宽厚的官吏来推行政令。可等到时间久了,以前那些揭人阴私、品行不正以及埋怨天尤人、被他们所嫌弃者,人人自爱,来议论他人的缺点错误是耻辱。汉代的政治,平凡不苛,与上古时代的太平和乐景象相同。所以人们懂得各子百家之书可以烧毁,儒生可以活埋,厚古非今的事可以被禁止,然而为了百姓培育的敦厚之风是毁不了的。

十一 为致治而勿使人窥其迹

【原文】

人君之治天下,使人爱之畏之,而其术不穷①。要必有不测之恩威行乎其间可也。夫为人主而使人可名以恩,可指以威。爱之或不威,畏之或不爱,则其术穷;其术穷,则治亦穷。亦知夫天乎②!雨露以为恩,而有不测之雷霆③。雷霆以为威,而有不测之雨露。使夫雷霆者日轰轰焉,以求夫潜伏废坠者而击之④,则人不知畏矣。使夫雨露者日瀼瀼焉⑤,以求夫生殖繁息者而泽之,则人不之德矣。惟其术之不测,此天下所以鼓舞、安于造化而不自知也⑥。为人主者,其威雷霆,其恩雨露,皆出于不测之间,则人之视之者,若可爱,又若可畏,其道神矣。其道神,则其治更出于无穷⑦。是故不必多杀之为严⑧,杀一人亦严也;不必斗授正赐之为惠,而政令辞色皆惠也⑨。

【注释】

①术:即统治国家的道术、法术。
②夫:指示代词。那。
③雷霆:疾雷。
④废:坠落,跌下。
⑤露:原本作"雪",据文渊本改。瀼瀼:雨雪盛大的样子。
⑥造化:指自然界的创造变化。
⑦更:愈加。
⑧是故:因此,所以。
⑨辞色:言语和神态。

【译文】

君主们治理国家,使人们既拥戴他又惧怕他,而他治理国家的方法就没有尽头。要一定有人们难以预料的恩泽好处和严威相互交替地贯穿于治理国家的始终，才可做到这一点。作为帝王，却能使人们可以称他用恩惠服人，也能使人们可以指望他靠权威治国。人们爱戴他而有的人却没有权威，人们惧怕他而有的人却得不到人们的爱戴，像这样的君王，统治国家的方法就不能运行久远；统治国家的道术不能行之久远，国家的政治形势也就不能好转了。人们也都已知道自然界的规律吧！自然界把雨露作为滋润万物的好处，而又有难以预料的迅雷闪电发生。自然界以迅雷闪电向万物施加压力，而有时又有难以预料的温和风细雨滋润着万物。假使那迅雷闪电天天响不停，来寻求那潜伏或坠落在地面的隐蔽物加以击毁，人们对迅雷闪电也就不知道惧怕了。但假使那雨露天天下不停，来寻求那需要繁衍生息的万物来加以滋润，人们也就不会去感激老天爷了。可只有大自然的法则变化莫测，才能使天下万物的生长受到激动、还能适应自然界的变化而使自己处在不知不觉之中。作为君主，他的威严象震荡地的迅雷闪电，他的恩惠又像滋润万物的雨露，都出于人们难以预料之中，那么，臣民对待君王像是很可爱，又像是很可怕，那他统治国家的方法是很高明的了。他统治国家的方法高明，那他的政绩就不停出现。因此君王不必认为自己多杀一些人是有威严，致使杀了一个人也可以说有威严；不必认为自己赏赐给臣下很多粮食布帛是恩惠，而自己平时颁发的政令和言语神态都可以看作是恩惠。

【原文】

贤哉，汉之文、宣、光武、肃宗也[1]！文帝、肃宗天资仁柔者也[2]。宣帝、光武天资刚明者也[3]。惟其出于天资，故人皆得以指其偏者而后定。可以指定，则可以窥矣。而四君者，不可窥也。薄昭[4]，文帝舅也。窦宪[5]，肃宗椒房之懿也[6]。当时薄太后惟一弟[7]，且素号长者[8]；而宪亦著功西域[9]。二人之于周礼，议贤议能，皆在优容者[10]。杀一汉使[11]，文帝遽命群臣往哭之，必置之死。宪一夺沁园[12]，肃宗遽以（胡）[孤]雏、腐鼠目之。虽仅以免死，而阴、马诸族皆已屏气股栗[13]。壮哉，仁者之勇乎！天下其孰敢以文帝、肃宗为一于仁柔也哉！宽大诏则下之廷尉[14]，平则立之。是天下固不敢以宣帝为一于刑名也。敕冯异以安集[15]，语诸母以直柔[16]。天下亦不敢以光武为一于刚断也。夫如是则其恩也，其威也，特平定也。天下不知其所以为恩为威，则怠者劝，懦者立，奸者怀[17]，远者服。呜呼！四君之治，所以独优于七制者[18]，其以此欤。若乃元帝之优游不断[19]，卒衰孝宣之业；显宗苛察为明[20]，而亲以杖撞郎。此皆一于刚柔，诚不足与之埒也[21]。

【注释】

①文、宣、光武、肃宗：指西汉文帝刘恒、宣帝刘询和东汉光武刘秀、章帝刘烜。肃宗为章帝庙号。
②天资：天性。
③刚明：刚毅明察。
④薄昭：薄太后之弟，位居将军。
⑤窦宪：章帝后窦氏之兄。章帝时主管宫中禁兵。

⑥椒房:汉皇后所居的宫殿,以椒和泥涂壁,取温香多子之义。懿:懿亲,即最亲。

⑦薄太后:汉高祖刘邦之妃,文帝刘恒之母。

⑧长者:宽厚之人。

⑨宪亦著功西域:原文引史实有误。窦宪立功西域,是章帝死后窦太后临朝之事。著,显露。西域,汉时指玉门关以西、巴尔喀什湖以东及南部广大地区。

⑩优容:宽容。

⑪"杀一汉使"二句:将军薄昭擅杀汉使者,文帝不忍加诛,指使公卿与薄昭一起饮酒,想引导他自裁。薄昭不肯。于是文帝又指使群臣身着丧服在薄昭面前啼哭。薄昭终于自杀。遽,速。

⑫"宪一夺沁园"二句:窦宪掌管禁兵时,以贱值强行卖明帝女沁水公主园田。章帝得知后大怒。责备窦宪说:"贵主尚见枉夺,况小民哉!国家弃宪,如弃孤雏、腐鼠耳!"见《后汉书·窦融传》附。胡,当为"孤"之讹。译文作"孤"。

⑬阴、马:指明帝母阴太后之族和章帝母马皇后之族。屏气:抑制呼吸不敢出声,形容恭谨畏惧的神态。股栗:大腿发抖。恐惧的样子。

⑭宽大诏:即宣帝多次颁发约束公卿大夫务行宽宏大量的诏书。宣帝颁发宽大之诏,主要针对当时以苛察为明,以酷恶为贤的吏治倾向。

⑮敕冯异以安集:光武帝建武二年(公元26)冬,光武遣将军冯异入关,并告诫冯异说:"征伐非必略地、屠城,要在平定安集之耳。"安集,安定集居。

⑯语诸母以直柔:光武帝建武十七年冬,光武去章陵,置酒作乐。酒酣时,光武的伯叔母互相议论说,光武小的时候,待人不周旋,直而能柔,现在竟然还是这个样子。光武听到后大笑说:"吾治天下,亦欲以柔道行之。"

⑰怀:安抚。

⑱七制:指战国时秦、楚、燕、齐、韩、赵、魏七王的教令。制,帝王的教令。

⑲元帝:即西汉皇帝刘奭,宣帝之子。多才艺,而优柔寡断。宦官弘恭、石显参与朝政,开后来宦官相继当政的局面。

⑳显宗:即东汉明帝刘庄的庙号。光武帝刘秀之子。公元57——75年在位。在位时,法令分明,又重儒学。性褊急,曾以杖撞击郎官药崧。

㉑埒:等同。

【译文】

汉朝的文帝、宣帝、光武、章帝诸位君王真贤明啊!文帝和章帝他们是属于天性仁义温柔的人。宣帝和光武是天性刚坚强毅明察的人。正由于他们的性格出于自于天赋,所以人们都可以针对他们的天性来讨论商订立身行事。可以针对他们的天赋来定讨他们的立身行事,那么,这四位君王的治国方略似乎可以预见到。可是恰恰相反,这四位君王的治国之方法是不可预见的。薄昭是文帝的舅父。窦宪他是肃宗的夫人窦皇后的最亲。当时薄太后却只有一个弟弟,又以性格宽厚被时人所称誉;可窦宪出征西域时,功名卓著。这两个人用周礼来衡量,从贤从能,都在被宽容之行列。薄昭杀了汉廷的一个使臣,文帝就忙命群臣[身着丧服]在薄昭面

·治政纲鉴·

图文珍藏版

前高声哭,一定要把他置于死地。窦宪如果侵夺沁水公主园田,肃宗就把他看作一只小鸡或一只腐臭的死老鼠。虽然仅仅被免去死罪,而阴太后、马皇后诸姓氏的族人都已心惊胆战。仁义之人的勇武真好啊!天下人谁还敢认为文帝和肃宗仅仅用仁义温柔之方法来治理国家呢![宣帝]他把约束官吏务行宽大的诏书下到廷尉的手中。执法如果公平就能使国家立于不败之地。所以天下的人虽然不敢认为宣帝仅仅用刑罚法令来治理国家。[光武帝]劝诫将军冯异入关后千万不要骚扰百姓;告诉自己的叔伯母,将来自己要用正直温和之道治理国家。天下谁也不能认为光武仅仅靠刚毅决断来治理国家。那么如此看来,靠恩惠也好,还靠权威也好,全不过是为了使国家保持安定。只有天下的人不清楚帝王什么时候施恩惠、什么时候用权威,怠惰者就能自勉,怯懦的人们就能自立,行为不轨的人们就能得到安抚,边远地区就能归顺朝廷。唉!这四位君王之所以能超越战国时七雄的治绩,大概就是由于这个原因吧!至于元帝的优柔寡断,终于使宣帝的业绩衰落下来;明帝把严格细察视为贤明,亲自用杖撞击郎官。这两位君王,一个仅以刚直之道治国,一个仅靠仁柔之道治国,的确不能跟上述四位君王相提并论。

【原文】

方岁之成春,乾坤之晏温①,动殖之宁止②,岂不乐哉?而一坐谈笑未竟之间,或失色于迅雷之骤惊:惨者③,舒伏者④,奋句者⑤。达天地造化之政令⑥,发于顷刻而变于四海,莫敢或玩而为之者⑦。变而耸⑧,耸而齐之也⑨。

【注释】

①乾坤:天地,自然界。晏温:天气晴暖。
②动殖:动物繁殖生息。
③惨:惨淡害怕。
④舒伏:伸展四肢趴在地上。
⑤句:戟一类的兵器。
⑥造化:指自然的创造化育。
⑦玩:轻视。
⑧耸:惊动。
⑨齐:整治。

【译文】

正值一年的春天,天气晴暖,动物繁殖生息是在宁谧的环境中进行,这难道不令人心情舒畅吗?而正当满座的人谈笑还没有结束的时候,有些人被突然来的迅雷闪电吓得大惊失色:有的人凄惨恐惧,有的人伸展四肢趴伏地上,有的却像手持兵器跃跃欲上场比试的武士。贯穿融通天地创造化育万物之中的政令,用最快的速度从朝廷发出,从而使全国发生巨大变化。没有谁敢抱有不负责任的态度来对待朝廷的政令。只有天下发生巨大变化,才会使人感到震惊;而使感到震惊,国家才能得到治理。

十二　处利害外而所言公

【原文】

抱瓮而知轻重者①,必在瓮外;望室而知高下者,必在室外;处当世而知当世之利害,必在利害之外也。夫天下利害不难知也。人能心平而气定,高不为名所眩②,下不为利所怵者③,类能言之④。至其自处于名利之间,则公议迫于私情,国谋夺于身计,而利害之实乱矣。且天下之利害与一己之利害孰大孰细、孰轻孰重? 而一为名利所动,则知有一己之利害,而不知有天下之利害。言用兵者,但知成功之为贪,而不知胜负之有系于国也。言财谷者,但知多积之为夸⑤,而不知聚敛之有害于民也⑥。苟求便于一己⑦,而不暇恤其当否之如何⑧,此士大夫之为通患⑨,而古今之所同然也。

【注释】

①瓮:陶制盛器。

②眩:迷惑。

③怵:利诱。

④类:大都。

⑤夸:自大,炫耀。

⑥聚敛:搜刮财富。

⑦苟:如果。

⑧暇:空闲。恤:顾惜。

⑨士大夫:指封建社会中有地位有声望的知识分子。

【译文】

抱着瓮而就想要知道它的轻重,一定要在瓮的外面;远看居室而要知道它的高低,一定要在居室的外面;若生活在现实社会而想要了解现实社会的利害,就一定要处在利害的外面。天下的利害并不难知道。人们只要能做到心平气和,身居在高位不被盛名所迷惑,身居下位不被财利所引诱,大都能谈出天下的利害。至于那些自己被陷名利网中的人,公正的议论就会屈服于私情,治国的谋略便会被个人的打算所代替,可天下成败利害的实质被人颠倒了。天下的利害与个人的利害究竟哪个大哪个小、哪个轻哪个重? 可人一旦为名利所引诱,就会只有个人的利害,却不知有整个天下的利害。谈论军事的,却只知取胜贪求功,可不知战争的胜负关系到国家的兴亡。谈论国家财政的,也只知炫耀财富积累的丰盛,而不知搜刮财货对百姓有害处。如果只谋求对个人的利益,而没有时间去考虑这种出于私利的做法是否正确以及后果如何,这是一般有地位有声望的知识分子的常见病,而这一点也是古今相同的。

【原文】

昔邹忌之貌不如徐公之美①。问于其妻,曰:"徐公何能及公也?"已而②,问其妾,曰:"徐公何能及公也?"已而,问其客,曰:"徐君不若公之美也。"既见徐公,孰视以为不及③。窥鉴而自视④,则诚不如。乃曰:"妻之美我者,爱我也;妾之美我者,畏我也;客之美我者,有求于我也。"士大夫之言利害,得无类是乎!

【注释】

①邹忌:战国时齐人,曾为齐相,封成侯。

②已而:不久。

③视:仔细看。孰同"熟"。

④鉴:镜子。

【译文】

古代时候,邹忌的容貌不比徐公漂亮。邹忌问他的妻子,妻子回答说:"徐公怎么能比得上您漂亮呢?"过了不久,他去问他的妾,妾回答说:"徐公不如您漂亮。"过了不久,他又问他的客人,客人回答说:"徐公不如您漂亮。"邹忌见到徐公后,仔细地端详徐公,自己就认为赶不上他。对着镜子端详自己,认为自己确实不比徐公漂亮。晚上,他睡在床上自言自语地说:"妻子说我漂亮,那是偏爱我;妾说我漂亮,那是怕我;客人说我漂亮,是想有求我。"一般有点地位有声望的知识分子在谈论好坏处时,大概也根这三位的动机相同吧!

【原文】

"六太息"之书①,不出于汉廷之诸老,而陈于洛阳之年少②。三十字之献,不见于唐室之公卿,而见于晋州之男子③。晋州男子见《元载传》。

【注释】

①六太息之书:指贾谊上文帝疏。疏中谈到朝廷有六件值得叹息之事,即:服用奢侈越制,俗吏不知大体,经制不定,当辅导太子,当审定取舍,应当优礼大臣。

②洛阳之年少:指贾谊。贾谊为洛阳人。上"六太息"疏时,年仅二十七岁。

③晋州之男子:唐代宗大历年间,元载弄权,晋州男子郇谟以麻辫发,持竹筐及苇席哭于长安市。人问其故,回答说:"有三十字请献于上。"所献三十字,各论一

事。见《旧唐书·元载传》

【译文】

交送汉文帝的"六叹息"的奏章,不出自汉廷各位元老重臣之手笔,却出自年少的洛阳人[贾谊]。呈献给唐代宗的三十个字里,不出现于唐室公卿大臣的奏章,而见于晋州的一名普通的男子[郇谟的进言]。

【原文】

昔石勒尝使人读《汉书》①,闻郦食其劝立六国后②,惊曰:"此法当失。何遂得天下③?"及闻留侯谏④,乃曰:"赖有此耳!"夫以汉高帝之智,岂不及石勒哉?高祖处利害之中,故其智昏;石勒处利害之外,故其智明也。

【注释】

①石勒:东晋列国后赵的创建者。羯族。字世龙。公元319——333年在位。《汉书》:东汉班固撰。是我国第一部纪传体断代史。记载自汉高祖元年到王莽地皇四年二百三十年间主要事迹。

②郦食其:秦汉之际陈留高阳乡(今河南杞县西南)人。刘邦过高阳时,献计攻下陈留,因封广野君。六国后:指战国时楚、赵、燕、韩、齐、魏六国的后代。

③遂:尽全。

④留侯:即刘邦的重要谋臣张良。

【译文】

东晋列国时,石勒曾经让人读《汉书》给他听,当他听到郦食其劝谏汉王刘邦册立六国后代这段史实后,吃惊地说:"这种做法十分失误。怎么能得天下呢?"当听到张良劝谏汉王刘邦不要立六国时,石勒就说:"全靠有这样的谋臣啊!"可凭汉高祖刘邦的智谋,难道还比不上石勒吗?汉高祖处在利害之中,因此他头脑就不是够清醒;石勒他是处于利害之外,所以他的头脑是清醒无误的。

第三卷

十三　兼才则随所遇而能[①]

【原文】

昔者禹有功于水土也[②]，然禹之功不在于此，而遇于此也。使必以禹之贤不外是，则其所能者不亦卑乎！稷固有功于播种也[③]，然稷之所施不在于此，而遇于此也。使必以稷之所施尽于是，则其所以及人者不亦陋乎！伊尹之才[④]，该于所学，故天下未定，伐夏救民则身之[⑤]。天命所归，相与扶持而协赞则亦身之[⑥]。伊尹之学，其初未期伐夏用也。时乎伐夏，则以除残而已[⑦]。不伐夏，则伊尹之学果无可施乎！周公之才[⑧]，亦该于所学，故三监作难[⑨]，举兵而东征，则为之。淮夷既平[⑩]，而持盈守成则为之[⑪]。周公之学，其初未言为东征计也。时乎东征，则以之平暴乱而已。不东征，则周公之学果无所为乎！

【注释】

①兼才：多才。遇：机遇。
②禹：即夏禹，又称大禹。远古夏部落领袖。继舜即天子位。
③稷：上古时代的农官。
④伊尹：商汤臣。名挚。佐汤伐夏桀，被尊为阿衡（宰相）。
⑤夏：指夏桀。夏朝的暴君。
⑥赞：助。
⑦除残：除去残暴。
⑧周公：姬旦。周文王子，辅助武王灭纣，建立周王朝，封于鲁。
⑨三监：周武王灭商后，以商旧都封给纣子武庚，并以殷都以东为卫，由武王弟管叔监之；殷都以西为鄘，由武王弟蔡叔监之；殷都以北为邶，由武王弟霍叔监之。总称三监。
⑩淮夷：古代居于淮河流域的少数民族。
⑪持盈守成：保守成业。

【译文】

上古时代，夏朝的禹在治理水土方面很有功劳，但是夏禹的功绩并不仅仅体现在这方面,而是他遇到了这样的机会。假使若人们一定认为夏禹的贤能仅体现在治理水土的方面,那么他所能做的事情,不也就是很低下的吗!稷固然在农业方面有功劳,但是稷所能做的事还不仅仅在这方面,而是他也遇到了这样的机会。但假使一定认为稷能做的事情全部都在农业方面,那么他用来超越别人的所谓的长处,不也是太一般低俗了吗!伊尹的才能,体现在他的学业中,因此在天下没平定时,他讨伐夏桀、拯救百姓,亲身去做。政权归为商后,与大臣们一起扶持君主、佐理朝政,他也身体力行。伊尹的学业,起初没有想要用在讨伐夏桀方面。当时讨伐夏桀,他不过是为了铲除残暴而已。不讨伐夏桀,伊尹的学业果真就没有用武之地了吗?周公的才能,也体现在他的学业中,所以三监叛乱,他带兵去东征,就用上了他的学业。淮夷的叛乱被平息后,保守成业就用上了他的学业。周公的学业,刚起初未曾说为东征打算。只是当时正赶上东征,用它来平息叛乱而已。那如果不东征,周公的学业果真就没有用武之地了吗?

【原文】

若夫后世之人则不然①。裨谌之智②,谋于野则获,谋于邑则否③。孟公绰之贤④,(扰)[优]于为赵、魏老⑤,不可以为滕、薛大夫。黄霸之才⑥,长于治民,及为丞相,总纲纪号令,风采不及丙、魏⑦。功名损于治郡时。薛宣所在而治⑧,为世吏师,及居相位⑨,以苛察失名⑩。彼其才则诚有限,而其器诚有极也⑪。强其所不能,冒而为之⑫,则亦败事而已。

【注释】

①若夫:至于。

②裨:裨谌:春秋时郑大夫。以多谋见称。

③邑:城镇。

④孟公绰:春秋时鲁臣。

⑤扰:当为"优"字之误。译文作"优"。赵、魏:指战国时的赵、魏两国。在今山西、河南、河北部分地区。

⑤滕:春秋时小国。在今山东藤县。大夫:古代职官等级名,在卿之下。

⑥黄霸:西汉阳夏(今河南太康)人,字次公。宣帝时为颍川太守。治事外宽内明,得吏民心,治为天下第一。

⑦丙、魏:即丙吉和魏相。均为汉宣帝时丞相,二人同心辅政,治绩卓然,为帝所重。时人称为丙、魏。

⑧薛宣:西汉郯(今山东郯城北)人,字赣君。成帝时官至宰相,明习法令。任郡守时,所到之处有政声。及为丞相时,属吏患其治事烦碎无大体。

⑨相:原本作"其",此依文渊本。

⑩苛察:严求细察。

⑪器:器宇。胸怀。

⑫冒:轻率。

【译文】

那了后代的人就不是这样子了。禅谌的才智,在野外谋划就是正确,在城市里谋划就不行。孟公绰的贤能,做战国时赵、魏的元老重臣十分富余,但他不能担任春秋时滕国和薛国的大夫。依黄霸的才能,他在治理民事方面很有专长,到作丞相时,他总揽大政方针和发布他命令,他的风度文才就不如丙吉和魏相。他当时的功绩和声望也就不如治理一郡的时候。薛宣任郡守时,所到的地方政治清明安定,成各一代官吏的表率,到做宰相时,因为治事严求细察造成名望大降。以上这些人的才智的确有限,而他们的胸怀、气度也的确很有限。勉强让他们去做自己不能够胜任的工作,而造成草率从事,也只能使事业受到损失而已。

十四　不习不能不久不精

【原文】

人皆曰:“居今而效古,诚难也。”愚则曰:“居今而效古,要之以目前,诚难也;要之以持久,不难也。”何者? 天下之事,不习则不能,不久则不精。齐、楚之异音,求其同焉,固难也。然居于庄岳数年①,虽日挞而求楚语,不可得者,习之而久也。胡、越之同声②,求其异焉,固难也。然长而成俗,虽至死而不相违者,习之而久也。惟技也亦然。庖丁之解牛也③,三年之后,未尝见全牛;十九年之后,刀刃若新发硎④。非习于解之之久乎! 纪昌之视虱也⑤,数月之间,始浸大焉⑥;三年之后,如车轮焉。非习于视之之久乎!

【注释】

①庄岳:春秋时齐国都城临淄城内的街里名。

②胡、越:指春秋时的胡国和越国。胡国在今安徽阜阳西北。越国在今浙江一带。

③庖丁解牛:这个故事见于《庄子·养生主》。庖丁,厨师。

④发:磨。硎:磨刀石。

⑤纪昌之视虱:这个故事见《列子·汤问》。纪昌,传说古代善射者。

⑥浸:渐进接近

【译文】

人们都说:“生在现今而模仿古人,的确很困难。”我却说:“生在现今而何以学习古人,要求在马上办到,的确很困难;要求持之以恒,就并不难办到。”这是什么原因呢? 天下的事情,不操习训练就不会产生能力,不持之以恒也就不能精益求精。齐、楚两国的语音不一样,若要求这两个国家的语言做到完全一样,固然很困难。

然而把楚国的儿童放在齐国首都临淄内的庄岳这个地方住几年,那即使是天天用鞭子抽他,强求他说楚国的方言,是不能办到的,这是长期习练的结果。胡、越两国语音相同,想要把这两个国家的语音区分开,固然也很难。这也是长期形成的语言习惯,即使到死也不会改变,这又是长期习练的结果。其实人的技能也是这样。厨师杀牛,用刀三年之后,他眼前未曾见到一头整牛;操刀十九年之后,刀口会就像在磨刀石上新磨的如刀口一样锋利。这不是长期习练杀牛的结果吗!纪昌他观察虱子,在几个月之间,看虱子开始由小变大;三年以后,大象车轮。这又不是长期观察的结果吗!

【原文】

事之在天下,大抵然也。所患者,其不能持之以至诚、待之以岁月尔。孰谓士大夫之习射①、兵之寓农有不可施于今日耶②?抑尝以乡兵水战之事而观之③,三丁择一④,蠲其租赋⑤,闲月习射,岁终大校⑥。李抱真施之于泽潞⑦,比三年而皆为精兵⑧。北人固不闲于南方之水也,然造船数百,命唐降卒教北人水战。世宗行之于周⑨,而数月之后,纵横出没,殆胜唐兵⑩。然则士大夫之射,兵之寓农,诚使讲而习之、习而久之,三代乡射之法、井田郊遂之制可复见于今日也⑪。

【注释】

①孰:谁。士大夫:封建社会有地位有名望的知识分子。

②兵之寓农:即亦后亦农,兵民结合。

③抑:助词,无义。

④丁:成年男女。

⑤蠲:除去。

⑥校:考核。

⑦李抱真:唐河西人,字太玄。代宗广德年间为泽潞节度副使。泽潞的上党为军事要冲。泽潞士瘠民贫,无以供应军需,于是在成年男女中每三个选出一名强壮者,免去其租税、徭役,发给弓矢,岁终检阅一次武备,行赏罚。到了第二年,得到精兵二万,府库充实。泽潞:即泽州和潞州,节度使治所在潞州上党县,即今山西长治市。

⑧比:等到。三年:一说二年。

⑨世宗:即五代后周皇帝柴荣。公元954——959年在位。即位后,他改革弊政,废佛寺佛像,整顿军事,奖励农耕。

⑩殆:几乎。唐:指南唐。

⑪三代:夏、商、周。乡射:古以射选士,其制有二:一为州长在春秋两季以礼会民,射于国之学校;二为乡大夫三年考核一次,献贤能之士于王,行乡射之礼。井田:相传古代奴隶社会的一种土地制度。以方九百亩土地为一里,划为九区,其中为公田,八家均为私田百亩,同养公田。郊遂:古代都城以外百里为郊,郊外百里为遂。

【译文】

天下的事情,大方向如此。人们所担心的,不过是不能够用最诚恳的态度把事情做下去和用一定的时间等待着成功的到来。谁说有地位有名望的读书人练武学射和兵民结合的措施不能在最近实行? 我曾经看过唐代宗时乡兵进行水战的记载,[那时,]每三个成年人之中挑选一个身强力壮者,免去他们的租税和徭役,在农闲时学习武艺学射,年终时进行大规模的军事检阅。像这种办法,李抱真在泽州和潞州一带也推行过,到了第三年,这些乡兵都已成为训练有质量的有能力兵。北方人固然不熟悉南方水战的特点,可是到五代时,后周造了几百只战船,并指使南唐降兵教授北方人水战的方法。而这种办法,后周世宗在本国也推行,在几个月之后,北方的水兵在水中可以纵横出没,几乎胜过南唐的水军。所以既然如此,那么有地位有名望的读书人习武学射和民兵结合的做法,的确能使社会上人人讲论研究并坚持不懈,夏、商、周时实行的乡射击措施和井田郊遂制度就可以重新出现在现在。

十五　法以治民不贵乎扰

【原文】

详于法者,有法外之遗奸;工于术者,有术中之隐祸。药所以治病也,用药已过,则药之所病,甚于未药。耘所以治苗也①,耘之数数②,则蹂践之害,酷于稂莠③。凡天下用意过当之事,往往旧害未除,而新弊复作者,其患正在此尔。

【注释】

①耘:除草。
②数数:多次。
③稂莠:两种有害禾苗的杂草。

【译文】

法令无论有多苛细,还是有逍遥法外的恶人;道术无论有多精湛,却还是有原来意想不到的隐患。药是用来治病的,如果用药过量,那么药所带来的祸患,会比服药前还严重。除杂草是为了保护禾苗,除杂草遍数过多,那么因为蹂躏践踏禾苗所造成的损失,比杂草对禾苗的伤害还要严重。凡是天下的事情,人们的思想倾向一旦过于偏激,往往旧的弊病还没有铲除,而新的弊病又产生了,它的弊端正是在这里。

【原文】

曹参为齐相①,避正堂②,舍盖公③,咨以治道④,得清净之说,用以治齐,不扰狱市⑤。粹然有君子长者之风⑥。其后继萧何为相⑦,举事无所变更⑧。择郡国吏木讷于文辞、重厚长者为丞吏⑨。吏之言文深刻⑩、欲务声名者,斥去之。见人有细过⑪,专务掩匿覆盖之⑫。其相业犹治齐也。后之议者,谓参幸当与民更始之际⑬,不能立法度、兴礼乐,为汉建长久之计,苟幸其一旦之安⑭,而废其经远之虑⑮。盖不知参为汉建无穷之基者⑯,正此也。

【注释】

①曹参:西汉沛(今江苏沛县)人。佐刘邦灭项羽,封平阳侯,任齐相。惠帝时,继萧何为相,无为而治,一遵萧何之法。

②正堂:正厅。指丞相办公的地方。

③盖公:信奉黄老道家学说的人。

④咨:询问,商量。

⑤狱:指教唆犯罪、包揽诉讼、资助盗贼的场所。市:指投机倒把、用私斗秤、欺骗顾客的场所。

⑥粹然:纯正貌。长者:对谨厚者的称呼。

⑦萧何:西汉沛(今江苏沛县)人。佐刘邦建立汉王朝。刘邦为汉王时,萧何为丞相。楚汉战争中,萧何留守关中,补兵运饷,军不匮乏。天下已定,论功第一,封鄼侯。汉代的律令典制,多为萧何所定。

⑧举事:行事。

⑨郡国:指郡和诸侯国。木讷:质朴而不善于辞令。丞吏:据《史记》曹参本传,当指丞相府的属吏。

⑩言文:言辞有文采。深刻:深究刻求。务:追求。

⑪细过:小过失。

⑫掩匿覆盖:掩盖保密。

⑬更始:重新开始。

⑭苟:苟且。幸:侥幸。

⑮经远:远大的战略。

⑯盖:大概。

【译文】

曹参当上了齐国的丞相,就让出相府的正厅,请盖公住在它里面,亲自向盖公请教治国之道,学到了道家的清静无为的学说,拿来治理齐国,并且告诫部下,不要骚扰奸人活动的场所。他自己为人纯良正直,有君子和长者的风度。后来继萧何之后当了汉朝中央政权的丞相,做事没有变更前任所制定的法令。他从各郡和各诸侯国选择拔的官吏中选拔质朴而不善于外交言谈的谨慎忠厚的人作丞相府的属吏。官吏当中有善于言辞、治事深究刻求、想追求声望名誉的,他便辞退不用。而发现别人有小的过失,他就一心一意地为他们遮掩保密。他在汉廷当丞相的业绩与治理齐国时一样。再后来有人议论他的历史功过时,就说他有幸与百姓一样身在除旧布新的时候,但他却不能建立法制、振兴礼乐、为汉朝确立一个长治久安的策略,只贪图侥幸于一时的安宁享逸,而放弃了对治国方针的深谋远虑。持有这种看法的人,大概还不知道曹参他为汉朝所建立的千秋基业,却恰恰是在这一点上罢!

【原文】

自春秋战国以及秦项之际①,纵横捭阖之说行②,而天下之俗浮③;刑名法家之说胜④,而天下之俗薄⑤。浮薄之风相扇相激⑥,而极为秦项之祸⑦。大汉之兴,民始息肩⑧,知有生人之乐也⑨。如病者出于九死之余,惟当屏绝外事⑩,安坐饮食,以惭复其已耗之血气。虽未衣冠佩玉⑪、进趋揖逊⑫,君子固不以为废礼也⑬。汉于斯时⑭,当洗涤吾民之疮痍⑮,而抚摩其痛痒,劳来其呻吟⑯,与之相生养之具,假以岁月⑰,以极其涵养之功⑱;而措之既庶既富⑲、养生送死无憾之地⑳。不然,变画一而为纷更㉑,舍清净而为烦苛㉒。饮淖之牛㉓,必欲易之以清净之水,如汉儒所谓改正朔㉔、易服色㉕、定历数㉖、协音律㉗、作诗乐、建封禅者㉘,果足以救之耶?参虽饮酒不事事㉙,其所好恶举措养天下忠厚浑朴之俗,以变二三百年轻浮锲薄之习㉚。为虑深矣!至于孝文之时,告讦之俗易㉛,流风笃厚㉜,禁网疏阔㉝,断狱数百㉞,几致刑措㉟。当是时,稽古礼文之事㊱,缺然未备,顾何损于治道也哉㊲?后世言治与文景以恭俭厚下之效㊳,推其涵养变化之功,实参发之也。

【注释】

①秦项:指嬴政建立的秦朝政权和项羽建立的西楚政权。

②横:合纵连横的缩语。捭阖:即开合。战国纵横家游说之术言捭阖,指分化或拉拢。

③浮:浮夸。

④刑名:战国时法家的一派。以申不害为代表。强调循名责实,以强化上下级关系。

⑤薄:轻薄,不厚道。

⑥扇:通"搧",摇动生风。激:鼓动,激发。

⑦极:终。

⑧息肩:卸去负担。

⑨生人:养人。

⑩屏绝:排除断绝。

⑪衣冠佩玉:士大夫的穿戴。

⑫揖逊:恭敬谦让。

⑬固:本来。

⑭斯:此。

⑮疮痍:创伤。

⑯劳来:慰劳。为双声字。"来"也训"劳"。

⑰假:给予。

⑱涵养:滋润养育。

⑲措：置。

⑳憾：遗憾，不满意。

㉑画一：整齐，明白。纷更：乱加更改。

㉒烦苛：繁法苛政。

㉓淖：泥沼。

㉔正朔：一年的第一天。正，一年的开始。朔，一月的开始。古时改朝换代，新王朝表示"应天承运"，须重定正朔。正朔遂指帝王新颁布的历法。

㉕服色：古时每个王朝所定车马祭牲的颜色。

㉖历数：推算节气的一种办法。

㉗音律：五音六律。五音为宫、商、角、徵、羽。六律为黄钟、太族、姑洗、蕤宾、无射、夷则。

㉗封禅：帝王祭天的典礼。在泰山上筑土为坛祭天，报天之功，称封；在泰山下梁父山上辟场祭地，报地之功，称禅。

㉙事事：干事情。

㉚锲：刻。

㉛告讦：揭人隐秘。

㉜笃厚：真诚，纯一正直。

㉝禁网：法令。疏阔：简略，不精密。

㉞刑措：无人犯法，刑法搁置不用。

㊱稽古：考古。礼文：礼节仪式。

㊲顾：难道。致治之道：使国家强盛安定的策略和方法。

㊳文景：指西汉文帝刘恒和景帝刘启。

【译文】

  自从春秋战国以来，一直到秦朝和西楚政权期间，纵横家的纵横开阖学说非常流行，而天下的风俗迷恋浮夸；强调逃避名责实的学说占了上风，于是天下的风俗变得轻薄起来。浮夸、轻薄的风气相互作用，而最终造成了秦朝和西楚政权的覆灭。汉朝政权建立之后，百姓如同扔弃了重负，才知道人有休养生息的乐趣。就像大病不死的病者一样，只应排除外界干扰，安坐静养，注意饮食，来逐渐恢复已耗损的气血。虽然当时人们不讲究衣着穿戴和恭敬谦让的作风，然而有道德修养的人本来就不认为这是一种废弃礼义。在这个时候，那么汉朝的统治者应该清除战乱给百姓造成的身心的创伤，安抚百姓的伤痛，慰劳百姓的疾苦，教他们休养生息的方法，并且给他们一定的时间，使他们尽到滋润养育的功劳，从而使他们能生活在既人口众多又物产丰富以及生儿育女、养育老送终都能很如意的环境中。不这样，法令制度就会从整齐明白变得成为杂乱无章，官吏管理政务由清静无为而代之以烦琐苛细的政令刑法。一喝惯了污水的牛，若一定要改用洁净之水去给它喝，正像汉代的儒生所称道的更改历法、变更服饰的颜色且协调五音六律、创作诗歌乐府、制定祭祀天地的礼仪等等，这些做法真的能拯救时弊吗？曹参虽然天天喝酒不问政事，可他的喜欢或厌恶和立身行事，培育了天下的忠厚浑朴的风俗，并因此改变了二三百年间流传于社会上的那种轻浮刻薄的积累的陋习。他可为国家考虑的很长远啊！到了文帝时，改变了揭发人隐私的习俗，社会风气忠实纯正，法令简略，全国仅仅审理和判决了几百起的案件，几乎达到了无人犯法、刑罚搁置不受用的地步。在这个时期，参考古制和制定各项礼仪等事，没有提到日程上来，难道这对治国安邦还有什么损害吗？后代人所议论的这一段历史时期的治理成绩以及文、景两位帝王时取得的谦恭节俭和宽以待人的社会效果，追回到它的滋润养育和变化之功，确实从曹参开始的。

【原文】

曹参代萧何为相，属其后相曰："以齐狱[市]为寄①，慎勿扰也。"后相者曰："治无大于此者乎？"参曰："不然。夫狱、市者，所以并容也。今若扰，奸人安所容乎？"班超为西域都护②，后有代之者问策于超③，超戒以不扰。其人以平平笑之④。卒如超所料。

【注释】

①狱：据《史记》曹参本传，"狱"下当有"市"字。

②班超：后汉安陵（今陕西咸阳市东北）人。史学家班固之弟。东汉明帝永平十六年（公元73），率三十六人出使西域，使西域五十余城国获得安定。班超在西域三十一年，官至西域都护，被封定远侯。都护：官名。汉置西域都护，督护诸国，以并护南北道，故号为都护。

③"后有代之者"二句：班超离任时，他的继任都护任尚向他请教治理西域之法。班超认为，西域的官吏和士卒大都是有罪戍边之人，又是少数民族聚居的地方，治事应该"宽小过，总大纲而已"。

④其人以平平笑之：班超离任后，任尚私下对他的亲信说："我以班君当有奇策，今所言平平耳！"

【译文】

曹参替代了萧何作了汉朝中央政府的丞相。[他在离开齐国的相位时，]曾嘱咐他的下一任官员说："社会上的奸人大都以齐国的狱、市作为寄身之所，一定要谨慎对待，不要搔扰。"他的继任说："治理齐国再也没有比这一点更重要的了吗？"曹参说："不是这样的。狱、市这两个场所，那儿是容纳各种人的。现在如果去骚扰这种场所，那让奸人在什么地方容身呢？"班超担任西域都护，后来他的继任就向他请教治理西域的策略之时，班超告诫他不要骚扰下级的官吏和百姓。他的继任暗地里讥笑他的策略平庸无奇。[结果他的继任就把西域搞得四分五裂，]终于像他所预料到的那样。

【原文】

物之生林然熙然①。孰吾荣乎②？孰吾枯乎？已然而莫知其然者③，其性也。

旦而曝之④,夜而濡之⑤;一日风之,二日霖之⑥,三之日荡然矣⑦。惟人亦然。无撄则宁⑧,无拂则全⑨。驱之以刑⑩,齐之以政⑪,临之以德⑫,而天下之性荡然矣。尧之治天下⑬,不举善,不去恶,不治小,不教大,民视尧亦天耳。天何心于我哉?舜之治天下也⑭,必治之而后安。虽然,犹未始与民相撄也。三王之于民⑮,如恐赤子之啼而呕乳之⑯。至五霸则又鞭朴随其后也⑰。大道何从而行乎?唐太宗尝指殿屋而谓侍臣曰⑱:"治天下如建此屋,营创既成,勿数改易。苟移一椽⑲,正一瓦,践履动摇,必有所损。"

【注释】

①熙然:旺盛貌。

②吾荣:宾语前置,即"荣吾"。下文"吾枯"同。

③然:这样。

④旦:白天。

⑤濡:浸润。

⑥霖:久雨。

⑦荡然:毁坏貌。

⑧撄:扰乱。

⑨拂:击,斫。

⑩驱:逼迫。

⑪齐:整治。

⑫临:统管,治理。

⑬尧:传说中父系氏族社会后期部落联盟领袖。姓伊耆,名叫放勋,又号陶唐氏。

⑭舜:传说中父系氏族社会后期部落联盟领袖。姓姚,名重华,又号有虞氏。继尧即天子位。

⑮三王:夏禹,商汤,周文王。

⑯赤子:婴儿。

⑰五霸:齐桓公,晋文公,秦穆公,楚庄王,吴阖闾(班固《白虎通》说)。鞭朴:皆是刑具名,属轻刑。引申为体罚。

⑱唐太宗:唐朝皇帝李世民。公元626——649年在位。佐其父李渊推翻隋王朝和消灭各地割据势力。即位后,行均田制和租庸调法,兴修水利,恢复农业生产,旧史称为贞观之治。

⑲椽:椽子,放在檩上架屋瓦的木条。

【译文】

万物生长得茂密而且旺盛。究竟是什么原因使我们这些生物长得这么枝繁叶茂?又是什么原因又使我们这些生物枯萎凋零?而有些枝繁叶茂,而有些枯萎凋零,却又不知道自己为什么会这样,这就是万物的本质。白天强光照射它,夜晚雨露滋润它;也许第一天狂风摇动它,第二天大雨浸润浇灌它,第三天它的枝体便受到了伤害。人也是这样子。不受到侵扰就能安宁，不受到伤害就能保全个人。又用刑罚去强迫他们，用行政手段去整治他们，再用德义去安抚他们，而天下人的本性便受到伤害。尧在治理天下时，既不举荐好人，又不除掉恶人，既不处理小事，也不用大道理去教育百姓，可百姓把尧看作天一样博大。天对人类会有什么偏爱呢？可舜治理天下时，必须通过精心治理，才使天下安宁。即使这样，他仍然没有侵扰百姓。夏禹、商汤、周文三位帝王对待百姓就像慈母害怕婴儿啼哭而急忙用乳汁喂养一样温和。而到了齐桓、晋文、楚庄、秦穆、吴阖闾五霸在治理国家时，就动用了刑罚。利国利民所谓的的大道理什么时候才能得以实行呢？唐太宗曾经指着宫殿亲自对他下面的侍臣说："治理天下犹如修建这座宫殿，在营造完毕，就不要频繁改动。如果移动一条椽子，拨正一片瓦，宫殿经过了践踏动摇，就一定有受损害的地方。"

【原文】

三人共牧一样①，羊不得食，人亦不得息。

【注释】

①样:同"羊"。

【译文】

三人一起放牧一只羊，不但羊吃得不好，人也得不到休息。

十六　令有不便则亦可收

【原文】

世之言曰："事善不善，特未定耳①，而令在必行。"则②又有甚不然者。汉高祖闻郦生谋挠楚权，欲复六国③，则称善；及闻张良之言④，则吐哺而骂⑤。唐李纲谏高祖擢用舞胡为五品⑥。高祖曰："业已授之，不可追也⑦。"而陈岳之论⑧，则以用之⑨，而非胡不可追。夫称善未几，继之以骂；业虽已授，非(而)[不]可追⑩。古之人曷尝以是而为在位之累哉！适足以明其无我而已⑪。

【注释】

①特:只。

②汉高祖:西汉开国皇帝刘邦，字季，秦末沛县丰邑(今江苏沛县)人。公元前202—前195年在位。秦二世元年，起兵于沛，号作沛公。受楚熊心(义帝)命，与项羽分兵入关破秦。刘邦首先入秦都咸阳，与父老约法三章，就尽除秦苛法。项羽入关，自据关中，封刘邦为汉王。后打败项羽，即帝位于氾水之阳，国号汉。郦生:即

郦食其,汉陈留高阳(今河南杞县西南)人。刘邦路过高阳时(今河南杞县)时,他献计攻下陈留(今河南开封市东陈留城),因封广野君。挠:弱。通"桡"。楚权:指项羽建立的西楚政权。

③六国:指战国的赵、燕、韩、齐、魏、楚六国

④张良:刘邦的重要谋臣,字子房。家五世相韩。佐刘邦灭秦楚,由于功封留侯。他提醒刘邦说:"今复六国后,游子各归其主,大王谁与(谁与即"与谁"。)取天下乎?"

⑤吐哺而骂:刘邦听了张良的劝诫后,即叶出口中的食物,骂郦食其几乎败了他的大事。

⑥李纲:唐倩人。隋朝名臣。唐高祖李渊即位后,拜礼部尚书兼太子詹事。高祖拜胡人乐工为五品官教骑常侍时,他认为不符合《周礼》及历代典制。擢:选拔。舞胡:胡人乐工安比奴。

⑦追:补救。

⑧陈岳:唐庐陵(今江西吉安市)人。唐江南西道观察判官。大约生活在中唐以后。撰有《大唐统记》四十卷。

⑨以:因为。

⑩而:当为"不"。译文作"不"。

⑪适:恰好。

【译文】

这个社会上有人说:"看办的事情是否妥当,只是没有一个定论罢了,而是在于有令必行。"但又有人很不同意这种看法。汉高祖听了郦食其的话为了削弱西楚政权而恢复六国后代王位的主意后,就喷喷称赞;而当他当听到张良所说的立六国后代为王就会产生不良后果时,就匆忙将口中食物吐了出来,骂郦食其几乎误了他的大事。后来唐朝李纲劝诫高祖李渊不要提拔胡人乐工作五品侍郎。高祖李渊说:"我已经授予他侍郎官了,恐怕不能补救了。"可陈岳评论说,就是因为能任用他,[才能够罢免他],反而并不是由于已经任命他了就不能够补救了。汉高祖称赞郦食其立六国之后的办法没多久,他又骂郦食其几乎误了他的大事。所以唐高祖虽然授予给了胡人乐工五品官,而陈岳认为不是没法补救的。而古人何曾因为政令已出而把它当作施政的包袱呢!这正好说明他们不是只为了自己罢了。

【原文】

仁宗朝①,实行簿为民害②,仁宗断然罢之。太上皇朝③,隅官为民害④,太上皇断然罢之。比年发运司为民害⑤,主上亦断然罢之。

【注释】

①仁宗:即北宋皇帝赵祯。继真宗为帝。公元 1022——1063 年在位。政治上因循守旧,对西夏和辽的侵扰屈辱求和。

②簿:卤簿,即仪仗。仁宗时,嫔妃死,朝廷备仪仗,后经司马光劝谏,仁宗才矛

以取消。

③太上皇：即宋高宗赵构。字德基。宋徽宗之子。南宋第一位皇帝。他对金一意求和，宠信投降派秦桧，主张抗金的岳飞、韩世忠等人或被杀，或被放。最后向金称臣。绍兴三十二年(公元 1162)传位于赵昚(僚孝宗)，称太上皇。

④隅：边侧之地。

⑤比年：近年。运司：即发运使。专指总领江南六路漕运之官。掌管一路财政大权，并兼管向京都运送赋税财宝等事。

【译文】

在宋仁宗时，嫔妃的葬礼，进行准备有仪仗，加重了人民负担，到后来仁宗坚决地取缔了这种做法。宋高宗时，增加了边远地区的官吏，他们对人民百般敲诈勒索，后来宋高宗坚决取消了这种做法。近几年来，各路发运使催促征赋税，出纳钱粮，从当中牟取利，加重了人民负担，所以当今皇上也坚决地取缔了这一官职。

【注释】

通过史实，作者说明，法令倘有不当不利于国的地方，完全不必因为怕失面子而不去纠正。

十七　将有所夺必有所予

【原文】

将有所夺①，必有所予。予之者未至，而夺之者先行，人情不安也。游手可抑也，亦不可尽抑也。无田与之耕，而欲闲民之不游手，势不可也。故善抑游手者，莫若井天下之田也②。仇饷可责也③，亦不可以遽责也④。无粟与之食，而欲饥民之不仇饷，势不可也。故善现仇饷者，莫若足天下之食。田一井而天下自尔无游手，何用抑欤？食一足而天下自尔无仇饷，何用责欤？

【注释】

①抑：限制，减少。

②井天下之田：即把天下的耕地变成井田。"井"用如动词。井田，相传古代奴隶社会的一种土地制度。以方九百亩之地为一里，划九区，其中为公田，八家为私田，同养公田。因形如井字，故称井田。

③仇饷：杀人而夺去饷馈的食物。责：处罚。

④遽：疾，造就。

【译文】

想要有所获取，就必须要有所给予。给别人好处的事还没有做到，却已把获取放在前头,这违背人的情理。不务正业的人应该受到限制,但也不能完全地限制。没有地给他们耕种,而想让这些闲散之人去做正当工作,是形势所不能允许的。因此善于限制不做正常工作的人,倒不如恢复上古时代的井田制。杀人而抢走官家供给的食物的人,他应该受到处罚,但也不可以不分青红皂白地很快地处罚。因为没有粮食给他们吃,而要使饥民们不去杀人夺饷,这也是形势所不允许的。因此那些善于处罚杀人夺粮食的人,倒不如让灭下的百姓丰衣足食。耕地一旦变为井田,灭下从此就没有不务正业的人了,那又何必用限制的手段呢?粮食一旦充足,天下从此也就不会发生杀人抢食的事了,那又何必用处罚的手段呢?

【原文】

缙绅士夫固非齐民之比①议者,徒知夺之之说②,而未知予之之说。往往今日奏一议,欲律天下之贪;明日奏一议,欲起天下之偷③。吾恐法外之奸愈生,令行而诈愈起。将至于用齐人之鼎镬、汉人之碪碩矣④。孝宣尝增吏禄矣⑤。百石以下则益之⑥,百石以上则不增也。光武亦尝增吏禄矣⑦。千石以上反减于西京⑧;六百石以下⑨,乃增于旧秩。二君之意,岂轻其大而重其小哉?诚以大吏禄赐有余,而小吏廪食不给也⑩。

【注释】

①缙绅:插笏于绅。缙,插;绅,束腰大带。代指士大夫之流。士夫:士大夫的简称。齐民:一般平民。

②徒:只。

③偷:苟且,只顾眼前。

④齐人之鼎镬:这里用的是楚汉相争之际齐王田广烹刘邦谋士郦食其的典帮。鼎、镬,古代烹煮食物的器具。这里指刑罚。碪碩:碪,捣衣石;碩,柱下石。碩碪,这里指斩刑用的垫板,也代指刑罚。

⑤孝宣:即汉宣帝刘询。

⑥百石:汉代吏佐俸禄最低者。

⑦光武:即汉光武帝刘秀。东汉王朝的建立者。公元25——57年在位。即位后,加强中央集权、兴修水利,释放官私奴婢,使封建经济得到恢复。

⑧千石:汉代主要行政、军事长官的属官如大司马长史、御史中丞等官吏的俸禄。西京:长安。此指西汉。

⑨六百石:汉代县级官吏的俸禄。

⑩廪食:官府供给的粮食。

【译文】

只是那些有地位有名望的士大夫之辈,固然不能跟普通百姓同时提出,可人所具有的思想感情并没有什么较大的区别。我曾经责怪当今的某些议事者,只知索取之说,而不知给予之说法。常常是今天向朝廷进献一种建议,要用法律去教训天下的贪官污吏;明天他们又向朝廷进献一种建议,要激发天下无为工作者的奋发之志向。我担心超越法律以外的奸恶之人会出现,随着政令的推行而欺上级瞒下的行为会常有发生。[国家]就将不得不动用诸如齐国的烹刑、汉代的斩刑等各种严酷手段[来对付意外情况的发生]。汉宣帝曾经增加官吏的俸禄。凡是不足百石的就增加,超过百石的就不增加。东汉光武帝也曾经给官吏增加俸禄。超过千石的,反而要比西汉同级官吏的俸禄少;凡不足六百石的,却比西汉同级官吏的俸禄多。然而这两位君王的用意,难道是轻视高级官吏而重视低级官吏吗?这确实因为赐给高级官员的俸禄有余,而低级官吏的俸禄却不够养家糊口。

【原文】

王荆公云①:"方今制禄,大抵皆薄。州县之吏,盖六七年而后得三年之禄。欲其无毁廉耻,盖中人之所不能也。故今官大者,往往交赂遗②,营赀产③;官小者,贩鬻乞丐④,无所不为。则偷堕取容之意起⑤,而矜奋自强之心息⑥。职业安得而不弛?治道何从而兴乎?"士之贫者,扶老携幼,千里而就一官,禄既薄矣,而又州县之匮乏者⑦,上官之私怒而不悦者⑧,有终岁不得一金。且夫假贷以往也⑨,饥寒以居也,狼狈以归也。非大贤君子,谁能忍尔?而曰:"尔无贪!我有法!"岂理也哉!是故莫若均天下利禄,使其至远者,如其近者;增其寡者,如其丰者。如此而犹不改,则吾之法一用而天下服矣。

【注释】

①王荆公:即王安石,字介甫。宋抚州临川(今江西抚州市西)人。宋仁宗嘉祐中上万言书,主张变法。神宗熙宁二年(公元1069)参知政事,领三司条例使,实行新法,兴农田、水利、青苗、均输、保甲、免役、市易诸法,为旧党所反对。熙宁九年(公元1076)被罢相。因元丰中封荆国公,世称荆公。引文见《临川先生文集》卷三十九:《上仁宗皇帝方言书》。

②赂遗:贿赂赠送的财物。

③赀:财货。通"资"。

④贩鬻:贩卖货物。

⑤偷堕:苟且怠惰。堕通"惰"。取容:曲从讨好,取悦于别人。

⑥矜奋:备勉奋发。

⑦匮乏:缺乏。

⑧上官:上级官吏。

⑨且夫：至于。假：借。以：而。

【译文】

王安石说过："当今制定的官吏俸禄，一般都比较的微薄。州县的官吏，大约只有任职六七年的时间才能得到三年的俸禄。我想让他们不丧失廉洁之心，大概具备中等道德修养水准的人都很难的办到。因此，当今官位比较高的，往往相互贿赂财物，经营资产；而官位较低的，就贩卖货物或向人行乞，无所不干。盲目怠惰、献媚取宠的思想逐步抬头，而奋发自强的志趣减弱。那么本职工作怎能不松懈呢？强国之方法什么时候才能受到重视呢？"那些家境贫寒的知识分子，他们扶老携幼，千里迢迢去就任官职，俸禄已够微薄的了，而且所在州县又比较贫困，上级官吏出于私人恩怨又不喜欢他们，有的官吏一整年未得分文。至于某些官吏靠借贷前去赴任，忍受饥饿寒冷地住在那里，最后狼狈不堪地返回来。除非是那些大贤大德的君子，此外谁能忍受这种境遇呢？而且执政者还告诫说："你们千万不要贪财受贿！我这里有法律！"哪有这种道理啊！因此还不如使天下官吏的俸禄公平合理，使那些与朝廷最疏远的官吏们，就像与朝廷最亲近的官吏一样；给俸禄少的官吏们增加薪水，就像俸禄多的官吏一样。如果这样，还有的官吏还改不掉贪赃受贿的行为，那么我手中的法律一旦实施，天下的官吏就没有不服从的。

【原文】

三代之井田①，齐之内政②，唐之府兵与夫口分世业之法③，当是时不闻有游食冗食之民也④。今日地少而民多，欲耕无田，欲蚕无桑，欲樵无山⑤，欲渔无水，欲坐而（作）［贾］无肆⑥，欲负而贩无市。则食于丐⑦，食于兵，食于倡优⑧，食于胥史⑨，食于巫觋⑩，食于淫祀之祝⑪，食于佛老之使令⑫，无疑也。彼冒愧而为之，活旦莫焉尔矣⑬。

【注释】

①三代：夏、商、周。

②齐：指春秋时的齐国。内政：内教。其法为：五家为轨，由轨长统帅；十轨为里，里有司统帅；四里作连，由连长统帅；十连为乡，由乡良人统帅。是平战结合的组织形式。

③府兵：兵制名。隋开皇十年，士兵始编入郡县户籍。唐沿袭隋制，全国共置六百三十四府，府置折冲都尉及果毅都尉统帅。兵士征行及上长安宿卫，均根据远近轮番安排。在宿卫时，分别隶属于诸卫。出征时，由临时任命的主帅统帅。战争结束，则将领回到于朝，兵散开于府。口分：即口分田。按人口分给的土地。唐制，丁男给田百亩，其中八十亩为口分田。老年及重病残疾人，给口分田四十亩，死丈夫妻妾给口分田三十亩。口分田不能买卖，耕者死亡后，即退还交国家。世业：即永业田。北魏时实行均田制，规定男夫十五岁以上授外田四十亩，老免及身亡交官。又授桑田二十亩，种植定量的桑、榆、枣等作物，依法交纳税，并准许买卖。因世代承袭耕，不在收授之限定，故称永业田。

④游食:不实行农而食。冗食:不劳而食。

⑤樵:打柴。

⑥作:当为"贾"字。"坐而贾"与下文"负而贩",义相近。肆:集市贸易用的摊床。

⑦负贩:担货贩卖。

⑧倡优:歌舞杂技艺人。

⑨胥史:即胥吏。官府中办理文书的小吏。

⑩巫觋:男女巫的合称。巫,女巫。觋,男巫。

⑪淫祀:不合礼制的祭祀。祝:以言告神祈福。

⑫佛老:佛教和道教的合称。道教以老子为始祖,故称佛老。使令:使唤。

⑬旦莫:早晚。莫通"暮"。

【译文】

夏、商、周时三个朝代实行井田制,春秋时齐国的内政法,唐代推的行府兵制以及像口分田、永业田等各项措施,这几个时期,我们没听说有不靠农耕来吃饭和不劳而食的人。当今耕地少而人口多,有人想耕作却没有土地,想养蚕却没有桑田,想打柴却又没有山林,有人想发展渔业而没有水田,想定点做买卖又没有摊床,想提货贩卖又没有市场。那么只好靠乞讨糊口,靠当兵来糊口,靠卖艺生存,靠在官府里当个办事员糊口,靠装神弄鬼生活,靠不合礼制的祈祷祝福糊口,靠给佛寺和道观出力糊口,这是必定无疑不令人奇怪的。他们蒙受着羞耻而从事这些个行业,也不过是活一天算是一天罢了。

十八　公平用法人则无怨

【原文】

昔管仲夺伯氏骈邑三百①,没齿无怨言②。圣人以为难③。诸葛亮废廖立为民④,徙之汶山⑤。及亮卒而立垂泣。夫水至平而邪者取法,鉴至明而丑者忘怒⑥。水、鉴之所以能穷物而无怨者,以其无私也。水、鉴无私,犹以免谤,况大人君子怀乐生之心,流袗恕之德⑦。法行于不可用,刑加乎自犯之罪,天下其有不服乎?

【注释】

①管仲:春秋时齐颍上(颍水之滨)人。名夷吾,字仲。齐桓公的宰相。主张通货积财,富国强兵。九合诸侯,一匡天下,使桓公成为春秋五霸之首。伯氏:齐国大夫。骈邑:齐地名。在今山东临朐县柳山寨。

②没齿:终身。

③圣人:孔子。

④诸葛亮：三国蜀相。字孔明，阳都（今山东沂南南）人。辅佐刘备联吴抗曹，与魏、吴成鼎足之势。刘备死后，辅佐后主刘禅。整饬官制，修法度，志复中原，多次北伐，死于军中。廖立：三国蜀臣。字公渊，临沅（今湖南常德）人，官至长水校尉。因自视甚高、诽谤先帝、贬毁群臣，削职为民，徙汶山郡。

⑤汶山：在今四川北川、汶川、茂汶羌族自治县等地。

⑥鉴：镜子。

⑦衿：通"襟"。恕：宽容。

【译文】

　　春秋时，管仲剥夺了伯氏骈县三百户的菜地，伯氏到死也没有怨言。孔子认为这是一般人很难做到的。诸葛亮将廖立降职为民，流放到汶山地区。诸葛亮死的消息传到汶山后，廖立伤心地落泪了。水面是最平正无斜坡的，人们往往用它来衡量物体是否正直；镜子是用来明察秋毫的，丑陋者用它来照见自己形象时竟忘记发怒。水和镜子所以能够明确地表明物体的正与邪以及人的美与丑而又不至于招致人们的怨恨，正因为它们的公正无私。水和镜子公正无私，竟能免去人们对它们的毁谤，何况胸怀安生救死君子的思想和传播宽厚仁爱的品德呢？法律是用在不得不用的时候，刑罚是加在那些明知故犯犯罪者的头上，这样，全国上下难道还会有不服从法治的吗？

【原文】

　　伊尹曰阿衡①。衡所以权万物之轻重②，而归于平。周公曰太宰③。宰所以制百味之多寡④，而适于和。惟其和平而已矣，故为重为多者无所德，为轻为寡者无所怨。衡宰之上，实无心也。故古之事君者，亦无心而已。昔叔向被囚⑤，而祁奚免之⑥，叔向不告免也而朝⑦；范滂被系⑧，而霍谞理之⑨，滂往候之而不谢。鸣呼！国之大臣，其用心如祁奚、霍谞，则名迹之或匿或见，权势之或远或近，皆可以两忘也。夫周之于商民，至矣。劝之之辞曰⑩："天惟畀矜尔⑪；我大介赉尔⑫。"惧之之辞曰⑬："尔探天子威⑭，我致天之罚。"我岂以喜怒之私而行乎劝惩之间哉！有天存焉，吾听之而已矣。待商民以天，不以己意。吾心无愧于天，亦无愧于人矣。

【注释】

　　①伊尹：商汤臣。名挚。辅佐汤讨伐夏桀，被尊为阿衡（地位相当于宰相）。

　　②衡：测量物体轻重的器具，即秤。

　　③周公：姬旦。周文王之子，周武王之弟。辅佐武王灭纣，建立周王朝，在鲁受封。武王死，成王年幼，周公管理朝政，官居冢宰（又称太宰，地位也相当于宰相）。

　　④宰：此指掌管宫廷膳食的官员。

　　⑤叔向：一作叔响。春秋时晋国大夫。羊舌氏，名肸。晋平公时，因其弟羊舌虎和栾盈同党，一度为范宣子所囚。后被晋平公封官为太傅。政治上较为保守。

　　⑥祁侯：又命祈侯。春秋时晋国大夫。晋悼公时，任中军尉。晋平公即位，把他任命为公族大夫。

·治政纲鉴·

图文珍藏版

⑦报告赦免的消息。

⑧范滂：东汉征羌人，字孟博。初为清诏使，有意澄清吏治。所到州境，贪官污吏都望风离去。桓帝时，南太守宗资属吏，控制豪强地主势力，并与太学生结交，反对宦官，与李膺等同时被捕。第三年释放还乡，后再度被捕，死狱中。

⑨霍谞：东汉邺（今河北临漳县西南）人，字叔智。不畏权贵。桓帝时，大将军梁冀秉政。霍谞与尚书令尹勋多次参奏梁冀罪失。官至廷尉。封官都亭侯。

⑩劝之之辞：指周公代表周成王所发布的诰令。诰令的对象主要是商朝遗民。

⑪惟：句中语气词。畀：给予。矜：怜悯。尔：代词。你们。

⑫介：善。赍：给予。

⑬惧之：使他们害怕。

⑭探：取。

【译文】

伊尹的官职叫作阿衡。衡是用来量万物轻重的计度单位，掌管平衡的目的是为了公平。周公的官职称太宰。宰是调制百味的厚薄，目的是为了使食物的各种味道适度。正由于衡和宰的作用在于调和、公平，因此享有物品重量多的人和喜欢浓厚味道的人不会感谢他（它），持有物品重量轻的人和喜欢味道清淡的人也不会怨恨他（它）。掌握公正的人与掌膳食的人在从事自己工作时，的确没加入个人的思想感情。因此古代为君王效力的人，也同样不夹杂个人的思想感情。春秋时，晋国的叔向被关在监狱里，祁奚救了他。叔向出狱后，不去向祁奚报告自己已被赦免的消息，[来表示感激之情，]而去朝拜君王。东汉的范滂被朝廷逮捕，霍谞负责审理这起案件，范滂出狱后去探望霍谞时却并没有表示感谢。唉！国家的大臣，如果他们的思想境界都像祁奚和霍谞那样高尚公正，那么他们的名望和事迹不管是无名或显赫，与权贵们是亲或疏，都可以不去计较。周朝的统治者对商朝的遗民，仁至义尽。周成王勉励商朝遗民的遣词说："上天赐恩怜悯你们，我也会大发善心来赏赐你们。"并告诫他们说："如果你们企图探取上天的威严，我就把上天的惩罚加在你们身上。"在成王来看，我难道会把个人喜怒哀乐的感情掺杂到对商朝遗民的勉励和惩罚之中吗？有天命在那，我不过是按天的意思行事罢了。我用天命来对待商朝的遗民，决不掺杂个人的思想感情。只要我的心在上帝面前不感到惭愧，在人的面前也就不会感到惭愧了。

【原文】

夫商坐肆，持权衡而售物，铢而铢焉①，两而两焉，钧而钧焉③，而不为人交手授物③，无敢出一语者。苟阴合权衡而罔利④，而所赢者，仅若毫发，众皆怒而弃之也。

【注释】

①铢：古代重量单位。一两的二十四分之一。

②钧：古代重量单位。相当于三十斤。

③交手：拱手。表示敬意。授物：送物。

④罔利:渔利。罔通"网"。

【译文】

商贩坐在商店里,用秤卖货,铢就是铢,两就是两,钧是钧,商贩不必给顾客送礼,而顾客不敢说一句挑剔的话。如果出售货物的价钱与所称的重量暗中不合而商贩从中偷取利益,得到好处,哪怕是一点点,顾客们也都会愤怒地离开他。

【原文】

东坡尝论榷酤①,言:"自汉武帝以来②,至于今,皆有酒禁③。刑者有至流④,赏或不赀⑤。未尝少纵⑥。至私酿终不能绝也。周公何以禁之?曰:'周公无利于酒也,以正民德而已。'甲乙皆笞其子⑦。甲之子服,乙之子不服,何也?甲笞其子而责之学,乙笞其子而夺之食。此周公所以能禁酒也。"

【注释】

①东坡:即北宋著名文学家苏轼。字子瞻,号东坡居士。眉山(今四川眉山)人。做官一直做到礼部尚书。因与执政者政治意见不合,官途坎坷,屡遭贬谪。榷酤:官府专利卖酒。

②汉武帝:刘彻。汉景帝刘启之子。公元前140——前87年在位。即位后,对内实行政治改革,对外用兵,开拓疆土。尊崇儒家学术,倡仁义,而废掉百家,置五经博士。但迷信神仙,大兴土木,急征敛,重刑罚,连年用兵,使海内虚耗,人口减半。

③酒禁:酿酒饮酒的禁令。

④流:放逐远方。

⑤不赀:数量很大。

⑥少:稍微。

⑦笞:用鞭、杖、竹板抽打。

【译文】

苏轼曾评论官府专门卖酒问题,他说:"自从汉武帝以来,直到今天,每个朝代都有关于酿酒的禁止命令。被处罚的方式,有的甚至被流放到边远地区;受奖赏的,有的获奖数额很大。对酒的经营管理,历朝都不曾放松。至于私人造酒,从来就没有停止过。周公为什么要禁止私人酿酒呢?我的回答是:'周公不想在酒上获利,他所公布的《酒诰》,不过是想端正百姓的道德行为而已。'甲乙两人都打自己的孩子。甲方的孩子听从管教,而乙方的孩子却不服从管教,这是什么原因呢?甲方打孩子,是想要孩子好好学习;而乙方打孩子的原因,是不让孩子吃东西。这就是周公所以能禁止私人酿酒的原因所在。"

十九 施法简略制史详细

【原文】

古之治，任吏而不任法；后之治，任法而不任吏。古之人非废法而不用也，法举其略[1]，吏制其详[2]。天下之利害，吾知之，吾为之，上之人不吾禁也[3]，惟知要其成而责其效而已[4]。故天下之事，可否废置，皆制于吏。后之人非废吏而不用也。吏满天下，而以律拘之。心知其利，而不能以尽为；明见其害，而不能以尽去。尽寸违之，则事未及成，而以失律报罢闻矣[5]。故天下之事，可否废置，皆听于法。

【注释】

①举：立。
②制：裁断。
③吾禁：即禁止我的行动。宾语前置。
④要：求。责：求。
⑤报罢：旧时吏民上书，朝廷不采纳，通知完了。

【译文】

上古时代的统治者治理天下，依靠官吏而不凭法律；后来的统治者统治天下，凭法律而不凭官吏。上古时代的统治者并不是废弃法律而不用，而是立法简单，官吏审案时详密。在古人看来，天下的利害所在我清楚，我知道如何去做，朝廷和上级官吏也不约束我的手脚，[朝廷和上级官吏]只知道要求我们在事业上有所业绩罢了。因此那时天下的事情，是丢掉还是开办，都依靠官吏的决定。后来的统治者并不是废除官吏而不用。官吏遍布天下，而[朝廷和上级官吏]用法律约束他们。他们清楚如何去做才有利处无害，却不能尽力而为；他们明明见到社会上还存在着坏的方面，却不能想办法彻底消除。稍有违背法律的地方，事情还没有取得成功，却带着违背法律的罪名，被报告朝廷而中止了行动。因此天下的事情是放弃还是兴办，都取决于法律。

【原文】

呜呼！国之有法，犹古人之谈兵也。吏之用法，犹今人之用兵也。古人之所谈者，亦举其大要云耳。至于纵横变生，出奇制胜，则用兵者临事而为之应。如其以古人之所谈者而拘之，则亦败事而已。管仲之治齐[1]，商鞅之治秦[2]，举一国之事，而听其施设焉。故其富国强兵之效亦有可观。龚遂之守渤海[3]，赵充国之降先零[4]，举一方之事，而从其便宜焉[5]。故其当时便宜之政、抚御之略[6]，皆得以济其所欲[7]。任吏而不任法，其效如此。有天下者，其可以无法而拘吏哉？

【注释】

①管仲:见本卷18条第一段注①。

②商鞅:战国时卫人。姓公孙,名鞅。因受封商(今陕西商县东南),也称商君、商鞅。辅佐秦国十九年,辅助秦孝公变法,废井田,开阡陌,奖励耕战,使秦国富强。

③龚遂:西汉南平阳(今山西临汾西南)人,字少卿。宣帝时任渤海太守。当时正赶上饥荒,龚遂单车至郡,开仓救济贫,劝民农桑。民卖剑买牛,卖刀买犊,境内大治。渤海:即渤海郡。郡治在今河北沧县东南。

④赵充国:西汉上邦(今甘肃天水市)人,字翁孙。武帝时,以破匈奴功,被任命爲中郎将。宣帝时封营平侯。赵充国年七十,仍能驰马金城,招降罕开,击破先零,罢兵屯田,整顿部伍而还。先零:赵代羌族的一支,又称先零羌。最初居住在甘肃、青海的湟水流域。后渐舆西北各族融合。

⑤便宜:應辨的事。特指封国家有利的事。

⑥撫御:安撫檔御。

⑦濟:成功,成就。

【译文】

唉! 国家有法律,好象古人谈论兵法一样。官吏运用法律,好像现在用兵一样。古人所谈论的兵法,也不过是举其内容简要罢了。至于作战时的巧妙变化,运用奇兵制敌取胜,那就依靠指挥官临时而采取相应的策略。如果指挥官用古人所谈论的纸上兵法来约束自己,也只能导致军事上的失败。管仲治理齐国,商鞅治理秦国,他们管理整个国家的事务,使之服从于他们所制定的措施和法令。因此他们取得的富国强兵的结果也很有效。龚遂担任渤海太守,赵充国招降先零部族,他们操持一个地区的事务,使之服从于当时的具体情况。因此他们在当时所采取的同地而行宜的行政措施和通过安抚而达到控制少数民族的策略,都可以完成他们所要完成的事业。任用官吏却不运用法律手段,也取得了这样的成效。得到天下的人,难道可以没有法律而去约束下级官吏吗?

【原文】

选法之弊,其弊在于任法,不在任官。任法而不任官,是故吏部之权①,不在官而在吏②。三尺之法③,适足以为胥吏取富之源④,而不足以为朝廷为官择人之具。所谓尚书、侍郎、郎官者⑤,据案执笔、闭目而书纸尾而已⑥。是故今之注拟于吏部⑦,始入官则得簿尉⑧,自簿尉而得令丞⑨。推而上之,则得幕职⑩。由是法也,又上至于守贰⑪。由是法也,其宜得者,则曰"应格"⑫;其不宜得者,则曰"不应格"。曰应格,虽贪闇者、披懦者、老耄者、乳臭者、愚无知者、庸无能者⑬,皆得之。得者不之愧,与者不之难。曰不应格者,虽其实贤能廉洁,才智皆不得也。不得莫之怨⑭,不与者莫之恤也⑮。吏部者曰:"彼不怨不愧,吾事毕矣。"如募役焉⑯,书其产之高下⑰,而甲乙之按;其役之久近,而劳逸之吁⑱:一吏而阅之可尽矣⑲。贤不肖、愚智何别焉？

【注释】

①吏部：旧官制朝廷六部之一，主管官吏的选任、升降、勋阶等事。主事者为尚书。

②吏：古代百官的通称。汉代以后始称地位低微的官员为吏。此指后者。

③三尺之法：指法律。古时将法律条文写在三尺长的竹简上，因此称三尺法。

④适：恰好。胥吏：官府中办理文书的小官。

⑤尚书：古时朝廷各部主管政务的长官。侍郎：此为尚书的副职。郎官：为尚书的属官，即郎中员外。位在侍郎之下。

⑥纸尾：指文书的结尾。

⑦注拟：唐代选举，凡应试获选者，先由尚书省登录，再经考试询问，然后按才决定其官职，称为注拟。

⑧簿尉：此指县主簿和县尉。县主簿主管文书簿籍。县尉主管治安。均为朝廷命官。

⑨令丞：指县令和县丞。县令为主管一县行政事务的长官。县丞为县令的副职。

⑩幕职：地方长官的属吏，因在幕府任职，所以称幕职。如唐宋时州郡的录事参军等。

⑪守贰：此指州的行政长官及其副职。

⑫应格：合乎条件。

⑬贪阘：贪婪卑贱。披懦：屈服怯懦。耄：昏乱。乳臭：口中尚有乳味，称其幼稚。

⑭莫之怨：即不埋怨它。宾语前置。下文"莫之恤"同。

⑮恤：顾惜。

⑯募役：募人充当官役。

⑰产：出身。

⑱吘：忧愁。

⑱阅：考核。

【译文】

选举法的坏处，主要在于听取选举法的作用，而不在于主管官吏的职能。只听凭选举法的作用，而不听取主管官吏的职能，因此吏部选拔官吏的权力，不在于主管官吏的手中，而是在吏部下级官吏的手中。朝廷所颁布的选举法，恰好可以为官府中施行文书工作的小吏提供了变为富裕的财源，而不可以作为朝廷选拔官吏的标准。[那些承担吏部主要责任的]所说的尚书、侍郎和郎官，只不过是趴在桌上执笔、不负责任地在委任书的后面签上自己的职衔和名字而已。因此当今确定选用的官吏在吏部登记准备案件，开始步入仕途就得到了县主簿和县尉的官职，自县主簿和县尉的官职又被提升为县令和县丞。再往上，就提拔为州郡行政长官的属吏。按这种选举法的程序，又继续被提拔为州郡的行政长官及其副职。按这种选举法的程序，那些应该选拔的，便叫作"应格"；那些不应该选拔的，便称为"不应格"。那些应格者，即使是贪婪卑贱的、胆小怕事的、年老神志不清的、年轻幼稚的、愚昧无知的、平庸无能的，也都得到官职。得到官职的不感到惭愧，授给他们官职的人也不感到为难。那些不应格的，即使他们确实很有能力很廉洁，他们的才智却得不到重用。才智得不到重用，也不怨天埋怨人；不授予他们官职的，也不觉得可惜。主管吏部的官员说："那些没有授予官职的没有怨言，而那些已经被给予官职的不感到惭愧，我的本职工作就完成了。"［这种做法］好象官府募人充当差役一样，填写应募者出身的尊卑，而按先后次序排列；应募者服役时间的长短，对他们劳享乐状况的忧虑：由一个低级官吏考核监督就可以完全胜任。善良与邪恶、愚昧与明智又如何区别呢？

【原文】

宋以蔡廓为吏部尚书[①]。廓先使人谓宰相徐羡之曰[②]："若得行吏部之职则拜[③]，不然则否。"羡之答曰："黄、散以下悉委[④]。"廓犹以为失职，遂不拜。盖古之吏部，虽黄门、散骑皆由吏部之选授；则当时之为吏部者，亦岂止取夫若今之所谓应格者而为黄、散耶？愚以为今之吏部，要当略小法而责大体。使夫小法之有所可否而无系于大体之利害[⑤]，则吏部长贰得以出意而自决之[⑥]。要亦不失夫铨选之本体[⑦]，而不害夫法之大意，则善矣。

【注释】

①宋：指南北朝时刘宋政权。蔡廓：刘宋济阳考城（今河南兰考）人，字子度。高祖时，出任太尉参军、中书、黄门侍郎、侍中等职。太祖时，官做到御史中丞。性情刚直，不容邪恶与冤案，被世人看重。

②徐羡之：刘宋东海郯（今山东郯城北）人，字宗文。高祖时，官至司空、录尚书事。太祖时，又进位司徒。后太祖以徐羡之杀营阳、庐陵二王之罪，下诏讨之，自杀。

③拜：受命。

④黄、散："黄"即黄门侍郎。为皇帝侍从，传达诏命。南朝以后因掌机密，备皇帝顾问，职位日益重要。"散"即散骑常侍。在皇帝左右规谏过失，以备顾问。南北朝时属集书省。虽无实权，仍为尊贵之官，多用为将相大臣的兼职。委：付与。

⑤系：原本作"保"，此依文渊本。

⑥长贰：即吏部行政长官及其副职，亦即尚书及尚书侍郎。

⑦铨选：唐宋至清选用官吏的制度。除最高职官由皇帝任命外，一般均由吏部按规定选补某种官缺。

【译文】

南朝刘的朝式，朝廷任命蔡廓作吏部尚书。蔡廓先求人对宰相徐羡之说："如果我能行使吏部的职权就接受命令，不然就坚决不受命。"徐羡之回答说："黄门侍郎和散骑常侍以下官员的任命权都交给吏部。"蔡廓仍以为没有尽到吏部的职责,于是坚决拒绝不受命。古时的吏部,即使是黄门侍郎和散骑常侍这样地位较高的官职都由吏部选拔而给予官职;当时掌管吏部的官员,也难道只选用那些像当今的所说的应格者出任黄门侍郎和散骑常侍吗? 我认为当今的吏部应该省略复杂之用的选举法条文而探索选拔官吏的利弊在哪里。那些烦琐的选举法条文允许与否,均与选拔官吏的利害所在无关,那么吏部的几位主要负责官员可以出主意自行决定。总的看来,也不会丧失选拔官吏的根本原则,而且也不会损害那选举法的主要原则,这就比较完善了。

第四卷

二十　轻浮之境生美名

【原文】

举国皆儒①,则儒者之名不闻。为吏皆循②,则循吏之名不闻。士皆纯德③,野无遗贤④,则独行、逸民之名不闻⑤。为子皆孝,为臣皆忠,则忠臣孝子之名不闻。盖尝读浑浑之书⑥,而得九官、十二牧之为人⑦;读灏灏之书⑧,而得伊尹、伊陟、傅说之为人⑨;读噩噩之书⑩,而得周、召、闳夭之徒之为人⑪。彼皆大儒也,当时不称其为儒者。皆能致循良之吏也,当时不目之曰循吏。彼皆为忠为孝也,当时不指之为忠臣孝子。下至于乡党庠序之间⑫,不闻其有独行;山林草泽之间,不闻其有逸民。

【注释】

①儒:儒士。这里泛指崇尚"礼义"和"仁义"之人。

②循:此指奉法守职。

③士:这里指文士学子。

④遗贤:指被发现的有能道德高尚之人之士。

⑤独行:志节高尚,不随俗浮沉。逸民:指避世隐居之人。

⑥浑浑:浑厚质朴貌。这里代指《尚书》中的虞、夏之书。汉扬雄《法言·问神》:"虞、夏之书浑浑尔。"

⑦九官:传说虞舜置九官,即:伯禹作司空,弃为后稷,契作司徒,皋陶作士,垂为共工,益作朕虞,伯益作秩宗,夔为典乐,龙为纳言。十二牧:指舜时十二州行政长官。相传禹治水后,将中国为九州,即冀、兖、青、徐、荆、扬、豫、梁、雍。舜又从冀州分出幽州、并州,从青州分出营州,共十二州。

⑧灏灏:远大貌。这里代指《尚书》中的《商书》。《法言·问神》:"《商书》灏灏尔。"

⑨伊尹:商的臣子。名挚。辅佐汤讨伐夏桀,被尊称为阿衡(宰相)。伊陟:伊尹子。商王中宗太戊之宰相。大修成成汤之政。业绩优异。傅说:商王武丁的大臣。相传原为傅岩地方从事版筑的奴隶。后被武丁任为大臣,治理国政。

⑩噩噩:严正貌。这里代指《尚书》中的《周书》。《法言·问神》:"《周书》噩噩尔。"

⑪周：即周公姬旦。周文王之子，辅佐武王灭纣，建立周王朝，封于鲁。武王死，成王年幼，周公参与朝政，官到冢宰（即宰相）。召：即召公姬奭。周的支族，周武王之臣。因封地在召，所以称召公或召伯。武王灭纣后，封召公在北燕。成王时，与周公旦分地而治。闳夭：周初大臣。闳氏，名夭。与散宜生、太颠等辅佐周文王。

⑫乡党：乡里。据《周礼》，二十五家为闾，四闾为族，五族为党，五党为州，五州为乡。庠序：古代地方所设的学校。殷曰序，周曰庠。

【译文】

全国上下都是儒家学士，因而儒士的称呼就听不到了。当官的都按照法令守职，好的官吏的称呼就听不到了。文人学士都有高尚的道德情操，民间没有还没有被发现的贤能之士，独行、逸民的称呼就听不到了。做子女的都孝顺，作臣下的都忠心，忠臣孝子的称呼就听不到了。我曾读过感情真挚的虞、夏之书，了解朝廷和各州行政长官的行官业绩；读过博大精深的《商书》，了解了伊尹、伊陟、傅说等人的立身行事；读过义正词严的《周书》，了解了周公、召公、闳夭等人的道德行为。他们都是令人钦佩有着较好名声的儒士，可当时人们不称呼他们为儒者。他们都达到了奉法守职的好的官吏标准，可当时人们不把他们指作忠臣孝子。从京都下到乡里、地方学校之间，没听说有志节高尚、不随俗浮沉之人；山林和草泽等偏远地区，没听说有逃避人世隐居世外之人。

【原文】

自鲁国之人以儒称①，则儒道衰于周矣。自郑子产、楚孙叔敖以循吏闻②，则吏治衰于列国矣。自伯夷、柳下惠以独行著③，则天下之事始有尚偏之弊矣。自长沮、桀溺之徒以逸民而长往④，则韬光铲彩于渔樵间者⑤，多逸民矣。自子胥以忠称于吴、曾参以孝称于鲁⑥，则忠臣、孝子稀疏寥落⑦，如参、辰相望矣⑧。呜呼！士以一行得名于时，彼亦何等时耶？是故西汉之有"儒林"⑨，有"循吏"，非西汉之美事也；东汉之有"独行"，有"逸民"，非东汉之美事也；李唐之有"孝友"⑩，有"忠义"，非李唐之美事也。（实）[德]泯于有余⑪，名生于不足而已。

【注释】

①鲁：春秋时诸侯国名。周武王封任其弟周公旦于鲁。

②郑：春秋时诸侯国名。周宣王时封弟友（郑桓公）于西都镐京畿内地，郑武公搬家东都洛邑畿内，建都新郑，即春秋时郑国。子产：春秋时郑国人。名侨，字子产。自郑简公时始管理掌握国政，经历定、献、声公三朝。当时晋楚争霸，郑国弱小，处于两强之间，子产调解其间，卑亢得宜，国家安定。楚：春秋时诸侯国名。芈姓。西周时，成王封熊绎于荆山一带。建都于丹阳，后又建都于郢（今湖北江陵）。春秋时，国势强盛。孙叔敖：春秋时楚人。楚庄王时，被任命为令尹（宰相）。辅佐庄王治理国政，称霸诸侯。相传三任令尹而不喜，三次离职而不后悔。

③伯夷：商代孤竹君之子。相传其父遗命要立次子叔齐为继承人。孤竹君死

后,叔齐让位给伯夷,伯夷不接受,叔齐也不愿即位,先后都逃到周国。周武王伐纣,两人曾拜跪在马前进谏阻止。武王灭商后,他们耻食周粟,逃到首阳山,采薇而食,饿死在山里。柳下惠:即春秋时鲁国大夫展禽。鲁僖公时人。由于食邑在柳下,谥惠,所以称柳下惠。任士师(狱官)时,三次被削职。

④长沮、桀溺:春秋时隐士。长往:指常去山林泽畔。

⑤韬光铲彩:隐藏光彩。此指藏才不露。渔樵:此指渔民和樵夫。

⑥子胥:即伍子胥。春秋时楚人。名员。父伍奢、兄伍尚都被楚平王杀害。子胥奔吴国,吴封于申地,所以称申胥。与孙武共辅佐吴王阖闾讨伐楚,入郢,掘平王墓,鞭尸三百。吴王夫差打败越国,越请求和平,子胥进谏不从。夫差听信伯嚭谗言,迫子胥自杀。吴:春秋时诸侯国名。周初泰伯居吴。至十九世孙寿梦始兴盛称王。据有淮、泗以南至浙江太湖以东地区,传至夫差为越国所灭。曾参:春秋时鲁国武城(今山东费县)人。名参,字子舆。孔子弟子。

⑦寥落:稀疏。

⑧参、辰:二十八星宿中的两颗星。

⑨儒林:儒者之类。

⑩孝友:孝顺父母与友爱兄弟。

⑪实:据下文当作"德"字。作"实"语义欠通。译文作"德"。

【译文】

自从鲁国人用儒者互相称呼,儒道在周代就开始减退了。自从郑国的子产、楚国的孙叔敖以奉法守职的官吏名声显赫于世,官吏的治理业绩在春秋列国时就开始衰弱了。自从伯夷、柳下惠因为志节高尚而显名在世,天下的事情就开始出现崇尚偏向的弊病。自从长沮、桀溺这些人以隐士的身份经常往来于山林草泽,胸怀才智而隐去踪迹在渔民和樵夫中间的,就大都是避世隐居的人。自从伍子胥由于忠于吴王而在吴国受到赞赏,曾参因孝顺父母在鲁国受到称颂,忠臣孝子就几乎没有了,就像天上参、辰两颗星远远相望一样。士人以一种品德在他所处的时代获得美名,而那个时代的形势究竟怎样呢?因此西汉有"儒林""循吏"的美称,并不是西汉时的好事;东汉有"独行""逸民"的美称,并不代表东汉时的好事;李唐王朝有"孝友""忠义"的美如名称,并不是李唐王朝的好事。德国民名望消失在社会风气比较淳朴质厚的环境中,而美名出现在社会风气比较轻浮的环境中。

【原文】

王《雅》之诗①,其序不言美②。极盛之卦③,其爻不言吉④。是二者文虽不同,而意出于一。何也?天下之事,名生于不足,德泯于有余。方其美恶之相形⑤,善否之相倾⑥,故天下之人得以窥其迹而议其事。大人君子处于纯全至正之地⑦,其不言之妙,不言之神,足以感动万世。暤乎其不可知者⑧!天下之人,虽欲指而名之,颂而美之,岂可得哉?《诗》之所述,一介莫不称美⑨;而成王之《雅》序⑩,独不言美焉。非不美也。《易》之诸卦⑪,一事之得,莫不言"吉";而"乾"之六爻辞⑫,独不言"吉"焉。非不吉也,道盛德备,不可得而形容也⑬。有有则"有"之名不立⑭,

无有则"有"之名始著⑮。苏文忠公称庆历之盛⑯,曰:"天人合同,上下欢心,才智不用而道德有余,功烈难名而福禄无穷。"当是时也,尚复有名之可指乎!

【注释】

①王《雅》之诗:《诗》古文学派认为《诗》三百篇中的《小雅》《大雅》为周文王、周武王、周成王和周公旦所作,因此称"王《雅》之诗"。

②序:此指《毛诗故训传》。相传为西汉初年毛亨和毛苌作。

③卦:古代纪形的一种符号叫卦。相传是伏羲氏所作。《周易》中有八卦。八乘八得六十四卦。旧时常用卦来预示吉凶。

④爻:构成《易》卦的基本符号。"一"为阳爻,"一一"为阴爻;每三爻合成一卦,可得八卦。两卦(六爻)相重可得六十四卦。卦象取决于爻的变化,故爻表示交错和变动的意义。

⑤形:对照。

⑥倾:排斥。

⑦大人君子:指有地位有品德与名望的人。极为正:极公正。

⑧皞:通"昊"。广大貌。

⑨一介:喻轻微或少量。这里有极平常的意思。

⑩成王之《雅》序:即毛亨和毛苌为成王所作《雅》诗写的序言。旧说认为《大雅》中的《生民》到《卷阿》八篇为成王和周公所作。成王,即西周振兴帝王姬,武王之子。

⑪《易》:古代占卜之书。为儒家经典之一。

⑫乾:八卦之一,卦形为三,三爻皆阳。又六十四卦之一,乾下乾上,象征阳性或刚健。此卦象最吉利。

⑬形容:描述。

⑭名:文字,字的含义。

⑮著:明显。

⑯苏文忠公:即宋代文学家苏轼。字子瞻,号东坡居士。文忠是谥号。庆历:宋仁宗赵祯年号(公元1041——1048)。

【译文】

周初几位帝王所做的《雅》诗,它们的序言没有评论它们的完美。与否最兴盛的卦象,它的爻辞没有提到吉祥。这两个方面,虽然文字不同,而它们的内在意思却同出一个源头。这个源是什么呢? 这就是:天下的事情,美名出现在社会风气轻浮的时候,而品德和声望消失在社会风气淳朴浓厚的时候。当天下的事物美好与丑恶相互对照、善良与鄙劣相互排斥的时候,因此天下人可以观察每个人的表现,从而评论他们的言行举止。那些有地位有名望的人处在纯洁、完美、最公正的社会环境中,不是依靠说教,而是靠行动,就足够以使世世代代的人深受感动。他们的思想境界宽广深奥,是一般人所不能了解的。遍布整个天下的人,即使想赠给他们荣誉称号,从而歌颂他们、赞美他们又怎么能办得到呢?《诗》三百篇中所表达的思想内容,哪怕是一首极平常的诗,《毛序》没有不赞美;而周成王所作《雅》诗的序言,竟没有赞美的词。这并不是因为成王的《雅》诗思想内容不美。《周易》的各卦封的趋向,一般说来,每件事有所益处,没有不称"吉",而"乾"卦的六爻辞,偏偏不提"吉"字。这并不是因为"乾"卦不吉利,而是由于它的卦象体现了最高尚的道德那是一般人不能描述的。什么都有,"有"的意义就相对不存在了;正是处于有与没有的时候,"有"的意义才开始真正出现。苏轼称赞宋仁宗庆历年间国家利势的兴盛,他说:"自然现象与民意和谐,朝野上下心情舒畅,人们不以才智待人接物而道德淳厚,公卿将相的功劳业绩之多难以称颂而福禄没有穷尽。"这个时期,还有什么美名可以称颂呢?

二十一　爱民当思所以防民

【原文】

刑所以残民,亦所以厚民①;刑所以虐民②,亦所以安民。今之天下,惟严于用刑,而后可以言省刑;惟公于明刑③,而后可以言恤刑④。汉文帝宽仁之君也⑤,而后世之论则曰"以严致平"。汉宣帝持刑之君也⑥,而当时之诏则曰"务行宽大"。故文帝之于黎民醇厚⑦,正自其以严致之;而宣帝之吏称民安,亦自其持刑得之。

【注释】

①厚:富有。
②虐:侵害。
③明刑:刑罚名。将犯人所犯罪状写版上,显现其背以公开示众。
④恤刑:减轻刑罚。
⑤汉文帝:刘恒。汉高祖刘邦之子。公元前180——前157年在位。即位后,提倡农耕,减免农民租税,废除残酷的刑罚,主张清静没有作为,与民休息。经济得以恢复,政治稳定。
⑥汉宣帝:刘询。汉武帝曾孙,戾太子之孙。公元前74——前49年在位。即位后,励精图治,任用贤能,重视吏治,喜欢用刑名之术,减轻人民赋税徭役,使汉业中兴。
⑦醇:淳朴。

【译文】

刑罚可以用来杀害没有罪过的百姓,也可以使百姓衣丰食足;刑罚可以用来侵害百姓的利益,也可以使百姓生活、事业快乐。当今的天下,只有用刑法较严,然后才可以谈得上去掉刑;只有将罪犯面受于众,然后才可以谈得上减刑。汉文帝是一位宽大仁慈的君主,而后代的人评论他的政治业绩时却说"用严肃法纪的办法而使国家出现盛世景象的"。汉宣帝是一位以法治国的君主,而他在位期间所颁发的公文却要求公卿大臣处理政务时"一定要宽"。因此文帝时的平民百姓淳朴厚重,正是由文帝严肃法纪得来的;而宣帝时的官吏看到黎民百姓安居乐业,这也是由宣帝坚持以法治国得来的。

【原文】

吾尝怪夫世之迁儒曲士不明圣人之旨意①,姑取无用之空言,以自高大,曰:"圣人无事于刑也。"圣人之果无事于刑也②?而天下可以免刑哉?故吾之所谓无刑者,非世之所谓无刑也。必有使之而至于无刑也。恭维主上仁民爱物,与尧舜刑期无刑之意异世同符③。迩者曲轸宸虑④,哀矜庶戮之不辜⑤,亲屈帝尊,临轩虑囚⑥;而又遣部使者分行诸路⑦,一清囹圄⑧,惠至渥也⑧。尚虑州县之吏不能体悉圣意⑩,必欲如皋陶之不负所委⑪,以推广好生之德⑫。故愚不敢采摭陈腐而苟有赞美⑬。(切)[窃]谓今之天下⑭,惟虑夫用刑之不严、明刑之不公。是以为善者良者之不幸,而奸者诈者之幸。用于人情之私,非用于人情之公,是以为天下之病也。

【注释】

①夫:指示代词。那,那些。迁儒:拘执而不通达世情的儒生。曲士:不闻事世的人。

②事:从事。

③尧舜:唐尧、虞舜二帝的并称。传说我国上古时代的两位圣明君主。刑期无刑:指在服刑期间不用肉刑。传说尧舜时无肉刑,以特殊的服饰象征五刑,以示耻辱,称之象刑。符:道,法。

④迩者:近来。曲轸宸虑:使主上委屈地转变了自己的治国谋略。轸,转。宸,北极星所在为宸。此指帝王。

⑤哀矜:哀怜,同情。庶:众人,百姓。不辜:无罪。

⑥临轩:帝王不坐正殿而走到殿前。殿前堂陛之间,接近檐之处两边有槛楯,好象车之轩,故称轩。虑囚:讯问查看记录囚犯的罪状。

⑦部:部署。路:宋代行政区划名,相当于今天的省。

⑧囹圄:牢狱。

⑨渥:厚。

⑩悉:得知。

⑪皋陶:也称咎繇。传说舜之臣,掌刑狱之事。

⑫好生:爱惜生灵不喜好杀生。

⑬摭:拾取。

⑭切:当作"窃"字。窃,自谦之词。暗处里。译文作"窃"。

【译文】

我曾责备埋怨社会上那些固执而不通理世情的儒生和少见闻的人不知道古代圣人学说的旨意,姑且摘取一些脱离实际的语言,用来抬高自己,说什么:"古代圣人不从事刑罚。"古代圣人果真不施行刑罚吗？而普天下的人可以免去刑罚吗？我所说的无刑罚，并不是社会上某些人所说的无刑罚。必须有使用刑罚的阶段，然后才可以达到没有刑罚的地步。［某些人］称颂当今皇上以宽厚仁义之心对待百姓并连及万物，与尧舜时代的规定，犯人在服刑期间不使用肉刑的用意属不同时代世而同法。近来，某些人使皇上曲解地转变了治国的谋略，同情无罪被杀百姓，使皇上降低自己的尊严，亲自到殿前讯问查看记录囚犯的罪状；并且派遣和部署使者，分头巡视各路州县，彻底清查案件，所施行恩惠，极为厚重。可他们仍忧虑州县的官吏不能体察和领会皇上的意思，要求各级官吏必须像皋陶不违背舜帝的嘱托一样，以发扬光大皇上爱惜生灵、不从事杀人的品德。因此我不敢轻易采纳他们的旧辞陈旧而随便地加以赞美。我个人下以为，当今天下，应该只担心各级官吏施用刑罚不严明、公布犯人罪状不公正等情况。所以这对于善良的人们是灾难，而对于奸诈的徒却是幸运的。他们拿刑罚去实行私情，而不是根据人心向背来实施刑罚，所以这是天下的害处。

【原文】

周公之诗曰①："既取我子②，毋毁我室。"说者曰③："诗人之仁也。"郑伯之诗曰④："无逾我墙⑤，无折我桑。"说者曰："诗人之爱也。"是则然矣。知仁民而未知仁之方，知爱物而未知爱之意。与其忧我子之取，孰若常固其室而不可毁⑥。与其忧我桑之折，孰若常高其墙而不可逾。

【注释】

①周公：见本卷 20 条第一段注⑭。

②"既取我子"二句：此为《诗经·豳风·鸱鸮》中的两句诗。《鸱鸮》，旧说为周公旦所作。为一首政治寓言诗。鸱鸮，猫头鹰，比喻殷纣王之子武庚。周武王灭殷后，立武庚守殷商之祀。子，指武王的两个弟弟姬鲜和姬度。周灭殷后，姬鲜在管受封，姬度封于蔡，来监督殷的平民。武王死，成王年幼，周公摄政，管叔蔡叔与武庚叛乱。周公东征，杀管叔而流放蔡叔。这两句诗的寓意是：武庚已经坑害了管叔、蔡叔，不可再毁灭我们周朝的政权。

③说者：指解释《诗经》的人。

④郑伯：即郑庄公。春秋时郑国君。名寤生。郑武公之子。公元前 743——前 701 年在位。曾平定其弟共叔段的叛乱。

⑤"无逾我墙"二句：此为《诗经·郑风·将仲子》中的二句诗。《将仲子》，旧说以为讥刺郑庄公不听祭仲的劝告而导制成了庄公之弟共叔段的叛乱。这首诗通过对诗中的女主人既钟爱她的情人仲子而又担心他人说三道四的心理描写，揭示了郑庄公对待臣下劝诫进谏的矛盾心理。其历史背景是：庄公把弟弟共叔段封在京这个地方之后，共叔段不断扩展自己的地盘。庄公的谋臣祭仲早有注意，并多次劝谏庄公越早越好采取措施。但庄公深知母亲姜氏偏爱弟弟，因此没有采纳祭仲的意见。待到弟弟发动叛乱，才发兵平息叛乱。"将仲子"的"将"解释为"请"，"仲子"代指祭仲。这两句诗是运用比喻的手法，以庄公的口吻告诫祭仲不要伤害他们

⑥孰若:为什么不。

【译文】

周公的诗说:"[猫头鹰]已经夺走了我的孩子,再不要毁坏我的巢穴。"有人评论说:这首诗"体现了诗人的仁爱之心。"郑庄公的诗说:"[我请求仲子]不要翻过我家的院墙,不要踩断我家种植的桑。"有人评论说:这"体现了诗人的小气,贪便宜之心。"评论者对这两首诗的思想内容的评论都是正确的。周公只知爱民,却不知怎样爱民;郑庄公只知吝啬爱惜财物,却不知如何吝惜财物。与其担心我的雏子被猫头鹰夺走,何不如经常使我更加坚固我的巢穴,使之不容易被毁坏。与其担心我家的桑树被踩断,何不如常把墙建筑得高一些,使之不容易翻过。

【原文】

古之立法,不惟惩天下之已犯,亦所以折天下之未犯①。盖已犯之必惩②,未犯所以必折也。今夫民之情③,固喜温而恶寒,欲凉而恶热。然冬不寒、夏不热则民病而死矣。是故爱极者④,恩之所从消;宽甚者,猛之所自起⑤;求用刑之疏者,必至于用刑之数⑥;求天下之喜者,必反以得天下之怨。理固然也。故汉高帝如此其宽仁也⑦,入关之初⑧,结天下之心,如此其呕也;欲除秦法之苛,如此其锐也。而其与民约法⑨,亦曰杀人者死。帝不以为疑,民亦不以为请。何则⑩?上下皆便,其当然也。杀人而法不死,孰不相杀⑪,以至于大乱。故虽高帝欲取天下之速,而不敢宥杀人之罪⑫,以陷天下之心⑬。虽秦人之苦于苛,而不以高帝之不宥杀为帝之虐。然则古之立法之意可知也已⑭。大抵始于必用⑮,而终于无所用也。今之法则不然。始乎不用,而终于不胜用⑯。夫法不求民之入,而拒民之入也。古之法,民不入也,不招以入;而民之入也,不纵以出。夫惟不出⑰,是以不入。故始乎必用,而终于无所用矣。

【注释】

①折:折服,即使之屈服。
②盖:大概,一般情况下。
③夫:指示代词。那。
④是故:因为这一原因。
⑤猛:严。
⑥数:多次。
⑦汉高帝:即汉高祖刘邦,字季。西汉王朝的建立者。公元前202——前195年在位。
⑧关:关中。相当于陕西省。
⑨约:约定。
⑩何则:什么原因。
⑪孰:谁。
⑫宥:赦免。

⑬陷:沉落。

⑭然则:既然如此,那么。

⑮大抵:大都,大致。

⑯不胜:不尽。

⑰惟:只因为。

【译文】

古人制定法律,不单纯惩罚天下已经犯罪的人。也用来让天下还没有犯罪的人得以受法律警戒。一般说来。已经犯罪的人一定受到惩罚,未犯罪的人如果犯罪也因此一定服从法律。现在那百姓的心情,当然是喜欢温暖而讨厌寒冷,喜欢凉爽而厌恶炎热。然而冬季不寒冷、夏季不炎热,百姓就容易得病而死。因此太过于仁义,恩惠便由于这个原因减少了;过分宽大,严厉便因此出现了;追求少用刑罚的人,将来必然导致不断用刑;讨天下喜欢的人,反而会落得个天怒人埋怨的下场。天下的道理本来就是这样的。因此汉高祖这样宽厚仁慈:刚进入关中时,结交天下官民之心,如此紧急;要废除秦朝的严法,如此坚定。而他与百姓约法三章,也告诫百姓说"杀人者死"。汉高祖不因此而有疑疑惑,百姓也不因为这一原因而请求废除这条法令。这是什么原因呢?皇上与百姓都感到便利,这是理所当然的。杀了人而法律不处之以死刑,会因为如果不杀人,以至于社会上出现大的动乱。因此汉高祖想尽快地夺取天下,却不敢赦免杀人的罪行,以冷落天下民众的心。虽然关中百姓为秦朝的严刑酷法所苦,却不因为汉高祖不赦免杀人的罪行就认为汉高祖残忍无天道。那么古人制定法律的宗旨可想而知了。大都是从坚定地使用刑罚开始,而最终导致刑罚失去应有的作用。当今的法律就不是这样。刚开始不动用刑罚,而最终却不断地动用刑罚。法律不追求百姓以身犯法,而是防止百姓以身试法。古代的法律,百姓不以身试法,也不引导他们以身试法;而百姓如果以身试法,就不轻易饶恕。正由于不轻易放过,因此百姓也不敢以身试法。所以那时的社会从坚定地使用刑罚开始,而最终导致刑罚失去应有的作用。

【原文】

为矢者有杀人之心,而天下不可废矢也。然人人而知择焉。则矢可无乎?曰:"吾心存焉,虽为矢无害也。"夫子未尝废钓弋也①,而所以仁禽兽者②,至矣!是故惟君子不以所居迁所存③。皋陶之刑皆春风,汤(师)之师皆时雨④。遇所居而迁焉,斯下矣。

【注释】

①夫子:指孔子。钓:钓鱼。弋(亦):用带生丝的矢射飞禽。

②对禽兽施以仁慈之心:孔子钓鱼,不用大绳横断流水来取鱼;用带生丝的箭射鸟,不射归巢的鸟。

③所居:居住环境。所存:存于心中的是非标准。即志向或情操。

④汤师:汤,即成汤。商朝开国君主。"师"疑涉下而衍。译文不译出。

·洽政纲鉴·

图文珍藏版

【译文】

制造弓箭的人虽然有杀人的动机,天下却不可废弃弓箭。然而每个人都知道在什么情况下选择使用弓箭。弓箭可以没有吗?回答说:"我的心里有个射箭的准则,虽然制造了弓箭,却不会造成什么害处。"孔子不曾放弃钓鱼和射猎,而他对待禽兽的态度却是宽厚仁慈的!所以只有品德修养很高的人才会不因为所处的环境而改变自己志向情趣和节操。皋陶的刑罚对于百姓来说都像春风一样,成汤的军队对于百姓来说却都像雨一样及时。遇到一定的社会环境而改变自己的志趣和节操,这是很低下的行为标准。

二十二　法应虑其终者方可

【原文】

西汉而下①,创法垂制②,得三代之余意者③,莫唐若也④。夫取民之法,每患其轻重不均,唐则一之以租调⑤;养兵之法,每患其坐食无用,唐则处之以府卫⑥;建官之法,每患其名实杂揉⑦,唐则纳之以六典⑧。使民不至于困,兵不至于冗⑨,官不至于滥。太宗之法⑩,庶几先王者⑪,非以此欤?

【注释】

①而:以。

②垂:留传。

③三代:夏、商、周。

④唐若:即像唐。宾语前置。

⑤租调:即租庸调法。唐制,丁男、中男授田一顷,每年交粟二石,称为"租"。随乡土所产,每年交绫绢绢各二丈,布加五分之一。交绫绢绢者,同时交绵三两;交布者,麻三斤,称为"调"。凡丁,每年无偿服役二十日。如不服役,每日交绢三尺,称为"庸"。有事附加役二十五日免除调;加役三十日,免租调。

⑥府卫:西魏兵士属于军府,不编入郡县户口。隋开皇十年,士兵始编入郡县户籍。唐治用隋制,全国共设置六百三十四府,府置折冲都尉及果毅都尉率领。兵士征行及上长安宿卫,均以远近划分。在宿卫时,分别从属于诸卫。出征时,由临时任命的主将统率。战争结束,将回到朝廷,兵分散在各府。

⑦名实:名称与实际。此指官名与职权。

⑧六典:据《周礼》,六典即治典、教典、礼典、政典、刑典、事典。

⑨冗:繁杂。

⑩太宗:即唐太宗李世民。

⑪几乎:相近,差不多。

【译文】

西汉以来,创建制度而且将制度传给后世,以及能得到夏、商、周三代制度遗留下来的意思,没有哪个朝代能像唐朝那样完美。从百姓那里获取赋税的制度,往往使人担忧百姓承担的赋税轻重不均匀,唐朝就用租庸调法把它统一起来;整治军队的制度,往往使人担忧兵士不劳动而食,唐朝就用府卫法来解决了这个问题;设立官职的制度,常常使人担忧官位与职权不符合,唐朝就把它纳入《周礼》六典的范围。这样,百姓不必于陷入困境,军队的建制不至于名目繁杂,官职的设置不至于名字与实际不相符合。唐太宗时所创建并实行的制度,与上古先王很类似,难道不是在这几个方面吗?

【原文】

建官之法传之至于景龙①,则有墨敕斜封之滥②,而古制遂以坏。养兵之法传之至于开元③,则有长驱𬭚骑之制④,而府卫遂以变。取民之法,传之至于建中⑤,则有两税之目⑥,而租调遂以废。夫中、睿之君固不足深责⑦,而张说、杨炎亦非暗于事机者⑧,岂可轻改太宗之法欤?

【注释】

①景龙:唐中宗李显年号(公元707——710)。

②墨敕:皇帝亲笔书写,不经外廷直接下达的命令。唐中宗时,安乐、长宁公主及皇后妹珃国夫人、上官婕妤均倚势用事,受贿卖官,获钱三十万者,即别降墨敕授官。斜封:即将墨敕斜封中书授予官,而不经外廷审议。

③开元:唐玄宗李隆基年号(公元713——741)。

④长驱:即长从宿卫。开元十一年(公元723)冬,玄宗任命尚书左丞萧嵩,与京兆、蒲、同、岐、华州长官,选配府兵和白丁一十二万人,称他们为长从宿卫,一年两次在宫中担任警卫。𬭚骑:开元十三年(公元725)二月,长从宿卫改名为𬭚骑宿卫。

⑤建中:唐德宗李适年号(公元780——783)。

⑥两税:即两税法。唐初实行租庸调法,到德宗建中元年杨炎制定两税法,把租庸调合为一,规定用钱缴纳税。夏税不超过六月,秋税不超过十一月,称为两税。

⑦中:指唐中宗李显。睿:指唐睿宗李旦。

⑧张说:唐河南洛阳(今洛阳市)人,字道济,又说之。唐玄宗时做官到左丞相,被封为燕国公。杨炎:唐凤翔天兴(今陕西凤翔)人,字公南。德宗时,官至门下侍郎同平章事,定议废除租庸调法,改行以家产多少为标准的两税法。

【译文】

唐初设立官职的制度,传到中宗景龙年间,便有了皇帝不经过外廷审议而主观独断授官的超越制行为,而古代设立官职的制度因此遭到破坏。唐朝初年整治军队的制度，直到玄宗的开元年间，便有了长从矿骑的兵法制约，而府卫兵制因此发生变化。唐初从百姓那里获取赋税的制度，传到德宗建中年间，便产生了两税法的法令，而租庸调法因此被废除了。中宗、睿宗这二位君主，尽管不可以过多地责怪，而张说、杨炎也不是不懂得事物发展变化规律的人，怎么能随便改动太宗创建的制度呢？

【原文】

　　盖尝考之，丁以百亩为率①，租以二石为额，调以绝布为制②，役以二旬为限，此租调之法也。然无以葬者，许鬻永业③。自狭乡顿宽乡者④，并鬻口分⑤。既许其鬻，则兼并宁不启耶⑥？已鬻者不复授，则课何从均耶⑦？在府则力田⑧，番上则宿卫⑨。无事皆农夫，有事则精卒。此府卫之法也。然河东、河北、关右⑩、陇左府不环京畿者五百余⑪，淮南、江南、剑南、岭南府之在诸道者才二十余。虽曰重内轻外，何多寡之不等耶？外既轻矣，卒有调发⑫，岂能朝夕至耶？分职率属则曰省、曰台、曰寺、曰监⑬，序劳秩能则有品、有爵、有阶、有勋。此建官之法也。然承隋之后，官不胜众也，乃骤为七百三十事。可以省也，乃复增制员外⑭。在当时已不能守，何以责后世之变耶？太宗之法固美矣。夫惟不虑其所终，不稽其所弊⑮，是以虽行之一时⑯，而卒不能以行之久远也。

【注释】

　　①丁以百亩为率：唐制，丁男、中男授田一顷（百亩）。唐武德七年规定男女十六岁为中，二十一岁是丁。率，标准。

　　②绝：这里泛指绫绢绝布。唐制，随乡土所产每年交绫绢绝各二丈，布附加五分之一。绝，粗绸。

　　③鬻：卖。永业：即永业田。北齐实行均田制，规定男夫十五岁以上授外田四十亩，老免及死后退归国家。又授桑田二十亩，种植定量的桑、榆、枣等作物，依法抽税，并准许买卖。因世代承袭耕，不在收授之限额，因此称永业田。

　　④狭乡：隋唐时，把田少人多、不能按定制分田的地方叫狭乡。顿：留居。宽乡：隋唐时，把田多人少的地方叫宽乡。狭乡授田，为宽乡之半，以鼓励狭乡的人迁往宽乡。

　　⑤口分：即口分田。按人口分给的田地。唐制，开元二十五年（公元737）令，丁男给田百亩，其中二十亩为永业田，八十亩为口分口，寡妻妾给口分田三十亩。口分田不得买卖，耕者死亡后，即退还交官方。

　　⑥宁：难道。启：开。

　　⑦课：赋税。

　　⑧力田：努力耕田

　　⑨番上：轮次值班。宿卫：在宫中值班，担任警卫。

　　⑩河东：道名。唐贞观十道、开元十五道之一。开元以后治理的地方在蒲州（今山西永济蒲州镇）。辖境相当今山西及河北西北部内外长城之间地。河北：道名。唐贞观十道、开元十五道之一。治所在魏州（今河北大名东北）。辖境相当今

北京市、河北省、辽宁省大部,河南、山东古黄河以北地区。关右:函谷关以西地区,又称关西。陇左:陇山以东地区,约相当今甘肃东部和陕西西部地区。京畿:国都所在地及其行政官署所管辖地区。

⑪淮南:道名。唐贞观十道、开元十五道之一。开元时治所在扬州。辖境相当于今淮河以南、长江以北,东至海,西至湖北应山、汉阳一带。江南:道名。唐贞观十道之一。东临近海,西至蜀,南接五岭,北临长江。剑南:道名。唐贞观十道之一。包括今四川剑阁县以南、长江以北、甘肃嶓冢以南及云南东北境地区。玄宗以后治所在益州(今成都市)。岭南:道名。唐贞观十道、开元十五道之一。因为在五岭之南得名。治所在广州(今广州市)。大约在现在两广和越南北部地区。

⑫卒:通"猝"。仓促。调发:调取征发。

⑬分职:分掌各自的职务。率属:统率官僚吏民。省:官署名。总领群臣而听取朝政为省。唐制,尚书、门下、中书、秘书、殿中、内侍为六省。台:即御史台。为国家监察机关。下轮台、殿、察三院。唐朝一度改御史台为肃政台。寺:九卿所居为寺,即太常寺、光禄寺、卫尉寺、宗正寺、太仆寺、大理寺、鸿胪寺、司农寺、太府寺。监:官署名。唐有监,即少府监、军器监、国子监、将作监、都水监。

⑭品:官吏的等级。唐代的官的等级也为九品。九品又各分正副。如正第一品,从第一品。爵:爵位。唐代的爵位分九等,一等为王,二等为嗣王(或郡王),三等为国公,四等为开国郡公,五等为开国县公,六等为开国县侯,七等为开国县伯,八等为开国县子,九等为开国县男。阶:唐制,四品以下又分阶,如正第四品上阶、正第四品下阶、从第四品上阶、从第四品下阶。勋:唐朝的勋级分十二等,一等为上柱国,二等为柱国,三等为上护军,四等为护军,五等为上轻车都尉,六等为轻车都尉,七等为上骑都尉,八等为骑都尉,九等为骁骑尉,十等为飞骑尉,十一等为云骑尉,十二等为武骑尉。

⑮员外:本指正员以外官。唐以后,各部均有员外郎,侍郎不在时代替行曹事,位次于郎中。

⑯稽:考察。

⑰是以:所以。

【译文】

我曾经检查过,十六岁以上的男子,国家以授给每人农田一百亩作为标准,每人向国家交纳粮租用二石为标准;国家向每户征收纺织品的人户税,以交纳绫绢絁布为定制;为国家服徭役,以每年二十天为期限。这就是租庸调法。然而没有钱财埋葬死者的家庭,允也许出卖永业田。百姓有从地少人多的地方搬到地多人少的地方的,都卖掉口分田。既然允许百姓出卖永业田和口分田,那么合并土地的现象难道还能不出现吗?已经卖掉土地的农户,国家不再授给土地,那么百姓向国家交纳的租税怎么能平均呢?[农民]在州府时很努力耕作,到京师按顺序值班时便担任皇宫警卫。国家无战事时都是农夫,有战事时便都是精兵。这就是府卫的法。然而河东、河北、关西、陇左这些地区的州府围绕京都地区的就有五百多个,而淮南、江南、剑南、岭南四道的州府只有二十几个。即使说是重视中原地区而轻视边远地区,为什么相差这样巨大呢?既然忽视边远地区,一旦边事突起,国家调动军队,怎能迅速赶到出事地点呢?各尽其职而统率百官的行政机关有省、台、寺、监,按功劳大小和才能的高低而授予的职衔有品、爵、阶、勋。这是唐朝设置官阶的措施。然而唐朝的官制在隋朝的基础上有增没有减少,竟然急增到七百三十个职务。[这么多的职务,]是应该精练减少的,竟然又增加了员外的建制。[古代设置官阶的措施,]在贞观年间就已经不能坚持按条例实行,凭什么指责后世改变了古人的设官之法呢?唐太宗的设官之法本来很好,只是不考虑它的后果,不考察它的弊端在哪里,所以虽然能在一个时期内实行,但终究不能长久地坚持下去。

【原文】

太宗平河东①,立和籴法②。时斗米十钱余,草束八钱③,民乐与官为市。后物贵而和籴不解,遂为河东世世之患。仁宗治平中④,诏陕西刺民⑤,号义勇。又降敕榜与民约⑥,永不充军戍边。然其后不十年,义勇运粮戍边以为常。神宗熙宁中⑦,行青苗之法⑧。虽不许抑配⑨,其间情愿人户⑩,乃贫不济之人,鞭挞已急,则继以逃亡。逃亡之余,则均之于邻保⑪。温公亦谓"民知所偿之利⑫,不知还偿之害",是也。

【注释】

①太 宗:即宋太宗赵光义。宋太祖赵匡胤弟。原名匡义,因避太祖讳命而改名光义。公元976——998年在位。就位后改名炅。太祖死后,以晋王继位,平定南唐、吴越、北汉,统一全国。但在对辽战争中多次失利。

②和籴法:官府出钱购买民粮,来提供军用,名义上双方议价交易,称和籴。实际往往按户摊派,限期逼迫,其害更厉害于赋税。此法始于北魏。

③钱:货币单位名称。重二铢四累。积十钱重为一两。

④仁宗:即宋仁宗赵祯。公元1022——1063年在位。十三岁继承真宗为帝,太后刘氏主政十一年。太后死,始亲掌朝政。政治上因袭循守旧,对外妥协退让,形成了内外交困、危机四伏的局面。治平:宋仁宗年号(公元1064—1067)。

⑤"诏陕西刺民"二句:宋朝庆历、治平年间,朝廷下诏书,在河北、陕西等地编

组地方民壮,平时自防卫,战时协同官军作战,称为义勇。为了防止逃亡,在手背上刺"义勇"二字。

⑥敕榜:敕书榜文。

⑦神宗:即宋神宗赵顼。英宗之子。公元1067—1085年在位。即位后,起用王安石主持变法,力图改变"积贫积弱"的局面。但在大官僚地主的反对下,他动摇不定。熙宁九年(公元1076)王安石被罢免宰相的官职,新法名存实亡。熙宁:宋神宗年号(公元1068——1077)。青苗法:北宋新法之一。熙宁二年(公元1069),王安石创立青苗法。当青黄不接之时候,官贷款钱于民。正月放而夏敛,五月放而秋敛,纳息二分。本名常平钱,民间称青苗钱。

⑨抑配:强行摊征税物。

⑩情愿人户:指愿意向官府贷款的人家。

⑪邻:邻里。保:保甲。旧时户籍编制单位。宋神宗时,王安石推行保甲法、改募兵为保甲。其法十家为一保,有保长。五十家为一大保,有大保长。十大保为一都保,有正副都保长。

⑫温公:即司马光。字君实,北宋陕州夏县(今属山西)人。王安石推行变法,他竭力反对,自请出外。哲宗即位,高太皇太后听政,下诏他入京主国政,第二年任尚书左仆射,兼门下侍郎,完全废除新法,恢复旧制。死封谥号文正,追封温国公。

【译文】

宋太宗讨伐平河东北汉政权,制订和籴法。当时一斗米价值十几钱,一捆柴草八钱,百姓愿意与官府做做买卖。后来物价上涨而和籴法不消除,于是成为河东地区世世代代的灾难。宋仁宗治平年间,朝廷下诏书,陕西等地手背上刺字的乡民,称为"义勇"。朝廷又颁发敕书和榜文与百姓相约,义勇的平民永不充军保卫边防。然而此后不到十年,义勇之民轮送粮草戍守边防是平常的事。宋神宗熙宁年间,国家实施青苗法。虽然不允许官府对百姓强行征派税物,但那些愿意向官府贷款的人家,大都是生活贫困而得不到救济的人,官府收债过急,这些人便相继逃亡。逃亡之后,就把所欠贷款都摊派给邻里的农户。司马光也说"百姓只知道贷款的好处,而不知道偿还贷款的害处",这话说得很对。

【评鉴】

本文通过几个朝代的法律制度所存弊病与完善过程,阐述了制定法律一定要考虑后果,要因时制法

二十三　君主善于把握要点国家就百事周详

【原文】

古人有言:"主好要则百事详,主好详则百事荒。"尝探是说,以考古今之治

乱①,盖无有不原于此者②。

【注释】

①治:指政治清明安定。乱:指政局动荡不定。
②盖:大概。

【译文】

古人有这样的说法:"君主治理国家喜欢掌握要点,百事就周全;君主治理国家喜欢事事全到详略不分,百事就容易荒废。"我曾探讨过这种说法,并用以考察古今的安定局面或乱世,大概没有不产生来源这种说法的。

【原文】

三代人主虚心恭己以论相于上①。自庶言、庶狱、庶事不敢兼知②,以乱其纯一③,而汩其聪明④。是以庙堂之闻⑤,必得贤相;而相总领众职,进退百官⑥,亦无有不得其人。某人治某事,某人居某职,予之者不敢轻,而得之者不敢慢。恪守官常⑦,惟职是举,夫然后道德政事并行而不偏废。

【注释】

①三代:夏、商、周。恭己:指帝王用端正严肃的态度约束自己。论:选择。通"抡"。
②一般的言各种言论。庶狱:各种狱讼之事。庶事:各种事情。
③纯一:纯朴。
④汩:扰乱。聪明:此指天赋的才智。
⑤是以:所以。庙堂:宗庙明堂。代指朝廷。
⑥进退:引荐和罢免。
⑦严格遵守守:谨守。官常:居官的职责。

【译文】

夏、商、周三代君主用谦虚谨慎和端正严肃的态度来约束自己,并选择好率领百官的宰相。来自百姓的各种言论,各种诉讼案件和各种事务,也不敢全部了解和掌握,担心扰乱自己纯朴的本性和天赋的才智。所以在朝廷里,一定选好贤德明智的宰相;而宰相领导各种职能部门,引进推荐和罢免下级官吏,也没有不符合本人实际情况的。某人处理某种事务,某人担任某种职务,委任他们职务的人不敢轻心大意,而取得职事的人不敢疏忽大意。忠于本职,尽职尽责,只有这样,道德教育和行政事务才能同时进行而不有所偏颇和荒废。

【原文】

自三代以还,道揆不明①,(而)法守滋乱②,而不可收拾。吾观汉文帝之贤③,

若足以超三代之治。断狱钱谷之数④,问之周勃⑤,又问之陈平⑥。文帝固非好要之主也。武帝之英雄大略⑦,若足以超三代之治。然"君除吏尽未⑧?吾亦欲除吏",此言之发,何为者耶?武帝抑非好要之主也⑨。夫大体之不知,当务之不急,所谓造原立本⑩,关兴衰治乱之大者⑪,一不暇讲⑫,天下之事,百官有司之守,方<u>丛</u>然萃于吾身⑬,而欲兼之。汉治之不古,无足怪也。

【注释】

①道揆:以义理度量事物。

②法守:按法度履行自己的职守。"法守"前面的"而"字,疑为涉下而衍。

③汉文帝:见本卷21条第一段注⑤。

④断狱:审理和判决案件。

⑤周勃:西汉沛(今江苏沛县)人。从刘邦起义,因为军功为将军,被封为绛侯。惠帝六年(前189)为太尉。吕后时,诸吕掌权。吕后死,周勃与陈平等共同诛杀诸吕,迎文帝登位。

⑥陈平:西汉阳武(今河南原阳东南)人。秦末农民起义,初从项羽,后归刘邦。有谋略,由于功绩任护军中尉,封曲逆侯。惠帝时为左丞相,吕后死为右丞相。后与太尉周勃合力尽诛诸吕,迎立文帝,最终安定汉朝。

⑦武帝:即汉武帝刘彻。景帝之子。公元前140——前87年在位。即位后,对内实行经济改革,对外用兵,开拓疆土。尊崇儒术,倡仁义,罢掉百家,建太学,设置五经博士。在位五十四年,为前汉军事政治经济文化的极盛时期。但迷信神仙,大兴土木、穷兵黩武,使国内消耗空虚,人口减半。

⑧"君除吏尽未"二句:为汉武帝与丞相田蚡的对话。见《史记·魏其武安侯列传》。除吏,任命官吏。

⑨抑:还是。

⑩造原:发端。造,始。

⑪大:原本作"本",此依文渊本。

⑫暇:空闲。

⑬丛然:繁杂貌。萃:集。

【译文】

自从夏、商、周三代以来,用义理来评制事物对错歪正的风气不能广泛传扬光大,按法度来履行自己职守的风气一天一天为人们所打乱,以至于不能从根本上改变这种局面。我看汉文帝的贤能与明智,似乎完全可以超越夏、商、周三代贤君的朝政治理;而他了解全国审理和判决案件的情况和国家钱财粮食的数量的途径,向太尉周勃请教,又向丞相陈平请教。文帝确实不是喜欢把握治国大政方针要点的君主。汉武帝的英雄大谋略,似乎也足以超过夏、商、周三代贤君的政治。然而他对丞相田蚡竟然说:"您要任命的官吏完了没有?我也想任命一些官吏。"说这话,其用意是为了什么呢?汉武帝仍是一个不喜欢把握治国大政方针的君主。对于治国的大政方针不清楚,应该做的不急于去做,所说的制订治国的根本大计策,以及关系到国家兴盛、衰亡和安定、动乱的重大问题,一旦没有时间去讲,天下的各种烦琐事务,各级官吏和各职能部门的职责,正纷繁地集中在我一个人身上,而要同时进行并施。汉代的政治不同于上古时代的政治,是不值得感到奇怪的。

【原文】

盖尝论之,人主以一心之智虑、两耳目之聪明,如其烦于独断①,而役于琐琐之常务,则事理之所在必不能精讲而深究之;不能精讲而深究,则士大夫之受命承教者必至于依违而苟且②。大抵天下之理③,造命容有不实④,则将命者得以乖违⑤;起事容有不中⑥,则趋事者得以卤莽⑦。好详之弊,其极必至于此也。

【注释】

①独断:独自决断。
②依违:反复,迟疑不决。苟且:得过且过。
③大抵:大致。
④造命:命运之神。
⑤将命:指承受祸福。乖违:失误。
⑥起事:开创事业。
⑦趋事:急于求取职事。

【译文】

我曾经谈论过,君主凭个人的智慧谋略和耳感决目染,如果为各种事独自决断所烦扰,并为日常的琐碎事所劳累,那么天下的事理就必然不能精心地讲习和深入地探讨;不能精心地讲习和深入探讨天下的事情的道理,那些低头听命的士大夫之流就必然无所适应或得过且过。一般来说,天下的情理,命运之神当有失真的时候,那么承受祸福的人也可以有失误的时候;开创事业有失败的时候,那么急于求取职事的人也可以有草率从事的时候。君主治理国家喜欢面面全到,其结果必然出现这种情况。

【原文】

方今天下之务,莫重于兵吏,其次莫重于刑狱钱谷,然使庙堂之上操约御详①,惟二三大臣。是究是图②,是信是使③。彼大臣既得其人,则百官有司之间④,亦莫不各当其职。夫然后付之以兵吏之事、刑狱之事、钱谷之事。为祝者不使之治庖⑤,为工者不至于易技。至于斯时⑥,谁敢不究心奉职⑦,以济吾所欲为耶⑧?

【注释】

①操约御详:即用简驾驭繁。此指持大政方针统理万机。
②是究是图:语出《诗经·小雅·常棣》。研究谋划。"是"为语助词。
③是信是使:信任委派。

④有司：负有专职的官员。

⑤祝：男巫，祠庙中主管祭礼的人。庖：厨房。

⑥斯：比。

⑦究：尽

⑧济：成就。

【译文】

当今天下的各种事务，没有比军事官治更为重要的了，其次没有比刑罚钱粮更为重要的了。然而在朝廷上掌握政策大致统一管理朝政的，只有两三个大臣而已。他们研究策划治国方略，任命委派官吏。那些执政大臣既然得到合适的人选，那么各执掌其职的各级官吏之间，也无不合适的职务。然后再向有关官吏授予军事吏治、刑罚、财政等方面的职责。作寺庙中祭祀的人，不能让他们去管理厨房；作工匠的，不至于改变各自的技能。到了这个时候，谁敢不用完心守职，来成就我的志向呢？

【原文】

昔唐宪宗锐意于为治①，杜黄裳恐不得其要②，因推言③："王者之道，在修己任贤④、操执纲领、务得其大者。至于簿书狱讼⑤，非人主所任。"又谓："王者任人责成⑥，见功必赏，见罪信罚，孰敢不尽力？"周世宗违众破北汉⑦，自是政无大小，皆亲决。高锡上书⑧，以为："不若择立心公正者为宰相，爱民听讼者为守令⑨，丰财足用者使掌钱谷，原情立法者使掌狱讼⑩。人主但视其功过而赏罚之。何忧不治？"二说然矣。差之毫厘。异乎吾所闻也。夫人主之任人，将人人而任之耶⑪？抑任一相，而使一相任百官耶？如其人人而任之，百官有司皆出一人之所量授，则与夫好详之弊⑫，亦无以大相过也。

【注释】

①唐宪宗：唐顺宗李诵之子，名纯。公元805——820年在位。登位后，整顿江淮财赋，以增加收入。并利用藩镇间的矛盾，平定藩镇的叛乱，但未彻底藩镇势力。锐意：专心一意。

②杜黄裳：唐京兆万年（今陕西西安市）人，字遵素。又说京兆杜陵（今陕西西安市东南）人。做官长到门下侍郎、同平章事，受封邠国公。元和元年（公元806），四川节度使刘辟在蜀地割据，他坚持用武力讨伐，为宪宗所采纳，后又力主削弱藩镇势力。

③推言：推诚进言。

④修己：自修炼其身。

⑤簿书：官署文书。狱讼：诉讼案件。

⑥责成：督责完成任务。

⑦周世宗：即柴荣，一称柴世宗。五代时周太祖郭威养子。公元954——959年在位。即位后，改革政治，整顿军事，奖励生产，削弱地方割据势力，北攻契丹，为

北宋的统一奠定了基础。北汉:为五代十国之一。南汉郭威杀隐帝刘赟,灭后汉,自建后周。后汉河东节度使刘崇(隐帝父)在晋阳称帝,史称北汉。后被宋太宗赵光义所灭。

⑧高锡:五代后周时人。

⑨听讼:受理诉讼。守令:郡守、县令等地方官的通称。

⑩原情:根据实际情况。

⑪将:还是。

⑫夫:指示代词。那。

【译文】

前朝的唐宪宗皇帝专心极志地治理国家,杜黄裳担心他治国不掌握要领,便借机苦口婆心地向他进言:"作帝王的法律规则,在于提高自己的品德修养、任用有才能的人、掌握治国的大政方针和处理国家的大事。对于官府文书和诉讼案件等事,不是帝王应该亲自做的。"又说:"帝王任用人才并监督催促他们完成自己的使命,见到臣下有功劳一定奖赏,发现臣下有罪过一定给予处罚,谁敢不尽所能做好本职工作?"世宗不体谅大多数人的意见,出兵打败北汉的军队,无论政事不分大小,都亲自处理。高锡上书,认为:"不如选择心思正直无私的人担任宰相,选择关心百姓疾痛和善于处理诉讼案件的人担任郡守、县令,选择能为国家增加收入和保证国家需求的人掌握钱粮大权,选择能根据实际情况制定法令的人掌握审理诉讼案件大权。帝王只考察臣下功过的大小而实行奖赏与惩罚。还担心什么治理不好国家?"杜黄裳和高锡说得都很对呀!仅有很小的差别。与我所听到的情况不同。帝王任用人才,还是所有的官吏都由他任命吗?还是只任命一位宰相,并给宰相权力宰相去任命各级、各部门的官吏呢?如果所有的官吏都由帝王任命,各担负其责的各级、各部门的官吏都由帝王一人根据能授予,那么与那喜欢任何事都不具体详细的弊病相比较,也不能强多少。

【原文】

人主以多事自弊①,而百官有司皆以虚文为欺②。盖本末上下始为之颠倒错乱。

【注释】

①弊:疲困。

②虚文:不实在之辞。

【译文】

帝王因为多事而使自己陷入困境,而各级官吏和各职能部门用不实之词来欺瞒帝王。事情的本末与上下级关系开始因此而颠倒错乱。

二十四　不为而后可以有所为

【原文】

　　昔者禹、皋陶皆有绝德也①。举天下之任②，付诸此身③，可以优为而无忌也④。然终禹之身以功闻，终皋陶之身以谟闻⑤。禹告皋陶曰："乃言底可绩⑥。"盖责皋陶以功⑦。而皋陶乃曰："予末有知。"皋陶告禹曰："汝亦昌言⑧。"盖逊禹以谟⑨。而禹则曰："予何言？"禹终无侵谟之心，皋陶终无攘功之意⑩。夫禹岂拙于发明，而皋陶岂懦于有行者！盖天下之事不可以兼而为，而人之智虑不可以分而用。以不可兼之事，而加之不可分之智虑，必欲尽取而为之，其不废且败者几希。是故必有所不为于彼，而后可以有为于此；必有所不为于小，而后可以有为于大。虽禹、皋陶之绝德，不敢兼也，而况非禹、皋陶之绝德乎！况乎所当为之事，抑又难于禹之功、皋陶之谟乎！

【注释】

　　①禹：夏后氏部落领袖。也称夏禹、大禹、戎禹。姒姓。鲧之子。古史相传禹继承鲧的治水事业，采用疏导的办法，历时十三年，消除水患。皋陶：见本卷21条第二段注⑪。

　　②举：全，尽。

　　③诸："之于"的合音。

　　④优为：从容为之。即完全胜任。

　　⑤谟：计划，谋略。

　　⑥乃：你。厎：致，求得。绩：功绩成绩。

　　⑦盖：似乎。

　　⑧汝：你。昌言：善言。

　　⑨逊禹以谟：认为大禹在出谋划策方面不如功绩方面突出。逊，不如。

　　⑩攘：侵占夺取。

【译文】

　　上古时代，大禹、皋陶都有卓越的品德。治理整个天下的大任，放在他们这样人的身上，可以胜任而不用为他们担心。然而大禹终生以他的功绩闻名于天下，皋陶终生以谋划治理天下的策略闻名于天下。大禹对皋陶说："您的话是完全可以实行并能取得功绩的。"好像责怪皋陶在功绩方面不够突出。但皋陶却说："我又知道些什么呢？"皋陶对大禹说："你说的也都是一些好话。"好像认为大禹在出谋划策方面不如功绩突出。但大禹却说："我说些什么呢？"大禹到底没有介入谋划治理天下方略之事，而皋陶最终没有把治理天下之功据为己有的企图。大禹难道不善于策划创新,皋陶难道不敢有所作为吗?因为天下的事情不可同时去做,而人的智慧策略不能同时用在多个方面。以不能同时兼做的事情,再加上不可同时兼顾的智慧谋略,一定要包揽各方面的事务又兼营并顾,不中途而废导致失败的,几乎很少。因此在其他方面必定有所不为,那么可以在这个方面有所作为;一定在小的方面有所不为,然后可以在大的方面有所作为。即便像大禹、皋陶那样具有卓越品德的人,不敢兼营并顾天下之事,更何况不具备大禹、皋陶那样超凡品德的人呢!更何况应该做的事情,比大禹所要从事的事业皋陶的谋略还更艰难呢!

【原文】

三代以还①,士君子之有为于世者②,自耻其才之一偏,而愧其力之不能兼举,则皆取天下无穷之事,一切以其身焉而任之。以宰相之职,而乃下为百司庶府之事③,弊精耗神,治功益陋。凡所谓造原立本、关兴衰理乱之大、典谟吁俞、以天命相饬诘者④,则阙然无闻⑤。是非为彼废此、役小忘大之病呼⑥?汉兴以来,此病尤甚。是以贾谊长叹息于文帝之时曰⑦:"大臣持簿书不报⑧,期会之间⑨,以为大故。至于流俗失,世败坏,因恬而不[知]怪⑩,虑不动于耳目……"王吉亦言得失于宣帝曰⑪:"公卿幸得遭遇其时⑫,未有建万世之长策、举明主于三代之隆者,其务在于期会簿书、断狱听讼而已,此非太平之基也。"呜呼!风俗之不美,大臣之所当虑也;万世之长策,大臣之所当为也。当虑而不虑,当为而不为,岂汉廷大臣之才识不逮此耶⑬?正以尽力于其小,则其大者固有所不暇为也。役志于其末⑭,则其本者固有所不及究也。夫人之智虑虽不一禀⑮,而其精力要亦有限⑯。尽心一邑者⑰,至戴星出入,仅胜百里之政;而振职内史者⑱,至积旬稽审⑲,而后诏敕不相背戾⑳。彼其役役于簿书、期会之间,安能复有余力而为当务之急耶?

【注释】

①三代:夏、商、周三朝代。

②士君子:指有志操有学问的人。

③百司:朝廷大臣、王公以下百官的总称。庶府:各个官府。

④造原:发端。造,始。理乱:治乱。指社会安定或社会动荡。典谟:指《尚书》中的《尧典》《舜典》和《大禹谟》《皋陶谟》,也泛指先代圣贤的训诫之辞。吁俞:表示恭敬的唯诺之声。饬诘:告诫责问。

⑤阙然:空然。

⑥是:此。

⑦是以:所以。贾谊:汉朝洛阳(今洛阳市)人。因年少博学,文帝召为博士,迁太中大夫。多次上书陈政事,言时弊,被大臣所妒忌,出为长沙王太傅。死时仅三十三岁。长叹息:贾谊在给文帝的奏疏中谈到朝廷有六件值得叹息之事,即服用奢侈越制,俗吏不知大体,经制不定,当辅导太子,当审定取舍,当礼待大臣。文帝:见本卷21条第一段注⑤。

⑧持:《汉书·贾谊传》作"特",且下有"以"字。簿书:官府文书。

⑨期会:定期统计核算。间:间断。

⑩恬:安。知:原本无。根据《汉书·贾谊传》补。

⑪王吉:西汉琅邪皋虞(今山东诸城)人,字子阳。官至为昌邑王中尉。昌邑王荒淫被废,吉被削发判充役之刑。宣帝时,召为博士谏大夫,因谏不从,告病引退。宣帝:见本卷21条第一段注⑥。

⑫公卿:三公九卿的简称。泛指朝廷主事大臣。遭遇:遭逢。泛指生活中的经历历程。

⑬逮:及。

⑭役志:用心。

⑮禀:禀赋。指人禀受的资质。

⑯要:总。

⑰邑:城市。

⑱振职:奋职,即勤奋地做好本职工作。内史:官名。此官职历代均有因革。是皇帝近臣,总管国家政务。

⑲积旬:累旬。指时间非常长。稽审:考核审查。

⑳诏教:诏书命令。背戾:违反、抵触。

【译文】

夏、商、周三代以来,那些有志气节操有学问而要在社会上大有作为的人,因为自己的才能仅局限在某个方面而感到耻辱,同时因为自己的能力不能完全胜任各方面的工作而感到惭愧,于是想包揽天下无穷无尽的事业,由他一人承担。凭着宰相的职务,却竟然压低自己的身份去做各级官吏或各职能部门所应该做的事情,来消耗自己的精神,以致取得的功绩越来越少。凡是所谓确立安邦定国的根本大计,关系到国家兴衰治乱的大事,对于前代圣哲的教导恭敬力行、用上天的意志告诫和督责各级官吏和百姓等方面,却一无所知。这不是顾此失彼、被无关紧要的小事所驱使而忘掉了国家大事的弊端吗?自汉朝建立以来,这样的弊端越来越严重。因此贾谊在文帝面前发出"六叹息"这样的话时说:"大臣手拿官署文书不答复,定期统计核算财政收支被间断,以为是重大事故。至于世俗的改变、世风的败坏,仍泰然处之而不觉得奇怪,思考的问题与所见所闻没有关系……"王吉也在宣帝面前评论政事的得失,他说:"公卿有幸碰上建功立业的机会,而不可以国家制订长治久安的策略、引导开明君主把国家治理得像夏、商、周三代那样繁盛的主要原因,是他们的所作所为只是在于定期统计核算、发送官署文书、审判案件和受理诉讼罢了。这不是太平盛世的基业。"唉!社会风气的败坏,是大臣应该首先思考的问题;制订长治久安的方略,是大臣应该做的。应该思考的问题而不去思考,应该做的事情而不去做,难道汉代的大臣的才能学识无法达到这种地步吗?只是因为在无关紧要的小事上全力以赴,对关系到国家兴衰存亡的大事虽然也没有时间去做。把主要精力用在细枝末节的问题上,对于立国的根本问题虽然来不及探索。人的才智谋虑虽然在禀赋上不同,但他们的精力总是有限的。把精力全部用于治理一个城市的人,尽管早出晚归,仅仅胜任百里方圆的政事;而那些尽力于内史职责的人,至于用几十天时间来考核审查文稿,然后才能使朝廷颁布的诏书诰令不至于相互抵触。

大臣在官署文书和按期统计核算之间忙于奔命,怎么会再有充沛的精力去做当前急需要做的事情呢?

【原文】

文帝时,陈平为相①,不对钱谷之问②。宣帝时,丙吉为相③,不问横道之死伤④。

【注释】

①陈平:见本卷 23 条第二段注⑤。

②不对钱谷之问:汉文帝即位后,主理国家政事。一日早朝时,他问右丞相周勃:"天下一岁决狱几何?"周勃推辞道:"不知。"汉文帝继续又问:"天下一岁钱谷出入几何?"周勃又推辞道:"不知。"汉文帝于是又问左丞相陈平。陈平答曰:"有主者。"汉文帝问:"主者谓谁?"陈平答曰:"陛下即问决狱,责廷尉;问钱谷,责治粟内史。"

③丙吉:也作邴吉。字少卿。西汉鲁国(今山东曲阜)人。宣帝出生不久,因祖父卫太子事入狱,以丙吉任廷尉监,多方保护而获释。宣帝时,封博阳侯,任丞相。以识大体见称。

④不问横道之死伤:丙吉任丞相后,一次外出,正遇聚众斗殴并有很多死伤,丙吉竟不过问。当有人讥讽他时,他说:"民斗,京兆所当察;宰相不亲小事,非所当问也。"

【译文】

汉文帝在位时,陈平作丞相,不回答文帝提出的有关国家一年钱粮收入及支出方面的问题。宣帝时,丙吉作丞相,不过问路上的打群架的人的死伤状况。

第五卷

二十五　用人当察其内之法

【原文】

人之言曰："物至而后鉴得用其明[1]，事至而后君子得用其情[2]。若弗接乎吾前[3]，则泯然矣[4]。能耶？否耶？我且不得而见，而况能察欤？"是说然矣！然人才之能否，未易察也。退然如不胜衣[5]，而能以晋国霸[6]；今将求之以壮勇，则失之矣。年老短小，而能使盗贼解散；今将求之以奇伟，则失之矣。应对鄙拙[7]，而能反风灭火[8]；今将求之以文辩[9]，则失之矣。是夫人之才实者不易察如此也[10]。齿若编贝[11]，目如垂珠，而持论不根，则容貌不足以取人矣。丰姿详雅[12]，神精明秀[13]，而误天下之苍生[14]，则风采不足以取人矣。蹲厉风（严）［发］[15]，常屈挫人[16]，而诣事群小，则议论不足以取人矣。是夫人之虚伪者，不易察也如此。人主于此将孰从而察之欤？闻之曰："人才之在天下，当索之于内，不当求之于外；当考之以实，不当信之以文。"夫诈而似智，佞而似忠[17]，迟钝而得深谋，鄙薄而能立事[18]。人主鲜有不惑于此[19]。夫惟索其内而窥之，即其实而观之，心鉴内明[20]，天机洞照[21]，于一见之顷而得之于耳目之外[22]，则是非能否了然不能欺矣。

【注释】

①鉴：镜子。
②君子：指有节操和才能的人。
③接：接触。
④泯然：茫然不知。
⑤退然：谦卑柔弱貌。胜衣：儿童稍长，体力足以穿得成人的衣服。
⑥以：使。
⑦鄙拙：鄙陋朴实。
⑧反风：风逆吹，即改变风向。
⑨文辩：能文善辩。
⑩是夫：因此。才实：真实才能。
⑪编贝：上古用贝为饰物或作交换媒介，以绳子穿贝成串，称为"编贝"。因其整齐洁白，故以比喻牙齿之美。

⑫详雅：安详文雅。

⑬明秀：光泽秀丽。

⑭苍生：天一百姓。

⑮踔厉风严："严"当为"发"之误。韩愈《昌黎集·柳子厚墓志铭》"严"作"发"。指议论高迈，如风之续至，层出不穷。

⑯屈挫：折辱挫折。

⑰佞：奸巧谄谀。

⑱鄙薄：低贱寒微。

⑲鲜：少，不常见。

⑳心鉴：人心如镜。

㉑天机：天赋的悟性。洞照：明察。

㉒得之于耳目之外：指不受耳聪感官的限制。

【译文】

有人曾说："众人到了，镜子才能体现它的光明的优点；事情来了，节操和有才能的人才能表达自己的思想感情。如果从前我从来没有接触过某人，我对他就必然茫然无知。那么到底是有才能呢？还是没有呢？我又没有见到过，何况能有什么深入地了解呢？"这种说法非常正确。但是人是否有才能，不是容易觉察得到的。外表谦卑柔弱像是连衣服都穿不起来，却能使晋国称霸；如今要以强壮勇敢为标准来挑选人，那就错了。年事很高但身体矮小，却能赶跑盗贼，如今要以奇特雄伟的标准来选择人，那就错了。回答问题时鄙陋朴实，却可以改变风向扑灭火灾；如今要以能文善辩作为标准来选择人，那就错了。因此人的实际才能是这样的不容易觉察到。有的人，牙齿像编织在一起的贝壳那样洁白整齐，眼睛像下垂的珠串那样光泽圆泽，然而立论缺乏根据，那么容貌不能作为选拔人才的根据。有的人，姿态丰满，仪态安详文雅，神采光泽秀丽，然而损害了老百姓的利益，那么风度文采可以作为选拔人才的依据。有的人，谈论高迈，像风一样连续吹来，层出不穷，经常使别人屈服于他，却卑躬屈膝地为小人们卖力，那么评论谈吐不可以作为选拔人才的依据。因此虚伪的人竟这样的不易觉察。君主对这样的人将从何处入手进行考察呢？听人说："人才遍布天下，应该取其内在素质，不应当取其外在表现；应该考察其实际才能，不应当相信他的文采。"奸诈与智慧很相似，奸诈谄谀与忠心耿耿很相似，思维迟钝的人却能考虑得很远，出身低贱浅薄的人却能创建一番事业。君主很少有不被这些假象迷惑的。只有取他的内在素质和实际状况进行深入观察，心如明镜，天赋的悟性洞察一切，从短暂地接触中就能透过表象而了解他的内部素质，那么一个人立身行事的正确与否和能力的高低一清二楚，就不会被表面现象欺骗了。

【原文】

昔汉武帝知人善任①，使其于一世之人才亦尝致其察矣②。独惜其舍内而徇外③，遗实而取文。夫是以所用者④，皆非真才实能。卫、霍之容甚武也⑤，则用之。

张、周、桑、孔之状甚锐而巧也⑥,则用之。公孙、邹、枚儒服儒言⑦,甚秀而文也,则用之。至于汲黯之质直⑧,今日(舐)[诋]其戆⑨,明日诮其无学⑩,又明日怒其妄发⑪,徙之内史⑫,迁之淮阳⑬。当是之时,苟非震整而翘秀⑭,便捷而奋发⑮,帝皆有所不决焉。然愈多而愈不济⑯。一用之则一穷。尝读《吾丘寿王传》⑰,观其书责之曰⑱:"子前朕用之时⑲,智略辐凑⑳,以为天下少双,海内寡二。及至连十余城之守,任四千石之重㉑,职事并废,盗贼纵横,甚不称前之时。"是不察其内,而徒信于其外,则称意于前而不称意于后。失人而然也。厥后宣帝总核名实㉒,拜刺史守相辄亲见问㉓,观其所以然。其惩武帝之弊而得之欤㉔。是故人主之观人,要当以武帝为戒,以宣帝为法。

【注释】

①汉武帝:刘彻。是汉景帝刘启之子。公元前140——前87年在位。即位后,对内实行政治经济改革,对外用兵,开拓疆土。尊儒术,倡仁义,罢黜百家,建立太学,置五经博士。成为为西汉政治经济文化鼎盛时期。但他迷信神仙,大兴土木,穷兵黩武,致使海内虚耗,人口减半。

②致:尽。

③徇:取。

④是以:因此所以。

⑤卫:即卫青。西汉河东平阳(今山西临汾西南)人,官至大将军。七次出击匈取,屡立战功,封长平侯。霍:即霍去病。西汉河东平阳人,卫青胞姐之子。曾六次出击匈奴,封冠军侯,官至骠骑将军。

⑥张:即张汤。西汉杜陵(今陕西西安市东南)人。武帝时为廷尉,迁为御史大夫。治狱严峻,摧抑豪强。后为朱买臣所陷,自杀而亡。周:即杜周。西汉南阳杜衍人。武帝时为廷尉,迁为御史大夫。用法深刻至骨,治狱迎合君主旨意,株连甚多。桑:即桑弘羊。西汉洛阳(今洛阳市)人。武帝时任治粟都尉,兼任大司农。他主张重农抑商,推行盐铁酒类由国家专卖政策。孔:即孔仅,西汉南阳(今河南南阳市)人。武帝时拜为大农令,主管租税钱谷盐铁等事条。锐:尖头小面之人。精明样子。

⑦公孙:即公孙弘。西汉菑川(今山东寿光南)人,字季。武帝初征为博士,出使匈取,不合武帝意,免归。后再拜博士。元朔中,官至丞相,封平津侯。公孙弘习文法吏事,但执法外宽内紧,对与己有怨者表面交好而暗中报复。邹:即邹阳。西汉临淄(今山东淄博市东北旧临淄北)人。以文辩闻名。初从吴王刘濞。吴王谋起兵,邹阳上书谏,不听,便离开吴王,投奔梁孝王。被谗下狱。将死,上书陈冤,获释后,成为梁孝王上客。枚:即枚乘。西汉淮阴(今属江苏)人,字叔。先为吴王、梁孝王文学侍臣。景帝召为弘农都尉。后因病辞官。武帝即位后,以安车薄轮征,死于途中。

⑧汲黯:西汉濮阳(今河南濮阳西南)人,字长孺。武帝时为东海郡太守,后召为九卿。敢于面诉廷净。武帝外虽敬重,内颇不悦。后出任淮阳太守。

⑨舐:据下文,当为"诋"字之讹。否则语义欠通。译文作"诋"字。戆:刚直

而愚。

⑩诮:责备谴责。

⑪妄发:胡言乱语。

⑫内史:汉景帝时把京师地区分为左右两部,称左、右内史。武帝太初元年改右内史为右扶风。主管的长管也称右内史。时汲黯任右内史。

⑬淮阳:郡国名。汉高帝十一年(前196)置淮阳国,为同姓九国之一,惠帝后为郡,时为国,治所在今天的河南淮阳。

⑭震整:威严貌。翘秀:才能突出。

⑮便捷:行动迅速敏捷。

⑯济:成功。

⑰吾丘寿王:西汉赵(今河北邯郸市)人。字子赣。武帝时拜东郡都尉,后被征为光禄大夫。

⑱书:指汉武帝赐给吾丘寿王的玺书。

⑲子前朕用之时:《汉书》吾丘寿王本传作"子在朕前之时"。

⑳辐凑:车幅集中于轴心。喻人或物聚集一处。

㉑四千石:吾丘寿王所得俸禄。郡守、都尉均为二千石,以寿王为都尉,不设太守,兼总二任,因此称四千石。

㉒厥后:其后。宣帝:即汉宣帝刘询。汉武帝曾孙。公元前74——前49年在位。即位后,励精图治,任用贤能,喜好刑名之术,重视吏治。

㉓刺史:官名。汉武帝元封五年设部(州)刺史,督管郡国,官阶低于郡守。守相:指郡守和诸侯相。

㉔惩:警戒。

【译文】

西汉时,汉武帝知人善用,致使他对于当代的人才也尽到了完全考核的责任。只可惜他舍去了人的内在素质而只取其外部表现,舍弃了人的实际才干而取其文采。因此他所任用的人,都不是具有真实才能的。卫青、霍去病的相貌很威武严肃,就重用他们。张汤、杜周、桑弘羊、孔仅的样子精明而小巧,就重用他们。公孙弘、邹阳、枚乘身着儒者衣装、口吐儒者言辞。服饰比较华丽而举止比较文雅,于是重用他们。至于对待像汲黯这样质朴性格直率的人。今天骂他刚直愚莽,明天责备他没有学问,后天谴责他胡言乱语,调他担任治理京城的右内史,接着调他出任淮阳郡的太守。在汉武帝当政时代,如果不是因为相貌威严而才能突出、行动快速而朝气蓬勃,武帝都不马上重用。然而武帝重用的人越多,他的事业越不能取得成功。一旦重用某人,这个人就一筹莫展。我曾读过《吾丘寿王传》,看到武帝在赐给吾丘寿王的玺书中责怪吾丘寿王说:"从前,我启用您的时候,似乎智慧谋略全部集中到您一人身上,认为您天下第一,海内无双。等到出任辖区内有十余城池的大郡都尉时,您身受朝廷赐予的四千石厚禄,但公务全都荒废,盗贼遍地,跟以前的形象很不相称。"这是因为武帝不考察他的内在素质,而只依据他的外在表现。所以开始时很称心,到后来就不称心了。这是对人缺乏全面了解而造成的结果。此后汉宣帝用人时全面考察这个人的名声与实际是否一致,任命刺史、太守、诸侯相等官职时必定亲自过问,用以观察他们的内在本质。这些就是以武帝用人的弊病为鉴戒而得到的教训。因此君主考察人时,应当以武帝为借鉴,以宣帝为榜样。

二十六　绳之下严则人不敢尽①

【原文】

君臣之间,可以相忘②,而不可以相忌也。相忌之隙开③,君臣之道丧矣。且天下之事,无定形也④。见其贤而举之,以进善也,而可疑以植党。见不肖而去之⑤,以绝恶也,而可疑以立威。兴作之邻于生事也⑥,安静之似于因循也⑦,忠直者疑于讪上也⑧,虑患者近于妖妄也⑨。谓之是可也,谓之非亦可也,无有必然可指之定形也。苟人主牵于意忌⑩,而操疑吾不信之心,士亦孰肯冒而为之,以自速于祸也耶⑪?大凡忧畏生于不足⑫,猜忌起于有间。上之绳下也太严,则下之奉上也不敢自尽。故操权急者无重臣⑬,持法深者无节士⑭。何者?有所拘者,不能有所纵。戚然自危⑮,必不敢泰然安意为之也⑯。呜呼!人君之禁其臣,使之惧不免之不暇⑰。屏迹以逃嫌⑱,损威以避祸,岂国家之福也哉?

【注释】

①绳:衡量。尽:指尽心尽力。

②忘:忘掉感情。

③隙:小的怨恨。

④形:模式。

⑤不肖:不正派。

⑥兴作:作为。生事:制造事端。

⑦因循:守旧法而不加变更。

⑧讪上:毁谤上级官员。

⑨妖妄:荒谬。

⑩意忌:猜忌。不信任。

⑪速:招致。

⑫大凡:大概,大体。

⑬重臣:身居重要职位的大臣。

⑭节士:有节操的人。

⑮戚然:警惕貌。

⑯泰然:安详闲适的样子。

⑰不暇:没有空闲。

⑱屏迹:敛迹。

【译文】

君臣之间,可以相互忘掉感情,却不可以相互猜忌。相互猜忌的心理一旦萌发,君臣之道就没有了。况且天下的事情,原本就没有固定的模式。见到那些有才能的人就推举,为的是引荐贤人,而别人却怀疑是为了树立党羽。见到不正派的人就远离他们,为的是杜绝与坏人的交往,而别人却怀疑是为了树立个人的威望。有所作为同制造事端很相近,安静少事和因循守旧很相似,忠诚直率的人跟毁谤上级的人很相同,担心祸患来临的人与言行举止荒谬的人很相像。可以说他对,也可以说他不对,没有当然的可以指其为固定的模式。如果人君被猜忌所纠缠,而怀有不相信别人的心理,文人学士还有谁肯于轻易为他效力,以自取祸患呢?一般地说,忧惧的心理产生于不满足,猜忌的心理始于彼此间存在隔阂。人君对待臣下过严,臣下侍奉人君也就不敢尽心尽力。因此急着操持权力的人君,身边没有勇于主事的大臣;执法过严的人君,身边同样没有恪守节操的人。这是什么原因呢?他们的思想过于拘谨,不可以放开自己的手脚,心怀戒惧而无法自安,必然不能安心做好本职工作。唉!人君对他的臣属心怀禁忌,使他们畏惧自己还怕来不及。臣属敛迹而躲避嫌疑,降低自己的威望以逃脱灾祸,难道这是国家的福气吗?

【原文】

古之大臣,其操心也不危①,其临事也不忌。是以优游闲暇②,而能有所建立。盖昔者尧之咨四岳曰③:"孰能治是水?"四岳曰:"鲧可④。"曰:"孰能巽朕位⑤?"四岳曰:"舜可⑥。"鲧方命圮族⑦。虽尧亦度其不可用⑧,而四岳乃以甚不肖之人而猥充至重之责⑨。自今观之,必曰是误国也。举天下而与人,此岂细事哉⑩?而四岳遽以天下之匹夫⑪,上干天子之正位⑫。自今观之,必曰是非当言也。舜命禹征有苗⑬,已誓师往,而益以一言赞禹⑭,禹遂班师⑮,遽为之诞敷文德⑯,而有苗格⑰。舜命禹徂征⑱,禹既行而益有言。宜告之舜,不告舜而告之禹。禹承命于舜,及其不遂行也,宜先禀之舜,乃擅退兵而不疑⑲。自今观之,则益之言可以谓之沮坏成事⑳,而禹之事乃逗留君命。古之君臣,其相体悉也如此㉑。一德一心,相与忘机于形骸之外㉒。小过不责,大言不怒,然后能济天下之功。

【注释】

①危:畏惧,忧惧,担心。

②优游:悠闲自得。

③尧:传说中父系氏族社会后期部落联盟领袖。姓伊耆,名放勋,又称陶唐氏。咨:征询。四岳:上古时,分掌四时、方岳的官员。

④鲧:相传是大禹的父亲,封崇伯。因治水无功,被舜处死在羽山。

⑤:践,登。朕:我,我的。

⑥舜:传说中父系氏族社会后期部落联盟领袖。姓姚,名重华,又号有虞氏。继尧之后即天子位。

⑦方命:抗命。圮:毁败。族:类。

⑧度:考虑。

⑨猥:苟且。

⑩细:小。

⑪遽:仓促。

⑫干:触犯抵触。

⑬禹:远古夏部落的首领。姓姒,又称夏禹、大禹。继舜即天子位。有苗:我国古代部落名称,又称三苗。在长江中游以南一带。

⑭益:舜帝之臣。主管山泽。赞:劝导。

⑮班师:还师。

⑯诞:大,广。敷:布,分布。

⑰格:至。

⑱徂:往。

⑲退:原本作"发",此依文渊本。

⑳沮:败坏。成事:功业。

㉑体悉:体谅了解体察。

㉒忘机:忘记巧诈之心。

【译文】

古代的大臣,他们用心不忧惧,碰上事不猜忌。所以他们从容自得,在事业上可以有所建树。上古时,尧问主管四时、方岳的官员说:"谁可以治理这样大的水灾?"主管四时、方岳的官员说:"鲧可以胜任。"尧又问:"谁可以接替我的位置?"主管四时、方岳的官员说:"舜可以接替您。"鲧违抗朝廷的教令,毁伤善类。虽然尧也考虑到鲧不可以重用,而主管四时、方岳的官员竟然用行为很不正派的人来马马虎虎地充任最重要的职务。从现在看来,一定会认为这种做法对国家不利。把整个国家托付给这样一个人,难道是小事吗?而主管四时、方岳的官员却仓促地将整个国家交给一个人治理,对上触犯天子的至尊。在现在看来,一定会认为这是主管四时、方岳的官员不应该说的。舜命令大禹讨伐三苗,大禹已经誓师出发了,而益只用一句话劝导大禹,大禹于是又领兵回朝,抓紧时间及时向三苗广泛地传布礼乐教化,而三苗终于归顺了朝廷。舜命令大禹讨伐三苗,大禹领兵已经出发了,而益却向大禹进言。益应该将这句话讲给舜,益不讲给舜而讲给大禹。大禹从舜那领命出征,到军队不向前行进时,应该向舜禀告,尧却擅自退兵回朝而没有引起舜的疑心。在现在看来,益的话可以说是败坏了大禹的功业,而大禹领兵回朝因此延误君王的命令。古代的君臣,他们相互体谅、相互理解竟到了这样的地步。他们同心同德、相互之间不计较个人得失。对小的缺点错误不责怪,对夸大失实的话不怨恨,这样才能完成治理天下的大业。

【原文】

三代以还①,上忌其下,下疑其上。为天子大臣,而瑟缩踧踖②,常若有所掣其肘而系其足③;左颐右盼,惟恐人主之议其后。吾观汉武帝以刚明之资督责臣下④,自李蔡、严青翟、赵周数相⑤,骈死牢户⑥。石庆虽仅以谨论⑦,亦数被谴。公孙贺至于涕泣不敢受命。当时视处钧衡之地如以其身蹈不测之渊也⑨。至于宣帝⑩,其忌刻又过之⑪。赵、盖、韩、杨之伦以微罪诛⑫。其它自全,惟陈万年之顺从、丙吉之谦谨而已⑬。高才之立其朝者,未始不累之也。世多咎卫青之事武帝不招士、张安世之事宣帝不荐贤⑭。嗟夫!魏其、武安以厚宾客为天子切齿⑮,霍将军以秉权位萌骖乘之祸⑯,其鉴未远也。况青精兵百万,抗威沙漠⑰;安世身统禁旅⑱,司国之命⑲。此固武宣之所侧视、貌亲而心难之者⑳。使其招士进贤,以收士大夫之誉,其能免乎?故其天子之大臣,当使之施为注措,不尽拘于绳墨规矩之间。间有所斡旋提挈㉒,以慑服天下之情㉓。当使开胸露臆,以与天子共推无疑之心,不可为曲廉细谨以自免于吏议㉔,可也。

【注释】

①三代:夏、商、周三个朝代。

②瑟缩:蜷缩。拘谨貌。跰踳:局促不安貌。

③掣:拉牵。

④汉武帝:参见本卷25条第二段注①。

⑤李蔡:"飞将军"李广从弟。汉武帝时为丞相。因犯侵占皇陵罪而自杀。严青翟:即庄青翟。汉武帝时为丞相。因避东汉明帝讳,史书改"庄"为"严"。因与丞相三长史朱买臣等人构陷张汤一案而有牵连,畏罪自杀。赵周:汉武帝时为丞相。元鼎五年(前118)八月,诸侯向皇帝所献的助祭用的黄金不符合规定,赵周身为丞相却知情不举,被下狱死。

⑥骈:并。

⑦石庆:万石君石奋之子。汉武帝时为太仆。元封四年(前107),武帝认为石庆年老谨慎而不能够参与公卿们议政,便赐他请假回乡。

⑧公孙贺:西汉义渠(今甘肃庆阳、泾川一带)人,字子叔。武帝时为丞相。其子敬声与阳石公主私通,并诅咒武帝,下狱死。

⑨钧衡之地:即机要之地,指宰相府。

⑩宣帝:见本卷25条第二段注㉒。

⑪忌刻:忌人之能,而欲居人之上。

⑫赵:即京兆尹赵广汉。以治丞相魏夫人杀婢事,以摧辱大臣之罪腰斩。赵广汉治事廉明,执法不避权贵,死后受到人民的悼念。盖:即司隶校尉盖宽饶。为人刚正不阿,直言敢谏。以怨谤罪下狱,后自杀。韩:即左冯翊韩延寿。神爵三年(前59),代萧望之为左冯翊。萧望之忌其名己上,参劾韩延寿车服、侍卫越制不道,被诛杀。杨:即杨恽。丞相杨敞之子,司马迁外孙。因告发霍氏谋反功,封平通侯,迁中郎将。有人告发其对皇帝不敬而免为庶人。后因他在答友人书中有怨谤之词而被腰斩。

⑬陈万年:西汉相(今安徽濉溪县西北)人,字幼公。宣帝时官至御史大夫。善于侍奉上级,以贿赂取荣。丙吉:西汉鲁(今山东曲阜)人,字少卿。宣帝时官至丞相,治事比较宽大、识大体。

⑭咎:责怪。卫青:见本卷 25 条第二段注⑤。张安世:西汉杜陵(今陕西西安市东南)人,字子孺。张汤子。与大将军霍光定策废昌邑王,立宣帝,以功被封大司马车骑将军,领尚书事。

⑮魏其:西汉大臣窦婴的侯爵名。观津(今河北武邑东南)人。景帝时,平吴楚七国之乱有功,受封魏其侯。武帝初任丞相。后因罪被杀。武安:西汉大臣田蚡的侯爵名。长陵(今陕西咸阳市东北)人。景帝王皇后同母弟。武帝时以贵戚封武安侯,任丞相。

⑯霍将军:即霍光,西汉河东平阳(今山西临汾西南)人,字子孟。霍去病异母弟。武帝时为奉车都尉。昭帝八岁即位,霍光凭大司马大将军受遗诏辅政。昭帝崩,迎立昌邑王刘贺,因其淫乱废之,立宣帝。霍光秉政二十年,族党满朝,权倾内外。光死后,宣帝亲政,收霍氏兵权,遂以谋反罪灭族。骖乘之祸:宣帝初立时,拜见太庙,大将军霍光陪乘。宣帝觉得好像有芒刺在背。因此俗传霍氏之祸始于骖乘。古代乘车之法,尊者居左,御者居中,又一人处其右,以备倾侧,称为骖乘。

⑰抗:扬。

⑱禁旅:即禁卫军。警卫皇宫的军队。

⑲司:掌管。

⑳侧视:不敢正视。心怀戒惧的样子。

㉑注措:安排处理。"措"原本作"指"。"注措",出自《荀子·儒效》篇。文渊本作"措注"。

㉒斡旋:周旋扭转,调节。提挈:引导。

㉓慑服:因畏惧而屈服。

㉔曲廉:扭曲直率的个性。细谨:细小末节,即小节。吏议:处分官吏,议定他的罪名。

【译文】

夏、商、周三代之后,上级猜忌他的下级,下级怀疑他的上级。作为天子的大臣,整日局促不安,经常像有人在束缚自己的手脚,左顾右盼,只担心君主在背后评论自己。我认为汉武帝凭严正明察的个性督察责罚臣子。自李蔡、严青翟、赵周等许多位丞相都死在监狱里。石庆虽然仅仅因为过于谨慎论处,也多次受到过汉武帝的谴责。公孙贺竟然到了哭泣着不敢接受武帝任命的地步。当时大臣们把身居丞相府看作是把自己投入万丈深渊一样。到汉宣帝时,他的嫉贤好胜的心又超过汉武帝。赵广汉、盖宽饶、韩延寿、杨恽之流因为小的罪过被杀,其他官员想要保全性命的,只能剩下顺从武帝旨意的陈万年、谦虚谨慎的丙吉而已。那些有卓越才能而身居朝廷的人,未尝不把这看作是自己的累赘。社会上有很多人责怪卫青侍奉汉武帝时不招纳有才学之士、张安世不推荐有贤能之人。唉!窦婴、田蚡因为广交宾客而被武帝所痛恨,霍光因手持废立大权而酿成了"骖乘之祸",这些惨痛的教育离他们的时间并不长。更何况卫青部下的精兵百万,扬威在北部边塞地区;张安世亲自统率警卫皇宫的军队,手中掌握着国家存亡的命运。这固然是武帝和宣帝心里有所戒惧、表面亲近但心里感到为难的因素。如果卫青和张安世再利用招纳才学之上和举荐有贤能之人，以换取上大夫的美誉，他们可以避免杀身之祸吗？所以那些天子的大臣，应该让他们放开手脚去安排和处理国家大事，不要完全受法律制度的限制。有时君主可以在适当的时候加以调解和引导，使天下臣民的心情真正畏服于朝廷。应当使得大臣们襟怀坦白，为的是与君主坦诚相见，不要有意改变自己直率的个性而注意小节，以使自己逃避罪责，这样做是正确的。

【原文】

今之大臣，坐于庙堂①，何其凛凛如燕之巢于幕也②。平日所论荐者，才气雄伟，足以任重致远者，何人也？议论俊拔③，足以为安而虑尽者，何人也？干局明练④，足以剺烦而解纷者⑤，何人也？大抵阿谀、缄默、苟且、怠慢⑥，如立仗马⑦，如辕下驹耳⑧。此无他，禁人已甚，则人始逃嫌而避祸也。心知其利而不能以尽为，明见其害而不能尽去。拱手贴耳，以侥幸于久安而不夺。尺寸违之，则事未及为而以失律报罢矣⑨。为今之计，莫若以尧舜为法，以汉武、宣之事为戒，公卿侍从之间略其小失而责以大纲，使之稍稍然释去肩背之芒刺⑩，从容胖肆⑪，措意于法令之外⑫，而后苟且、怠惰、阿谀、缄默有所不禁而自风休雪释也。

【注释】

①庙堂：宗庙明堂。这里指朝廷。
②凛凛：恐惧貌。
③俊拔：俊秀挺拔。
④干局：办事的才能和气度。明练：明达熟练。
⑤剺：割。
⑥缄默：闭口不言。
⑦立仗马：唐武后万岁通天元年（公元696），飞龙厩每日以八匹马列于宫门之外，号南衙立仗马。后因以立仗马比喻贪恋厚禄而不敢有所作为的人。
⑧辕下驹：车辕下的小马。比喻观望畏缩不敢动作的人。
⑨报罢：旧时吏民上书，朝廷不采纳，通知作废。
⑩稍稍：逐渐。芒刺：草木之刺，锐利如针。比喻思想包袱。
⑪胖肆：恣肆，放纵。
⑫措意：着意，刻意。

【译文】

现在的大臣，坐在朝廷里，多么像在帷幕上筑巢的燕子一样惶惶不可终日。平时被选拔推荐的，才气出众，足以承担重任并可以实现远大志向的，是谁呢？言谈举止不俗，足以全身并可以充分地表达自己的想法的，是谁呢？办事的才能和气度明达熟练，足以排忧解难的，又是谁呢？［而朝廷所用的，］大都是那些阿谀奉承、闭口不言、得过且过、怠懒散漫的人。他们就像皇宫门外的立仗马一样，［饱食终日而不能有所作为；］又像车辕下的小马一样［，畏缩不前］。这没有别的原因，只是对人约束的过严,人就开始躲避嫌疑和灾难。心里清楚那种做法有利却不能尽力而为,明明看到那种做法有害却不能尽力排除。对上级的话唯唯诺诺、言听计从,以侥幸地求得长期保全自己而不至于被革除官职。臣下给君主的奏章稍有违背君主意愿的地方,事情还没来得及去做,就因为不符合法令制度而不予以采纳。为今后国家的前途考虑,不如以尧舜为榜样,以汉武帝和汉宣帝的事例为借鉴,对公卿大臣和身边侍从官员不计较他们小的过失,而以大政方针去要求他们,使他们放下思想包袱,放心大胆地工作,不以法律条文束缚他们,这样才能做到得过且过、怠惰无为、阿谀奉承、闭口无言等风气不用禁止就能自行消失。

二十七　小有所屈则大有所伸

【原文】

人主之有为于天下,其心未尝不欲朝廷之尊而纪纲之肃也。而人主之所为,则每有以自瀆其尊而坏其所谓肃然者。以其道不足以制欲故也。盖朝廷纪纲之所系,莫大于法,而所以守是法而无所挠屈者莫重于人臣。然臣守之于下,而君每抑之于上。欲心一动,勃郁炽烈①,惟恐夫人执法以沮吾之意而不得以快其所欲②。不知夫称快于一时者,乃所以自坏其维持天下之具③。愚谄者挠法以从君于昏,忠义之士气沮势夺则慨然引去,卒至于剥落解散,不可收拾,而危亡不旋踵而至④。盖小有所伸则大有所屈,势之必然而理之固然也。

【注释】

①勃郁:风回旋的样子。比喻利欲之心旺盛。

②夫人:那些人,指臣下。沮:阻止。

③具:法规。

④旋踵:转足之间。形容非常迅速。

【译文】

如果君王对天下有所作为,那么他的思想动机不能不希望朝廷地位的尊贵和纲领法纪的严正。而君王的所作所为,却常常因为自身的原因而破坏了朝廷的威严和所谓令人生畏的法纪。是他的为君之道不足以制约自己利欲之心的缘故。朝廷用来维系人心的,再也没有比法纪更为重要的了;而恪守法纪而且表现得不屈不挠的,再也没有比人臣更为重要的了。然而臣下在下面恪守纲领法纪,君王却在上面施加压制。君王的利欲之心一旦触发,便愈演愈烈,他只担心臣下实施法纪而阻挠他个人的意志不能尽情地放纵他的欲望。他不清楚这个称快一时的做法,正是他自己用来破坏维系天下统治的法纪的因素。愚昧的谄媚者阻挠法纪的实施而与昏君同流合污,忠义之士因为气节和地位受到压抑和侵犯而愤然离去,最终导致朝廷分崩离析，局面一发不可收拾，而国家危亡很快就到来。在小的方面得以伸展，在大的方面就必定会出现挫折，这是形势和事物发展的必然结果。

【原文】

古之贤君，气听命于心，情受制于礼，蓄威屈势①，使守职不为所夺，得以自伸。凡法之所在，虽卑且贱，不敢震之以威，从其所重。夫是以朝廷尊而主威为之振，纪纲立而奸邪为之寝②。古之人有行之者，汉文是也③。细柳之师④，亲屈帝尊而劳之。闻军中不驰之令，则按辔徐行⑤。盗环犯跸之罪⑥，赫然发怒欲诛之，闻张廷尉不奉诏之言⑦，则乐受而无难色。邓通之贵幸⑧，其宠之非不至也。一戏于殿上⑨，则丞相申屠嘉檄召欲斩之。夫以天子之尊而庇一弄臣⑩，则孰敢谁何者⑪？而嘉持法召之不疑，帝亦遣之不吝，必俟其已困辱⑫，然后徐遣使持节以谢丞相而召之⑬。太子，君之贰⑭；梁王，（太后）[皇后]之爱子⑮：其势非不尊也，一不下司马门⑯，则公车令张释之追止而劾奏之⑰。夫以父子兄弟之亲而少差以礼⑱，亦未尝为甚过者，而释之持法劲之不恤，帝亦受之不却，必免冠谢太后以教太子不谨⑲，然后（太后承教）[太后乃使使承诏]而赦之⑳。夫汉廷诸公之所为，自敌己以下㉑，受之而不能堪，而文帝敛威抑气使将军得以行其令，使丞相得以举其礼㉒，使廷尉得以执其法。不牵于爱，不役于情，伸臣下之所为，以肃朝廷之纪纲。当是时，上而宰相，下而百司㉓，内而朝廷，外而军旅，法之所在，凛若秋霜㉔，隐若雷霆㉕。窥伺之心息㉖，陵犯之风消㉗。非有孝武之光烈、宣帝总核信必之政使然也㉘。盖惟礼义以养其心，和平以收其气㉙，抑情以执法，屈己以伸臣下而已。若汉景帝则不然。溺于久安，傶然有自用之心㉚。凡文帝之所为，优容奖借㉛、不敢挫折其臣下以自坏者，景帝一切反之。非有功不侯，此高帝之法也，而王信奈何欲侯之㉜？封同姓以填天下㉝，此高帝之法也，而晁错奈何欲纷更之㉞？故周亚夫执旧约以争外戚之封㉟，申屠嘉因奏庙埂以欲诛纷更之臣㊱。此二者固宏纲大法之所在，神器宗庙之所赖㊲，以维持全安于无穷者，而景帝皆挫抑不用。一饿死㊳，一呕血死㊴。王信果侯，晁错果用，则景帝一时岂不进退如意而甚快也哉！然亚夫死而王信侯，则毁高帝之典刑而启封拜外戚之端。申屠死而晁错用，则纷更高帝之法而启吴楚七国之祸。愚故曰"小有所伸则大有所屈"者，此之谓也。

【注释】

①屈势：抑制权势。

②寝：寝迹，即隐迹。

③汉文帝：即刘恒。汉高祖刘邦之子。公元前180——前157年在位。即位后，提倡农耕，免农田租税十二年，主张清静无为，与民休息，废除肉刑。在历代帝王中以生活俭朴著称。

④细柳营之师：汉文帝时周亚夫为将军，屯军在细柳（今陕西咸阳市西南）以防备匈奴。文帝亲往劳军，至营门，因无军令不得入，于是遣使臣持节诏将军，亚夫传令开营门，请以军礼见。文帝入营门，按辔徐行，成礼而去。

⑤按辔：扣紧马缰，使马慢步前行。

国学经典文库

资政秘典

·治政纲鉴·

图文珍藏版

⑥盗环：文帝四年(前176)，有人偷走高庙坐前玉环。捕获后，送到廷尉那惩治。犯跸：文帝四年(前176)，文帝出行至中渭桥时，有一人从桥下走，乘舆马惊。天子入朝称跸，禁止行人往来。

⑦张廷尉不奉诏：张廷尉即张释之。廷尉为朝廷执法官。按文帝的本意，盗环者应灭族，犯跸者当死；而释之认为量刑过重，因此不奉诏。

⑧邓通：文帝的宠臣，官太中大夫。

⑨一戏于殿上：丞相申屠嘉有一次入朝，发现邓通在文帝身边有失朝廷之礼。

⑩弄臣：为帝王所亲近狎玩之臣。

⑪谁何：查问盘查。

⑫侯：等。

⑬节：符节。朝廷交给使臣的凭信之物。谢：道歉。

⑭太子：即汉文帝刘恒之子，名启。即景帝。贰：副。

⑮梁王：景帝同母弟。名揖。太后：应为皇后之误。刘揖为太后薄氏之孙。

⑯司马门：天子门有司马主武事，故称司马门。

⑰公车令：负责警卫司马门和夜间宫中巡逻的官员。凡是臣民上书和朝廷征召，均由公车令掌管。劾奏：向皇帝检举弹劾别人的罪状。

⑱少：稍。

⑲太后：文帝之母薄氏。

⑳太后承教：据《史记》张释之之传当为"太后乃使使承诏"。译文从《史记》。

㉑敌己：指地位与自己相当的人。

㉒礼：原本作"体"，此依文渊本。

㉓百司：百官。

㉔凛：寒冷的样子。

㉕隐：威重貌。

㉖窥伺：观察时机有所图谋。

㉗陵犯：侵犯。

㉘孝武：即汉武帝。光烈：光辉的业绩。宣帝：即汉宣帝。见本卷25条第二段注㉒。总核：综合考察。信必：信赏必罚。即赏罚分明。

㉙和平：心平气和。

㉚偃然：安然。自用：自以为是。

㉛优容：宽容。奖借：勉励推重。

㉜王信：汉景帝刘启夫人王皇后之兄。

㉝封同姓：刘邦死前遗言"非刘氏不王"。填：通"镇"。安定。

㉞晁错：西汉颍川(今河南禹县)人。景帝时为御史大夫，请求朝廷削减诸侯之地以尊京师。吴楚七国借口诛晁错起兵反汉，景帝用袁盎之言诛晁错在东市。纷更：变乱更改。

㉟周亚夫：西汉沛(今江苏沛县)人，周勃之子。文帝时为将军。景帝时任太尉，平定吴楚七国之乱，官至丞相。景帝要封皇后兄王信为侯，亚夫认为王信无功，不当封侯。

㊱申屠嘉因奏庙堧:晁错在内史府穿一门南出。南出之地正是太上皇(刘邦之父)庙墙外的空地。丞相申屠嘉得知后奏请景帝诛晁错。庙堧,指庙墙外的空地。

㊲神器:帝位。指国家政权。

㊳一饿死:周亚夫因谏废栗太子,触犯了景帝,告病免归。后因其子私买御物下狱,被诬谋反,绝食而死。

㊴一呕血死:申屠嘉奏请诛晁错,景帝为晁错回护,申屠嘉吐血而死。

【译文】

古代的英名的君王,气质受思想支配,感情受礼法制约,收敛自己的威风,抑制自己的权势,才能使恪守本职工作的官员不受侵扰,得以施展自己的才能。但凡有法纪存在的地方,就算是地位卑贱的人,朝廷也不敢用权势去震慑他们,听凭他们做好本职工作。因此朝廷的地位才会随之尊贵,而君王的权威也因此而树立起来;法制健全,于是奸邪不法之人就会因此销声匿迹。古代的君王中有对上述做法身体力行的,这就是汉文帝。由周亚夫统率的驻扎在细柳营的军队,汉文帝降低自己的身份前去慰劳他们。文帝听说军中有不许驱驰的命令,就拉紧马缰绳缓缓地走。对于那些偷窃高庙坐前玉环和冲撞銮驾的罪犯,文帝勃然大怒,正要杀掉他们的时候;当听到廷尉张释的不执行文帝旨意的话之后,便高兴地接受了释之的意见而没有显出一点为难的样子。邓通位尊并为文帝所亲近,他受到的宠爱无所不至。但如果想他在朝廷上有失礼节,丞相申屠嘉就用檄文将他召到丞相府中想要杀掉他。凭天子的尊严来庇护手下的宠臣,有谁敢过问呢?而申屠嘉依法将邓通召到丞相府时却没有疑虑,文帝将邓通遣送到丞相府也没有吝惜之心。文帝一定要等到邓通处境窘迫不堪时,才不紧不慢地派使臣拿着朝廷的符节向丞相道歉并将邓通召回朝廷。太子是君王的副手,梁王是窦皇后的爱子,他们的地位并非不尊贵,可他们一旦在司马门没有下车步行,公车令张释之就会追上去制止他们的越礼行为,并向文帝检举他们的罪行。凭他们父子兄弟的骨肉之情而只是有些失礼,何况也并没有较严重的越礼行为,但张释之依法举报而不加以宽恕。文帝也没有逃脱法律的约束,在薄太后面前一定要脱下皇冠向太后道歉,说自己教育太子不够耐心,然后太后才派使臣手持诏书赦免了太子和梁王的过失。汉代朝廷的各位公卿的所作所为,受到与自己地位相当或不如自己的人的批评时,往往还接受不了,但文帝却能做到收敛皇帝的威严和气势,让将军周亚夫得以实施军令,让丞相申屠嘉得以端正朝廷的礼制,使廷尉张释之得以执行国家的法令。文帝不被爱子之心所纠缠,不被个人感情所驱使,让臣下放心大胆地工作,用来严肃朝廷的法制。正是这个时候,上至宰相,下至百官,内至朝廷,外至军队,凡是有法制存在的地方,都使人觉得像秋霜一样寒冷,像雷霆一样的威重。观察时机有所图谋之心熄灭了,侵犯他人利益的风气消失了。这并不是只有汉武帝那样的辉煌功绩和宣帝那样的综合名实、信赏必罚的统治才出现这种局面的。汉文帝只是用儒家的礼仪来养成他的思想,用心平气和的态度来收敛帝王的气势,用抑制个人感情来执行朝廷制定的法令,用降低个人身份让臣下放心大胆地工作罢了。像汉景帝就不是这样。他沉醉于长治久安当中,安然自得的有自以为是之心。凡是文帝的所作所为,比如对臣下宽容大度、勉励推重、不敢随意凌辱以自毁为君之道的做法,景帝全部反其道而行之。没有功劳不可以封侯,这是汉高祖订下的法令,而怎么要封王信为侯呢? 封同姓为侯来安抚天下,这是汉高祖订的法令,而晁错怎么可以随意更改呢? 因此周亚夫依据汉高祖的法令对景帝晋封外戚王信为侯的做法据理力争,申屠嘉借向景帝启奏晁错侵占高庙陵地的机会想要杀掉违背汉高祖法令的大臣。周亚夫和申屠嘉这两个人当然是国家宏纲大法的体现者,国家政权的依赖者,[有了这样的人,]当然可以维护国家的长治久安。但他们在政治上却受到了景帝的压抑而得不到重用。一个饿死了,一个吐血死了。王信却最终被封侯,晁错终于也被重用。景帝一时间难道不因为举黜如意而较为开心吗? 然而周亚夫郁郁而死,但王信得以封侯,这就破坏了汉高祖订立的常规,而开了对外戚授官封爵的先例。申屠嘉愤懑而死,晁错却得到了重用,这便打乱和更改了汉高祖制订的法令,而导致了吴楚等七国反叛朝廷的祸乱。从这里我因此说"在小的方面得以伸展而在大的方面就会出现挫折",就是指景帝而说的。

【原文】

夫立法以维持天下,其大者犹宫室之上栋梁垣①,其小者盖瓦级砖②。非甚狂惑③,孰肯自隳其垣栋而自揭其管籍哉④! 惟其情欲之来,志气不能以自禁,随动而流,随触而勃,遂至于溃裂四出⑤,甚坏而不可救。故夫至公无私,我以存天下之法,常情所不能忍。于几微眇忽之中⑥,而遏其横流不可救之祸,自非以气御志、以道胜情之君⑦,畴克尔哉⑧! 武帝天汉中⑨,胡建得守军正丞⑩。监军御史为奸⑪,穿北军垒垣以为贾区⑫。建约走卒诛之⑬。竟斩御史,然后奏闻。武帝报曰⑭:"'国容不入军⑮,军容不入国'。建何疑焉!"

【注释】

①栋梁:房屋上的大梁。垣:房屋四周的墙壁。
②盖瓦:覆盖房屋上面的瓦。级砖:房屋四壁一层层的砖。
③狂惑:狂妄昏惑。
④隳:毁损坏。管籍:用芳草做的垫子,即座席。管通"菅",一种芳草。籍通"藉",以物衬垫。
⑤溃裂:坏裂。
⑥几微:细微。眇忽:隐约不清。
⑦道:道义。
⑧畴:谁。克:能。尔:这样。
⑨武帝:即汉武帝刘彻。天汉:汉武帝年号(前100——前97)。
⑩胡建:西汉河东人,字子孟。武帝天汉年间,胡建为驻守京师的北军正丞,即军中执法官。当时南北军各有正,正又置丞,而胡建未经正式任命,因此正、丞二职兼领之。
⑪监军御史:朝廷派驻军队以督察军事的官员。
⑫北军:汉代京师驻军有南北之分。南军守未央宫,由卫尉主管;北军守卫长乐

宫,由中垒校尉主管。垒垣:军营的围墙。贾区:市场买卖场所。贾,设摊床坐卖。

⑬约:事先约定。

⑭报:回答。

⑮"国容不入军"二句:语出《司马法》。容,礼制仪节。

【译文】

制定法律是用以维持国家的安定,根本大法犹如宫室上面的栋梁和四周的墙壁,具体的法规犹如宫室上面的瓦片和墙壁上的砖块。人如果不是到了比较狂妄昏惑的地步,谁会毁坏自己宫室和掀掉自己的座席呢? 只有当他萌生了个人的情感和欲望,他的意志和气节不能够约束自己,随着感情的冲动,欲望就像源源不断的流水,伴随着碰到物体而浪花四溅,它的破坏程度是非常严重的,是不可以补救的。因此大公无私,以维护国家法制作为己任,这是人的一般感情所接受不了的。在日常的一些细小问题上,就能防止无法补救的灾祸的发生,如果自己不是拿气节来支配自己的志趣、用道义来制约自己感情的君主,谁还可以这样呢? 汉武帝天汉年间,胡建得到驻守京师北军正丞的官职。监军御史为非作歹,他凿穿北军的围墙作贸易市场。胡建同手下的士兵约定好,杀了御史,然后上奏武帝。武帝答复说:"国家的礼制仪节可以不适用于军队,军队的礼制仪节也可以不适用于国家。对于胡建的做法有什么值得怀疑呢?"

二十八　易成之效则易以败

【原文】

天下之患,莫大于不可为,亦莫大于可为而不虑其所终。不计其所成,简略而始之,利未见而害随踵矣①。天下之事,非简略之所能久也。以简略而成,必以简略而败。古之圣人创制立法,为万世帝王程式,必周详而不敢轻、谨密而不敢忽者,非为其始之不足以成,而忧夫终之易败也②;非为其始之不足以得,而忧夫终之易失也;非为其始之不足以合③,而忧夫终之易散也。天下之事,如是足以成矣,如是足以得矣,如是足以合矣;而必曰未也,又从而节文之④,纪纲委曲而为之表饰⑤。是以至于今而不废。及其后世,求速成之功,而倦于持久。故其欲成也,止于足以成;欲得也,止于足以得;欲合也,止于足以合。其始不详,其终不胜其弊。

【注释】

①踵:至。

②夫指示代词天义。那。

③合:合众。此指团结民心。

④节文:节制修饰。

⑤纪纲:法度。委曲:委婉详尽。表饰:修饰。

【译文】

天下的忧患,再没有比不能做而硬要去做再大的了,也没有比可以去做但却不去考虑它的后果更大的了。不考虑它成功的因素,简简单单地开始,还没有见到一点好处,祸患却随之而至了。天下的事情,并非草率简单地从事就能持久的。以草率简略的方式取得成功,也一定会因草率简略的方式而导致失败。古代圣人创立的制度和法律,作为后来世世代代帝王统治天下的规程、法式,肯定周详而不敢轻率、谨严缜密而不敢粗心大意的原因,不是因为在开始的时候不可以取得成功,而担心后来容易失败;不是因为在开始的时候不能够有所收获,而担心后来容易失误;不是因为开始的时候不能团结人心,而担心后来容易失去人心。天下的事情,如果这样就能取得成功,如果这样就能有所收获,如果这样就能固结人心;而古人一定要说还没有达到预期的目的,从而对制度法令又加以调整润色。法度已委曲详尽,但还要加以修饰。所以古代的制度法令直到今天还没有被废弃。到了后世,统治者只追求尽快取得成功,而缺乏长期作战的精神。所以他们想要取得成功,只仅仅满足于取得成功;想要有所收获,只仅仅满足于有所收获;想要团结人心,只仅仅满足于团结人心。开始时制度法令不详密,到后来,弊病就会越来越多。

【原文】

呜呼!有以文、武、周公之所以造周者告之乎①?三代令主维持天下之具,莫详于周②。吾尝求其制度规模矣③。凡纪之《书》、歌于《诗》④,纤悉曲具⑤。列之于《周礼》⑥,所谓礼乐之本、教化之端、桑农之政、任用之机,以至刑禁之条目、财货之源流,班班可考者⑦,皆其维持天下之具也。夫文、武、周公岂不能略为之法、简为之制,优游容与于阎端创始之初⑧,而乃汲汲若是耶⑨!天下之势,其成之也有基,其立之也有本。惟其栽培封殖之既固⑩,则枝叶未易以委枯。惟其疏浚堤防之尽力⑪,则流派未易以溃裂⑫。万世子孙有所凭借扶持而不至于陵迟大坏者⑬,皆出于此。

【注释】

①文:指周文王姬昌。武:指周武王姬发。文王之子。周公:武王之弟。名旦。
②三代:夏、商、周三个朝代。令主:贤明君主。具:法度。
③规模:制度程式。
④《书》:《尚书》。《诗》:《诗经》。
⑤纤悉:细微详尽。曲具:曲折具体。
⑥《周礼》:记载先秦典章制度的书。原名《周官》。《周礼》与周时制度不合,今文家认为王莽时刘歆所作。
⑦班班:明白。
⑧优游:悠闲自得。容与:安逸自得。阎:开。
⑨汲汲:急切的样子。
⑩封殖:培植。

⑪浚:加深水道。堤防:用以拦水的土坝。

⑫流派:水的支流。

⑬陵迟:衰落。

【译文】

唉!有人可以把周文王、周武王和周公创建周朝的原因讲给人们听吗?夏、商、周三代贤明君主维护天下统治的制度法规,再也没有比周代更完善的了。我曾探索周代的制度法规。凡是《尚书》中记载的、《诗经》里歌咏的,细微详尽而曲折具体。在《周礼》中记载的,所说的礼乐的根本、教化的端绪、农桑的政务、任贤的关键,以至刑法禁令的条目、财货的源流,明白可察的,都是周代统治者用来维持天下统治而定的制度法规。周文王、周武王和周公难道不可以简化制度法规,在立国之初贪图悠闲安逸吗?何必如此迫切地创建制度法规!天下的形势,它的形成必须有一定的基础,它标新立异必须有一定的根本。树木只有栽种得根深蒂固,它的枝叶才不容易枯萎凋落。江河只有尽力去疏通水道并加固堤防,它的支流才不至于泛滥。世世代代的子孙在立身行事方面如果有所借鉴、对国家有所帮助而不至于让国家衰落败坏的原因,都出自周代的制度法规。

【原文】

若夫汉高帝之宽仁①,足以扫秦之禁网②,信义足以胜楚之威力。其资美矣③,独于万世子孙之计有愧于三代。是岂非苟为之心入之④?而闾端之初,遂至于简且略耶!(礼)[乐]由天作⑤,(乐)[礼]以地制。先王以是而穷一性之源本、陶万汇之中和⑥,又岂可轻为而轻视?帝乃甘于亡秦卑陋之习,俯首于叔孙绵蕞之仪⑦,至有"度吾能行"之语⑧。吁!贬道从己,一至于此。稽之《王制》⑨,宁有不愧!惟高帝创法立制之原,每每如此。是以继世之君,如文帝之贤⑩,宜可与语王道也;然闻释之之奏⑪,乃甘心于秦汉之卑论。观贾生之策⑫,而未违于礼乐之大典⑬。如宣帝之贤⑭,宜可与语王道也;然有汉家之制⑮,而安于杂霸,不法先王之统,而敢于持刑。岂非高帝之规模不远、苟略苟成而有以启文、宣之敝欤!

【注释】

①汉高帝:即汉高祖刘邦。

②禁网:严苛的法令。

③资:天赋。

④苟为:草率行事。

⑤"礼由天作"二句:出自《礼记·乐记》篇。引文有误。当为"乐由天作,礼由地制"。意为:乐生于阳,是法天而作;礼主于阴,是法地而制。

⑥一性:此指仁义之性。陶:培育。万汇:万物。中和:中正和谐。

⑦叔孙:即叔孙通。叔孙为复姓。西汉薛(今山东藤县东南)人。先为秦博士,后归刘邦,任博士。刘邦称帝,孙叔通采择古礼,结合秦制,订立朝仪。绵蕞:叔孙通与弟子演习朝会礼仪时,牵引绳索以表示演习处所,称之为绵;树立茅草以表

示尊卑位次,称之为蕞。

⑧度吾能行:释义见本条下段。"能"原文为"躬",此据文渊本和《史记》叔刊、通本传改。

⑨《王制》:《礼记》中的篇名。记载王者的制度。

⑩文帝:即汉文帝刘恒。见本卷27条第二段注③。

⑪然闻释之之奏:释义见此条下段。

⑫贾生:即贾谊。汉洛阳(今河南洛阳市)人。以年少博学善文章,文帝召之为博士。不久迁太中大夫,为大臣周勃等人所排挤,贬为长沙王太傅。后为梁怀王太傅。他曾多次上书批评时政。建议削弱诸侯王势力,主张重农抑商,力主抗击匈奴贵族的侵掠。

⑬未遑:来不及。

⑭宣帝:即汉宣帝刘询。见本卷25条第一段注㉒。

⑮"然有汉家之制"二句:汉宣帝以刑名治国,太子刘奭认为宣帝持法太过,建议重用儒生,宣帝说:"汉家自有制度,本以霸王道杂之。"霸,指霸道,即国家凭借武力、权势等手段进行统治。王,指王道,即用儒家所宣扬的仁义治理天下。

【译文】

至于汉高祖的宽厚仁慈,足以灭掉秦朝的严苛法令、信义足以战胜西楚霸王的威势。他个人的天赋是完美的,唯独替后世子孙着想方面不如夏、商、周三代的贤明君主。这难道不是因为草率从事的思想在支配自己,所以在立国之初就没有比较完整的制度法规吗?礼乐是取法于天地而制成的。先王用以来探寻仁义之性的本源、培养万物的中正和谐之气,又怎么能草率从事并轻视小看它呢?汉高祖竟然满足于已经被灭亡的秦国那种卑陋的礼俗,欣赏叔孙通用绳索和芳草来演习朝会时的礼仪,以至于有"考虑我可以做到的去设计"的话。唉!贬低仁义之道并使它屈从自己,竟到了这样的地步。用《礼记·王制》篇的思想来审察自己,难道他还不觉得应该惭愧吗?汉高祖创立法律的实际情形,通常是这样。因此后来即位的君主,就像汉文帝这样贤明的君主,也应该和他谈论用仁义之道治国的问题;然而当他听到张释之的奏疏后,竟满足于有关秦汉之时政治得失的卑陋之论。纵观贾谊献给汉文帝的治国安邦之策,竟没时间深入探讨治国安邦的大法——礼乐。像汉宣帝这样贤明的君主,应该和他谈论用仁义之道治国的问题;但他认为汉朝有汉朝的制度,并且安于王道和霸道相结合的政治环境,不效法周代先王以仁义治国的传统,却用刑名之术治国。这难道不是汉高祖在治国方面缺少长远规划、草率地行事和轻易地取得成功从而又开启了汉文帝、汉宣帝的弊端吗?

【原文】

昔叔孙通与弟子共起朝仪,高帝曰:"得无难乎①!"通曰:"臣愿颇采古礼,与秦仪杂就之。"上曰:"可试为之,令易知,度吾所能行为之。"张释之补谒者②。既朝毕,因前言便宜事③。文帝曰:"卑之!无甚高论。令今可行也。"于是释之言秦汉之间事,文帝称善。

【注释】

①得无：不是。

②张释之：西汉南阳堵阳（今河南方城东）人。事文帝十年不得升迁，要免职回乡。中郎将袁盎知其贤，请求文帝提拔他为谒者。释之朝见文帝后，借机向文帝陈述便国利民的事，文帝要求他不要高谈阔论，要谈当前能实行的。于是释之又向文帝谈起秦汉之际政治的得失，受到文帝的赞许，并提拔他为谒者仆射。官至廷尉。谒者：官名。皇帝的侍臣，掌接待宾客。长官为仆射。

③便宜：应办的事，特指对国家有利有好处的事。

【译文】

西汉时，叔孙通和弟子们一起制定朝会的礼仪。汉高祖问："不是很难的吧！"叔孙通回答说："我想稍微采用古代礼制，同秦朝的礼仪结合起来制订它。"高祖说："可以试着办，要让人们容易了解，大约根据我能做到的去制订它。"［文帝时，］有人推荐张释之填上谒者官职的空缺。张释之朝见完毕，便借此机会向文帝陈述便国利民的事情。文帝说："讲的实际些，不要高谈阔论，要使当前就能够实行的。"于是张释之谈到秦汉之时的事情，就受到了文帝的称赞。

【原文】

昔有善陶者，直必百金也①。尝苦其难售，然其器终生而不隳②。邻之陶者，直才数金，人之市者踵至；然朝用而夕随倾之③，不能终以岁月。是孰为之取舍哉？

【注释】

①直：同"值"。金：古代货币计量单位，或以黄金一斤为一金，或以黄金一镒为一金。因时而异。后也指银一两为一金。

②隳：毁坏破坏。

③倾：倒塌，破碎。

【译文】

从前有一个善于制作陶器的人，他所制作的陶器，价值定为百金。他曾因为陶器难以销售而苦恼，然而他制作的陶器终生使用也不会破裂。他邻居制作的陶器，价格只值几金，购买者相继而至；但这种陶器早晨使用晚上就碎了，连一年的时间都用过不去。这谁能替他们裁决呢？

第六卷

二十九　事要其终方可知人用心①

【原文】

天下之事,要其终而后可以知人之用心。恩之已甚者,未必非以杀之;而忍于抑其所爱者②,未必非以全之也。苟不于其终焉而观之,则恩者人以为真恩,忍者人以为真忍。盖至于此,则是非之在天下,始为之失其实矣。婴儿之甚其饱,贵人之极其宠;而婴儿之病、贵人之祸则生于饱之宠之之日也。严师之笞楚、慈母之呵叱③,而子弟之成就则在于笞楚、呵叱之时也。孰谓人君之于天下,恩可遽指以为恩④,威可遽指以为威哉!昔者绛侯亲握天子玺而授之文帝⑤。一日有疑⑥,下之狱吏,几死而仅免,则文帝疑若少恩矣。孰知文帝之少恩,乃所以抑去其骄蹇之意⑦,而务以全其宗也。宣帝之于霍氏⑧,厚之以权,不约之以礼,使其不肖之子侄,且假之以当路之权柄⑨;则宣帝之于霍光⑩,其厚之亦至矣。不知夫厚之者,乃所以速其逆节之露也⑪。人主之恩威未定,大率类此⑫。

【注释】

①要:求。

②忍:苛刻。

③笞楚:用鞭、杖、竹板、荆条等抽打。

④遽:疾,速快。

⑤绛侯:西汉初年,周勃因功封为绛侯。刘邦曾说:"周勃厚重少文,然安刘氏者必勃也。"惠帝六年(前189),为太尉。吕后时,诸吕掌权,吕后侄吕产、吕禄分掌南北军。吕后死,周勃与陈平共诛诸吕,迎文帝即位。文帝:即汉文帝刘恒。汉高祖刘邦之子。前180——前157年在位。高祖平代地,立为代王。吕后死,周勃、陈平等平诸吕之乱,迎立为帝。在位期间,提倡农耕,免去农田租税凡十二年,主张清静无为,与民休息,废除肉刑。在历代帝王中以生活俭朴著称。

⑥"一日有疑"二句:文帝初年,有人上书诬告周勃要谋反,周勃被捕下狱。后来在文帝母薄太后的干预下才得以获释。

⑦骄蹇:高傲不羁。

⑧宣帝:即汉宣帝刘询,武帝曾孙。前74——前49年在位。祖父戾太子刘据

遭巫蛊之祸自杀，父母均遇害。幼时养于民间。大将军霍光废昌邑王刘贺后，迎立刘询为帝。即位后，励精图治，任贤用能，又好刑名之术，重视吏治，轻徭薄赋。霍氏：指大将军霍光及其家族。

⑨当路：当仕路，指掌握政权。

⑩霍光：西汉河东平阳(今山西临汾西南)人。字子孟。霍去病异母弟。仕武帝、昭帝、宣帝三朝。官至大司马大将军，总揽朝政二十年，族党满朝，权倾内外。霍光死后，宣帝亲政，收霍氏兵权，以谋反罪灭族。

⑪逆节：背叛朝廷变节。

⑫大率：大约，大概。

【译文】

天下的事情，只有在求得它最后的结果如何，然后才能了解人的用意所在。即使君主对某人过于恩宠，受到恩宠的人未必不因此而受到杀戮；而君主对自己所恩宠的人受到的压抑抱着非常苛刻的态度，受恩宠的人未必不会因此得以保全。如果不从最后的结局去分析，君主对某人有恩宠，人们就会以为这是君主对某人的真正爱护；如果君主对自己所恩宠的人受到压抑抱着苛刻的态度，人们就会以认为这是君主对某人太过苛刻。到了这种地步，天下的是非就开始被颠倒了。婴儿吃得太饱、身居高位的人受到极大的恩宠；而婴儿的疾病、身居高位者的灾祸就在他们吃的过饱、受到极大恩宠的时候开始发生了。严师鞭打自己的弟子，慈母呵斥自己的子女；但弟子和儿女们的成就在严师抽打和慈母呵斥的时候开始孕育了。谁说君王对于举国臣民施恩于是人们马上断定为施恩，施威而人们就马上断定为施威吗？汉代绛侯周勃亲自捧着皇帝的大印交给了汉文帝。而文帝一旦对周勃存有疑心，就把他关到狱中，交由狱卒看管，几乎被处死，后来终于保住了性命，文帝似乎刻薄少恩。可谁能理解文帝对周勃的苛薄少恩，正是用来压制或去掉他那高傲的情绪，以此来保全他的家族。汉宣帝对霍光，授以重权，不拿礼法去约束他，使霍氏那些没有德才能力的子弟，被授予执掌朝政的权力；宣帝对霍光，待遇是最优厚的。但不知那优厚的待遇，竟是用来加速暴露霍氏背叛朝廷的工具。君主对臣民的恩威并没有确切的标准，总的说来，就是这样的。

【原文】

管仲侈淫①。田氏俭约②。郑庄公叔段事③。曹参饮醇酒事④。陈平从吕后王诸吕⑤。

【注释】

①管仲侈淫：春秋时，管仲在辅佐齐桓公期间，其财富可比王室，并娶三姓之女为妻妾。但齐人并不觉得过分。这是因为管仲为齐国的富强做出了重大贡献。

②田氏俭约：春秋时，齐国大臣田厘子和其子田成子为了争取民心，以大斗借贷，小斗收进。至简公四年（前501），田成子杀死简公，任国相。从此齐国由田氏专政。

③郑庄公叔段事：春秋时，郑庄公之母姜氏溺爱庄公之弟叔段。庄公即位后，在姜氏的请求下，庄公把叔段封在京（故城在今河南荥阳东南二十余里。）这个地方。在姜氏的怂恿下，叔段的扩张野心有增无已，而庄公竟采取一再容忍的态度，借以在政治上把叔段搞臭。当叔段策动武装叛乱时，庄公即一举击败了叔段。

④曹参饮醇酒事：西汉初年，萧何死后，曹参出任相国。曹参到任后，不处理公务，天天饮美酒，以淡化文武百官的争名逐利之心，使百姓得以休养生息。醇：厚酒美酒。

⑤陈平从吕后王诸吕：汉惠帝死后，吕后要立诸吕为王。吕后征求右丞相王陵的意见，王陵不同意；又征求左丞相陈平的意见，陈平却同意了。陈平意在消除吕后对自己的疑虑，以取得吕后的信任，好伺机除掉诸吕。王诸吕，封诸吕姓为王。

【译文】

管仲生活奢侈[，但齐人并不觉得过分]。田厘子父子生活非常俭朴[，为的是赢得民心]。郑庄公能够容忍叔段的扩张行为[，为的是在政治上搞臭叔段]。曹参任相国之后，天天饮美酒作乐[，为的是淡化文臣武将争名逐利之心]。陈平迎合吕后的心情，同意封诸姓为王[，为的是解除吕后对自己的疑虑]。

三十　议论不一理未必异

【原文】

至真无二①，至公不殊②。言语议论不一，而方之于笑哭，则天下无异声③。贵贱贤愚有异，而较之于生死，则天下无殊途。理之在天下亦若是而已矣。彼（谓）[于]夫议论之间④，未尝纷乱而不可诬。是以圣人在上，众正路开，人人得以自尽。不有得于此，则有得于彼。其初，杂然而不可听，然其论利害也详，言是非也明。吾惟审择而谨取之耳，又何病夫议论之不一也⑤？世之谈者类曰⑥："'谋夫孔多⑦'，是用不集'。言之多,徒以败事也⑧。外廷百口徒乱人意⑨。言之多,徒以惑人也。"不知夫所以惑,所以败者,不在于言之之多,而在于择之之不审。使有尧、舜、禹、汤、文、武之君在上⑩,于众言不一之中,必有卓然不惑之见。其言愈多,其理愈明,其见愈审。又岂至于多而惑、惑而败也哉?闻仁宗朝杜祁公衍、范文正公仲淹、韩魏公琦、富郑公弼、欧阳公修、余靖、蔡襄之徒⑪,相继在列。每朝廷有大事,议论纷然,累日而不决。司马君实与范纯仁号为至相得者⑫,钟律一事⑬,亦论难数十而不厌⑭。夫其所谓累日而不决、数日而不厌者,当时亦曷尝病其惑人而败事也哉?以至一之理,而为是不一之议论,言者不止,而听者不厌,则亦以吾胸中有卓然之见,而夫人之所欲言,不得不使之自尽也。

【注释】

①至真:极纯真。

②至公:极公正。

③方:比拟。

④彼:那个。指理。谓:当作"于"字。否则语义欠通。译文作"于"。

⑤病:忧虑。

⑥类:大都。

⑦"谋夫孔多"二句:语出《诗经·小雅·小旻》。孔,甚。是用2,所以。集,成功。

⑧徒:只。

⑨外廷:即外朝。国君听政之所。

⑩尧:传说中父系氏族社会后期部落联盟领袖。姓伊耆,名放勋,又号陶唐民。舜:传说中父系氏族社会后期部落联盟领袖。姓姚,名重华,又号有虞氏。继尧即天子位。禹:又名大禹、夏禹。姓姒。夏后氏部落领袖,继舜即天子位。汤:商王朝的创建者。姓子。又称天乙、成汤。文:即周文王姬昌。武:即周武王姬发。文王的儿子。

⑪仁宗:即北宋皇帝赵祯,真宗的儿子。公元1022——1063年在位。政治上因循守旧,对外屈辱求和,形成内外交困危机四伏的局面。杜祁公衍:即杜衍。北宋山阴(今浙江绍兴市)人,字世昌。仁宗时,官至枢密使。祁公即祁国公,为杜衍封号。范文正公仲淹:即范仲淹。宋苏州吴县(今江苏苏州市)人,字希文。仁宗时,官至陕西四路安抚使、参知政事。文正为其谥号。韩魏公琦:即韩琦。宋相州安阳(今河南安阳市东南)人,字稚圭。仁宋时,任陕西经略招讨使,与范仲淹率兵拒敌。官至同中书门下平章事。魏公即魏国公,为韩琦封号。富郑公弼:即富弼。北宋河南洛阳(今河南洛阳市)人,字彦国。仁宗时,与韩琦同在中书主政,曾两次出使契丹,有气节。郑公即郑国公,为富弼封号。欧阳公修:即欧阳修。北宋卢陵吉水(今江西吉安市)人,字永叔,自号醉翁、六一居士。官至枢密副使、参知政事。余靖:宋曲江(今广东曲江区)人,字安道。仁宗时,授右正言,因论范仲淹被降职充外任一事,与尹诛、欧阳修同被贬官。蔡襄:北宋仙游(今福建仙游),字君谟。官至端明殿学士。

⑫司马君实:即司马光。"君实"为字。范纯仁:北宋苏州人,字尧夫。仲淹次子。哲宗时,官至尚书仆射、中书侍郎。与司马光主持朝政。

⑬钟:集。

⑭唯诘责责怪。

【译文】

最纯真的情感是心里没有杂念的,最公正的态度是对人一视同仁的。言谈议论不相同,而用人的哭笑来比拟,普天下也就没有什么两样。贵贱贤愚有所不同,而用人的生死来比较,普天下却没有什么不同。天底下的道理也不过如此罢了。天下的道理在人们的议论之中,未曾混淆,而是不可随意加以诬蔑。因此如果有贤明的君主在上面掌权,条条坦途就会畅通无阻,人人都可以无所保留地倾诉自己的心曲。君主不是在这个人的言论中得到收获,就是在那个人的言论中得到收获。刚开始,觉得人们的议论缺少条理,似乎不值得听取,然而他们议论成败利害是详细的,陈述是非功过是明确的。作为君主只是审慎地择善而从之罢了,还忧虑什么人们的议论不相同呢?社会上议论朝政的人大都说:"'谋划的人过多,所以不能成功。'议论多了,只能使事业招致失败。在朝廷上大家都发表个人意见,只会搞乱人们的思想。议论多了,只会迷惑人心。"不知那迷惑人心,使事业招致失败的评论,不在于议论的多少,而只在于听取意见时不够审慎。如果有尧、舜、禹、汤、文、武等英明君主在上面掌权,在各种不同的评论中,一定会有不同凡响而又人不受迷惑的见解。这样的言论越多,道理就越明晰,见解也就越加精审。又怎么会至于议论多就会使人受到迷惑、由迷惑而导致失败呢?听说在宋仁宗当朝时,杜衍、范仲淹、韩琦、富弼、欧阳修、余靖、蔡襄等人,相继在朝中当政。每当朝廷有大事时,就会有各种不同的意见,很多天不能断定谁是谁非。司马光与范纯仁可算得上最要好的,然而他们共同衡量某一政事的得失时,也要争辩几十次而不厌烦。那些所谓费了很多天都拿不定主意而不感到厌烦的当政者,当时也何曾忧虑议论多就会迷乱人心以至于败坏国家大事呢?用最简单的道理,来对待这样不同的议论,议论者就会知无不言,而听取意见的人也不会感到厌倦。也正由于我(指当政者)有超出常人的见解,所以他人想要说什么,不能不让他把自己的想法全部倾诉出来。

三十一　法废则人可肆其情

【原文】

子贡欲去告朔之饩羊①,孔子以为不可②。齐宣王欲毁明堂③,孟子以为不可④。夫具饩羊而不存夫礼⑤,则不如无饩羊;有明堂而不知其政,则不如无明堂。古之人何眷眷于此而独以为不可耶⑥?予尝论之曰:"彼其不知其礼其政,然犹有先王之物存焉,则肆其情者犹将有所碍也。苟取饩羊而去之,取明堂而毁之,其所以碍人之情者既不复存,则荡然无所限制,纵意肆欲,将何所顾忌耶?"今夫法之设,以迹绝私也⑦。事私行于无形,而人莫得见其情。故圣人设法以为寓公之具⑧。寓公者有具,则戾公者有形矣⑨。

【注释】

①子贡:孔子弟子。姓端木,名赐,字子贡。春秋时卫国人。告朔之饩羊:古代的一种制度。每年秋冬之交,周天子把第二年的历书颁给诸侯,以明确这一年有无闰月、每月初一是哪一天,因此称"颁告朔"。诸侯接受了这一历书,藏于祖庙。每逢初一,便杀一只活羊祭于庙,然后回到朝中听政。这祭庙称作"告朔",听政称作"视朔",或称作"听朔"。到子贡之时,每月初一,鲁君不但不亲临祖庙,而且也不听政,只是杀一只羊走走过场罢了,所以子贡认为不必留此形式。孔子却认为,尽管这是残存的形式,也比不保留这种形式好。朔,每月初一。饩羊,用来告祭祖庙的活羊。

②孔子:春秋时鲁国陬邑(今山东曲阜人)。名丘,字仲尼。儒家学派宗师。

③齐宣王:战国时齐国君。田氏,名辟疆。齐威王之子。明堂:古代帝王宣明政教的地方。

④孟子:战国时邹(今山东邹县东南)人。名轲,字子舆。儒家学派的代表人物,孔子的私淑弟子。

⑤具:备。

⑥眷眷:依恋向往貌。

⑦迹:道法。这里指先王之道。

⑧寓公之具:体现公正的尺度。

⑨戾:背。

【译文】

子贡想除掉告朔时祭庙用的活羊,孔子认为不可以这样做。齐宣王要毁掉宣明政教时用的明堂,孟子也认为不可以这样做。准备了祭庙用的活羊而放弃了祭庙用的其他礼仪,还不如没有活羊;有了明堂却不知用它来宣明政教,还不如没有明堂。古代的圣人对礼制为什么那样依恋而且偏偏认为不该毁弃呢?我曾议论说:"鲁国和齐国的当权者不知推行先王的礼制和政教,而且还有体现先王礼制和政教的器物保留在人间,那么为所欲为的人,必将受到约束。如果取消祭庙用的活羊,毁掉宣明政教用的明堂,束缚人们情欲的礼制就不会再存在了,人们将无法无天,为所欲为。还有什么可以顾忌的呢?当今设立法度,为的是用先王之道杜绝人的私欲。事情经常是在无形之中私自而为,人们不能见到真实情况。因此古代的圣人创立法度来作为体现公正的尺度。体现公正一旦有了尺度,违背公正的人就有踪迹可寻了。"

【原文】

春秋之世,诸侯相与削去周书之籍①。夫何仇而为此? 直恶夫行私之有形耳^②。后之君子不知夫法可以碍行私者之情，以为任法不若任人，于是取天下之法而罢之。为用刑之说，则曰无为刑辟^③，议事以制可也。为用人之说，则曰毋拘定制^④，见贤而用可也。夫使朝廷常清明，大官常得人，则法之所在，循之可也，立之亦可也。不幸而有纵情以行私者出焉^⑤，前无所顾，后无所忌，喜怒予夺，惟我所欲，则典刑之坏，必于是焉始矣。盖昔者裴光庭之设循资格^⑥，而张九龄极论其弊^⑦。及其为相，一切罢之。其意盖以奖拔人才、激厉士气，且使不得执法以徼其上，而权之出于朝廷也。吁！孰知是法之废，而朝廷始无所守，荡然得以肆其情耶^⑧！

【注释】

①相与：彼此相交接，共同。
②直：只不过。
③刑辟：刑法。
④苟：草率的。
⑤不幸：意外。
⑥裴光庭：唐河东（今山西永济市西蒲州镇）人，字连城。玄宗时，官至侍中，兼吏部尚书，迁弘文馆学士。循资格：即指按资历选官。官职高的少选，官职低的多选。无论才能高低，有升无降。
⑦张九龄：唐韶州曲江（今广东曲江区）人，字子寿，一名博物。玄宗时官至宰相。主张不循资格用人。
⑧荡然：无拘无束的样子。

【译文】

春秋时代，诸侯国都一起毁掉了周代图书中的有关典籍。他们对待这些典籍为什么这么仇视呢？只是因为他们厌恶自己营私舞弊的行为原形败露罢了。后代的君子不知道法律是可以用来约束营私舞弊之人的欲望，认为凭借法制治国不如凭借人才来治国，于是取消了天下的法制。朝廷探讨用刑之道时，有人便说用不着制订刑法，用议事的办法来制约人们的言行就可以了。朝廷探讨用人之道时，有人便说不必拘泥一定的选官制度，发现德才兼备的人才，大胆使用就可以了。要使朝廷保留有清正廉明、公卿大臣经常得到合适的人选，那么只要有法制存在，按章办事就可以了，有所建树同样是可以的。倘若意外地有为所欲为、营私舞弊者出现，他们对前因后果没有顾忌。喜怒予夺，只凭自己的欲望，那么朝廷的典制刑法的损坏，一定从这个时候开始，唐玄宗时，裴光庭设立了根据资历的高低选拔官吏的制度，而张九龄却极力陈述它的害处。等到他任宰相时，按资历选官的制度全部废除。他的用意是为了奖励选拔人才、激励上气，又不可以使下级官吏凭选官的方法来苛求上级主管部门。因而用人之权出自朝廷。唉！谁知这种选官之法废弃以后，朝廷开始不去遵循，人们可以肆无忌惮地放纵自己的情欲呢！

【原文】

尝观明皇开元之初①,资格未废之际,以苏廷硕之能②,明皇欲大用,必问宰相:"有自工部侍郎而拜中书③,其果宜乎?"宰相以为:"惟贤是用,何资之计?"明皇乃敢从之。李元纮之才④,公卿交荐籍甚⑤,明皇欲白天官侍郎擢拜尚书⑥。斯未为骤进也⑦,然宰相以其资薄,止拜侍郎。夫以苏廷硕、李元纮卒为宰相。虽使当时擢自众人,以管机政,未为过也。又况一自工部而拜中书,一白侍郎而拜倦尚书,非躐等也⑧。然必问大臣,许而后授之,不许则不敢也。盖其法度,人臣倦倦在于资格⑨,而不敢忽也。及其惑林甫之奸⑩,欲相牛仙客⑪,则自河湟使典擢班尚书⑫。遂不复计资。而九龄虽倦倦尽忠,援故事而且不听矣⑬。明皇即政之初,其资格虽毫厘必计;而其终也,虽尊卑疏戚⑭,颠倒易置,而有所不恤⑮。岂非资格一废,彼固得以肆其情而无所碍耶?本朝李定以资浅入台⑯,事最细也。若未害治也,而宋敏求不奉诏⑰,苏颂又不奉诏。夫亦审诸此而已耳⑱。

【注释】

①明皇:即唐玄宗李隆基。开元:唐玄宗年号(公元713——739)。

②苏廷硕:唐京兆武功(今陕西武——功西)人,名颋,字廷硕。武则天时,袭封许国公。开元间居相位时,与宋璟共理朝政。

③工部侍郎:封建时代,掌管营造工程事项的长官,位在工部尚书之下。中书:即中书侍郎的简称,位在中书令之下。参与朝政。

④李元纮:唐京兆万年(今陕西西安市)人,字大纲。开元间官至中书侍郎、同平章事。

⑤交:并,都。籍甚:非常多。

⑥天官侍郎:即吏部侍郎。唐武则天时,曾一度改吏部为天官。后世也以天官为吏部的通称。主管官吏的选任、铨叙、勋阶等事。尚书:此指户部尚书。朝廷中主管户口、财富的长官。

⑦斯:此。

⑧躐:逾越。

⑨倦倦:恳切貌。

⑩林甫:即唐玄宗时奸相李林甫。

⑪朱仙客:唐泾州鹑觚(今甘肃泾川西北)人。开元时,先后任河西节度使判官、朔方节度使、工部尚书、同中书门下三品。

⑫河湟:指黄河、湟水两流域地,即河西之地。使典:旧时官府中办理文书的小吏。擢:选拔。班:位次。

⑬援:引。故事:旧例。

⑭戚:亲近。

⑮恤:怜惜。

⑯李定:宋扬州(今江苏扬州市)人,字资深。神宗时,先后任监察御史里行、知制诰、御史中丞。

⑰宋敏求：北宋赵州平棘（今河北赵县）人，字次道。神宗时官至史馆修撰，龙图阁直学士。

⑱苏颂：北宋泉州（今福建泉州市）人，字子容。官至右仆射兼中书门下侍郎。

【译文】

我曾考察过唐玄宗开元初年，即按资历选官的制度还没有废弃的时候，凭苏颂的才能，玄宗想要重用他，一定征求宰相的意见。玄宗问宰相："有些人，从工部侍郎的职位授予中书侍郎，这种做法果然这么合适吗？"宰相认为："只重用德才兼备的贤人，为什么计较他的资历呢？"唐玄宗才敢根据宰相的意见起用苏颂。凭李元纮的才能，公卿大臣们都极力推荐他，唐玄宗想把他从吏部侍郎提拔为户部尚书，这样做，不能认为提拔得太快。然而宰相认为他的资历太浅，只授予他吏部侍郎这个官职。凭苏颂、李元纮的才能最终作了宰相。这样的人才，即使当时从平民中选拔上来，让他们管理国家的军政大事，也不可以认为过分。更何况一位是从工部侍郎的职位上授予中书侍郎，一位是由吏部侍郎的职位上授予户部尚书，并非越职提拔。然而唐玄宗一定征求大臣的意见，大臣要是同意了，就授予他们官职；大臣不同意，就不敢轻易授予官职。由于有了法度，人臣就把注意力放在追求资历方面，而不敢有所忽视。等到玄宗为李林甫的奸诈所迷惑，想要提拔牛仙客做宰相，就将牛仙客从河西节度使帐下的文书小吏的位置上提拔到工部尚书的职位。于是不再计较资历的深浅。可是张九龄虽然忠心耿耿地效忠朝廷，他援引前朝在选吏方面的旧例劝谏玄宗，玄宗再也不听取张九龄的意见了。玄宗即位的初年，在论资排辈上即使是一点点差异，也一定斤斤计较；而到了晚年，即使是尊卑、亲疏的位置完全颠倒，也毫不顾惜。这难道不是一旦废弃了选官的资格，玄宗固然得以为所欲为而没有任何约束吗？我朝李定以资历浅薄入御史台，事情的原委最为详细。这样对治理国家并没有妨碍，而宋敏求对李定起草的诏书拒不奉行，苏颂也是如此。这也只不过是在按年资用人方面比较审慎而已。

【原文】

用人以资，则盛德尊行①、魁奇俊伟之士②，或拘格而迟回焉③。张释之十年不得调④，扬子云官不过执戟是也⑤。

【注释】

①盛德尊行：品德高尚。

②魁奇俊伟：才貌出众。

③迟回：迟疑，徘徊不前。

④张释之：西汉南阳堵（今河南方城东）人，字季。文帝时官至廷尉。执法公平，为天下人所称颂。

⑤扬子云：即扬雄。西汉蜀郡成都人，字子云。成帝时为给事黄门郎。王莽时，校书天禄阁，官为大夫。执戟：秦汉郎官中有中郎、侍郎、郎中，掌执戟侍从、宿卫诸殿门，因此也称"执戟"。扬雄曾任给事黄门郎，位在执戟之列。

【译文】

选用人才按资历,品行高尚、才貌超众的人才,有的由于受到资历的限制,而得不到大胆地提拔。张释之的官职十年之中得不到升迁,扬雄的职责也只不过是为皇帝掌执戟侍从、宿卫宫门,这就是有力的证明。

三十二　任用不应使人取必①

【原文】

圣人之于天下②,惟其我既取必于人,而人不能取必于我。夫是以天下惟圣人之为听。何者? 我取必于人,则权在我;人取必于我,则权在人。人不敢为而奔走天下者,权也。以奔走天下之具③,而委之于人,则欲富者富,欲贵者贵,如执券取偿,其势不得不应。其势既应之,则在我之富贵有限,而彼之欲无穷。置而不问④,则怫然有所不平于其心⑤。夫圣人者不牵于天下之私情,而务合于天下之公议。必其有可以得富贵之理,然后遗之以富贵之资。故得之则释然有以自慰⑥,而不得者亦慊然有以自愧⑦。

【注释】

①必:此指一定的规律。
②圣人:此为帝王的尊称。
③奔走:效劳。
④置:弃置不要。
⑤怫:愤怒的样子。
⑥释然:疑虑消除的样子。
⑦慊然:满意貌。

【译文】

君王治理整个天下时,只有我从别人那里获取一定的规律,而别人不可以从我这里获取一定的规律。所以整个天下都听从君王的旨意。这是什么原因呢? 我从别人那里得到一定的规律,权力就相当于掌握在我的手里;而别人从我这里得到一定的规律,权力就等于掌握在别人的手里。人们不敢妄为并可以为国家效劳的主要原因,在于受权力的制约。把驱使人们为国家效劳的工具交付给别人,想发财的就发财,想当官的就当官,就像手持债券领取偿金一样。面对这种形势,君王不得不去应付。君王既然忙于应付这种形势,但他手中掌握的财富和官职有限,而人们的欲望是没有穷尽的。如果君王真的弃置不问,人们的心里就会愤愤不平。作为君王,他的立身处世是不为天下的私情所左右的,而一定符合天下的公理。他们一定具备获取财富和地位的情理,然后君王再赋予他们获得财富和地位的资本。因此得到财富和官位的人,便心地坦然,并有了自慰感;而没有得到财富和官位的人也同样心甘情愿,并有了自愧感。

【原文】

昔者尝读西汉《百官表》①。见武帝之用人②,废置予夺,何其杂然③。出于不然必然文不可测也。张欧为中廷九年而迁④,而王温舒之迁五年⑤,韩安国之迁一年⑥。商丘成为大鸿胪⑦,十二年而迁,而田千秋之迁一年⑧。田广明之迁五年⑨。是则武帝之用人,有不可以迟速推。西汉宰相之缺,则取之三公⑩;三公之缺,则取之九卿⑪。然而石庆之死⑫,御史大夫兒宽当迁而不迁⑬,而太仆公孙贺得之⑭。公孙之死,御史大夫商丘成当迁而不迁,而涿郡太守刘屈氂得之⑮。御史大夫延广之罢⑯,九卿当迁者甚众。夫何取诸济南之王卿⑰?御史大夫公孙弘之罢⑱,九卿当迁者甚众,夫何取诸河东之番系⑱?是则武帝之用人,有不可以次第度⑳。彼武帝以为吾之爵禄,而使天下得以意度而情窥之㉑,则吾爵禄之权将折而归于下。是故示之以为天下之端,而引之以不可穷之绪。使天下惟知爱之而为之力,终莫能以歆羡邀持于其间㉒。此固帝之所为雄才大略也。则天下之人何其可以驯致而必得也㉓?定日月以为迁就之期,盖将以沮躁进者之心也㉔。循资格以为进擢之阶㉕,盖将以杜侥幸者之路也。此二者则甚公矣。然愚之所虑者,士大夫取必于朝廷之爵禄,而朝廷又自开其取必之门也。

【注释】

①百官表:参见班固《汉书》。

②武帝:即汉武帝刘彻。

③杂然:指用人无规律可循。

④张欧:西汉人,字叔。文帝时,以治刑名之学侍太子。景帝时为九卿。武帝时,为御史大夫。为人诚恳厚重。

⑤王温舒:西汉阳陵(今陕西高陵西南)人。武帝时,任广平都尉和西河太守。治事好杀罚。对不守法纪的豪强,严惩不贷。

⑥韩安国:西汉成安(今河南临汝)人,后徙睢阳(今河南商丘市南)。字长孺。武帝时为御史大夫,后为卫尉。

⑦商丘成:西汉时人。武帝时,任大鸿胪、御史大夫。封秺侯。商丘为夏姓。

⑧田千秋:即车千秋。西汉长陵(今陕西咸阳市东北)人。武帝时,为高寝郎,上书辩戾太子冤屈,武帝悔悟,拜为大鸿胪,后迁丞相,封富民侯。昭帝时,因年老特许乘小车入朝,因称车丞相。子孙为氏。

⑨田广明:西汉郑(今陕西华县)人,字子公。武帝时,为河南都尉,有能名。宣帝立,为昌水侯。

⑩三公:旧时辅助国君掌握军政大权的最高官员。西汉以丞相(大司徒)、太尉(大司马)、御史大夫(大司空)为三公。

⑪九卿:古时中央政府的九个高级官职。西汉以太常、光禄勋、卫尉、太仆、廷

⑫石庆:西汉万石侯石奋之子。武帝时,以为齐相,迁御史大夫,官至丞相。

⑬儿宽:西汉千乘(今山东高青县东南)人。武帝时,官至御史大夫。为官得到吏民的信任和爱戴。

⑭公孙贺:西汉公孙浑邪孙,字子叔。武帝时迁至太仆,后以军功封南窌侯。后取代石庆为丞相,因其子与阳石公主私通,下狱死。

⑮涿郡:郡名。汉高帝置。治所在现在河北涿州市。刘屈氂:汉武帝庶兄中山靖王刘胜之子。征和间为左丞相。后朝廷治巫蛊狱,有人告其妻祝诅君主,被腰斩。

⑯延广:西汉人。武帝时,为胶东太守。有治绩。太初中,迁为御史大夫。

⑰王卿:西汉琅邪(今山东诸城)人。武帝时,为济南太守。天汉间,迁为御史大夫。

⑱公孙弘:西汉菑川薛(今山东寿光南)人,字季。狱吏出身。武帝年初,征为博士。元朔中,由御史大夫升任丞相,封平津侯。曾建议设五经博士,置弟子员。用事外宽内深,对与己有私怨者表面交好而暗中报复。

⑲番系:即江番系。武帝时,为河东太守。元朔中,迁为御史大夫。

⑳次第:此指用人依年资深浅的顺序。

㉑意度:揣测。

㉒歆羡:羡慕。邀持:截取。

㉓驯致:逐渐达到。

㉔沮:阻止。

㉕资格:官吏据年资升迁的制度。始于唐开元十八年(公元730)。资,地位,经历。格,公令条例。

【译文】

　　以前我曾读过《汉书·百官表》。觉得汉武帝在任用人才方面,及机构的撤销和设置、官爵的授予和罢免方面显得多么杂乱无章。或有规律可循,或无规律可循,无法推测。张欧在朝中为官九年才得以升迁,而王温舒的升迁只用了五年,韩安国的升迁仅用了一年。商丘成担任大鸿胪的官职,十二年才得到升迁,而田千秋的升迁只用了一年。田广明的升迁用了五年。因此汉武帝选用人才,不应用时间的长短进行推算。西汉时,宰相的位置有了空缺,就从三公里选拔;三公的位置有了空缺,就从九卿中选拔。可是石庆死后,御史大夫儿宽应当升迁,却没有得到升迁,而太仆公孙贺却得到了宰相的位置。公孙贺死后,御史大夫商丘成原本应当升迁,却没有得到升迁,而涿郡太守刘屈氂去得到了宰相的位置。御史大夫延广被罢免后,九卿应当升迁者很多。为何把济南太守王卿提拔上去?御史大夫公孙弘被罢免后,九卿应当升迁者较多,为何把河东太守江番系提拔上来?因此汉武帝选用人才,不能用年资深浅的顺序来推算。武帝认为凭他自己手中掌管的官爵和利禄,而使天下人借着自己私情来揣测和窥伺,从而期待得到它,那么他手中掌握的官爵和利禄大权就要落在下面大臣手中。因此他给天下人做出样子,将它作为天下万事的本源,从中引出天下千头万绪的事务。使天下人只知道珍惜官爵和利禄,并为可以得到它而效力。最终不能因羡慕这种权力而从中窃取它。这显然是汉武帝雄才大略的表现。然而天下人如何可以循序渐进地获得相应的官爵和利禄呢?规定一定的时间作为提拔官吏的期限,将用来阻止人们急于加官晋爵的心理。把按照年资作为加官晋爵的阶梯,将用来杜绝侥幸求官者的途径。这两种做法是相当公平的。然而我所考虑的,士大夫从朝廷那里得到了晋级提职的规律,而朝廷又自己打开了允许人们按一定的程序晋级提职的大门。

【原文】

汉宣帝之役用人才①,其规矩法度,凛然有武帝之余风②。九卿之秩视郡守③,则九卿崇矣。而当时乃有自少府而为冯翊者④。郡守之职视三公,则郡守卑矣。而当时乃有自颍川而入为宰相者⑤。朱邑之治行第一⑥,视黄霸无愧也⑦,而其官则止于大司农⑧。王成之伪自增加⑨,视赵、盖、韩、杨有余罪也⑩,而其爵则至于关内侯⑨。

【注释】

①汉宣帝:参见本卷第29条第一段注⑧。

②凛然:态度严肃,令人敬畏貌。

③视:比。郡守:一郡的行政长官。秦废封建,设郡县。郡设守、丞、尉各一人。守治民,丞为佐,尉掌治安。

④少府:秦官名,汉因之。为九卿之一。掌管山海地泽的税收,供皇帝享用,属于皇帝的私府。冯翊:即左冯翊。本为郡名,为秦内史地,汉高祖二年(前205)置河上郡,武帝太初元年(前104)更名左冯翊,为拱卫首都长安的三辅之一。此为管理左冯翊的长官名。⑤颍川:郡名。西汉时,郡治设在阳翟。此代指颍川太守黄霸。

⑥朱邑:西汉舒(今安徽庐江县西南)人。少为桐乡啬夫。廉平不苛。得到吏民的尊敬。迁为北海太守,治绩第一。后为大司农。

⑦黄霸:西汉阳夏(今河南太康)人,字次公。武帝时为河南太守丞。治事崇尚宽大。宣帝时为廷尉正,因受夏侯胜一案牵连入狱。后晋升颍川太守,官至丞相。封建成侯。

⑧大司农:官名。汉九卿之一。掌管租税钱谷盐铁等事。

⑨王成:汉宣帝时为胶东相,治绩有声望。因估计上报流民八万余口,赐爵关内侯。有人说他上报数字不实。

⑩赵:即赵广汉。西汉蠡吾(今河北博野县西)人。宣帝时为京兆尹,执法不避权贵,有声于时。后因摧辱大臣罪被腰斩。死后为人民所悼念。盖:即盖宽饶。西汉魏郡(今河北临漳西南)人,字次公。宣帝时官至司隶校尉。为人刚直公廉。然多次触犯宣帝旨意,因怨谤罪交付有司审讯,自杀。韩:即韩延寿。西汉燕(今北京西南)人,字长公。后徙杜陵(今陕西西安市东南)。昭帝时为谏大夫,后任淮阳、东郡太守,颇有治绩。宣帝时,代萧望之为左冯翊。萧望之忌其名出己上,劾延

寿在东郡越制不道,被诛。杨:即杨恽。西汉华阴(今陕西会阴)人,字子幼。宣帝时,因告发霍氏谋反有功,封平通侯,迁中郎将。后因过为人所告,免为庶人。因在答友人书中写有怨愤之言,宣帝见而恶之,以大逆不道罪腰斩。

⑪关内侯:爵位名。秦汉时置。是二十等爵的第十九级,位在彻侯之下。

【译文】

汉宣帝选用人才,他的规矩和法度令人敬畏,具有汉武帝的遗风。九卿的官位和品级同郡守相比,九卿的地位高。然而在当时就有从少府的位置上转任左冯翊的。郡守的职位与三公比较,郡守的地位较低。而当时就有从颍川太守的位置上提拔而当宰相的。朱邑治理一郡的政绩是天下第一,与黄霸相比毫不逊色。而他的官职只是停留在大司农的位置上。王成谎报流民的数字,与赵广汉、盖宽饶、韩延寿、杨恽等人比较,罪行要重得多,但是他的爵位却提到关内侯。

三十三　逆耳之言怎可不听

【原文】

人主之尊,天也。其威,雷霆也。人臣自非忘躯殉国、奋不顾私者,谁肯抗天之尊、触雷霆之威,以自取戮辱也哉①! 故自昔人臣,类皆觇主意之所在②,奉迎投合,惟恐其或后③。以失为得,以非为是者,人人然④也。

【注释】

①戮辱:刑辱。戮,原本应作"伐",此依文渊本。

②觇:窥伺。

③或:有时。

④然:这样。

【译文】

君主的尊严就像天一样神圣,他的威力就如同雷霆一样不可抗拒。对于人臣来说,如果不是亡身殉国、奋不顾身的人,谁敢对抗天子的尊严、触犯天子雷霆般的威力而自取其辱呢? 所以自古以来,人臣大都窥视君主的用意所在,奉迎投合君主的心理,一味担心自己会落在别人的后面。把损失当作收获,把谬误当成真理,几乎人人都是如此。

【原文】

昔梅福言于成帝曰①:"自阳朔以来②,天下以言为讳,群臣皆承顺上旨,莫有执正③。取民所上书,陛下之所善④,试下之廷尉⑤,廷尉必曰:'非所宜言,大不敬。⑥'"魏明帝时⑦,侍中刘晔为帝所亲重⑧,或谓帝曰⑨:"晔善伺上意所趋而合之。(陛下试举所向之意而问之)〔陛下试与晔言,皆反意而问之〕⑩,必无所复逃矣。"帝如言以验之,果然。后不复敢在群下默视而疾趋如此⑪。至于犯颜而谏⑫,苦口而诤⑬,岂人臣之所乐哉?非其所乐而奋然为之,是必有夫不顾私者而夺之也。而人主于此,顾方痛抑而深沮⑭。怒之未足,而继之以斥;斥之未足,而继之以诛。士亦何望而不为谄谀佞媚以自取疏外也哉⑮?且汉高帝之创业⑯,光武之中兴⑰,当时言听计从,无以龃龉⑱,宜不复有阿容而不尽己意者⑲。然诏群臣择有功者以为燕王⑳。群臣知上欲王卢绾,皆言太尉长安侯卢绾功多可立。光武大会群下,问谁可傅太子者㉑,群臣承望上意㉒,皆言太子舅阴兴可㉓。附会投合,卒无一人异辞。彼二君好贤乐谏,如此之切而当,时犹有承意顺志、逢迎阿附之风,况夫斥之诛之而使之不敢言耶!故愚以为朝廷之上,幸而有方正之人、节义敢言之士。人主正当鉴自古人臣希合之弊㉔,而为优容奖借㉕,以作天下忠直之气㉖。就使其言时有不中于理,犹当和颜开纳,以屈于天下之公论㉗。人心之所同是者,恶可以却而不听也哉㉘!

【注释】

①梅福:西汉九江寿春(今安徽寿县)人,字子真。少时在长安求学,明《尚书》《谷梁春秋》,为郡文学,补南昌尉。后辞官归寿春。多次上书言事,朝廷未予采纳。成帝:即汉成帝刘骜。元帝之子。公元前32——前7年在位。即位后,饰非拒谏,耽于酒色,委政于外戚。

②阳朔:汉成帝年号(前24——前21)。

③执正:主持公正。

④陛下:对帝王的尊称。

⑤廷尉:官名。位九卿之一。主管刑狱。

⑥大不敬:不敬皇帝的罪名。

⑦魏明帝:三国时魏文帝之子。名叡,字元仲。公元(226——239)年在位。明帝口吃少言,而沉毅好断,深疾浮华之士。

⑧侍中:官名。侍从皇帝左右,出入宫廷,应对顾问。刘晔:三国时魏成德(今河北正定)人。侍魏王曹操,文帝曹丕、明帝曹叡三朝。明帝时官至侍中,封东亭侯。

⑨或:有人。

⑩"陛下试举"二句:这两句与史文略有出入。据《三国志·魏书》刘晔本传裴注载,刘晔议事善持两端。魏明帝将伐蜀,朝廷内外大都反对,只有刘晔在明帝面前表示同意伐蜀。而刘晔背着明帝对朝臣说蜀不可伐。后来有人建议明帝用反意询问刘晔(即明帝用口是心非的话试探刘晔),刘晔仍迎合奉承明帝的言不由衷之辞。从此明帝疏远了刘晔。译文从《三国志》裴注,原文为:"陛下试与晔言,皆反意而问之……,晔之情必无所逃矣。"

⑪默视:相视不语。

⑫犯颜:冒犯帝王的威严。

⑬诤:与上文"谏"字义同,均为直言相劝。

⑭顾:但。

⑮士:这里指朝廷官吏。

⑯汉高帝:即西汉开国皇帝刘邦。又称汉高祖。

⑰汉开国皇帝刘秀的谥号。西汉景帝六世孙。公元25——57年在位。即位后,加强中央集权,兴修水利,减轻赋税徭役,释放官私奴婢,封建经济得以恢复。

⑱龃龉:齿参差不齐。喻抵触,不合。

⑲阿容:指迎合君王以求容身。

⑳燕王:此处指卢绾。卢绾与汉高祖刘邦同里同日生。高祖在沛起事,卢绾以客从,入汉中为将军,击破臧荼,立为燕王。

㉑傅:辅佐。

㉒承望:料想,指望。

㉓阴兴:光武皇后阴氏母弟,太子刘庄之舅。字君陵。建武十九年,官至卫尉,受命辅导皇太子。

㉔希合:迎合。

㉕优容:宽容。奖借:勉励推重。

㉖作:振兴。

㉗屈:屈服。

㉘恶:怎么。

【译文】

西汉时,梅福对成帝说:"自阳朔年间以来,天下人在言论方面有些避讳,群臣都顺从君王的旨意,没有人能主持公道。取来百姓交给朝廷的奏章,陛下所称赞的,再试探着把它放到廷尉府,廷尉一定会说:'这不是百姓所应该说的,应该以不敬重皇帝的罪名论处。'"魏明帝在位时,侍中刘晔为明帝所宠信和看重,有人对明帝说:"刘晔善于窥测您的思想动向以迎合您。您试着用口是心非的事询问他,他一定不会再掩饰自己了。"明帝依照这个人的说法来试探刘晔,果然是这样。后来,刘晔不再敢在群臣面前相视不语和在明帝面前忙于阿谀奉承了。至于冒犯君王的威严而苦口直言相劝,这难道是人臣愿意做的吗? 不愿意做而无所顾忌地去做,这必然有那不顾私利的人去据理力争。而君王对付这种人,只是极力压抑和百般诋毁。对这种人,发怒仍感到不够劲,接着就加以排斥;排斥还显得不够劲,接着就杀掉他。朝廷官吏也还期待着什么而不敢向君王花言巧语地献媚取宠,却自取同君王疏远的做法呢? 汉高祖开创汉朝的基业,光武帝兴复汉室,当时他们对臣下言听计从,没有任何抵触情绪,应当不会再有迎合君王旨意以求容身而不能充分表达自己想法的人。但汉高祖下诏,令群臣选举有功劳的人作燕王。群臣知道汉高祖想让卢绾作燕王,于是都说太尉长安侯卢绾功劳大可立为燕王。光武帝大会群臣,问谁可以辅佐太子,群臣揣摩到光武帝的心意,都说太子的舅舅阴兴可以胜任。群臣都附声投合这二位君王的心理,最终没有一个人发表相反的意见。那二位君王喜欢贤才而且乐意接受人臣的直言劝告,竟然会如此的切实和允当,可还时常出现顺从君王意志、逢迎投合君王所好的风气,更何况那些动辄对人臣加以排斥和杀戮而使得人臣不敢畅所欲言的君王呢? 因此我认为朝廷中,幸而有端平正直之人、坚持节操和正义的敢言之士。君王正应该警惕从古以来人臣迎合君王心理的弊病,[对人臣的劝谏,]应抱着宽容的态度和采取勉励推重的措施,用来振兴天下的忠义正直的风气。即使他们的言论常常有不合情理的因素,仍应该和颜悦色地打开心扉,予以采纳,以屈服于天下公众的评论。人心都以为是正确的,怎么能够摒弃不听呢?

三十四　为治不可以为图美名

【原文】

人主之有为于天下者,不可诱于古人之美名,而忘今日之大势也。夫诱于古人之美名,而忘今日之大势,则其施设措置必有龃龉而不顺其所为者矣①。是故苏威作《五教》以齐民②,其意以为有虞之治顺其势③,而民以大谨④。太宗欲袭封刺史⑤,亦庶几于三代之所为⑥,然而功臣不乐。名则美矣,而势有所不顺也。后周以来⑦,至于南北之际⑧,而不免于乱亡。房琯效车战于陈涛之役⑨,而卒以取败。名亦美矣,而势有所不顺也。势之所在,上古之礼乐不用于后世,商周之质文不袭于虞夏⑩。其初非圣人制之耶? 而后之圣人革之,不以为嫌。夫亦顺其势而已矣。周公之井田历三代而后备⑪,至良法也,而齐侯变之为内政⑫。内政之兵,非不强也,而太宗乃近取周隋之制,葺而为府兵⑬。太宗亦岂不能复古哉? 自桓公不能从井田之制,太宗不能从内政之法,夫亦顺其势而已矣。不顺其势,而徒诱于其美名,是犹以乡饮酒之礼而理乱秦之市⑭、干戚之舞而解平城之围⑮,不可得也。故夫人主之为治,于名有所不敢诱,于势有所不敢违。

【注释】

①龃龉:齿参差不齐。喻抵触,不合。

②苏威:京兆武功(今陕西武功西)人。字无畏。曾仕后周。入隋,累官至刑部尚书、吏部尚书、尚书右仆射。有政绩。《五教》:《新唐书·艺文志》子部"儒家类"有《五教》五卷,三国蜀谯周撰。今佚。据此可知《五教》非苏威所作。据《北史》苏威本传载,苏威加进一些"烦鄙"之辞。《五教》的主旨是申五伦之义。齐民:治民。

③有虞:即指有虞氏。姚姓,名重华,史称虞舜。尧死后即天子位。

④大谨:过于拘谨。

⑤太宗:即唐太宗李世民。刺史:官名。秦至西汉中期,其使命为监督各郡,检举不法。西汉中期以后,大都为一州的行政长官。

⑥三代:即夏、商、周三个朝代。

⑦后周:此指北周。北朝之一。鲜卑族宇文泰之子宇文觉废西魏主自立,建号周,史称北周,又称后周。

⑧南北之际:指南北朝时期。

⑨房琯:唐河南人。字次津。玄宗奔蜀,官文部尚书,同中书门下平章事。肃宗即位,参与决策。房琯有重名,而疏阔好大言,至德元年(公元756)自请兵,战于陈涛斜,全军覆没。陈涛:即陈涛斜,亦作"陈陶斜"。地名。在陕西咸阳市东。

⑩质:质朴。商朝崇尚质朴。文:文雅。周朝崇尚文雅。

⑪周公:周武王之弟。姓姬,名旦。武王死后,成王年幼,周公摄政。井田:相传古代奴隶社会的一种土地制度,以方九百亩之地为一里,划为九区,其中为公田,八家均私田百亩,同养公田。因形如井字,因称井田。

⑫齐侯:即齐桓公。春秋五霸之一。名小白。公元前685——前643年在位。内政:内教。其法为:五家为轨,由轨长统帅;十轨为里,里有司统帅;四里为连,由连长统帅;十连为乡,由乡良人统帅。这种组织形式,既是行政组织,又是军事组织。平战结合。此法创于管仲。

⑬葺:补治。府兵:兵制名。创建于西魏大统年间。其制以六柱国统十二大将军,每一大将军统二开府,共二十四开府。兵士属于军府,不编入郡县户籍。唐因隋制,全国共置六百三十四府,府置折冲都尉及果毅都尉统帅。兵士出征及去长安皇宫值宿和担任警卫,均据路程远近轮流戍守。在长安值宿和担任警卫时,分别隶属于诸卫。出征时,由临时任命的主将统帅。战争结束,将领归于朝廷,兵士散于各府。

⑭乡饮酒:古代的乡学,三年完成学业,然后进行考核,把德才兼备的人推荐给君王。当时由乡大夫做主人,为其设宴送行,用宾礼相待,均有一定的仪式,称乡饮酒礼。

⑮干戚之舞:乐舞的一种。古代乐舞有文武之分。文舞执羽旄,武舞执干戚。干为盾,戚为斧。平城之围:平城为旧县名。汉属雁门郡。汉高祖七年出击韩王信,为匈奴包围。汉高祖用陈平计,才解除包围。

【译文】

君王治理天下而想有所作为,不可被古人的美名所诱惑,从而忽视了当今社会总的发展趋势。君王被古人的美名所诱惑而忽视了当今总的发展趋势,于是他所采取的措施一定会有与形势相抵触而与他所从事的事业背道而驰的地方。因此苏威编写《五教》用来治理民众,他认为这是采取古代帝王有虞氏顺应时势的做法,而民众却觉得过于拘束。唐太宗想封刺史让其世世代代为王,也与夏、商、周的做法很接近,然而功臣并不高兴。名义上很好听,却不符合当时的形势。自后周以来,至整个南北朝期间,各国没有避免战乱和灭亡。房琯在陈涛斜效仿古代的车战,而终于导致战争的失利。名义上非常好听,却不符合当时的形势。受形势的制约,上古时代的礼乐并不适用于后代,商周时崇尚朴实或文雅的风气并不是就从有虞氏和夏代沿袭下来的。最初的礼乐,难道不是圣人制订的吗?然而后代的圣人加以变革,并不认为有什么疑忌。这也是顺应时势罢了。周公推行的井田制是经历了夏、商二代和周初之后才完善的,这是最好的措施,而齐桓公却将它改变为内政法。用内政法组建起来的军队，不是不强大，而唐太宗却吸收近代周隋两代的兵制，把它完善为府兵制。唐太宗难道不能恢复古代的制度吗？从齐桓公不能沿袭井田制，到唐太宗时不能沿袭内政法，这也不过是顺应形势而已。不顺应形势，而只为前人美名所诱惑，这就像用古代的乡饮酒礼来治理战乱不已的秦国城镇，用古代的干戚之舞来缓解汉高祖的平城之围，是不可能办到的。因此君王治理天下，不被前人的声望所诱惑，不违背天下的势态。

【原文】

按今之法而为之（地）[也]①，虽若近于循常蹇浅②，终不屑于爱古之美名，而自诒今日之实患③。盖其所以深思执计而权事理之轻重者④，胸中素见已定矣⑤。逆时乖数之事⑥，终有所不为也。昔者尝疑汉文帝不兴礼乐、宣帝之不用周政⑦，以为二君者不能为经久之虑，以还三代之治于汉。及考文帝之时，而后知其势之所在，惟在于清净玄默⑧。以与斯民息肩于疮痍凋瘵之际⑨，则礼乐制度诚有所未可兴也。考宣帝之时，而后知其势之所在，惟在于刚明果断，以起天下委靡、偷惰、不立之气⑩。是以虽美名，亦有所不可用也。二君之所为，可谓得当时之宜，而不为古人之诱矣。

【注释】

①地：应为"也"字之误。译文作"也"。
②蹇：笨拙浅薄。
③不屑：不值得。诒：遗留。
④权：衡量。
⑤素见：预先看到。
⑥乖：违背。数：命运。
⑦汉文帝：见本卷29条注⑤。宣帝：见本卷29条第一段注⑧。
⑧玄默：沉静无为。
⑨斯：此这。息肩：卸去负担。疮痍：创伤。凋瘵：凋敝，疾苦。
⑩委靡：颓丧，不振作。偷惰：苟且怠惰。

【译文】

按当今的措施去做，虽然像是近于墨守成规或笨拙浅薄，但终究不必去爱慕古人的美名，以至于自己给现实留下了不少的祸患。君主所以能深思熟虑并能衡量事理的轻重得失，主要因为胸有成竹。违背形势和命运的事，终究不会有所作为。从前，我曾对汉文帝不提倡礼乐、汉宣帝不推行周代的政治制度有些怀疑，认为这二位君王没有为国家的长治久安考虑，以使汉代恢复夏、商、周三代的政治制度。等到考察汉文帝那个时代特点时，然后才知道那个时代的形势发展趋势，仅仅在于清静无为。在战乱已给整个国家造成严重创伤之际，统治者应该给这个国家的百姓以休养生息的时间，古代的礼乐制度实在不应该提倡。考察汉宣帝那段时代的特点，然后才知道那个时代的形势发展趋向，仅仅在君主在治理国家时，应该刚正、严明、果断，以便克服天下那种颓丧、苟且怠惰、缺乏自强精神的社会风气。因此，即便仰慕古代圣人的美名,古代圣人的做法也不能完全适合于今天。这两位君王的所作所为,可以说,适应了当时形势发展的趋势,而不被古代圣人的美名所诱惑。

三十五　去夫积弊应以其渐

【原文】

人常言:"亟解纷者①,益其纷;纵理御者②,固其御;遏河之奔者③,必恣其奔④;息人之怒者,必饱其怒⑤。"去天下之弊,亦若是而已矣。阴解其乱,而徐去其弊,则悠然日趋于平安而不自知⑥。奋然而击去之,而求以称快乎吾意,则其害始大横流溃决⑦,而有不可收拾者矣。虽然,是特一时之害耳⑧。至于积弊之所在,其成也非一日,其积也非一世,源深流长,有不可以旦夕遏者。是又恶可以不胜其忿而奋然为是侥幸速成之计耶⑨?周自平王东迁⑩,王室既卑矣。桓王愤诸侯之不朝⑪,一旦连三国之兵而伐郑⑫,以自取中肩之辱⑬,而益成诸侯之强,则实一锐不思为之也⑭。鲁之政在于三家⑮,久矣。昭公不能去之以渐⑯,不忍一朝之忿,而求逞夫私欲⑰,而祸卒以自及。盖鲁之所以失,无以异于周也。在《易·屯》之"九五"曰⑱:"屯其膏⑲,小贞吉,大贞凶。""九五"以君位之尊,居屯难之世⑳,威权不行,膏泽不下㉑,故㉒曰"屯其膏"。渐正之则吉,骤正之则凶。圣人垂戒之意深矣㉓。故夫人君将去天下之积弊,要当以周鲁之事为鉴,以《易》之辞为法。

【注释】

①亟:急。纷:纠纷,争执。

②纵:放纵。理:治理。御:驾驭车马。

③遏:阻止。

④恣:放纵。

⑤饱:用如动词,增加。

⑥悠然:闲适貌。

⑦害:原本作"字",此依文渊本。

⑧特:仅,只。

⑨恶:怎么。

⑩平王:即周平王宜臼。幽王之子。公元前770——前720年在位。幽王被犬戎所杀,平王即位,为了避免犬戎侵扰,东迁洛邑,称为东周。

⑪桓王:平王之孙,名林。公元前719——前697年在位。朝:朝会。指诸侯或臣属朝见君主。

⑫三国:指蔡、卫、陈。郑:春秋时诸侯国名。本为周朝西京畿内地。周宣王封弟友(桓公)于此。在今陕西华县境。后来,犬戎杀了周幽王,桓公也死于此难。桓公之子武公与晋文侯为周平王定都洛邑,武公迁居东都畿内,建都新郑,即春秋

⑬中肩之辱:鲁桓公五年(前707),周桓王剥夺了郑伯(穆公)的政权,郑伯不再朝见周天子。秋季,周桓王带领诸侯讨伐郑国。在繻葛一带发生战斗。周军大败。郑国祝聘射中周桓王的肩膀。

⑭一锐:一时的锐气。

⑮鲁:春秋时诸侯国名。周武王封其弟姬旦于鲁。三家:即春秋鲁大夫孟孙(仲孙)、叔孙、季孙三家。因这三家均为鲁桓公的后代,又称"三桓"。文公死后,三家势力同强,分领三军。实际上掌握了鲁国的政权。

⑯昭公:春秋时鲁国国君。襄公庶子。名绸。公元前541——前510年在位。即位二十五年,鲁"三桓"伐昭公。昭公奔齐。在外八年,死于乾侯。

⑰逞:舒展,显露。

⑱《易·屯》:指《易经》中的"屯"卦。《易》为古卜筮之书。九五:为屯卦第五爻。为人君象征。后因称帝位为九五之尊。

⑲"屯其膏"三句:此为屯卦九五爻辞。屯,聚;膏,肥肉。贞:占问。小贞,占问小事。大贞,占问大事。这三句的意思是:人屯积肥肉,不送给别人。正如囤积货财,不送给别人一样。以此占问小事就吉利,因不须他人辅助;占问大事就凶,因无他人辅助。

⑳屯难:艰难。

㉑膏泽:恩惠。

㉒垂戒:垂示警戒。

㉓故:所以。

【译文】

人们常说:"急于解决纠纷,就会容易引起更大的纠纷;纵情驾驭车马,一定要使驾驭车马的器械坚固;遏止河水的狂奔,容易使得河水奔腾的势头更猛;强行平息人的愤怒情绪,一定会引起更大的震怒。"去掉天下的弊病,也不过如此罢了。暗中解决国家的动荡局面,逐步地清除国家的弊病,就会使百姓若无其事地天天向着平静安宁的生活环境进发而又觉察不出革除社会弊病给社会带来的震动。倘若大刀阔斧地去清除社会的弊病,以求得个人一时的痛快,那么这种做法所产生的祸患,一开始就像冲毁堤防四处泛滥的洪水一样,一发不可收拾。即便如此(指洪水泛滥),这只不过是一时的祸害罢了。至于国家留有的积弊,它的形成也并不是一天,它的积重难返也并非一时造成的。可以说,源远流长,不是在一时间内就能禁止的。这又怎么可凭极大的义愤而大刀阔斧地施行这种带侥幸性质的设想呢?周朝自平王东迁,王室的地位已经下降了。周桓王对各诸侯国君不朝觐王廷的做法感到愤愤不平,一时间联合蔡、卫、陈三国的军队,去讨伐郑国,结果使自己中了敌箭射伤肩膀的耻辱,反而造成了诸侯国的强大,这实际上是凭一时的锐气而没有考虑后果造成的后果。鲁国的政权在孟孙、叔孙、季孙三家已经很长时间了。鲁昭公没办法逐步地削弱孟孙、叔孙、季孙的势力,竟无法忍受一时的愤懑,而求舒展个人的欲望,结果引致灾祸降临到自己的头上。鲁国的损失,与周朝比较没有什么不同。《易》经"屯"卦"九五"爻辞说："人屯积肥肉。以此卜问小事就吉利,卜问大事就凶险。""九五"爻,凭君位的尊贵,生活在艰难的人间,权威不能行使,恩泽不能沾溉下民,因此称"屯积肥肉"。对国家现存的弊病,逐步地纠正就吉利,急于纠正就容易造成灾祸。古代圣人对后人垂示的警戒是非常深刻的。所以君王要去掉天下的弊病,应该以周朝和鲁国的事例为戒,以《易》经的卦辞作为法则。

【原文】

昔者汉七国之治①,非可以旦夕而裁削之也。晁错不忍数年舒服②,浮躁踯躅③,亟下削地之诏,遂激其反。唐藩镇之悍④,非可以旦夕而剪锄之也。德宗不能为岁月之远虑⑤,不胜其忿锐⑥,于遣三将而一伐⑦,遽起泾原之变⑧。在《易·需》之"九五"曰⑨:"需于酒食⑩,贞吉。"乾(上)[下]坎(下)[上]⑪,是乾之刚健⑫,遇险而未能进,故需须也。今九五居至尊之位,而息于险难。故曰"需于酒食"。宴乐雍容之象也⑬。言人君处险难之际,正宜宽以待之,不当以惊忧自沮⑭。唐文宗当积弊之后⑮,每朝群臣,则泣下沾襟,魂飞气索⑯。此不知"酒食"之义也。

【注释】

①七国:指汉景帝时吴、楚、赵、胶西、济南、菑川、胶东七个诸侯国。在汉初诸侯国之中,此七国的势力比较强大,威胁中央集权。

②晁错:西汉颍川(今河南禹县)人。治申商刑名之学。文帝时为太子家令,称为智囊。屡次上书言事。景帝即位,迁为御史大夫,请求朝廷削减诸侯封地以尊京师。三年(前154)正月,吴楚七国借口诛晁错起兵反,帝听信袁盎之言,斩晁错于东市。

③踯躅:踏步不前。躁动不安貌。

④藩镇:唐代指总领一方的军府。唐初于重要诸州置都督府,睿宗时置节度大使,玄宗时又于边境置十节度使,各领数州甲兵,并掌土地人民、财赋大权。安史之乱后,内地均置节度使,形成地方割据势力,通称藩镇。

⑤德宗:即中唐皇帝李适,代宗之子。公元779——805年在位。性猜忌,重用奸谀小人,国运日衰。

⑥锐:锐气,锐志。

⑦遣三将而一伐:唐德宗建中二年(公元781),诏令河东节度使马燧、泽路节度使李抱真、神策兵马使李晟讨伐已故魏博节度使田承嗣之子田悦。

⑧遽起泾原之变:唐德宗建中四年(公元783)八月,淮西节度使进犯襄阳,诏令泾原等道兵讨之。泾原兵过京师,因饮食不周作乱。泾原节度使朱泚反,占据长安。遽,急。

⑨需:《易经》六十四卦之一。九五:为需卦第五爻。

⑩"需于酒食"二句:人停住在酒食之前,面临醉饱之利,自是吉象。因此占不时遇此卦象,所占问之事吉。需,待。

⑪乾上坎下:当为"乾下坎下"。

⑫"是乾之刚健"三句:"需"的上卦为坎,下卦为乾。坎为险,乾为健。"需"的卦象是人有刚健之德,遇有艰险在前,而处于艰险之后,不去冒险,以等待时机。

⑬宴:安。雍容:仪态温文。

⑭沮:毁坏。

⑮唐文宗:是唐穆宗次子。初名涵,更名昂。为宦官所立。性优柔寡断,受制于家奴。

⑯索:尽,全。

【译文】

　　早在西汉的时候,对于吴楚等七个诸侯国的整治,不是能够在极短的时间里就会削弱他们的势力。晁错忍受不了汉初的那种安宁舒适的生活环境,性情浮躁不定,在他的建议下,朝廷很快就颁发了削减诸侯封地的诏书,于是激起了吴楚等七国的叛乱。唐朝的藩镇势力很大,不是可以在极短的时间里就可以把他们铲除的。唐德宗不能作长远的考虑,抑制不住自己的愤怒和锐气,于是遣送三员将领率兵讨伐[叛将田悦],结果很快导致了泾原各道兵的哗变。《易经》"需"卦"九五"爻辞说:"人停住在酒食面前,当然是吉象。占卜时遇到这样的封象,所占问的事情就吉利。"乾处于下位而坎处于上位,乾为刚健,坎为险。意思是说:人有刚健的品德,遇有危险在前,而处在危险之后,不去冒险,以等待时机。今九五爻位于最尊贵的位置,而在艰险面前有所等待。因此说"需于酒食"。这是安逸温文的卦象。是人君处在艰险的时候,正应该以博大的胸怀来等待时机,不应该以惊恐忧闷的态度来毁掉自己。唐文宗正处在社会弊病积重难以应付的时候,他每次朝见群臣时,泪流不止,惊魂不定,意气索然。这实际上不明白《易经》"需"卦"九五"爻辞中的"需于酒食"的意义。

【原文】

　　自武而成①,自成而康②,历三世而商人利口靡靡之俗未殄③。自高而惠④,自惠而文⑤,历三世而秦人借(锄)[帚]诼语之俗犹存⑥。

【注释】

　　①武:指周武王姬发。成:指周武王之子成王姬诵。

　　②康:指周成王之子康王姬钊。

　　③商人:指商朝遗民。利口:口辩敏捷。靡靡:相随顺。殄:灭。

　　④高:指汉高祖刘邦。惠:此处指汉高祖之子惠帝刘盈。

　　⑤文:指汉高祖之子文帝刘恒。

　　⑥秦人:指秦朝遗民。借锄诼语:据《汉书·贾谊传》"母取箕帚,立而诼语"语,"锄"当为"帚"之讹。译文从《汉书》。诼语,埋怨的话。

【译文】

　　从周武王到周成王,从周成王到周康王,经过了三个时期,但商朝人能说善辩、顺从迎合的习惯仍没有泯灭。从汉高祖到汉惠帝,从汉惠帝到汉文帝,一共经历了三个时期,而秦朝人借走扫帚也要埋怨的风俗依然存在。

国学经典文库

资政秘典

·治政纲鉴·

图文珍藏版

第七卷

三十六　不可用疑心听人言

【原文】

　　天下之物,不可以疑心观之也。万物错陈于吾前①:凫短鹤长②,绳直钩曲,尧仁桀暴③,夷廉跖贪④。区别汇分⑤,本无可惑,疑心一加,则视凫如鹤,视绳如钩,视尧如桀,视夷如跖。此非物之罪也,以疑先物,所见固非其正也。内疑未解,外观必蔽⑥。岂特物而已哉?惟人之听言亦然。执桀、跖之謷而誉桀、跖⑦,出申、韩之门而誉申、韩⑧,则人孰信其誉?以乡原而毁伯夷之廉⑨,以里妇而毁西子之美⑩,则人孰信其毁?何者?彼其所言之人,吾固以惑心听之也。宋昭公去群公子⑪,而乐豫以公子而争之。豫之言虽是,而昭公固以为已疑之也。楼缓从秦至赵⑫,而请与秦地。缓之言虽当,而赵固至计无自而入矣。由是观之,则凡言有出于公而涉于私者,固人主之所疑,而君子之所无以自明也。昔者西汉之世,儒术之不振,任子之不减⑬,外戚之不抑⑭。是三者之弊,其是非可否了然而甚易知也。然赵绾、王臧言儒术而窦太后不从者,赵绾、王臧身为儒者也⑮。王吉请削任子令而宣帝不从者⑯,王吉则以明经进也⑰。刘向排外戚而成帝不从者⑱,刘向则宗室之老也。(三)[四]君子之言不见用⑲,岂非汉之人主皆以疑心待之乎?公父文伯之死⑳,女子为自杀于房中者二人,其母闻之,不肯哭也。其相室者曰㉑:"焉有子死而不哭者乎?"其母曰:"昔吾有斯子也,吾将以为贤也。今及其死也,朋友诸臣未有出涕者,斯人也,必多旷于礼。"孔子曰:"知礼矣!"夫母,贤母也;孔子,圣人也。逐于鲁而是人不随也㉒。今死而妇人为自杀者二人。若是者必其于长者薄,而于妇人厚。虽然,是言也,母言之则为贤母,使妻言之,是必不免于妒妇矣㉓。(三)[四]君子之言,所谓以妻言之者也。汉之人主之疑,所谓以妻疑之也。虽然,君子之事君也,惟用其情而已。执论以逃嫌㉔,隐辞以远谤,皆不情也。不情以钓其名,而谓君子为之乎?是故出于公,虽不免于私,君子亦力言之。

【注释】

①错:同"措",安放。

②凫:野鸭。

③尧:传说中父系氏族后期部落联盟领袖。姓伊耆,又号陶唐氏,名放勋,史称

唐尧。桀:夏朝最后一个君主。姓姒,名癸。是历史上有名的暴君。

④夷:即伯夷。商朝孤竹君之子。相传其父遗命要立次子叔齐为继承人。孤竹君死后,叔齐让位给伯夷,伯夷不受,叔齐也不愿登位,先后逃到周国。周武王伐纣,两人曾叩马谏阻。武王灭商后,他们耻食周粟,后来饿死在首阳山里。跖:又称盗跖。相传为春秋末期人。农民起义领袖。

⑤汇:同类。

⑥蔽:蒙蔽欺骗

⑦辔:马缰。

⑧申韩:战国时法家申不害、韩非的合称。申不害,郑国人。曹任韩昭侯的相十五年。韩非,出身韩国贵族,与李斯同师事荀卿。

⑨乡原:外表谨慎朴实,实与流俗合污的伪善者。

⑩里妇:村妇。西施:春秋时越国的美女。

⑪宋昭公:春秋时宋国国君,名杵臼,襄公之子,一说成公之子。公元前619——前611年在位。

⑫楼缓:战国时为秦昭襄王相。免相后至赵。

⑬任子:因父兄的功绩,得保任授予官职的人。

⑭外戚:帝王的母族、妻族。

⑮赵绾、王臧:均为西汉人。武帝建元元年(前140),赵绾为御史大夫。王臧为郎中令。均崇尚儒术。因与窦太后好黄、老之说不合,赵绾又奏请武帝不奏事东宫,触怒窦太后,二人下狱,自杀。窦太后:汉文帝之妻,景帝之母。

⑯王吉:西汉琅邪皋虞(今山东诸城)人,字子阳。为昌邑王刘贺中尉。王荒淫被废,王吉被削发为城旦。宣帝召为博士谏大夫,因谏不从,告病归。宣帝:即汉宣帝刘询。汉武帝曾孙。公元前74——前49年在位。昌邑王刘贺被废后,迎立为帝。在位期间,励精图治,任贤用能,好刑名之学,重视吏治,减轻人民负担。

⑰明经:汉代以明经射策取士。明经者,通晓儒家经术。

⑱刘向:本名更生,字子政,汉高祖弟楚元王刘交四世孙。宣帝时任散骑谏大夫。元帝时因反对宦官弘恭、石显,被捕下狱。成帝时,更名刘向,任光禄大夫。成帝:即汉成帝刘骜,元帝之子。公元前33——前7年在位。即位后,耽于酒色,委政外戚,国运日衰。

⑲三君子:当为四君子,即赵绾、王臧、王吉、刘向。

⑳公父文伯:春秋时鲁国季桓子从父兄弟。下文所载公父文伯之事与《国语》《列女传》记载有异。译文姑从本文。

㉑相室:主事的家臣。

㉒逐于鲁:公父文伯请南宫敬叔饮酒时,对长者失礼,被其母逐出鲁国。是人:指公父文伯的朋友和朝臣。

㉓妒妇:善于嫉妒的女人。

㉔执:持,拿。

【译文】

天下的事物,不可以凭怀疑的心理去看待。万物摆在我们眼前,水鸭短小而天鹅修长,绳直而钩曲,唐尧仁义而夏桀暴虐,伯夷廉洁而盗跖贪婪。他们的性质已经区别清楚,本来不应该有什么疑惑,然而一旦产生怀疑的心理,那么就会把水鸭看作天鹅,把直绳看作曲钩,把唐尧看作夏桀,把伯夷看作盗跖。这不是事物本身给人们造成的错觉,而是由于人们首先凭怀疑的心理去看它(他)们,所以他们所观察到的自然不是事物的本来面目。内心的疑虑并没有解除,只看表面现象,必然会受到蒙蔽。难道只是对万物的观察时会出现这种情况吗?人们对待别人的言论也是这样的。给夏桀、盗跖驾驭车马的人而称赞夏桀、盗跖,从申不害、韩非门下出来的弟子而称赞申不害、韩非,谁会相信他们的赞美之辞呢?以表里不一的伪善者的嘴脸来诋毁伯夷的廉洁,凭着村妇的身份来诋毁西施的美貌,谁会相信他们的诋毁之辞呢?这是什么原因呢?原因就是,那些讲赞扬话或诋毁话的人,我固然凭着疑惑的心理去听取。春秋时,宋昭公想要除掉族中的众公子,而乐豫以族中公子的身份替众公子争辩。乐豫的话虽然正确,而宋昭公固然认为自己对乐豫已经产生了怀疑。战国时,楼缓从秦国来到赵国,希望赵王割让给秦国土地。楼缓的话虽然正确,但使赵国牢不可摧的妙计很难有机会被赵国统治者所采纳。从这里看来,凡是言论发自内心而被看作出于私情的,固然是由于君主对进言的人有所疑虑,而君子又无从为自己辩解。早在西汉时,儒术衰微,任子制度的适用范围没有缩小,外戚的权力没有得到压制。这三个方面的弊病,是正确还是错误的,是应该赞成还是应该反对,清清楚楚,容易理解。但是赵绾、王臧二人谈论提倡儒术而窦太后不被采纳,原因在于赵绾、王臧二人本身就是儒者。王吉奏请汉宣帝取消任子的法令,但宣帝不予采纳,原因在于王吉本身就是因通晓儒术进用于朝廷的。刘向力主排斥外戚专权,而成帝不予采纳,原因在于刘向是汉宗室的长者。上述几位君子的言论没有被采纳,难道这不是汉代的君主凭怀疑的心理来对待臣下吗?春秋时,鲁国的公父文伯死的时候,他的妻妾为了报答他,在他的卧室自杀。他的母亲闻讯后,不肯为他落泪。她的主事家臣说:"哪有儿子死了而母亲不掉泪的?"他的母亲说:"从前,我有这个儿子,我会认为他很贤

明。今天,等到他死的时候,他生前的朋友和朝中各位臣僚没有落泪的,这个人,平时一定非常失礼。"孔子听说后,称赞他的母亲说:"很懂得礼仪呀!"他的母亲是一位贤良的母亲,孔子是一位圣人。公父文伯被母亲赶出鲁国,他的朋友和臣僚都没有随他出走。今天,他死了,有两个女子为了报答他,竟然自杀了。所以会出现这样的情况,一定是因为他对长者过于薄情,而对于女人过于溺爱。虽然这样,做母亲说这番话,就是贤良的母亲;如果作为妻子说这番话,这一定免不了被看作是善于嫉妒的女人。以上几位君子的言论,可以说,像是从公父文伯妻子的角度来评论二个女人自杀行为一样。汉代君主对以上几位君子的怀疑,可以说,像是从公父文伯妻子的角度去怀疑那两个女子自杀行为一样。虽然如此,君子侍奉君主,只能凭真心实意。坚持自己的意见以逃避嫌疑;隐瞒自己的看法以躲开别人的毁谤,都不是真心实意地。不真心实意,而又沽名钓誉,是君子所应该做的吗?因此君子的言论出以公心,就算难免被看作出于私情的,君子也应该尽力为自己申辩。

三十七　民心难用小惠劫之

【原文】

尝观《孟子》之言①。至于"邹与鲁閧","有司死"焉,"而民莫之救"②,孟子以为凶年不发仓廪以赈之③,而不可以尤民④。至梁惠王移粟于民⑤,而孟子又以为非先王之政。夫饥而弗恤⑥,穆公固有愧也⑦。饥而恤之,惠王犹无取。何也?天下之事安于莫之为者,诚非也。迫而为之而不及其本者,亦非也。是故以梁之政视邹之政⑧,梁若可喜;以先王之治责梁之及民⑨,则末矣⑩。圣人之仁,其积之有源⑪,其发之有机⑫。其所以爱天下者无穷,而见于恤天下者,则特其有限者也。天下之人,不以其有限之施而致不足之望⑬,而常以是信其穷之屯而怀不尽之感者⑭,盖于其所发,占其所积⑮。圣人之心,始形见于此。夫其形见在于一日,而天下之吾戴者,则非其形见之日也。

【注释】

①《孟子》:书名。为孟轲弟子万章、公孙丑等编辑。儒家经典。主要记载孟子的言论和主张。下文出自《梁惠王》上下篇。文字有异同。

②邹:古国名。本作邾,亦称邾娄。传说为颛顼后裔挟所建立。曹姓。在今山东邹县、费县等地。鲁:周朝分封的诸侯国。姬姓。开国君主是周公旦之子伯禽。在今山东西南部。閧:交战。有司:有关官吏。莫之救:宾语前置。即"莫救之"。

③赈:救济。

④尤:责备。

⑤梁惠王:即魏惠王。战国时魏国君。从安邑(今夏县西北)迁都大梁(今开封东南),自称为王。

⑥恤：救济周济。

⑦穆公：邹国国君。

⑧视：比。

⑨责：要求。

⑩末：渺小，浅薄。

⑪积：积蓄。

⑫发：显现，发扬发挥。

⑬致：导致。

⑭信：通"伸"。舒展。屯：艰难。

⑮占：观察。

【译文】

我曾阅读《孟子》一书中记载的言论。当读到邹国与鲁国作战，邹国的官吏为国牺牲，但老百姓都不去营救时，孟子认为遇灾荒年岁，统治者不开仓济民（因此老百姓不去营救官吏），而不应该去谴责老百姓见死不救。当读到魏惠王把河东的一些粮食送给河内的灾民时，而孟子又认为这种做法不是施行古代先王的政治。邹国的老百姓闹饥荒，邹穆公却不去救济，邹穆公应当感到惭愧。魏国的老百姓闹饥荒而魏惠王去救济，可是魏惠王的做法却无可取之处。这是什么原因呢？天下之事安于现状则无所作为，的确不对。然而被迫去做，而不考虑立国的根本大计，也是不对的。所以拿魏国的政治与邹国的政治比较，魏国似乎可喜，但是用古代先王的王道政治来要求魏国的当政者对待百姓的态度，那么魏国的政治就不足以称道了。君主的仁慈之心，它的形成自有根源，而发扬这种仁慈之心也要有一定的机遇。君主爱护百姓的仁慈之心是没有尽头的，而体现在接济百姓的身上，也是非常有限的。天下的百姓，不因为君主有限的施舍而导致欲壑难填的心理，而是经常用君主的施舍来舒缓自己穷困艰辛的处境，从而心里对君主怀有无限感激心情的原因，大概是根据君主的表现来观察他的仁慈之心的厚薄。君主的仁慈之心，只是在救济百姓的时候开始才表现出来。这种表现或许仅仅一天的时间，但天下百姓拥戴他并不是在他接济百姓的那时候才开始的。

【原文】

鲁侯弗（夺）[专]于衣食①，而必以分人。曹刿曰②："小惠未遍，民弗从也。"子产以乘舆济人于溱洧。孟子以为惠而不知为政。夫衣食之利，私也；而鲁侯、子产③割以与之，岂不为美哉？而曹刿、孟子不之信，何也？其大者不立，则小者吾固④知其不足以动人也。

【注释】

①鲁侯：鲁庄公。春秋时鲁国国君。公元前693——前662年在位。夺：当为"专"之讹。译文作"专"。

②曹刿：春秋时鲁国人。

③子产:春秋时郑国的贤相公孙侨之字。乘舆:舆本是车箱,此处代指车子。乘舆即所乘之车。溱:水名,发源于河南密县东北圣水峪,东南会洧水为双泊河。洧:水名,源出河南登封市东阳城山,东流经密县与溱水会合。

④固:当然。

【译文】

鲁庄公在衣着饮食方面,不敢独自一人享用,一定要拿来分给其他人。曹刿对鲁庄公说:"小恩小惠没有普遍,人们是不会听从您的。"子产用他所坐的车子帮助别人渡过溱水和洧水。孟子认为这是施行小恩小惠而不懂得处理政务。衣食之利是个人享有的,而鲁庄公、子产却可以让给别人,难道不是好事吗?而曹刿、孟子并不完全信任他们,这是什么原因呢?主要在于立国的大政方针还没有确立起来,那么在细枝末节上我固然清楚他们的行为是不可以感动人的。

三十八　人主应当固结人心

【原文】

昔楚子伐萧①,师人多寒②。王巡三军③,拊而勉之④,三军之士,皆如挟纩⑤。德宗在奉天⑥,帝遣人谍贼⑦,寒而请襦⑧。求不能得,悯默而遣之⑨。士亦竟为之用。夫二君于艰难之中,而用人不能以实惠及之,而徒空言悦之;人亦不能得其实惠,而感悦其空言。此其故何也?人之情,得百金之惠于其己敌⑩,而不以为重,而王公大人下一语接之,则诧然以为己荣⑪。盖凡出于意之所不期而公之所不及者⑫,为能动人。彼其军旅之贱,而得拊劳之勤,固已不啻纯绵之温⑬;而奔走之卒,领吾君悯默之意,亦已逾于五襦之赐。人主之于天下,又焉用汲汲于财⑭,而后可以用为哉?艰难多事之时,一言足以感动人心而固结。况天下无事之际,苟能爱养存恤⑮,抚之以德,发之以政⑯,辅之以仁,则天下之所以感吾君者,宜如何也?故其国非山河之固而不可破,非甲兵之守而不可攻⑰,则人心之固结而已。

【注释】

①楚子:即楚庄王。姓芈,名旅。穆王之子。公元前613——前591年在位。春秋五霸之一。伐萧:事在春秋时鲁宣公十二年(前597)冬。萧,春秋时宋的附属国。

②师:军队。

③三军:春秋时楚国设中、左、右三军。主帅居中军。

④拊:抚摸。

⑤挟纩:披着棉衣。比喻因受抚慰而感到温暖。纩,丝棉絮。

⑥德宗:即唐德宗李适。代宗之子。公元779——805年在位。奉天:县名。

唐武后光宅元年(公元684),割醴泉、始平、好畤、武功、永寿五县地置,以供奉唐高宗陵墓,因名奉天。德宗建中四年(公元783),长安陷落,德宗出居于此。

⑦谍:刺探敌情。

⑧袴:据《资治通鉴》,"袴"前有"襦"字是。襦,短衣。袴,套裤。

⑨悯默:内心同情而难于言表。"默"原作"然",据《资治通鉴》和下文改。

⑩己敌:指与自己的地位相当。

⑪诧然:惊讶貌。期:期望。

⑫分:职分。

⑬啻:但,只,仅。

⑭汲汲:急切貌。

⑮存恤:慰问抚恤。

⑯发:启发,启迪。

⑰甲兵:军队。

【译文】

春秋时,楚庄王攻打萧国,军队里的人大多数受冻。庄王巡视三军将士,抚摸将士的衣着厚薄并勉励他们,三军将士就像身上披上棉衣一样感到温暖。唐朝时,德宗皇帝出居奉天,他派人刺探叛军的军情,被派遣的人感到衣单身寒,请他赐给衣裤。[因为当时物资奇缺],这个人没有求得衣裤,德宗抱着内心同情但难于言表的神态还是将这个人派出去了。这位士兵最终仍为他效力了。这二位君主处在艰难的环境中,用人不能给予物质方面的好处,而只是用言辞让人们的心里觉得愉快;人们尽管得不到物质方面的好处,而对于这二位君主勉励他们的言辞却得到愉快。这是什么原因呢? 根据一般人的心理,从跟自己地位相当的人那里得到价值百金的好处,并不觉得很多;而身居高位的王公大人哪怕和下面的人只说一句话,下面的人受宠若惊并认为这是自己的荣耀。君主的同情心是人们始料未及,而根据他们的职分本不应轻易得到的,是可以打动人心的。那些军队里的普通战士,而能经常受到君主的慰问和抚恤,自然不仅仅是棉衣给他们带来的温暖;而替君主效力的士兵,体会到自己的君主那种同情自己而又难于言表的神态,也就超出了五套衣裤的分量。君主对天下的吏民,又怎么能急急忙忙地用财物去收买他们,然后才可以利用他们替自己效力呢? 君主处于难难多事的时候,一句话马上可以使人心深受感动,从而把人们牢固地维系在自己的周围。更何况是在天下太平无事的时候,君主对待天下的吏民,要是能做到慰问抚恤,用恩惠去抚育他们,用政教去启发引导他们,用仁义之心去辅助他们,那么天下人用以感激君主的行动,又会是怎样的情形呢? 因此他们的国家并不是因为山河险固才不可被攻破,也不是因为军队的防守而不可被攻破,而是因为牢固地维系人心罢了。

三十九　物以顺至而当以逆观

【原文】

物之以顺至者,必当以逆观。天下之祸,不生于逆而生于顺。剑、盾、戈、戟未必能败敌,而金、缯、玉、帛每足以灭人之国①;霜、雪、霾、雾未必能生疾②,而声色游畋每足以殒人之躯③。久矣,夫顺之生祸也。物方顺吾意,而吾又以顺观之,则见其甘而不见其毒,见其吉而不见其凶。溺心纵欲④,盖有陷于死亡而不悟者。人之有为于天下,盖不可以不知此。

【注释】

①缯:丝织物的总称。

②霾:大风杂尘土而下。

③畋:田猎。

④溺:沉迷。

【译文】

事物如果顺从人们的心理而至的,一定应该从它的反面去观察。天下的祸患,并不都是萌生于逆境,而是萌生于顺境。剑、盾、戈、戟等兵器未必能击败敌人,而金、缯、玉帛等物品却常常足以毁灭一个国家;霜、雪、风、雾等恶劣天气未必能使人生病,而声、色、游、猎却常常足以伤害人的身体。时间长了,顺心遂意的事物容易滋生祸患。事物合乎我的心意,我又从投合自己心意的角度去看它,那么就只能看到它美好的一面,而没有看见它有害的一面;只看到它有利的一面,而没有看见它危险的一面。心志沉溺于纵欲之中,大概仍有到死不觉悟的。人要想在天下之中有所作为,也许不能不清楚这一点。

【原文】

夫小人之得君也①,将欲移其权柄而迷其耳目,则有声色货利以唊之②,甘言巽语以顺之③,射猎歌舞以娱之。迎其好而逢其欲,觇其所向而俟其所归④。有可爱也,则徇之以欢⑤;有可惧也,则寝之以为安⑥。其意凡此者,皆所以眷其君而蛊其心术也⑦。而人君不能以逆观之,而乐其顺矣。荟于其说而阱于其术中而莫之辨⑧。夫是以奸欺之患生,不几于危亡则不悔。

【注释】

①得君:得到君主的信任。

②唊:以利诱人。

③巽:卑顺,谦让。

④觇:窥视。俊:等待

⑤徇:曲从。

⑥寝:止息。

⑦眷其君:即"使其君眷"。眷,器重。

⑧豢:此指诱人以利。阱:猎取野兽的陷坑。此用如动词。莫之辨:宾语前置。即"莫辨之"。

【译文】

　　小人得到了君主的信任,将要篡夺君主的权力并会混淆君主的视听,那么,也许用声色财利来诱惑君主,也许用甜言卑辞来顺从君主,也许用射猎歌舞来使君主欢娱。迎合君主的嗜好欲望,窥视君主动向然后等待他的结局。君主有什么爱好,就顺从他,使他欢心;君主有什么可怕的事,就把它平息下来,使他有安全感。小人的志趣之所以这样,就是为了让君主器重自己,进一步用他的心术蛊惑君主。但君主不能从反面来看待他,反而喜欢他的顺从。君主被他的言辞所诱惑而陷入他的圈套之内,但不能辨别其中的是非。所以奸诈欺骗的祸患总是不断发生,国家不接近危亡的时刻,君主就不会悔改。

【原文】

　　若夫忠臣义士则不然。识高而见殊,虑远而忧大。射猎歌舞之娱,则禁而抑之;声色货利之欲,则谏而止之。宵旰之勤①,吐哺之疲②,非人之所愿为者,则顾从而强之③。其说虽逆,其理实顺。人君有能以顺而观今之逆,以逆而观前之顺,则天下可以常治而无乱矣。昔者楚共王有疾④,召令尹曰⑤:"申侯伯与吾处⑥,常纵恣吾⑦。吾所乐者,劝吾为之;吾所好者,先吾服之。吾与处欢乐之,不见戚戚也⑧。虽然,我终无得。"唐明皇谓左右曰⑨:"萧嵩每启事⑩,必顺旨,我退而思天下,不安寝。"夫共王之所谓"吾终无得",明皇之所谓"我不安寝",其能以逆而观顺者欤!

【注释】

　　①宵旰:即"宵衣旰食"的省称。意思是:天未明就起来穿衣,傍晚才进食。比喻勤于政务。旰,晚。

　　②吐哺:吐出口中的食物。相传周公热心接待来客,至于一沐三握发,一饭三吐哺。

　　③顾:但。

　　④楚共王:春秋时楚庄王之子。名审。公元前590——前560年在位。

　　⑤令尹:楚国官名。地位相当于宰相。

　　⑥申侯伯:春秋时中国人。据《左传·僖公七年》载,有宠于楚文王。此文言有宠于楚共王,本于刘向《新序·杂事》。

　　⑦纵恣:放肆。

　　⑨戚戚:忧惧。

　　⑨唐明皇:即唐玄宗李隆基。

⑩萧嵩:南齐高帝之后。开元中以兵部尚书兼朔方节度使。后因军功授同中书门下三品。兼中书令。

【译文】

至于忠臣义士就不是这样的。他们辨别是非的能力高而且又有独特的见解,为国家的利益考虑得久远并忧心忡忡。他们对君主的射猎歌舞等这些娱乐活动,加以禁止和控制;对君主的声色财利方面的欲求,加以劝谏并加以制止。起早贪黑地勤于政事,像周公吐出口中食物来接待贤者那样操劳,这并不是一般人愿意干的,但又进而强迫君主节制私欲。他们的言辞虽然违背了君主的欲望,但是其中的道理是顺应事物的发展规律。君主能用顺应事物发展规律的眼光来观察现实的逆耳之言,又可以从事物的反面来看待自己以前所处的顺境,天下就可以长治久安而不会发生祸乱。春秋时,楚共王得病,把令尹叫到床前对他说:"申侯伯与我相处,常常使我放肆。我喜欢的,他劝我去做;我爱好的东西,他先服用。我与他相处得非常融洽,看不出我们有忧惧感。虽然如此,我最终还是一无所得。"唐玄宗曾经对身边的大臣说:"萧嵩每次向我汇报政事,一定会顺从我的旨意。我退朝后却想到国家的安危,晚上睡不好觉。"楚共王所说的"我最终一无所得",唐玄宗所说的"我睡不好觉",他们都能从反面来看待顺境啊!

【原文】

襄二十三年①,孟孙恶臧孙②,季孙爱之③。孟孙卒,臧孙入哭甚哀。其御曰④:"孟孙之恶子也,而哀如是。季孙若死,其若之何?"臧孙曰:"季孙之爱我,疾疢也;孟孙之恶我,药石也。美疢不如恶石。夫石犹生我。疢之美,其毒滋多。孟孙死,吾亡无日矣。"

【注释】

①襄二十三年:即《左传·鲁襄公二十三年》。《左传》是传《春秋》的,因此以鲁国君纪年。鲁襄公,成公之子,名午。
②孟孙:即孟庄子。鲁桓公之子庆父之后。臧孙:鲁公子驱的采邑在臧地,其后称臧孙。
③季孙:即季武子。鲁桓公之子季友之后。
④御:驾车的人。

【译文】

据《左传·襄公二十三》中记载,孟庄子讨厌臧孙,而季武子非常喜欢臧孙。孟庄子死时,臧孙入门痛哭。给他赶车的人对他说:"孟庄子讨厌您,但您却悲哀得这个样子。季武子如果死了,您又会如何呢?"臧孙说:"季武子喜欢我,这像是没有痛苦的疾病;孟庄子讨厌我,这像是治疗疾病的药石。没有痛苦的疾病还不如使人痛苦的药石。药石还可以使我活下去。疾病没有痛苦,它的毒害更大。孟庄子死了,我的灭亡也没多久了。"

四十　谏因其明处方才能人①

【原文】

人臣进忠于其君,必因其所明而后能入也。人心有所蔽②,有所通。其蔽者,其暗也③;其通者,其明也。因其明处而告,求信则易矣。自古能谏其君,未有不因其所明者也。故讦直强劲者④,率多取忤⑤;其温厚明辩者,其说易行。古之人有行之者,左师触龙之于赵,子房之于汉是也⑥。高祖爱戚姬⑦,将易太子⑧,是其所蔽也。群臣争之者,众矣。嫡庶之义⑨,长幼之序,非不明也,如其蔽而不察何⑩?四老人者⑪,高祖素知其贤而重之。此其不蔽之明心。故因其所明而及其事,则悟之如反掌。且四老人之力,孰与张良群公卿及天下之心⑫?其言之切,孰与周昌、叔孙通⑬。然而不从彼而从此者,由攻其蔽与就其明之异耳。赵后爱其少子长安君,不使质于齐。此其蔽于私爱也。大臣谏之虽强,既曰蔽矣,其能听乎?爱其子而使之富贵长久者⑭,其心之所明也。故左师触龙因其明而导之以长久之计,故其听也如响。在《易·坎》之"六四"曰"纳约自牖"⑮。约⑯,所以进结其君之道也。自牖因其明也。二子之言⑰,其知坎之"六四"欤?

【注释】

①明:明白,容易理解。

②蔽:蒙蔽。

⑧暗:昏昧。

④讦:揭发人的过错而不留情面。

⑤率:大都。忤:抵触,不顺从。

⑥左师:春秋战国时宋、赵等国执政官名。触龙:战国赵人。赵成王时,秦攻赵,赵求救于齐,齐要以赵太后幼子长安君为人质,太后不许。左师触龙入见,说服太后,把长安君送到齐国作人质,齐国才发兵救赵。子房:即刘邦谋臣张良的字。刘邦在楚汉相争中,多从其计,化险为夷。刘邦晚年想更易太子,张良等人规劝,刘邦不从。后来吕后用张良之计,请来商山四皓辅佐太子,刘邦才取消了更易太子的念头。

⑦高祖:汉开国皇帝刘邦。戚姬:亦称戚夫人。定陶人。为汉高祖宠姬。生赵王如意。后为吕后所杀。

⑧将易太子:即刘邦要以赵王如意更易太子刘盈。

⑨嫡:即嫡子。正妻所生之子。庶:即庶子。妾所生之子。

⑩如其蔽而不察何:即如何其蔽而不察。

⑪四老人:即商山四皓。汉初商山四个隐士,名东园公、绮里季、夏黄公、角里先生。四人须眉皆白,因此称四皓。参见上面注⑥。

⑫孰与:何如。

⑬周昌:西汉沛(今江苏沛县)人。刘邦即位后,为御史大夫,封汾阴侯。口吃,刚直敢言。刘邦要废太子刘盈,周昌强谏,拒不奉召。叔孙通:西汉薛(今山东藤县东南)人。曾为秦博士。后从项羽,又归刘邦,任博士,号稷嗣君。刘邦称帝,他采择古礼,结合秦制,定立朝仪。后为太子太傅。

⑭"爱其子"句:为触龙劝说赵太后把其少子送至齐国作人质的宗旨。

⑮《易》:即《易经》,又称《周易》。古代占卜之书。坎:为《易经》六十四卦之一。六四:为组成卦象的符号,称为"爻"。纳约自牖:为"坎"卦"六四"爻的爻辞。"约"读为"擢",取出义。牖,窗户。此句意思是:送入取出均通过窗户。窗户虽非坦途,但屋室靠窗户得到光明。作者把窗户比作君主容易明白、容易理解的问题。

⑯约:疑为涉上而衍。译文不译出。

⑰二子:一指左师触龙,一指留侯张良。后者曾建议吕后请商山四皓辅佐太子,以熄灭刘邦易太子之心。

【译文】

如果臣下向他的君主进献忠心,一定要从君主容易理解的问题入手,然后君主才会采纳臣下的意见。人的思想在某些方面执迷不悟,但在某些方面却通情达理。他在某些方面执迷不悟,就表现出很愚昧;他在某些方面很通情达理,这就表现出他很明智。从他容易理解的问题入手来劝说他,就容易取得他的信任。自古以来善于规劝君主的,没有谁不是从国君容易理解的问题入手的。因此揭发别人过失不留情面而且穷追不舍的,大都适得其反;而那些温文、厚重、明智、善辩者,他们的说教就容易得到实施。古人有推行他们说教的,战国时赵国的左师触龙,汉高祖的谋士张良就是这样。汉高祖喜欢戚夫人,要用赵王如意来替代太子刘盈,这是汉高祖执迷不悟的一面。群臣与汉高祖争辩得很多。嫡传和庶出的道理、长幼的先后次序,这些汉高祖不是不清楚,他为什么执迷不悟但不能觉察其中的是非呢?商山四皓,汉高祖平时就知道他们的贤能并很敬重他们。这一点,汉高祖并没有受到蒙蔽,心中十分清楚。因此从汉高祖容易理解的问题入手,再涉及他们所要谈的事情,使汉高祖醒悟就非常容易。商山四皓为汉朝的建立所贡献的力量,与张良等各位公卿以及天下人心所向比较起来怎么样?商山四皓劝谏汉高祖的迫切程度,与周昌、叔孙通相比起来怎么样?然而汉高祖并没有采纳周昌、叔孙通等人的意见而听信商山四皓的劝告的主要原因,主

要是有批评汉高祖执迷不悟与从其容易理解的问题入手进行诱导的区别罢了。赵太后疼爱她的小儿子长安君,不让他到齐国作人质。这是被她个人的情爱所蒙蔽。大臣们劝解他的言辞虽然很激烈,但如果都说她执迷不悟,她能听从劝告吗? 而用疼爱她自己的儿子是为了赵氏宗族能够长久地享受荣华富贵的道理来说服她,这才是她的思想所容易理解的。因此左师触龙从她容易理解的问题入手,并用让国家长治久安之计来引导她,所以她听了以后立即响应。《易经》"坎"卦中的"六四"爻的爻辞说"送入取出均通过窗户",这同样可以用来作为侍奉结交君主的办法。通过窗户,主要是因为居室靠它才能得到光明。从触龙和张良的进言来看,他们也许清楚"坎"卦"六四"爻辞的寓意吧!

四十一　救弊不要为目前之计

【原文】

人有居于河濒者①,一旦水至,彷徨四顾,莫知所为,于是毁室徙薪四塞之②。有家人失火者,仓皇卒迫③,乃举其所有之金帛器皿,投之烈焰而扑之。然是人也,能解目前焚溺之患,而退有失所焚溺之忧。前患方去而后患继生,则以其所一时苟且不思而为目前之计故也。弊之在天下,固不可以不救也。然吾观自古君臣之救弊,往往旧弊未除,新蔽复作者,无乃蹈于焚溺之失乎④? 赵广汉之治颍川也⑤,恶其俗之朋⑥,设缿筒以招评讼⑦,行诡谲以起怨仇⑧,务使其民为不朋而已。不知朋党之祸去,而告讦之祸复生也。唐明皇之讨安史也⑨,知天子之兵弱而不能制,于是倚功于节度、结援于回纥之祸复作也⑩。汲汲于救一时之弊,而不为安全经久之计,祸患之相仍,吾亦不知其所终矣。雍按:"回纥"下有阙文。

【注释】

①濒:水边。
②薪:柴草。
③仓皇:匆忙。卒:同"猝",突然。
④无乃:岂不是。
⑤赵广汉:西汉蠡吾(今河北博野县西)人,字子都。宣帝时为颍川太守,诛杀豪强,执法不避权贵。后以摧辱大臣罪被腰斩。颍川:汉郡名。治所在河南阳翟。
⑥朋:结党。
⑦缿筒:接受信件的器具。相当于现在的检举箱。评:发人阴私。讼:诉讼案件。
⑧诡谲:变化多端。
⑨唐明皇:即唐玄宗李隆基。安史:指平卢、范阳、河东三镇节度使安禄山和平卢兵马使史思明。唐玄宗天宝十四年(公元755)冬,二人在范阳起兵叛乱。
⑩节度:即节度使。唐初称都督,总揽数州军事。睿宗景云中,始有节度使之

称。玄宗天宝初,沿边有十节度使,总揽一区的军、民、财政。安史之乱后,内地也多设节度使。他们往往拥兵自重,不听朝廷节制。回纥:古代少数民族名。其先人为匈奴,北魏时称高车部,或敕勒。散居北部沙漠地区,以游牧为主。安史之乱时,遣将入援。

【译文】

有的人在河边居住,一旦洪水到来,只好一边徘徊,一边四处观望,不知怎么办才好,于是毁坏房舍、取来柴草以堵塞四面滚滚而来的洪水。有的人家里失火,在慌忙紧迫之时,便拿出家中所有的金帛器皿等贵重物品,投入烈火之中,以扑灭火势。虽然这二人能解脱目前被烧、被淹的祸患,但在火灭、水退之后却又产生了在火灾和水灾之中丧失了房舍和金帛器皿等忧患。前面的忧虑刚排除而日后的祸害又产生了。这是由于他们一时的得过且过、不思后果而只为了考虑眼前的缘故。国家存在着弊病,固然不能不去补救。然而我看自古以来君臣所采取的补救时弊的措施,往往是旧的弊病还没有除,新的弊病又出现了,这岂不是像上面所说的那两个人一样,在消灭火灾和水灾的斗争中又有了新的损失吗? 西汉时,赵广汉治理颍川郡,他讨厌当地豪门势族结党营私的不良风气,就设置了揭发检举箱用来招引人们揭发别人阴私或投诉申冤,实行起来千变万化并以此激起豪门势族间的怨仇,必定会使郡中的百姓不拉帮结伙而已,而他并没有认识到拉帮结伙的祸患消除了,而告发别人阴私的祸患又产生了。唐玄宗讨伐叛将安禄山和史思明,他知道护卫京师的军队势单力薄而没办法制服叛军,于是依赖节度使平叛之功和联系回纥的军队前来救援的祸患又产生了。匆匆忙忙地解决一时的弊病,而不为国家的长治久安打算,祸患接连不断,我也不知道何时才能完结。

四十二 天下之事不可两全

【原文】

天下之事不能两全也。仰观乎天,夏涝而秋旱;俯察乎地,丘夷而渊实。在天地犹不能两全其所不可全之利,而况于人乎? 生,我所欲也;义,亦我所欲也。故欲生而毋望乎义,欲义而毋爱其生。二者不可兼全也。为富不仁矣,为仁不富矣。故欲富则不必言仁,欲仁则不必言富。两者不能以俱大也。事之不能以两全,类皆如此。昔者尝怪宋襄公泓之战[①],而欲不重伤。子鱼曰[②]:"君未知战。今之勍者[③],皆吾敌也……,明耻、教战,求杀敌也。伤未及死,如何勿重? 若恶重伤,则如勿伤。"夫既欲杀敌,又欲不重伤,是襄公欲全其不可全也。邾文公卜迁于绎[④],史曰:"利于民,不利于君。"公曰:"苟利于民,孤之愿也。天生民而立之君,以利之也。民苟利矣,迁也。"夫既欲利民,又欲利君,是邾人欲全其所不可全也。是以贤君之有为于天下,将以便民,则不敢求以便己;将以裕民,则不敢求以裕国。以(己)[民]与国[⑤],国可后也。势有所不能全也。哺一雀而十虫损,爱一牛而一羊死。既欲便民,又欲便己;既欲裕民,又欲裕国:虽圣人有不能矣。

国学经典文库

资政秘典

·洽政纲鉴·

图文珍藏版

278

【注释】

①宋襄公:春秋时宋国君。桓公子。姓子,名兹父。公元前650——前637年在位。继齐桓公为诸侯盟主。公元前638年伐郑,与救郑的楚兵战于泓水。楚兵强大,他却自称为"仁义之师",不重伤敌人。不俘虏上了年纪的敌人,并要等待楚兵渡河列阵后再战,结果大败受伤,次年不治而死。泓:古水名。在今河南柘县西北。

②子鱼:宋襄公庶兄。名目夷,字子鱼。宋襄公即位,任司马。泓水之战,楚军还未全部渡过泓水,子鱼请求襄公出击,襄公不同意。楚军渡过泓水后还未摆开阵势,子鱼又建议襄公出击,襄公仍不同意。结果楚军重创宋军。

③勀:强,有力。

④邾文公:春秋时邾国君。邾子克(字仪父)之子。名蘧蒢。绎:地名。在今山东邹县东南。

⑤己:按上下文意,当为"民"字。译文作"民"字。

【译文】

天下的事情不可能两全其美。抬头观察天气,夏季洪涝而秋季却干旱;低头观察地势,丘陵平阔而渊谷充实。在自然界中,还不可以在两个方面同时得到实际上得不到的好处,更何况人类社会呢? 生存是我所喜欢的,道义也是我所喜欢的。因此喜欢生存,就不能期待得到更多的道义;喜欢道义,就不能过分爱惜自己的性命。这两个方面不可能两全其美。要发财致富便不可以对人仁慈,要对人仁慈便不能发财致富。因此想发财致富就没有必要谈仁慈,想对人仁慈就不必谈发财致富。这两个方面不能都有非常大的收获。事情不能两全其美,大都这样。春秋时曾有人谴责宋襄公在泓水之战中不想再次伤害敌人。子鱼告诉宋襄公说:"君主不懂得作战。当今强大的国家都是我们的敌人……,说明什么是耻辱,并以此教导上兵作战,目的就是为了杀伤敌人。敌人受伤而没有死,为什么不可以再伤他一次? 要是厌恶再次伤害敌人,就应该[一开始]不伤害他们。"既然想杀死敌人,又想不再次伤害伤员,这两个方面都是宋襄公想保全而实际上不可能保全的。邾文公想迁到绎地而命史令官占卜吉凶,史官说:"对百姓有利,而对国君不利。"邾文公说:"要是对百姓有利,这是我的愿望。上天生育了百姓并为他们安排君主,就是用来给他们利益的。百姓如可以得到利益,迁居就是了。"既想对百姓有利,又想对国君有利,这两个方面都是邾国百姓想保全而实际上不可能保全的。因此贤明的国君对于天下有所作为,要便利百姓,就不敢追求方便自己;要追求百姓富裕,就不敢追求国家富裕。拿百姓与国家的利益相比,国家的利益可以放在后面。这是事物发展的态势有所不可以保全的。哺育一只小鸟而十条虫子被鸟吃掉,爱惜一头牛但杀死了一只羊。既想便利百姓,又希望便利自己;既想使百姓富裕,又想使国家富裕:即使是圣人也无法办到。

【原文】

邓攸舍己之子而负弟之子以趋①。盖弟之子欲全,则己之子不可不舍也。屈突通攻王世充而不顾二子之死②。盖己欲徇其公,则不可复顾其私也。燕昭王爱乐毅而斩其淫者③,令其心则小有所不足爱也。唐明皇谓己虽瘠④,天下必肥。利于民,则己有所不求便也。

【注释】

①邓攸:晋平阳襄陵(今河南睢县)人,字迫道。永嘉末年,陷于石勒营中。石勒过泗水时,邓攸担着他的儿子和侄子邓绥而逃,多次几乎碰上敌军。邓攸考虑到儿子和侄子不能都得以保全,只好忍心丢弃了儿子。

②屈突通:唐雍州长安(今陕西西安市和城东、南、西一带)人。高祖时,官至行台右仆射,再授洛州都督。屈突通从唐太宗讨王世充时,其二子并在王世充所辖洛阳。他以大局为重,而割舍骨肉之情。"屈突通"原应作"突厥通",据《旧唐书》屈突通本传改。王世充:隋新丰(今陕西临潼东北新丰镇)人,字行满。本姓支,祖籍西域。隋炀帝时因镇压起义军有功,官至通守。大业四年(公元608)炀帝死,他在东都拥立杨侗为帝。次年废杨侗,自称皇帝,年号开明,国号郑。武德四年(公元621)兵败降唐,至长安,为仇人所杀。

③燕昭王:战国时燕国君,名职。燕王哙庶子。即位后,改革政治,招纳人才,联合五国攻齐,派将军乐毅攻破并占领齐国七十余城。乐毅:战国时燕将。中山国灵寿(今河北灵寿西北)人。燕昭王时任亚卿。燕昭王二十八军(前284),率军击败齐国,因功封昌国君。燕惠王即位,中齐反间计,改用骑劫为将,他出奔赵国,封为望诸君。淫者:指说乐毅的坏话以迷惑燕昭王视听者。乐毅攻下齐七十余城后,围困莒、即墨二城,三年而犹未攻下,于是有人向昭王进谗言,说乐毅想长期依仗武力使齐人屈服,以南面称王。于是昭王杀掉了进谗者。

④"唐明皇谓己虽瘠"二句:唐玄宗开元二十一年(公元733),韩休为相。韩休为人刚直不阿。唐玄宗左右的大臣进言:"韩休为相,陛下殊瘦于旧,何不逐之?"玄宗回答说:"吾貌虽瘦,天下必肥。"

【译文】

东晋时,邓攸舍弃了自己的儿子而背着弟弟的儿子从敌营中逃走。要想保全弟弟的儿子,就不能不抛弃自己的儿子。唐高祖时,屈突通进攻王世充而不顾自己的两个儿子有生命危险;他自己希望为国献身,就不能再考虑个人的得失。燕照王爱惜乐毅的才能却把那说乐毅坏话来迷惑视听的人杀掉了,让自己在思想上也略有不值得爱恋的对象。唐玄宗说自己虽然瘦了,天下却一定会富裕起来。只要对百姓有利,就不能只想求得自己方便。

四十三 利在一时而害在万世

【原文】

方汉宣帝时①,大司农耿寿昌奏立常平法②。籴三辅近郡粟以给京师。岁省关东漕六十三万人。又曰:"令边郡皆筑仓③,以谷贱时增价而籴,贵则减价而粜。"当时民皆便之。寿昌至爵为通侯④。而萧望之乃非之⑤。元帝时⑥,在位诸儒又非之,并与盐铁愿罢,以为毋与民争利。元帝亦听用其说。终汉之世,不行一常平也。寿昌既以便民,而望之诸儒乃以为与民争利。愚于此未尝不窃疑之⑦。及为之反复其故,而参之以当世之变,然后始知望之诸儒之议,果非迂阔而不切事功者⑧。

【注释】

①汉宣帝:见本卷 36 条第一段注(16)。

②大司农:官名。汉为九卿之一。主管租税、钱粮、盐铁等事。耿寿昌:西汉人。宣帝时任大司农中丞。当时行水道运输,每年动用军卒六万人,自关东入京师。耿寿昌奏改由三辅、弘农等郡就近供应,省卒过半。又建议边郡置常平仓,谷贱时买进,谷贵时卖出,民以为便。以功封关内侯。

③三辅:原指西汉治理京畿地区的三个职官,即京兆尹、左冯翊、都尉。这里指他们管辖的京畿地区。

④通侯:指爵位名。旧为彻侯,避武帝讳而改为通侯。秦制,二十等爵位的最高级。

⑤萧望之:西汉东海兰陵(今山东兰陵县兰陵镇)人,徙杜陵(今陕西西安市东南)。宣帝时官至谏大夫、御史大夫。元帝时为宦官排挤,饮鸩酒自杀。

⑥元帝:即汉元帝刘奭。宣帝之子。公元前49——前33年在位。即位后,一反宣帝之政,重用儒生和宦官,国运日衰。

⑦窃:谦指自己。私下。

⑧迂阔:不合实际。事功:事业,功绩。

【译文】

当汉宣帝在位时,大司农耿寿昌向朝廷提建议,制订常平仓法。收买京畿地区及附近郡县的粮食用来供给京师。每年可以节省关东参加水路运输的人力达六十三万。耿寿昌又向朝廷建议:"下令边境的郡县都修筑粮仓,在粮价下滑时提价买入,在粮价上涨时以低价卖出。"当时百姓都从中得到好处。耿寿昌也因此而晋升做了通侯。而萧望之对常平仓法却表示强烈反对。元帝时,身居官位的儒雅之士又反对这种做法,并希望与盐铁官营政策一道废止,认为国家不应该与百姓争利。汉元帝也听取并采用了萧望之等人的说法。直到汉代灭亡,没实行过一次常平法。耿寿昌既然认为实行常平法便利百姓,但萧望之等儒雅之士却认为实行常平法与百姓争利。我对此也曾私下有所怀疑。到后来我探讨出现这种反复现象的原因，并参考当时形势的变化，此后才知道萧望之等儒雅之士的评论，果真不是脱离实际的空话。

【原文】

盖君子之于天下，法必虑其所终，行必稽其所弊。事固有利在一时而害在万世者。彼常平之法，大抵利于丰稔而不便于荒歉之岁①。而神爵、五凤间②，谷石五钱，县官常增价而籴之③，岂不便于民？及元帝即位，谷石乃至三百余。丰凶之不常，如此而官吏奉行，所谓增价损价，安保其必如寿昌乎？《禹贡》之法④，在禹行之则善⑤。其后也，莫不善于贡矣。盖禹虽立为九等，然有所谓错出者⑥，故能无害。后世执之以为常，不复知所除，则其病民为始甚⑦。今使县官与民为市⑧，倘非贤官吏，大率皆知责其所入之多⑨。所给之直⑩，未暇问也⑪。就使增价而籴，亦有其名耳。给直不时，使民诉而得之，往往费一而得二。所增何补？望之之说曰："筑仓治船，费直二万万余，有动众之功，恐生旱气，民被其灾。"望之之非寿昌不在是也。曰："寿昌习于商功分铢之事⑫，其深计远虑，诚未足任⑬。"愚独谓此语最为得之。侧闻国朝熙宁中⑭，司马温公论青苗之弊⑮，因曰："太宗皇帝平河东⑯，立和籴法⑰。是时斗米十余钱，草束八钱。民乐与官为市。后物贵而和籴不解，遂为河东之患。臣恐异日之青苗，犹河东之和籴也。"望之之意，得无与温公类乎？

【注释】

①稔：谷物成熟。

②神爵、五凤：均为汉宣帝年号（前61——前54）。

③县官：此指朝廷。

④《禹贡》之法：《禹贡》为《尚书·夏书》篇名。篇中把当时中国划分为九州，记述各区的山川分布、交通、物产状况以及贡赋等级等，保存了我国古代的重要地理资料。《禹贡》中将交纳的贡品分为九等，并指出了每州应该交纳的贡品及运送贡品的路线，即《禹贡》九法。

⑤禹：即夏禹，又名大禹。传说上古时代夏部落首领。姓姒。继舜即天子位。

⑥错出：指每州主要交纳九等赋税中的一个等级之外，还可以交纳其他一个等级的赋税。

⑦病民：使百姓疲劳不堪。

⑧为市：做交易。

⑨大率：大都，大部分。

⑩直：同"值"。

⑪未暇：没有空闲时间。

⑫商功：度量功利。分铢：均为较小的计量单位。

⑬诚：的确，确实。

⑭侧闻：从旁得知。国朝：作者称本朝为国朝。熙宁：宋神宗年号（公元1068——1077）。

⑮司马温公：即司马光。字君实。北宋陕州夏县（今山西夏县）人。历仕仁宗、英宗、神宗、哲宗四朝。熙宁间王安石推行新法，他竭力反对，出外。哲宗即位，入朝为相，尽改新法，恢复旧制。死谥文正，追封温国公。青苗：即青苗法。北宋新法之一。宋熙宁二年（公元1069），王安石创青苗法。当青苗不接之际，官贷钱于民。正月放而夏敛，五月放而秋敛，纳息二分。本名常平钱，民间称青苗钱。

⑯太宗：即宋太宗。宋太祖之弟。初名匡义，赐名光义，又更名炅。公元976——997年在位。太祖死，以晋王继位，平定南唐、吴、越、北汉，统一全国。但在对辽战争中一再失利。河东：山西省境内黄河以东的地区。

⑰和籴法：古时官府出钱购买民粮，以供军用，名义上双方议价交易，称和籴。实际上往往按户摊派，限期逼迫。其害甚于赋税。

【译文】

　　君子对于整个国家来说，制订法令一定要考虑它的后果，推行法令一定要考虑它的弊病。事情固然有对一时来说有利而对万世有害的。耿寿昌创立的常平仓法，大概在丰收年景实行起来有利但在歉收年景实行起来就不便。而汉宣帝神爵、五凤年间，每石粮食只值五钱，朝廷经常加价买入，这难道对百姓不便利吗？到汉元帝即位时，每石粮食竟增至三百多钱。丰收年和歉收年的粮价没有一定的标准，在这种情况下，官吏却仍旧推行常平仓法，所谓粮价时涨时降，怎能保证这种做法一定像耿寿昌所实行的那样呢？《禹贡》中的赋税法，在夏禹那个时代实行起来的效果就好。此后，没有哪一种税法不比《禹贡》中的税法好。大禹虽然把各地所交纳的赋税分为九等，但是每州除了交纳九等赋税中的一个等级外，还可以交纳其他一个等级的赋税。所以这种税法在当时实行起来并没有什么害处。后世坚持实施这种税法并把它作为常规，不再明白得除旧布新，那么这种税法侵害百姓的利益即开始严重了。今天使官府与百姓做交易，如果不是贤德的官吏，大都仅知道追求买入的粮食越多越好，至于付给百姓的粮钱，来不及过问。即使提高价格买进粮食，也徒有其名罢了。给百姓支付粮钱不准时，假如百姓向官府上诉而索回卖粮款，国家通常损失一份而百姓从中得到两份。增加的这笔开支用什么来补偿呢？萧望之在给朝廷的奏书上说："修建粮仓，制造船舶，耗费钱财二万万多，有打扰百姓之劳，恐怕会发生旱象，百姓蒙受旱灾之苦。"萧望之责备耿寿昌，最主要不是在这一点上。他说："耿寿昌对于计算眼前的功利和财政支出更加熟练，但对于国家大事的深谋远虑，的确还不完全胜任。"我认为这话最能抓住问题的实质。我私下曾听说本朝熙宁年间，司马光论实行青苗法的害处，便说："太宗皇帝平定河东地区后，订立了和籴法。当时一斗米十余钱，每捆柴草八钱。百姓也乐意与官府做交易。后来，物价上涨但和籴法没有废除，于是成为河东地区的祸患。臣担心日后实行的青苗法，犹如河东地区以前实行的和籴法。"萧望之的原意，莫不是与司马光相仿吗？

四十四　致治非难但保治为难

【原文】

天下非未治之可畏①,已治之可畏也;非未安之可忧,已安之可忧也。方天下之未治未安,为士者相与讲治安之术而为学,为公卿大夫者相与进治安之术而为忠,为人主者则又日夜求治安之术而为政。上之所以焦心劳思,下之所以进计献议,无非治安之是图也②。故天下非未治之可畏,非未安之可忧也。天下治矣,而可畏始生;天下安矣,而可忧始生。士不知讲治安之策,公卿大夫不知进治安之忠,人主又不知求治安之政。上下相从于逸乐,中外相忘于闲暇③。治不知所以保其治,安不知所以固其安。天下之治安,始有不足恃者矣。

【注释】

①治:指政治清明安定。
②治安之是图:宾语前置,即"图治安"。"之是"为结构助词。图,谋求。
③暇:空闲。

【译文】

天下不是没有达到政治修明就感到可怕,而是已经达到政治修明才是非常可怕的;不是没有出现安定的局面就值得忧虑,而是已经出现了安定的局面这才值得忧虑。当天下还未出现政治修明稳定的局面的时候,作为有识之士,他们共同探讨国家的长治久安之道,并将它作一门学问;作为公卿大夫,他们共同做出奉献使国家长治久安之道,并以此表达自己对朝廷的一片忠心;作为国君,又常常日夜访求使国家长治久安之道,并将它作为自己的政事。国君之所以忧心忡忡,下面大臣之所以向朝廷进献策略和见解的原因,无非是谋求国家的长治久安。因此天下并非没有达到政治修明就觉得可怕,也不是没有出现安定的局面才值得忧虑。天下政治修明了,但可怕的因素开始滋生了;天下便安定了,而值得忧虑的因素开始滋生了。有识之士不懂得探讨国家的长治久安之道,公卿大夫不懂得为国家的长治久安而进献自己的一片忠心,国君又不会去访求使国家长治久安的大政方针。朝廷上下的官员在安逸之中相继放纵自己的欲望,朝廷内外的官员在相安无事之中相继忘记国家大事。在政治修明的时候,不知采取哪什么措施来保持政治修明的局面;在安定的时候,不知采取什么样的措施来巩固国家的安定局面。天下的政治修明安定,便开始失去赖以生存的基础。

【原文】

愚不暇远引旁取①,姑取春秋齐桓公之事以言之②。齐侯自庄公十三年北杏之会③,至僖九年会于葵丘④,衣裳之会⑤,凡十有一也。自僖八年洮之会⑥,至十六年会于淮⑦，兵车之会⑧，凡四也。齐侯图伯之心亦勤矣⑨。然方邵陵之师未举也⑩。贯泽之会⑪，齐侯不以伯主之尊而与江、黄之微者盟⑫。其汲汲于伯功之成⑬，何如也？及其邵陵之师既举⑭，而齐侯向日之心始荒矣。陈大夫一谋不协⑮，其身见执⑯，其国见伐。黄人被兵守城⑰，更历三时⑱。告命已至⑲，而援师不出。意骄于葵丘之盟，礼失于阳谷之会⑳。狄人王畿而不能伐㉑，大夫救徐而诸侯不行㉒。是以狄人窥伺中国㉓，今年侵卫，明年侵郑。淮夷亦取于病杞㉔，而不忌圣人㉕。谨而书之，以志其佻心之动㉖，而伯业之始衰也。故尝以为齐之伯成于邵陵，而亦败于邵陵。使桓公返自邵陵之后，而不忘前日贯泽之会，则夷狄之畏服，而中国之尊安，宁有既乎㉗？以桓公之事而论今日之事，愚是以知未治未安之不足忧，已治已安之为可忧也。

【注释】

①愚：自谦之词。指我。不暇：没有空闲。

②齐桓公：春秋五霸之一。名小白。公元前685——前643年在位。即位后，以管仲为相，尊周室，攘夷狄，九合诸侯，终身为盟主。

③齐侯：即齐桓公。周初，齐为五等爵位中的侯爵，故称齐侯。庄公十三年：即鲁庄公十三年（前681）。《左传》据《春秋》以鲁史纪年。北杏之会：鲁庄公十三年春，齐桓公与鲁、宋、陈、蔡、邾各国国君在北杏会见，以平定宋国的动乱。北杏，齐地，当在今山东省阿县境。

④至：原本作"王"，据文渊本改。僖：即鲁僖公。会于葵丘：鲁僖公九年（前651）夏，齐桓公和鲁、宋、卫、郑、许、曹等国国君以及宰周公在葵丘会见，重温过去的盟约，同时又为了发展友好关系。葵丘，当在河南省兰考县东。

⑤衣裳之会：指国与国间以礼交好的会合。"会"原本作"等"，据《左传》、文渊本改。

⑥洮之会：鲁僖公八年（前652）春，齐桓公与鲁、宋、卫、许、曹、郑等国国君以及周人在洮地会盟，商定安定王室。洮，曹地，当在今山东省鄄城县西南。

⑦会于淮：鲁僖公十六年（前644）十二月，齐桓公与鲁、宋、陈、卫、郑、许、邢、曹等国国君在淮地会见。这是为了商量鄫国的事情，同时为了攻打东方。淮，在晋的临淮郡左右，当在今江苏省盱眙县左右。

⑧兵车之会：指带领军队参加会盟。兵车即战车。

⑨伯：同"霸"。下文同。

⑩邵陵之师：鲁僖公四年（前656），齐桓公率领诸侯的军队攻打蔡国。蔡军溃败。接着攻打楚国。楚国派遣的使者，通过委婉的外交辞令说服了齐桓公。于是诸侯的军队退却，驻扎在邵陵。因此称"邵陵之师"。邵陵，旧说在今河南省郾城区东三十五里。未举：指没有对楚国采取军事行动。

⑪贯泽之会：鲁僖公二年（前658）秋，齐桓公与宋、江、黄等国国君在贯地结盟。这是由于江、黄两国归服于齐。贯，宋地，当在今山东省曹县南。

⑫江：国名，赢姓。故城当在今河南省息县西南。黄：国名，赢姓。故城当在今河南省潢川县西。

⑬汲汲：急切貌。

⑭既举：此指对陈国采取了军事行动。既，已经。

⑮陈大夫：指陈国大夫辕涛涂。一谋不协：楚国在邵陵与诸侯订立了盟约后，辕涛涂曾向郑国大夫申侯提议：齐国回师时，最好取道沿海，以向东夷炫耀武力；而不要取道陈、郑两国之间，以免增加陈、郑两国的负担。当时申侯同意了。而申侯进见齐桓公时，却主动要求齐国军队取道陈、郑两国之间，并由陈、郑两国供应粮草。于是齐桓公认为陈国对齐国不忠，便扣留了辕涛涂。

⑯见：被。

⑰黄人被兵守城：鲁僖公十二年（前648），黄国受到楚国的进攻，黄国人带着兵器守城。

⑱三时：三个季节。

⑲告命：指周天子命齐国出兵救黄的文书。

⑳阳谷之会：鲁僖公三年（前657）秋，齐桓公与宋、江、黄等国国君在阳谷相会，商量伐楚之事。

㉑狄入于王畿：鲁僖公十一年（前649）夏，扬、拒、泉、皋和伊雒的戎人一起进攻周朝的京师，进了王城，烧了东门。狄，对我国北方少数民族的泛称。

㉒大夫救徐而诸侯不行：鲁僖公十五年（前645）春，楚国人攻打徐国。鲁国大夫孟穆伯率领鲁军和诸侯的军队救援徐国，而齐桓公和鲁、宋、陈、卫、郑、许、曹等国国君在匡等待孟穆伯。

㉓中国：特指中原各国。

㉔淮夷亦取于病杞：此句本于《左传》。鲁僖公十三年言："夏会于咸，淮夷病杞故。"意思是：这年夏天，齐桓公与鲁、宋、陈、卫、郑、许、曹等国国君在成地会见，是由于淮夷让杞国感到担心。"淮夷亦取于病杞"，意思是：《左传》的作者对于淮夷的记载，主要是取它让杞人担心这一点。淮夷，古代居于淮河流域的少数民族。病杞，使杞国忧虑。杞，古国名。相传周武王封夏禹后人东楼公于此。春秋时为齐的附属国。后为楚所灭。在今河南省杞县。

㉕不忌圣人：孔子作《春秋》时没有谈到淮夷让杞人担心，而《左传》的作者提到这一点，这在本文作者看来为"不忌圣人"。

㉖"以志其侈心之动"二句：这二句是本文作者认为《左传》的作者言"淮夷病杞故"的用意所在，即：一方面记录了淮夷的扩张野心；另一面揭示了齐国霸业开始衰落，杞人担心齐国保护不了自己。

㉗既：尽。

【译文】

我没有时间引取更多的史实来论证，姑且选取春秋时齐桓公称霸的事迹来论证以上看法。齐桓公从鲁庄公十三年的诸侯北杏之会，到鲁僖公九年的诸侯葵丘之会，诸侯各国之间友好会合总计十一次。从鲁僖公八年的诸侯洮水之会，到鲁僖公十六年的诸侯淮地之会，诸侯率领军队参加会盟共有四次。齐桓公谋求霸业之心也够勤奋的了。但是当时驻扎在邵陵的诸侯国军队没有对楚国采取军事行动。诸侯在贯泽会见，齐桓公不凭借霸主的尊严来与江、黄等小国结盟。他成就霸业的急切心情，谁能比得上呢？到了他那驻扎在邵陵的军队已经对中原其他的国家采取军事行动时,这时齐桓公先前的谋求霸业之心开始放弃了。陈国大夫的一条谋略与齐桓公的想法不合拍,结果这位陈国大夫被拘留,他的国家遭到进攻。黄国人手持武器坚守都城,经历了三个季节。周天子命齐国出兵援助黄国的文书已送到齐桓公的手中,而齐国的援兵仍没有出动。在葵丘的诸侯会盟中有许多骄傲情绪,在阳谷的诸侯会见中有失诸侯之间交往的礼节。外族人进犯周朝的京都地区而不能前去讨伐,鲁国大夫率军救援徐国但诸侯兵却在匡地等待观望。因此外族人窥测时机对中原各国有所图谋,今年入侵卫国,明年入侵郑国。《左传》的作者对于淮夷的记载,主要采用它令杞国担心这一点,而不忌讳孔子在做《春秋》时没有提到这一点。《左传》的作者把这一点谨慎地写在史书上,是为了记载淮夷的扩张野心,同时也揭示出齐桓公霸业开始衰落。因此我曾认为齐国的霸业的成功是在邵陵,而齐国霸业的衰败也是在邵陵。如果齐桓公能够从邵陵之会以后的歧途中返回正确的轨道,又不忘却他在贯泽与其他诸侯国结盟时的谦恭态度,这样看来外族人对中原各国的敬畏和屈服以及中原各国的尊严和安定,难道会有尽头吗?拿齐桓公的事迹来论证今天发生的事情,我因此知道国家没有出现政治修明稳定的局面,是不需要忧虑的;当国家已经出现政治修明稳定的时候,是值得忧虑的。

第八卷

四十五　施重刑者惧人之玩

【原文】

昔者观《书》至于《尧》①，未始不惑之也②。共工之庸违知之矣③，而去之不以时④。四岳举鲧⑤，帝曰不可⑥，而四岳犹曰试鲧，尧听之，未害也⑦。鲧用而无成⑧，则四岳之责也奚辞⑨？而尧不加⑩。夫知其庸违而纵之，不若未知之犹惮也⑧。责之无辞而难之，则是苟有辞者莫得而诘之也⑫。宜去弗去，宜责弗责，亦莫以厉天下者。盖尝为之深思其故，而后得其说矣。天下之人，不可轻以刑示之也。彼其未见吾刑之初，惟闻有所谓刑之名，而未见其为刑之实。故其心常凛然行乎不可测知之中。及其既以刑而示之，则向之所闻，今其身履之矣。彼将以为是亦无所可畏也。于是乎玩心始生。尧之不轻于用刑，其亦俱人之见吾刑而有玩心乎？盖至于舜一旦取四凶而诛之，刑虽不为过，杀虽不为惨，而天下之人始见刑矣。夫民日之所闻，至于是一日而见，则已久矣。虽杀犹将玩之，况未至于杀乎？其刑止于如此，其罚止于如此。吾既见之矣，是不足多畏也。故舜之后为商周，商周之后为秦，秦之后为汉，刑罚愈严，杀戮愈众，而民愈不知畏者，其见之非一日也。

【注释】

①《书》：指《尚书》。是我国现存最早的关于上古时典章文献的汇编。古籍中也单称《书》。《尧》：指《尚书》中的《尧典》。《尧典》中所记的，基本是尧和舜的事迹。

②未始：未尝。

③共工：此为人名。相传为尧的大臣。后被尧流放于幽州。庸违：行为悖谬，即言行不符。

④去：除掉。

⑤四岳：相传为唐尧臣，羲和的四个儿子，分管四方的诸侯，所以称四岳。鲧：人名。相传是禹的父亲，封为崇伯。治水无功，被舜杀死于羽山。

⑥帝：此指尧。

⑦害：妨害。

⑧用：功绩。

⑨奚：怎么。辞：推辞。

⑩加:指加罪。

⑪若:象。惮:畏惧。

⑫诘:责问。

【译文】

以前,我读《尚书》读到《尧典》这篇文章时,未尝不感到疑惑。共工言行不一,这一点尧帝是了解的,而尧帝没有及时除掉他。四岳推荐鲧治理洪水,尧帝认为鲧不能胜任,而四岳仍说让鲧试试看。尧帝听从了四岳的意见,没有表示反对。鲧治理洪水没有取得成功,四岳的责任怎么可以推脱得掉呢?但尧帝并没有给他们安上什么罪名。他了解了共工言行不一的缺点而大胆地使用他,不像不了解他而使用他还觉得有些不放心。责任不可推脱,再去责问他们。就是如有推脱责任的,也不能责问了。应该除掉的却不除掉,应该责问的而不责问,这样也就没有什么可以拿来激励天下的了。我曾为此深深思索其中的原因,然后才获得了正确的解释。对于普天下的人,不可以轻易拿刑罚给他们看。起初,他们没有见到刑罚的时候,只听说有刑罚的名称,但是却没有看到动用刑罚的真实情形。所以他们总是提心吊胆地好像在陌生的环境中行走一样。等到已经拿出刑罚给他们看了,则以前所听到的各种刑罚的名称,现在他们都亲身经历过了。他们将会认为这些刑罚也没有什么可怕的。于是不以为然的思想情绪开始产生了。尧帝不轻易施刑,大概他也担心人看到用刑情形后会产生不以为然的情绪吧!至于舜帝一旦把四凶抓起来并杀掉,处罚虽然称不上过分,行刑手段虽然不算残忍,而普天下的人开始看到用刑的实际情形。百姓以前每天所听到的,到后来每天所见到的,时间非常长了。即使他们面临被杀的危险,他们仍会不以为然,更不用说不至于被杀呢?那么用刑的情形不过如此而已,那么处罚的情形也不过如此而已。我已经见到了实施刑罚的情形,这还不值得产生较大的恐惧心理。所以舜帝之后为商朝、周朝,商朝、周朝之后为秦朝,秦朝之后为汉朝,刑罚越来越严酷,被杀的人也越来越多,而百姓越来越不感到惧怕的原因,就是由于他们所经历的不是很短的时间了。

【原文】

呜呼!婴儿之在襁褓也①,一呵一叱而知惧。其久也,鞭朴日加焉而恬然②,惧心不生。彼固知其止于如此也。三代之后③,吾尝有爱于汉文帝之治④。吴王不朝⑤,赐之几杖⑥。张武受赂⑦,赏以金钱。深有得于尧不轻用刑之意。夫不朝而赐之,受赂而赏之,宜若畏懦委靡⑧,而不足与有为矣。而文帝之意则以为二人之罪固可罚也,而吾之威不可轻以示人也。不轻于示人,而使之常不见吾所以为刑之实,则天下之人未知吾君之刑何如,而玩心不萌矣。宽其刑于一人,而去其玩于千万人。若文帝之术,正尧之遗意也。嗟夫!渊壑之深,望之黯然而不知浅与深⑨。有一人焉探而涉之,则必有一人焉从而继之。何也?以其深浅之既知也,不知则不敢继矣。

【注释】

①襁褓:背负小儿的背带和布兜。

②鞭朴：鞭与朴均为刑具。引申为体罚。恬然：安闲貌。

③三代：指夏、商、周三个朝代。

④汉文帝：刘恒。汉高祖之子。公元前180—前157年在位。即位后，提倡农耕，减轻农民负担，废除肉刑，主张清静无为，与民休息。全国经济逐渐恢复，政治稳定。

⑤吴王：刘濞。汉高祖兄刘仲之子。高祖时封于吴。景帝前元三年（前154），与楚王刘戊、赵王刘遂、胶西王刘卬、济南王刘辟光、菑川王刘贤、胶东王刘雄渠发动武装叛乱，兵败被杀。

⑥几杖：几案与手杖。古以赐几杖为敬老之礼。

⑦张武：西汉人。文帝时为郎中令。

⑧畏懦：胆小怯懦。委靡：颓废，不振作。

⑨黯然：昏暗的样子。

【译文】

唉！婴儿在襁褓里，呵斥一声就感到害怕。时间长了，即使天天打他，他也不以为然，再也不会产生惧怕的心理。他自然知道父母对待自己也只不过如此而已。夏、商、周三代以后，我对汉文帝治理国家的措施很欣赏。吴王刘濞不按照朝廷礼仪朝见文帝，但文帝赐给他几案和手杖。张武接受别人的贿赂，文帝仍赏给他金钱。文帝对尧帝不轻易用刑的用意有深刻的认识。不朝见皇帝却仍受到恩赐，接受他人贿赂却得到赏赠，文帝似乎胆小怯懦、没有威严，好像不可以与他一起治理国家。但文帝当时却认为这两个人的罪行固然是可以处罚的，而自己的帝王威严是不会轻易流露出来的。不轻易地流露出来，就会使他们平常见不到自己用刑的实际情形。天下的人就不知道自己君主的刑罚到底怎么样，而不以为然的思想情绪就不会出现了。在一个人身上减免刑罚，而去掉了千万人不以为然的思想情绪，像汉文帝的做法，正是尧帝留给后人的思想财富。唉！渊潭沟谷是非常深的，远远看去昏暗不明，人们不清楚它的深浅。有一人在这个地方探出深浅并渡了过去，那么一定还会有人在这个地方跟随他渡过去。这是什么原因呢？因为它的深浅已经知道了。如果不知道就不会再有人跟着过去了。

四十六　法无善恶只在人所用

【原文】

古语有之①："柳下惠见饴②，曰：'可以养老。'盗跖见饴③，曰：'可以粘牡④。'"饴，一也，而或以养老，或以粘牡。善恶惟其所用也。宋人不龟手而洴澼絖，吴人得其方而裂地封侯。不龟手之药，一也，而或以封侯，或以洴澼絖⑤。小大唯其所用也。法之在天下亦然。常平之法⑥，古人用之便民，后世则以是而取利。荐举之法⑦，古人以是而进善，后世则以是而招权⑧。岂惟二者而已哉？凡今之法亦莫不然。曰铨选也、堂除也⑨,法之见于吏者然也。曰乡兵也、差役也,法之见于民者然也⑩。学校贡举之法见于士⑪,屯营府卫之法见于兵⑫。是数者法之孰为美,孰为恶;孰为小,孰为大:此惟人所用尔。用之美则美,用之恶则恶。小用之则小,大用之则大。譬之雨露之在天,梧槚櫄得之以养其柯条⑬,荆棘得之以养其芒刺。譬之财富之在人,贤者用之则养其身,小人用之以丧其生。岂有美恶、小大之辩哉?顾人不能无美恶、小大之异耳⑭。昔苏文忠公通守钱塘⑮,是时四方行青苗、免役、市易⑯,浙西兼行水利、盐法⑰。公于其间,常因法以便民,民赖以少安。呜呼!以不便民之法,而善用之者,犹足以安民,况于法之果便者乎!

【注释】

①古语:出自《淮南子·说林》。

②柳下惠:即春秋鲁大夫展禽。鲁僖公时人。又字季。因食邑柳下,谥惠,因此称柳下惠,任士师时,三次被免职。饴:糖膏。

③盗跖:相传为春秋末期人。名跖,柳下屯(今山东西部)人。人民起义领袖。盗跖为污称。

④牡:锁闩。

⑤不龟手:冬天人手受冷,皮肤皲裂,用药敷上可免,称不龟手。此代指药。龟,通"皲"。洴澼絖:漂洗丝絮。

⑥常平之法:即常平仓法。西汉宣帝时,耿寿昌建议在边郡筑粮仓,粮价下跌时高价买入,粮价上涨时减价卖出,称为常平仓。

⑦荐举:向朝廷推举任用。

⑧招权:揽权。

⑨铨选:量才授官。堂除:也称"堂选"。宋时中书选拔任命官吏称堂选,而吏部却无此权。

⑩乡兵:地方武装。差役:指封建王朝科派民户的无偿劳役。

⑪贡举:古时官吏向君主荐举人才,泛称贡举。后世即指科举制度而言。

⑫屯:指屯田。汉代以后历代政府为取得军队给养和税粮,利用兵士和农民垦种荒废田地。营:指营田。唐宋时屯田也称营田。府卫:此指府兵制。创建于西魏大统年间。其制以六柱国统十二大将军,每一大将统二开府,共二十四开府。兵士属于军府,不编入郡县户籍。隋开皇十年,士兵始编入郡县籍。唐沿隋制,全国共置六百三十四府,府置折冲都尉及果毅都尉统率。兵士平日务农,农隙教练,征发时自备兵器资粮,分番轮流京师、防守边境。

⑬梧:梧桐。槚:同"榎"。即山楸。柯:草木的枝茎。

⑭顾:但。

⑮苏文忠公:即苏轼。北宋眉州眉山(今四川眉山)人,字子瞻,号东坡居士。苏洵次子。历仕神宗、哲宗二朝。官至礼部尚书。因与执政政见不合,仕途坎坷,屡放外任。死后谥文忠。通守钱塘:指苏轼在杭州任通判,与知州共理政事。杭州旧名钱塘。

⑯青苗:即青苗法。北宋新法之一。宋神宗熙宁二年(公元1069),王安石创青苗法。当青黄不接之际,官贷钱于民。正月放而夏敛,五月放而秋敛,纳息二分。

本名常平钱,民间称青苗钱。免役:即免役法。宋神宗熙宁间,王安石推行新法,改差役为雇役。凡当役人户,按家资高下交纳免役钱,雇人代役,称免役法为募役法。市易:即市易法。王安石推行的新法之一。由朝廷市易务(后改名市易司),根据市场情况估定物价,向商人收购或出售货物,借贷官钱或赊售货物给商人,以田宅或货币作抵押,出息十分之二。

⑰浙西:宋行政区划名。即"两浙西路"的简称,治所在临安府(今杭州市),辖境相当今浙江省衢江、富春江、钱塘江以西和上海市及江苏省镇江市、金坛、宜兴以东地区。水利:即农田水利法。王安石推行的新法之一。此法规定,凡吏民能提出有效的土地种植办法,以及指出堤堰沟洫等利弊,行之有效的,照功利大小奖励。又奖励人民耕种逃田,并规定种植桑柘,不增赋税。盐法:宋初制定了盐钞法,即由政府发给商人领盐运销的凭证。然而若干年来,盐钞的发行额没有限制,以至积压日多,豪强兼并又乘机垄断了盐钞的买卖,压低盐钞价格,因而官府和部分商人都吃亏不小。为了改变这种状况,变法派于熙宁八年(公元1075)重新修订了陕西盐钞法。其主要办法是:出笼的盐钞有一定数量,设置钞场"平买"盐钞,市易司用市价收买旧钞,由此稳定钞价。

【译文】

古书中有这样的话:"柳下惠见到了糖膏,说:'它可以用来奉养老人。'盗跖见到了糖膏,说:'它可以用来粘固门的锁闩。'"糖膏是一样的,但有的人用来奉养老人,有的人用来粘固门上的锁闩。作用的好坏就看人怎么使用了。宋国人用不龟手药是为了在漂洗棉絮时不会把手冻裂,然而吴国人得到这种药的配方却分到土地并得到了侯爵。不龟手药是一样的,可有的人靠它得到了侯爵。有的人靠它在漂洗丝絮时防止把手冻裂。作用的大小就依据人怎样用了。天下的法律也都是这个样子。汉代的常平仓法,古人用它方便百姓,而后代人却拿它来牟取私利。推荐选用人才的措施,古人凭此向朝廷进献贤才,但后代却凭此揽权。难道仅仅表现在这两个方面吗?所有今天的法律也没有不是这样。所谓铨选、堂除,即法律体现在官吏选拔上是这样。所谓的乡兵、差役,即法律体现在民事上也是这样。学校科举之法体现在对人才的选拔上,屯田和府兵之法体现在军队的建制上。这些方面的法律,哪个是好的,哪个是坏的;哪个作用是小的,哪个作用是大的:这仅仅在于个人的运用罢了。往好处用,效果就好;往坏处用,效果就坏。从小处着手,作用就小;从大处着手,作用就大。就好像自然界的雨露,梧桐、山楸得到它用来滋养枝条,荆棘得到它用来滋养芒刺。好比人手中的财富,贤人用它就可以拿来保养身体,小人用它却丧失了性命。难道它的作用有好坏、大小的区别吗?这只是人的素质和才能不能没有好坏、大小的不同而已。北宋时,苏轼在杭州担任通判时,这时四周的州县都在推行青苗、免役、市易等法时,浙西地区兼行农田水利法和盐钞法。苏轼处于这些州府之间,往往靠这些法律来便利百姓,百姓赖此才得以安居。唉!拿不方便百姓的法律,而善于运用法律的,还足以使百姓安居乐业,更不必说那些真正便利百姓的法律呢?

【原文】

夫子以诗礼为过庭之训①，而或者用之以发冢②。诗礼岂发冢之资乎？焦延寿专精于《易》③，而京房得之以杀身④。《易》岂杀身之具乎？譬之于火，用之爨釜则为善⑤，用之燎原则为恶。然何尝有二火哉！譬之于水，用之以溉田则善，用之以灌城则为恶。然曷尝有二水哉！

【注释】

①夫子以诗礼为过庭之训：语出《论语·季氏》。其大意是：陈亢问孔子的儿子伯鱼："您在老师那，也得着与众人不同的传授吗？"伯鱼回答说："没有。他曾经一个人站在庭中，我恭敬地走过。他问我：'学诗没有？'我说：'没有。'他便说：'不学诗就不会说话。'我退回便学诗。过了几天，他又一个人站在庭中，我又恭敬地走过。他问我：'学礼没有？'我说：'没有。'他说：'不学礼，便没有立足社会的依据。'我退回便学礼。"夫子指孔子

②或者用之以发冢：语出《庄子·外物》。大意是：儒士用诗书礼仪来盗掘坟墓。大儒传话说："太阳出来了，事情怎么样了？"小儒说："裙子短袄还没有脱下，口里含着珠子。"大儒说："古诗说：'青青的麦子，生在陵陂上，生不施舍人，死了何必含珠！'抓着他的鬓发，按着他的胡须，你用铁槌敲他的下巴，慢慢地分开他的两颊，不要伤害了口中的珠子！"或者，有的人。冢，坟墓。

③焦延寿：西汉梁人，字赣。为小黄令，有政绩。专治《易》学，自言得孟喜之传，并把自己的治《易》成果传授给京房，专言灾异。著有《焦氏易林》。

④京房：西汉今文《易》学京氏学的创始人。东郡顿丘（今河南浚县西）人，字君明。本姓李，好音律，推律自定为京氏。元帝时立为博士，官至魏郡太守。他学《易》于焦延寿，宣扬"天人感应"说，借自然界的灾异来附会朝政。后因与中书令石显争权，为石显忌恨，被捕下狱处死。

⑤爨：炊。釜：无脚的锅。

【译文】

孔夫子用诗书礼仪来教导自己的儿子。但有的人却用来盗掘坟墓。诗书礼仪难道只是盗掘坟墓的依据吗？西汉的焦延寿对《易》的研究既专一又造诣精深，但京房得到他的研究成果后却惹来了杀身之祸。《易》难道是招致杀身之祸的工具吗？拿火来做比喻，拿它来烧火做饭就是办好书，用它来焚烧原野就是作恶。但是何曾有二种火呢！拿水来做比喻，用它来灌溉农田就是做好事，拿它来灌注城池就是作恶。可是何曾有二种水呢！

四十七　行事心同而术异

【原文】

尧舜之逊①，逊也；子哙之逊②，亦逊也。夷齐之廉③，廉也；仲子之廉④，亦廉也。汤武之仁义⑤，仁义也；而徐偃王、宋襄公之仁义⑥，亦仁义也。然尧舜之逊、夷齐之廉、汤武之仁义，当时行之则见其利，后世行之则大其美，至于子哙之逊、仲子之廉、偃王宋襄之仁义，当时无所利，后世亦无所美。世固岂以成败论人物耶？是不然。尧舜汤武之君，夷齐之臣，其心纯于为道，子哙、仲子、偃王、襄公之徒，其心纯于为名。为道则率性而安行⑦，至诚而不息⑧。为名则非出于其性，非本于其诚，勉强矫激⑨，苟可以得名而已。是其行事虽同，其用心则异矣。故夫君子之论人，要当观其心术，不当即其行事。王衍之不言利⑩，与孟轲同⑪；桑弘羊之言利⑫，与刘晏同⑬。弘羊之均输⑭，即太公九府之遗意⑮。

【注释】

①尧舜：即尧帝和舜帝。传说中父系氏族社会后期部落联盟的两位领袖。尧让位于舜，舜让位于禹。逊：逊位，即让位。

②子哙：即燕王哙。战国时燕国君。名哙。燕王哙三年(前318)，把君位让给相国子之。后来，太子平和将军市被等起兵叛乱，齐宣王乘机攻占燕国，他和子之都被杀。

③夷齐：即伯夷和叔齐。商末孤竹君的两个儿子。初孤竹君以次子叔齐为继承人，孤竹君死后，叔齐让位。伯夷不受，后二人都投奔到周国。周武王伐纣时，两人曾叩马谏阻。武王灭商后，他们耻食周粟，饿死在首阳山里。

④仲子：即仲由，孔子弟子，字子路。子路在卫国为官时，孔悝作乱，袭击卫出公，立蒉聩为国君。孔悝作乱时，子路在外。他听到消息后即返回国都，有人劝他不要进城去白白地蒙受祸害。他说："食其食者不避其难。"结果被杀。

⑤汤武：指商汤和周武王。汤为商王朝的建立者。周武王为文王之子，名发，周王朝的建立者。

⑥徐偃王：相传周穆王时徐国国君。周穆王巡狩，诸侯尊偃王，统辖今淮、泗一

带。向它朝贡的有三十六国。后为楚所灭。宋襄公:春秋时宋国君。宋桓公之子,姓子,名兹父。公元前 650——前 637 年在位。鲁僖公二十二年(前 638)伐郑,与救郑的楚兵战于泓水。楚军强大,他却自称为"仁义之师",不重伤敌人,不俘虏上了年纪的敌人,并要等待楚兵渡河列阵后再战,结果大败受伤,次年不治而死。

⑦率性:依循本性而行。安行:心中安然行之。

⑧至诚:最诚实。

⑨矫激:掩饰真情。

⑩王衍:晋琅邪临沂(今山东临沂)人,字夷甫。官至尚书、太尉。王衍有盛才,常自比子贡,又好老庄之道。东海王司马越死,被推举为帅,全军为石勒所破,被杀。

⑪孟轲:即孟子,字子舆,战国邹(今山东邹县东南)人。儒家学派的代表人物。提倡以仁义治国,主张恢复井田制和世卿制度,强调"民为贵""君为轻"。他认为人的本性是善良的。

⑫桑弘羊:西汉洛阳(今河南洛阳市)人。武帝时任治粟都尉,兼任大司农。主张重农抑商,推行盐铁酒类由国家专卖政策。后因与上官桀等谋立燕王刘旦、夺霍光权被杀。

⑬刘宴:唐曹州南华(今山东东明)人,字子安。肃宗、代宗时,历任京兆尹、户部侍郎、吏部尚书同中书门下平章事及度支、盐铁、转运、铸钱等使,管理财政二十年。实行一系列改革,改进南北水运方法,整顿盐法,稳定物价,改善了安史乱后唐朝政权经济上的困境和财政的紊乱。德宗初年,遭杨炎诬陷,被诛。

⑭均输:汉武帝实行的一项经济措施。在大司农下置均输令、丞,统一征收、买卖和运输货物,以调剂各地供应。

⑮太公:即太公望。姜姓,吕氏,名尚。为周文王师。武王即位,尊为师尚父。辅佐武王灭殷。周王朝建立后,封于齐。为齐国始祖。九府:即九府圜法。周代财帛流通之法,即黄金方寸,而重一斤;钱圜函方,以铢为重量单位;布帛二尺二寸为幅,长四丈为匹。

【译文】

尧帝舜帝的让位,是让位;而燕哙的让位,也是让位。伯夷叔齐的廉洁,是廉洁;而仲由的廉洁也是廉洁。商汤周武王的仁义,是仁义;而徐偃王宋襄公的仁义,也是仁义。但是尧帝舜帝的谦逊、伯夷叔齐的廉洁、商汤周武王的仁义,在当时实行就得到了好处,后代实行就倍受称赞。至于燕哙的谦虚、仲由的廉洁、偃王和宋襄公的仁义,在当时实行就没有得到好处,后代实行也得不到称赞。难道社会上本来就是拿成功和失败的标准来评论人物吗?这种看法是不对的。尧帝、舜帝、商汤、周武王这样的君主,伯夷、叔齐这些臣子,他们一心一意地为推行道义,而燕哙、仲由、徐偃王、宋襄公这类人,他们一心一意地为了沽名钓誉。为了推行道义,人们通常依照自己的本性而心安理得地去做,他们对竹业永远真诚。而为了沽名钓誉,人们就会不依照自己的本性去做,对事业也不是真诚的,而是勉强掩饰自己的本性,只为获得好的名声罢了。这是因为他们所从事的事业虽然相同,但是他们的动机就不同了。因此君子评价一个人,总应该观察他的思想动机,不应该根据他的行动。王衍不谈利，与孟子相同；桑弘羊谈利，与刘晏相同；桑弘羊的均输法，同样是太公姜尚制定的九府圜法的遗意。

四十八　才法如合还不患其密

【原文】

引绳以正直，欲去绳者，必其不直也。持鉴以照妍丑①，欲弃鉴者，必其不妍也。设法以举贤俊，欲废法者，必其不贤也。何者？直与绳合，则亦不知有绳；妍与鉴合，必不知有鉴；才与法合，则亦不知有法。愈密矣②，则使愈见其宽。愈难矣，则使愈见其易。今世贤良之选，欲试以奇篇奥帙③，而议者每惧贤良之沮格④。进士之举，欲试以经术词章，而议者每病进士之难兼。吏部之铨量⑤，欲试以身、言、书、判⑥，而议者每虑选举之苛碎。此愚所未喻也⑦。鲁之儒者举国⑧，哀公下令，而儒服者一人。（切）〔窃〕意其下令之初⑨，鲁国皆惧，而一人之真儒，固自若也⑩。齐之吹竽三百人⑪，齐君好别吹之，而（东）〔南〕郭遁去。（切）〔窃〕意其别吹之初，（东）〔南〕郭自惧，而其余之能吹者，固自若也。

【注释】

①鉴：镜子。妍：美。

②密：指法制严密。

③帙：书函。这里代指典籍。

④阻格：阻止。

⑤吏部：旧官制六部之一。主管官吏的选任、铨叙、勋阶等事。铨量：衡量。

⑥身、言、书、判：唐代选拔人才的四个方面。身指体貌丰伟，言指言辞辨正，书指楷法遒美，判指文理兼长。

⑦喻：明白，理解。

⑧"鲁之儒者举国"三句：见《庄子·田子方》。其大意是：庄子去见鲁哀公，哀公说："鲁国多儒士，很少有学先生道术。"庄子说："鲁国的儒士很少。"哀公说："今鲁国都穿儒者的服装，怎么说少呢？"庄子说："君子有这样道术的，未必穿这种服装；穿这种服装的，未必懂得这种道术。您既不以为然，为什么不在国中发布号令说：'不懂得这种道术而穿这种服装的，要处死罪。'"于是哀公下令。到了第五天，鲁国只有一个男子穿着儒服站在朝门。举，全。

⑨切：当为"窃"字。译文作"窃"。此条下文同。

⑩自若：指临事镇定。

⑪"齐之吹竽三百人"三句：见《韩非子·内储上》。齐宣王使人吹竽，一定三百人。南郭处士请求为宣王吹竽。宣王很喜欢。宣王死，潜王即位，他喜欢一个个地听吹竽，处士便逃走了。"东郭"当为"南郭"之讹。译文作"南郭"。

【译文】

拉墨线是为了辨别物体是否平直,想去掉墨线的人,一定是物体不平直。拿镜子为的是照容貌是美还是丑,想要去掉镜子的人,一定是他的容貌不美。订立选拔人才的制度,是为了推举优秀人才,希望废弃选拔人才的制度,一定是他的德才平庸无奇。这是什么原因呢?物体的平直与墨线相合,就不感到得有墨线的存在;人的美貌与镜子相合,一定不觉得有镜子的存在;才能跟选拔人才的制度相合,就不感到有选拔人才的制度存在。法制越严密,就会使人更加看到优秀人才的前途是宽广的;选拔人才的过程越艰难,就会使人愈加看到优秀人才的重用是比较容易的。现今社会,优秀人才的选拔,朝廷希望用优秀的篇章和深奥的典籍来测试,但朝中议事者往往担心堵塞选拔优秀人才的路子。进士的选拔,朝廷希望用经术和辞章来测试,而朝中议事者往往担心参加进上考试的人很难兼顾。吏部考核人才,想用身、言、书、判这四个方面来测试,但朝中议事者往往忧虑选拔人才的程序相当苛刻烦琐。这是我不能理解的。鲁国的儒士遍及全国,鲁哀公下令,[不会道术却穿儒者服装的人,要处以死罪,]但鲁国穿儒者服装的只有一人。我以为鲁哀公开始发布命令时,鲁国的儒上差不多都害怕,而只有一人是真正的儒士,自然是镇定自若了。齐宣王时,吹笙手有三百人,齐湣王喜欢一个一个地吹,而南郭先生只好逃跑了。我认为齐湣王让吹笙手单独吹的时候,南郭先生内心恐惧,而其余能吹笙的人,自然是镇定自若了。

四十九　不以适然而废常然①

【原文】

理有常然,而事有适然②。因适然之事而疑常然之理,智者不由也③。历数天下之事,出于常然者十之九,出于适然者百之一。以一废百,奚可哉?四凶之奸④,天下之大恶也。舜不以四凶之恶而不举元凯者⑤,以四凶为适然也。管蔡之罪⑥,天下之大变也。周公不以管蔡之变而不封懿亲者⑦,以管蔡为适然也。苟持不必然之事,而夺必然之理,则物物可畏⑧,人人可防。其心焦然无须臾宁矣。君人者固有常体⑨。操至公以格天下⑩,合此者升,戾此者黜⑪,向此者擢⑫,犯此者刑。初未尝容心于其间⑬。故有谴怒而无猜嫌⑭,有疏斥而无疑贰⑮。上无永废之人,下无白绝之志⑯。此固君人者之常体也。

【注释】

①或然:偶然。常然:恒久,必然。
②适然:偶然。
③由:从。
④四凶:指不服从舜控制的四个部族的首领,即浑敦、穷奇、梼杌、饕餮

⑤舜：传说父系氏族社会后期部落联盟的领袖。姓姚，名重华，又号有虞氏。元凯："元"指"八元"，即高辛氏才子八人，称伯奋、仲堪2、叔献、季仲、伯虎、仲熊、叔豹、季狸；"凯"指"八凯"，即高阳氏才子八人，称苍舒、隤敳、梼戜、大临、尨降、庭坚、仲容、叔达。合称"元凯"。

⑥管蔡：周武王的弟弟管叔鲜和蔡叔度。武王死后，成王年幼，周公摄政。管叔和蔡叔在国中散布流言，说周公将对成王不利。周公震恐而避居东都洛阳。后来，成王接回周公，于是管叔、蔡叔挟持纣王的儿子武庚反周。周公出兵，杀了武庚、管叔，流放了蔡叔。

⑦周公：即周武王的弟弟，名旦。武王死后，成王年幼，由周公摄政。懿亲：至亲。

⑧物物：事事。

⑨君人者：指国君。"君"用如动词。常体：一种常见气质。

⑩至公：最公正。格：标准。用如动词。

⑪戾：背。黜：废免。

⑫擢：选拔。

⑬容心：包容私心。

⑭谴怒：谴责。

⑮疏斥：疏远排斥。疑贰：因猜忌而生疑心。

⑯自绝：自动脱离、断绝原有关系。

【译文】

道理有它必然的因素，而事件有偶然性的因素。凭借有偶然性因素的事件而去怀疑具有必然因素的道理，聪明的人是不会去盲从的。历数天下的事情，出于必然因素的占绝大多数，而出于偶然因素的仅占百分之一。以极少数来否定绝大多数，这怎么可以呢？四凶的邪恶，那是天下的最大邪恶。舜帝不因为四凶的邪恶所以不重用"八元"和"八凯"的理由，由于认为"四凶"的出现是偶然的。管叔鲜和蔡叔度的罪行，那是天下的最大动乱。周公就不因为管蔡的动乱而不封王室宗亲，认为管蔡的动乱是个偶然的。如果拿不是必然出现的事件而取代那些具有必然性的道理，那么事事都让人觉得可怕，人人都得防备。人们心就会焦虑不安没有片刻安宁。作君王的本来具有的一股气质：凭借最公正的道理来做天下的法则。合乎这个道理的就被提升，违背这个道理的就遭罢免，倾向这个道理的就会选拔，冒犯这个道理的就可以处罚。从一开始，未曾把私心杂念掺杂在具有必然性的道理之中。所以有谴责而无嫌弃之心，有疏远驱逐的人而没有猜疑之心。朝廷没有永远该废弃的人，下面的臣民没有与朝廷完全断绝关系的意向。这本来是作君王的一种最基本气质。

【原文】

昔者尝怪西汉七国之变而摈斥同姓①。作左官之律②，设附益之法③，惟得衣食租税，不为士民所尊，则是以七国之适然而废亲亲之常然也。光武以新室之祸而不假宰相以权④，以吏事责三公⑤，而以司隶校尉督察之⑥，则是以新室之适然而废公卿之常然也。唐德宗时⑦，张涉以儒学入侍⑧，薛邕以文雅登朝⑨，继以赃败，而帝心始疑，不复倚仗文臣，则是以二儒之适然而废用儒之常然也。盖世有耕田而以其耜杀人者⑩，或者以为耕田之可废。夫杀人之可诛与耕田之不可废。此二事也。安得以彼而废此哉？

【注释】

①七国之变：即吴楚七国之乱，西汉景帝前元三年（前154），吴王刘濞勾结楚、赵、胶西、济南、菑川、胶东等六国，以"请诛晁错，以清君侧"为名，发动武装叛乱。后为周亚夫平定。七国均为刘姓王。

②左官：汉代以右为尊，故称在诸侯王国做官者为左官，以示地位比朝廷官员低。

③附益：封诸侯王过限为附益。一说，阿媚侯王，有重法。

④光武：即东汉开国皇帝刘秀。高祖九世孙。公元25——57年在位。即位后，加强中央集权，兴修水利，减轻赋税徭役，释放官私奴婢，使封建经济渐得恢复。新室：王莽废汉，自建王朝，改号为"新"。称皇室为新室。不假宰相以权：王莽为丞相孔光所荐，出任大司马，兼任尚书事，总揽朝政，结果酿成王莽之乱，因此光武帝不授给宰相实权。

⑤吏事：指下级官员的本职工作。汉朝以后，始称位职低微的官员为吏。三公：辅佐国君掌握军政大叔的最高官员。东汉以太尉、司徒、司空为三公。

⑥司隶校尉：官名。汉武帝时置。领兵千余人，捕捉以旁门左道嫁祸于人的巫师，督察大奸猾。后不领兵，使察三辅、三河、弘农七郡。

⑦唐德宗：代宗李豫之子。名适。公元779——805年在位。性猜忌刻薄，自视强明，重用小人。

⑧张涉：唐蒲州（今山西永济市蒲州镇）人。德宗为太子时，曾从张涉受经学。即位后，召张涉入宫，亲重无比。官至散骑常侍。后因赃事，放归田里。

⑨薛邕：唐太原（今山西太原市西南）人。玄宗开元中任监察御史。累迁至吏部侍郎。德宗贞元中由尚书左丞贬歙州刺史。

⑩耜：原始农具，形似锹。

【译文】

以前，我曾经责备汉代在七国之乱以后朝廷摈弃同姓诸侯，却制订了左官、附益等法律，诸侯王只能得到衣食租税方面的优待，不被士子和百姓所敬重，就是用七国之乱的偶然事件而取代亲戚所当亲的必然道理。东汉光武皇帝他根据王莽的祸乱而不授给宰相实权，而拿低级官员的本职工作督促三公去做，用司隶校尉去监察他们，就是用王莽之乱的偶然事件来取代了公卿大夫职权的必然道理。唐德宗时，张涉因为精通儒学而入宫侍奉皇帝，薛邕因为博通文艺礼乐而被任用于朝廷，接着因为贪污受贿而身败名裂，于是德宗内心开始产生疑惑，不再依赖文臣，就是用这两个儒生的偶然事件来取代治国须用儒生的必然道理。大概社会上有种田且用农具杀人的,有人认为种田就可以废弃。杀人者可以处以死刑与种田不能废弃,这是两码事。怎么能用那件事来取代这件事呢?

五十　法度之外亦有事存

【原文】

论天下之事,出于法度之外者有三:一曰气,二曰意,三曰心。祖龙之师并六强国、项羽之兵破五诸侯者①,气也。和缓之医不论老少、曹吴之画不择人物者②,意也。郢人之斤运若成风、梓庆之锯见犹鬼神者③,心也。

【注释】

①祖龙:指秦始皇。六强国:指战国末期的齐、楚、燕、韩、赵、魏六国。项羽:秦末下相(今江苏宿迁西南)人。名籍,字羽。力能扛鼎,才气过人。从叔父项梁在吴中起义。秦亡后,自立为西楚霸王,继而与刘邦争天下。终为刘邦所败,自刎于乌江边。五诸侯:指常山王张耳、河南王申阳、韩王郑昌、魏王豹、殷王司马卬。

②和缓:即医和、医缓。均为春秋时良医。曹吴:指曹不兴和吴道子。曹不兴为三国吴兴(今浙江湖州市南)人,善画人物、龙、虎及马。吴道子为唐阳翟(今河南禹县)人,名道玄。其画笔法高妙,尤擅长道释人物及山水。有画圣之称。

③郢人之斤运若成风:语出《庄子·徐无鬼》。指郢人运斧成风,能削去鼻上之粉而不伤鼻。郢,地名。春秋时楚国都。斤,斧子。梓庆之锯见犹鬼神者:语出《庄子·达生》。是说梓庆削木为锯,锯成,见者惊犹鬼神。梓庆为春秋时鲁国大匠,姓梓,名庆。

【译文】

评论天下的事情,不被受法度约束的有三点:一是才气,二是意会,三是心灵相契。秦始皇的军队吞并了六个强国、项羽的军队战胜五个诸侯国,依靠的是才气。医和与医缓的医道不分老幼、曹不兴与吴道子的画法不分人物山水等,靠的是意会。郢人抢斧生风、梓庆制作的木锯看起来像鬼斧神工,凭的是心灵相通。

五十一　善念无力则恶胜

【原文】

楚之共王有疾①,召令尹曰②:"常侍管苏与我处③,常忠我以道,正我以义。吾与处,不安也。"鲁隐公矢鱼于棠④,臧僖伯谏之不从⑤。及其卒也,则曰:"叔父有憾于寡人,寡人弗敢忘。"葬之加一等。夫共王既爱管苏之道义,是固知其为贤者矣,而反不安之，何也？隐公既以厚葬报僖伯，是固知其忠谏矣，而反不从之，何也？盖人君当使气听命于心⑥，不当使心听命于气。气听命于心，则心有所为，气不得而遏之。心听命于气，则气有所向，心亦不得而禁之。

【注释】

①共王：春秋时楚庄王之子，名审，公元前590——前560年在位。

②令尹：楚国官名。地位相当于宰相。

③常侍：官名。帝王侍从。

④鲁隐公：春秋时鲁惠公之子，名息姑。公元前722——前712年在位。惠公死，太子年少，息姑摄政。后被弑。矢鱼于棠：隐公五年（前718），鲁隐公去棠他，令捕鱼者陈设渔具，观看捕鱼活动以取乐。矢，陈列。鱼作"渔"。棠，春秋时鲁邑，在今山东省鱼台县北。

⑤臧僖伯：即公子驱，字子臧。为隐公的亲叔父。"臧"是其后代的姓氏。

⑥气：气质，性情。心：思想，意志。

【译文】

楚共王患了病，把令尹叫到跟前说："常侍管苏同我相处，常常用道义来效忠我，纠正我的缺点和错误。我与他相处，会觉得很不安宁。"鲁隐公到棠地观看捕鱼活动，臧僖伯劝阻隐公取消这次出游，可隐公没有接受。到了臧僖伯去世时，隐公却说："叔父平时对我很失望，我是不敢忘记的。"安葬臧僖伯的礼仪又升了一级。楚共王既然喜欢管苏靠道义行事，这说明他自己本来知道管苏是贤德之人，然而他觉得与这样的人相处反倒心神不宁，这是什么原因呢？隐公既然用很隆重的葬礼来报答臧僖伯对自己的一片忠心，这说明他本来知道臧僖伯用忠义相劝，然而却他反而不接受臧僖伯的劝告，这是什么原因呢？作为君主应该使自己的性情服从意志，而不应当让意志服从自己的性情。性情服从于意志，意志就能发挥作用，性情就不会妨碍意志。意志服从性情，性情就有趋向性，意志也就不能禁止性情的自我膨胀。

【原文】

人君岂不乐安存而恶危亡、好礼仪而耻过失？惟其一心之力不能以御气之悍，故心知其为善矣，而制于气，而不能行。心见其为贤矣，而制于气，而不得用。嗟夫！此汉武帝、唐明皇之所以不克其终也①。"画衣冠②，异章服，而民不犯"，是言也，实出于武帝之口，则帝非不知刑之所不当用也，而罔密文峻③，穷治刻骨④。愚以为此非武帝之心，武帝之气使然也。韩休敷陈治道⑤，多讦直⑥。"我退而思天下，寝必安"，是言也，实出于明皇之口，则帝非不知休之为贤也，而不终岁而逐之。至于知林甫之妒贤嫉能⑦，则相之终其身。愚以为此非明皇之心，明皇之气使然也。心胜气则心为主，气胜心则气为主。此二君之天资卓绝，岂有明知其不善而犯之？盖其善念无力，而恶念为之日胜。故其心有不能以自立也。然则如之何？曰：大人君子苟能于此进格心之说⑧，使之以志御气，以礼制欲，以道胜情。涵养既久^⑨,锻炼既熟^⑩,则尊所闻,行所知,庶乐可以次举矣^⑪。

【注释】

①汉武帝:刘彻。汉景帝之子。公元前140——前87年在位。承文景之业,对内实行政治经济改革,对外用兵,开拓疆土。尊儒术,倡仁义,罢黜百家,建太学,置五经博士。在位期间,为西汉军事政治经济文化的极盛时期。但迷信神仙,大兴土木,急征敛,重刑诛,连年用兵,使国力虚耗,人口减半。唐明皇:即唐玄宗李隆基。克:能。

②"画衣冠"三句:指汉武帝曾要实行象刑。传说上古尧舜时代无肉刑,以特异的服饰象征五种刑法,以示耻辱,称为象刑。章服,以图文为等级标志的礼服。

③罔密:法网细密。罔,通"网"。文峻:用法严刻。

④穷治:彻底整治。刻骨:深切入骨。

⑤韩休:唐京兆长安人。工文辞。玄宗开元中官至同中书门下平章事。性耿直。玄宗每有过失,即上书切谏,被誉为"仁者之勇"。敷陈:铺叙。

⑥讦直:揭发人的过错而不徇私情。

⑦林甫:即唐玄宗时奸相李林甫。时人称他"口蜜腹剑"。

⑧格心:正心。

⑨涵养:修养。

⑩锻炼:实践。

⑪庶:众。

【译文】

国君难道不喜欢国家安定存在不厌恶国家危机灭亡、不喜欢礼仪而不把过失作为耻辱吗?只因为个人的意志不能控制冲动的情感,所以虽然心里知道某些做法是好的,但由于受性情的制约,而不能实行。虽心里清楚某些人是贤者,但由于受性情的制约,而不能重用他们。这就是汉武帝、唐玄宗所以不能保持晚节的原因。"给犯罪的人穿上了画有图形或染有颜色的特殊衣服和帽子,那民众就不犯法",这话确实出自武帝之口,那么,汉武帝不是不知道肉刑不该使用的道理,可当时法网严密、用刑严酷,对罪犯的彻底整治,以至于深刻彻底。我认为这不是武帝的本意,而是武帝的性情使他这样做的。韩休向唐玄宗陈述治国之道,常常揭发玄宗的过错而不关系私情。"我退朝后想想天下的前景,睡得一定安稳",这话确实出自唐玄宗之口,那么,玄宗皇帝也不是不知道韩休是贤德之人,可起用不到一年,就把他赶出了朝廷。至于玄宗知道李林甫是嫉贤妒能的小人,反而终身任用他做宰相。我认为这不是玄宗的本意,也是玄宗的性情使他这样做的。意志战胜性情,意志就占了上风;性情战胜意志,性情就占了上风。这两位君王的天资不一般,怎能有明知不对而故意犯错误的做法呢?就大概因为正确的思想软弱无力,可错误的思想因此一天天膨胀起来。所以他们的意志不能够持久。那么,怎么办呢?我的回答是:德高望重的大人君子如果能在这个时候进行正心之劝说,使他们做到用意志控制性情,用礼仪控制欲念,用道义战胜私情。如果修养的时间长了,实践得

五十二　不以小节而损国之纪纲

【原文】

　　昔者尝观汉文帝即位之初①,朝而问宰相勃曰②:"天下一岁决狱几何③?"勃谢不知也④。"天下钱谷一岁出入几何?"勃又谢不知也。以问丞相平⑤,平曰:"各有主者。即问决狱,责廷尉⑥;问钱谷,责治粟内史⑦。"文帝称善。勃竟惭而免相。愚读史至此,切知文帝之用人未尝不谨于能否之辨⑧。及观《张释之传》⑨,上登虎圈⑩,问上林尉禽兽簿⑪,十余问,尉左右视不能对。虎圈啬夫从旁代对甚悉⑫。文帝欲拜啬夫为上林令⑬,以释之一言而遽止⑭。夫上林尉之不能对,与周勃之不能对,一也。虎圈啬夫之能对,与陈平之能对,亦一也。今也周勃以不能对而见罢,而上林尉无所责;陈平以能对而见称,而啬夫无所赏。岂文帝至此而悟耶?盖尝为之深思其故,而后得其说。夫人主之有为于天下,其纪纲不可不存也。纪纲之所系,虽一阶一级之若可轻、奇才异能之若可喜,吾不以其所轻者而畀其可喜。以其所轻而畀其所喜⑮,其始虽若未甚害,至于考其所终,稽其所弊⑯,则下者争图其上,言者竟出于其位⑰,而纪纲之始大坏也。彼决狱钱谷之数,一相知之,一相不知之,则去一而取一,诚未害也。若夫上林尉之不能对⑱,而啬夫越职而对,文帝亦越而迁之,则凡有才者思奋其才,辩者思逞其辩,卑者欲逾尊,疏者欲逾戚⑲,所谓图上出位之风,始不可遏矣。故吾宁屈天下之才,而不敢不存国家之纪纲。元、成以来⑳,虽无足道,然犹能世守汉之家法。方元帝时,华阴守丞上封事㉑,荐朱云为御史大夫㉒。朱云之忠,诚可以大用也。然一守丞之微,非可以荐御史大夫者:下轻其上爵,贱人图柄臣㉓,则大纲小纪之所在,必于此而坏矣。匡衡所谓"欲以匹夫徒步之人而超九卿之右㉔,非可以重国家而尊社稷㉕"。其知纪纲之说欤?其得释之之遗意欤?

【注释】

①汉文帝:见本卷45条第二段注④。

②勃:指周勃。当时任右丞相。

③决狱:审理和判决的案件。

④谢:认罪,道歉。

⑤平:指陈平。当时任左丞相。

⑥廷尉:汉代掌管刑狱的最高长官,为九卿之一。

⑦治粟内史:官名。掌管钱粮、盐铁和国家财政收支的高级官员,为九卿之一。

⑧切:深切。

⑨张释之:西汉南阳堵城(今河南方城东)人,字季。文帝时官至廷尉。

⑩上:指汉文帝。虎圈:养虎之所。

⑪上林尉：为水衡都尉的属官，负责上林苑的治安。上林苑为皇家宫苑。簿：登记、书写所用的册籍。

⑫虎圈啬夫：管理虎圈的小吏。

⑬上林令：水衡都尉的属官。主管上林苑。

⑭以释之一言而遽止：指张释之劝说文帝不要以口辩取人。文帝听后没有授给啬夫官职。遽：疾，速。

⑮畀：给。

⑯稽：查。

⑰出于其位：超出自己的职权范围。

⑱若夫：至于。

⑲戚：亲近，亲属。

⑳元成：指汉元帝刘奭和汉成帝刘骜。

㉑华阴：县名。属陕西省。守丞：辅佐郡守和县令的主要官吏。封事：密封的章奏。

㉒朱云：西汉鲁（今山东曲阜）人，字游。元帝时为槐里令，多次触犯权贵，因此获罪被刑。成帝时又上书，愿借上方剑，斩佞臣张禹，帝怒欲杀之，因辛庆忌相救免。御史大夫：官名。主管弹劾、纠察和图籍秘书。地位仅次于丞相。

㉓柄臣：掌权的大臣。

㉔匡衡：西汉东海（今山东郯城北）人，字稚圭。善说《诗》。元帝时，官至宰相。匹夫徒步：指平民百姓。九卿：中央政府的九个高级官职。汉代为太常、光禄勋、卫尉、太仆、廷尉、大鸿胪、宗正、大司农、少府。

㉕社稷：古代帝王、诸侯所祭祀的土神和谷神。也代指国家。

【译文】

以前，我曾经阅读汉文帝刚即位时的一段历史。一次，汉文帝在朝见大臣时，他问右丞相周勃："全国一年审理和判决的案件有多少？"周勃抱歉地说他不知道。"全国一年钱粮的收支有多少？"周勃又抱歉地说他不知道。又问左丞相陈平，陈平回答说："那些事各有主管的人。陛下若要了解审理和判决的案件，可以询问廷尉；要了解钱粮的收支状况，可以询问治粟内史。"文帝这才满意了。周勃终于因心里惭愧而请求免去右丞相的职务。当时我读史书读到这里，这才深切了解到文帝用人未曾不谨慎区别人的是否贤能。到阅读《张释之传》时，[其中有这样一段记载：]文帝登上了上林苑的虎圈，向上林尉询问记载上林苑禽兽的账目，他一连问了十几次，上林尉环顾左右而不能回答他。虎圈啬夫在一旁替林尉回答得很详细。文帝就要授予啬夫上林令的官职，却因张释之的一番劝说而很快打消了这个念头。上林尉不回答文帝的询问，与周勃不能回答文帝的询问，实质上两者是一样的；虎圈啬夫之所以能回答汉文帝的询问，与陈平能回答汉文帝的询问，实质上两者也是一样的。而现实却是：周勃因不能回答文帝的询问而辞职免去右丞相的职务，上林尉却反没有受到责怪；陈平因能够回答文帝的询问而受到称赞，啬夫反却没有得到赏赐。难道文帝到这时才明白了治国必须抓住根本的道理吗？我曾经为此深深地探求其中的缘故，然后才明白其中的道理。若君王要想对天下有所作为，立国的宏纲要旨就不能不保留。凡是关系到国家的宏纲要旨，虽然一阶官职或一级爵位似乎并不值得重视、才能卓异似乎值得喜爱，但我不能拿所轻视的官爵来授予自己所喜欢的人。拿所轻视的官爵来授给自己所喜欢的人，起初虽然似乎没有较大的害处，但至于考察这种做法的结果和弊端，身居下位的就争相谋取高位，向朝廷进言的人就会竞相越职言事，而国家的大政方针开始被遭到破坏。周勃、陈平对于审判案件和钱粮收支的数目，一个清楚，一个不清楚，而朝廷罢免一个而留用一个，的确并没有什么害处。可至于上林尉不能回答文帝的询问，而啬夫超越自己的职权来回答文帝的询问，汉文帝也越级提拔他，那么，凡是有才华的人他想发挥自己的才华，善辩者想显示自己的口才，卑贱者想要提拔在尊贵者之上，疏远者想提拔在亲近者之上，所谓的谋取高位、越职言事的风气开始不可遏制。因此我宁可让天下有才华的人蒙受委屈，却不敢不保留国家的大政方针。汉代元帝、成帝以来，政绩虽然不值得称颂，然而还能承袭汉代的家规国法。正值元帝在位时，华阴县的守丞向皇帝递交上密封的章奏，推荐朱云为御史大夫。朱云对朝廷一片忠心，的确应该得到重用。然而一个地位低下的守丞，不应该荐举御史大夫的原因在于：地位低下的人轻视高贵的爵位，卑贱者要谋取权臣的位置，那么，国家的大政方针和各项法纪必然会从此遭到破坏。正像匡衡所说的"要把普通平民百姓提拔到九卿之上的大官位置，不是可以用来尊崇国家和社稷的"。是匡衡清楚治国须靠大政方针的道理呢，还是他领会了张释的劝说文帝不要授予啬夫官职的真正含义呢？

第五十三　士应量力而行

【原文】

　　天下之患，(每)[莫]大于不量其学力之所至而妄施之①。夫使之皆得量其力之所至而无过于其望②，则疑忌怠惰而无志。孰知夫天下之事，其为之塞浅而无成、致之疏鲁而多败者③，其患又自夫不量力者来欤！管仲之相齐④，固知力之可以周旋于齐也。过此者，吾力之所不及也。彼其纵声色、逸子女⑤，世皆讥之，而不知非仲力之所多也⑥。子产之相郑也⑦，固知吾力可以从容于郑也。过此者，吾之所不能办也。彼其铸刑书⑧，不能定迁⑨，世皆讥之，而不知非产力之所及也。夫使去声色、彻子女而又能不以邪而间贤⑩，与不为刑辟、能定迁而又能措国于无事⑪，夫岂不善？则亦先王之政也。二子其难之，独何欤？夫固曰："量力而动，其过鲜矣⑫。"学不足以克之⑬，而强揠之以就事⑭。吁！其危哉！古之君子，其以志而加诸事，以身而任诸人，所以为而成，动而功，而无旷败不满之处者⑮，惟其度吾力之所至而计其后之所成，而后为之。则为之时与成之日，皆可以(遂)逆知(其所为)而无后悔⑯。

【注释】

　　①每：当为"莫"之讹。译文作"莫"。
　　②过于其望：即奢望。无根据地胡思乱设想。

③蹇:停留。疏鲁:疏漏鲁莽。

④管仲:春秋时齐颍上(颍水之滨)人。名夷吾,字仲。初事公子纠,后相齐桓公,主张通货积财,富国强兵,九合诸侯,一匡天下,使桓公成为春秋五霸之首。

⑤纵声色:齐桓公在宫中为门为市,使妇女聚居,国家收取夜合费,以增加收入。逸子女:指齐桓公纵情于女人。"子女"即女子。

⑥多:胜过,超出。

⑦子产:春秋时郑国人。名侨,字子产,又字子美。自郑简公始执国政,历定公、献公、声公三朝。当时晋、楚争霸,郑国弱小,处于两强之间,子产周旋于其间,卑亢得宜,国家安定。

⑧刑书:子产在郑国执政时,于鲁昭公六年(前538),把所制定的刑法铸在鼎上公布,历史上称为刑书。

⑨定迁:春秋鲁昭公十八年(前524),郑大夫里析向子产报告,说国家将发生大的变异,百姓震动,国家将濒于灭亡。他建议子产迁都,而子产说,他个人决定不了迁都之事。郑国京都果然发生了严重的火灾。

⑩彻:同"撤"。间:离间。

⑫鲜:少。

⑬克:制胜。

⑭摭:拔起。此指抬高自己。

⑮旷败:荒废衰败。

⑯遂:疑为衍文,译文不译出。其所为:也疑为衍文,译文不译出。

【译文】

天下的祸患,没有比毫不衡量自己的学问造诣而去胡干再大的了。要使人们都能衡量自己的学问造诣而没有什么奢望,那就容易产生疑忌怠惰的思想情绪而胸怀无大志。谁知道天下的事情浅尝辄止就不能取得成功、用疏陋鲁莽的手段去实现理想的目标却往往失败的原因,其弊端主要来自不量力而行啊!管仲在齐国作相,固然知道自己的学识可以在齐国应付。超过了这个范围,自己的学识很难适应。他在齐国放纵声乐和女色,以至世人都讥讽他,而不知道离开这种做法就不是管仲所能胜任的。子产在郑国作相,固然知道自己的学识可以在郑国应对自如。但超过了这个范围,自己的学识就不能办到。他把法律条文铸在鼎上,不能决定迁移都城,世人都讥讽他,但却不知道这不是子产的学识所能顾及的。如果管仲能够去掉声乐和女色而又能不用邪恶小人来离间贤者与朝廷的关系,或子产不制定刑法并能决定迁都之事而又能使国家平安无事,那难道不是更好吗?这也是先王的政治方式。这两位先人很难做到,这又是什么原因呢?我坚持说:"量力而行,他们就会减少错误。"学识不能完全胜任,而勉强抬高自己前去任事。唉!那是很危险的!古代那些有修养的人,他们把他们的志向放在事业上,把自己交给朝廷安排,他们的行动之所以能够取得成功,并在事业上没有荒废衰败和令人不满的原因,仅仅在于他们能正确地估量自己的学问和造诣,从而能正确地估量将来能取得的成就,然后再付诸实施。那么,行动的时间与事业成功的时间,都可以预先知道而不至于将来后悔。

【原文】

无李广之才①,则(省)[治]文书,击刁斗莫若为程不识②。无孔门高弟之才,则学诗学礼莫若为伯鱼③。乌获之力④,弛而不用,遇盗而三揖之,则盗知服矣。无乌获之力,遇盗而揖则死矣。

【注释】

①李广:西汉陇西成纪(今甘肃秦安)人。善骑射。文帝时击匈奴有功,为武骑常侍。武帝时,为右北平太守,匈奴不敢犯境,号曰"飞将军"。

②"治文书、击刁斗"句:指程不识治军甚严,晚上敲刁斗巡逻,军吏处理军事文件通宵达旦。由于程不识治军严明,尽管他没有李广的才气,部队也没有遭遇过危险。刁斗,行军用具。白天用来做饭,晚上用来敲击值勤。程不识,武帝时为长乐宫卫尉,也为边郡名将。"治"原本作"省",据《史记·李将军列传》改。

③"学诗学礼"句:指孔子教诲他的儿子伯鱼学诗学礼,否则就不会说话,就没有立足社会的根据。伯鱼,名鲤,字伯鱼。

④乌获:战国时秦力士。

【译文】

若没有李广的才气,李广就不如做一个处理军事文件、安排晚上敲刁斗巡逻等等各项军务井然有序的程不识。没有孔子门下高徒的才学,孔子就不如做一个学诗学礼为了立身行事的伯鱼。象有乌获那样的勇力,废弃着不用,遇上强盗三鞠躬,强盗仍知道顺从他。若没有乌获那样的勇力,遇上强盗作揖行礼也就没命了。

五十四　违禁者凶也

【原文】

人皆曰:"士君子立人之朝①,有犯无隐。缄其谋而不泄朝②,遁其才而不耀③,避世者之为也。而谓人臣可以为乎哉④!"嗟夫!人臣固不可以为此。然而事固有不可得而为者。冒而为之,则亦自祸而已。故夫天下之患,莫大于不可为而为。可为而不为者,次也。昔霍将军用事⑤,田千秋为丞相⑥,事事决于光。千秋为言光曰⑦:"惟将军留意⑧,即天下幸甚。"终不肯有所为。宣帝躬亲万机⑨,张安世为大司马车骑将军领尚书、幕府长史⑩。有讥其不进士者。安世曰:"明主在上,贤不肖较然⑪,臣下自修而已,何知士之进耶?"且千秋岂不知事者?安世亦岂不乐收进贤之美誉也哉?盖分霍光之权以逞其才者,争之端而嫌隙之所以开⑫,犯宣帝之所忌。吾见其身之殆⑬,而无益于国也。在《易·坤》之"六四"曰⑭:"括囊无咎无誉⑮。"《象》曰⑯:"'括囊无咎',谨不害也。"当霍光、宣帝之时,二子而不括囊,其不危哉?

【注释】

①士君子：旧指有志操和学问的人。

②缄：闭藏不发。

③遁：隐。

④谓：通"为"。可：原本作"所"，据文渊本改。

⑤霍将军：即霍光。西汉河东平阳（今山西临汾西南）人，字子孟。霍去病异母弟。武帝时，为奉车都尉。昭帝年幼即位，他与桑弘羊等同受武帝遗诏辅政，任大司马大将军，封博陆侯。昭帝死后，迎立昌邑王刘贺为帝，不久即废，又迎立宣帝。前后执政二十年。执政期间，轻徭薄赋，生产得以发展。

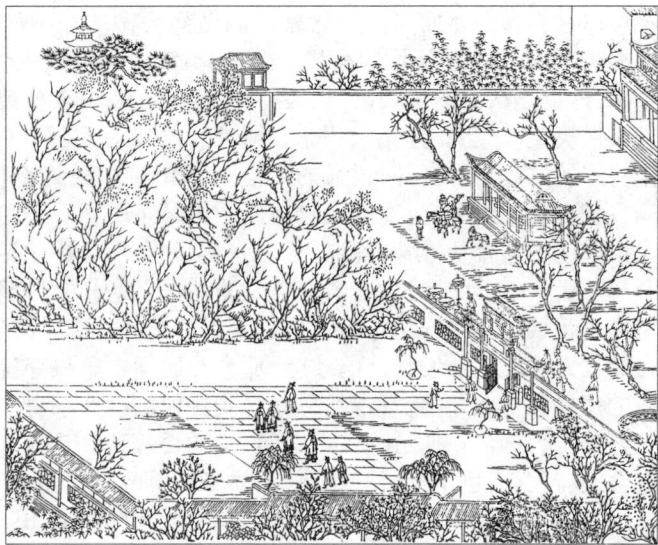

⑥田千秋：即车千秋。西汉长陵（今陕西咸阳市东北）人，武帝时为高寝郎，上书辩戾太子冤屈，武帝悔悟，拜为大鸿胪，后迁丞相，封富民侯。为人敦厚，居位称职。昭帝时，因年老特许乘小车入朝，因称车丞相。子孙以车为姓。

⑦千秋为言光曰：原本作"光为言千秋曰"，据《汉书》田千秋本传改。

⑧"惟将军留意"二句：霍光在朝会时，曾请求田千秋对其行事应有所教督。田千秋即说了这样两句话。

⑨宣帝：即汉宣帝刘询。武帝曾孙。公元前74——前49年在位。因祖父戾太子刘据遭巫蛊事自杀，父母皆遇害。幼时养于民间。大将军霍光废昌邑王刘贺后，迎立为帝。即位后，励精图治，任贤用能，好刑名之术，重视吏治，国家安定。

⑩张安世：西汉杜陵（今陕西西安东南）人，字子孺。张汤之子。少因其父得任为郎，后擢尚书令，迁光禄大夫。昭帝时封富平侯。与大将军霍光定策废昌邑王，立宣帝，因功拜大司马，兼尚书事。

⑪较然：即皎然。明显的样子。

⑫嫌隙：由猜疑而形成的仇怨。

⑬殆：危险。失败

⑭六四：指《易经》坤卦中的第四爻。

⑮括囊无咎无誉：为坤卦第四爻的爻辞。括囊，结束囊口。比喻人遇事闭口不言、塞耳不闻。无咎无誉：指无灾祸无赞誉。

⑯《象》：即《象传》，《周易》十翼之一，亦称《易大传》。总释一卦之象者称大

【译文】

人们都说:"有志向操守有学问的人身居朝廷,只有直言犯上不去隐瞒自己的观点。那闭口不谈自己的谋略而不暴露自己的意图,尽量隐蔽自己的才干而不炫耀自己,这是逃避现实的人所能去做的。是君王臣民可以做的吗?"唉!臣下固然不可以这样做。然而事情虽然有不该做而去做的。不该做而贸然去做,也不过自取祸患罢了。因此天下的祸患,没有比不该做而贸然去做再大的了。应该做而不去做,这也是次要的。西汉时,大将军霍光当政,田千秋被任为丞相,每件事都由霍光来做决定。[当霍光请求田千秋对其行事应有所教督时,]田千秋对霍光说:"希望将军的注意,就是国家很大的幸运了。"田千秋最终不肯出点成就。汉宣帝刘询亲自管理军国大事,张安世当时担任大司马车骑将军兼尚书、幕府长史等要职。有人讥讽他不向朝廷推荐贤能之士。张安世说:"只要有英明的君主在上面,大臣的贤与不贤格外分明,我只有洁身自好的功夫,哪里知道推荐贤能之事?"田千秋难道不懂得政事吗?张安世难道不乐意获得荐举贤能之士的美名吗?大概因为瓜分霍光的权力而表现他们自己的才能,那会开启朝中争权夺位的风尚,以至于导致大臣间的猜忌和仇怨,触犯宣帝的忌讳。我看他们会有杀身之祸,而且对国家也没有什么好处。《易经》"坤"卦中的"六四"爻的爻辞说:"遇事闭口不言,塞耳不闻。如此就会没有灾祸,也不会得到赞誉。""六四"爻的象辞也说:"'括囊无咎',比喻人谨慎小心就不会有灾害。"处在霍光和宣帝当政的时代,田千秋和张安世如果不小心谨慎,难道就没有生命危险吗?

第九卷

五十五　刚强生于柔弱之余①

【原文】

《易》至于《坤》之"六二"曰②："直方大③，不习④，无不利。"象曰⑤："'六二'之动，直以方也。"夫"六二"其才则柔⑥，其德则中，其性则顺，其居则正⑦，宜若偷懦畏逊⑧，而不值得与有为矣。然其动也，内直而不挠，外方而不诿，而足以立天下之大功。是果何为而然耶⑨？盖天下之理，强不立于强，而立于弱；勇不成于勇，而成于怯⑩。大风起于木；炎炎之火不生于阳⑪，而生于阴⑫。彼"六二"之体，以中而养柔，以正而养顺。其养如此，其发固如此。所谓盛德之至⑬，动容周旋而中者也。是故真忠立于舒徐⑭，至忍生于卑逊⑮。赫然发愤躬戎服御鞍马者见于清净玄默之主⑯，绛衣大冠见大敌而勇者⑰，亦谨厚柔顺者为之⑱。

【注释】

①刚强生于柔弱之余：此说本于老子"以柔胜刚"的思想。老子认为，柔弱、谦下，表面上看来是吃亏了，实际上是占了便宜。

②《易》：《周易》的简称，也称《易经》。儒家经典之一。为卜筮之书。旧传伏羲画八卦，周文王作辞。《坤》：《易》八卦之一，卦形三，象征地。又为六十四卦之一，坤下坤上。古时也指女性。六二：为《坤》卦第二爻。

③直方大：指《坤》卦第二爻象为正直允当而盛大。"坤"为地，无所不载，因此言大。

④习：熟习。这里指熟习职事和环境。

⑤象：指象辞，即《易》的爻辞。卦有六画，称为六爻，爻各有所象，称为象辞。

⑥才：通"材"，资质。柔：这里指《坤》卦的卦象而言。《易》象辞说《坤》卦象母马那样柔顺。这里指人。

⑦居：平时。

⑧宜：无怪乎。偷懦：苟且怠惰。畏逊：畏惧退缩。

⑨是果：这样的结果。

⑩怯：此有小心谨慎的意思。

⑪阳：指仲夏六月，此时阳气最盛。

⑫阴：指阴月，即农历四月。四月虽然阳气用事，但阴气犹盛，因此称阴月。

⑬"所谓盛德之至"二句:本于《孟子·尽心下》。原文为:"动容周旋中礼者,盛德之至也。"原本缺"礼"字。据上下文意,作者引用这两句话时,即少"礼"字。作者主要取"中"之义。动容,举止容仪。

⑭是故:因此。舒徐:从容谦抑。

⑮至忍:最大的克制。卑逊:谦逊。

⑯赫然:愤怒的样子。躬:身。这里用如动词,作"身穿"讲。戎服:军装。玄默:沉静无为。

⑰绛衣大冠:指将军的服饰。"绛",深红色。

⑱谨厚:恭谨朴实。

【译文】

《周易》上,占筮到《坤》卦"六二"爻时,爻辞上说:"正直正当而气象宽广深大,不熟习职事和环境,也无不吉利。"象辞说:"'六二'爻的出现,象征正直而正当。""六二"爻对于人来说,象征资质柔弱,象征思想品德不偏不倚,象征性情恭谦,象征平时举止正当。无怪乎这种人像是苟且怠惰、害怕退缩而不值得和他一起建功立业。然而这种人的立身行事,心地正直而愿不屈服别人,行为正当而对人不阿谀奉承,这种人足够为国家建立千年功业。为什么会出现这样的结果呢? 根据天下的道理,国家与人强大不是在强盛的基础上形成的,而是在薄弱的基础上形成的;英雄英勇无敌不是靠匹夫之勇取得的,而是靠小心谨慎取得的。大风是在林木中形成的;炎炎的烈火不是易发生在盛夏,而是生在阴气未尽的四月。那"六二"爻的卦兆为:用中正之气来培育柔顺的品质。它的养育功能是这样,它在人们地做人行事中所表现出来的固然也是这样。所谓至高无上的美德,那是举止容貌无不合于中正之道。因此,真正的忠心是在从容谦和的基础上形成的,最大的克制来自谦逊的态度。身穿军装而怒气冲冲地骑在马上的将军(指周亚夫)他的沉默无为的君主(指汉文帝),那位见到强敌而英勇无畏的紫衣大冠将军(指光武帝刘秀),也都是由性格恭谦谨慎柔顺的人充任的。

【原文】

呜呼! 孰谓夫敛形不张而退然如怯者①,非大勇之所在乎? 岂惟人君之养勇者如此? (惟)[人]臣亦然②。赵文子其中退然如不胜衣③,其言呐呐然如不出口。所贵者晋国管库之士七十有余人,生不私其家,死不属其子。张子房状貌如妇人④,卒为帝者师⑤。段(文蔚)[太尉]俯首拱手⑥,言气卑弱,笏击朱泚⑦,英烈与秋霜争严。故夫天下之人,不可以形窥也。自今观文帝光武之君、赵文子张子房、段(文蔚)[太尉]诸臣⑧,必谓其委靡怯懦⑨,不足与集事⑩,而大功业一旦勃然而为之⑪,人果可以形窥哉!

【注释】

①敛形:行为谨慎。退然:柔和的样子。

②惟:疑为涉上而误。当为"人"字。译文作"人"。然:的样子。

③"赵文子"五句:见于《礼记·檀弓下》,文字有异同。"赵文子"即春秋晋国的赵武。"文"为谥号。晋悼公时立为卿,悼公、平公时主持国政。与诸侯国交往重礼轻利,因此各诸侯国与晋国关系很好。胜衣:儿童稍长,体力足以承受成人的衣服。呐呐,言语迟钝。所贵者,指赵文子所举荐的掌管库藏的官吏。士,此为官吏的通称。属,同"嘱"。

④张子房:指汉高祖刘邦的重要谋臣张良。"子房"为字。张良曾多次为刘邦出奇计,使刘邦转危为安。状貌如妇人:《史记》张良传赞称张良"状貌如妇人好女"。

⑤卒:终于。帝:指汉高祖刘邦。

⑥段文蔚:据下文,此指唐德宗时司农卿段秀实,字成公。朱泚反,段秀实表面与朱泚相合,后借朱泚请他议事之机,用象笏痛击朱泚前额,于是遇害,朝廷追赠太尉,谥忠烈。"文蔚"不知所本,或为"太尉"之讹。

⑦笏:古代朝会时所执的手板,有事则书于上,以备遗忘。朱泚:唐幽州昌平(今北京市)人。任卢龙节度使。德宗建中四年(公元 783),泾原节度使姚令言军在长安哗变,德宗奔奉天。姚军拥朱泚为帝,国号大秦,年号应天。不久国号改为汉,改元天后。后唐将李晟收复长安时,为部将所杀。

⑧文帝:即汉文帝刘恒。汉高祖刘邦之子。公元前 180——前 157 年在位。吕后死,周勃、陈平等平诸吕之乱,迎立为帝。在位期间,免农田租税十二年,主张清静无为,与民休息,废除肉刑。在历代帝王中以生活俭朴著称。光武:即东汉开国皇帝刘秀的谥号。公元 25——57 年在位。在位期间,加强中央集权,兴修水利,减轻赋税徭役,释放官私奴婢,使国家经济得以恢复。

⑨委靡:颓丧,不振作。

⑩集事:成就事业。

⑪勃然:兴起奋发的样子。

【译文】

唉!谁说那些行为谨慎而且性情柔和以至于像胆小鬼的人,他们中间没有胆略过人的人呢?难道只有君主培养自己的胆略时是这样吗?其实人臣也是这样。赵文子身体软弱,像是连成年人的衣服都无力穿起来;他的言语迟钝,像是自言自语。可是经他荐举而在晋国管理库藏的官吏就有七十多人,可他在世时,也并不靠这种关系来满足自家的需要;他临死时,也不把自己子女托付给这些人。张良的相貌看来像一位女子,终于成为汉高祖的老师。段秀实平时低头拱手,语声微弱,可他竟用象笏痛击朱泚的前额,他杰出的功绩与秋霜一样严肃威厉。因此对普天下的人们,不能光凭外貌去观察。从今天某些人的眼光观察汉文帝光武帝这两位君主、赵文子张良段秀实各位臣子,一定会说他们颓废胆小,不值得与他们一起成就国家大事,可他们一旦用勇于进取的态度从事千秋功业,人们果真可以光因为外貌去看待他们吗!

五十六　吏爱民则民爱吏

【原文】

古之为吏者，无所忌于民①；而为民者，亦无忌于吏。吏民不相忌，故其情通而意协②。情通则无乖阻③，意协则无斗争。古者郡邑之间④，吏不猜⑤民，民不疾吏⑥，欢欣怡愉⑦，如父子之相信、兄弟之相爱。平时追呼号召⑧，未尝至于民之门；而鞭朴笞棰⑨，亦未尝切于民之肌肤间。则出入阡陌⑩，劳来劝相⑪，以勉其耘耔蚕织之事⑫。然而其色温然而不厉，其辞委曲而不径⑬，若有以伤民之情者⑭。故民之于吏，依依切切⑮，常有恋慕感悦之意⑯，出力以供其衣食，虽甚劳而不辞。及无事之时，则又为补葺其宫室⑰，以庶几其无虞于风雨鸟鼠之害⑱。

【注释】

①忌：憎恶，怨恨。
②意协：志向一致。
③乖阻：背离。
④郡邑：府县。
⑤猜：猜疑，怀疑。
⑥疾：厌恶。
⑦怡愉：和悦愉快。
⑧追呼号召：谓吏胥到门号叫催租，逼服徭役。
⑨鞭朴：即"鞭"与"朴"，二者皆刑具，属刑之轻者。笞棰：指以竹木之类的棍条抽打。
⑩阡陌：田间小路。
⑪劳来：慰劳。劝相：当为"相劝"之倒文。
⑫耘耔：除草培土。后因以"耘耔"泛指从事田间劳动。
⑬不径：不直接。这里指言语不粗鲁。
⑭伤：哀怜，同情。
⑮依依切切：深切留恋而不忍分别。
⑯恋慕：留恋爱慕。感悦：感动喜悦。
⑰补葺：修理苫盖房屋。宫室：房屋的通称。
⑱庶几：希望，但愿。无虞：没有忧患。

【译文】

古代做官的人，并没有怨恨百姓的地方；而做百姓的，同样也不怨恨官吏。官吏与百姓毫不互相怨恨，所以他们的情感相贯而志向一致。情感相通就没有抵触，志向一致就没有争斗。在古代，府县之间，官吏们不怀疑百姓，百姓也不憎恨官吏，他们欢乐和悦,如同父子那样相互信任尊重,如同兄弟那样相互友爱和气。平日里,那种号叫催逼的声音,从没有到过百姓的家门;而鞭朴抽打,也从没有接触过百姓的肌肤。他们出入田间,慰问劝勉百姓,鼓励百姓从事耕田和养蚕织布等农事活动。然而他们的态度温和一点不严厉,他们的言辞委婉一点也不粗鲁,好象生[怕]有伤害到百姓感情的地方。所以百姓对官吏,深切依恋,他们常常怀有留恋爱慕和感动喜悦之情,愿意出力供给他们衣食,即使特别劳苦百姓也不推辞。等到田间无事的时候,就又给他们修补苫盖房屋,希望他们不遭到风雨和鸟鼠侵害的忧患。

【原文】

昔尝读《诗》而至于《七月》之篇①,则见其吏民之情,相爱相亲,恺悌慈祥②,无纤毫龃龉扞格之态③。故曰:"三之日于耜④,四之日举止⑤。同我妇子⑥,馌彼南亩⑦,田畯至喜⑧。"又曰:"春日迟迟⑨,采蘩祁祁⑩,女心伤悲。"其情亦可见矣。以为未也,又曰:"七月鸣鵙⑪,八月载绩⑫。载玄载黄⑬,我朱孔阳,为公子裳⑭。四月秀葽⑮,五月鸣蜩⑯。八月其获⑰,十月陨萚⑱。一之日于貉⑲,取彼狐狸,为公子裘⑳。"绩以为己裳㉑,而公子则以玄黄;貉以为己裘,而公子则以狐狸。盖其不敢爱其身,而爱其吏者如此。当是时为吏者,优游泮奂㉒,得以尽其志;而为民者,勤朴谨厚㉓,得以安其生。虽有很戾无亲之人㉔,咸有所慕悦㉕,而不肯疾视其上㉖。盖自秦商君设法㉗,以禁争吏民,而共情遂泮涣离散㉘,而不可复合。平居吏之视民,惴惴如视其仇雠㉙,民亦得间以肆其忿以毒吏㉚。盖至于秦始皇二世之际㉛,郡县之吏,屠人之父㉜,戕人之子㉝,暴骛惨毒㉞,假天子之法令,以济其凶㉟。及夫刘、项、胜、广之变㊱,则奋然刉刃于郡县之吏者㊲,不可胜数。盖其势之相激㊳,有不得不然者。

【注释】

①《诗》:即《诗经》,是我国最早的诗歌总集。先秦时通称"诗"或"诗三百",到了汉代奉为经典,称作《诗经》。《七月》:《诗经·豳风》中的一篇。这首诗主要是写西周时农奴一年四季的劳动过程和困苦生活。而作者对这首诗的理解是本于旧的诗教观点。他抹杀了阶级对立的现实,美化了奴隶社会。诗中的公子,实际上是奴隶主贵族子弟。

②恺悌:和乐平易。慈祥:慈爱和善。

③龃龉:牙齿参差不齐,喻抵触、不合。扞格:抵触,格格不入。

④三之日:周历三月,即夏历正月。周代各地存在各种历法,周历、夏历混用。于:为,这里指整修。耜:耒耜,耕种的农具。

⑤四之日:即夏历二月。举止:当作"举趾",举足下田,开始耕种。趾,足脚趾。

⑥妇子:妻子和儿女。

⑦馌:送饭。南亩:泛指农田。

⑧畯:官名。周代掌管田地和生产的官员。

⑨迟迟:舒缓,指春天日长。

⑩蘩:菊科植物,即白蒿。据说,蚕种未出时,煮蘩水沃之则易出。祁祁:众多。指采了很多蘩。

⑪鵙:鸟名,即伯劳鸟。

⑫载:开始。绩:纺麻。

⑬载玄载黄:又是黑色又是黄色。载,相当于现代汉语里的"又是"。玄,黑色。这句是说给织物染上各种颜色。

⑭"我朱孔阳"两句:我用鲜艳的红色绸缎,为公子缝制衣裳。朱,大红色。这里指大红色的丝织物。孔,很。阳,鲜明。

⑮秀:植物结子。葽:植物名,即"师姑草",一种野菜。一说,葽,即"远志",可入药。

⑯鸣蜩:蝉鸣叫。蜩,蝉。

⑰其:语助词。获:收获。

⑱陨:坠落。萚:落叶。

⑲一之日:即夏历十一月。于貉:猎取狐貉。于:为,这里指猎取。

⑳裘:皮衣。

㉑绩:原本作"织",据文渊本改。

㉒优游:从容。泮奂:放纵不羁。

㉓勤朴谨厚:勤劳朴实,谨慎忠厚。

㉔狠戾:凶狠乖戾。很,原作"狼",据文渊本改。无亲:不近人情,为人苛刻。

㉕咸有:同有,共同。慕悦:仰慕喜悦。

㉖疾视:睁目怒视,仇视。

㉗商君:战国政治家商鞅的封号。

㉘泮涣:融解,分散。

㉙惴惴:忧惧戒慎的样子。仇雠:仇人。

㉚得间:得到机会。肆:放纵,发泄。毒:伤害,危害。

㉛秦始皇:秦王朝的创建者。姓嬴,名政,又称赵政。公元前246——前210年在位。公元前230年开始灭韩,到公元前221年灭齐,十年之间,消灭割据称雄的六国,建立了中国历史上第一个统一的中央集权的封建国家。推行郡县制;统一法律、度量衡、货币与文字;拆毁战国时各国边邻地区的城防,修驰道;南定百越,北击匈奴,修筑长城,巩固了统一,推动了经济、文化的发展。但他严刑苛法,加重赋役,销毁民间兵器,焚书坑儒,又大兴宫室,连年用兵,使广大人民痛苦不堪。他死后不久,就爆发了农民大起义。二世:第二代。这里指秦朝第二代皇帝胡亥。公元前210——前207年在位。统治期间,赋税徭役比秦始皇时更为严重。不久即爆发了陈胜、吴广起义,后为专权的宦官赵高逼迫自杀。

㉜屠:宰杀。

㉝戕:杀害,残害。

㉞暴骜:残暴傲慢。惨毒:残忍狠毒。

㉟济:增加。

㊱刘、项、胜、广:即刘邦、项羽、陈胜、吴广。

㊲奋然:愤激的样子。奋然,文渊本作"纷然"。刲刃:举刀。刲,刺,戳。

㊳相激:促成,造成。

【译文】

　　从前每次当我读《诗经》读到《七月》这篇的时候,就会感受到官吏和百姓之间的那种深厚的感情,相亲相爱,和乐平易,慈爱友善,没有丝毫不和谐和格格不入的情况。诗中说:"夏历正月就要修理农具,二月便抬脚下田。同我的老婆孩子,一齐送饭到田里,管理生产的农官见了很高兴。"又说:"春天来了,白昼又开始长了,我们采了很多白蒿。采蒿的女子好悲伤。"那种情态也可以想到的了。诗人认为尚未完全表达感情,又说:"七月伯劳鸟叫,八月它开始纺麻。又是黑色又是黄色。我用鲜红的绸缎,为公子做件好衣裳。四月植物又结子,五月蝉鸣叫。八月收获,十月就落叶。十一月我们猎取狐貉,用那狐狸皮,为公子做件皮大衣。"纺麻是为自己做衣裳,而公子却用黑色黄色(当为"红色")的丝织品;用貉子皮给自己做件皮衣,而给公子做的皮衣却用的是狐狸皮。百姓不愿爱惜自己的身体,却这般地爱护他们的官吏。在这个时代做官的人,从容没有压力,无拘无束,能够尽情施展自己的抱负;而做百姓的,勤劳朴实,谨慎忠厚,能够安享他们的生活。即使有个别凶暴性格乖张不近人情的人,由于大家对他都有爱慕喜悦的情感,所以也不愿意仇视上面的官吏。大概自从秦国的商鞅设立了法度,用来禁止官吏和百姓[这种和睦]的关系,因此他们之间的情感便疏远了,再也不能重新聚合了。平时官吏们看见百姓,心中怀戒惧,如同看见了他们的仇敌一样;而百姓也借这机尽情地发泄他们的愤怒情绪去伤害那些官吏。大概到了秦始皇和秦二世的时候,郡县的官吏就屠杀百姓的父母,残害百姓的子女。他们态度凶暴傲慢,残忍恶毒,靠天子的法令,来助长自己的凶狠的气焰。等到刘邦、项羽、陈胜、吴广起义的时候,他们怒不可遏地向郡县的官吏捅了刀子的百姓,是不计其数的。这是当时形势造成的,有不得不这样的一些客观因素。

五十七　公私兼顾则为良法

【原文】

　　法之在天下,惟公私两便者,良法也。便于公而不便于私,非法也;便于私而不便于公,亦非法也。桑弘羊固尝行均输之法矣①,然于公则便之,于私则未便也。故七福求退②,贾谊所以言其非③。(切)[窃]观今日之法④,籴于民而用夫所谓楮币者⑤,此亦一利也。然愚不知止以利官欤?以利民欤?止以利官,恐非朝廷所忍为也;利民则未见利于民。何也?所用之于民⑥,亦用之于官,则上下均利也。今也籴则用之于民,至两税之输⑦,而民以与官,官不受。与官而官不受,则民持此将焉用之?

【注释】

　　①桑弘羊:西汉洛阳(今河南洛阳市)人。武帝时,任治粟都尉,兼任大司农。

制定重农抑商政策;实行盐铁官营;设立平准、均输机构,以控制全国的商品;削弱商贾势力,增加政府财力。武帝死后,他与霍光等共受遗诏辅政,任御史大夫。元凤元年(前80),与霍光争权失败,被杀。均输法:是一项经济措施,在大司农属下置均输令、丞,统一征收、买卖和运输货物。

②七福:指各种国家福利。

③贾谊:西汉政论家。洛阳(今河南洛阳市)人。少以文才名世,时称贾生。文帝时为博士,迁太中大夫。因倡言改革政治,遭权贵周勃等妒忌毁谤,被贬为长沙王太傅,迁梁怀王太傅。著有《过秦论》《论积贮疏》《治安策》等。有《新书》传世。

④切:当作"窃"。即私下。表示个人意见的谦辞。

⑤籴:买进粮食。楮币:指宋、金、元时发行的"会子""宝卷"等纸币。因其多用楮皮纸制成,所以称楮币。后亦泛指一般的纸币。

⑥之:指楮币。

⑦两税:夏税和秋税的合称。唐德宗时杨炎作两税法,并租庸调为一。令以钱输税。夏输不超过六月,秋输不超过十一月,因此称两税。输:缴纳租税。

【译文】

　　对于国家的法律来说,只有对公私两个方面都有利益,才算得上是完美的法律。只对国家有利,而对百姓无利,那不是完美的法律;只对百姓有利,而对国家无利,那也不是完美的法律。桑弘羊早先曾经实行过均输法,可是它只对国家有利,对百姓却没有利益。因此,各种福利也都没有了。贾谊为此论述过均输法的弊病。我自己看今天的法律,从百姓手里买的粮食,使用的是一种叫作楮币的钱,这也是一件有利的事。然而我不知道这种做法只让官府得到好处呢?还是让百姓得到好处呢?只让官府得到好处,恐怕不是朝廷所忍心干的事;说是对百姓有利,百姓又没见到好处,那又是为什么呢?对百姓使用楮币,也应当对官府使用楮币,这样对上对下也都有好处。可是现在,从百姓手中买粮时使用楮币,要等到缴纳两税的时候,百姓再把它交给官府时,官府却又不收。交给官府,官府若不收,那么百姓持有这种楮币,又有什么用呢?

五十八　治世之灾皆为祥瑞

【原文】

　　先儒尝论鲁桓公三年之有年①,宣公十六年之大有年②。以为十二公多历年所③,(有)务农重谷④。闵雨而书雨者⑤。岂无丰年而不见于经者?是仲尼于它公皆削之⑥,而二公存而不削者,以其获罪于天,宜得水旱灾凶之谴,今乃有年,则是反常也,故以为异而特存耳。由是推之,则凡宜灾而祥者,祥亦灾也;宜吉而凶者,凶亦吉也。商季之大雀⑦,秦之大稔⑧,后赵之苍麟⑨,前史特书之者,皆所以纪异也。尧之水、汤之旱、大戊之桑穀⑩、成王之雷电以风⑪,《诗》《书》备载之者⑫,亦所以纪瑞也。

【注释】

①先儒:先世儒者。鲁桓公:春秋鲁君。姬姓,名允,惠公太子。公元前711——前694年在位。惠公死,允年少,隐公息摄政。前712年杀隐公即位。有年:谓谷物丰收之年。

②宣公:即鲁宣公,春秋鲁君。姬姓,名倭,一名俀,文公之子。公元前608——前591年在位。在位期间三桓强盛,公室益卑。公元前594年实行初税亩。公元前591年欲借晋人之力除掉三桓势力,不成而死。鲁宣公三年:公元前606年。

③十二公:指《春秋》记载的鲁国十二位国君。即隐公、桓公、庄公、潘公、僖公、文公、宣公、成公、襄公、昭公、定公、哀公。

④有:疑为承上而衍。

⑤阂:同"悯",忧愁怜惜。

⑥仲尼:春秋思想家、教育家、政治家、儒家学派创始人孔丘的字。据说孔子整理出《易》《书》《诗》《礼》《乐》《春秋》六种教本,故下文有"削之","存而不削"之语。削之:删掉。

⑦商季:商代末年。约当公元前十一世纪。此指商纣王时期。大雀:指小雀而生大雀。据《孔子家语·五仪解》记载,商纣王时,有人在都城的城角发现小鸟生大鸟,占卦的人说,小生大,国家一定强盛。于是纣王不治理国政,暴虐无极,结果导致了国家灭亡。

⑧大稔:大丰收。

⑨后赵:十六国之一。羯族石勒所建,国号赵,史称后赵(公元319——315)。苍麟:青色的麒麟。

⑩大戊:商代国王。雍己弟,一作太戊、天戊。在位七十五年。在位期间,修德补阙,谨慎理政,举用贤良伊陟、巫咸治国,使商朝得以复兴。史称大戊为中宗。桑穀:二木名。古时迷信,以为桑穀生于朝为不祥。

⑪成王:即周成王,西周国君。姬姓,名诵,武王子。幼年即位,由叔父周公旦摄政。亲政后,遵武王、周公之制,大封诸侯,加强宗法统治;营建东都成周,迁殷民于此,以便监视;委任周公制礼作乐,制定与完善各项典章制度。至此,西周王朝的统治,才真正巩固起来。

⑫《诗》《书》:指《诗经》和《尚书》。

【译文】

以前的读书人曾论述过鲁桓公三年的丰收、鲁宣公十六年的大丰收。他们认为[《春秋》记载的鲁国]十二位国君,历时年代久远,他们致力于农业方面,重视粮食生产。鲁国君主忧虑天旱无雨。鲁史也记录下了来。难道这是因为其他君主在位时没有丰年因而不见于传记吗?这是因为孔子把其他国君在位期间的有关丰年的记载都被删掉了,而鲁桓公、鲁宣公在位期间有关丰收的记载被保留下来而没有删掉的原因，是认为他们获罪于上天，其实本应当得到水旱灾祸的惩罚，现在却是个丰收年，这本是一种反常现象。因此他觉得很怪异，所以特意地保存了下来。通过这件事来推断，那么他们凡是应当蒙受灾祸反而出现吉祥的事，那么吉祥也是灾祸；应当出现吉祥的事，反而蒙受灾祸，灾祸也就是吉祥。商朝末年出现的小雀生大鸟，秦代的大丰收，后来赵时出现的青色麒麟，前代史书特意地记载他们的原因，都是为了记载那些怪异之事。唐尧时代的大水，商汤时代的大旱，大戊时代[生在朝廷之上]的桑树和榖树，周成王时期的雷电和大风三灾，《诗经》和《尚书》详细记载的原因，那也是为了记录祥瑞的事。

【原文】

盖趣亡之国①，君臣上下相从于昏②，而嘉祥美瑞③，方间见而迭出④，是天时益荒其志而夺其魄也⑤，不祥莫大焉。至于治安之世⑥，中外宁而事简⑦，上下安而心逸。时有以警惧之⑧，则君臣之间，益修其德，益隆其治⑨，而天下以安。夫是以维持永保于无穷⑩。斯其为祥也大矣⑪

【注释】

①趣：趋向，归向。
②相从：跟随。昏：迷乱。
③嘉祥美瑞：美好的事物，吉祥的征兆。
④间见：交替互相出现。
⑤天时：天命。荒：迷乱。
⑥治安之世：指政治清明，社会安定。
⑦中外：朝廷的内外。事简：政事简易。
⑧警惧：警戒恐惧。
⑨隆：突兀明显。
⑩穷：尽头。
⑪祥：吉凶的征兆。

【译文】

大概凡是走向灭亡的国家，君臣上下在迷乱中相依相随，而吉祥的兆头和美好的事物正在交替出现，这是天命要逐渐地迷乱他们的意志进而征服他们的灵魂，没有比这更不吉祥的了。到了政治清明安定的社会，至于朝廷内外、全国上下相安无事，政事简易，而且人心舒畅。这时有怪异现象出现，能使人们产生戒惧的心理，君臣之间就会加强道德修养，更加突出他们的政治业绩，而天下也因此安宁了。这种局面因此也就长久地保持下去。这种自然现象被作为吉凶祸福的征兆，[对君臣的修身治国]那么好处很大呀！

国学经典文库 资政秘典 ·治政纲鉴· 图文珍藏版

五十九　用人不可以急于求成

【原文】

司马温公曰①："唐虞之官②，其居位也久，其受任也专③，其立法也宽，其责成也远④。故鲧之治水⑤，九载，绩用弗成⑥，然后治其罪；禹之治水⑦，九州攸同⑧，然后赏其功。非若京房⑨、刘邵之法⑩，校其盐米之末⑪，责其旦夕之效也。"苏文忠公曰⑫："吏人与民，犹工人操器，易器而操之，其始莫不龃龉而不相得⑬。是故虽有长材异能之士⑭，朝夕而去，则不如庸人之久且便也⑮。自汉至今，言吏治者，皆推孝文之时⑯以为任人不可以仓卒而责成功⑰。又其三岁一迁⑱，吏不为长远之计，则其所设施⑲，一切出于苟简⑳。"至哉斯言！夫世之君子㉑，苟有志于天下，而欲为长久之计，则其效不可朝夕见。其始若迂阔㉒，而其终必将有所观。今期月不报政㉓，则朝必以为是无能为者，不待其成而去之，甚可惜也。

【注释】

①司马温公：北宋大臣、史学家司马光被死后追封为温国公。

②唐虞：唐尧与虞舜的并称。

③受任：接受委任。

④责：要求，期望。

⑤鲧：尧臣。相传为禹之父。建国于崇（今河南嵩县北），史称崇伯。因四岳荐举，奉尧命治水。他因用堵塞之法，九年不成，被舜处死于羽山。

⑥绩用：就是功用。弗：不。

⑦禹：传说远古夏部落领袖。姒姓，亦称大禹、夏禹、戎禹。一名文命。鲧之子。鲧死后，他奉舜命治理洪水，劳身焦思，奋斗十三年而功成。又开九州，通九道，陂九泽，度九山，划分田地等。又制定贡赋，佐舜大治天下，被舜选为继承人。舜死后担任部落联盟领袖。

⑧九州：传说中的我国古代中原行政区划。说法不一。《书·禹贡》作冀、兖、青、徐、扬、荆、豫、梁、雍。后以"九州"泛指天下。攸同：相同，一样。攸，是。

⑨京房：西汉东郡（今河南濮阳）人，字君明。本姓李，推律自定为京氏。学《易》于梁人焦延寿。因为孝廉为郎。元帝时，因奏考功课吏法受信用。为中书令石显等嫉，出为魏郡太守。不久，下狱死。

⑩刘邵：三国魏邯郸（今河北邯郸市）人，字孔才。官至尚书郎、散骑侍郎，赐爵关内侯。受诏搜集五经群书，分门别类作《皇览》一书。又与议郎庾嶷、荀诜等共同制定律令，作《新律》十八篇，著《律略论》。所著《人物志》，开启了魏晋士大夫品鉴人物的清谈风气。著作还有《法论》等。

⑪校：计较。

⑫苏文忠公：北宋文家、书画家苏轼（号东坡）死后追谥"文忠"。"公"为尊称。

⑬龃龉:上下齿不相合。比喻抵触、不合。相得:相配,相称。

⑭长材:专门的人才。异能:特出的才能。

⑮庸人:一般人,普通人。

⑯孝文:即汉文帝刘恒。高祖刘邦之子。公元前180——前157年在位。吕后死后,周勃等平定诸吕之乱,他以代王入为皇帝。实行"与民休息"的政策,减轻地税、赋役和刑狱,使农业生产有所恢复发展。又削弱诸侯势力,以巩固中央集权。旧史家把他同景帝统治时期并举,称为"文景之治"。

⑰仓卒:亦作"仓猝",匆忙急迫。

⑱迁:晋升或调动。

⑲设施:措置,筹划。

⑳苟简:草率而简略。

㉑君子:指才德出众的人,或有识之士。

㉒迂阔:不切合实际。

㉓期月:一整月。

【译文】

司马光曾经说:"尧舜时代的官员,他们任职的时间长,他们接受了委任专一,他们制定的法律又宽大,要求他们完成任务的期限也长。所以鲧在治水的时候,用了九年,功业无成,然后才办他的罪;大禹治水,天下的水利工程都完工了,然后才能奖赏他的功劳。而不像京房、刘邵制定的法律,只计较盐米之类的小事,欲要求那些办事的人在极短的时间内就取得成效。"苏轼说:"官吏和百姓的关系,就像做工的人使用工具一样。使用刚调换的工具,刚开始时,没有人不感到别扭,不那么地得心应手。因此即使他有一技之长或有特殊才能的人,在短时间内就离开原来的工作岗位,就不如一个普通人的持久精神和适应本职工作。可从汉代到现在,谈论吏治的人,人们都推崇汉文帝的时代,认为任用人不应该匆忙地要求取得成效。还有那些三年一晋升或一调动的办法,官吏[在其任上]不做长远的打算,所以他们的设施,一概出于草率简略。"这话说得实在最正确啊!世上那些才德出众的人,如果有治理天下的志向,如果想做长远的谋划,他们的成效也就不可能在较短的时间内显现出来。刚开始时,好象不切合实际,但最后一定会有可观的政绩。现在,官吏一个月不报告政绩,朝廷一定认为他是一个没有作为的人。不等他取得成效,就让他离开了岗位,那实在太可惜了。

【原文】

夫事之有所建立,其始固有不快人意,而为其所沮①,必至于持久而后见其效者。赵充国上屯田便宜策②,公议是其计者十之三③,而宣帝从之④。留屯三年,则先零罕开之属⑤,不战而自毙;左雄立限年举法⑥,胡广之徒相继上书驳其议⑦,幸而顺帝右之⑧。雄在尚书三十余年,天下不敢妄选⑨,号为得人。事之持久而后见效,类皆如此。必若当时见沮于议者之口,其亦何能有所成哉?

【注释】

①沮:阻止遏制。

②赵充国:西汉陇西上邽(今甘肃天水)人,字翁孙。善骑射,懂兵法,熟知少数民族事务。武帝时击匈奴有功,迁车骑将军长史。宣帝即位,封营平侯。后在西北屯田,对当地农业生产的发展起了一定作用,其言屯田十二便,寓兵于农,尤为后人所宗。屯田便宜策:亦称"留田便宜十二事"。因在奏章中谈驻兵屯田有十二条好处,故有此称。策,古代的一种议论文体。

③公议:指在朝廷中公然讨论。

④宣帝:即汉宣帝刘询。西汉皇帝。字次卿,武帝曾孙。公元前74——前49年在位。其祖父戾太子遭巫蛊之祸后,父母皆遇害,自幼长在民间,深知民间疾苦。昭帝死,他为霍光所立。在位其间,既重吏治,又好黄老刑名之学。励精图治,任贤用能,减免田赋,加强边防。国力日趋强盛,史称"中兴"。

⑤先零:汉代羌族的一支。最初居于今甘肃、青海的湟水流域,后渐与西北各族融合。罕开:汉代羌族的一支。

⑥左雄:东汉政论家。南郡涅阳(今河南镇平)人,字伯豪。安帝时举孝廉,迁冀州长史,案奏贪猾,无所回忌。永建初拜议郎,时顺帝新立,大臣懈弛,朝多阙政,左雄数言事,其辞深切。迁尚书令。左雄又上言郡国孝廉不满四十,不得察举。迄于永嘉,察选清平,多得其人。限年举法:即"限年察举法",亦称"孝廉限年课试法"。其法规定,举孝廉者,年不满四十,不可察举。

⑦胡广:东汉南郡华容(今湖北监利)人。少孤贫,安帝时举孝廉,章奏为天下第一,拜尚书郎。后迁司空、太尉、太傅等职。先后事安、顺、冲、质、桓、灵六帝。时外戚擅权,他性情温柔谨素,达练事体。时京师谚云:"万事不理问伯始,天下中庸有胡公。"(见《后汉书》)

⑧顺帝:即东汉皇帝刘保。公元126——144年在位。安帝崩,中黄门孙程等迎立为帝。右:袒护。

⑨妄选:在选举中弄虚作假。

【译文】

凡是要建立一种功业,开始的时候本来会有使一些人感到不愉快的因素,因而被他们所遏制,一定要等到很长一段时间,然后才能见得到成效。西汉的赵充国上奏了屯田便宜策,在朝廷上议论的时候,那些肯定这种计策的人,只占十分之三,而汉宣帝却听从了他的计策。驻军屯田三年,先零、罕开这些部族,汉兵并没有同他们交战,便自消自灭了。东汉时左雄制定了限年察举法,胡广那一些人相继上书朝廷批驳左雄的意见,幸亏有顺帝庇护他。左雄在尚书任上三十多年,天下人不敢在选举孝廉时弄虚作假,号称为用人得当。经过较长时间才能见到功效的事情,大概都是这样子的。如果当时就被议事者的言论所遏制,那又怎么能有所成就呢?

六十　法本利民何以害民

【原文】

天下之法,本欲便民,而反以害民者,夫岂一端而已哉!乡兵之法①,本为民之防;而其弊也,操戈带甲②,群噪聚斗,横行于里间③。市粜之法④,本为民之利;而其弊也,配户督限⑤,迫蹙平民⑥,有甚于租赋⑦。保伍之法⑧,所以联比吾民⑨,堤防盗贼⑩;而其弊也,差役不均。执役之家⑪,至于破产。天下之法,本无弊也,行之非其道,则弊由是而生。呜呼!其可坐视而不救欤!

【注释】

①乡兵:古代地方武装。始于西魏、北周,由大都督或仪同统领,居于本乡。此后历代有之。
②操戈:执戈,拿起武器。甲:盔甲。
③里间:里巷,乡里。
④市粜:出售粮食。
⑤配户:按户分派。督限:按期督责。
⑥迫蹙:逼迫,压迫。
⑦租赋:租税。
⑧保伍法:根据户籍编制将居民组织起来的法规。古代人民五家为伍,又立保相统摄,因以"保伍"泛称基层编制。
⑨联比:联系起来,组织起来。
⑩堤防:拦水之土坝,引申为护卫。
⑪执役:服役。

【译文】

天下的法律,它的目的原本是想便利百姓的,然而借法律去侵害百姓利益的事情,难道仅仅表现在一个方面吗?制定乡兵法,它本来是为了保护老百姓,而他的弊病是一些手持兵刃身着盔甲的人,成帮成群吵闹斗殴,横行在乡里。制定出售粮食法,原本的目的也是为了老百姓的利益,而他的弊病是按户摊派,规定了卖粮的期限,对于百姓的逼迫,那比缴纳租税还严重。制定保伍法,目的是把百姓组织起来防止盗贼的,可他的弊病是,负担的劳役不均。服役的人家,有的甚至破产。天下的法令法规,原本没有弊病,是在执行过程不得其法,弊病就因此而产生了。唉![对这些弊病]怎么可以袖手旁观冷眼相看而不去整治呢!

六十一　良法多以权贵而沮

【原文】

豪右兼并之害久矣①。孔光奏请诸侯皆得名田②，毋过三十顷；而当时丁、傅用事③，董贤隆贵④，皆不便之⑤，于是遂寝不行⑥。是则名田之法，虽良而沮矣⑦。毁誉取人之弊久矣⑧。京房奏考功课吏法⑨，令百官各试其功；而当时石显、五鹿充宗专权⑩，皆不便之，于是遂出房为郡守⑪。则是考课之法，虽良而沮矣。进士、明经之弊久矣⑫。杨绾奏上贡举条目⑬，秀才问经义三十条⑭，对策五道；而当时议者，以为明经、进士行之已久，皆不便之，于是事寝不行。则是贡举之法，虽良而沮矣。

【注释】

①豪右：封建社会的富豪家族，世家大户。

②孔光：西汉鲁（今山东曲阜）人，字子夏。孔子十四世孙。初举方正，为谏议大夫。成帝即位，为博士，录冤狱，行风俗，赈流民，由是显名。迁尚书令，光禄勋。哀帝立，与师丹等共议限田限奴案。平帝立，官太师。诸侯：古代对中央政权所分封各国国君的统称。名田：以私名占有田地。

③丁傅：丁姬和傅太后。丁姬，汉哀帝生母。即定陶共皇后。傅太后，哀帝祖母，称定陶共皇傅太后。哀帝立，二太后曾参政。用事：掌权。

④董贤：西汉云阳（今陕西淳化）人，字圣卿，哀帝幸臣。性巧佞。年二十官大司马，操纵朝政，亲族并官至公卿。帝崩，王莽劾贤，罢归第，自杀。隆贵：显贵。

⑤不便：不合适，不可行。

⑥寝：止，废置。

⑦名田之法：即限制个人占有土地的法规。《汉书·食货志上》："限民名田，以澹（赡）不足，塞并兼之路。"沮：阻止，遏制。

⑧毁誉：诋毁和赞誉。

⑨京房：见本卷59条第一段注⑨。考功课吏法：此法令为：县令、县丞、县尉治理一县，崇尚教化者升迁。有盗贼，满三日没有发觉，属于廷尉的责任。县令发觉并亲自除掉，县尉承担罪责。功，成绩，功绩。课，考查，考核。

⑩石显：西汉宦官。济南（今山东章丘）人，字君房。因犯法受腐刑，为中黄门。元帝立，甚宠之，为中书令，政事无大小，皆决之。成帝立，迁长信中太仆，不久失宠。后因罪免归故里，卒于途。为人外巧慧而内阴险，常持诡辩中伤人。五鹿充宗：姓五鹿，西汉元帝时官少府，与宦臣石显结为党友。通晓梁丘《易》。石显罢免归里，充宗左迁玄菟太守。

⑪郡守：郡的长官，主一郡之政事。秦废封建设郡县，郡置守、丞、尉各一人。守治民，丞为佐，尉治兵。汉因之。"郡守"原本作"郡一"，据文渊本改。

⑫进士、明经：隋唐科举制度取士的科目。以诗赋取者为进士，以经义取者为

⑬杨绾:唐华阴(陕西华县)人,字公权。大历中累拜中书侍郎,同中书门下平章事。杨绾辅政后,补缺救弊,渐复太平旧制。卒,谥文简。贡举条目:杨绾为礼部侍郎时,曾上疏条奏贡举之弊,并提出新的贡举法,大意为:取士之法,先由县向州推荐才德堪试者,由州刺史测试所通之学,再送尚书省测试。试日,经义问十条,对策三道。经义并策全通者为上第,付吏部授官;经义通二道者为中第,授出身;下第罢归。见《旧唐书》杨绾本传。条目,指法令规章的项目。

⑭"秀才问经义三十条"二句:《旧唐书》杨绾本传为:"问经义十条,问毕对策三道。"秀才,唐循隋制,秀才科第最高,试方略策五条。见杜佑《通典·选举》。道,原本作"条",此依文渊本、《新唐书·选举志》。

【译文】

富豪大族兼并土地的祸患,时间已很长了。西汉大臣孔光曾奏请诸侯以个人名义占有的土地,不得超过三十顷;但当时丁、傅两位太后执掌政权,董贤显贵,他们都认为孔光的意见不合适,于是便弃置在一旁而没有施行。这项名田法令,虽然很好,最终却受到了遏制。根据人们的诋毁和褒扬来选拔人才,它的弊病也有很久了。西汉的京房曾奏考功课的吏法,用它来考核各级官吏的政绩;可当时朝廷中石显、五鹿充宗专权,他们都认为这条法令不怎么合适,于是便外放京房去做一个郡的太守。这项考核官吏的法令虽然很好,却遭到了抵制。通过"明经""进士"科目选拔人才,它的弊病也积得很久了。杨绾上奏贡举法令条目,秀才经义三十条,对策五道;而当时的执政大臣们认为通过"明经""进士"科目选拔人才已经施行了很久,都说杨绾的贡举法不合适,于是便弃置一旁而没有施行。这项贡举法虽然很好,不过却也遭到了抵制。

六十二　良法不得其人则弊

【原文】

木之(生)[朽]①,虫实蠹之②;水之浊,土实浑之③;法之弊,人实坏之。贤良取人④,未尝有弊也,自唐散骑以李(郤)[郃]登科⑤,而其法始弊矣;孝廉取人⑥,未始有弊也,自汉广陵以徐淑应选⑦,而其法始弊矣;词赋取人⑧,未始有弊也,自崔郾私一杜牧置异等⑨,而其法始弊矣;铨选取人⑩,未始有弊也,自苗晋卿私一张奭为第一⑪,而其法始弊矣。

【注释】

①生:据下文"水之浊""法之弊",当为"朽"字。译文作"朽"字。

②蠹:蛀蚀,损害。

③浑:混淆。

④贤良：即贤良方正，是汉代选拔人才的科目之一。始于汉文帝。被举者对政治得失应直言极谏。如表现特别优秀，则授予官职。武帝时又下诏举贤良或贤良文学。名称时有不同，性质无异。唐代则作为"制举"，即由皇帝亲自诏试于殿廷的一种选拔人才的科目。

⑤散骑：散骑常侍的省称。其官始于秦，在皇帝左右规谏过失，以备顾问。虽无实权，仍为尊贵之官，多用为将相大臣的兼职。此指唐文宗时左散骑常侍，兼集贤殿学士，充考制策官冯宿。他于大和二年（公元828），唐文宗李昂亲自主持"举贤良方正能直言极谏"策试时，任第一策官。李郃：唐延州（今广西南丹）人。字子玄。大和二年举贤良方正，擢进士第一。同试者，唐代政论家刘蕡对策万余字，

慷慨激昂，深切沉痛，考官冯宿等皆叹服，以为汉之晁错、董仲舒，无以过之，然畏宦官淫威，竟不敢录取。李郃便上疏为刘蕡鸣不平说："刘蕡下第，我辈登科，实厚颜矣！"并说："况臣所对，不及蕡远甚，内怀愧耻，自谓贤良，奈人言何！乞回臣所受，以旌蕡直。"但唐文宗没有采纳。李郃，原本作"李邰"，据新、旧《唐书》改。

⑥孝廉：孝，指孝子；廉，指清廉之士。分别为古代选拔人才的科目。始于汉代，在东汉尤为求仕者必由之途。后来合称作孝廉。

⑦广陵：郡名，东汉建武十八年（公元42）以广陵国改置，治所在广陵县（今江苏扬州市西北）。徐淑：东汉广陵人，字伯进。宽裕博学。随其父在京师，习孟氏《易》《春秋公羊传》《礼记》《周官》，喜诵《太公六韬》，结纳英雄，常有壮志。仕至度辽将军，有边疆上名声。所谓的"徐淑应选，而其法始弊"，大概是因为徐淑"喜诵《太公六韬》，交接英雄"等行为，与孝廉名义不符。

⑧词赋：即诗赋。唐代科举以进士科为主，进士科考诗赋，以声病对偶判定优劣，故文中说"词赋取人"。

⑨崔郾：唐邠州（今陕西彬县）人，字广略。中进士第，累迁吏部员外郎。敬宗时，拜翰林侍讲学士。由礼部侍郎出为虢州观察使，迁检校礼部尚书。卒谥德。所谓"崔郾私一杜牧"，是指大和二年（公元828）身为礼部侍郎的崔郾在洛阳主持科举考试，杜牧进士及第一事。《唐摭言》卷六《公荐》篇称：崔郾将赴洛阳主持考试，吴武陵把杜牧所作《阿房宫赋》推荐给崔郾，称"此人真王佐才也"。杜牧遂高中第五名进士。杜牧：唐代文学家。京兆万年（今陕西西安）人，字牧之。杜佑孙。大和进士，累迁监御史，出为黄州、湖州等地刺史，官终中书舍人。主张抑削藩镇、禁断佛教。其诗长于近体，七言绝句尤为影响，为后人所崇。与李商隐齐名，并称"李杜"。又别于杜甫，人称"小杜"。异第：超出一般，特等。

⑩铨选：选才授官。古代举士与选官，合而为一，土即获选，即为官。至唐试士属礼部，试吏属吏部，以科目举士，以铨选举官。举官又分两途，吏部主文选，兵

部主武选。唐以后，铨政代有更易，然大抵不外是集吏考试，量才授官。

⑪苗晋卿：唐壶关（今山西壶关西）人，字元辅。历仕玄宗、肃宗、代宗三朝。官至左丞相。肃宗时，曾以吏部郎中之职暂管吏部选官之事。私一张奭为第一：据《旧唐书·苗晋卿传》载：天宝二年（公元743）春，吏部侍郎苗晋卿及同列侍郎宋遥主铨选。他们为了巴结御史中丞张倚，竟将不学无术的张倚之子录选为第一名。事发后，唐玄宗亲自主考，张奭手持试纸，竟日不下一字，时谓之"曳白"。玄宗大怒，贬苗晋卿为安康郡太守，宋遥为武当郡太守，张倚为淮阳太守。玄宗敕曰："门庭之间，不能训子；选调之际，仍以托人。"当时传为笑柄。

【译文】

树木的腐朽，是因为虫子蛀蚀；水的浑浊，是因为泥土混淆；法律的弊病，是由于人破坏。用举贤良的办法选取人才，其本身不曾有弊病，自从唐代散骑常侍冯宿录取了李郜，这种选拔人才的办法方才出现了弊病；用举孝廉的办法选取人才，其本身不曾有弊病，但自从汉代广陵郡推举了徐淑，这种选拔人才的办法才又出现了弊病；用考辞赋的办法选取人才，也不曾有弊病，可自从崔郾以私情把杜牧安排在特等，这种选拔人才的办法才又出现了弊病；用铨选的方法选取人才，不曾经有弊病，自从苗晋卿用私情把一个张奭安排在榜首，这种选拔人才的办法才真正出现了弊病。

【原文】

昔桑弘羊为均输平准之法①，末年海内虚耗②，户口减半③，未几，悉罢其所为，以从民欲；而刘晏用此④，乃能操天下赢贯⑤，而民不困；而张滂、皇甫镈用之⑥，益不能给；未几，李（选）[巽]特循晏法⑦，乃能增羡三年之后⑧，加于晏者，百八十万。夫均输平准之法，是太公九府圜法之遗意也⑨。然以弘羊用之则耗，以晏用之则赢，以滂、镈用之则不给，以李巽用之则增衍⑩。信乎法之在天下，得其人，则法以人而良；不得其人，则法以人而弊也。

【注释】

①桑弘羊：见本卷57条注①。均输平准法：即是调剂运输和平抑物价的法律。

②虚耗：空竭。

③户口：这里指人口。

④刘晏：唐代理财家。曹州南华（今山东东明）人，字士安。肃宗、代宗时，历任京兆尹、户部侍郎、吏部尚书同中书门下平章事及度支、盐铁、转运、铸钱等职。他实行一系列改革，疏通漕运，整顿盐税，行平准法，扶植产业，培养税源，理财达二十年。改善了安史乱后唐朝政权经济上的困境和财政的紊乱。后为杨炎构陷而死。他居官清廉，死后家资唯杂书两乘，米麦数斛。

⑤赢贯：盈余的资金。贯，穿钱的绳。这里指钱。

⑥张滂：唐人，德宗朝任盐铁使，后因与裴延龄不和贬官。皇甫镈：唐泾州临泾（今甘肃镇原）人。一说安定朝那（今甘肃平凉）人。贞元进士，登贤良文学制科，授监察御史，改吏部郎中，三迁司农卿，兼御史中丞，拜同中书门下平章事。到处盘剥百

姓,搜括财物,是著名的聚敛宰相,天下怨之。宪宗死,贬为崖州司户参军,死于贬所。

⑦李巽:唐赞皇(今河北赞皇县)人,字令叔。举明经拔萃,历任湖南、江西观察使。锐于为治,持下以法。顺宗即位,入为兵部侍郎,兼任度支盐铁使,用刘晏法理财,而国家收入超过刘晏之时。官终吏部尚书。李巽,原本作"李选",据新、旧《唐书》改。

⑧羡:即羡赋,指赋税收入在收支相抵后所剩余的部分。

⑨太公:即太公望,周初人。姜姓,吕氏,名尚。俗称姜太公。九府圜法:周代财帛流通之法。《汉书·食货志下》:"太公为周立九府圜法:黄金方寸,而重一斤;钱圜函方,轻重以铢;布帛广二尺二寸为幅,长四丈为匹。"注:"圜谓均而通也。"遗意:前人或古代事物留下的意味、旨趣。

⑩增衍:增多。

【译文】

从前桑弘羊制定并推行了一套均输平准之法,到汉武帝末年,国内空虚耗竭,人口减少了一半,不久,他的做法遭各地停止实行,听从了百姓的要求;然而唐代的刘晏采用桑弘羊的办法,却能掌握天下多余的资金,而百姓并不困苦;可是张滂、皇甫镈采用这种办法,却越发地不能供给国家的需求;不久,李巽特意遵循刘晏的理财方法,却能增加盈余达三年以上,比刘晏时期,每年还增加一百八十万贯。均输平准之法,它是姜太公"九府圜法"的延续。然而桑弘羊采用它,国内就空竭;刘晏采用它,国家就有盈余;张滂、皇甫镈采用它,国家就不能自给;李巽采用它,财赋就增多。的确,一个国家的法律,遇到善于运用它的人,法律就因为这个人的正确处理而产生良好的效应;遇不到能善于运用它的人,法律也就会因为这个人而产生弊端。

六十三　善兴利者惟去其害

【原文】

治天下有道①,毋为天下立法,毋为百姓兴利。一法立,一弊起;一利兴,一害随。然则如何?曰:"毋立法,弊则革之;毋兴利,害则除之。"尘去而鉴自明,矿尽而金自见,弊革而法自立,害除而利自兴。封建之法②,非不善也,而秦更之以郡县③,唐易之以藩镇④。郡县、藩镇果能无弊乎?井田之政⑤,非不美也,而秦更之以阡陌⑥,唐又变之以府兵⑦。阡陌、府兵果能无弊乎?常平义仓⑧,足以赈民矣⑨,而或为均输⑩,或为青苗⑪。均输、青苗果胜于常平义仓乎?经术词章⑫,足以取士矣,而或议三舍⑬,或具八法⑭。三舍、八法,果胜于经术词赋乎?法已更而弊自若,利已兴而害自如。故夫法在天下,惟去其所以弊,除其所以害,则虽因今之法而有余;于弊不能去,害不能除,则虽百变其法而不足。东坡曰⑮:"汉取天下于秦,因秦之法而不害于汉⑯;唐取天下于隋,因隋之法而不害于唐。"故李文靖公沆尝言⑰:"居重位无补万分一,惟中外所陈利害⑱,一切罢之,惟此少以报国尔。朝廷防制⑲,纤悉备具，或循所陈^⑳，请施一事，所伤多矣！"陆象先曰^㉑："庸人扰之。"正谓此也。

【注释】

①道：方法。

②封建：古代帝王把爵位、土地分赐给亲戚或功臣，使之在封定的区域建立邦国。相传黄帝为封建之始，至周制度始备。

③郡县：郡和县的并称。郡县之名，初见于周。秦始皇统一中国，分国内为三十六郡，为郡县政治之始，汉初封建制与郡县制并行，其后郡县遂成常制。

④藩镇：唐代指统领一方的军府。唐初重要诸州置都督府，睿宗时置节度大使，玄宗时又于边境置十节度使。各领数州甲兵，并掌土地人民、财赋大权。安史乱后，内地均置节度使，形成地方割据势力，通称藩镇。

⑤井田：相传古代的一种土地制度。以方九百亩为一里，划为九区，形成"井"字，故名。其中区为公田，外八区为私田，八家私田百亩，同养公田。公事毕，然后治私事。从春秋时起，井田制日趋崩溃，逐渐被封建生产关系所取代。

⑥阡陌：田间小路。南北为阡，东西为陌。这里指以土地私有化为基础的政治制度。《汉书·食货志上》："（秦）用商鞅之法，改帝王之制，除井田，民得买卖，富者田连阡陌，贫者无立锥之地。"

⑦府兵：即府兵制。起于西魏，行于北周和隋，盛于唐初的一种兵制。原为宇文泰掌西魏政权时所创立，其制为：置六军，合为百府，分属二十四军开府，选拔体力强者充府兵，另立户籍。隋代府兵户籍改属州县，唐初整顿成为兵农合一的军事制度。府兵终身服役，征发时自备兵器资粮，定期宿卫京师，戍守边境。唐玄宗天宝以后，府兵制已名存实亡。

⑧常平：即常平仓，古代为调节米价而设置的一种粮仓。汉宣帝时耿寿昌首先倡建，谷贱时用较高价买入，谷贵时减价卖出，以平衡米价。义仓：始于隋朝各地为备荒而设置的粮仓。

⑨赈民：救济百姓。

⑩均输：汉武帝时实行的一项经济措施。在大司农属下置均输令、丞，统一征收、买卖和运输货物。

⑪青苗：即青苗法，也称常平给敛法、常平敛散法。宋王安石新法之一。其法以诸路常平、广惠仓所积钱粮为本，在春夏两季青黄不接时出贷给农户。春贷夏收，夏贷秋收。每期收息二分。本意是限制豪强盘剥，减轻百姓负担，但因在施行中弊端层出，又遭到保守派反对而废止。

⑫经术词章：隋炀帝置明经、进士二科，以经义取者为明经，以诗赋取者为进士。经术，犹经学，经义。汉代最早以明经射策取士。词章，诗文的总称，这里指诗赋。

⑬三舍：即三舍法，宋神宗时取士之法，为元丰新法之一。其法分太学为外舍、内舍、上舍，别生员为三等而置之。依一定年限和条件，由外舍升入内舍继而升入上舍。最后按科举考试法，分别规定其出身并授以官职。在舍读经为主，以弥补当时科举偏重文辞的不足。绍圣中，曹一度废科举，专以三舍法取士。宣和三年，诏罢此法。

国学经典文库

资政秘典

·治政纲鉴·

图文珍藏版

⑭八法:周代管理百姓的通法。《周礼·天官·大宰》:"以八法治官府:一曰官属,以举邦治;二曰官职,以辨邦治;三曰官联,以会官治;四曰官常,以听官治;五曰官成,以经邦治;六曰官法,以正邦治;七曰官刑,以纠邦治;八曰官计,以弊邦治。"以八法取士,不详其内容。

⑮东坡:即东坡居士,北宋文学家、书画家苏轼的号。

⑯因:沿袭,承袭。

⑰李文靖公沆:北宋洺州肥乡(今河北肥乡)人。太平兴国进士,为翰林学士。淳化二年(公元992)拜给事中、参知政事。咸平元年(公元998)加平章事,监修国史,累加尚书右仆射。为官缜密,常以四方艰难奏闻。曾预言"边患既息,恐人主渐生侈心耳。"后真宗果封禅营观,起用佞臣。时称"圣相"。"文靖",是其谥号。

⑱中外:朝廷内外。

⑲防制:防范和制敌。

⑳或:倘若,假使。循:遵从,听从。

㉑陆象先:唐吴县(今江苏苏州市)人,字崇贤。本名景初,睿宗赐今名。景云中累官至同中书门下平章事。太平公主谋废立,陆象先不从,以保护功封兖国公。为政崇尚仁恕,常说:"天下本无事,庸人扰之为烦耳!"

【译文】

想要治国有方,就不要轻易给国家制定法令,不要轻易给百姓创办福利。一项法令制定了,一种弊病就自然而然出来了;一种福利兴办了,一种祸害也就跟着来了。那么应当怎么办呢? 回答说:"不制定法律,弊端就会消除了;不兴办福利,祸害就去掉了。"灰尘都去掉了,镜子自然明亮了;矿石都除掉了,金子自然就出现了;弊端革掉了,法律自然就建立起来了;祸害除去了,福利自然就兴起来了。封邦建国的方法,不是不好,然而在秦朝改成郡县制,唐朝又改成藩镇制。郡县制和藩镇制,果真没有弊病了吗? 井田制,不是不好,然而秦王朝改成土地私有制,唐王朝又改成府兵制。土地私有制、府兵制,果真能又没有弊病吗? 设立常平义仓的方法,完全可以救济百姓的饥荒,而有人把它改成了均输法,有人把它改成青苗法。均输、青苗,果真能胜过常平仓吗? 人们用测试经术和诗赋的办法,足可以选拔人才,而又有人议论用三舍法,有人开列出周代的八法。三舍法和八法,果真又比用经术和诗赋选取人才优越吗? 法律既然已经更换了,然而弊病却一如既往地存在;福利已经兴办了,而祸害仍依然如故。所以说对于天下的法律,只有去掉它产生弊病的原因,根除它造成祸害的根源,即使是沿用现在的这些法律也绰绰有余了;但如果不能去掉那些弊病,不能根除那些祸害,即使成百次地去变更那些法律,而法律还是不够用的。苏东坡说:"汉代从秦朝的手里夺取了天下,承袭了秦朝的法律,而秦朝的法律对汉代没有害处;唐代从隋朝手里夺取了天下,沿承袭了隋朝的法律,而隋朝的法律对唐朝也没有害处。"所以文靖公李沆曾说:"自己身居要职却对国家没有一点贡献,只有把朝廷内外所陈述的关系到国家利害所在的建议和措施全部取消,也只有这样才能对国家有些许的报答啊。朝廷的防范制敌的手段,详尽完备,倘若遵从了陈述者的意见,请求朝廷实施一件事,所受的损失也是很大的啊!"陆象先说"平庸人们自找烦扰",就是说的这类事情。

第十卷

六十四　泛取者　精取之法

【原文】

泛取者①，专取之法；轻任者，重任之法。吾之所谓泛取者，非无所决择也。始而求之致其广②，终而拔之致其精，是吾之泛取也。泛取于方取之初，而专取于既取之后也；吾之所谓轻任者，非有所慢易也③。始而进之致其略，然后委之致其详，是吾之轻任者。轻任于始任之初，而重任于必可用之后也。此岂吾之臆说哉④！

【注释】

①泛取：指广泛地求取人才。
②致：求得，达到。
③慢易：怠忽，轻慢。
④臆说：毫无根据的言论。

【译文】

广泛地求取人才吸收人才，是专门求取人才的方法；任以较轻的责任，是任以重大责任的方法。我这里所说的广泛地求取人才，并不是不要去选择。开始求取的时候，达到广，最后选拔的时候，达到精，这就是我说的广泛地求取人才。广泛地求取是在选取人才的最初期，而专门求取是在广泛求取了之后；我所说的先委以较轻的责任，并不是对人才的轻慢。开始推荐的时候，对他们的要求尽量低，然后委派任务的时候，要求尽量周详，这就是我所说的委以较轻的责任。委以较轻的责任，是在刚开始任用的初期；而委以重任，一定要在确认他们可用之后。这难道是我在毫无根据地胡说吗？

【原文】

盖骏骨既市，骥足焉往①？九九获用②，奇谋踵至，此固世所共知也。是故论谏者赏③，则天下不患无比干④；庐墓者旌⑤，则天下不患无曾子⑥；恬退者进⑦，则天下不串无严光⑧；清俭者擢⑨，则天下不患无伯夷⑩；明法者升⑪，则任廷尉者⑫，不患无于定国、张释之⑬；爱民者迁，则居郡守者⑭，不患无龚遂、黄霸⑮。夫然后赏之、旌之、擢之、升之、进之、迁之，吾恐天下无复有是人也。何者？盛名之下⑯，人不敢居故也。"龚遂黄霸"下疑有缺文。

【注释】

①骏骨既市，骥足焉往：战国时郭隗以马为喻，劝说燕昭王招纳贤士。说古代一位君王悬赏千金买千里马。三年后得一死马，用五百金买下马骨。于是不到一年得到三匹千里马。见《战国策·燕策》。骏骨，骏马之骨。骥足，千里马。

②九九：古代算术，类似《九章算术》。春秋时，齐桓公在庭中设大火炬接待贤士，等了一年之久，贤士也没来。这时有一位东野鄙人凭九九之术拜见桓公。桓公说："九九何足以见乎？"东野鄙人说："夫九九，薄能耳，而君犹礼之，况贤于九九乎？"桓公认为东野鄙人说的有道理，于是用礼仪接纳了他。刚过一个月，四方贤士相继而至。见刘向《说苑·尊贤》。

③论谏：议论和言。

④比干：商纣之诸父，直言敢谏，被纣王剖心而死。

⑤庐墓：古人于父母或师长死后，服丧期间在墓旁塔盖小屋居住，守护坟墓，以尽孝道，谓之庐墓。旌：表彰。

⑥曾子：春秋末鲁国南武城（今山东费县）人。名参，字子舆。孔子学生，以孝著称。被封建统治者尊为"宗圣"。

⑦恬退者：淡于名利，安于退让的人。进：推重，褒扬。

⑧严光：东汉初会稽余姚（今属浙江）人，字子陵。曾与刘秀同学，刘秀称帝后，他改名后隐居。后被召到京师洛阳，拜为谏议大夫，他不受，归隐于富春山。

⑨清俭者：清廉俭朴的人。擢：举拔，提升，

⑩伯夷：商末孤竹国（今河北卢龙东）君长子。墨胎氏，名允。父生前欲立其弟叔齐。父死，叔齐让位给他。不受。后闻周文王善养老，与叔齐投周。武王伐纣，他与叔齐叩马谏阻。周灭商后，他们隐居于首阳山，不食周粟而死。

⑪明法：使法令严明。

⑫廷尉：官名，秦始置，九卿之一，掌刑狱。汉初袭之。景帝改称大理，武帝时复称廷尉。

⑬于定国：西汉东海郯县（今山东郯城西南）人，字曼倩。初为狱史、郡决曹。宣帝时，任廷尉。决狱审慎。当时称他能"决疑平法"。后为丞相，封西平侯。张释之：西汉南阳堵阳（今河南方城东）人，字季。文帝时，以资选为郎，累迁公车令、中郎将，后任廷尉。认为"法者，天子与天下公共"，要求文帝严格按法律行刑。景帝立，拜为淮南相。

⑭郡守：郡的长官，主一郡之政事。秦废封建设郡县，郡置守、丞、尉各一人。守治民，丞为佐，尉治兵。汉因之。

⑮龚遂：西汉山阳南平阳（今山东邹县）人，字少卿。初为昌邑王刘贺郎中令，勇于谏诤。宣帝时，为渤海太守。时值饥荒，遂单车至郡，开仓济贫，劝民农桑，境内大治。后任水衡都尉。后世把他与黄霸看作封建"循吏"的代表，称为"龚黄"。黄霸：西汉大臣。淮阳阳夏（今河南太康）人，字次公。少学律令，宣帝时为廷尉

正,历任扬州刺史、御史大夫、丞相等职,封建成侯。任政期间,外宽内明。汉世言吏治,以霸为第一。

⑯盛名:盛大的名望。

【译文】

骏马的骨头已经被别人买走了,千里马还能往哪里去呢?有九九小技的郊野村夫能得到齐桓公的重用,天下的奇谋之士便会相继而至,这本来是世人所知道的。所以议论国家政事和向君王进谏的人得到了奖赏,天下就不忧虑没有比干;在父母墓旁筑小屋居住来尽孝道的人得到表彰,天下就不忧虑没有曾子这样克尽孝道的人;淡薄功名利禄的人受到推重,天下就不忧虑没有严光这种人;清廉俭朴的人受到选拔,天下就不忧虑没有伯夷这种人;严肃法纪的人得到提升,担任廷尉职务的,就不忧虑没有于定国、张释这种人;爱护百姓的人得到调用,担任郡守职务的,就不忧虑没有龚遂、黄霸这种人。[先委以重任,]然后再奖赏他们,表彰他们,选拔他们,提升他们,推重他们,调用他们,我担心天下就不会有这样的人了。为什么呢?因为在极高的名誉面前,人们是不敢处在其列的。

【原文】

汉高明此说以取人①,故其得信、越、平、勃也②;不在于得信、越、平、勃之日,而在于贩缯屠狗杂进之时③。孝武明此说以取人④,故其得桑、孔、卫、霍也⑤;不在于得桑、孔、卫、霍之时,而在于贾孺奴虏并用之日⑥。泛取轻任,岂不足以致天下之忠勇贤智哉?求金于沙,则并于沙敛之而无择⑦。夫其始之所以敛者,非不欲择之也,势不可也。

【注释】

①汉高:即汉高祖刘邦。沛县(今江苏沛县)人,字季。曾为泗水亭长。秦二世元年(前209),率军克咸阳,灭秦。废秦苛法,与关中父老约法三章。项羽入关,被封为汉王,占据巴、蜀、关中之地。不久,即与项羽展开长达四年的"楚汉战争"。汉五年,最终打败项羽,即皇帝位于汜水之南,国号汉,定都长安。在位十二年。其间,沿袭秦制,实行中央集权,灭韩信等异姓王,迁六国贵族于关中;复员士卒,释放奴婢,轻徭薄赋,重农抑商,发展农业生产,制定《汉律》等。

②信、越、平、勃:信,即韩信。西汉淮阴(今江苏淮阴市西南)人。初属项羽,后归刘邦,经萧何力荐,被升为大将。楚汉战争中,刘邦用其策,攻占关中。他击魏破代灭赵。然而下燕取齐,据黄河下游之地,刘邦封其为齐王。汉五年(前202),与刘邦合击项羽于垓下。西汉建立,改封楚王。因有人告他谋反,降为淮阴侯,后被吕后所杀。越,即彭越。西汉昌邑(今山东金乡)人。秦末聚众起兵,楚汉战争中归刘邦,定梁地。屡断项羽粮道,从刘邦击项羽于垓下。汉立,封梁王。汉十年(前196),以谋反罪名为吕后所杀。平,即陈平。西汉阳武(今河南原阳)人。秦末,从项羽入关,任都尉。楚汉战争中,佐刘邦灭项羽。汉立,封曲逆侯。刘邦被匈奴围于平城,他出秘计使之脱险。惠帝、吕后时任丞相。吕后死,他与周勃等以计

诛诸吕,迎立文帝,任丞相。史称"常出奇计,救纷纠之难,振国家之患"。勃,即周勃。西汉沛(今江苏沛县)人。少以织蚕箔为生,并充丧事吹鼓手。秦末从刘邦起兵,以军功封绛侯。汉初,从刘邦平韩王信等异姓王之乱。惠帝时为太尉。吕后死,与陈平等定计,诛诸吕,迎立文帝,任右丞相。

③贩缯屠狗:指出身低微的豪杰之士。贩缯,贩卖丝织品。缯,古代丝织品的总称。屠狗,宰狗。

④孝武:即汉武帝刘彻。景帝子,公元前140——前87年在位。在位期间对内实行经济改革,对外反击匈奴侵扰,加强与邻国和少数民族的经济和文化的联系。尊儒术,倡仁义,而罢黜百家,建太学,置五经博士。在位五十四年,为西汉一代军事、政治、经济、文化的极盛时期。但迷信神仙,大兴土木,急征敛,重刑诛,连年用兵,致使海内虚耗,人口减半。

⑤桑、孔、卫、霍:桑,即桑弘羊。西汉洛阳人。商家子。汉武帝时任治粟都尉,兼任大司农,主张重农抑商,推行盐铁酒类由国家专卖的政策。昭帝时,因与上官桀等谋立燕王刘旦、夺霍光权而被杀。孔,即孔仅,西汉南阳(今属河南)人。曾为大盐铁商。汉武帝时,任大农丞,主管盐铁专卖事务,后迁大司农。卫,即卫青。西汉河东平阳(今山西临汾)人,字仲卿。卫皇后弟,为汉武帝所器重,任大将军,封长平侯。元朔二年(前127),他率军大败匈奴,收复河套地区。元狩四年(前119),他与霍去病再次深入漠北,打败匈奴主力。他前后七次出击匈奴,战功卓著。霍,即霍去病。西汉河东平阳(今山西临汾)人。汉武帝时,官至骠骑将军,封冠军侯。元狩二年(前121),两次率军大败匈奴,控制了河套地区,开辟了通往西域之路。元狩四年(前123),同卫青再次深入漠北,击败匈奴主力。

⑥贾孺:对商人的贱称。奴虏:奴隶。

⑦敛:聚集。

【译文】

汉高祖刘邦懂得用这个道理来选拔人才,因此他得到了韩信、彭越、陈平、周勃这些良臣;不在于得到韩信、彭越、陈平、周勃那天反,而在于对贩卖丝织品和以杀狗为业的人都一起搜罗的时候。汉武帝刘彻懂得用这个道理来选取人才,因此他得到了桑弘羊、孔安国、卫青、霍去病这些良臣;不在于得到桑弘羊、孔安国、卫青、霍去病的时候,反而在于对商人和奴隶都一并使用的那天。所以广泛地选取人才,委派较轻的责任,难道不是完全可以招致天下的忠勇贤智之人吗?在沙里淘金,就必须首先金沙并敛而不加选择。刚开始的时候,所以把它们收敛在一起,并不是不要选择,而是当时情势不允许。

六十五　法令不信则吏民惑

【原文】

商君之治秦①,所以令行禁止者,惟其信尔②。徙木③,细事也,必赐之金,是以人之有功者,知其无有不赏;弃灰④,微谴也⑤,必置之刑,是以人之有罪者,知其无有不罚。商君赏罚未必当于理,而卒以强秦者,在是也。

【注释】

①商君:战国时政治家商鞅的封号。
②惟:仅,只。
③徙木:据《史记·商君列传》记载:商鞅在秦国推行变法,法令已制定完毕,还未公布,他怕百姓不相信,在国都南门立三丈长的木桩,招募百姓能把木桩移置到北门的给十金。百姓觉得很奇怪,没人敢移。商鞅又下令说:"能徙者予五十金"。有一人把木桩移走,便赏给他五十金,以示不欺。终于下令实行变法。
④弃灰:把灰烬丢弃在道路上。殷代对弃灰于道者断其手,商君对弃灰于道者处黥刑,目的是立威治国。
⑤微谴:小的过错。

【译文】

商鞅治理秦国,之所以能够做到令行禁止,仅仅靠着信义而已。移动一个木桩,是一件小事,却一定奖给黄金;因此,凡是身有功劳的人,都不用担心自己不会得不到赏赐;把垃圾抛撒在道路上,这是小过错,却一定要给予惩罚;因此,凡是有罪过的人,都担心自己会受到惩罚。商鞅的赏罚,未必合于事理,可最终使秦国强盛起来,其原因就在这里。

【原文】

唐太宗诏蠲逋负官物①,而负秦府官物者②,督责如故;诏免关中租调二年③,已而敕已输者④,以来年为始。故失信者数,魏徵得以为言⑤。德宗令两税之外⑥,悉无他徭,后非税而追求者⑦,殆过于税;诏所在和籴粟麦于道次⑧,后遣至京西行营⑨,动数百里。故诏令不信,赵光奇得以为言⑩。呜呼!诚信,国之大纲也。徇目前之小利⑪,而伤国家之大纲,无乃谋之不远乎⑫!

【注释】

①唐太宗:即李世民。唐代皇帝。李渊次子。公元629——649年在位。在位期间,推行均田制、租庸调法和府兵制度,加强对地方官吏的考核,发展科举制度。能以"亡隋为戒",任贤、纳谏。从而使生产发展,国力大增,其统治其间,被史家誉

为"贞观之治"。蠲逋负官物：免除拖欠官府的债务。

②秦府：唐太宗做皇帝前为秦王，因此称他的府第为秦府。

③关中：古地区名，这里当泛指函谷关以西，战国末秦故地。租调：古代的税制。唐代实行租庸调制。凡丁男、中男授田一顷，每年交粟二石，称为"租"。随乡土所宜，每年交绫绢絁各二丈，布加五分之一。交绫绢絁者，兼交绵三两；交布者，麻三斤，称为"调"。凡丁，每年无偿服役二十日。如不服役，每日交绢三尺，称为"庸"。有事加役二十五日免调，加役三十日免租调。

④敕：这里特指皇帝的诏书。

⑤魏徵：唐初政治家。馆陶（今属河北）人，字玄成。少时孤贫落拓，出家为道士。隋末参加瓦岗起义军，入唐为太子洗马。太宗即位，擢为谏议大夫，任秘书监，拜侍中，封郑国公。遇事直言敢谏，为太宗所敬畏。曾提出"兼听则明，偏信则暗"，"水能载舟，亦能覆舟"，"居安思危，戒奢以俭"，"任贤受谏"，"薄赋敛，轻租税"，"无为而理"等著名统治方略。其言论见于《贞观政要》。

⑥德宗：即唐德宗李适。代宗之子。公元779——805年在位。代宗时，为兵马元帅，讨史朝义，平定河北。在位期间改租庸调为两税法，加强对人民的搜括，以增加财政收入。对藩镇割据势力，初则采取裁抑政策，以加强中央集权，后则姑息迁就，并用宦官统兵。建中四年（公元783），泾原兵变，长安被朱泚占领，他一度逃往奉天（今陕西乾县）。两税：夏税和秋税的合称。唐德宗时杨炎作两税法，并租庸调为一，令以钱输税。夏输不超过六月，秋输不超过十一月。

⑦追求：指催缴法定以外的杂税。

⑧所在：处所，地方。这里指送交官粮的地方。和籴：古时官府以议价交易为名，向民间强制征购粮食。道次：路旁，沿途。

⑨京西：京城长安以西。行营：军事长官的驻地办事处。

⑩赵光奇：唐德宗时的百姓。他曾对德宗直言："诏令不信，苛求繁多，使民破产。"

⑪徇：谋求，营求。

⑫无乃：相当于"莫非""恐怕是"。

【译文】

唐太宗下诏免去民众拖欠官府的债务，但拖欠秦府债务的人，照样被督察责罚；他下诏免去关中地区二年赋税，不久又命令已经缴纳赋税的，从来年算起。由于他多次失信，魏徵因此给他提意见。唐德宗曾下令在夏秋两税之外，不再有任何形式的劳役，后来在两税之外又催交的杂税，几乎超过了两税；他曾经下令在沿途设立粮食收购点，后来又指派纳

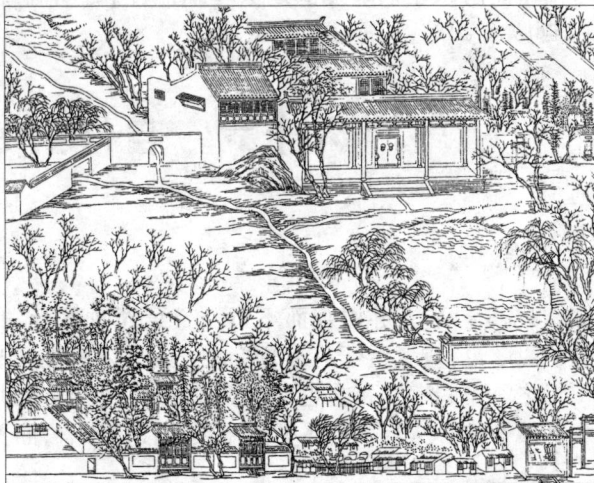

粮者把粮食送到京西行营,行程动动就有几百里。因此皇帝的诏令不能够取信于民,赵光奇也因此给他提了意见。唉!真诚和信义,是国家的政治要领。谋求眼前的小利,而损伤了国家的大纲,恐怕是考虑得不长的原因吧!

【原文】

治平之政①,拣刺义勇②。当时诏谕③,永不戍边。未几,或以代还东军④,或以抵换弓手⑤。东南买绢,当时著令⑥,一用见钱⑦。未几,买绢又为之折盐。

【注释】

①治平:宋英宗年号(公元1064——1067)。
②拣刺义勇:挑选乡兵。拣刺,宋制,拣选精兵,在皮肤上指定部位刺字,用作标志。始于仁宗庆历二年(公元1042)。义勇,乡兵。
③诏谕:以诏书告示臣民。
④东军:指驻守在东部边防的军队。
⑤弓手:宋代吏役名目的一种。又称弓箭手。宋初多差富户充当,为县尉所属武装,负责巡逻、缉捕之事。神宗时由差役改为雇役,实际已成募兵。
⑥著令:明令。
⑦见钱:即现钱。

【译文】

我朝治平年间的政事,有挑选乡兵的举动。当时下诏通告,参加乡兵的人,今后可以不再去戍守边疆。可是不久,要么用乡兵替回东部守军,那么用乡兵更换了弓箭手。国家在东南地区购买丝织品,当时明确规定,一律使用现钱。可是不久后,购买丝织品,又把钱折合成盐。

六十六　自慢则令难行

【原文】

政以令而行,亦以令而不行。令焉而政不行,非天下真敢慢天子之令①,以违天子之政也,或者天子有令而自慢之尔②。人惟不自慢也③。人而自慢,则天下孰不慢之?夫固有以召之也,发而悔,悔而反。今日而发者至,明日而反者至。将欲从其发者乎?从其反者乎?指千溪万径以导人,而责其皆诣焉④,不可也。

【注释】

①慢:轻视,怠慢。
②自慢:自己不尊重自己。
③惟:只,仅。

④诣：往，到。

【译文】

　　政策靠发号施令来完成，也靠号令而停止执行。发布了号令，而政策却没有执行，不是天下真的敢轻视天子的号令，违背天子的政策，或许反是因为天子虽然有了号令，但自己却没有重视它。人只应当不轻视自己。人如果轻视自己，那么天下还有谁会不轻视他呢？本来由于某种原因而发出了号令，发出去又马上后悔了，后悔了便发出了相反的号令。上次发布的号令今天刚到，明天相反的号令便来了。让他们听从先前发布的号令呢，还是听从后来相反的号令呢？把千万条路都指给行人，并要求行人逐一走完，那是不可能的。

【原文】

　　周家之盛也，天子深拱于京师①，而象魏所揭②，木铎所振③，诰命所被④，众至于六服群辟⑤，外至于九夷八蛮⑥，极而至于海隅出日⑦，奔走俯伏⑧，以听王命。至其衰，则犬戎所攻⑨，郑伯所射⑩，（子）〔王〕弟子朝之所逼⑪，而四方诸侯闭户高枕而莫之救。召之而不至，喻之而不闻，赏之而不恩，诰之而不威。此四者何为其然也？盖尝求之：成王以剪桐兴⑫，而幽王以举烽亡⑬，如此而已。"剪桐"，戏也，"举烽"，亦戏也，而兴亡异焉，则信与不信之异也。

【注释】

　　①深拱：敛手安居，无为而治。
　　②象魏：古代天子、诸侯宫外的一对高建筑，亦叫"阙"或"观"，为悬示教令的地方。揭：高举，揭示。
　　③木铎：以木为舌的大铃，铜质。古代宣布政教法令时，巡行振鸣以引起众人注意。
　　④诰命：朝廷颁布的命令。
　　⑤六服群辟：各诸侯国的首领。六服：周王畿以外的诸侯邦国曰服，其等次有六：侯服、甸服、男服、采服、卫服、蛮服。辟，国君。
　　⑥九夷八蛮：指周王朝周边的少数民族。
　　⑦海隅出日：指极边远之地。海隅，海角，海边。
　　⑧俯伏：俯首伏地，多表示恐惧屈服或极端崇敬。
　　⑨犬戎：古族名。戎人的一支，即畎戎。又称畎夷、犬夷、昆夷、绲夷等。此指春秋鲁僖公十一年（前649），扬、拒、象、皋和伊雒的戎人一起进攻京师。
　　⑩郑伯：即郑庄公，名寤生，郑武公子。在位其间曾率众侵周地取禾。周桓王伐之，庄公率郑军迎战，击败王师，并射中桓王之肩。
　　⑪子弟：当为"王弟"，"子"疑为循下文"子朝"之讹。译文作"王弟"。子朝：周景王子。景王二十五年（前520），国人立景王长子猛为王，子朝攻杀猛。猛为周悼王。文中所谓"逼"，即指此。
　　⑫剪桐：捏折桐叶。《吕氏春秋·重言》："成王与唐叔虞燕居，援梧叶以为珪，

而授叔虞曰：'余以此封女。'叔虞喜，以告周公。周公以请曰：'天子其封虞邪？'成王曰：'余一人与虞戏也。'周公对曰：'臣闻之，天子无戏言。天子言则史书之，工诵之，士称之。'于是遂封叔虞于晋。"

⑬举烽：点燃报警烽火。《史记·周本纪》："褒姒不好笑，幽王欲其笑万方，故不笑。幽王为烽燧、大鼓，有寇至则举烽火。诸侯悉至，至而无寇，褒姒乃大笑。幽王说之，为数举烽火。其后不信，诸侯益亦不至。……西夷犬戎攻幽。幽王举烽火征兵，兵莫至。遂杀幽王骊山下，虏褒姒，尽取周赂而去。"

【译文】

周王朝强盛的时候，周天子高居在京城之中，他的政令[只]在宫阙上悬示，用摇动木铃进行传达，[然而]领受天子命令的，多到各诸侯国的首领，向外达到九夷八蛮，最远一直到达海角天涯，人们闻讯后都急速地赶来，俯首伏地，听宣王命。然而等到周王朝衰败的时候，犬戎攻进周朝的京城，郑庄公箭射周平王，周悼王的亲兄弟逼他让位，而驻守在四方的诸侯，却又关上大门，把枕头垫得高高地睡大觉，而不来援救。呼唤他们却无人来，晓喻他们却无人听，奖赏他们无人感念恩德，颁布的命令也没有权威性。这四种情况，为什么会出现呢？我曾经探求过，周成王因为剪桐叶为戏而使西周兴盛，周幽王因为举烽火为戏而使西周灭亡，不过这样罢了。剪桐叶为珪是游戏，点燃烽火招引诸侯也是游戏，但结果却有着使国家兴盛和衰亡的差别，这就是讲信义与不讲信义的差别。

【原文】

夫不以幼而忽①，不以戏而诳②，则天子岂有一言而欺天下哉？而天下亦岂敢忽天子之一言哉？彼烽者，警急者之耳目也。无警而举之，召诸侯而误之，后能终无警乎？后而警，警而非误，则孰不以有警为非警、非误为真误欤？一令之自慢，乃至于杀其身，以亡其国。慢令之祸，一至于此哉！

【注释】

①不以幼而忽：此指周成王年幼时，对唐叔虞戏言封诸侯一事。见上段注⑫。
②不以戏而诳：此指周幽王烽火戏诸侯之事。诳，欺骗。

【译文】

不要因为是孩子的话便不重视它，不要因为是游戏便可以欺骗别人，贵为天子怎么能有一句话欺骗天下呢，天下又怎敢轻视天子的每一句话呢？那报警的烽火，是报告危急信息的手段。若没有紧急警报而点燃它，呼唤来了诸侯，却给他们一个错误的信息，以后能始终没有警报吗？如果后来有警报，这警报若真不是错的，然而又有谁不认为有警报就是没有警报以至于把正确的信息当作真正错误的信息呢？轻视自己下达的一个命令，便会导致杀身之祸，他的国家也灭亡了。轻视号令的灾祸，竟到如此严重的地步啊！

朝廷尝罢添差矣①,未几而添差如故;尝罢不釐务矣②,未几而不釐务如故,则何以使人之不奔竞乎? 甲叶、箭羽、筋角之敷③,名曰用系省钱④,而钱未尝给;和籴责百万之输⑤,名曰不许抑配⑥,而缗降不能半直⑦,则何以使人之不聚敛乎?

【注释】

①罢:停止,废除。添差:宋制,凡授正官,皆作计给禄俸的虚衔,实不任事。内外政务则于正官外另立他官主管,称"差遣"。凡于差遣员外增添的差遣,叫"添差"。

②不釐务:属添差一类的虚衔。如大督都府中的司马不釐务。

③甲叶:亦称甲札,铠甲上的叶片。箭羽:加在箭杆末梢部分的羽毛。筋角:动物的筋和角,古时多用于制弓。敷:分派,分摊。

④省钱:亦称"省陌"(陌,借作"百"),每缗不足一百当一百用的钱。宋洪迈《容斋三笔·省钱百陌》:"太平兴国二年,始诏民间,缗钱定以七十七为百。自是以来,天下承用,公私出纳皆然,故名省钱。"

⑤和籴(敌):古时官府以义价交易为名,向民间强行征购粮食。责:责令,督促。输:交出,献纳。

⑥抑配:强行摊派。

⑦缗:即缗钱,用绳穿连成串的钱。直:通"值"。

⑧聚敛:剥削,搜括。

【译文】

朝廷曾经取消了一次添差,不久依旧设置添差;曾经取消了不釐务这种虚衔,可不久依旧设置不釐务,又怎么能让人们不去奔走相告呢? 朝廷把甲叶、箭羽、筋角的征收分摊给百姓,名义上用成串的省钱支付,其实并没有给;朝廷上催交的成百万的议价粮,名义上说不允许强行摊派,然而货币贬值已一半以上,这怎么能让官吏不去盘剥百姓呢!

六十七　守法度以系民心

【原文】

汉时仪注①,大抵率意改造②,不应古谊者③,十常八九,其来法度略矣。然而天下之人,见即喜,不见即悲,中更王氏之祸④,废而不用者十余年。光武入洛⑤,东郊之民,始见司隶僚属⑥,欢喜踊跃,父老至于垂泣曰:"不图今日复见汉官威仪⑦。"自是天下翕然归之⑧,相与出力,锄去新室⑨,以成中兴之业,而复其祖宗社稷⑩,盖二百余年⑪。唐之军法,盖自太宗府卫之立⑫,无复古制,中间又变者屡矣。郭子仪扫禄山之乱⑬,率骑五百赴行在⑭。时众单寡,军容缺然⑮。及尚父入京城⑯,老幼夹道呼曰:"不图今日复见唐之军容!"卒能殄灭丑虏⑰,再造王室。夫汉之官仪,唐之军容,此所属抑末矣⑱。而当时之遗民⑲,见于国势抢攘之际⑳,而其感激眷慕㉑,如此其极也。况以圣祖㉒、神宗所垂之训,按而行之,今日之民,当何如耶?

【注释】

①仪注:制度,仪节。

②大抵:大都。率意:轻意,随便。

③古谊:古代典籍之义理。

④中更:中间经历。王氏之祸:指王莽代汉,建立新王朝。

⑤光武:即汉光武帝刘秀。东汉王朝的建立者。公元25——57年在位。南阳蔡阳(今湖北枣阳西南)人,字文叔。西汉皇族。王莽末年农民大起义爆发,他和兄刘縯乘机起兵,加入绿林起义军。建武元军(公元25)称帝。后镇压赤眉起义军,削平各地割据势力,统一全国。在位期间,多次发布释放奴婢和禁止残害奴婢的命令,减轻赋税,废止地方兵役制,赈济贫民,兴修水利,裁并郡县,精简官吏,使封建经济得以恢复。洛:即洛阳,后为东汉首都。

⑥司隶僚属:即司隶及其僚属。司隶,官名。汉武帝置司隶校尉,领兵一千二百人,捕巫蛊,督察大奸猾。后罢其兵,改察三辅、三河、弘农七郡。这里的司隶,即司隶校尉,是光武帝刘秀当时所任之官。僚属,属官。

⑦汉官威仪:汉代官员的服饰仪表。

⑧翕(细)然:统一或协调的样子。

⑨新室:王莽所建立的新朝政权(公元9——23),存在十五年。

⑩祖宗:特指帝王的祖先。社稷:古代帝王、诸侯所祭的土神和谷神。旧时亦用为国家的代称。

⑪二百年:从公元25年刘秀建立政权,到公元220年曹魏代汉,东汉王朝共存在195年。二百年是约数。

⑫太宗:见本卷65条第二段注①。府卫:指唐代的府兵制。此兵制创建于西魏大统年间。其制以六柱国统十二大将军,每一大将军统二开府,共二十四开府。开府各领一军。兵士属于军府,不编入郡县户籍。隋开皇十年,士兵始编入郡籍。唐因隋制,全国共置六百三十四府,府置折冲都尉及果毅都尉统率。兵士征行及上长安宿卫,皆以远近轮番。出征时,由临时任命的主将统率。战争结束,则将归于朝,兵散于府。

⑬郭子仪:唐华州郑县(今陕西华县)人。以武举累官至天德军使兼九原太守。安禄山叛乱时,任朔方节度使,在河北击败史思明。肃宗即位,任关内河东副元帅,配合回纥兵收复长安、洛阳。因功升中书令,进封汾阳郡王。代宗时仆固怀恩叛变,纠合回纥、吐蕃攻唐,他说服回纥与唐联兵,以拒吐蕃。德宗即位,尊为尚父,罢兵权。

⑭行在:即行在所,指天子所在的地方。

⑮缺然:废弛。

⑯尚父:原指周吕望,意为可尊敬的父辈。后世亦用作尊礼大臣的称号。唐代

则为郭子仪的赐号。

⑰殄灭：消灭。

⑱抑末：末事，小事。

⑲遗民：泛指百姓。

⑳抢攘：慌张忙乱的样子。

㉑眷慕：依恋、怀念。

㉒圣祖：即宋太祖赵匡胤。北宋开国皇帝。公元960——976年在位。涿州（今属河北）人。后周时任殿前都点检，领宋州归德军节度使。公元960年发动陈桥兵变，建立宋朝。为加强中央集权，他削夺了禁军将领和藩镇的兵权；设参知政事为副相，设枢密使掌军权，设三司使理财，以分宰相之权；派京官到地方任职，设转运使控制地方财政。重视农业生产，注意兴修水利，减轻徭役。但其重文轻武、偏重防内的方针，对形成宋朝"积贫积弱"的局面有所影响。神宗：即宋神宗赵顼，北宋皇帝。公元1067——1085年在位。英宗之子。当皇太子时喜读《韩非子》，曾说："天下弊事至多，不可不革。"即位后，"求直言，察民隐，恤孤独，养耆老，振匮乏；不治宫室，不事游幸，励精图治"。熙宁二年（公元1069）起用王安石变法。又用王韶取熙河，加强对西夏的防御。但在保守派的反对下，动摇不定。九年，安石罢相，终致变法失败。

【译文】

汉代的礼仪制度，大都被随意改造，不符合古代典籍义理的，十中有八九。从那时以来，法令制度就简略化了。然而天下的百姓，看到它就很欢喜，看不到它就悲伤。中间经历了王莽的祸乱，废弃不用就有十几年。光武帝刘秀进入洛阳的时候，东郊的百姓，刚一见到司隶校尉及其属下的官员就欢喜跳跃，老人们甚至流着眼泪说道："没想到今天又看到了汉朝官员的服饰和仪表。"从此天下一致归向了刘秀，共同出力，铲除新朝政权，完成了中兴的伟业，复兴了祖先所建造的国家，大约存在了二百多年。唐朝的军事法规，从唐太宗建立了府兵制以来，就不再有古代制度了，中间又变更了好多次。郭子仪为了扫平安禄山之乱，带领五百骑兵奔赴所在。当时势单力薄，军容不整。等到尚父郭子仪开进京城的时候，老人孩子夹道欢呼说："没想到今天又看到了唐朝的军容！"所以最终能够消灭叛军，重新又缔造了国家。汉代官员的服饰仪表，唐代的军容，这些都属于末节小事。可是对于当时处在沦陷区的百姓们，在国家形势动荡不安的时候看到了他们，那种感激、怀念之情，竟有这般强烈。何况［我朝］有太祖、神宗传下来的典制，如果能遵照执行，今天的老百姓，［对待国家的那份感情］又会怎样呢？

【原文】

是故国家之典章法度①，宜使斯民常见而熟识之，以习其耳目，而系其心，自非不得已者，不宜轻有改易变置，以自绝于民也。向使今日变其一，明日变其二，祖宗余泽②，日益就尽。不在目前，不幸奸人撼之③，则人心动摇而天下亡矣。古者公卿大夫④，犹知世守其家法，至数十世，不易其衣冠。阀阅岂无隆替⑤？而国人信服，终莫敢抗,谓之名家旧族,而况数百年为天下国家哉!

【注释】

①典章:制度、法令等的总称。

②余泽:余福,谓泽及后人,留给后人的恩泽。

③不幸:表示不希望发生而竟然发生。

④公卿:三公九卿的简称。大夫:古官阶名,位在卿之下。

⑤阀阅:功绩和资历。这里指世家门第。

【译文】

可见国家的典章法度,应该让人们经常见到以并且熟悉它,使它们经常出现在听觉和视觉之中,并且还要牢记在心里。除非万不得已的时候,不应当轻率加以更改,[以避免]让百姓不信任。假使今天改变一点,明天改变两点,祖宗留给后人的恩泽,就会一天一天地消耗尽。日后不幸有那种邪恶之人要推翻朝廷,就会造成人心动摇,而国家也就灭亡了。古代的公卿大夫,尚且还知道世世代代守护他们的家法,甚至几十代,都不改变他们的衣着服饰。世家的门第又怎能没有盛衰?然而全国的人却相信服从他们,始终没有人敢违抗他们,并称他们为名家旧族,何况一个已经治理天下几百年的国家呢!

【原文】

昔者萧何削秦之法①,以为《九章》②,天下便其简当,谓之画一之法③。守之以曹参之清净④,镇之以孝文之玄默⑤,无增无损也。孝武亲崇捷给之士⑥,讲武改制,侈以生事⑦。相高张汤、杜周,因得舞其智巧⑧,散为纷更而无惮⑨,其言曰:"三尺律⑩,今安在哉?前王取是著为律,后王取是疏为令,宜世是为,何古之法乎?"⑪斯言一出,向之画一者,盖岐中又有岐矣,而不止乎二三也。魏相之相宣帝也⑫,数陈国家便宜故事⑬,以为古今异制,当今惟在奉行故事而已。夫故事即画一以来,承袭之旧,而武帝之所纷更者也。以一汉世,而有所谓高帝之法焉⑭,有所谓武帝之法焉,为吏与民奚从乎⑮?相之专行汉家故事也,所以惩武遵高⑯,定法制而系民心也。

【注释】

①萧何:西汉沛(今江苏沛县)人。秦末佐刘邦起义,在楚汉战争中,总理后勤,支援作战,对刘邦战胜项羽、建立汉朝起了重要作用。后又定律令制度,协助高祖消灭异性诸侯王。以功第一封酂侯,为汉代开国名相。

②九章:指《九章律》。汉萧何著。据《汉书·刑法志》记载,相国萧何采集秦法,"取其宜于时者,作律九章"。

③画一:整齐明白。

④曹参:西汉沛(今江苏沛县)人,秦末从刘邦起义,屡立战功,封平阳侯,后继萧何为惠帝丞相,"举事无所变更,一遵萧何约束",有"萧规曹随"之称。清净:亦

作"清静",不烦扰。多指为政清简,无为而治。

　　⑤孝文:即汉文帝刘恒,高祖刘邦之子。公元前180——前157年在位。吕后死后,周勃等平定诸吕之乱,以代王入为皇帝。执行"与民休息"的政策,减轻地税、赋役和刑狱,使农业生产有所恢复发展。又削弱诸侯势力,来巩固中央集权。历史上把他同景帝统治时期并举,称为"文景之治"。玄默:清静无为。

　　⑥孝武:即汉武帝刘彻。见本卷64条第二段注④。捷给之士:指应对敏捷的大臣。

　　⑦侈:张大。原本作"移",据文渊本改。生事:惹事,制造事端。

　　⑧高:看重,尊重。张汤:西汉杜陵(今陕西西安市)人。武帝时历任廷尉、御史大夫等职。建议铸造白金(银币)及五铢钱(钱币),并支持盐铁官营政策,制定"告缗令",以打击富商大贾,主办许多重大案件,用法严峻。曾同赵禹共同编订律令。撰有《越宫律》二十七篇。杜周:西汉杜衍人(今河南南阳)人。初为义纵爪牙,后为廷尉史,事张汤。任职期间,治仿张汤。大兴诏狱,陷害无辜至六、七万人。后迁御史大夫,卒于官。

　　⑨纷更:乱加更改,多所改动。无惮:无所忌惮。

　　⑩三尺律:指法律。古时把法律条文写在三尺长的竹简上,因此称三尺法。

　　⑪此段引文本于《汉书》杜周本传,但文字及句意稍有不同。译文从原本。

　　⑫魏相:西汉济阴定陶(今山东定陶)人,字弱翁。少学《易》,为郡卒史,举贤良,以对策高第为茂陵令。后为河南太守,澄清吏治,豪强畏惧。宣帝立,为大司农,迁御史大夫、丞相,封高平侯。宣帝:即汉宣帝刘询。字次卿,武帝曾孙。公元前74——前49年在位。其祖父戾太子巫蛊之祸后,父母皆遇害,自幼长于民间,深知闾里疾苦。昭帝死,他为霍光所立。在位期间,既重吏治,又好黄老刑名之学。励精图治,任贤用能,贤相良吏辈出;减免田赋,发展生产,人民安居乐业;置西域都护,加强东西方联系。史称"中兴"

　　⑬便宜:指统治者斟酌事宜,不循旧典,自行决断处理事情的方法或行为。故事:行事,先例;旧日的典章制度。这里指汉初制定的法律。

　　⑭高帝:指高祖刘邦。

　　⑮奚:何,胡。

　　⑯惩:鉴戒。

【译文】

　　从前萧何删减秦朝的苛刻的法律,而成《九章》,天下人对它的简略得当感到非常方便,称它为画一之法。曹参用清静无为的态度来遵守它,汉文帝用清静无为的态度来稳定它,使它无增无减。汉武帝亲近能说会道的臣子,讲习武的事情,更改制度,好大喜功,制造事端。他看重张汤、杜周,因此那些人得以玩弄他们的机谋和巧诈,他们把以前制定的整齐明白的法律篡改得支离破碎却无所顾忌,他们说:"祖宗之法,今天在哪儿呢? 以前的帝王选取认为是正确的内容而制定出新的法律,后来的帝王选取认为是正确的内容而整理成新的法令条文,符合现实的利益,就定为法律,哪里有什么祖宗之法呢?"这种言论出来,以前整齐明白的法律,便不断地节外生枝,而且不局限于二、三项法律。魏相做汉宣帝丞相的时候,曾多次向宣帝陈述汉初以来国家因利乘便、见机行事的事例,认为古代的制度与今天汉朝的制度有所不同。现在只应奉行汉初的典章制度而已。所谓汉初的典章制度,就是萧何制定出整齐明白的法律以来,被后来[惠帝、文帝、景帝]各朝所承袭沿用,而被武帝所更改的旧法。同一汉代,而有所谓高祖的法律,又有所谓武帝的法律,身为一般的官吏和普通的百姓该听从谁的呢?魏相专制执行汉代旧日的典章制度,他以武帝为鉴戒,而遵从高祖之法,其目的是稳定法律制度而维系民心。

六十八　立事不必执事之名①

【原文】

　　事之不立也,我知之矣,执之者败之也②。然则不可以执乎?夫甚弊之俗③,不惩不可也④;苟惩也,不执不可也。然则曷败之⑤?天下之事,其动有机。夫机者⑥,发于至密,而藏于不可臆料。今夫一事之立,昭然若揭⑦,而行之立的于此⑧,使过者皆得引弓而射之也,吾知其不可以成之也。何者?天下之情不一,众多之口难制,欲者不止,而议者无穷,则吾心不得不徇⑨,吾说不得不摇。事垂立而徇且摇者继之⑩,则宜其不足以成也。昔汉之患,诸侯之强也⑪。贾谊欲削之⑫,晁错又欲削之⑬,二子发其谋,而皆不享其成。彼其持必削之说以与之相抗于必争之中,且以事未发而迹已暴于天下。至主父偃之策⑭,则不然。予之以意之所欲,而吾无削之之名;使之有不能不分之心,而有不得不弱之势。呜呼!机之所动,乃在于此。故夫昔之持必然之说以律天下者⑮,未有能济者也⑯。

【注释】

　　①立事:建立事业。执:操。名:指操事业的名目。
　　②执之者:指操事业名目的人。
　　③弊:弊陋。
　　④惩:警戒。
　　⑤曷:何故,为什么。
　　⑥机:机密。
　　⑦昭然若揭:形容真相毕露,清楚明白。
　　⑧立的:树立靶子。
　　⑨徇:屈从。
　　⑩垂成:接近成功。
　　⑪诸侯:古代对中央政府所分封各国国君的统称。周分公、侯、伯、子、男五等,汉分王、侯二等。
　　⑫贾谊:西汉政论家、文学家。洛阳(今河南洛阳市东)人。时称贾生。文帝召为博士,迁太中大夫,出为长沙王太傅,迁梁怀王太傅。为官时曾多次上疏,批评时政,并建议用"众建诸侯而少其力"的办法,削弱诸侯势力,巩固中央集权。

⑬晁错:西汉政论家。颍川(今河南禹县)人。景帝时官拜御史大夫。他坚持"重本抑末"政策,主张以逐步削夺诸侯王国的封地,以巩固中央集权制度,得到景帝采纳。为此吴楚等七国诸侯以诛晁错为名,发动叛乱,晁错因而被杀。

⑭主父偃:西汉临淄(今山东淄博)人,主父为复姓。武帝时任中大夫,主张使诸侯王多分封其子弟的办法,进一步削弱割据势力。武帝采其建议,下"推恩令",从此王国封地愈来愈小,诸侯名存实亡了。

⑮律:治理。

⑯济:成功。

【译文】

事业之所以没有取得成功原因在于哪,我晓得了,那是操持事业名目的人致使它失败的。那么,事业的名目难道不可以操持吗?相比较弊陋的风俗,不警戒不可以;如果想引起人们的警戒,在事业上不操持堂堂正正的名目也是不可以的。那么,为什么操持名目又会导致失败呢?天下的事情,它的运作都有个机要。所谓机要,就是要在最秘密的状态下行动,而且要隐藏得不可臆料。然而现在却是,兴办一项事业,昭然若揭,行动起来就好像树立在那里的一个靶子,让过路看见的人都可以引弓去射它,据此我就知道不能够取得成功。可为什么这样说呢?天下人的情趣是不一样的,众说纷纭却又难以控制,欲望没有止境,而议论又没有穷尽,我的心就不得不屈从,我的观点就不得不动摇。事情快要成功了,可是屈从及动摇却接踵而来了,当然是不可能成功的。从前汉代的忧患是由于诸侯的强大,贾谊想要削弱他们,晁错又想要削弱他们,两位臣子为此献出了他们的谋略,然而却都没有享受到削藩的成果。他们坚持自己的必须削藩的观点,在不可避免的争论中与反对者相对抗,何况削藩的事还没有运作,形迹就已经暴露给天下了。至于到了主父偃,他的策略就不同了。按照诸侯的心愿,给予他们想要更享有再分封的权利,而我却没有削弱诸侯势力的名声;至于让他们有着不能不分封弟子的心意,而又有着不得不削弱自己的形势。唉!机要的运用,就在这里。所以从前那些坚持用一定的模式来治理国家的人,就没有能成功的。

【原文】

愚观今之世,上欲立一事,革一弊,则群起而议之,不胜则极力而撼之①。上之人亦极力而捍之②,捍而不胜,则终举而纵之③。若然者,是未得其机之说也。郊赏之汰也④,任子之滥也⑤,庶官之冗且蠹也⑥,当世之君子,未尝不悒悒于此⑦。然其说大抵皆曰:"必去是,否则必省"。夫上之祖宗之已行,下之人情之不顺,则吾之说不直矣。惟其不直也,故其隙之易破。君子思其事机之发,不在于灼灼明辩之日⑧,亦不在于断断乖违之际⑨。郊赏不必废,省乎郊以迁其赏。如苏文忠公之云,是机也⑩。任子不必废,严乎铨以难其任⑪。如近日之议,是机也⑫。夫三者之实不废,而吾之说独行于其间,人不得而议,我不得而摇。若是者,可以立乎天下之事,不可名之以无故之大也。名之以无故之大,则将待之以甚难之举。名之以大而待之以难,则上之人彷徨睥睨而不敢决⑬,下之士畏懦沮丧而不敢议⑭。始乎不敢议,卒乎废其议;始乎不敢决,终乎寝其决⑮。事之难行,古之难复,而天下之难治,皆出乎此。

【注释】

①撼:撼动,动摇。

②捍:护卫。

③纵:放纵,听任。

④郊赏:即郊赐。古代帝王举行郊祭时给臣下的赏赐。汰:通"泰",骄泰,奢侈。

⑤任子:因父兄的功绩,其子弟得保任授予官职。滥:过度,无节制。

⑥庶官:百官,多指一般官员。冗:冗吏,多余无用的官吏。蠹:蛀虫。此作动词,侵夺。

⑦悒悒:忧闷不乐的样子。

⑧灼灼:明白的样子。

⑨断断:确实,绝然无疑。乖违:失误,不当。

⑩苏文忠公:对宋代大文学家苏轼(东坡)的敬称。"文忠",苏轼的谥号。

⑪铨:选授官职。

⑫近日之议:宋孝宗时,宰相叶适有"任子"之议。"近日之议"指此而言。

⑬彷徨睥睨:徘徊观望。睥睨,窥视。

⑭畏懦:胆怯软弱。沮丧:灰心失望。

⑮寝:止息,废置。

【译文】

我看当今社会上,皇上每次想兴办一项事业,革除一种弊端,就会有很多人出来说三道四。如果他们的观点没有在宫廷上取胜,他们就会在行动上极力地破坏这项事业。站在皇上一边的人,也极力地捍卫这项事业,如果这种努力最终失败了,便最终放弃了自己的主张而听任对方去为所欲为。像这种人不知道办事情要把握机要的道理。郊赏过于奢侈,任子毫无节制,百官闲散无事同时侵吞国家资财。当今社会上的有识之士,对这种状况并非不感到忧心忡忡,然而他们在观点上大致都说:"一定要根除这几种制度,不然也一定要节省。"然而对朝廷来说,以前几位君王也已经实行过;对下面百官来说,有些几乎不顺乎人情:那么我们的主张就得不到伸张。正因为得不到伸张,所以有些漏洞就容易被攻破。有识之士考虑的是,把握住事物的机要而适时地加以运作,并不在于辩论到是非清楚的那一天,也不在于到确认对方失误的时候。郊赏这种礼制不必废除,可以节省郊祭的费用,来更换赏赐给臣子的物品。像苏文忠公所说的(见此条结尾),那是兴功立业的机要。任子这种制度不必废除,但要使选官制度更为严格,使应选者觉得为官的艰难。正如近日大臣们所议论的那样,这也是兴功立业的机要。这三种制度实际上并没有废除,然而我的主张却在其中得以贯彻实行,人们也不能说三道四,我的立场也不能动摇。如此就可以成就天下的事业。不能仅凭无根据的堂皇名目来标榜一项事业,倘硬要如此,等待他的却是比较艰难的行动。而用堂皇的名目标榜事业,等待他的却是举步维艰,那么做大官的人,就会徘徊窥视而不敢决断;下面的各级低级的官吏也都胆小怯懦,灰心失望而不敢议论,开始不敢议论,最后放弃了议论;一开始不敢决断,最后放弃了决断。事业的难以实施,古风的难以恢复,而天下的难以治理,原因都出在这里罢。

【原文】

　　而今之尤纷纷者,乡兵屯田之议也①。是乡兵屯田之事,其实甚少而其名甚大者,执"乡兵""屯田"之名大也。乡兵之名不去,终不可以行乡兵;屯田之名不去,终不可以举屯田。为今之计,莫若使缘淮郡县,不禁土豪之聚众挟兵②,而又阴察其才且强者,礼而厚之。时有以蠲其征役③,或因使之除盗,而捐一官以报其功,则边地之兵,皆乐于战,而乡兵之实自见矣。治两淮之漕臣与守臣④,以兵火之后,招集流民⑤。其民存者,以其田复之;其亡者,许他人承之。其为田之在官者,曰屯者,曰营者,没入者,举而一之为世业⑥,以授民之无田者。又诏于内地诸路⑦,有民稠地狭而愿迁,则迁之淮,有水旱饥民之就食于淮。检校经界之旧籍⑧,以为均税之额⑨;尽鬻内地之屯田⑩,以为牛种之资。不出十年,两淮无余田而有余谷,朝廷有兵食而无兵费,边上之粟如山,而内地之饷渐可减省,而屯田之实自见矣。辞"乡兵""屯田"之名,以享乡兵屯田之实,不在此耶?

【注释】

　　①乡兵:古代地方武装。始于西魏、北周,由大都督或仪同统领,居于本乡。其后历代有之。《宋史·兵志四》:"乡兵者,选自户籍,或士民应募,在所团结训练,以为防守之兵也。"屯田:利用戍卒或农民、商人垦殖荒地。汉以后历代政府沿用此措施取得军饷税粮。

　　②土豪:地方上有钱有势的家族或个人。挟兵:握兵,带兵。

　　③蠲:通"捐",除去,减免。

　　④两淮:宋熙宁后分淮南路为东、西二路,简称淮东、淮西,后合称其地为"两淮"。南宋时,其地已为边地。漕臣:管理漕运(从水路运输粮食,供应京城或军需)的官员。守臣:镇守一方的地方官。

　　⑤流民:流亡外地的人。

　　⑥世业:指世业田。亦称永业田。北魏以后实行的一种田制,世代承耕,永不收授。

　　⑦诏:号令,通告。路:宋代的行政区域名,相当于明清时期的省。

　　⑧检校经界之旧籍:查核丈量从前已经登记过的土地。籍,登记。这里指土地执照。

　　⑨均税:北宋税制,先丈量土地,然后按肥瘠分等定税,谓之"均税"。

　　⑩鬻:卖。

【译文】

　　现在人们议论特别多的,就是乡兵和屯田。这种乡兵、屯田的事,实际内容很少而名堂却很大的原因,是因为它们操持"乡兵""屯田"的大名堂。乡兵的名堂不去掉,最终也不可能实行乡兵制;屯田的名堂不去掉,最终也不可能兴办屯田。从今天的实际来考虑,倒不如使沿淮郡县不禁止地方上有钱有势的人聚众握兵,而且还要暗中察访那些具有带兵才能并拥有强大的地方武装的人,给予他们丰厚的礼遇。有时可以免除他们的赋税和徭役,或者通过派他们去铲除一些盗贼,来授给一个官职,以报答他们的功绩,这样,边境的士兵就都愿意作战,而乡兵的实质也就体现出来了。治理两淮漕运的大员和驻守在那里的地方官,在战乱之后,就召集流亡的百姓。对那些还活着的百姓,他们把田地还给他们;对那些已经死了的百姓,允许别人继承他们的田产。那些属于官府的田产,叫屯田的,叫营田的,以及没收入官的土地,一齐拿出来作为世业田,把它们交给百姓中那些无田的人。再通告内地各省,凡是人多地少而且又愿意迁移的,就迁到淮河地区。而有些遭受水旱灾荒的饥民,可以到淮河地区去解决吃粮问题。核查丈量以前已登记过的土地,作为"均税"的数额;全部卖掉内地的屯田,作为耕牛和种子的本钱。不出十年,两淮的地区就没有多余的土地,而只有多余的粮食。朝廷拥有了军粮,而没有了军费。边境上的粮食像山,而内地的粮饷可以逐渐减省,屯田的实质自然体现出来了。虽去掉了"乡兵""屯田"的名堂,而享受到了乡兵、屯田的实惠,它的意义不就在这里吗?

【原文】

苏文忠公有言:"智者所图①,贵于无迹,事已立而迹不见,功已成而人不知。"

【注释】

①图:谋划。

【译文】

苏东坡曾经说:"有智谋的人谋划的事情,贵在没有形迹,事情已做了却不露形迹功业已经完成了,而人们尚且不知道。"

六十九　书生过高公卿太卑

天下之利害,其议论相持而不定者①,皆起于书生徇名而过高②,而公卿大夫徇利而过卑③。徇名而过高,则必将措于古④,举夫事尽如吾意而后慊⑤;徇利而过卑,则苟无病于吾身⑥,而非须臾之急者⑦,皆略之而不暇计⑧。是故书生之论,患在于责治之已详⑨,而公卿大夫之论,患在于论治之已卑,果不知何时而定也。

【注释】

①相持:对立争持,针锋相对。
②徇:谋求。
③公卿:三公九卿的简称。大夫:周代在国君之下有卿、大夫、士三等。后成为

以大夫为官职者之称。"公卿大夫",这里指握有权柄的统治者。卑:低。

④措:运用,借助。

⑤慊:满足,满意。

⑥病:侵犯,危及。

⑦须臾:片刻。

⑧不暇:没有时间。

⑨患:弊病。责:要求,期望。治:治绩。已:太,过分。详:周备。

【译文】

对于天下利与弊的看法,人们的意见针锋相对而不能统一,原因都在于读书人为追求名誉而对治绩要求过高,当权者为追求实际效益而对治绩要求过低。追求名誉而对治绩要求过高,就必然要借古论今,使社会上兴办的事业都合乎自己的意愿,才能感到满足;追求实际利益而对治绩要求过低,那么,如果不是危及自身且又不是迫在眉睫的事情,都可以忽略或没有时间考虑。因此,读书人对形势的评论,毛病在于对国家的治绩求全责备;而当权者对形势的评论,毛病则在于对国家的治绩要求过低。真不知这两种人的看法什么时候才能统一起来。

【原文】

昔者汉文帝时①,干戈戢息②,刑措不用③,帑廪之间④,贯朽粟陈⑤,而家给人足周于天下。盖三代以还⑥,治之至盛者也。而贾谊乃曰⑦:"安且治者,非愚则谀。"于是有"流涕""痛哭"之说⑧,有"厝火积薪"之说⑨,凛凛乎若危亡之忧近在朝夕者⑩,何耶?唐文宗时⑪,藩镇方命于外⑫,阉寺挠权于内⑬,王威不行,皇纲日隳⑭,骎骎乎趋于大坏极乱之域⑮。而牛僧孺乃曰⑯:"太平无象⑰,今四夷不内扰⑱,百姓安生业,私室无强家⑲,上不壅蔽⑳,下不怨诬读㉑,虽未及至盛,亦足为治矣。"其言似以文宗为既治,又何耶?贾生之论过高,而责治为已详;牛僧孺之论过卑,而失之于可为而不敢也。

【注释】

①汉文帝:即刘恒。见本卷67条第三段注⑤。

②干戈:这里指战争。戢(集)息:止息。

③刑措:也作刑错、刑厝。指空置刑法而不用。措,搁置

④帑廪:国库与粮仓。

⑤贯朽粟陈:指穿钱的绳索腐烂了,粮食陈腐霉变了。

⑥三代:指夏、商、周。

⑦贾谊:西汉政论家、文学家。洛阳(今河南洛阳市)人。当时被称为贾生。被文帝召为博士,迁太中大夫,出外作长沙王太傅,迁梁怀王太傅而卒,年三十三。为官时曾多次上疏,批评时政,并建议用"众建诸侯而少其力"的办法,削弱诸侯王势力,从而巩固中央集权。

⑧流涕痛哭之说:贾谊屡言时弊,他的《陈政事疏》中有"可为痛哭者一,可为

流涕者二,可以长太息者六"的话。

⑨厝火积薪之说:《汉书·贾谊传》中有"夫抱火厝之积薪之下而寝其上。火未及燃,因谓之安,方今之势,何以异此"之语。厝火积薪,指置火于柴堆之下,比喻潜伏着极大的危险。

⑩凛凛:惊恐畏惧的样子。

⑪唐文宗:即李昂。穆宗之子,敬宗之弟。公元827——840年在位。曾试图消除宦官专权和牛(僧孺)、李(德裕)两派大官僚。大和九年(公元835),任李训、舒元舆等为宰相,郑注为凤翔节度使,发动甘露之变,想要一举铲除宦官势力。事情败露后,李训、郑注等均被杀害,他亦被仇士良等软禁至死。

⑫藩镇:唐代指总领一方的军府。唐初于重要诸州设置都督府,睿宗时设置节度大使,玄宗时又于边境设置十节度使,各领数州甲兵,并掌领土地人民、财赋等大权。安史之乱后,内地均置节度使,形成地方割据势力,统称藩镇。方命:违命;抗命。

⑬阉寺:太监的贱称。原本作阉吴,误,据文渊本改。挠权:即弄权。

⑭皇纲:朝廷中的纲纪。隳:毁坏。

⑮骎骎:马速行的样子。

⑯牛僧孺:唐安定鹑觚(今甘肃灵台)人,字思黯。贞元进士,穆宗时累官至户部侍郎同平章事,是牛李党争中的牛派的首领。

⑰无象:没有形迹,没有具体形象。

⑱四夷:泛指外族,外国。

⑲私室:即私家。古代特指大夫以下的家庭。这里指权贵大臣。

⑳壅蔽:遮蔽。

㉑怨讟:怨言。

【译文】

从前在汉文帝时,战争停止了,刑法也都弃置不用了,国库和粮仓里,穿钱用的绳索腐烂了,粮食陈腐发霉了,整个天下是家家富足,人人饱暖,是夏、商周以来,国家治绩最为兴盛的时期。然而贾谊却说:"那些认为社会安定和政治清明的人,不是愚昧无知,就是阿谀奉承。"于是他就有"流涕痛哭"的论调,有"厝火积薪"的论调。一副惊恐畏惧的样子,好象国家的灭亡已近在一朝一夕,这是为什么呢?唐文宗时,朝廷外有藩镇抗命,朝廷内有宦官弄权,君王的权威不能狗施行,朝廷的纲纪被日益毁坏,李唐王朝于是迅速走向最腐朽最混乱的境地。然而牛僧孺却说:"太平盛世没有具体统一的模式。现在外族不向内地侵扰,百姓能够安居乐业,权豪之门没有因势力强大而不听朝廷号令的大臣,皇上的视听还没有受到蒙蔽,下面的百姓也没有怨言,虽然前尚没有达到最兴盛的时期,也足可称之为治世了。"从他的话看来,他似乎认为唐文宗时代已经是太平盛世了,这又是为什么呢?贾谊的论调过于清高,而对国家的治绩未免求全责备;而牛僧孺的议论,格调又过于低下,他的过错在于可能办到的事却不敢去做。

第十一卷

七十　无事时须预求人才

【原文】

人君之于人才,不可以宴安而少缓①,不可以仓卒而遽求②。缓之于宴安,则其后必危;求之于仓卒,则其危必不可救,此天下之常理也。汉高帝定天下③,为吾勍敌者已亡④,而豪杰难制者已诛,于是人才宜可少缓矣。然谓周勃可为太尉⑤,谓王陵可佐以陈平⑥。其汲汲于人才,尤不啻于战争之地也⑦。方文帝时⑧,海内得离战伐之苦,天下又安。于是人才亦可少缓。然谓周亚夫缓急可用⑨,而付之景帝⑩,顾命之际⑪,惓惓不忘。武帝时⑫,诸侯守藩⑬,幕北远遁⑭。于是人才亦可以少缓。然援霍光于湮没无闻之中⑮,而责以伊周之业⑯。三君之用人才,当宴安无事之时,兼收并蓄;及一旦欲用,呼吸之间,固已森然在列矣。何仓卒之忧乎?夫周勃、陈平、亚夫、霍光辈,平居众人⑰,固不能知其必能成功也,而英雄之君独能收之。故吕氏之变而平、勃出⑱,七国之变而亚夫出⑲,主幼国危而霍光出⑳。向使三君不阴察默窥于无事之时,以待一旦之用,而事变之生,乃彷徨四顾,遽擢而急用之,则颠倒狼狈者多矣㉑。其能端坐而责成功乎?

【注释】

①宴安:闲适安乐。

②遽求:匆忙寻求。

③汉高帝:即西汉王朝的开国帝王刘邦。

④勍敌:强敌。

⑤周勃:西汉沛(今江苏沛县)人。少年时以织蚕泊为生,并充任丧事吹鼓手。秦末跟从刘邦起兵,凭军功被封将军,封绛侯。汉初跟从刘邦平定韩王信等异姓王之乱。刘邦认为他厚重少文,然安定刘氏者一定是周勃。惠帝时为太尉。吕后死,与陈平等定下计谋,诛诸吕,迎立文帝,任右丞相。太尉:官名。秦至西汉设置,是全国军政首脑,与丞相、御史大夫并称三公,汉武帝时改称大司马。

⑥王陵:西汉沛(江苏沛县)人。楚汉战争时,随刘邦转战各地,因军功,被封为安国侯,汉初任右丞相,后因反对诸吕为王,罢相,改任太傅,病死。陈平:西汉阳武(河南原阳)人。少年时家贫,喜好读书。秦末跟从项羽入关,不久改为跟随刘邦,任护军都尉。楚汉战争中,辅佐刘邦击败项羽。汉立,封曲逆侯。惠帝、吕后时

任丞相。吕后死,他与周勃等定计,诛杀吕产、吕禄诸吕,迎立文帝,任丞相。

⑦不啻:无异于。

⑧文帝:即汉文帝刘恒。刘邦之子。公元前180——前157年在位。初为代王,后周勃等诛诸吕,迎立为帝。在位期间,实行"与民休息"政策,提倡节俭,减免田赋、徭役,发展农业生产;削弱诸侯王势力,加强中央集权;徙民、粟入塞下,加强抵御匈奴力量。汉王朝由此出现安定繁荣景象,与景帝时期并称为"文景之治"。

⑨周亚夫:西汉沛(江苏沛县)人。周勃之子。初封条侯,后元六年(前158),匈奴不断侵犯边境,他以河内守为将军,驻防细柳(今陕西咸阳西南),军令严整。文帝劳军时,赞曰:"嗟乎! 此真将军矣。"景帝时,为太尉,平定吴楚七国之乱,迁为丞相。后因其子私买御物,被牵连入狱,绝食而死。

⑩景帝:即汉景帝刘启,文帝之子。公元前157——前141年在位。在位期间,继续实行"与民休息"政策,轻徭薄赋,加强中央集权,平定吴楚七国之乱。使得社会安定,经济繁荣。

⑪顾命:临终之命。后称天子之遗诏为顾命。

⑫武帝:即汉武帝刘彻,景帝之子。公元前140——87年在位。在位期间,颁布"推恩令",打击地方割据势力,加强中央集权;"罢黜百家,独尊儒术",加强思想统治;实行盐铁官营,统一货币,实行平准、均输、算缗、告缗,稳定物价,加强国家经济实力;任用卫青、霍去病进行大规模反击匈奴的战争,移民屯边,解除了匈奴对北方诸郡的威胁;派张骞出使西域,加强了东西方的联系;统一两广,加强了汉民族与西南各族人民的关系。西汉王朝从此进入了全盛时期。

⑬守藩:指诸侯驻守其封地。

⑭幕北:即漠北。指蒙古高原以北的地区。这里以幕北指代不断侵扰汉朝边境的匈奴族。幕,通"漠"。

⑮霍光:西汉河东平阳(今山西临汾)人,字子孟。武帝时,为奉车都尉。武帝死,与桑弘羊等同受遗诏,辅佐昭帝,为大司马、大将军。昭帝死,迎立昌邑王刘贺为帝。不久废之,又迎立宣帝。前后执政共二十年。执政期间,轻徭薄赋,有助于生产力的发展。湮没:埋没。

⑯伊周:商朝的伊尹和西周周公旦的并称,两人都曾摄政。

⑰平居:平常,平庸。

⑱吕氏之变:吕氏,指汉高祖后吕雉及其侄吕产、吕禄等。惠帝即位后,吕雉就掌握了实权。惠帝死后,她临朝执政,并分封诸吕为王侯,控制南北军,又任命审食其为左丞相,掌握实权,准备以吕氏代刘氏。吕雉死后,吕产、吕禄诸吕拟发动政变,为太尉周勃等所平定,史称吕氏之变。

⑲七国之变:即吴楚七国之乱。西汉初,诸侯王国割据势力逐渐强大,威胁中央政权。景帝采用晁错建议,削减诸侯王封地。吴王刘濞勾结楚、赵、胶西、济南、菑川、胶东等六国,于景帝前元三年(前154),发动武装叛乱。后被周亚夫平定。

⑳主幼国危:皇帝年幼,国家政权处于危急之中。武帝死后,汉昭帝刘弗陵即位,其时只有九岁。帝位岌岌可危。武帝遗命,霍光辅政,"行周公之事"。

㉑颠倒狼狈:颠倒,倾覆;狼狈,喻艰难窘迫。

国学经典文库

资政秘典

·治政纲鉴·

图文珍藏版

【译文】

国君对于人才的寻求，不能因为闲适安乐而有一点儿迟缓，不能在危急时刻才匆匆忙忙去寻求。由于闲适安乐而延缓了对人才的寻求，以后一定会有危险；在紧急时刻才去寻求人才，事情的危险一定不能得到挽救。这是天下的常理。汉高祖平定了天下，作为他强劲的对手的人，已经被消灭，豪杰中那些难以控制的人也已经被诛杀。在这种情况下，对于人才的寻求，似乎应当稍微迟缓一些。然而他说周勃应当做太尉，说陈平应当做王陵的副手。他需求人才的急迫心情，与处于战争的境地时并没有明显的不同。到了汉文帝时，全国上下已脱离了战争的苦难，天下又比较安定。在这种情况下，对于人才的寻求，也似乎可以稍微迟缓一些。然而他说周亚夫在危急时刻应当被重用，并把他交托给了汉景帝。文帝在临终之时，仍然对此念念不忘。汉武帝的时候，诸侯都本分地驻守在各自的封地，北方的匈奴也都远逃了。在这种情况下，对人才的寻求，似乎也可以稍微迟缓一些。然而武帝却在霍光默默无闻的情况下，提拔了他，并要求他像伊尹、周公那样辅佐幼主、执掌国政。这三位国君对人才的选用，都是在闲适安乐之时，并且兼收并蓄，等到一旦需要使用这些人才的时候，顷刻之间，众多人才已经在朝廷里了。还有什么匆忙急迫的忧虑呢？周勃、陈平、周亚夫、霍光这些人，普通的百姓原本不能知道他们能成就功业，而英明的国君却偏偏能发现提拔他们。所以当吕氏变乱发生的时候，出现了陈平、周勃；七国变乱发生的时候，出现了周亚夫；当国君年幼、国家危险的时候，便出现了霍光。假使这三位国君在太平无事之时不明察暗访[地寻求人才]，以备有朝一日能使用他们，而是等到事变发生了，才彷徨四顾，匆匆忙忙地去提拔官员，迫不及待地使用他们，面临倾覆的艰难窘迫的局面就会经常出现。难道君王还能端坐在宝座上，要求他的臣下在事业上取得成功吗？

【原文】

明皇开元之初①，一何人才之多②。及治功已成③，意得志满，谓宴安为可保，谓仓卒为不足虞④，人才之在天下，一皆因循不复省察。胡雏之乱⑤，锐兵长驱，已陷东京，而方皇皇于择将⑥。乃听张垍之言⑦，遂擢李（臣）[巨]罪亡之余⑧。一日授以三节度⑨，而见轻于杨国忠有口打贼之讥⑩。又召封常清入见⑪，问何策以讨贼。常清见帝忧甚，则大言以解之曰⑫："计日可取⑬。"及帅师出战，一败涂地，潼关失守⑭，两京遂危⑮。此皆明皇不能求人才于宴安之时，而急急于仓卒之过也。

【注释】

①明皇：唐玄宗李隆基谥至道大圣大明孝皇帝。后世多称为明皇。开元：唐玄宗年号（公元713——741）。

②一何：多么。

③治功：治理国家的政绩。

④虞：忧虑，提防。

⑤胡雏之乱：指安史之乱。胡雏，对胡人的蔑称。安禄山为营州柳城（今辽宁

朝阳)杂种胡人。

⑥方:原本作"力",据文渊本改。皇皇:恐惧不安的样子。

⑦张垍:唐睿宗宰相张说次子,尚宁亲公主,以文章侍玄宗,官拜太常卿。安、史攻陷长安,受伪相命,死于叛军之中。

⑧李巨:唐虢王李邕之子。刚锐果决,略通书史,好属辞。天宝五载(公元746),出为西河太守。因资给柳勣支党罪,贬为义阳司马,不久又被免官,锢置南宾郡。天宝六载,召拜夷陵太守。安史乱起,因张垍荐,被玄宗重用,兼统岭南、黔中、南阳三节度使事。不久拜为太子太师,兼河南尹,东畿采访使。因赃事发,被贬遂州刺史,后为段子璋所杀。李巨,原本作李臣,据文渊本及新、旧唐书改。

⑨授以三节度:即指唐玄宗让李巨兼统岭南何履光、黔中赵国珍、南阳鲁炅三节度使的职务。

⑩杨国忠:唐蒲州永乐(今山西芮城)人,本名钊,杨贵妃堂兄。因从妹贵妃得宠,而迁监察御史、侍御史,赐名国忠。天宝中,代任右相,兼四十余职,权倾内外,货赂公行。安史之乱时,于马嵬驿兵变中被杀。有口打贼:指杨国忠轻蔑李巨,认为他无杀敌本事,只会耍嘴皮子。据《旧唐书·李巨传》载,安禄山攻陷洛阳后,唐玄宗想择李巨为帅,并把李巨介绍给宰相杨国忠。杨国忠对他很怠慢,当着刘奉庭的面对李巨说:"比来人多口打贼,公不尔乎?"李巨说:"不知若个军将能与相公手打贼乎?""有口打贼"来源于此。

⑪封常清:唐蒲州(今山西永济)人。少孤贫。貌丑而脚跛。初从军高仙芝部,积功官至范阳节度副大使。安史乱时,败于安禄山,退守潼关,因边令诚构陷而被杀。

⑫大言:大话。

⑬计日:数日。喻时间很短。

⑭潼关:关隘名。古称桃林塞。东汉时设潼关,故址在今陕西省潼关县东南,处陕西、山西、河南三省要冲,一向以险要著称。

⑮两京:唐时是东京洛阳和西京长安的省称,但这里则是指西京长安,因为东京洛阳在潼关失守半年以前,就已被安禄山攻陷。

【译文】

唐明皇开元初年,人才济济。等到治理国家取得了一定成效的时候,唐明皇就意得志满,认为闲适安乐的局面可以保住,仓促事变不值得担忧,对于天下的人才,一律沿用原有人员,不再作新的人才考察。安史之乱发生,敌人的精锐部队长驱直入,已经攻陷了东京洛阳,这才匆匆忙忙地选拔将领。而且居然听信了张垍的意见,提拔了因罪被贬在外的李巨,在一天之内委任他节制三个节度使,这个人曾受到杨国忠的轻视,讥讽他"有口打贼"。又召封常清入朝谒见,询问他用什么对策讨伐逆臣。封常清见皇帝十分忧愁,就用大话来劝解他说:"几天之内就可以擒获叛贼。"等到率军出战时,却一败涂地,潼关失守,致使京城陷入危险境界。这些都是唐明皇不能在闲适安乐的时候选择人才,而到了非常时期才急急忙忙选用人才铸成的过错。

【原文】

郑之垂亡也①，君臣相顾，缩手无策，幸而得一人焉②。其言曰："吾不能早用子③，今急而求之。"夫向不早用，而今以急求，犹有一人可求也，故赖以济之；如其无可求，岂不殆哉！

【注释】

①郑：春秋国名。公元前806年，周宣王封其庶弟姬友（即郑桓公）于郑，都城在今陕西华县。周幽王时，迁移至东虢和郐之间。郑武公时攻灭郐和东虢，建立郑国，都新郑，即今河南省新郑市。公元前375年为韩国所灭。

②一人：指烛之武。在秦、晋大兵压境的紧要关头，他以大无畏的爱国精神和能言善辩的才能，说退秦兵，使敌人内部发生分化，从而改变了郑国的危险处境。事见《左传·僖公三十年》。

③能：原本缺，据文渊本和《左传》补。

【译文】

［郑文公时，郑国曾遭到晋、秦两大强国的联合进攻。］郑国在将要灭亡的时刻，君臣面面相觑，束手无策。值得庆幸的是，还得到了一个人才。郑文公说："我未能提早重用您，现在国情危急才求助于您。"从前没有早重用，如今因为危急而求助，幸好还有一个人可以求助，并依靠他渡过了难关；如果没有可求助的人，难道国家不危险吗？

【原文】

元城云①："人主之职，主于用人。苟能平日有术以采闻之，使皆为我用，则其运用天下，有余裕矣。儿宽为廷尉卒史②，谓不习事③，不主曹④，乃之北地视畜牧尔。及为疑奏⑤，张汤始奇之⑥。上问谁为之者，汤曰：'儿宽。'上曰：'吾故闻之久矣。'又萧望之为治礼丞上疏⑦。宣帝自在民间，闻望之之名，曰：'此东海萧生也耶？'且宽身为廷尉卒史，而廷尉以下，皆不知之，而天子深居九重，乃云'久闻其名'，则武帝之聪明，过群臣远矣。且宣帝⑧少年，在民间斗鸡走马⑨，日游三辅⑩，而当时贤人与民疾苦，皆知之。"神宗时⑪，朝有监司登对者⑫，上问陆贾而对以不知⑬。它日择人按察⑭，上曰："向不知陆贾者为谁？朕欲知四方利病，须忠信人"。

【注释】

①元城：指北宋刘安世，字器之。因其为元城（今河北大名县）人，后世称刘元城。曾从学于司马光。光入相，荐为秘书省正字，累进谏议大夫。论事刚直，为当时的人敬惮，称之为"殿上虎"。其弟子马永卿撰有《元城语录》三卷。引文见《元城语录》下卷。

②儿宽：西汉水利家。千乘（今山东高青）人。曾为孔安国弟子，治尚书。元鼎四年（前113），为左内史。在任期间，劝农业，缓刑罚，理狱讼，卑体下士，吏民大

多十分信任爱戴他。在郑国渠上游南岸开"六辅渠",灌溉两旁高地。后迁御史大夫,与司马迁共制《太初历》。

③廷尉卒史:廷尉,官名。秦始置,九卿之一,掌刑狱。汉初设置。景帝时改称大理,武帝时复称廷尉。卒史,为廷尉的属吏,秩百石。

④不习事:不熟悉业务。

⑤不主曹:不主持本部门的工作。曹,古代分科办事的官属或部门。

⑥疑奏:论述疑难案件的奏章。

⑦张汤:西汉杜陵(今陕西西安)人。武帝时先后任廷尉、御史大夫等职。任职其间,曾建议铸造白金币及五铢钱。支持盐铁专营政策,制定"告缗令",打击富商大贾。还同赵禹共同编订律令。主办了许多重大案件的审理,用法严峻。后被朱买臣等陷害,自杀。

⑧萧望之:西汉东海兰陵(今山东苍山)人,后迁到杜陵(今陕西西安),字长倩。宣帝时,历任大鸿胪、太子太傅等职,以儒经教授太子。元帝登基后,很受尊崇。后遭宦官石显、弘恭等排挤,被迫自杀。治礼丞:汉大行令之副,佐大行令掌礼仪。

⑨宣帝:即汉宣帝刘询。字次卿,武帝曾孙。公元前74——49年在位。其祖父戾太子巫蛊之祸后,父母皆遇害,自幼生长于民间,深知百姓疾苦。昭帝死,他为霍光所立。在位期间,既重吏治,又好黄老刑名之学。励精图治,任贤用能,贤相良吏辈出;减免田赋,发展生产,使人民安居乐业;置西域都护,加强东西方联系。为西汉帝国中兴时期。

⑩斗鸡走马:指以嬉戏驰逐为事。

⑪三辅:原为西汉治理京畿地区的三个职官的合称,后亦泛称京城附近地区为三辅。

⑫神宗:即宋神宗赵顼。北宋皇帝。英宗之子。公元1067——1085年在位。《宋史》称赞他是一位"不治宫室,不事游幸,励精图治"的皇帝。熙宁二年(公元1069),起用王安石主持变法,力图富国强兵,以改变"积贫积弱"的局面。又用王韶取熙河,加强对西夏的防御。但在保守派的反对下,动摇不定。熙宁九年(公元1076),王安石罢相,导致变法失败。所行新法在他死后也即被废弃。

⑬监司:负有监察之责的官吏。汉以后的司隶校尉和督察州县的刺史、转运使、按察使、布政使等通称为监司。登对:谓上朝对答皇帝的询问。

⑭陆贾:汉初政论家、辞赋家。楚人。跟从高祖刘邦定天下,有辩才。官至太中大夫。吕后死,劝说陈平、周勃将相团结,以诛诸吕。为主提倡儒学,并辅以黄老"无为而治"的思想,对汉初的政治制度的建立及其政权的巩固都有较深的影响。

著有《新语》十二篇、赋三篇。

⑮按察:考查,巡察。

【译文】

元城说,国君的职责,是主管选用人才。如果平时能有办法查访探听到他们的情况,让人才都为我所用,治理运筹天下就会绰绰有余。西汉的儿宽在做廷尉卒史的时候,被说成是不熟悉自己的职责,不能够主持好本部门的工作,于是派他到北地去照管牛羊牲畜。等到他写了如何处理疑难案件的奏章,张汤才认为他不是平庸之辈。皇上问是谁写的奏章,张汤说:"儿宽。"皇上说:"我已经听说他很久了。"还有萧望之在做治礼丞的时候,向汉宣帝进呈奏章的事。宣帝从尚在民间的时候起,就曾听到萧望之的名字,于是便说:"这是东海萧先生呀!"并且儿宽身为廷尉卒史,连廷尉以下,都不知道他,而深居皇宫的天子,却说"久闻其名"。可见汉武帝明察事理的能力,超过群臣真是太远了。又况且汉宣帝少年时,在民间斗鸡走马,每天都在京城附近游玩,所以当时的有才能的人,以及民间的疾苦,他都知道。宋神宗的时候,朝廷里有位负责监察的官吏,一次回答神宗的提问。神宗问到陆贾〔是怎样一个人〕,他却回答说不知道。有一天,朝廷要选派官员到各地巡察,皇上说:"从前不知道陆贾的那个人是谁?我想要知道天下的利和弊,必须有个忠实可信的人。"

七十一　用人应当自有主见

【原文】

用人之道,非一端也。泛观前代,或以家世①,或以人望②,或以荐引③,或以功业④,然其得失常相半焉。格于皇天之后,而有格于上帝之臣⑤;大驻汉中之余,而有长驱成都之祸⑥;不好文学,或成安边之功⑦;或读父书,乃有杀身之辱⑧:无非家世也。起慰苍生,而王室遂安⑨;倚以成功,而车战辄败⑩;单骑见房,而罢回纥之兵⑪;决胜千里,而困赤眉之战⑫:无非人望也。以能谋之国器,而得善断之王佐⑬;以知幾之君子,而昧于多才之奸人⑭;筑坛之拜,本以追亡⑮;街亭之衄,痛以自贬⑯:无非荐引也。佐帝之功,基于治齐⑰;为相之声,减于治郡⑱;拔赵定燕者,卒能施名于后世⑲;料敌合变者,不能救患于应侯⑳:无非功业也。是四者,虽不足以尽取人之道,而其大要,实在于此。然古人以是而得之矣。将袭其迹而用之,其失或在于是。然则如之何而可?曰:家世、人望之说不必废,吾于荐引功业之中,果贤者而用之足矣。所贵乎圣人者,以其一心之明诚㉑,自有所见而不惑于其迹耳。古道不振㉒,人主平日心术杂㉓,为他物汩乱是非㉔,聋其听真伪,昏其视贤否。在前懵若无别㉕,一旦思所以擢用人才,以起天下之治,则或者进家世人望之说,而又有人焉从而沮之。大抵进者一,沮者一,扰扰焉于数者之说,而无所适从。呜呼!孰知夫吾之一心,乃所以为用人之大本软㉖?

【注释】

①家世：世代相传的门第或家族的世系。

②人望：声望，威望，名望。

③荐引：推荐引进。

④功业：功勋业绩。

⑤"格于皇天之后"二句：语本《尚书·周书·君奭》。原文的意思是："商汤时，有伊尹，功德感通上帝；在太戊时，有伊陟、臣扈，功德感通上帝。"伊尹为商初辅政大臣。名伊，尹是官名。伊陟，伊尹之子，太戊时为相。臣扈，太戊时贤臣。作者引用在这里在于强调"家世"之意。格，感通。

⑥大驻汉中之余，而有长驱成都之祸：魏元帝景元四年（公元263），镇西将军钟会与邓艾、诸葛绪统兵灭蜀。钟会进驻汉中，邓艾直驱成都，迫降刘禅，蜀将姜维统兵降钟会。次年钟会与姜维密谋据蜀反魏，为乱兵所杀。钟会，字士季，是魏文帝太傅钟繇的小子，家世显贵。详见《三国志·魏书·钟会传》

⑦不好文学，或成安边之功：西汉将李广，秦将李信的后代，虽不好文学，但善骑射。景帝、武帝时，任陇西、北地等郡太守，智勇善战，匈奴称之为"飞将军"，因之不敢冒犯边境。详见《史记·李将军列传》。

⑧或读父书，乃有杀身之辱：战国赵将，马服君赵奢之子赵括，少学兵法，言兵事，"以天下莫能当"。公元前260年，孝成王中秦反间计，以他代廉颇作为大将，在长平（今山西高平）大举出击，被秦将白起包围。他亲率精锐突围，被射杀，赵军四十万被俘杀。蔺相如说他"徒能读其父书传，不知合变也"。详见《史记·廉颇蔺相如列传》。

⑨起慰苍生，而王室遂安：东晋谢安，字安石，少有重名，却屡辞朝廷征召，士大夫至相谓："安石不出，当如苍生何！"年四十才开始做官，官至司徒。太元八年（公元383），苻坚大举南下，朝廷震恐，他出奇制胜，获得淝水大捷，使东晋朝廷转危为安，并乘机收复了河南的失地。详见《晋书·谢安传》。

⑩倚以成功，而车战辄败：唐房琯，少年好学，风仪沉整，雅有巧思，中书令张说奇其才，历琅邪、邺郡、扶风太守，所至政绩著闻。天宝十五载（公元756）投奔跟从玄宗赴成都，至普安郡谒见，玄宗大悦，拜之为文部尚书、同中书门下平章事。肃宗即位后，参议机务，请兵讨叛，收复京都，肃宗盼望他成功，许之。在咸阳陈涛斜，用春秋车战之法，为安史叛军火攻所败，官军死伤四万余人。详见《旧唐书·琯传》。

⑪单骑见虏，而罢回纥之兵：唐代大将郭子仪，安禄山乱时，任朔方节度使，在河北击败史思明。肃宗即位后，任关内河东副元帅，配合回纥兵收复长安、洛阳。因功绩升为中书令。唐肃宗称："虽吾之家国，实由卿再造。"后又进封汾阳王。代宗时，仆固怀恩叛变，纠合回纥、吐蕃攻唐，郭子仪单人独骑说服回纥统治者与唐联兵，以拒吐蕃。详见《旧唐书·郭子仪传》。

⑫决胜千里，而困赤眉之战：东汉将邓禹，更始时，归顺刘秀，拜为前将军。是刘秀的重要谋臣，与之谋定计议。《后汉书·邓禹传》："策曰：'制诏前将军禹：深执忠孝，与朕谋谟帷幄，决胜千里。'"然而，这样一位熟悉军事的将军，同赤眉军作战时却屡屡受挫。在渑池之战中，他不听冯异劝阻，结果大败，仅以二十四骑逃回

宜阳。详见《后汉书·邓禹传》。

⑬以能谋之国器，而得善断之王佐：东汉末年，荀彧原为袁绍的宾客，后归顺曹操，成为谋士，曹操称之为"吾之子房"。曹操迎献帝都许昌，破袁绍，取荆州，多半出于他的谋划。《三国志·魏书·荀彧传》称其"清秀通雅，有王佐之风"，"其良、平之亚"。王佐，辅佐帝王创业治国的人才。

⑭以知幾之君子，而昧于多才之奸人：汉代的孔光，为孔子之十四世孙，仕成帝、哀帝、平帝三朝，先后任御史大夫、大司徒、太傅、太师等要职，并曾两次入相，居公辅之位前后十七年，可谓仕途练达、见时知幾的大臣。就是这样一位大臣，却被勤身博学，折节恭俭，克己不倦，而又早怀篡逆之志的奸人王莽所迷惑，竟在为相期间举荐他为大司马。王莽为汉元帝皇后侄，以外戚的身份掌朝政，后代替汉称帝，建立新朝，其政权只存在十五年。详见《汉书·孔光传》《汉书·王莽传》。知幾，谓有预见，看出事物发生变化的隐约征兆。

⑮筑坛之拜，本以追亡：秦末楚汉相争，韩信弃楚归汉，又因未被重用而逃。汉相萧何赏识韩信之才，亲自把韩信追了回来，劝说刘邦重用韩信，并筑高台，设坛场，拜之为大将。详见《史记·淮阴侯列传》。

⑯街亭之衄，痛以自贬：三国蜀汉臣马谡，"才器过人，好论军计"。刘备认为"马谡言过其实，不可大用"，但他却深得诸葛亮器重。建兴六年（公元228），诸葛亮出师北伐，马谡不仅参谋军事，还被任命为前锋。在街亭之战中，马谡违反诸葛亮节度，举措烦扰，舍水上山，而不下山据城，结果被魏将张郃杀得大败。街亭之败，导致了此次北伐的失败。为此诸葛亮不仅杀了马谡，而且还引咎自责，上疏请求自贬三等。详见《三国志·蜀书·马谡传》。衄，挫败。

⑰佐帝之功，基于治齐：汉惠帝丞相曹参，秦末佐刘邦起兵，屡立战功，封平阳侯，后为齐相，采用黄老之术，相齐九年，齐国安集，被皇上称赞为贤相。汉惠帝二年（前193），萧何卒，临终荐参自代。详见《史记·曹相国世家》。

⑱为相之声，减于治郡：汉宣帝丞相黄霸，少学律令，喜为吏，为颍川太守，前后八年，郡中大治，号为"天下第一"，受到宣帝的表彰，后征为太子太傅，迁御史大夫。五凤三年（前54），代丙吉为丞相，封建成侯。"霸材长于治民，及为丞相，总纲纪号令，风采不及丙、魏、于定国，功名损于治郡。"详见《汉书·黄霸传》。

⑲拔赵定燕者，足能施名于后世：指秦将白起、王翦。秦昭王四十七年（前260），秦将白起在长平大败赵军，前后斩首俘虏四十五万，消灭了赵国军队的主力。秦始皇十八年（前229），秦将王翦攻赵。一年多后，遂攻下赵，赵王降，尽定赵地为郡。秦始皇十九年，秦王使王翦攻燕。燕王喜走辽东，翦遂定燕蓟而还。详见《史记·白起王翦列传》。

⑳料敌合变者，不能救患于应侯：秦昭王将白起，善于用兵，攻城略地，战功卓著，后为应侯所妒，被逼自杀。司马迁曰："白起料敌合变，出奇无穷，声震天下，然不能救患于应侯。"详见《史记·白起王翦列传》。料敌机变，料测敌情，随机应变。应侯，即范雎，魏人，初为魏大夫须贾家臣，后逃到秦国，为秦昭王制订了"远交而近攻""勿独攻其地而攻其人"的对外战略及贬逐"四贵"（穰侯、高陵君、华阳君、泾阳君）以加强王权的内政方针，得到秦昭王的信任，官至丞相，封于应（河南宝丰），号应侯。

㉑明诚:明哲真诚。
㉒古道:这里指古代的思想风尚。
㉓心术:思想和心计。
㉔汩乱:扰乱。
㉕懵:昏昧不明,糊涂。
㉖大本:根本。

【译文】

　　选用人才的方法,应该不是只着眼于一个方面。纵观前代,有的人凭借家世,有的人凭借名望,有的人凭借荐引,有的人凭借功业。然而这些选用人才的办法,它们的得与失,往往是相当的。在[伊尹]感通了上天之后,又有感通上帝的臣子[伊陟、臣扈];[钟会统兵]大肆进驻汉中,却招来了[邓艾统兵]长驱成都的杀身之祸;同样不爱好文学,有的人却能成就安定边境的功业;有的人尽管熟读过父亲的兵书战策,却招致了自身被杀的屈辱。[这些人被重用,]无非是凭借家世。起用[谢安],是为了抚慰百姓,东晋朝廷也因此而得以保全;[唐肃宗]把平定叛乱的成功的希望寄托[在房琯身上],而[房琯]使用车战却招致了大败;[郭子仪]单人匹马去会见敌军,而使回纥撤走了侵略唐朝的军队;被认为是决胜千里之外的将军[邓禹],在同赤眉军作战中却遭到了困辱。[这些人的被重用,]无非是凭借名望。[曹操]以能谋善断的治国才干,而得到一位能谋善断的王佐;以洞察细微、预见未来而闻名于世的[孔光],却被一个诡计多端的奸邪之徒所蒙蔽;[刘邦]筑坛拜将,原来是为了任用[萧何]追赶的逃亡者;街亭的失败,使得诸葛亮怀着沉痛的心情请求自降三级。[这些人的被重用,]无非是凭借推荐。[曹参]辅佐[汉惠]帝时所建立的功业,是凭据他治理齐国九年的经验;[黄霸]作丞相时的声望,反而比他治理颍川郡时降低了;攻灭赵国、平定燕国的那些人,最终名声流传到后代;能够料测敌情、随机应变的人,却不能使自己免遭应侯陷害的灾难。[这些人的被重用,]无非是凭借功业。上述的四种情况,虽然不能够完全概括古人选用人才的办法,但其中的要旨,实际上都在这里了。然而古人却因此认为获得了选用人才的方法了。如果照搬古人的固定办法选用人才,那失败有可能就酝酿在这里。那么怎样对待才正确呢?我认为:家世、名望的主张不必废除;在荐引和功业之中,如果真是德才兼备的人,就选用他,也就足够了。圣人可贵的地方,在于他一心的明哲真诚,有自己的见解,而不被前人的行迹所迷惑。古代的风尚得不到发扬,国君平时的思想和心计过于繁杂,被其他的事物扰乱了是非观念;听辨真伪的时候,他成了聋子;观察贤德与否的时候,他成了瞎子。真的与假的,贤德与不贤德,摆放在他的面前,糊涂得像是没有分别。一旦想到选用人才,振兴治理天下的时候,就会有人进奏家世、名望的主张,而又会有人来诋毁这种主张。大抵进奏的人是一种,诋毁的人也是一种,乱纷纷地夹在几种主张之中,而无所适从。唉!谁能知道我是在一心一意探讨用人的根本办法呢?

【原文】

　　观茅容之避雨者①,未有知容之贤者也,而郭泰独知之。非泰之观异于众人也,泰求士之心异于众人也②。过冀缺之耕馌者,未有知缺之敬者也,而臼季独知之者③。非季之见异于众人也,季求士之心异于众人也。

【注释】

①"观茅容之避雨者"三句:茅容,东汉陈留(河南开封东南陈留)人。年四十余,在田间耕作,当时与同伴们在树下避雨,众人都相对平蹲,只有茅容正身端坐而神态更加恭敬。郭泰("泰"一作"太")见茅容的举止与一般人不同,于是主动与他谈话,并借此机会请求在他家留宿。第二天清晨,茅容杀鸡做饭,郭泰以为这是为自己准备的,过了一会,茅容把做好的鸡给母亲送去了,而他自己与客人一起吃粗食。郭泰于是起身拜谢说:"卿贤乎哉!"郭泰为东汉名士,太原界休(今山西介休)人,字林宗。孤贫好学,善谈论,善于品评海内人物,而无过于偏激之辞。后居家设教,弟子数千人,为太学生领袖,名震京师。见《后汉书·郭太传》。

②士:读书人。这里泛指人才。

③"过冀缺之耕馌者"三句:春秋时晋国人冀缺(即郄缺,因其父芮封冀,故又称冀缺),耕种于冀野,其妻把饭送到田里,夫妻相敬如宾,为臼季所见,荐之于晋文公,文公任命他为下军大夫。后代赵盾为政。谥成子。臼季,即胥臣,春秋晋大夫,字季,因食采于臼,故称臼季。任司空。参见《左传·僖公三十三年》《国语·晋语五》。馌,给耕者送饭。

【译文】

观看茅容避雨的人中,没人知道茅容是个品德高尚的人,而只有郭泰了解他。不是郭泰的观察同众人有什么不同,而是郭泰渴求人才的心思与众人不同。见过冀缺耕田和他妻子给他送饭的人中,没有人知道冀缺是位可敬的人,而只有臼季知道他。不是臼季的所见与众人有什么不同,而是臼季渴求人才的心思与众人不同。

七十二　使人速得为善之利

【原文】

昔柳宗元作《吏商》①,世儒皆深排而力诋之②。以愚观之,宗元之说,责之以吾儒分内之事,诚不逃议论之域也③。若上之人施之以救末流之弊④,岂不犹愈于严刑峻法之禁乎⑤？世儒未可以轻议宗元也。且天下之中人,所以勉于为善者,以其知有为善之利也。圣人之为天下,所以上自公卿⑥,而下至匹夫,一有小善,不终朝而赏随之⑦,亦欲使人速得为善之利也。夫使天下之中人,勉强于为善,而无所邀持歆羡于其间⑧,吾恐其为之之志,未有久而不辍者⑨。夫惟善方形于此,利已得于彼,其善愈博,其利愈大,则天下之凡至于得者,皆将鼓舞奔走⑩,日夜惟善之归矣。何者？均是利也,而此以美名得之,彼以不美名得之;彼之所得者小,而此之所得者大。人岂有不弃恶而趋美、辞小而就大者哉？故宗元之说,未可以轻议也。但不可自吾儒言之。若操赏罚以制天下者,则诚不可不知此言也。世儒于此,又曰为善不可使人有利心。嗟夫!善固不可以利心而为之也,然与其严罚峻刑制之,而终不知为善,孰若以利心诱之⑪,而使之乐于为善耶?敢于刑人罚人⑫,不敢于诱人,愚不知其说也。今天下所患,患无廉士也⑬,然而贪者尝有罚⑭,而廉者未尝有赏也。故作天下之廉,而不以其赏而劝诱之⑮,彼贪者无所慕而为廉也矣。

【注释】

①柳宗元:唐代文学家、哲学家。河东解(今山西运城市解州镇)人,世称柳河东,字子厚。贞元九年(公元793),登进士及第,贞元十二年(公元796),登博学宏词科,授校书郎,转蓝田县尉,迁监察御史里行。与刘禹锡等参加主张革新的王叔文集团,任礼部员外郎。失败后,被贬为永州司马,后迁柳州刺史,故又称柳柳州。与韩愈一同倡导古文运动,其文与韩愈齐名,世称"韩柳",同被列入"唐宋散文八大家"。《吏商》:《柳宗元文集·铭杂题》篇名。在这篇文章里,作者把廉吏为官清正廉洁看作是获取个人利益的资本。他说:"苟修严洁白以理政,由小吏得为县,由小县得大县,由大县刺小州(指担任小州刺史。刺史,官名。其职责为监督各郡,检举不法。),其利月益各倍。其行不改,又由小州得大州,其利月益三之一。其行又不改,又由大州得廉(廉:察)一道。其利月益之三倍,不胜富矣。苟其行又不改,则其为得也,夫可量哉?"

②世儒:社会上的读书人。

③诚:的确。

④末流:指社会上的颓风败俗。

⑤愈:胜过。

⑥公卿:三公九卿的简称。此指执掌国柄的统治者。

⑦终朝:早晨,也可指一整天。

⑧邀持歆羡:求取使人羡慕的好处。

⑨辍:停,中止。

⑩鼓舞:欢跃。

⑪孰若:何如。

⑫刑人:加刑于人,杀人。罚人:处罚人。

⑬廉士:有节操、不苟取的人。

⑭尝:原本作"赏",据文渊本改。

⑮劝诱:劝勉诱导。

【译文】

从前,柳宗元曾写过一篇《吏商》,结果社会上的一些读书人都大加贬斥,极力诋毁他。而在我看来,柳宗元的观点,用我们读书人应做分内的事来指责他,的确无法摆脱让人非议的境地;然而假若掌握权力的人能施行它,用来救治社会上颓风败俗之类的弊病,难道不胜过用严刑峻法去禁止吗?社会上的一些读书人,不可以轻易去批评柳宗元。况且天下的普通人,之所以能尽力去做一些好事,是因为他们知道做好事能得到的利益。圣人在治理天下的时候,上自公卿,下至普通百姓,一旦他们做一点点善事,等不上一天,奖赏就得到了,也是想让这些人能尽快得到做好事的利益。如果让天下普普通通的人,勉强去做些好事,而从中又得不到使人羡慕的好处,我恐怕他们做好事的志向,没有时间长了还不中止的。如果刚在这里做了好事,就在那里获得了利益,而且他的好事做得越多,他获得的利益也越大,那么,天下凡是想通过做好事而达到获利目的那些人,都将为此而欢欣奔走,日日夜夜只想去做好事。为什么呢?同样的是获得利益,然而这里是凭借美好的名声获得的,那里是用不太光彩的名声获得的;在那里获得的利益小,而在这里获得的利益大,人们哪里有不厌弃丑恶而趋向美善、丢开小利而趋向大利的道理呢?所以说对柳宗元的观点,不可以轻易地进行批评。当然这话不应该从我们这些读书人的嘴里说出来。如果是掌握赏罚大权并且统治天下的那些人,就的确不应该不了解柳宗元《吏商》一文中的言论。社会上一些读书人,关于这点,又说做好事不应该使人产生获利之心。唉j好事当然不可以带着利欲之心去做,然而与其用严刑峻法控制百姓,致使他们始终不知道去做好事,为什么不用利欲之心去诱导他们,使他们乐于做好事呢?敢于杀人、处罚人,不敢于诱导人,我不知道这其中的道理是什么。当今天下所忧患的,是没有廉洁之士。然而贪婪者曾受到惩罚,廉洁者却未曾受到奖赏。因此作为天下的廉洁之士,如果[朝廷]不用奖赏手段来劝勉诱导他们,那些贪婪者便不会有所羡慕而去做廉洁的事。

七十三　不能以成败论英雄

【原文】

古之论人者,考其人而不计其功。固有其才可以为而不达①,不及施与既施而中夺者,何可胜数。而中才常人,乘时以功名显者②,世常有之。昔司马子长论李将军为将③,其言哀痛反复,深悲其无成,以谓百姓知与不知④,皆为流涕。至论霍去病⑤,无他美,独天幸不至困绝⑥。若迁者,可谓不以成败论广也。诸葛孔明偃卧隆中⑦,一见先主⑧,便及天下大计,然终身奔走,仅成鼎足之功⑨,而不能兴先汉之业⑩,其视萧相国之佐高祖⑪,诚有间矣⑫;而陈寿以为管萧之亚匹⑬。若寿者,亦可谓不以成败论孔明也。孟子曰⑭:"若夫成功,则天也⑮。"夫成败系天⑯,君子之论⑰,岂可以是而定其贤不肖耶⑱?大夏生植⑲,而丛棘能有所庇;疾风烈雨,大木百围,偃仆而死⑳,秋水时至,沟畎无一溉之功㉑;而岁旱渊竭㉒,九河不足活鱼鳖㉓。物之系其遭如此,唯人亦然。

【注释】

①达:显贵。
②乘时:趁时,抓住机遇。
③司马子长:即司马迁,西汉史学家、文学家。夏阳(今陕西韩城)人,子长是

他的字。司马谈之子。武帝时继其父为太史令，承父志编撰史书。天汉二年（前99），因上书替李陵降匈奴辩解，触怒武帝，被处以宫刑。后任中书令，发愤著《史记》。该书被鲁迅誉为"史家之绝唱，无韵之《离骚》"。李将军：指西汉名将李广，陇西成纪（今甘肃秦安）人。善骑射。文帝时，因击匈奴有功被任为散骑常侍。景帝、武帝时，任陇西、北地等郡太守。智勇善战，匈奴称之为"飞将军"，因之不敢冒犯边境。元狩四年（前119），跟随大将军卫青攻匈奴，因失道被责，自杀。《史记》李将军本传称广死之日"天下知与不知，皆为尽哀"。

④谓：文渊本作"为"。知：认识。

⑤霍去病：西汉将，河东平阳（今山西临汾）人。汉武帝时，官至骠骑将军，封冠军侯。元狩二年（前121），两次率兵大败匈奴，控制了河套地区，开辟了通往西域之路。元狩四年，和卫青再次深入漠北，击败匈奴主力。汉武帝因其功欲为其建造府第，他说："匈奴未灭，无以家为。"

⑥天幸：天赐良机。指运气好，幸运。《史记》霍去病本传："（霍去病）常与壮骑先其大将军（卫青），军亦天幸，未尝困绝也。"

⑦诸葛孔明：即诸葛亮，三国时蜀汉重臣、政治家、军事家。琅邪阳都（今山东沂南）人。复姓诸葛，孔明是其字。汉末隐居隆中（今湖北襄阳），留心世事，号为"卧龙"。建安十二年（公元207），刘备三顾茅庐求教，他为刘备制订了占据荆、益二州，结好西南各族，联合孙权，抗拒曹操，统一全国的战略方针，从此成为刘备的主要谋士。后帮助刘备取荆州，定益州，建立蜀汉政权，任丞相。刘禅即位后，封武乡侯，领益州牧。任内整饬官制，修明法度，发展经济，改善与西南各族关系，五次出兵北伐。后病死于五丈原军中，谥忠武侯。《三国志·诸葛亮传》称其为"识治之良才，管萧之亚匹矣"。偃卧：安卧。隆中：山名。在湖北襄阳区西。汉末诸葛亮曾筑庐居于此。

⑧先主：开国君主。这里是对三国蜀主刘备的称谓。

⑨鼎足：比喻三方并峙，犹如鼎之三足。这里谓魏、蜀、吴三分天下而割据之势。

⑩先汉：西汉。

⑪视：比较。萧相国：指汉初大臣萧何。沛（今江苏沛县）人。初为沛吏。秦末佐刘邦起义。入咸阳，收秦图书律令，掌握了全国山川险要，郡县户口及当时社会情况。楚汉战争中，力荐韩信为大将，并以丞相身份留守关中，向前方输送士卒粮草。汉建国，封鄼侯。协助刘邦消灭韩信等异姓王。定律令，制《汉津》九章。相国，古官名。秦及汉初，其位比丞相还尊贵。高祖：即汉高祖刘邦。

⑫间：差距，距离。

⑬陈寿：西晋史学家。巴西安汉（今四川南充）人，字承祚。少聪敏，师从谯周。仕蜀为观阁令史，入晋为著作郎、治书侍御史。太康间集合三国时官私著作，撰《三国志》，以纪传体例分记魏、蜀、吴三国史事。又撰《古国志》和《益都耆旧传》，编有《蜀相诸葛亮集》。时人称其"善叙事，有良史之才"。管萧：管仲和萧何的并称。两人均为历史上的名相。亚匹：同一流的人物。

⑭孟子：战国时思想家。邹（今山东邹县）人，名轲，字子舆。受业于子思门人，精通诸经。他被认为是孔子学说的继承者，号称"亚圣"。

⑮"若夫"二句,语出《孟子·梁惠王下》。若夫,至于。

⑯系:决定。指某一事物发挥的作用,决定着另一事物的成败得失。

⑰君子:才德出众的人。在这里指孟子。

⑱不肖:不成材,不正派。

⑲大夏:盛夏。生植:生育繁殖。

⑳偃卧:仆倒。

㉑沟畎:田间水道。

㉒渊:深潭。竭:干涸。

㉓九河:禹时黄河的九条支流。这里泛指所有的江河。

【译文】

古代在评论人物的时候,往往只考察这个人的品德才干,而不考核他的功绩。本来以他的才能应该有所作为,而他却没有显达,没有来得及施展才能和那些已经施展了才能但中途被剥夺了权力的人,怎么能数得过来?然而有些中等才能的普通人,由于抓住了机遇,而至功名显达的,世上出是常有的。从前司马迁在评论飞将军李广担任将军时的立身行事方法时,他的语言悲哀沉痛,反复申说,深切地伤悼他功名无成,并说百姓[听到李广死的消息],不论是认识他的还是不认识的,都为他流泪。等到评论霍去病的时候,就没有其他的赞美之词,只说唯独他有天公照应,没有遭遇过大的危险。像司马迁这样的人,可以称得上是不以成败来评论李广。诸葛孔明安卧隆中,一看到先主刘备,就同他谈论到夺取天下的重大计划。然而他终身奔走,仅仅取得了三分天下的功绩,却不能复兴西汉时期的伟业,他同相国萧何辅佐刘邦相比较,的确有些差距;然而陈寿却认为诸葛亮是管仲、萧何一类人物。像陈寿,也可以说是不以成功和失败来评论诸葛亮。孟子说:"至于能不能成功,也还得依靠天命。"事业上的成功与失败,是由天来决定的,这是圣人的观点。怎么能用事业上的成败来判定一个人有没有才干呢?夏季是万物生长繁殖的季节,丛生的灌木得到了庇护;而在疾风暴雨当中,百围的大树也往往会仆倒而死;当秋水到来的时候,田间水道便没有一点灌溉的功效;而大旱之年,深潭都干涸了,江河里都不能养活鱼鳖。万物存亡决定于天,它们的遭遇就是如此,人也是这样。

七十四　民心以先人者为主

【原文】

凡民之心,以先入为主①。先入者既固,则后之继至者,举无足以摇之矣②。盖天下之事,无定形也③。爵人于朝④,以赏善也,而可疑以饰喜;刑人于市⑤,以弃(德)[恶]也⑥,而可疑以作威。兴作之邻于生事也⑦,安静之似于因循也。谓之是可也,谓之非亦可也,无有必然可指之定形也。使人君之于天下,不能有以先入乎其民,而结其信心⑧,则天下于此观其终,后虽有善焉,亦不复以善期之也。

【注释】

①先入为主:指对统治者的评价往往是以最初的印象为主要依据。

②举:全,全都。

③形:形态,模式。

④爵人:以爵位或官职授人。

⑤刑人:杀人。市:闹市区。

⑥德:当作"恶"。否则义欠通顺。译文作"恶"。

⑦生事:制造事端。

⑧结:维系。

【译文】

大凡百姓的心态,[对统治者的评价,]是以最初的印象为主的。最初的印象如果已经牢固,那么以后相继而来的所作所为,都不足以动摇这最初的印象。天下的事情,往往没有固定的模式。在朝廷上以官职授人,是为了奖赏善行,但却有可能被怀疑成了装点喜庆;在闹市中杀人,是为了摒弃恶行,却有可能被怀疑成是滥施淫威。开拓创新同制造事端很相似,清静无为与因循守旧很相似。可以说它对,也可以说它不对,没有一个必然的可以遵循的模式。假使国君统治天下,不能够用最先让百姓接受的印象,来维系百姓对他的崇仰之心,那么天下的百姓,便会凭最初的那种印象来品评国君今后的所作所为,以后即便他推行了善政,也不会有人再用最美好的愿望来期待他。

【原文】

昔者尝怪齐宣王之易牛,与成汤之祝网,本无以异也,然一以为好生,一以为贪得。盖汤之民,其信心先入,而宣王之民,则疑者为主也。疑心胜则设施无是矣。自古及今,以疑信为是非者,不独一事也。亡钺既获,则邻人行动,无或类窃;墙坏失财,则邻人劝筑,反疑于盗⑥。尚有真非真是也哉?故人君有为之始,知夫是非之被于民也,于此时而著;而喜怒之入民也,于斯时而坚。故于斯民无惑心之初,常谨其所发,以一日之为,而结民终身不移之信。故虽役民以筑台,而犹子来以劝趋⑦;植羽以从田⑧,而犹忻忻乎有喜。何则?所可畏者,乃吾之所恃焉者也⑨?

【注释】

①齐宣王之易牛:事出《孟子·梁惠王上》。大意是:有人牵一头牛,准备杀掉后用牛血来衅钟。齐宣王看见后责令用一头羊把它替换下来。孟子对宣王说,我知道大王是不忍心看到那头牛恐惧发抖的样子,但百姓却都以为大王是吝惜那头大牛。齐宣王:战国齐君。姓田,名辟疆。威王子。公元前319——前301年在位。任田婴、储子为相,整饬吏治,发展经济,加强合纵同盟,国势大增。同时广开学宫,招揽天下博学游说之士,提倡学术,优待学者,使齐稷下之学风达于极盛。孟子曾做过齐宣王的客卿。

②成汤祝网：《史记·殷本纪》："汤出，见野张网四面，祝曰：'自天下四方，皆入吾网。'汤曰：'嘻，尽之矣！'乃去其三面，祝曰：'欲左，左；欲右，右；不用命，乃入吾网。'"后以"祝网"为帝王施行仁德之典代称。

③贪得：贪多务得。这里指贪图财利。

④设施：措置，安排。

⑤"亡鈇既获"三句：《列子·说符》：有人丢了斧头，疑心是邻人的儿子偷去了，于是发现他的一举一动都像是偷斧子的。后来斧子找到了，于是又觉得他的一举一动没有一处像偷斧子的了。鈇，通"斧"。无或，无有。

⑥"墙坏失财"三句：典出《韩非子·说难》："宋有富人，天雨墙坏。其子曰：'不筑，必将有盗。'其邻人之父亦云。暮而果大亡其财。其家甚知其子，而疑邻人之父。"

⑦"役民以筑台"二句：语本《诗经·大雅·灵台》。此诗第一章说："经始灵台，经之营之。庶民攻之，不日成之。经始勿亟，庶民子来。"这几句诗的意思是：周文王上应天命，想修建灵台。他刚量好灵台的基址并立上标记，百姓就自觉地干了起来，灵台很快就建成了。尽管文王怕烦扰百姓，告诫百姓不要操之过急，但百姓就像为父亲效力一样，不打招呼就来了。说详朱熹《诗集传》。

⑧"植羽以从田"二句：不详所出。此处只就字面解释。植，树立。羽，羽葆，帝王乘舆上用雉尾制成的饰物，也代指旌旗。田，通"畋"，打猎。

⑨恃：依赖，凭借。

【译文】

从前，[齐国百姓]曾经责备齐宣王在衅钟时用羊来替换牛这件事。[用羊替换牛这件事，]同成汤见人捕鸟时，祈祷鸟不要入网这件事，本来没有什么区别，然而一个被看作是爱惜生命，一个被看作是贪图财利。大概因为商代的百姓，首先接受的是商汤王的一颗诚实的心；而齐宣王的百姓，对宣王的疑虑之心却是最主要的。如果百姓的疑心占了上风，那他的各种措施，便没有对的地方了。从古到今，用怀疑和信赖来作为是非标准的，不只是一件事。丢失的斧头找到了，邻人的举止行动，就没有一点像窃贼的地方了；围墙颓坏后丢失了财物，曾经劝告（丢物之人）修墙的邻人，反而被怀疑成盗贼。难道还有绝对的非和绝对的是吗？所以国君在开始执掌政权的时候，就应该懂得灌输给百姓的是非观念，在这个时候的印象是最明显的；而百姓所感受到的喜和怒，在这个时候的印象也是最牢固的。因此在百姓还没有产生疑心的时候，君王所表达的政见，常常是十分谨慎的，他企图用一时的所作所为，来维系百姓终身不移的信赖。所以，即便周文王役使百姓给他造灵台，他们也如同子女趋从事奉父母一样，不召自来；看到君王树起了旌旗，便跟随着去狩猎，而且还欢快得意，好象自己有了喜事。这是为什么呢？因为那个令人畏惧的人，却又是我们所需要依赖的人。

【原文】

汉王、项羽相与军广武之间①，而汉王数羽十罪②。以负入关之约居其一③。议者谓羽义信不立于天下，是以虽有百战百胜之气，而不救于败，故也。然鸿沟之割④，羽解而东归，良、平一谏⑤，辄背其约而不顾，立围羽于垓下⑥。然则汉王之信义安在耶？以愚观之，汉王之信固有以先入于民⑦；而项王之所以入民者，则无非剽悍祸贼之是先也。

【注释】

①汉王：即秦末农民起义军领袖、西汉王朝的创建者刘邦的封号。公元前206年，项羽入关，以西楚霸王的身份大封诸侯，刘邦被封为汉王，占据巴、蜀、关中之地。项羽：秦末农民起义军领袖。下相（今江苏宿迁）人，名籍，羽是其字。楚国贵族出身。秦二世元年（前209），跟从叔父项梁在吴（今江苏苏州）起义。曾率部在巨鹿之战中摧毁秦军主力。秦亡后，自立为西楚霸王，并大封诸侯王。在楚汉战争中被刘邦击败，垓下突围后，于乌江（今安徽和县东北）自杀。相与：共同。广武：古城名。故址在今河南荥阳东北广武山上。有东西二城，隔涧相对。

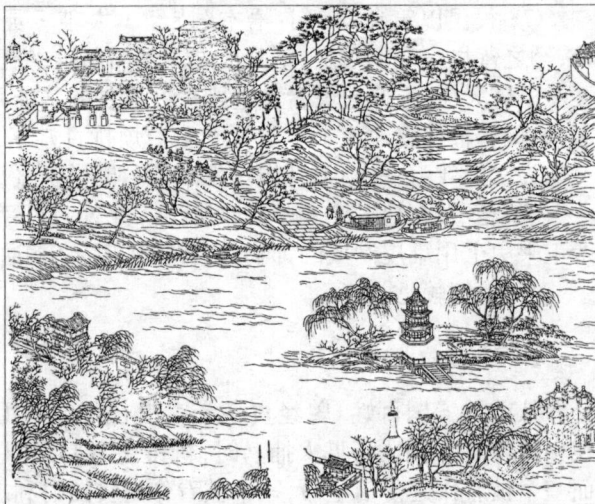

②数：数落，责备。十罪：是刘邦在广武时对项羽使用的一种攻心战，十条罪状详载《史记·高祖本纪》。其第一条罪状是："始与项羽俱受命怀王，曰先入定关中者王之，项羽负约，王我于蜀汉。"下句的"以负入关之约居其一"即指此。

③负：违背。居其一：占据第一。

④鸿沟：又作大沟。战国魏惠王时开凿沟通黄河与淮水的运河。北起荥阳，东经中牟，至开封，折南流至淮阳县南入颍水。东汉后渐淤塞。楚汉战争时，项羽刘邦约定中分天下，以鸿沟为界，西为汉，东为楚。后来人们常以鸿沟比喻界限分明，即源于此。割：分割，划分。

⑤良、平一谏：指刘邦被项羽封为汉王后，刘邦的谋臣张良、陈平认为汉已得天下大半，楚兵又兵疲粮尽，如果失掉这个机会，就会养虎遗患。因此，他们劝说刘邦乘胜追击，消灭项羽。事详《史记·项羽本纪》。谏，规劝。

⑥垓下：古地名。在今安徽灵璧县东南。

⑦固：本来。

⑧剽悍：轻捷勇猛。祸贼：作祸残害。

【译文】

刘邦、项羽共同在广武一带驻军,刘邦数落出项羽十大罪状,把违背入关盟约作为其中的第一条。评论者认为,项羽的信义没能在天下立住脚,即便他有百战百胜的气概,也不能挽回他的失败,就是这个缘故。然而等到鸿沟划界以后,项羽撤离了广武而回到东方,张良、陈平一规劝,刘邦就背弃了他曾参与订立的盟约而不顾信义,立即把项羽包围在垓下。那么刘邦所谓的信义又在哪里呢?依我看来,刘邦的信义,本来就只是他最先留给百姓的印象;而项羽所给予百姓的最先印象,却无非是轻捷勇猛、制造祸乱、残害生灵。

七十五　事不足挠不足为忧①

【原文】

昔扁鹊之见桓侯②,知病在腠理③;医(和)[缓]之见(秦伯)[晋侯]④,知病在膏肓⑤。夫在腠理则可治,在膏肓则无及矣。然方其病在腠理也⑥,人虽告之,恬然不以为意者⑦,彼固以为不足忧也。不知腠理之不足忧,乃为他日膏肓之大可忧。天下之事,亦何以异此?

【注释】

①事不足挠为不足忧:指国家的政事不发展到混乱的地步是不值得忧虑的。作者主要是批判这种倾向的。挠,扰乱。

②扁鹊:战国时医学家。齐渤海(今河北任丘)人。能医治妇科、五官科、小儿科等多种疾病。桓侯:据《史记》注,当是齐侯田和之子桓公午。

③腠理:中医指皮下肌肉之间的空隙。

④医和之见秦伯:作者引史实有误。据《左传·成公十年》载,"医和"当为"医缓","秦伯"当为"晋侯"。译文从《左传》。医缓,春秋时秦国良医。缓为名,不知姓氏。晋景公病,派人到秦国求医,秦桓公派医缓前往医治。晋侯,即晋景公。

⑤膏肓:中医以一心尖脂肪为膏,心脏与膈膜之间为肓。后来用来代指难治的重病。

⑥"然方其病在腠理也"三句:据《史记》扁鹊本传载,扁鹊拜见齐桓侯时,对桓侯说:"君有疾在腠理,不治将深。"桓侯说:"寡人无疾。"恬然,安然。

【译文】

从前扁鹊在拜见齐桓侯时,知道桓侯的病在皮肤和肌肉之间;医生缓在拜见晋景公时,知道景公的病在心尖与胸膈之间。疾病在皮肤和肌肉之间,尚可以治疗;等疾病到了心尖和胸膈之间,就来不及治疗了。然而当齐桓侯的病还在皮肤和肌肉之间时,医生虽然告诉了他[不及时治疗,病情会恶化],他仍安然处之而不介意的原因,是他本来就认为这不值得忧虑。他不晓得病在皮肤和肌肉之间的他认为不值得忧虑的轻微疾病,正是日后深入心尖和胸膈之间的最值得忧虑的重症。天下的事情,与此相比又有什么不同呢?

【原文】

昔者陈侯以宋、卫之治而惧之①,以郑之弱而忽之②,遂以郑为何能为而不许其成③。及兵连祸结,不发于所惧之宋、卫,而发于所忽之郑。是不足忧者之误陈也④。秦人以匈奴为强而备之⑤,以百姓为弱而轻之,遂虐用其民而草菅其生⑥。及一败涂地,不在于所备之匈奴,而在于所轻之百姓。是不足忧者又误秦也。天下之祸,莫大于视以为不足忧。视以为不足忧者,皆他日之所不可支者也⑦。今天下有大患四⑧,是也。然兵财之患,上之人焦心而劳思⑨,下之人进计而献议,日夜惟兵财之忧。至于冤民奸吏⑩,则漫不之省⑪。此愚深所未喻也。意者以为吏民之弱⑫,为不足忧也?

【注释】

①陈侯:指春秋时陈国国君。开国君主胡公妫满,为周武王灭商后所封,建都宛丘(故城在今河南淮阳县)。公元前478年为楚所灭。宋卫:春秋时宋国和卫国的并称。是陈周围的两个小国。治:指政治清明,社会安定。

②郑:春秋国名。公元前806年,周宣王封其庶弟姬友(即郑桓公)于郑,都城在今陕西华县。周幽王时,郑国东迁至东虢与郐之间。郑武公时攻灭郐和东虢,建立郑国,都新郑,辖境在今河南省中部。公元前375年为韩国所灭。

③遂:因而。成:和解,媾和。

④误:妨害,败坏。

⑤秦人:这里指秦始皇及其继承者。匈奴:亦称胡。我国古代北方游牧民族之一。战国时游牧于燕、赵、秦以北地区。其族随世异名,因地殊号。战国时始称匈奴和胡。东汉光武建武二十四年(公元48)分裂为南北二部。北匈奴在公元一世纪末为汉所败,部分西迁。南匈奴归附汉,西晋时曾建立汉国和前赵国。

⑥虐:虐待,过度役使。草菅其生:视生命为草木。

⑦支:抗拒。

⑧大患四:这四大忧患,不知何指。原本陈春按语:"'今天下有大患四',下有脱文。"

⑨焦心劳思:心里忧急冥思苦想。

⑩冤民奸吏:含冤蒙屈的百姓,枉法营私的官吏。

⑪漫:全。省:察看,了解。

⑫意者:抑或,料想。

【译文】

春秋时陈国的君主认为宋国、卫国社会安定、政治清明而惧怕它们;认为郑国势力较弱而轻视它,并因此认为郑国不会有什么作为而不许它媾和。等到后来战祸接连不断的时候,这些战祸竟不是发自他们所惧怕的宋国和卫国,而是发自他们所忽视的郑国。正是这原来认为不值得忧虑的郑国,毁坏了陈国。秦朝统治者认为匈奴很强大,因而去防备它,认为百姓是弱小的而轻视它,并且虐用百姓,视百姓生命如同草木一样。等到秦王朝被打得一败涂地的时候,这打击它的力量不在于它所防备的匈奴,而在于它所轻视的百姓。正是这些原来认为不值得忧虑的百姓,毁坏了秦国。天下的祸患,没有比看起来以为不值得忧虑的事情再大的了。看起来以为不值得忧虑的事情,都是日后不能抗拒的灾难。现在天下存在的四大忧患,正是这种情况。然而对于兵源和财源的忧虑,身居高位的国君冥思苦想心急如焚,在下的臣子进计献策,日日夜夜忧虑的只有兵源和财源。而对那些蒙冤含屈的百姓和那些枉法营私的官吏,却漠然处之完全不去了解。这是我不能深刻理解的问题。我猜想执政者也许认为那些枉法营私的官吏和那些蒙冤含屈的百姓太软弱,因而不值得忧虑?

【原文】

呜呼!腹心之隐疾①,烈于溃血之痈②;臣仆之窃伺,惨于穴隙之盗;贲育之不戒③,则童子之不能抗④;鲁鸡之不期,则蜀鸡之不支⑤。吏民之微弱,诚有大可忧也。试摭前事以言之⑥:曹参不扰狱⑦,丙吉不按赃吏⑧。

【注释】

①腹心:指要害部位。

②痈:毒疮。

③贲育:战国时勇士孟贲和夏育的并称。

④童子:未成年男子。

⑤鲁鸡之不期,蜀鸡之不支:语出韩愈《昌黎集》十二《守戒》。原本鲁鸡作"鲁难",蜀鸡作"蜀汉"。今据文渊本改。鲁鸡:大鸡。不期:未经约定,这里指没有戒备。蜀鸡,亦大鸡。

⑥摭:拾取,摘取。

⑦曹参:西汉臣。沛县(今江苏沛县)人。初为沛狱吏。秦末佐刘邦起兵,屡立战功。汉立封平阳侯。为齐相九年。惠帝时,继萧何为丞相,以无为而治,一遵萧何之法。不扰狱:曹参在起身就任汉廷丞相时,嘱咐接替他担任齐相的人说:"以齐狱市为寄,慎勿扰也。"他的继任说:"治无大于此乎?"曹参说:"夫狱市者,所以并容也,今君扰之,奸人安所容乎?"狱,即,狱市。指教唆犯罪、包揽诉讼、资助盗贼的场所和投机倒把、用私斗称欺骗顾客的场所。

⑧丙吉:西汉鲁国(今山东曲阜)人。字少卿。宣帝时,封博阳侯,任丞相。以知大体见称。不按赃吏:指丙吉居相位后,尚宽大,好礼让,属吏有罪赃,不称职,就令其休长假,而不查办。按,查办,举劾。

【译文】

唉!隐藏在要害部位的疾病,比溃烂出血的毒疮更厉害;家中奴仆暗地里的打算偷盗,比撬门挖墙的盗贼更加狠毒;大力士孟贲、夏育如果不戒备,即使遇到未成年少年的袭击,也不能抵抗;鲁地的大鸡如果不预防,即使遇到蜀地的大鸡的进攻,也不能抗拒。枉法营私的官吏和蒙屈含冤的百姓虽然看起来很软弱,却真正是大可值得忧虑的。试着拾取前代的事例来说明这个道理:汉代的曹参不干扰狱市,是为了让奸邪之人能有个寄寓的场所,以防他们无处容身而扰乱社会治安。丙吉不查办贪官,[而令其休长假,]为的是掩过扬善。

七十六　不可使人情无所顾

【原文】

小人之情,最不可使之无所顾也①。小人而无所顾,则其心也不忸怩于为恶②,而安于犯天下之不义;忿戾而不可解③,而无复冀君子之恕己④。故夫疾不仁者⑤,不可已甚;而恶恶者⑥,不可太明是非:为是姑息也,将犹以全之也。

【注释】

①顾:顾念,顾忌。
②忸怩:羞惭,不以做坏事为耻辱。
③忿戾:愤恨。
④冀:希望。
⑤疾:憎恨。不仁:无仁厚之德的人,残暴。
⑥恶恶:前个“恶”字为动词,厌恶,憎恶。后一个“恶”字为名词,指做坏事的人。

【译文】

小人的情理,最不能使他们没有所顾忌的东西。小人如果没有可顾忌的东西,他的心里就不会对做坏事感到羞耻,而心安理得地去干天下那些不合乎道义的事;愤恨的情绪得不到发泄,就不再希望统治者能宽恕自己。所以憎恨那些无仁厚之德的人,不能够太过分;而讨厌那些干坏事的人,不可以把是非分野搞得太清楚:这样做为的是宽容他们,并打算使他们成为完人。

【原文】

古之用兵者,围师勿遏,穷寇勿追①。岂以为不可遏且追耶?盖穷而追之,则示之无生意,以厚其毒②;围而遏之,乃所以决其怒,而泄其无聊之谋也。岂惟用兵,君子之治人,亦乌可使之厚其毒而泄其无聊之谋也哉③!昔者秦穆公赦盗马者三百人④,而又饮之以酒;韩之战,出穆公于难者,皆盗马者也。子孔为载书⑤,而国人弗顺,将诛之。子产焚书而郑众以定。夫盗不可以纵也,而饮之则盗恶;书以治众也,而焚之则政替⑥。然则秦、郑赖焉,何也?盖负不宥之罪者⑦,遭非意之幸;蕴欲逞之怒者⑧,服不争之化。

【注释】

①围师勿遏,穷寇勿追:语出苏轼《大臣论下》。围师,被包围的军队。遏,阻击,堵截。穷寇,陷于绝境的敌人。

②厚:增加。毒:仇恨。

③无聊:没有用处,无可奈何。

④"昔者秦穆公赦盗马者三百人"五句:详见《吕氏春秋·爱士篇》和《史记·秦末纪》。秦穆公,春秋时秦君。嬴姓,名任好,一作缪公。公元前659——前621年在位。任用百里奚、蹇叔、由余等重要谋臣,国势日强,战败晋国,攻灭梁、芮二国,并驱逐陆浑戎、西戎势力,"益国十二",称霸西戎。韩之战,指秦、晋两国于秦秋鲁僖公十五年在韩原(故城左山西芮城,黄河以东。一说在陕西韩城西南)进行的战争。

⑤"子孔为载书"四句:事载《左传·襄公十年》。子孔,春秋郑简公相,因专权为简公所杀。载书,盟书,诸侯会盟时所订的誓约文件。子孔的"载书",应当是指一种加强执政者权力、限制大夫干政的一种法律条文。国人,原指住在大邑里的人,这里是指郑国的士大夫。子产,公孙侨,字子产,谥成子。郑国执政大臣,历简公、定公、献公、声公四朝。执政期间,曹实行改革,整顿田地疆界和沟渠,发展农业生产,又作丘赋,铸刑书,择贤用能,听取批评意见。增强了国力,刷新了政治,使晋、楚不能加兵于郑

⑥政替:政令松弛

⑦宥:宽恕。

⑧蕴:凝聚,蓄积。

【译文】

古代真正懂得用兵作战的人,都知道对于被包围的军队,不要进行阻击堵截;对于陷入绝境的敌人,不要追追得太急。难道会以为这样的敌人是堵截不住、追赶不上的吗?大概是因为已经陷于绝境的敌人,如果还要进一步追逼它,就等于示意他们已经没有生还的希望,因而增加了他们的仇恨;敌人已经被包围了,如果还要去阻击堵截它,就相当于一种打开敌人愤怒闸门的办法,并且泄露了自己已经无可奈何的计谋。岂止是用兵打仗,统治者治理百姓,也不能使他们增加对自己的仇恨,从而泄漏自己无法可施的计谋呀!从前秦穆公赦免了盗窃他的马匹的岐山下的百姓三百多人,而且还赐给他们酒喝;后来在秦晋韩之战中,从大难之中抢救出秦穆公的,全都是那些盗窃他马匹的人。郑国的当权者子孔制订载书,但住在城里的那些士大夫不听从,子孔便准备杀掉他们。子产于是劝说子孔烧掉了载书,郑国的百姓这才安定下来。对盗贼是不应该放纵的,给他们喝酒,更是助长恶行;载书是用来治理百姓的,烧掉它就会导致政令的松弛。然而秦国和郑国却凭这种做法得到了好处,这是为什么呢?大概是因为,背上了不能宽恕之罪的人,遇到了意想不到的幸运;蓄积着满腔怒火而想要发泄的人,顺服于没有激烈斗争的感化。

【原文】

彼小人之为奸也①,亦非不知负天下不美之名,而又有以来君子之所不赦也。唯自知其负天下不美之名,故赦之则犹有所愧,暴之则不自惜;知君子之不赦己,故宽之则庶几于自新②,急之则竟其自绝之志。为君子者,不能少忍以徐伺其变,而乃锻炼维策之以稔其顽③。则小人之无所顾也,其罪岂专于小人哉④?亦君子者成之也。

【注释】

①奸:邪恶的行为。
②庶几:也许可以。表示希望或推测之词。
③锻炼:指罗织罪名,陷人于罪。维策:纲纪,法律条文。稔:即稔成,促成。
④专:独一。

【译文】

那些小人们做了坏事,也不是不知道自己已背上了天所不齿下的恶名,而又有过自做坏事以来统治者就没赦免自己的经历。正因为他们知道自己已背上了天下的恶名,所以如果赦免他们,他们还会感到内疚;而如果粗暴地去对待他们,他们就不会珍惜自己的名声。因为他们知道统治者不会赦免自己,所以这时反而宽大的对待他们,他们也许还可以改过自新;而急苛地对待他们,他们就会自始至终怀着我行我素的心理。作为统治者,不能有少许的忍耐心去慢慢地等待他们的转变,却去搬弄法律条文,罗织罪名,反而促成了他们的顽固不化。那么,小人无所顾忌地去干坏事,他们的罪过,难道责任仅仅在他们自己身上吗?这也可以说是统治者促成的。

七十七　为治者当权衡利害

【原文】

利不十者不易业,功不百者不变常①。贤君之治天下,而或至于易业变常者②,亦权其利害之轻重而已。是故缇萦纳身以赎父罪③,文帝为之变治④;王缙削爵以请兄⑤,肃宗为之推恩⑥。夫汉唐之主,岂欲挠不刊之典⑦而悦女子、辅臣之意哉⑧!盖子弟之愿获伸,则孝弟之风浸广⑨,忠顺之俗始成。挠不刊之典,而可以成忠顺之俗,广孝弟之风,其利害孰轻而孰重耶?

【注释】

①常:这里指法典、法度。
②至于:犹即使是,即便是。

③缇萦:复姓淳于,西汉时人。父淳于意官太仓令,无子,有女五人,缇萦最小。文帝时,淳于意有罪,当处以肉刑,骂其女曰:"生子不生男,缓急非有益。"缇萦悲泣,随父至长安,上书愿入身为官婢,以赎父罪。文帝为之感动,并因而免除了淳于意的肉刑。详见《史记·孝文本纪》、刘向《列女传·齐太仓女》。

④治:规矩,法令。

⑤王缙:唐文学家,祖籍太原祁县(今山西祁县东南),其父迁居蒲州(今山西永济市西),遂为河东人。字夏卿,大诗人王维之弟。少好学,以文章著名。累授侍御史、武部员外郎。以功加宪部侍郎,入朝为国子祭酒,后曾两度入相,官终太子宾客。安禄山军陷长安时,王维曾受伪职,乱平当治罪,王缙愿削官爵为其赎罪。王维为此得到唐肃宗的特别宽宥,免罪复官。

⑥肃宗:即唐肃宗李亨。玄宗之子。公元756—761年在位。安史乱起,玄宗逃往四川,他即位于灵武。在位期间曾一度收复长安、洛阳等地,初平天下。后猜忌将帅,重用宦官,使史思明得以死灰复燃,祸乱再起。宝应元年(公元762),李辅国等杀张皇后,拥立太子李豫为帝(即唐代宗),他惊吓而死。推恩:或曰推爱,谓将己之所爱,推及他人。

⑦挠:干扰,阻挠。不刊之典:不容更改的法典。

⑧辅臣:辅弼之臣,后多用以称谓宰相。

⑨孝弟:指孝敬父母,顺从兄长。这是儒家思想核心"仁"的重要内容。浸广:逐渐扩大推广。

【译文】

获利如果不达十倍,不能改变事业;功效如果不达百倍,不变更日常法度。贤明的国君在治理天下的时候,有时即使改变了事业,变更了法度,也不过是因为已经权衡了利害的轻重罢了。因此汉代的女子缇萦愿意入身官府为奴来抵赎她父亲的罪行,汉文帝为此而改变了规矩;唐代的宰相王缙请求削去自己的官爵以减轻对兄长王维的处罚,唐肃宗为王缙而把恩惠赐给了王维。汉、唐的这两位君主,难道想扰乱不容轻易更动的法典去取悦一位女子和宰相吗?大概是因为子弟的心愿得到了满足,孝悌的风气就会逐渐扩大推广,忠义孝顺的风俗才能逐渐形成。虽然一时扰乱了不容更动的法典,却可以自此形成一种忠义孝顺的习俗,并推广孝悌仁爱的风尚。它们的利害,那个轻那个重呢?

【原文】

遇乡人之长者,则必俯①伏而拜之;长者仇其父,遇拔刃而追之。轻重先后之序,不得不然也。

【注释】

①俯伏:俯首伏地,表示极端崇敬。

【译文】

如果遇到乡里的长辈,就一定要低头俯身地拜见他;长辈如果是自己父亲的仇敌,就一定要拔出刀子追杀他。这是由于轻重先后的顺序,而不得不这样。

七十八　理在人心随境而见

【原文】

理之在人心①,犹元气之在万物也②。一气之春,播于品汇③。其根其茎,其枝其叶,其华其色,其芬其臭,虽有万不同,曷尝有二气哉?理之在人心,遇亲则为孝,遇君则为忠,遇朋友则为义,遇寇仇则为勇。随一事则得一名,名虽至于千万,理未尝不一也。气无二气,理无二理。然物得气之偏④,故其理亦偏;人得气之全,故其理亦全。

【注释】

①理:中国哲学史上通常指原理或规律。先秦时期所说的理,一般指万物分散之理。但孟子却把理看成是一种精神状态,"心之所同然者何也?谓理也,义也。"(《孟子·告子》)认为理是人性中所共有的东西。在这一点上,孟子又把它看成"气",认为它是"集义所生",积聚于人性中的善端。孟子的理,今天的对应词语便是品德和情操。作者这里基本上遵从孟子对"理"的看法,但由于受程朱理学的影响,有时又把理看作是宇宙的本原,所以文中又有"理亦偏","理亦全"之说。

②元气:中国哲学史上指构成宇宙的原始物质,或指阴阳未分之气。这里是指维持生物的生理功能的基本物质与活动能力。

③品汇:事物的品种类别。这里指不同种类的植物和每种植物的不同部位。

④偏:一部分。

【译文】

原理在人心里,就如同元气在万物当中。元气到了春天,就会分布到各类植物当中去。它们的根、茎、花、颜色、香气、臭味,即使有万千种不同,又何尝有过两种元气呢?道理在人心里,遇到父母就做了孝子;遇到国君,就做了忠臣;遇到朋友,就做了义友;遇到寇仇,就做了勇士。跟从一种事物,就得到一种名称,名称即使多到成千成万,原理又何尝不是一个。元气没有两种元气,原理没有两种原理。万物得到的只是部分元气,所以它们的原理也是片面的;人得到的是元气的全部,所以他的原理也就全面。

【原文】

自古号为知人者,则亦因其一善而推之。是以见其孝而信其忠,闻其义而知其勇。(吕)[李]夷简荐徐晦曰①:"君不负杨临贺②,肯负国乎?"唐太宗之托李勣勋曰③:"公往不负李密④,肯负朕乎?"诚以忠孝一根,义勇一源。未有能孝而不能忠、能勇而不能义。孔门之中,曾参、闵子骞以孝名⑤。彼其得名,岂不能为忠为勇乎?

三圣之中⑥,伯夷以清名⑦。彼其易时,岂不能为任为和乎?

【注释】

①李夷简:唐宗室。字易之。以助平朱泚功,诏拜元光华州刺史。后弃官,擢进士第,中拔萃科,调蓝田尉,迁监察御史。元和时官至御史中丞、检校礼部尚书。贞元十三年(公元797),召为御史大夫,进门下侍郎、同中书门下平章事。穆宗时,任检校左仆射兼太子少师,分司东都。为官清廉。"李夷简",原本作"吕夷简",据《旧唐书·徐晦传》改。徐晦:唐宪宗时人。性强直,素为杨凭知赏,擢第授官,皆杨凭所荐。杨凭后被贬为临贺尉,亲友没有敢去为他送行的,徐晦独送至蓝田与别。御史中丞李夷简推荐其为御史,徐晦谢曰:"生平不践公门,公何从取之?"夷简曰:"君不负杨临贺,岂负国乎?"累官至礼部尚书致仕。以刚正不阿著称。

②杨临贺:即杨凭,因曾官临贺尉,故称。祖籍弘农(今河南灵宝),后迁居于吴(今江苏)。字虚受,一字嗣仁。大历中登第。累官至湖南、江西观察使。居位奢侈,性情简傲,接下轻慢,人多怨之。元和四年(公元809),入为京兆尹。为御史中丞李夷简所劾,贬临贺尉,官终太子詹事。

③唐太宗:即李世民,公元626——649年在位。唐高祖李渊次子。隋末劝父起兵,佐之代隋建唐,以功封秦王,任上书令。武德九年(公元626),发动"玄武门之变",杀兄建成,夺太子位,不久受禅为帝。在位任贤纳谏,励精图治。推行均田制、租庸调法和府兵制;发展科举制;施恩威于边境,嫁文成公主于吐蕃赞普松赞干布,加强汉藏联系,使得国昌民富,史称"贞观之治"。托:嘱托;委托。指唐太宗临终前委托李勣善事幼主李治事。详见《新唐书·李勣传》。李勣:唐曹州离狐(今山东东明)人。本姓徐氏,名世勣,字懋功。李氏,为唐王室所赐。高宗时,为避太宗偏讳,故单名"勣"。隋末从翟让起兵反隋,后为李密部将,以功封东海郡公。战败后归降唐朝,任右武侯大将军,封曹国公,后从李世民镇压窦建德、刘黑闼等起义军。贞观三年(公元629),又与李靖出击东突厥,因功封英国公,守并州十六年。高宗时官至司空。

④李密:隋末瓦岗军首领。京兆长安(今陕西西安市)人,字玄邃,一字法主。大业九年(公元613),参与杨玄感起兵,为其谋主,后又取得翟让信任,不久又取得起义军的领导权,称魏公,年号永平。后为王世充所败,入关降唐。不久因反唐被杀。李勣表请收葬,发丧行服,备军之礼,并大具威仪,三军皆缟素,葬于黎阳山南五里。

⑤曾参:春秋鲁国(今山东曲阜)人,孔子弟子。字子舆,以孝行见称。注意内省修养,提出"吾日三省吾身"的修养方法。后世儒家尊其为"宗圣"。闵子骞:春秋鲁国(今山东曲阜)人,名损。孔子弟子。在孔门中,以德行和颜渊并称。孔子称赞说:"孝哉闵子骞! 人不间于其父母昆弟之言。"

⑥三圣:三位圣人。说法不一:一指尧、舜、禹。二指夏禹、周公、孔子。三指伏羲、文王、孔子。四指文王、武王、周公。但无论哪种说法都未言及伯夷,不知此说何据。

⑦伯夷:商末孤竹国(今河北卢龙东)君长子。墨胎氏,名允。其父生前欲立其弟叔齐。父死,叔齐让位给他。他不受。后闻周文王善养老,与叔齐投周。武王

伐纣,他与叔齐叩马谏阻。周灭商后,他们隐于首阳山,不食周粟而饿死。

【译文】

古代那些号称知人善荐的人,也只是因为他人有一方面的长处而去推荐他的。因此看到他们的孝弟行为就相信他们会忠于朝廷;听说到他们对朋友很讲信义,便知道他们在敌人面前会很勇敢。唐代的李夷简荐举徐晦时说:"您既然没有对不住杨临贺,难道能对不住国家吗?"唐太宗委托李勣服侍太子(唐高宗)时说:"您从前没有对不住李密,现在能对不住我吗?"确实因为忠和孝是一条根,义和勇是一个源头。世上没有能够行孝弟之道而不能对国君竭尽忠诚的人、能够英勇对敌而不能对朋友讲信义的人。在孔子的门徒中,曾参、闵子骞以孝闻名。他们得到了孝道的名声,难道不能成为忠臣和勇士吗? 三位圣人中,伯夷以清廉著名。他如果处在另一个时代,难道不能去担当重任,而做一名顺应时代潮流的人吗?

第十二卷

七十九　人之才有幸与不幸

【原文】

人之言曰："徇时者通①，忤时者穷②。"是说然矣。然附丁、傅者③，皆贵于哀帝之朝④，而朱博以丁、傅败⑤；献符命者⑥，皆侯于新室之世⑦，而刘棻以符命诛⑧。徇时者果通乎？宣帝好刑名⑨，而黄霸以宽平见用⑩；武后好酷吏⑪，而徐有功以仁恕见贤⑫。忤时者果穷乎？盖尝论之，人才之在天下，其于遭时遇主，盖有幸有不幸，未可以是而论其能否，定其贤不肖也⑬。人皆谓虎圈啬夫利口喋⑭，所以不见用于文帝⑮；不知陈平钱谷决狱之对⑯，其去于啬夫几何也？啬夫以能对见沮⑰，陈平以能对见善⑱。非有幸有不幸欤？人皆谓亚夫刚劲不屈⑲，故不得为少主之臣⑳。不知周昌之木强而傅赵王㉑，其异于亚夫几何也？亚夫以不屈见诛㉒，周昌以不屈见用。非有幸有不幸欤？

【注释】

①徇时：顺从时代，跟随形势。通：指处境顺利，官运显达。

②忤时：与时势相抵触，违逆潮流。穷：困窘，仕途不得志。

③丁傅：丁太后与傅太太后的并称。丁为汉哀帝刘欣的生母，傅为哀帝祖母。哀帝朝，二太后擅权，朝臣多依附。

④哀帝：即汉哀帝刘欣，西汉皇帝，公元前7——前1年在位。在位初，尚躬行俭约，政由己出，罢王莽，以师丹为大司马，天下望治。后宠幸佞臣董贤，改号为"陈圣刘太平皇帝"。社会危机日深，百姓饥馑流离，西汉王朝遂走上崩溃之路。

⑤朱博：西汉杜陵(今陕西西安市长安区)人，字子元。成帝时，累迁冀、并二州刺史，入为左冯翊，网络张设，敢于诛杀。哀帝即位，拜御史大夫，代孔光为丞相，封阳乡侯。后因附傅晏(傅太太后的侄，哀帝皇后的生父)罪，下廷尉，自杀。

⑥符命：古时将所谓"祥瑞"的征兆附会成君主得到天命的凭证，叫作"符命"。

⑦新室：公元八年，王莽代汉称帝，国号曰新。后因此称其王朝为"新室"。

⑧刘棻：西汉经学家、目录学家刘歆之子，从西汉辞赋家扬雄学作奇字。王莽始建国二年(公元10)，甄寻作符命，言孝平皇后(王莽女)当为寻妻。莽怒，收寻，敕连棻，莽并杀之。

⑨宣帝：即刘询，西汉皇帝，字次卿，武帝曾孙。公元前74——前49年在位。

其祖父戾太子巫蛊之祸后,父母皆遇害,自幼长于民间,深知百姓疾苦。昭帝死,他为霍光所立。在位期间,既重吏治,又好黄老刑名之学。励精图治,任用贤能,贤相良吏辈出;减免田赋,发展生产,人民安居乐业;置西域都护,使匈奴呼韩邪单于臣服。刑名:战国时以申不害为代表的学派,主张循名责实,慎赏明罚。后人称之为"刑名之学",亦省作"刑名"。

⑩黄霸:西汉淮阳阳夏(今河南太康)人。少学律令,喜为吏。武帝末为侍郎谒者,补左冯翊,河东均输长。宣帝时,先后任扬州刺史、颍川太守、御史大夫、丞相等职,封建成侯。任政期间,外宽内明,重视农桑。宽平:谓执法宽仁公平。

⑪武后:即武则天。公元690——705年在位。并州文水(今山西文水)人,自名曌。初为唐太宗才人,高宗即位,被立为皇后。参议朝政,与高宗并称"二圣"。中宗即位,临朝称制。后废中宗立睿宗,仍握大权。公元690年废睿宗,自称神圣皇帝,改国号为周,改元天授,史称"武周"。神龙元年(公元705)中宗复位,上尊号为则天大圣皇帝。武则天掌政期间,任用酷吏,屡兴大狱,晚年更加豪奢专断,颇多弊政,但基本上保持了唐前期之强盛。酷吏:滥用刑法残害人民的官吏。

⑫徐有功:唐偃师(今河南偃师)人,名弘敏,以字行。举明经,累补蒲州司法参军。为政宽仁,累迁司刑丞。武则天行酷政,酷吏猖獗,有功屡次冒着惹怒女皇的危险诤谏,护免数十家性命。仁恕:仁爱宽容。

⑬不肖:不贤,不成材。

⑭"人皆谓虎圈啬夫利口喋喋"二句:据《史记》张释之本传载,张释之跟随汉文帝视察虎圈。文帝问上林尉各种禽兽的账目,问了十余次,上林尉都没有回答上来。而虎圈啬夫替上林尉回答得比较具体。于是文帝命令张释之拜啬夫为上林尉,张释之说:"今陛下以啬夫口辩而起之,臣恐天下随风靡靡,争为口辩而无其实。"文帝觉得张释之说得有理,于是没有提拔啬夫。虎圈,关养禽兽的场所。啬夫,掌管虎圈的小吏。利口,能言善辩。喋喋,形容说话多。

⑮文帝,即汉文帝刘恒。刘邦之子。公元前180——前157年在位。初为代王,后周勃等诛诸吕,迎立为帝。在位期间实行"与民休息"的政策,提倡节俭,减免田赋、徭役,发展农业生产;削弱诸侯王势力,加强中央集权;迁移民、粟入塞下,加强抵御匈奴的力量。西汉王朝由此呈现出安定繁荣的景象,与景帝时期并称"文景之治"。

⑯陈平钱谷决狱之对:据《史记》陈平本传记载,汉文帝即位后,问右丞相周勃一年内国家的诉讼案件的数量和钱粮收支的状况,周勃回答不上来,又问左丞相陈平,陈平回答说:"有主者。"文帝说:"主者谓谁?"陈平说:"陛下即问决狱,责廷尉;问钱谷,责治粟内史。"陈平,西汉臣,阳武(今河南原阳)人。少家贫,好读书。秦末跟从项羽入关,任都尉,不久归顺刘邦,任护军中尉。楚汉战争中,佐刘邦败项羽。汉立,封曲逆侯。刘邦被匈奴围于平城(今山西大同市东北),他出秘计使之脱险。历任惠帝、吕后丞相。吕后死,他与周勃等以计诛诸吕,迎立文帝,任丞相。钱谷,钱币、谷物。这里指国家的收入和支出之事。决狱,审理和判决刑事案件。

⑰沮:诋毁,诽谤。

⑱善:赞美,褒扬。

⑲亚夫:即周亚夫,西汉沛县(今江苏沛县)人,周勃子。初封条侯。文帝时,

为防止匈奴入侵,他以河内守为将军,防守细柳(今陕西咸阳市西南),军令严整。文帝来慰劳军队,其卫队不能进军营,并且只按军礼迎送。景帝时,任太尉,平定吴楚之乱,迁为丞相。后以其子私买御物下狱,绝食而死。不屈:不屈服,不卑下。

⑳不得为少主之臣:不能做少主的臣子。少主:指汉景帝太子刘彻(汉武帝)。周亚夫反对废栗太子刘荣而另立太子刘彻,又反对封王皇后(刘彻的母亲)的哥哥王信为侯,所以景帝认为周亚夫将不利于继位人刘彻。事详《史记·绛侯周勃世家》。

㉑周昌:西汉沛县(今江苏沛县)人。秦时为泗水卒史。秦末农民战争中归顺刘邦,并跟从其入关破秦,任中尉,迁御史大夫,封汾阳侯。为人坚忍质直。刘邦封其爱子如意为赵王,但怕自己死后吕后加害如意,特派周昌为赵相以便护卫如意。吕后鸩杀赵王后,周昌托病不上朝,三年后去世。事详《史记·张丞相列传》。木强:质直刚强。傅:辅佐。这里指作赵王如意的相。

㉒诛:惩罚。

【译文】

人们都说:"能顺应形势的人,官运就亨通;而违逆潮流而行动的人,仕途就坎坷。"这说法本是对的呀。然而,依附于丁太后、傅太太后的那些人,在汉哀帝时大都显贵了,可是朱博却因为依附于丁太后、傅太太后而失败了;献纳符命的人,在王莽统治的新朝都被封了侯爵,可是刘棻却因为献纳符命而被杀了。能顺应形势的人,果真都是官运亨通吗?汉宣帝喜好刑名之学,黄霸却因为执法宽仁公平而被重用;武则天喜欢酷吏,徐有功却因为仁爱宽容而被器重。逆潮流而动的人,果真就没前途吗?这里尝试着论述一下:人才在世上,即使是赶上好的时势,遇到贤明的君主,也是有些人幸运,有些人不幸运,不能因为这一点来评定他们有没有才能,判定他们是不是贤明。人们都说那位管理虎圈的小官,是由于他那张能言善辩的利嘴,因而不被汉文帝重用;不知道陈平回答汉文帝关于审判案件和钱粮收支情况等的提问,比那位管理虎圈的小官差多少?管理虎圈的小官因为善于应对而受到别人的诽谤,陈平却因为善于应对而受到皇帝的赞赏。这不正是有幸运的有不幸运的吗?人们都说周亚夫刚正不屈,所以不能够做继位皇帝刘彻的臣子。不知道朴直刚强的周昌,却辅佐了赵王如意。他在性格上,不同于周亚夫的地方,又有多少呢?周亚夫由于有着刚强不卑的性格,而被处以刑罚;周昌由于有着刚强不卑的性格,却得到了重用。这不也是有幸运的,有不幸运的吗?

八十 圣人以无私而私

【原文】

老子曰①:"将欲翕之②,必固张之;将欲取之,必固与之。"孟子曰③:"未有仁而遗其亲者也④,未有义而后其君者也。"夫欲翕而固张,欲取而固与,欲其不遗而先之以仁,欲其不后而先之以义。自众人观之,其爱人利物⑤,宜若不知所以为其己之私矣⑥。而天下卒不能忘之，依依切切⑦，常有恋慕感悦之意，出力以供其上，虽甚劳而不辞。盖尝读《噫嘻》之诗⑧，观成王"率时农夫，播厥百谷"⑨，而曰"骏发尔私"⑩，使之先私而后公也。而治田者乃曰："雨我公田，遂及我私。"⑪我固使之先其私，而民固乐于先其公。读《七月》之诗⑫，见其所谓田畯者⑬、公子者⑭，出入阡陌⑮，劳来劝相⑯。至则与之同至，归则与之同归，无一念之不在于民。卒也，"载玄载黄⑰，为公子裳""取彼狐狸，为公子裘⑱"。绩以为己裳⑲，而公子则以玄黄；貉以为己裘⑳，而公子则以狐狸。我不敢自爱其身，而民卒不敢忘其爱于我。自下者人高之，自后者人先之。古之君臣，以其无私而成其私，大抵若此。

【注释】

①老子：春秋思想家、道家学派的创始人。楚国苦县（今河南鹿邑）人。姓李，名耳，字聃，亦称老聃，一说字伯阳。传说他是东周王室管理典籍的史官，孔子曾向其问礼。著有《道德经》五千言。认为"道"是天地万物之本原。政治上主张"无为而治"。

②"将欲翕之"四句：出自《老子》三十六章。翕，敛缩，收拢。固，暂且。

③孟子：战国思想家。邹（今山东邹县）人。名轲，字子舆。受业于子思门人，精通诸经。一生从事讲学，游历齐、宋、滕、魏等国，曾任齐宣王客卿。著有《孟子》。其哲学思想的核心是"性善论"，认为人生来就具有仁、义、礼、智等天赋道德意识。主张效法先王，推行仁政，反对功利，反对战争。他重视民众作用，提出"民贵君轻"说。他是孔子学说的继承者，在封建社会，尊为"亚圣"。

④"未有仁而遗其亲者也"二句：出自《孟子·梁惠王章句上》。仁，古代一种含义极广的道德观念。其核心指人与人相互亲爱。孔子把它作为最高的道德标准。亲，亲人，这里指父母。义，指思想行为符合正义或道德规范。

⑤利物：有益于万物。

⑥宜若：推测之词，似乎，好象。

⑦依依切切：依恋不舍貌。

⑧《噫嘻》：《诗经·周颂》中的篇名。是周成王时，朝廷举行天子亲耕籍田之礼，在宴会上所唱的乐歌。

⑨成王：即周成王，姬姓，名诵，武王之子。在位三十七年。幼年即位，由叔父周公摄政。亲政后，遵武王、周公之制，大封诸侯，加强宗法统治；营建东都成周，迁殷民于此，以便监视；委任周公制礼作乐，制定与完善各项典章制度。至此，西周王朝的统治才真正巩固起来。时：是，这些。厥：其。百谷：即五谷。

⑩骏发尔私：赶快耕种你们的私田。骏，迅速。发，起也，指以犁起土。尔，你，指农夫，即农奴。私，私田。中国古代的奴隶制，统治者占有的大片土地，叫作公田；农奴的少量土地，叫作私田。农奴为统治者耕种收割公田，以劳役作为私田的地税。

⑪雨我公田，遂及我私：此二句诗出自《诗经·小雅·大田》。

⑫《七月》：《诗经·豳风》中的篇名。它是一首西周时代豳地农奴歌唱他们一年中劳动过程与生活情况的诗。

⑬田畯：田官，掌管监督农奴的农事活动。

⑭公子:指奴隶主阶层的贵族公子。

⑮阡陌:田间小路。南北曰阡,东西曰陌。

⑯劳来:为双声字,慰问,劝勉。

⑰载玄载黄:又是黑色又是黄色。载,相当于现代汉语的"又是"。玄,黑色。这句指给织物染上各种颜色。

⑱裘:皮袍子。

⑲绩:纺织。这里指农妇纺织粗麻布,为农夫缝制衣服。

⑳貉:形似狐,但体较胖,尾较短。貉实际上也是为公子缝制皮袄用的。作者引用《七月》一诗时,没有注意到诗歌互文见义的特点。原诗为:"一之日于貉,取彼狐狸,为公子裘"。

【译文】

老子说:"想要收拢它,必须暂且先张开它;想要夺取它,必须暂且先给予它。"孟子说:"没有讲求'仁'的人却遗弃他的父母的,也没有讲求'义'的人却把国君摆到次要位置的。"这就是所谓将要收拢,必须暂且张开,将要夺取,必须暂且给予;想让人们不遗弃父母,就要先用"仁"的思想去教育他们;想让人们不把国君摆到次要位置,就要先用"义"的思想去教育他们。从普通人的角度来观察,这些人友爱他人,益于万物,好象不知道获取个人私利的办法。然而天下的百姓最终都不能忘记他们,对他们或依恋不舍或深切怀念,甚至还常有留恋、爱慕、感激、喜悦的感情,心甘情愿地奉献出自己的力量来供养他们的上司。即使特别劳苦也不会推辞。我曾读过《诗经·周颂》中的《噫嘻》这首诗,观察周成王"带领这些农夫,在井田里播种各种农作物",他对农夫们说:"赶快去耕种你们的私田。"让农夫先耕种自己的私田,然后再去耕种成王的公田。然而那些耕种田地的农夫却说:"好雨应先下到成王的公田里,然后再下到我们农夫的私田里。"我本来打算让农夫先耕种自己的私田,而农夫却乐意先耕种公田。读《诗经·七月》这首诗时,看那被称为"田畯"的,被称作"公子"的,常出入田间地头,慰问、勉励那些耕田的农夫。他们要下田便同农夫一起下田,要回来便同农夫一起回来,他们都一心一意为农夫着想。结果是,"农妇们又是染黑色的缎子,又是染黄色的绸子,给公子们做衣裳";"猎取狐狸,来给公子做皮袄"。纺织粗麻布为农夫自己做衣裳,而用黑黄等颜色的上等丝织品为公子做衣裳;用貉皮为农夫自己做皮袄,却用狐狸皮为公子做皮袄。我(指公子,即奴隶主)虽然不敢爱惜自己,而农夫最终还是不愿忘记爱戴我。自谦的人,人们反而会推崇他;自觉地把个人利益放在后面的人,人们往往会先想到他。古代的君主和人臣,大都用他们无私的奉献成全了他们的个人利益,情况大体是这样。

【原文】

三代以还①,为人上者,无高见远识,知有己而不知有人。求以直遂其所欲②,而卒得其所不欲。不知夫不自爱者,乃所谓不忘其己也。

【注释】

①三代:指夏、商、周。

②直：径直。遂：成功。

【译文】

夏、商、周三代以后，作统治者的，没有一个有高见远识，只知道顾及自己，而不知道还有别人。他们追求以最快捷的手段来实现自己的欲望，而最终得到的，却往往不是他们最初想得到的东西。不知道那些不爱护自己的人，正是人们所说的没有忘怀自己切身利益的人。

八十一　先其大者则小者服

【原文】

四马之于车也，奔走疾迟，至难齐也。夫人之于马，必待夫躬临之而后如意耶①，则一车而四驭②，未能足也。今一御而四马之迟速，惟十指之所者，以吾所执者辔也③。以一辔之约，制四马之节，执马之要，虽欲不吾听，不可得也。是先王之所以役天下者，执天下之辔也。

【注释】

①躬：亲自。临：到，及。
②驭：驾驭。
③辔：驾驭牲口的缰绳。

【译文】

让四匹马拉一辆车，奔跑起来，就有快有慢，最难达到步调一致。人对于马来说，[如果]一定要等到亲自去牵引然后才能使马听从人的意愿，那么即使一辆车配上四个驾车人，也是不够用的。如今只用一个驾车人驾驭马车，四匹马步调的快慢，只能听从十个手指头的控制，就是因为驾车人掌握着马的缰绳。用一根缰绳的约束力，来控制四匹马的节奏，掌握驭马的要领，即使它们想不听从驭手的指挥，也是不能够得逞的。因此，先王之所以能够牢牢统治天下的原因，就在于掌握住了天下的"缰绳"。

【原文】

今夫欲天下之畏也①，而陈之以刀锯②；欲天下之爱也，而陈之以玉帛③。夫刑戮赏赐④，非不足以立畏爱也，然必陈其物，设其具。则刀锯金帛非不给矣⑤，为之不得其要。用之不中其节，用力劳而功不成。其事烦，其教粗。吾与物以力相胜⑥，而物之从之也，内有不服之心，而吾力之所不周者⑦，乱所从起。故圣人本法而明术⑧。四凶⑨，天下之巨奸也⑩；商容、比干、箕子⑪，商之望也⑫。舜欲使天下不犯于有司⑬，而度罪之不可以尽刑也，取天下之巨奸者击之，天下虽有悍强不服者⑭,知所畏矣。舜非徒能施刀锯也,能沮其不畏之情也⑮。武王得商之善者⑯,而度其未可尽赏也,取世之望者三人而尊礼之⑰,而商之善者悦矣。武王非徒知尊礼也,能动其悦我之心也。故舜、武王善执天下之辔者也。

【注释】

①夫:句中语助词。

②刀锯:刀和锯,古代刑具,亦代指刑罚。

③玉帛:圭璋和束帛。此处泛指财富。

④刑戮:亦作"刑僇"。受刑或被处死。这里与"赏赐"相对,指刑罚。

⑤不给:供给不足,匮乏。

⑥物:人,众人。这里指被统治者。

⑦周:遍及。

⑧圣人:品德最高尚、智慧最高超的人。

⑨四凶:相传为尧舜时代四个恶名昭彰的部族首领:浑敦、穷奇、梼杌、饕餮。

⑩巨奸:最奸邪、最凶恶的人。

⑪商容:一作"常枞",纣之乐官。重信义,知礼容,以贤为纣忌恨并免去他的官职。周武王灭商后,表彰了商容居住的里巷。比干:商宗室,纣叔父,官至少师。纣暴虐无道,国势垂危。他以死谏,曰:"为人臣者,不得不以死争。"纣怒曰:"吾闻圣人心有七窍。"剖开比干的胸膛,观其心。周武王灭商后,封比干墓,以彰其节。箕子:商宗室,纣叔父。官至太师,封于箕(今山西太谷东北)。纣暴虐,多规谏。比干强谏被杀,他惧而佯狂为奴。仍被囚禁。周武王灭商后获释。武王封箕子于朝鲜,并允许他不称臣。今平壤尚有箕子墓。

⑫望:有声望的人。

⑬舜:传说中父系氏族社会后期部落联盟领袖。姚姓,有虞氏,名重华,史称虞舜。相传因四岳推举,尧命他摄政。他巡行四方,除去四凶。尧去世后即位,选拔禹为继承人。南巡时死于苍梧(今广西梧州)之野。有司:官吏。古代设官分职,各有专司,故称。

⑭悍强:凶猛不驯。

⑮沮:终止,阻止。

⑯武王:周武王,西周建立者,姬姓,名发,文王次子。即位后,以太公望为师。周公旦为辅,承其父遗志,灭掉商朝,建立周朝,建都于镐(今陕西西安县南),实行分封制。武王灭商后二年病逝。

⑰尊礼:尊贵的礼仪。

【译文】

现在，［统治者］想要天下人惧怕自己，就先把刑具陈列出来；想要天下人喜欢自己，就先把财物陈列出来。刑戮和赏赐不是不能让人们产生惧怕自己或者喜欢自己的心理，然而一定要陈设财物和刑具，刑具和财物不是不能供给。而是因为这样赏罚不得要领，不符合法度，费力劳心，却不见功效。政事烦琐，教育粗略，我（指统治者）与百姓的关系是靠权力来制约的，因此百姓［不得不］服从我的统治。百姓中有些人对我心怀不满，因而我的权力没有达到的地方，祸乱就从那里起来了。所以圣人治理天下都要遵循法规和通晓治国方略。四凶是尧舜时代天下最凶恶的人，商容、比干、箕子是商代最有声望的人。舜想使天下人不再触犯有关部门所制定的刑律，同时也考虑到对于犯罪的人不可能全部都使用刑罚，便选取了天下最凶恶地来进行打击，这样天下即使还有凶悍强劲的恶人，也知道害怕了。虞舜不是只能用刑罚，而且也能遏制臣下对朝廷无所畏惧的情绪。周武王得到了一批商朝的贤人，但考虑到这些人不可能全都得到奖赏，便选取了当世最有德望的三位，待之以最尊贵的礼仪，商朝那些贤人就都高兴了。周武王不是只知道对最有德望的人待之以尊贵的礼仪，而且也能鼓动起那些贤人敬爱他的心思。所以说虞舜、周武王都是善于掌握天下"缰绳"的人。

八十二　天下之弊起于相仍

【原文】

天下之弊，常相仍而无穷①。善去弊者，则亦探其害之所由生，而穷其病之所由起。故革一害，则百害为之皆除；治一病，则百病为之皆愈。不善去其弊者，不沿其源，不寻其根，既欲革此，又欲革彼；既欲治其一，又欲治其二。用力愈劳，而其弊终不可得而去。且天下之弊，未易以悉数也②。以吏风言之，则有奔竞③，有苟且④，有怠惰⑤，有喜事而邀功⑥；以民俗言之，则有兼并⑦，有末作⑧，有侈靡⑨，有寇窃而无耻⑩。然要之，民俗之弊，虽纷纷而不一，而其端大抵出于奔竞⑪。

【注释】

①相仍：相继，相关联。

②悉数：谓一一列举。

③奔竞：奔走竞争，这里指追名求利。

④苟且：只顾眼前，得过且过。

⑤怠惰：懈怠懒惰，无视政事。

⑥喜事而邀功：喜欢多事，并从中求取功劳。

⑦兼并：并吞。这里主要指土地的侵并。

⑧末作：古代指工商业。这里指小商小贩。

⑨侈靡:奢侈浪费。

⑩寇窃:抢劫盗窃。

⑪大抵:大都。

【译文】

天下的弊病,常常是相互关联而又无穷无尽的。善于铲除弊病的人,就会去探索那些祸害是怎么发生的,追究那些弊病是怎么引起的。因此,革除掉一种危害,上百种危害也就随之革除掉了;治愈了一种疾病,上百种疾病也就随之治愈了。而不善于铲除弊病的人,不探寻弊病的源流,不挖掘弊病的根子,既想革除这种弊病,又想革除那种弊病;既想治理其中的这一个,又想治理其中的那一个。用的力量越来越多而且越来越劳苦,而那些弊病最终还是没能够铲除掉。况且社会上的弊病,不是轻易地就能一件一件数得出来的。拿官场中风气来说,有追名逐利的,有得过且过的,有懈怠懒惰的,有喜欢多事而捞取功劳的。拿民俗来说,有侵吞土地的,有经商的,有奢侈浪费的,有抢劫盗窃却并不感到羞耻的。总之,民俗中的弊病,虽然表现得多种多样,但它们的弊端大体上都出自追名逐利。

【原文】

自夫人之奔竞也,而后人臣以位为寄①,以职为方②,而苟且生;急于其私,缓于其公,而怠惰生;以建立为能,以安静为钝,而喜事邀功生。然则欲革吏之弊,岂必举数者而尽革之乎? 抑其奔竞足矣。自夫人之兼并也,而后富益富,贫益贫,而末作生;阡陌闾里③,而侈靡生;饥寒切于其中④,财货动于其外⑤,而寇窃无耻生。然则欲革民之弊,岂必举数者而尽革之乎? 抑其兼并足矣。

【注释】

①寄:寄托。这里指寄身之所。

②方:道。这里指立身之道。

③阡陌:田间小路。这里指农村。闾里:乡里。这里指小镇。

④切:急迫。

⑤动:引动,诱惑。

【译文】

自从人们开始追名逐利,后来再当官的人就把官位当作了自己的寄身之所,而把职务当作自己的立身之道,于是得过且过的作风就产生了;人们办理私事很快,办理公事却很慢,于是懈怠懒惰的风气就产生了;把有所建树的人看作是有才能,把淡泊名利的人看作是愚钝,于是喜欢多事并从中求取功劳的风气就产生了。然而想要革除吏治的弊病,难道一定要列举出几项并把它们一齐都革除吗? 只要能遏止住那追名逐利的风气就够了。自从人们开始侵吞土地,后来便是富者越富,穷者越穷,于是经商的风气就产生了;有了城乡的差别,于是奢侈浮华的风气就产生了;饥饿和寒冷从内部进行逼迫,钱财货物从外部进行诱惑,于是抢劫盗窃却不

八十三　不可因一节而弃士

【原文】

人才之在天下，不可以一节之不善而见弃之也①。以一节不善而弃天下之才，则世无全人矣。孔子不以管仲之非礼而废其仁②，孟子不以柳下惠之不恭而贬其和③。自非尧舜④，安能每事尽善，有始有卒？其惟圣人乎⑤？苟非下愚不可移之资⑥，则其所为必有是非当否。不以不善掩其善，此圣人取舍之政，以为法于后世，人主翕受敷施⑦，当何法哉？于人之罪无所忘⑧，天下所以叛楚；一闻人过，终身不忘，管仲知鲍叔不可以为相⑨。《周书》曰⑩："记人之功⑪，忘人之过，宜为君者也。"盖昔者尝窃叹唐八司马⑫，皆天下雄豪伟特之才⑬。如刘禹锡、柳宗元⑭，其所以蕴藏⑮，盖百分未试其一，故其陵厉轩轩之气⑯，虽幽深憔瘁之中⑰，犹自见于文章议论，而不没其精华。果锐盘屈⑱，而抵折不得已⑲，而暴露于荒州僻郡之间⑳，盖亦有大过人者。而程异晚年复进㉑，则唐之财用，遂以沛然㉒。此岂可以一节之不善而遂终弃之耶？

【注释】

①一节：一事。事物的一端为一节。

②孔子不以管仲之非礼而废其仁：《论语·宪问》："子路曰：'桓公杀公子纠，召忽死之，管仲不死，曰：未仁乎？'子曰：'桓公九合诸侯，不以兵车，管仲之力也。如其仁，如其仁。'"管仲：名夷吾，字仲，齐颍上（颍水之滨）人。春秋齐臣，政治家。曾助公子纠与小白（齐桓公）争位，并射中其带钩。齐桓公即位后任他为相，尊称"仲父"。为相期间，对齐国的政治、经济、军事进行改革，对外提出"尊王攘夷"，不仅使齐国兵强国富，而且帮助齐桓公九合诸侯，一匡天下，成为五霸之首。详见《史记·管晏列传》。

③孟子不以柳下惠之不恭而贬其和：《孟子·公孙丑上》："孟子曰：'伯夷隘，柳下惠不恭。隘与不恭，君子不由也。'"不恭，简慢，是说柳下惠对统治者有时不够尊敬。但孟子仍然认为他是一位进不隐贤，遗佚而不怨，厄穷而不悯，举止适中的贤者，是"圣人百世之师也"。柳下惠，即展禽。春秋时鲁国大夫。姓展，名获，字禽。食邑在柳下，谥惠，故称柳下惠。官士师（掌管刑狱）。鲁僖公二十六年（前634），齐攻鲁，他派人到齐劝说退兵。曾三次被黜而不离鲁，以善于讲究贵族礼节而著称。

④自：连词，假如。尧舜：唐尧和虞舜的并称。远古部落联盟的首领。古史传说中的圣明君主。

⑤其：副词，大概，或许。圣人：指品德最高尚，智慧最高超的人。

⑥下愚：极愚，极愚蠢的人。资：禀赋，才质。

⑦翕受：合受，吸收。敷施：布施。

⑧"于人之罪无所忘"二句:指楚灵王即位后,以讨伐有罪为名义,对诸侯国诛伐无度。周景王十六年(前529),楚伐徐,灵王帅师驻扎在乾溪(今安徽亳县东南),国人发动政变,杀死太子。这时有人建议他向诸侯求救,他说:"皆叛矣!"见《左传·昭公十三年》《史记·楚世家》。

⑨"一闻人过"三句:管仲病危时,问齐桓公将任命谁为相,齐桓公说:"鲍叔牙可乎?"管仲回答说:"不可!夷吾(管仲名)善鲍叔牙。鲍叔牙之为人也,清洁廉直,视不己若者,不比于人。一闻人之过,终身不忘。"见《吕氏春秋·贵公》。鲍叔,即鲍牙,春秋齐大夫,以善于知人著称。少时和管仲友善,后因为齐乱,随公子小白出奔莒,管仲则随公子纠出奔鲁。齐襄公被杀后,纠和小白争夺王位,小白得即位,即齐桓公。桓公欲任命他为相,他辞谢,而推荐管仲。

⑩《周书》:《尚书》的组成部分。相传是记载周代史事之书。

⑪"记人之功"三句:查《尚书·周书》中无此三句,不知依何本。

⑫唐八司马:唐顺宗即位,擢任王叔文、王伾等,谋中官兵权,实行改革。失败后,旧派官僚与宦官对参与其事者,皆予斥逐:贬韦执宜为崖州司马,韩泰为虔州司马,陈谏为台州司马,韩晔为饶州司马,柳宗元为永州司马,刘禹锡为朗州司马,凌准为连州司马,程异为郴州司马,时称"八司马"。

⑬伟特:卓越出众。

⑭刘禹锡:唐代文学家,哲学家。洛阳(今属河南)人,字梦得。贞元年间进士,又登博学宏辞科。授太子校书,累迁监察御史。参加王叔文集团,升任屯田员外郎,判度支盐铁案。失败后,贬为朗州司马,牵连州刺史。后任太子宾客,加检校礼部尚书,世称刘宾客。因与柳宗元交谊很深,其哲学著述又与柳宗元齐名,被世人并称为"刘柳"。善诗,晚年同白居易唱和甚多,人又称"刘白"。有《刘梦得文集》行世。柳宗元:唐代文学家、哲学家。河东解县(今山西运城)人,字子厚,世称柳河东。贞元进士,登博学宏词科。始为校书郎,转蓝田县尉,迁监察御史里行,参加王叔文集团,升任礼部员外郎。失败后,贬为永州司马,迁柳州刺史,故又称"柳柳州"。其文与韩愈齐名,并称"韩柳"。与韩愈共同倡导古文运动,亦同被列入"唐宋八大家"。有《河东先生集》行世。

⑮蕴藏:积聚,深藏。

⑯陵厉轩轩之气:指超越高扬的气概。

⑰幽深憔瘁:指刘、柳被贬外放的困苦处境。幽深,幽僻之处。憔瘁,忧戚,烦恼。

⑱果锐:果断敏锐。盘屈:曲折回绕。

⑲抵折:抵触折节,即与现实相违及屈己下人。

⑳荒州僻郡:刘禹锡所贬之朗州,柳宗元所贬之永州,在当时都是荒远之地。

㉑程异:京兆长安(今陕西西安)人,字师举。明经及第,任监察御史。《旧唐书》称其"精于吏职,剖判无滞"。因参加王叔文集团,贬郴州司马。后复官,迁淮南等道两税使、盐铁转运副使。能厉己尽节,矫革旧弊,所到地方不剥下,不加敛,致使财用富饶,保证了平蔡的军用。累官至工部侍郎同中书门下平章事。卒,赠尚书左仆射,谥曰"恭"。

㉒沛然:充盛貌。

【译文】

对于天下的人才,不应该因为他们某一方面的缺点就抛弃他们。如果因为某一方面的缺点便抛弃天下的人才,那么社会上就没有完人了。孔子没有因为管仲[一时]违背礼义而否定他的仁义,孟子没有因为柳下惠[对统治者一时]的不恭顺而贬低他的适度。假如不是尧舜,怎能每件事都做得尽善尽美、有始有终?大概能做到这一点的只有圣人吧!如果不是具有极愚蠢而又不能改变的禀赋,他的行动就必然会有的对,有的不对;有的恰当,有的不恰当。[看待一个人,]不能用他的缺点,去掩盖他的优点,这就是圣人取人所长、舍人所短的政治方法,已被后世所效仿。作为国君就应当把它接受过来,施行下去,还需要取法什么呢?对于别人的过错总是不忘,天下人因此而背叛了楚国;一听到别人的过失,就终生不忘,管仲由此知道鲍叔不可以做宰相。《周书》说:"记住别人的功劳,忘却别人的过错,[这样的人]才适合当国君。"从前我曾深切地慨叹唐代的八司马,他们都是天下的英雄豪杰、卓异出众的人才。如刘禹锡、柳宗元,他们的满腹经纶,大概连百分之一也没用上,所以他们那种咄咄逼人的飞扬的气质,即使是在幽僻困顿之中,也还要通过文章议论来进行自我表白,而不是隐没他们的精华。他们的性格果决敏锐、文风迂回曲折,他们或反抗现实或屈己下人,实在是出于不得已,即便他们在荒远偏僻的州郡劳苦奔波,也有远远超出常人的地方。而那位程异,晚年时又得到了重用,唐朝的财富,因此而丰盛。难道能因为某一方面的缺点,便最终抛弃这些人才吗?

【原文】

尝读《洪范》之书①,以为皇极之道②,广大而不狭,宽厚而不苛。而尧、舜、禹、汤、文、武,所以用天下之术,颇可以推见于此。何者?有猷者③,有谋略者也;有为者,有胆力者也;有守者,有志节者也。此不可以不念也。故曰"有猷、有为、有守,汝则念之。"虽然有谋略者或至于诈而不能正④,有胆力者或至于纵而不知法,有志节者或至于执而不知权,盖非天下之中道⑤矣;然而苟未丽于恶者⑥,亦不可不爱也。故曰:"不协于极⑦,不罹于咎⑧,皇则受之⑨。"嗟夫!皇极之道,非圣人孰能行。昔者太祖皇帝⑩,以大度致天下之士⑪,知赵普之贪⑫、曹翰之横⑬,而包含覆盖⑭,未尝见于辞色⑮。故赵普、曹翰俱自以为名臣。自雍熙、端拱以后⑯,用法愈详,责人愈密。盖其弊至今有二:一曰记其旧恶而不开其自新,二曰录其暂失而不责其后效⑰。

【注释】

①《洪范》:《尚书》中《周书》的篇名。洪,大。范,法。
②皇极之道:帝王统治天下的最高准则。皇,君。极,至高无上。
③猷:谋。
④虽然:即使。
⑤中道:中正之道,正道,即上文的"皇极之道"。
⑥丽:通"罹",遭遇,落入。

⑦不协于极:不符合最高准则。

⑧不罹于咎:没有堕落到犯罪的地步。罹,与"离"同,遭受的意思。咎,罪。

⑨受:容纳,此处意谓宽容。

⑩太祖皇帝:即宋太祖赵匡胤,北宋开国皇帝。在位十六年。涿郡(今河北涿州市)人。后周时,任殿前都点检,领宋州归德军节度使。于显德七年(公元960)发动陈桥兵变,取代后周帝位,国号宋。先后平定荆南、南汉、江南等地。收诸将兵权,中原始归统一。

⑪大度:胸怀开阔,气度宽宏。

⑫赵普:祖籍幽州蓟州区(天津蓟县)人,后迁居洛阳,字则平。后周时为赵匡胤掌书记,参与策划陈桥兵变。宋初任宰相,佐太祖削夺禁军兵权,削弱藩镇势力,加强中央集权。太宗朝又曾两度为相。

⑬曹翰:北宋大名(今河北大名县)人。少为郡小吏,好使气凌人,不为乡里所誉。后周时仕至枢密承皆。宋初从太祖征泽潞,平江南。太宗时又从其下太原,征幽州。皆有功,累迁左千牛卫上将军。卒,谥武毅。

⑭覆盖:这里指遮掩。

⑮辞色:言词和神色。

⑯雍熙、端拱:宋太宗赵炅的两个年号(公元984——989)。

⑰责:要求,期望。

【译文】

我曾读过《尚书》中《洪范》这篇文章,认为帝王统治天下的最高准则,应当是胸怀广大而不狭隘,气度宽厚而不苛刻。唐尧、虞舜、夏禹、商汤、周文王、周武王用来统治天下的策略,完全可以由此推想出来。为什么呢?[文中说的]"有猷者",就是指有谋略的人;"有为者",就是指有胆量力气的人;"有守者",就是指有志向和节操的人。[并要求统治者]对这一点不能不牢记,所以才说:"有猷、有为、有守,汝则念之。"即使有谋略的人有时过于欺诈而不能恪守正义,有胆量和勇力的人有时过于放纵而不守法度,有志向和节操的人有时过于固执而不知道变通,[这些行为]大概不符合天下的中庸之道;但是,如果尚没有堕落成坏人,也还不能嫌弃他们。所以[这篇文章]谈道:"虽然他们的行为有时不符合最高准则,但只要还没有达到犯罪的程度,君主就应当宽容他们。"唉!这一统治天下的最高准则,不是圣人谁又能够施行呢?从前的太祖皇帝,以宏大的气度召集天下的士人。他知道赵普贪财、曹翰专横,却包容掩盖,没有在言辞和神态上表露出对他们的不信任。所以赵普和曹翰都认为自己是名臣。自从太宗雍熙、端拱以后,依法断罪越来越详细,对人的要求也越来越严密。它的弊病至今可以概括为两点:一是只记住了他人以往的罪恶,却不给他们以改过自新的机会;二是只记住了他人一时的过失,却不期望他们日后取得成效。

八十四　宰相正则百官正

【原文】

人主之职,论①一相;一相之职,论百官。一相不得其人,则百官不得其正,此本末源流之说也。切[窃]尝观之汉之治②,惟武、宣号为得人③;唐之治,惟贞观、开元最为可喜④。原其所以致是治者,人或未之知也。

【注释】

①论:通"抡",选择。
②切:当为"窃",谦指自己。
③武宣:汉武帝和汉宣帝的并称。
④贞观:唐太宗李世民的年号(公元 627—649)。开元:唐玄宗李隆基的第二个年号(公元 713—741)。

【译文】

国君的职责,是选择好一个宰相;一个宰相的职责,是选择好的百官。如果得不到合适的人选来任宰相,那么百官也就不能够得到正确的选择,这是从本末源流上说的。我曾经考察过汉代的政治,只有武帝、宣帝能称得上用人得当;唐代的政治,只有贞观、开元时期最令人欣喜。推求产生这种政治局面的原因,人们或许还不知道。

【原文】

武帝之时,质直则汲黯、卜式①,推贤则韩安国、郑当时②,定令则赵禹、张汤③,奉使则张骞、苏武④,一时茂异⑤,莫不各称其任。孝宣承统⑥,颍川之黄霸⑦,渤海之龚遂⑧,胶东之王成⑨,南阳之召信臣⑩,一时之选⑪,莫不各当其职。此岂宣武之时自尔哉⑫?当时之相有以化之也⑬。公孙弘为丞相⑭,石庆为御史大夫⑮;石庆为丞相,儿宽为御史大夫⑯。此武帝这相也。魏相为丞相⑰,丙吉为御吏大夫⑱;丙吉为丞相,萧望之为御史大夫⑲。此宣帝之相也。

【注释】

①质直:朴实正直。汲黯:西汉濮阳(今河南濮阳)人,字长孺。武帝时,初为荥阳令,后为中大夫、东海太守。后召为主爵都尉,位列九卿。好面折廷谏,曾阻武帝招纳文学儒者。武帝称其为"社稷之臣"。卜式:西汉河南人。以牧羊致富。武帝时,匈奴侵犯边境,他上书愿捐赠家财之半助边。后用二十万钱助河南贫民。武帝赏以重金,召拜为中郎,布告天下。他把赏金悉入府库,穿布衣为武帝牧羊于山中。后为缑氏令,赐爵关内侯。元鼎中,迁御史大夫。有政绩。以"质直"和"不为利惑"见称。

②韩安国:西汉成安(今河南临汝)人,字长孺。初为梁孝王中大夫,武帝召为北地都尉,迁大司农、御史大夫。元光二年(前133),统军伏击匈奴于马邑。元光六年(前129),为材官将军,屯渔阳。次年为匈奴败,徒屯右北平。郑当时;西汉陈(今河南淮阳)人,字庄。景帝时为太子舍人。武帝立,初为济南太守、江都相,后至九卿,为右内史。喜结交士人,善于推荐贤才。

③赵禹;西汉斄(今陕西武功县)人。武帝时,以刀笔吏积劳,累迁为御史,至太中大夫,与张汤论一同议定律令。禹为人廉静,却以严酷称。晚年官为少府,位列九卿,执法反而宽缓。张汤:西汉杜陵(今陕西西安)人。汉武帝时,先后任廷尉、御史大夫等职。任职期间,曹建议铸造白金币及五铢钱。支持盐铁官营,制定"告缗令",打击富商大贾势力,并同赵禹共同编定各项律令。后被朱买臣等陷害,被迫自杀。

④张骞:西汉汉中成固(今陕西城固)人。建元二年(前139),奉武帝命令出使大月氏以夹击匈奴。他越葱岭,历大宛、康居和大夏等国,历时十三年。其间被匈奴扣留两次,居匈奴十一年。元朔三年(前126)归汉。元狩四年(前129),又奉命出使乌孙,并派副使出使大宛、大夏、唐居、安息等地。加强了汉朝与中亚各国的联系。官至大行,封博望侯。苏武:西汉杜陵(今陕西西安)人。天汉元年(前100),奉命以中郎将身份持节出使匈奴,被扣留。匈奴迫其投降,他历十九年,持汉节而不屈。昭帝时,匈奴与汉和亲。始元六年(前81),才获释回国。官至典属国。

⑤茂异:才德出众,这里指才德出众的人。

⑥孝宣:即汉宣帝刘询,字次卿,汉武帝曾孙。公元前74——前49年在位。在位期间励精图治,任贤用能,贤相良吏辈出;减免田赋,发展生产,人民安居乐业,又注意加强边防,加强东西方联系,是继武帝之后,西汉帝国最强盛的时期。承统:继承帝位。

⑦黄霸:西汉淮阳阳夏(今河南太康)人,字次公。少学律令,喜为吏。武帝末为侍郎谒者,补左冯翊,河东均输长。宣帝时,历任扬州刺史、御史大夫、丞相等职,封建成侯。执政期间,外宽内明,重视农桑。因黄霸做过颍川太守,故称之为"颍川黄霸"。

⑧龚遂:西汉山阳南平阳(今山东邹县)人,字少卿。初为昌邑王刘贺郎中令,好直言极谏。宣帝时为渤海太守,开仓赈济饥民,劝课农桑,吏民皆富实。后迁水衡都尉,卒官。

⑨王成:汉宣帝时为胶东相,治理甚有声望。以流民自占八万余口,赐爵关内侯。未及征用,病卒。因曾为胶东相,故称之为"胶东王成"。

⑩召信臣:西汉寿春(今安徽寿县)人,字翁卿。以明经甲科为郎,出补谷阳长。中高第,迁上蔡长,拜零陵太守、谏议大夫。好为民兴利,务在富之。在南阳时,开通沟渠,盗贼狱讼衰止。吏民称之为"召父",故曰"南阳召信臣"。

⑪选:被选拔出来的人才。

⑫尔:如此,这样。

⑬化:教化,教育。

⑭公孙弘:西汉菑川薛县(今山东寿光)人。少年时为狱吏。武帝时,征召贤良文学士,他以贤良征为博士。初为左内史,后迁御史大夫。元朔中为丞相,封平津侯。史称"弘为人意忌,外宽内深"。

⑮石庆:万石君石奋之少子,以驯行孝谨而闻名于世。被窦太后用为内史,出为齐相,齐遂大治。自沛守为太子太傅,迁御史大夫,后代赵周为丞相,封牧丘侯。

卒,谥恬。

⑯兒宽:西汉千乘(今山东高青)人。曾为孔安国弟子,治《尚书》。为左内史时,劝农业,缓刑罚,理狱讼,卑体下士,深受吏民的信任爱戴。在郑国渠上流南岸开"六辅渠"。后迁为御史大夫,与司马迁共制"太初历"。

⑰魏相:西汉济阴定陶(今山东定陶)人。少学《易》,为郡卒史,荐举贤良,以对策高第为茂陵令。后为河南太守,澄清吏治,豪强畏惧。宣帝立,官大司农,迁为御史大夫,拜为丞相,封高平侯。

⑱丙吉:西汉鲁国(今山东曲阜)人,字少卿。初治律令,为鲁狱史,凭借功劳迁廷尉右监。不久犯法失官。后任大将军长史,被霍光器重。曾建议迎立宣帝。宣帝立,赐爵关内侯,迁御史大夫,拜丞相,封博阳侯。

⑲萧望之:西汉东海兰陵(今山东苍山)人,后迁到杜陵(今陕西西安),字长倩。宣帝时,先后任大鸿胪、太子太傅等职,以儒经教授太子。元帝立,甚受尊崇。后遭宦官石显、弘恭等排挤,被迫自杀。

【译文】

汉武帝统治时期,朴实正直的大臣有汲黯、卜式,推荐贤才的大臣有韩安国、郑当时,制定法令的大臣有赵禹、张汤,奉命出使的大臣有张骞、苏武。这一个时期那些才干品出众的人,没有不各身称职的。汉宣帝继承帝位以后,颍川的黄霸,渤海的龚遂,胶东的王成,南阳的召信臣,这一时期被选拔出来的人才,没有一个是不适合他的职位的。这难道是汉武帝、汉宣帝的时期本来就应该这样吗?这里就有当时的宰相教育的原因。公孙弘作丞相,石庆作御史大夫;石庆作丞相,兒宽作御史大夫。这是汉武帝的宰相。魏相作丞相,丙吉作御史大夫;丙吉作丞相,萧望之作御史大夫。这是汉宣帝的宰相。

【原文】

马周以剀切言事①,李大亮表使者求鹰②,戴胄以犯颜极谏③,崔仁师以治狱主恕④。一时名臣皆有可采。开元之初,不受赂金如杜暹⑤,才鉴详平如九龄⑥,愿效万一如张嘉贞⑦,眷眷事职如乾源曜⑧。一时群英皆有可取。此岂贞观、开元之时自尔哉?当时之相,有以化之也。魏徵为相⑨,房玄龄又继之⑩;玄龄为相,杜如晦又继之⑪;此贞观之相也。姚崇为相⑫,宋璟又继之⑬;宋璟为相,韩休又继之⑭;此开元之相也。当时诸公在朝,谋断有余,守成享治;而欲百官不相率而为善者⑮,亦不可得也。

【注释】

①马周:唐博州茌平(今山东茌平)人,字宾王。少年时孤贫好学。贞观三年(公元629),代中郎将常何上书,认为"圣人之化天下,莫不以孝为基";"致化之道,在于求贤审官;为政之基,在于扬清激浊"。为太宗所赏识,拜为监察御史,累官中书令。屡谏太宗以隋亡为鉴,少兴赋役。进银青光禄大夫卒。剀切:恳切,切中事理。言事:古代专指向君王进谏或议论政事。

②李大亮:唐京兆泾阳(今陕西泾阳)人。曾为隋行军兵曹。高祖入关,归唐。

贞观初,与李靖出北道讨突厥有功,迁右卫将军、工部尚书。临终上表请求太宗停止辽东之役。表使者求鹰:《新唐书·李大亮传》载:"尝有台使见名鹰,讽李大亮献。大亮密表曰:'陛下绝畋猎久矣,而使者求鹰,信陛下意邪;乃乖昔旨;如其擅求,是使非其才。'太宗报书曰:'有臣如此,朕何忧! 古人以一言之重订千金,今赐胡瓶一,虽亡千镒,乃朕所自御。'""表使者求鹰",即指此事。

③戴胄:唐相州安阳(今河南安阳)人,字玄胤。原为隋旧臣,武德时,太宗引为秦王府士曹参军。贞观元年(公元627),迁大理少卿。戴胄执法严明,常触犯皇威主持主义,参处法意,至察秋毫,随类指摘,言若泉涌,为太宗所赏识。累官至民部尚书,兼检校吏部尚书。卒,谥忠,追封道国公。犯颜极谏:旧谓敢于冒犯君王或尊长的威严,尽力规劝。

④崔仁师:唐定州安喜(今河北定县)人。应制举,授管州录事参军、史官,曾修梁、魏史。贞观初,任殿中侍御史。累官给事中、中书侍郎参知政事,得到的礼遇很丰厚。褚遂良忌之,以事流连州。永徽初,授简州刺史,卒。为政主张宽大。治狱主张宽恕:即审理案件注重宽仁之道。

⑤不受赂金:《新唐书·杜暹传》载,开元四年(公元716),杜暹以监察御史的身份居碛西。当时安西副都护郭虔瓘与西突厥可汗阿史那献、镇守使刘遐庆相互诉讼,朝廷命杜暹前往断案。突厥人向杜暹赠送礼金,杜暹坚辞不受。他的部下说这样故会影响与少数民族的关系,于是他接受了礼金,并偷偷地埋在帐下。杜暹出境后,给突厥人送信,令其将礼金取回。杜暹:唐濮州濮阳(今山东鄄城)人。幼年时以孝闻名,擢明经第,补婺州参军,历郑尉,俱以清廉显节。开元四年(公元716)以监察御史屯碛西,因拒收西突厥可汗遗金,而震惊域内外。不久拜安西副都护。镇守边境四年,为夷夏所服。召拜同中书门下平章事,终礼部尚书,封魏县侯。卒,谥贞孝。

⑥才鉴详平:据《新唐书·张九龄传》载,九龄有才干鉴识,选拔人才号称"详平"。详平,周密公允。九龄:即张九龄,唐韶州曲江(今广东韶关)人,字子寿,一名博物。举进士,任右拾遗,迁左补阙。开元间,官中书侍郎、同中书门下平章事。主张不循资格用人,设十道采访使。后为李林甫所潛,罢相。其诗以格调刚健著称。有《曲江集》《千秋金鉴录》,并参与编撰《朝英集》。

⑦愿效万一:《新唐书·张嘉贞传》载:"天子(玄宗)以为忠,且许以相。嘉贞因曰:'昔马周起徒步,谒人主,血气方壮,太宗用之,能尽其才,甫五十而殁。向使用少晚,则无及已。陛下不以臣不肖,必用之。要及其时,后衰无能为也。且百年寿孰为至者? 臣常恐先朝露死沟壑,诚得效万一,无负陛下足矣!'""愿效万一"来源于此。是说张嘉贞毛遂自荐,当仁不让。张嘉贞:本范阳(今属北京)旧姓,后迁蒲州,为猗氏(今山西临猗)人。凭五经被选举,补平乡尉。张循宪荐于武后,为监察御史。开元中,拜中书侍郎、同中书门下平章事,迁中书令。善傅奏,敏于裁遣。嘉贞虽贵,不立田园。卒,谥恭肃。眷眷事职:专心致志地履行职务。

⑧乾源曜:唐相州临漳(今河北临漳)人。进士及第。景云中官谏议大夫。开元初,擢少府少监,兼任邠王府长史。累进尚书左丞,不久拜黄门侍郎、同紫微黄门平章事。逾月罢。以京兆身份留守京师,治理崇尚宽简,居三年,执政一如开始。复为黄门侍郎、同中书门下三品。东封还,为尚书右丞相,进侍中。乾源曜性谨重,历任官衔皆以清慎恪敏得名。

⑨魏徵:唐馆陶(今河北馆陶)人,字玄成。少孤贫,有大志,好读书。先为太子(李建成)洗马,太宗即位后,擢为谏议大夫,以敢谏著称。后迁秘书监。封郑国公,任侍中,参议朝政。陈十渐,前后二百余疏,无不剀切。主持编修梁、陈、齐、周、隋诸史,著《隋书》序论及《梁书》《陈书》《齐书》总论。以疾卒官。太宗叹曰:"以铜为鉴,可正衣冠;以古为鉴,可知兴替;以人为鉴,可明得失。朕尝保此三鉴,内防己过。今魏徵逝,一鉴亡矣。"

⑩房玄龄:唐齐州临淄(今山东淄博)人,字乔(一说名乔,字玄龄)。隋末举进士,任隰城尉。唐初曾参与玄武门之变,助李世民得帝位。贞观年间,先后任中书令、尚书左仆射,监修国史。受诏重修《晋书》。精于理政,为贞观时主要谋划者与执行者。与杜如晦并称为贤相。

⑪杜如晦:唐京兆杜陵(今陕西西安)人,字克明。隋末曾任滏阳尉。唐兵入关中,助李世民筹谋,官至陕东道大行台司勋郎中。太宗即位,累官至尚书左仆射,封莱国公。与房玄龄共掌朝政。时称"房杜"。

⑫姚崇:唐陕州硖石(今河南三门峡)人。历任武则天、睿宗、玄宗三朝宰相。参与张柬之等杀张易之兄弟、迎中宗复位诸事。先天中,奏请禁止宦官、贵戚干权等十事,复相后罢冗职,修制度,择百官,佐唐中兴。后荐宋璟自代。史称"崇善应变以成天下之务,璟善守文持天下之正"。

⑬宋璟:唐邢州南和(今河北南和)人。博学,有文才。举进士,累转凤阁舍人,深得武则天器重。睿宗即位,官吏部尚书同中书门下三品。开元初以广州都督被召拜刑部尚书,累封广平郡公,进尚书右丞相。力主简刑、减苛政、远佞臣、抑女宠。为开元名相,与姚崇并称"姚宋"。

⑭韩休:唐京兆长安(今陕西西安)人。工文辞。初应制举,授桃林丞,擢左补阙。开元中拜黄门侍郎,同中书门下平章事。为人耿直,以直言敢谏而著称。玄宗稍有过必谏。左右劝玄宗逐休他,玄宗言:"吾用休,社稷计耳。"官终工部尚书,迁太子少师,封宜阳县子。卒,谥文忠。

⑮相率:相继,共同。

【译文】

马周以恳切的态度来谈论政事,李大亮上表劝阻唐太宗派遣使者寻求猎鹰,戴胄敢于冒犯帝王的威严极力规劝,崔仁师审理案件时讲求宽大仁爱。这一时期有名的大臣,都有值得采集摘录的业绩。开元初年不肯接受外族赠金的,如杜暹;有才干鉴识而善于选拔人才并周密平正的,如张九龄;有愿意为朝廷贡献微薄之力的,如张嘉贞;专心致志履行职务的,如乾源曜。这一时期的英雄人物,都很值得称赞。这难道是贞观、开元时期本来就该这样吗?这里就有当时的宰相教导感化的原因。[先是]魏徵做宰相,房玄龄继承了他;房玄龄做宰相,杜如晦继承了他。这是贞观时期的宰相。姚崇做宰相,宋璟继承了他;宋璟做宰相,韩休继承了他。这是开元时期的宰相。那个时候,众公卿在朝中,谋划决断都绰绰有余,保持了先人的成就和业绩,使得政治清明且社会安定;因而想要百官不一个接一个地去办好事,也是不可能的。

八十五　因事而谏君于善道

【原文】

人非尧舜,安能每事尽善? 而人臣之善谏其君者,则每因事而纳之于善焉①。昔者齐景公问于晏子曰②:"吾欲观于转附、朝儛③;遵海而南,放于琅邪。"是问也,景公之失也。而晏子不拒焉,乃因以"省耕""省敛"之说而告之④。则是景公于游观之中,而有赈民之实矣⑤。齐宣王言于孟子曰⑥:"寡人有疾,寡人好货⑦。"是言也,宣王之失也。而孟子不却焉,乃因以"居者积仓⑧,行者裹粮"之说而告之。则是宣王于好货之中,而有足民之实矣。不拒其游观,而因诱之以赈民;不却其好货,而因诱之以足民。彼之说不废,吾之说自行于其间。其名曰顺君,其实则谏君。古人之因事而谏君于善,大抵如此。

【注释】

①纳:归入。

②齐景公:春秋齐国国君,姓姜,名杵臼。公元前547——前490年在位。晏子:春秋齐大夫。夷维(今山东高密)人,姓晏,名婴,字平仲。齐灵公二十六年(前556)继其父任齐卿。历仕灵、庄、景三君,景公时任国相。以机敏善辩而勇于谏诤,名显诸侯。曾劝景公听取不同意见,谏止景公滥施刑罚,并预言齐国终将被田氏取代。提出"权有无,均贫富"的主张,自奉节俭。孔子称赞他"善与人交,久而敬之"。

③"吾欲观"三句出《孟子·梁惠王下》。转附,山名,即之罘山,在今山东烟台市芝罘岛上。朝儛,山名,即成山,在今山东荣成县旧荣成东北。琅邪,山名,在今山东诸城市东南海滨。遵海,沿着海岸。放,放纵,游玩。

④省耕,省敛:语出《孟子·梁惠王下》,原文是:"春省耕而补不足,秋省敛而助不给。"省耕,指古代帝王视察春耕。省敛,指古代帝王视察秋收。

⑤赈民:救济百姓。

⑥齐宣王:战国齐君。姓田,名辟疆。威王之子。公元前319——301年在位。在位期间任命田婴、储子为相,整饬吏治,发展经济,加强合纵同盟,使国势大增。同时,进一步广开学宫,招揽天下名士,使齐稷下之学达于极盛。

⑦货:财物。

⑧"居者积仓"二句:语出《孟子·梁惠王下》。居者积仓,定居的人要建有贮存谷物的粮仓。行者裹粮,远行的人要带足粮食。

【译文】

人不是尧舜,怎能每件事都做得好呢? 那些善于规劝国君的臣子们,却往往能够借助具体事情而把国君的行为引入正道。从前齐景公向晏子请问说:"我想到转附、朝傩去游览一番;然后沿着海岸向南走,再到琅邪玩玩。"提出这个问题,是齐景公的失误。但晏子并没有去抵制齐景公的游山玩水的想法,而是因此告诉他古代帝王就有"春省耕""夏省敛"的故事。这样齐景公在游山玩水的过程中,就有了救济百姓的实际内容了。齐宣王曾对孟子说:"我有毛病,我喜爱财物。"发表这番言论,是齐宣王的失误。但孟子并没有批驳他,而是趁机用定居者应当有贮存谷物的粮仓、远行的人要带足粮食的道理来规劝他。这样,齐宣王在他喜爱财物的习惯中,就有了使百姓丰衣足食的实际内容了。不去抵制齐景公的游山玩水,而是趁机劝导他去救济百姓;不去批驳齐宣王的喜爱财物,而是趁机劝导他让百姓丰衣足食。国君的意见没有被废止,而臣子的意见却也在其中自然地实行了。这名义上是顺从国君,其实质却是规劝了国君,古人根据具体情况规劝国君走正道,大都是这样。

【原文】

吾尝怪鲁隐公矢鱼之行①,而臧僖伯之不善谏其说②。以为凡物不足以讲大事③,其材不足以备器用④,则君不举焉。夫隐公之志不可回,则僖伯之谏决不可入。孰若姑从其行,而告之以不可徒行之意,则在公为易从,在吾为易入。又焉用绝其嗜好,而欲独行吾之说哉?君子曰⑤:"臧僖伯之谏矢鱼,不如晏子之不谏游观、孟子之不谏好货。"惠帝尝出游离宫⑥,通曰⑦:"古者有春尝果⑧,方今樱桃熟可献,愿陛下出,因取樱桃献宗庙。"上许之。通之术,即二子之术也⑨。太宗作层观以望昭陵⑩。尝引魏徵同登⑪,使视之。徵熟视曰:"臣昏眊⑫,不能见。"帝指示之。徵曰:"臣以为陛下望献陵⑬,若昭陵则固见之矣。"帝泣为毁观。徵之术,亦二子之术也。离宫之游不必却,而因使之献宗庙;层观之登不必谏,而因使之念献陵。不逆乎君之志,不废乎吾之说。

【注释】

①鲁隐公矢鱼之行:说的是鲁隐公去棠地观鱼的行为。鲁隐公,春秋鲁君。姬姓,名息,一名息姑,鲁惠公庶大儿子。公元前722——有712年在位。矢鱼所说的使渔人陈设渔具,观他捕鱼。见《春秋·隐公五年》。

②臧僖伯:即臧驱,春秋鲁大夫。孝公之子,字子臧,僖伯是其谥号。隐公将去棠观鱼,他以"讲大事""备器用"等道理劝谏,隐公不听,他也谎说有病不从。

③大事:重大事件。古代指祭祀和出征。

④器用:指礼器和兵器。

⑤君子:泛指才德出众的人。

⑥惠帝:即汉惠帝刘盈。公元前195——前188年在位。刘邦长子性情仁弱。刘邦曾想废其太子位,受吕后阻挠,没有成功。在位七年间,政多出其母吕后。离宫:正宫之外,供帝王出巡时居住的宫室。

⑦通:即叔孙通。秦末汉初儒生。薛(今山东薛城)人。初为秦博士。楚汉战争中先归属项羽,后归刘邦,任博士,称稷嗣君。汉立,他与儒生采古制与秦制共立朝仪。后任太子太傅。

⑧春尝果:古代帝王在春季鲜果成熟时最先享用,并进献宗庙祭祀祖先。

⑨二子:这里指晏子和和孟子。

⑩太宗:即唐太宗李世民。公元626——649年在位。李渊二儿子。隋末随父起兵辅佐之代隋建唐同功劳封秦王,任尚书令。武德九年(公元626),发动"玄武门之变",夺太子位,不久受禅为帝。在位期间,任贤纳谏,励精图治。推行均田制、租庸调法和府兵制,发展科举制,施恩威于边境,使国昌民富,被誉为"贞观之治"。晚年逐渐奢侈,信服"长生药",中毒而亡。层观:高耸的楼观。昭陵:唐太宗墓,在陕西省礼泉县九嵕山,利用山峰凿成。是李世民生前所建。

⑪魏微:见本卷84条三段注⑨。

⑫昏眊:眼睛昏花。

⑬献陵:唐高祖李渊陵墓。

【译文】

我曾经责怪鲁隐公去棠地观看渔民捕鱼的行为,这是由于臧僖伯规劝时使用的语言不适当造成的。臧僖伯认为,凡是物品不能用到讲习祭祀和兵戎的大事上,它的材料不能用来制作礼器和兵器,国君就不应当有所举动。如果鲁隐公的志趣不能够收回,臧僖伯的规劝就决不能听得进去。怎比得上姑且同意隐公出行,然后再用不能徒虚此行的用意来劝告他呢?这在鲁隐公一方来说是比较容易接受的,在我们规劝者一方来说是也是入情入理的。又怎么能断绝国君的嗜好,而想独自实现规劝者的意志呢?君子说:"臧僖伯劝阻鲁隐公观看捕鱼,不如晏子不规劝齐景公游山玩水、孟子不规劝齐宣王喜爱财物的效果好。"汉惠帝曾想出游到离宫去观风景,叔孙通说:"古代有春季品尝鲜果的礼仪,现在正值樱桃熟了,可以进献宗庙,希望陛下出游离宫的时候,顺便选取樱桃进献宗庙。"皇上同意了。叔孙通的方法,也就是晏子、孟子的方法。唐太宗修建了一座高耸的楼观,用它来眺望昭陵。他曾带领魏徵一同登上楼观,让他观看。魏徵看了又看说:"臣的眼睛昏花了,看不见。"唐太宗就用手指给他。魏徵说:"臣还以为陛下要望献陵,如真的是昭陵,当然看见它了。"唐太宗为此流着泪拆掉了楼观。魏徵的方法,也是晏子、孟子的方法。观赏离宫没有必要制止,而是趁此机会让他上前献上宗庙;登临楼观的行为不必规劝,而是趁机让他思念献陵。既不违反国君的意志情趣,又没有放弃臣子规劝的职责。

八十六 生于忧患 死于安乐

【原文】

人主莫不欲安存而恶危亡①,然而其国常至于不可救者,何也?所忧者,非其所以乱与亡;而其所以乱与亡者,常出于不忧也。盖尝以汉事观之:方高帝之世②,天下既平矣。当时之所忧者,韩、彭、英、卢而已③。此四王者,皆不能终高帝之世,相继仆灭而不复续④。及至吕氏之祸⑤,则犹异姓也。吕氏既灭矣,而吴楚之忧⑥,几至亡国。方韩、彭、吕氏之祸,惟恐同姓不蕃炽昌大也⑦;然至其为变,则又过于异姓远矣。文景之世⑧，以为诸侯分裂破弱，则汉可以百世而无忧。至于武帝，诸侯之难少衰⑨，而匈奴之难方炽⑩，则又以为天下之忧，止于此矣。又昭、宣、元、成之世⑪，诸侯王既已无足忧者，而匈奴又破灭臣事于汉。然其所以卒至于中绝而不救者⑫，则其所不虑之王氏也⑬。

【注释】

①人主：君主，国君。

②高帝：就是汉高祖刘邦，秦末农民起义军的领袖，西汉王朝的创建者。

③韩、彭、英、卢：即韩信、彭越、英布、卢绾，此四人都跟随刘邦击灭项羽，由于立功而被册封，后又策谋反叛。

④仆灭：覆灭。

⑤吕氏之祸：指汉高祖刘邦后吕雉及其侄吕产、吕禄诸吕图谋阴谋夺取刘氏政权的祸乱。

⑥吴楚之忧：指西汉景帝时吴楚等七国的叛乱。汉初的同姓诸侯王地广势大，他们的封国，便是独立王国。他们甚至在封国内征收租赋，煮盐铸钱，构成对中央政权的威胁。文帝、景帝两代采用贾谊、晁错建议，逐步没收国土地。景帝前元三年（前154），吴王刘濞勾结楚、赵、胶东、胶西、济南、淄川等六国用诛伐晁错为名，发动叛乱。后被周亚夫平定。从此景帝把王国的军政大权收归中央。

⑦蕃炽昌大：兴旺强大。

⑧文景：西汉文帝与景帝的并称。两帝相联系，社会比较安定富裕，史称"文景之治"。

⑨武帝：即汉武帝刘彻，景帝之子。公元前140——前87年在位。在位期间，颁布"推恩令"，打击地方割据势力，加强中央集权；废掉百家，只尊崇儒术，加强思想统治；实行盐铁官营，统一货币，削弱商人实力，实行平准、均输、算缗、告缗，稳定物价，加强国家经济实力；反击匈奴，移民屯边，解除了匈奴对北方诸郡的威胁；派张骞出使西域，加强了东西方的联系；统一两广，加强了汉民族与西南各族人民的关系，使西汉王朝进入了全盛时期。

⑩匈奴：也称胡。我国古代北方民族之一。战国时活动在燕、赵、秦以北地区。其族跟随世事而改变名称因地殊号，战国时始称匈奴和胡。秦汉之际，冒顿单于统一各部，势力强盛，统治大漠南北广大地区。汉初，不断南下攻打侵扰，汉王朝基本上采取防御政策。武帝时，对匈奴改变采取攻势，多次进军漠北，匈奴受到很大打击，势力逐渐衰弱。

⑪昭、宣、元、成：为西汉昭帝（刘弗陵）、宣帝（刘询）、元帝（刘奭）、成帝（刘骜）的合称。

⑫中绝：中途断绝。指西汉王朝消亡，其统治还能继续下去。

⑬王氏：即新朝创建者王莽，字巨君，汉元帝皇后侄，成帝时封新都侯，以外戚执掌朝政。元始五年（公元5），毒死平帝，称假皇帝。次年，立孺子刘婴。初始元年（公元8），废孺子刘婴自立，国号新，年号始建国。统治期间，多次改变币制，造成经济上的混乱，法令严厉详细赋役繁重，阶级矛盾激化，天凤四年（公元17）爆发了全国性农民大起义。改变为始元年（公元23），新王朝为绿林军攻灭，王莽被杀。

【译文】

作为一国的君，没有不希望他的国家安定生存而害怕危机和灭亡的。然而他的国家却常常走到不可挽救的地步，这是为什么呢？因为他所担心的事情，并没有造成国家的动乱和灭亡；而那造成变乱和使国家灭亡的事情，却常常因为国君没有忧虑那方面没有忧虑的方面。试着用汉代的历史查考一下：在汉高祖刘邦的时代，天下已经平定了。当时所忧虑的，只是韩信、彭越、英布、卢绾罢了。这四个不同姓王，都没能到汉高祖时代结束，便一个接一个地灭亡而不能再传宗接代。等到发生了吕氏祸乱，才算是异姓祸乱。吕氏被消灭以后，对于吴楚七国的担忧，几乎使汉王朝亡国。当韩信、彭越、吕氏的祸患［存在］的时候，他们只恐怕同姓诸侯王不兴旺强大；然而到了他们发动变乱的时候，［他们的危害］又远远地超过了不同姓王。汉文帝、景帝的时代，以为诸侯已经分裂衰弱，汉王朝可以百代没有忧患了。到了汉武帝的时候，诸侯叛乱的能力衰弱了，而匈奴的祸患正盛。于是又认为天下的忧患只有匈奴了。到了汉昭帝、宣帝、元帝、成帝的时代，诸侯王已经不值得忧虑了，而匈奴又分裂衰弱，并向汉朝屈服了。然而最终造成西汉王朝中间灭亡而又不可挽救这一结局的，却是他们没有忧虑的外戚王莽。

【原文】

世祖既立①，上惩韩、彭之难②，中鉴七国之变，而下悼王氏之祸③，于是尽侯诸将，而不任以事；裁减同姓之封，而黜三公之权④。以为前世之弊尽去矣。及其衰也，宦官之权盛⑤，而党锢之难起⑥。士大夫相与扼腕而游谈者⑦，以为天下一日诛宦官而解党锢，则天下犹可以无事。于是外召诸将，内胁其君，宦官既诛无遗类⑧，而董卓、曹操之徒⑨，亦因以亡汉。

【注释】

①世祖：即汉光武帝刘秀，东汉王朝创建者。南阳蔡阳（今湖北枣阳）人，字文叔。汉高祖刘邦九世孙。公元25——57年在位。新莽末年，他与兄刘縯在南阳起兵，加入绿林军。改为元年（公元23），他往河北镇安抚诸郡，以恢复汉家制度为号召，镇压和收编了铜马等起义军，力量逐渐壮大。建武元年（公元25）在洛阳称帝，建武十二年（公元36）统一全国。在位期间，多次发布释放奴婢和禁止残害奴婢的命令，减轻赋税，废止地方兵役制，兴修水利，裁减并举郡县，精简官吏，废除地方掌握军权的都尉，以加强中央集权的政治体制。"世祖"，是他的庙号。

②惩：鉴戒。

③悼：惧怕。

④三公：古代中央三种最高官衔的合称。西汉以丞相（大司徒）、太尉（大司马）、御史大夫（大司空）为三公，东汉以大尉、司徒、司空为三公。

⑤宦官：古代以阉割后失去男性性功能的人在宫廷中侍奉皇帝及其家族，称为宦官。

⑥党锢之难：亦称党锢之祸。东汉桓帝时宦官专权，侵犯士族大地主的利益，

世家大族李膺等人和太学生郭泰、贾彪等联合，打击宦官集团。延熹九年（公元166），有人勾结宦官诬陷他们"诽谤朝廷"，李膺等二百多名"党人"被逮捕，后即使释放，但终身不许为官。这是东汉王朝第一次"党锢之祸"。灵帝即位后，外戚窦武专权，起用"党人"，并与太傅孙蕃合谋诛灭宦官，事泄露被杀。建宁二年（公元169），灵帝在宦官侯览、曹节威胁迫制下，收捕李膺、杜密等百余人下狱处死，并陆续杀死、流徙、囚禁六七百人。熹平五年（公元176），灵帝在宦官挟制下，又令只要是"党人"的门生旧官吏、父子兄弟，都免官关闭并连及五族。称为第二次"党锢之祸"。

⑦扼腕：握手腕。表示愤怒。

⑧无遗类：不留一人。

⑨董卓：东汉末陇西临洮（今甘肃岷县）人，字仲颖，少喜欢拔刀相助，有勇力做官升到前将军、并州牧。少帝时，何进谋诛宦官，召其入京。宦官既诛，他于是废少帝，立献帝，专断朝政。袁绍、曹操等起兵反对，他挟持献帝西迁长安（今陕西西安），并纵炎焚烧洛阳。初平三年（公元192），被王允及吕布合谋杀死。曹操：即魏武帝。东汉谯（今安徽亳县）人。曾升孝廉，初任洛阳北部尉、顿丘令。参与讨伐董卓和镇压黄巾起义，成为一带割据势力。建安元年（公元196）迎汉献帝，都许昌，"挟天子而令诸侯"。先后击灭吕布、袁术、袁绍、刘表，统一了黄河流域。位至丞相、大将军，封魏王。曹魏立国后，尊成为太祖武帝。擅长兵法，善诗歌。有《魏武帝集》，已失踪，今人整理有《曹操集》。

【译文】

东汉光武帝刘秀称帝以后开始以韩信、彭越的祸患为借鉴，中间以吴楚七国的变乱为鉴戒，而最后又害怕出现外戚王莽那样的祸患，于是把所有的将领都册封成诸侯，但不派给具体职责；减少同姓王的封赏，并且废除了三公的权力。他以为前代留下的社会坏方面全部除掉了。等到东汉王朝衰亡的时咬牙切齿地候，宦官的权力膨胀起来，党派纷争的灾难便发生了。士大夫们在相互交谈中，都是咬牙切齿的，认为皇帝一旦杀了宦官，解除了党锢之禁止，天下便可以太平无事了。于是从外面召集各方将领，里面威胁皇帝，[来除掉宦官]。宦官虽然被彻底清除了，但董卓、曹操这些人，也趁这个机会灭亡了东汉王朝。

【原文】

汉之忧者凡六变，而其乱与亡，辄出于所不忧，而终不可备。由是言之，治乱存亡之势，如长江大河，日夜推移而莫知终穷。故夫圣人之为天下不恃吾，有尽变而有无变之道。仁义以本之，纪纲法度以维持之，深恩厚泽以培养之。安居无事之时，深感固结斯民之心于法令之外，使其子孙后世，有以凭藉扶持，而不遽以陵迟者①，如斯而已。至于详禁而曲说，形索而计取②，圣人所不为也。虽然，物莫不有所先。础先雨而润③，钟先霁而清④，灰先律而飞⑤，蛰先寒而闭⑥，蚁先潦而徙⑦，鸢先风而翔⑧。阴阳之气，渐沦磅礴于覆载间⑨，而一物之微，先见其畿⑩。彼天下之变虽无常，而英雄桀猾之状虽无尽⑪，然其形之所兆⑫，其端之所萌，亦岂无有先见之者邪？是故诸侯之逼⑬，晁错能言之⑭；匈奴之强，贾谊能言之⑮；王氏擅命之渐⑯，刘向能言之⑰。惜乎汉世人主，不能阴察默窥、销患于未然、弭祸于无形耳⑱。

【注释】

①遽：害怕。陵迟：衰败。

②形：通"刑"，指刑罚。

③础：柱下石礅。

④钟：古代乐器用青铜制，悬挂在架上，以槌击发音。霁：停止。

⑤灰：葭莩灰。古人烧苇膜成灰，置于律管中，放在密室内，来占卜气候。某一节候到，某律管中葭灰即飞出，表示该节候已到。律：用竹管或金属做成的定音或候气的仪器。这里代指节气，时令。

⑥蛰：即蛰虫，藏在泥土中过冬的虫豸。

⑦蚁：蚂蚁。

⑧鸢：老鹰。

⑨浑沦磅礴：迷迷蒙蒙，广大无边貌。浑沦，指宇宙形成前的迷蒙状态。覆载：指天地。

⑩畿：隐微。指事物的迹象、先兆。

⑪英雄桀猾：指那些才能勇武过人而又凶残狡猾的人。

⑫兆：事物发生前的征候或迹象。

⑬逼：逼迫，威胁。

⑭晁错：西汉颍川（今河南禹县）人。少年学申、商之术。文帝时，任太常掌故。后为太子家令，深得宠爱信任，号"智囊"。景帝立，拜内史，御史大夫。实行重农抑商政策；主张缴纳粟授爵；募民实边，积极防御匈奴；又建议削夺诸侯王国封地，巩固中央集权。吴楚之乱发生后，为政敌袁盎所谗，被杀。

⑮贾谊：西汉洛阳（今河南洛阳市）人。少因为文才扬名于世。文帝时为博士，迁太中大夫。因倡言改革遭权贵周勃等妒忌毁谤，贬长沙王太傅，后为梁怀王太傅。曾多次上书批评时政。建议用"众建诸侯而少其力"的办法，削弱诸侯势力；主张重农抑商，并力主抗击匈奴贵族的攻打劫掠。著有《过秦论》《论积贮疏》《治安策》等。有《新书》传世。

⑯擅命:擅自发号施令,不受节制。渐:端倪,迹象。

⑰刘向:西汉沛(今江苏沛县)人。原名更生,字子政。成帝时改名字刘向。少聪俊,善属文。历宣帝、元帝、成帝三朝。成帝时,任光禄大夫、中垒校尉。用阴阳灾异推论时政得失,多次上书劾奏外戚专权。曾校阅群书,撰成《别录》,为我国目录学之祖。

⑱阴察默窥:暗中察访,静默侦探。弭:停止,消除。原本作"起",据文渊本改。

【译文】

汉代统治者所忧虑的,一共有六次变乱,而真正造成祸乱和使国家灭亡的,却是由于统治者没有忧虑的方面,因而最终没能防备。由此说来,治乱存亡的形势,就好像长江大河一样,日夜交替而不知尽头。所以圣人治理天下,不自负,保有一种客观情况不断变化而我始终不变的策略。这就是用仁义作为治国之根本,用纪纲和法度来维持它,用深厚的恩惠来培养它。当生活安定没有变乱的时候,就应深切体会到,在实施法令之外,牢固地稳定民心的重要性,使子孙后代有所依靠和扶助,而不害怕衰败,如此罢了。至于禁网周备并持片面之说,用刑罚手段或巧立名目进行索取,圣人是不干的。即使如此,但事物的发生没有不有预示的。房柱下的基石在下雨之前先湿润,钟声在天晴之前清脆悦耳,葭灰在节气到来之前先从律管飞出去,蛰虫在寒冷到来之前先关闭躲藏起来,蚂蚁在水灾之前先搬家,鸱鹰在大风到来之前先向高处飞翔。阴阳之气在天地间迷迷蒙蒙,广大没有边际但每一事物的微小变化,事先总要显露出它的痕迹。那天下事物的变化即使没有规律,那些凶残狡猾而又才能勇武过人之徒,所表现的情状虽然变化无穷,然而他们的形迹所表现出来的征兆,事情发端时所出现的苗头,也难道没有事先发现的人吗?所以当西汉政权受到同姓诸侯威胁的时候,晁错能阐释它;匈奴强大的时候,贾谊能论述它;王莽独断发号施令而不受节制的现象,刘向能论述它。可惜汉代的皇帝,不能够暗地里察访默默侦探,把祸患消灭在还没成为事实的时候,把祸患禁止在无形当中。

八十七　风物长宜放眼量

【原文】

治天下者,不尽人之财,不尽人之力,不尽人之情。是三者可尽也,而不可继也。彼治天下者,不止为一朝一夕之计,固将为子孙万世之计也①。为万世之计,而于力、于财、于情皆使之不可继,则今日尽之,将如来日何②?今岁尽之,将如来岁何?今世尽之,将如来世何?是以圣人非不知间架之税足以尽榷天下之利③,而每使之有余财;非不知间左之成足以尽括天下之役④,而每使之有余力;非不知钩距之术足以尽摘天下之诈⑤,而每使之有余情。其去彼取此者,终不以一时之快,而易万世之害也。古之人有行之者,汉文是也。露台惜百金之费⑥,后宫无曳地之衣。可谓不敢轻靡天下之财⑦。匈奴三入而三拒之，未尝敢穷兵出塞⑧。可谓不敢轻用天下之力。吴王不朝⑨，赐以几杖；张武受赂，赐以金钱。可谓不敢轻索天下之情。以其所余，贻阙子孙⑩。凡四百年之汉，用之而不穷者，皆文帝之所留也⑪。及至武帝⑫，好大而心劳，功多而志广。材智勇敢之臣，与时俱奋。桑弘羊之徒⑬，算舟车⑭，告缗钱⑮，以罔天下之财⑯；其心以文帝之所不敢取，自我始取之也。卫青之徒⑰，绝大漠⑱，开朔方⑲，以竭天下之力；其心以文帝之所不能举，自我始举之也。张汤之徒⑳，穷根柢，究党与㉑，以尽天下之情；其心以文帝之所不能察，自我始察之也。取文帝之所不能取，举文帝之所不能举，察文帝之所不能察，则弘羊、张、汤、卫青之属，果胜文帝耶？此段内，自"于力、于财"以下，至于下段"世之议者"，旧本误在后卷首篇，"方内人宁，靡有兵革"之下，雍谨刊正如此。

【注释】

①固：一定。

②将如来日何：就是"来日将如何"。

③间架之税：税捐名。唐德宗时，军用无法供应，建中四年（公元 783）依户部侍郎赵赞赏行间架税，即征收住房税。他的方法是：屋二架为间，上间钱二千，中间一千，下间五百。匿一间，杖六十。见《新唐书·食货志》二。榷：征收，征税。

④闾左之戍：就是让贫苦百姓去防守（这里泛指服兵役）。古时，贫民住闾左，富人居闾右。括：搜求。役：指服兵役的人。

⑤钩距之术：指辗转推问，获得实情的手段。擿：揭露，揭发。

⑥"露台惜百金之费"二句：言汉文帝以节俭为根本，不浪费百姓的血汗。露台，供休息、赏景等用的露天平台。《史记·孝文本纪》："孝文帝从代来，即位二十三年，宫室、苑囿、狗马、服御无所增益，有不便，辄弛以利民。尝作露台，召匠计之，价值百金。上曰：'百金中民十家之产，吾奉先帝宫室，常担心羞之，何以台为！'"曳地之衣，指拖到地上的长衣、长裙。《史记·孝文本纪》："上常衣绨衣，所幸慎夫人，令衣不得曳地，帏帐不得文绣，以示敦朴，为天下先。"

⑦靡：浪费。

⑧穷兵：谓胡乱用兵力。塞：边境险要之处。这里泛指长城以北地区。

⑨"吴王不朝"四句：二事均出《史记·孝文本纪》。吴王，即西汉诸侯王刘濞。沛（今江苏沛县）人，刘邦之侄，封吴王。他在封国内铸钱煮盐，招收亡命之徒，大力扩张势力。后景帝接受晁错的建议，削夺王国封地。他于是联结楚、赵等六国发动武装叛乱，意欲夺取皇位。不久即被周亚夫击败，逃到东越，被东越人所杀。几杖，坐时靠身用的木几和行走时扶持用的手杖。文帝赏赐几杖，是示意吴王不需要进京朝见。

⑩贻：留传，留给。

⑪文帝：即汉文帝刘恒。见本卷 79 条第一段注⑮。

⑫武帝：即汉武帝刘彻。见本卷 86 条第一段注⑨。

⑬桑弘羊：西汉洛阳（今河南洛阳市）人。武帝时，官治粟都尉，领大司农。制定重农抑商政策；实行盐铁专营；设立平准、均输机构，以控制全国的商品，增加税收。武帝死，与霍光等共同辅佐朝政，拜御史大夫。始元六年（前81），他在盐铁会

议上与贤良文学之士辩论，坚持盐铁官营政策。第二年，同霍光争权失败，被杀。

⑭算舟车：即征收车船税。汉荀悦《汉纪·武帝纪六》："算至船车，租及六畜。"

⑮告缗钱：指告发富户隐匿财产、逃漏税款所得之钱。《史记·酷吏列传》："出告缗令，锄豪强并兼之家。"张守贞正义："武帝讨伐回周国家，国用不足，故税民田宅、船乘、畜产、奴婢等，皆平作钱数。每千钱一算，出一等，贾人倍之。若隐不税，有告之，半与告人，余半入官。"

⑯罔：搜刮，夺取。

⑰卫青：西汉河东平阳（今山西临汾）人，字仲卿。卫皇后弟，被汉武帝所器重，官拜大将军，封长平侯。元朔二年（前127），他率大军大败匈奴，收复河套地区。元狩四年（前119），他与霍去病再次深入漠北，打败匈奴主力，前后凡七次出击匈奴，战功显著。

⑱绝大漠：越过大沙漠。大漠，指我国西北部一带广大沙漠地区。

⑲朔方：地名。汉元朔二年，以河南地为朔方郡，其地在内蒙古境内。

⑳张汤：西汉杜陵（今陕西西安）人。武帝时，历任廷尉、御史大夫等职。任职期间，曾建议铸造白金币及五铢钱，支持盐铁专营政策，制定"告缗令"，打击富商大贾势力，并和赵禹共同编定律令。后被朱买臣等陷害，自杀。

㉑党与：朋党。

【译文】

治理国家的人，不要用光人民的钱财，不要用尽人民的劳动力，不要用尽人民的感情（指不要完全愉悦于人民）。这三样东西是有限的，那治理国家的人，不应当只为当前打算，一定要为子孙万代考虑。一方面为子孙万代考虑，另一方面却在人力上、钱财上、情感上都使子孙不能够有所继承，那么，今天用尽了，到了明天怎么办呢？今年用尽了，到了明年怎么办呢？这一代用尽了，到了下一代怎么办呢？因此，圣人不是不知道"间架"的税收完全可以征收尽天下的利益，而且往往使国家有多余的钱财；不是不知道"闾左"之征兵完全可以搜完天下的兵器根源，而且往往使国家有多余的兵力；不是不知道"钩距"之的技术，完全可以揭露尽天下的奸诈的一类人，而且常常使国家赢得百姓深厚的感情。圣人们丢弃那些做法而选取这种做法的原因，是为了最终不因为自己当时的快乐，换取子孙万代的祸害。古代的人有能力施行圣人治国办法的就属汉文帝。为了珍惜一百斤黄金而放弃了露台的建造，后宫里没有人穿拖到地上的长衣。可称得上是不愿轻易浪费天下的财物。匈奴三次侵略而三次出师防御抵抗，未曾敢胡乱用兵力去出击塞外。可称得上是未敢轻易动用天下的人力。吴王刘濞不来京城朝见，反而赐给他几杖；张武收取贿赂，反而赐给他金钱。可称得上是不敢轻易索取天下百姓的感情（指不轻易讨好天下的百姓）。他把多余力、余财、余情留给他的子孙。总计四百年之长的汉朝，后世子孙享用不完的，都是文帝留下的遗产。等到了汉武帝，他喜欢立功，而且耗尽心机；功绩很多，而且志向远大。那些有才智又勇敢的大臣，就同时代的潮流一起前进。桑弘羊这些人，用算舟车、告缗钱的办法，来搜刮天下的钱财；他们以为，汉文帝不敢索取的钱财，从我开始索取它。卫青这些人，横渡大沙漠开建了朔方郡,用光了天下的人力;他们以为,汉文帝不能办到的事,从我开始办到了。张汤这些人,用追根求取根源的办法,去寻查朋党,以换取百姓完全信任之情;他们以为,汉文帝不能辨明的案件,从我开始能明辨。索取汉文帝不能索取的钱财,兴办汉文帝不能兴办的事业,明辨汉文帝不能明辨的案件,那么,桑弘羊、张汤、卫青这些人,真的超过了汉文帝吗?

【原文】

圣人之治天下,其才非不足以立,其志非不足以虑也;然每迟焉若畏①,阙焉若偷②,而弗自以为愧者,盖法不可以极其弊,而其弊常生于积美之后。吾力足以成之矣,足以备之矣③,而毕取焉以为名④,则风俗变而巧日愈滋⑤,弊日愈亟而后之人必有不可支者矣⑥。惟己之快而后人之无继者,圣人不为也。以及后人,世之议者曰:"治地莫善于助⑦,莫不善于贡⑧"。嗟夫!贡之犹有所不善也,固所以遗商周⑨;助之尽善,是其所以开秦也已矣。大抵天下之理,是非之相因⑩,而成毁之相近⑪。质者可措其未施之实智,而尽巧者盖滋其无已之情。是故圣人之治,亦难乎其无余智也。

【注释】

①迟焉:迟钝的样子。
②阙焉:空虚貌。
③备:防御,防备。
④毕取:全力争取。
⑤巧:虚伪欺诈。
⑥亟:紧迫,危急。
⑦助:即助法。古代借民力助耕公田的一种劳役租赋制度,据说开始于殷代。即把耕田分为九区,中为公田,其外八家各分给一区。八家要以私力助耕公田,而不再收取私田税钱的一种劳役地租。
⑧贡:即贡法,古代的田赋法,据说行于夏代。《孟子·滕文公上》:"夏后氏五十而贡"。赵岐注:"民耕五十亩,贡上五亩。"即以十分之一收入纳贡的实物地租。
⑨固:姑且。
⑩相因:相互依存。
⑪成毁:成功和败亡。

【译文】

圣人治理天下,他们的才能不是不能去建立一番功业,他们的志向也是不能去谋划国家大事;然而他们往往呆滞得像是胆小怕事,空虚得像是能过就过,而他们自己并不觉得惭愧,大概是因为法律不能用来从根本上治理社会弊病的,而弊病常常发生在有了多种美好的声誉之后。我的力量能够建筑一番功业,能够防御外敌入侵,而我想都得到预期的效果,只为了个人的声望,那么社会风俗便发生了变化,而虚伪欺诈的行为却一天天增多;社会弊病一天天快速增加,而后来的统治者定会有不能控制局面的时候。只为了自己的痛快而使后人得不到应该具备的继承,明智的统治者是不做这种愚蠢之事

资政秘典

·治政纲鉴·

图文珍藏版

的。至于提到留给后人的遗产,社会上有人议论说:"管理土地,没有比助法更好的,也没有比贡法更差的。"唉!贡法尚且有不完善的地方,暂且把它留给了商代和周代;助法最为完善,这不过是用来开创秦国土地私有制的引诱因素罢了。大约天下的道理,就像是和非相互依存,而成功和败亡相接近。质朴忠信的人,可以放弃不理他未能施展的实实在在的智能;极其奸诈虚伪的人,却产生了无止境的情欲。因此,即便是圣人治理国家,也会对前人没有留下才智感到困难。

【原文】

焚林而田^①,非不得兽,明年无兽;竭泽而渔^②,非不得鱼,明年无鱼。

【注释】

①田:狩猎。
②竭泽:使池水干涸。

【译文】

焚烧山林去打猎,不但得不到野兽,来年也没有野兽可以打了;吸干池水去捕鱼,不但今年得不到鱼,来年也没有鱼可捕了。

第十三卷

八十八　功成者而人不知

【原文】

谈龙肝，夸凤髓，足以骇人之听矣，至于济饥①，则曾不如菽粟之有益也②；陈黼黻③，耀文绣④，足以骇人之目矣，至于御寒，则曾不如布帛之有效也⑤；嘉唐虞而乐商周⑥，登泰山而禅梁父⑦，足以动人之观听矣，至于论治，则不如清净渊默之有得也⑧。自昔圣人循循焉以忠厚化天下⑨，初无非常可喜之功，而天下之人阴受其利而不自知。后世好大喜功之主，以为圣人之为，不足使人耸动而倾听，于是变循循而为赫赫⑩。弃天下之所常行，而骇斯人之所未尝见；奋乎百岁寂寞无闻之中，而欲远过乎五帝三王之上⑪。颂声满天地，贵名耀日月，亦可谓一时之盛事矣。噫！夫名之盛，实之衰也。观美之日隆⑫，而大本之日忘；华藻之日益⑬，道德之日薄也。

【注释】

①济：助。

②曾：乃，却。菽：豆类的总称。粟：古时为黍、稷、粱、秫的总称。

③黼黻：古代礼服上所绣的花纹。黼，黑白相间，作斧形，刃白身黑；黻，黑青相次，呈现亚形。黼黻，这里指礼服。

④文绣：刺绣华美的丝织品或衣服。

⑤布帛：古代以麻葛织品为布，丝织品为帛。这里指布。

⑥嘉：表彰，赞颂。唐虞：指唐尧和虞舜。乐：喜爱。

⑦登泰山而禅梁父：这里指古代帝王祭天地的典礼，称封禅。在泰山上筑土为坛祭天，报天之功，称封；在泰山下梁父山上开辟场祭地，报地之功，称禅。

⑧清净渊默：自然无为，深沉静默。原为春秋时道家学派的一种哲学思想，西汉初年，统治者用为治理的天术。

⑨循循：循序渐进。

⑩赫赫：显赫盛大的样子。

⑪五帝：上古传说中的五位帝王，说法不统一。《史记》以黄帝、颛顼、帝喾、唐尧、虞舜为五帝。三王：一般指夏禹、商汤、周武王。

⑫观美：外观美好。隆：增高。这里有突出的意思。

⑬华藻：此指浮华之风气。

【译文】

谈论夸耀龙肝、凤髓的美味，足能够以使人听了觉得吃惊诧异，而用来救助饥饿，却不如粮食对人有好处；陈列宣耀色彩鲜艳的礼服、丝织品，完全能够使人看了感到惊异，至于防寒，却比不上棉布有效果；赞美唐尧虞舜的政治和喜爱商周的社会，登泰山祭祀苍天和在泰山下梁父山上祭地，足以使人觉得全新感觉，至于评论治绩，就不如什么都不做和深沉静默的治国之方法有收获。从前有记载明君循序渐进地用忠厚淳朴的风气感化天下的百姓，起初，没有特别令人可喜的功绩，而天下的百姓暗暗地享受着好处，而百姓自己却不知道。后代好大喜功的君主，认为圣人的所作所为，不足以令人惊讶听闻，于是变循序渐进的做法为声势盛大的功业。他们抛弃天下人所常走的道路，而用这些人所不曾见过的做法去打扰他们；在国家治绩长期寂寞没有声势中愤然而起，而且要使国家的治绩远远超过五帝三王。人们对他们的赞扬之声充满了整个国家，他们的赫大名与日月争光辉，也可以说是一时的盛事。唉！名誉过盛，实际才能就减少了。国家在外观上好像一天比一天美好，立国的根本却被人们一天一天地抛弃了；浮华之风一天比一天严重，人们的道德观念却一天比一天淡薄。

【原文】

天下有至当之理①，天下莫能非②，后世莫能议。事已立而迹不见，功已成而人不知。安用使人喜谈而乐道哉？汉之文帝③，攘却不如武④，中兴不如宣⑤，二十三年之间⑥，农桑之外无异说，粟帛之外无奇贡。尝试取其纪而读之⑦，崇（方）[力]田之科⑧，下劝农之诏⑨，不若富民之有侯、搜粟之有尉也⑩；匈奴三入而三拒之⑪，未尝穷兵出塞，不若登单于之台⑫，封狼居之山也⑬；法令之苟且⑭，礼文之有缺⑮，不若改正朔而易服色、兴礼乐而修郊祀也⑯；宫室不增益⑰，帷帐无文绣，不若建神明通天之台而备千乘万骑之驾⑱、泛沙棠木兰之舟而设鱼龙曼衍之戏也⑲。然而成败异变，功业相反者：文帝富庶之效，至于贯朽粟陈⑳，家给人足，而武帝则海内虚耗矣；文帝治安之效㉑，至于方内人宁㉒，靡有兵革㉓，而武帝则暴骨千里矣；断狱数百㉔，几致刑措，则与夫穷治刻骨者有间矣㉕；黎民醇厚㉖，重于犯法，则与夫奸轨不胜者不侔矣㉗。

【注释】

①理：治理。

②非：责怪。

③汉之文帝：指汉文帝刘恒。汉高祖刘邦之子。公元前180——前157年在位。在位期间，提倡农耕，免收农田租税十二年，主张清静没有作为，和人民休息，全国经济得以恢复，政治稳定。在历代帝王中以生活俭朴而著名。

④攘却：驱逐，抵御。这里指抵御匈奴的侵略扰乱。武：指汉武帝刘彻。汉景帝刘启之子。公元前140——前87年在位。在位期间，对内实行政治经济改革，对外用兵，开拓疆土。尊崇儒术，提倡仁义，而罢黜百家。建太学，置五经博士。在位

五十四年,为前汉军事政治经济文化的极盛时期。但迷信神仙,大兴土木,急速征敛,重刑诛,连年用兵,使海内虚耗,人口减半。

⑤中兴:指国家由衰弱走向兴盛。宣:指汉宣帝刘询。汉武帝刘彻的曾孙,因祖父戾太子刘据遭巫蛊之祸自杀,父母皆遇害。幼时养于民间,了解民间疾苦。大将军霍光废掉昌邑王刘贺后,迎立为帝。即位后,励精图治,任用贤能,喜欢刑名之术,重视官吏治理,使国家得以中兴。

⑥二十三年:指汉文帝在位时间。

⑦纪:此指《史记》或《汉书》的汉文帝和汉武帝的本纪。

⑧力田之科:即孝悌力田科。力田,官名,汉时与孝悌同重。"力"原本作"方",据《汉书·文帝纪》《汉书·食货志》,作"力"字是,译文为"力"。

⑨下劝农之诏:此指汉文帝在位期间多次颁发劝农耕的诏书。

⑩富民之有侯:此指汉武帝封丞相田千秋为富民侯。搜粟之有尉:此指汉武帝任命桑弘羊为搜粟都尉。搜襄都尉为军中主管粮谷之官,不常设置。搜,《汉书·百官表》作"駿"。

⑪匈奴三人而三拒之:指汉文帝在位期间,匈奴三次侵扰,汉廷出兵抵御门外之。

⑫登单于之台:据《汉书·武帝纪》记载,元封元年(前110),汉武帝出长城,北登单于台。单于台,古地名,在今山西大同市。

⑬封狼居之山:指汉武帝时,霍去病出击匈奴,越过沙漠,远到狼居胥山,并在山上筑坛祭天。狼居胥山,在今内蒙古自治区五原县西北黄河北岸。

⑭苟且:粗疏草率。

⑮礼文:礼节仪式。

⑯改正朔:修改历法。正朔,一年的第一天。正,一年的开始;朔,一月的开始。古时改朝换代,新王朝表示"应天承运",须重定正朔。改变服色:指改变车马祭牲的颜色。郊祀:古时在郊外祭祀天地。

⑰"宫室不增加"二句:据《汉书·文帝纪》传赞载:汉文帝即位二十三年,"宫室、苑囿、车服、服御无所增益","所幸慎夫人衣不曳地,帷帐无文绣"。

⑱神明通天之台:据《汉书·武帝纪》载,元封二年(前109)冬,武帝建甘泉通天台。据《汉书》颜师古云:"通天台者,言此台高,上通于天也。"备千乘万骑之驾:指汉武帝车之多。

⑲泛:漂浮。沙棠木兰之舟,指用沙棠和木兰的木料制作的游船。鱼龙曼衍:古代百戏节目,鱼龙和曼衍的合称。大致是由人装扮成珍奇动物并表演。

⑳贯朽粟陈:指汉文帝时,国库中穿钱的绳都腐烂了,粮仓中的粮食年年积压,喻国力充实。贯,穿钱的绳。

㉑治安:指国家政治清明,社会安定。

㉒方内:四境之内,国中。

㉓靡:没有。兵革:兵刃和甲胄,此指战争。

㉔"断狱数百"二句:出自《汉书·文帝记》赞语。审判狱,审判案件。刑措,放弃刑法而不用。

㉕穷治:彻底处理、整治。刻骨:感受深切入骨。

㉖醇厚：淳朴厚重。
㉗奸轨：也作"奸宄"。指为非做坏事的人。不胜：不尽。侔：相等。

【译文】

天下有最适当的治理方法，天下人不能责怪非难，后代人不能说三道四。事业已经创立，而功绩却看不到；功业已经成功，而人们却不知道。凭什么让人们喜欢谈论和乐于赞颂呢？汉代的文帝，驱逐匈奴的功绩比不上武帝，使国家由衰落走向兴盛不如宣帝。在位的二十三年中，除了提倡农耕之外，没有其他主张；除了粮食和丝织品之外，没有珍贵稀奇的贡品。我曾阅读过他们的本纪，[文帝]尊崇孝弟力田科，多次颁布规劝农耕的诏书，比不上[武帝]为了使人民富裕而设置了富民侯，为了重视农业而设置了搜粟都尉；[文帝时]匈奴三次入寇汉界，汉廷三次出兵抵抗防御，不曾好战和出兵塞外，比不上[武帝]登上单于台、[霍去病]在狼居胥山上建筑坛祭天；[文帝时]法令不健全、礼节仪式不完备，比不上[武帝]修改历法、改变车马服饰的颜色、振兴礼乐、治郊祀之礼节；[文帝时]宫室不增加，[文帝爱妃慎夫人的]帷帐没有刺绣华美的丝织品，比不上[武帝]建造神明通天台、且准备车马随从如云的法驾、乘坐用沙棠木兰等珍贵木料建造的船舶行游在江湖、设置了称作"鱼龙曼衍"的游戏。然而他们在功业上的成败与此相反：文帝取得了物品丰富、人口众多的效果，以至于国库中穿钱的绳子都腐烂了，粮仓储存的粮食一年一年积压，家家富裕，人人丰富满足，而武帝时国家的资财被耗费空了；文帝收到了政治清明、社会安定的效果，却导致了国内人民生活安定，没有战乱的苦，而武帝时却把百姓的尸骨露在千里之外；[文帝时]每年全国只审判几百起案件，几乎达到了刑法放弃不用的地步，这同[武帝时]对案犯彻底查办，以至使人感到深切痛恨是有区别的；[文帝时]百姓淳厚质朴，对违法的事看得很重，这同[武帝时]做坏事的人经常出现在社会上是不同的。

【原文】

夫文帝之治，初若武帝之所不足为；武帝之治，终若文帝之所不能为。而算计见效，文帝之化可以几三王①。而后世之言孝武者②，至以秦皇而匹之③。信哉！彰彰不如默默④，嗷嗷不如循循⑤。至当之理，无可喜之功；而常行之事，有必至之效也。

【注释】

①三王：夏禹、商汤、周文武。
②孝武：指汉武帝。汉代用"孝"治天下，因此加"孝"字。
③秦皇：即秦始皇。匹：对比。
④彰彰：昭著，明显。
⑤嗷嗷：鸟鸣声。此有对人叫呼意。

【译文】

文帝治理国家，起初象是武帝认为不值得去做；武帝治理国家，最终如文帝一样不能做到。而计算见到的功效,文帝的教化几乎与三王相比美;而后代谈论武帝,拿秦始皇相比。确实啊!张扬声势,不如暗暗移默化;对人叫呼斥责,不如循循善于诱。对国家最恰当的治理,没有令人高兴的功绩;而在日常的行事中,有定会出现的成效。

八十九　上启天下之弊

【原文】

朝而趋市,骈肩相摩①;暮而过市,掉臂不顾②。非朝贪而暮廉也,朝有所求,暮无所求也。一兔走野,百人逐之;积兔在市,过而不顾。非前争而后逊也,前则未定,后则已定也。(切)[窃]尝因是而论天下之士③,其所以在上古而静退、在后世而奔竞者④,岂性情之顿异也⑤?亦上古之爵禄不可求,而后世之爵禄可求也;上古之爵禄皆有定,而后世之爵禄皆无定也。

【注释】

①骈:并列,对偶。
②掉臂:摇动手臂走开,表示不顾而去。
③切:当作"窃",自谦之词。
④静退:恬淡谦退。奔竞:奔走竞争,追求名利。
⑤性情:人的禀性和气质。

【译文】

早晨到集市上,人们肩挨着肩,拥挤不堪;晚上经过集市,摇动手臂,不回头而去。不是早晨贪心而晚上廉洁,而是早晨有需求,晚上没有需求。一只兔子在田野里奔跑,成百人去追赶它;而把兔子收集在市场上,人们路过看也不看。不是因为从前喜欢争斗,后来变得有礼貌了,是因为先前的那只兔子的主人没有固定,而后来集市上兔子的主人已经固定下来。我曾因此而议论天下的读书人,他们在上古时代恬静平淡,而到后世却追求名利的原因,难道是人们的本性和气质突然不同了吗?也是由于上古时代的爵位和俸禄不可求取,而后世的爵位和俸禄可以存取;上古时代的爵位和俸禄是固定不变的,而后世的爵位和俸禄都不固定。

【原文】

唐虞三代之时①,礼仪修明②,风俗醇厚。凡为士者,三揖而进③,一辞而退。礼,如此其峻也④。四十而仕,五十而爵。进,如此其迂也⑤。论定然后官⑥,任官然后爵。仕,如此其艰也。不传贽为臣⑦,不敢见于诸侯。分⑧,如此其严也。然处之甚安,守之甚固,无滞淹之叹⑨,无侥幸之心。是岂有法制以驱之乎⑩?亦曰上之人未尝启奔竞之门而已。

【注释】

①唐虞三代：指唐尧、虞舜和夏、商、周。

②修明：整饬昭明。

③三揖而进：古代迎宾礼。主人三作揖，宾客三让，主人三揖以后，宾客方能到于阶，三让入门。

④峻：严格。

⑤迂：迂回，缓慢。

⑥论定：论次评定。

⑦传：递。贽：初见尊长时所送的礼品。古时什么地位的人送什么样的礼品，有严格的规定。"贽"实际上就是一种身份证，而且具有徽章的作用。

⑧分：名分。

⑨滞淹：沉抑于下层而不能够升进。

⑩驱：逼迫。

【译文】

唐尧、虞舜和夏、商、周三代的时候，礼法道义整理得显著明了，社会风俗淳朴厚重。只要是读书人，［主客相见］三次作揖方能入门，一经辞别便必须退出。礼仪就是这样的严格。四十岁才能做官，五十岁才能进升爵位。晋升就是这样的缓慢。经过论次评定，然后才能做官；担任官职以后，才能授爵。做官之路就是这样的艰难。不递上礼物来表明作为臣子的身份，就不敢拜见他国的诸侯。名分就是这样的严格。然而古人很安然地对待这一切，很坚定地遵守当时的礼法，没有堕落于下游而得不到晋升的感叹，不存在投机的心理。这难道有法令制度逼迫他们吗？也可以说，当时君主还没有打开争名夺利的大门罢了。

【原文】

盖当是时，持黜降以佐天子者①，以公道而立公朝，以公心而临公选。才适当其位②，而无毫发之浮③；位适当其才，而无毫发之过④。才之外无余位，位之外无余才。天下之士，道德苟充，爵禄自至。初，无求于上之人，则岿岿廊庙殆为无求之地矣⑤。故巧者无所用其智⑥，贵者无所用其权，诈者无所用其谋，谄者无所用其佞⑦。于斯时也⑧，虽求奔竞之名，犹不可得，况有所谓奔竞之禁乎！

【注释】

①黜降：废免贬退。

②适：适合，恰好。

③浮：轻浮。

④过：此指官职高于实际才能。

⑤廊庙：指朝廷。殆：几乎。

⑥巧：此指善于人际交往。

⑦谄:阿谀奉承。佞:奸巧谄谀,花言巧语。

⑧斯:此。

【译文】

大概正是这个时候,带有对官员罢免和贬职之权而辅弼天子的人,凭公正之道身居朝廷之上,借公平之心面对朝廷的选举。才能恰好符合他的官职,而没一点的过分。人才之外再没有多余的官职,官职之外没有多余的人才。天下的读书人,如果符合道德准则,官职爵位和俸禄就会自然落到他们的头上。起初,做官者没有求助于上面的统治者,因为雄伟庄严的朝廷,几乎没有他们可以求助的地方。所以善于投机取巧者无处玩弄他们的心术,掌权富贵者无处行使他们的特权,奸诈者无处施展他们的阴谋策略,阿谀奉承者无处表现他们的花言巧语。在这个时候,即使有人想求取追求名利之名,还不能得到,何况有所说的限制人们追求名利的禁止之令呢?

【原文】

后世礼仪废①,风俗薄,名器滥②,爵禄轻。不使官求人,而使人求官;不使上求下,而使下求上。奔竞风成,莫之能御。权在于左右③,则为之扫门④;权在于嬖宠⑤,则为之控马⑥;权在于妃主⑦,则为之邑司⑧;权在于贵戚,则为之主事。高爵重禄,如取如携,无不得其欲焉。彼介然自守之士⑨,十年不之调者有之⑩,三世不徙官者有之⑪。利害之相形如此⑫,人安得而不奔竞乎?

【注释】

①废:废除。

②名器:奴隶社会和封建社会称表示等级的称号和车服仪制为名器。滥:越轨。

③左右:指身边的亲信。

④扫门:据《史记·齐悼惠王世家》载,汉魏勃想拜见齐相曹参,于是早晚打扫齐相舍人门外,因此能够拜见曹参。曹参推荐他为齐国内史。

⑤嬖宠:君主的宠臣。

⑥控马:驾驭马匹,牵马。

⑦妃主:后妃公主。

⑧邑司:唐代管理公主事务的机构或供职这一机构的官吏。也指为后妃和公主当差。

⑨介然自守:耿介正直,坚持操守。

⑩十年不之调者有之:此指西汉时的张释之。他侍奉文帝十年未得升迁。

⑪三世不徙官者有之:此指西汉飞将军李广。他历文帝、景帝、武帝三朝没能升迁。徙官,迁转更换官职。此指提升。

⑫相形:相对照。

【译文】

到了后世,礼法道义废除了,社会风俗淡薄了,表示人的社会地位的名称和车服礼仪制度不符合标准,爵位和俸禄不贵重。不是让官府寻求人才,而是让人求取官职;不是让上面统治者到下面寻找人才,而是让下面的人到上面统治者那寻找官职。追求名利的风气形成了,没有谁能抵制防御它。权力在身边人手里,就为他牵马;权力在后妃或公主的手里,就给她当邑司;权力在皇亲贵戚手里,就给他当主管。他们对于高等爵位丰厚俸禄,如探囊取物和随身携带物品一样,无不满足他们的欲望。而那些耿直公正正直、坚守节操的人,有的十年没有提升官职,有的经历了三个朝代没有提升官职。利与害的对照就是这样,人们怎能不去追求名利呢?

【原文】

诱之于上,而欲禁之于下;诱之于此,而欲禁之于彼,是犹乞醯而却蚋、聚膻而去蚁①,虽刀锯日被②,亦有所不胜矣。

【注释】

①醯:醋。蚋:蚊子一类的昆虫。膻:此指腥膻的食品。
②刀锯:古代的刑具。刀用于割刑,锯用于刖刑。这里指刑法。

【译文】

统治者用名利在上面引诱,却想制止下面追求名利;统治者在一个地方用名利引诱,而在另一个地方却禁止人们追求名利,这好象要来米醋来除掉蚊子、积聚腥膻的食品来去掉蚂蚁一样,即使天天用刑法惩办,也制止不了人们追求名利的行为。

九十　循序渐进欲速则不达

【原文】

古之善为天下者,未尝为苟且之说①、速成之计②,以求治于朝夕也;强力奋发以为之,至诚无息以持之。其初虽若迂阔而难就、澶漫而难立③,而其终必将有所观。

【注释】

①锐:急速。
②苟且:得过且过。
③迂阔:不符合实情。澶漫:放纵。

【译文】

古代善于治理国家的人还没有过发表过得过且过的言论和制定立即见效的治国方略,以希望一朝一夕就把国家治理好;而是用尽全力、振奋精神去治理国家,以始终如一的真诚态度去把握立国的大政方针。开始时,虽然好象不切合实际而难以成就功业放手纵横而难以有所成就,但最终会出现很可喜的成就。

【原文】

汉唐以来,号为善治之君者,汉一文帝①,唐一太宗②。(切)[窃]观文帝即位之初③,公私之情,尤可哀痛;矫伪告讦之风④,尚未知教。贾谊上"太息""痛哭"之书⑤,劝之纷更⑥,文帝则体吾之恭俭⑦,舒迟以待之⑧,宽厚以抚之,而未暇于纷更也⑨。末年海内富庶,兴于礼义,黎民醇厚⑩,几致刑措者⑪,则文帝有以缓之也⑫。太宗即位之初,关中旱蝗⑬,户口未尽复⑭,大乱之后难治,盗贼未息。封伦进刑名、杂伯之说⑮,以求近效。太宗则行吾之仁义,持之不变,为之益力,而不求乎近效。终于斗米三钱,行不赍粮⑯,夜户不闭,岁断死罪二十九,则太宗有以缓之也。盖恭俭仁义乃其为治之地,而行之以久者,乃其所以致效。

【注释】

①文帝:指汉高祖刘邦之子刘恒。见本卷88条第二段注③。

②太宗:指唐高祖李渊之子李世民。公元626——649年在位。隋末劝李渊起兵,推翻隋王朝。曾镇压窦建德等农民起义军和消灭各地割据势力。李渊即帝位,封李世民为秦王,武德九年(公元626),发动"玄武门之变",被立为太子。即位后实行均田制和租庸调法,兴修水利,恢复农业生产,旧史称为贞观之安定。

③切:当为"窃"字,译为作"窃"。

④伪:作伪,虚假。告讦:告发,揭露他人隐私。

⑤贾谊:西汉洛阳(今河南洛阳市)人。因为年少却稍通诸家书,文帝召为博士,迁太中大夫。贾谊改正朔,易服色,制法度,兴礼乐。又多次上疏陈列政事,言时弊,为大臣所忌恨,出为长沙王太傅,迁梁怀王太傅而死。"太息""痛哭"之书:

指贾谊的《陈政事疏》。因疏中有"可为痛哭者一,可为流涕者二,可为长太息者六"的话,故称。

⑥纷更:变乱更易。

⑦体:行。

⑧舒迟:从容不迫。

⑨暇:空闲。

⑩醇厚:敦厚朴实。

⑪刑措:即刑错,放弃刑法而不用。

⑫松:此指政策宽松。

⑬关中:地名。相当于今陕西省。

⑭户口:计家称户,计人称口。

⑮封伦:唐彭城(今江苏徐州市)人。字肇仁。隋末任晋阳令。刚开始与裴寂、李世民共定反隋举事之计谋。高祖即位后,任纳言,帮助修律令。官拜民部尚书、陕西道行台左仆射。后被诬告谋反被杀。刑名:战国时以申不害为代表的学派,主张追循名责实,慎重赏明罚。后人称为"刑名之学"。杂伯:即"杂霸",谓用王道掺杂霸道治理国家。

⑯赍粮:携带干粮。

【译文】

汉唐以来,号称善于治理国家的君主包括汉代一个文帝,唐代一个太宗。我私下调查,汉文帝刚继承王位时,国家和个人的境况格外值得哀怜;弄虚作假和揭人隐私的风气,国家还不知道去进行消除。贾谊上给朝廷的"太息""痛哭"的奏疏,劝谏文帝更改朝廷已现有的法令。文帝却行谦恭俭朴之风,用从容不迫的态度对待政事,用宽厚的情感抚育百姓,而没有时间去更改朝廷既定的法令。文帝到了,国家富足,礼法道义得到振兴,百姓敦厚朴实,几乎达到了刑法没有可用的地步。这是文帝推行宽松政策的结果。唐太宗刚即位时,关中地区遭受旱灾和蝗虫灾难;流亡的人口没有完全回到家园;国家经过大动荡之后,不容易治理;盗贼没有铲除。封伦向太宗进刑名、杂伯之观点,以企求在近期内取得成效。太宗却推行仁义之道,坚持不变,努力实践,而不只追求在短期内取得成效。终于达到了一斗米只卖三个铜钱、远行不需要携带干粮、夜间不需要关门、全年判死刑只有二十九人的社会效果。这是太宗推行宽松政策的结果。大概谦虚恭敬、俭朴、仁义之道是汉文帝和唐太宗创建国家的根本,奉行的时间的长久,是他们取得成效的原因所在。

【原文】

若夫武帝则不然①。不施仁义,而切切于慕唐虞②。其求治固甚锐也,公孙弘进"期年尚迟"之说以诱之③,而武帝之心益荒④。卒之海内虚耗⑤,悔无可及,而唐虞之治益远。玄宗则又不然⑥。不得治本,而急急于致太平。其责治何太早也⑦!李石进日久月长之说以坚⑧,而帝之意已倦。卒之开元之治⑨,日不逮前⑩,而太平之功益难。吁!朝为贾而夕冀巨万之获⑪,耕者未卒岁而乃求仓箱之积。为治不能迟之以岁月⑫,而乃惑于苟且之说、速成之计。吾固知武帝、玄宗之治戛戛乎其无验也⑬。

【注释】

①武帝:即汉武帝刘彻。见本卷88条第二段注④。

②切切:急迫貌。唐虞:即唐尧、虞舜。

③公孙弘:西汉菑川薛县(今山东寿光)人。字季。年少时为狱吏。武帝初被任命为博士,出使匈奴,不符合帝意,免归。后再拜博士,出使匈奴,不符合帝意,免归。后再拜博士。元朔中,由御史大夫升任丞相,封平津侯。公孙弘熟习方法吏事,用儒家学说来解释法令。又外宽内深,对与己有个人怨恨者表面交好而暗中报复。期年还迟:公孙弘在上给汉武帝的奏疏中谈到,周公旦治国,一年即取得成效,尚为时过晚。期年,一年。

④荒:昏聩。

⑤虚耗:空竭。

⑥玄宗:即唐玄宗李隆基。睿宗李旦之子。公元712——756年在位。即位后,用姚崇、宋璟为相,国内比较安定。旧史称开元之治。晚年任李林甫、杨国忠为相,吏治腐败,中央政权削弱,镇守各地的边将形成割据势力。天宝十四年,玄宗逃到四川。诸将拥立太子李亨(肃宗)为帝,奉玄宗为太上皇。

⑦贵:求。

⑧李石:据新、旧《唐书》,李石为唐文宗时代。此李石或是他人之误,未可知。

⑨开元:唐玄宗李隆基年号(公元713——741)。

⑩逮:及。

⑪贾:作买卖。冀:希望。巨万:万万,极言其多。

⑫等待。

⑬戛戛:艰难的样子。

【译文】

至于汉武帝就不同于汉文帝和唐太宗。他不奉行仁义之天道,却急切地追求厚名,唐尧虞舜的政绩。他企求把国家治理好的心情本来够急切的了,公孙弘又向他进献"期年尚迟"的言论来诱惑他,因而武帝的心志越发迷糊。最终导致国内资财空乏,后悔也来不及了,相反却距离唐尧虞舜的治绩越来越远了。唐玄宗也不像汉文帝和唐太宗。他没有把握治国的根本,却急切地想使国家达到太平盛世。他追求国家政治清明安定,是多么的过早啊!李石向唐玄宗进献"日久月长"的言论以坚定玄宗治理好国家的信心,而玄宗皇帝的意志已经疲倦有所怠慢。最终导致开元年间的治理业绩,一天不如一天了,而太平盛世的功业更难以实现。唉!早晨经商,晚上就希望获取亿万的利润;耕田人不到年末,便想求得粮食成分出成箱的积蓄。这是多么不切实际啊!治理国家不能期待瞬时间,竟被得过且过的言论和立竿见影的策略所迷惑。我本来预测汉武帝和唐玄宗的治国之道是很难取得成效的。

【原文】

昔有善陶者,直必百金①,尝苦其难售,然其器终身而不隳②。邻之陶者,直才数金,人之市者踵至③,然朝用而夕坏。愚之所见,得无类是乎④?

【注释】

①直:同"值"。金:古代货币计量单位。或以黄金一斤为一金,或以黄金一镒为一金,因时而不同。后也指银一两为一金。

②隳:毁坏。

③踵:跟随

④得无:岂不,莫非,难道。

【译文】

从前有善于制作陶器的人,他制作的陶器,价格定价为百金,他曾因为陶器难以销售而苦恼,然而他制作的陶器一直使用也不至于破裂。他邻居制作的陶器,价格只值几金,购买者相继而到,然而这种陶器早晨使用晚上就破碎了。照我的看法,这与治理国家不是同出一辙吗?

九十一　略其小而重其大为明智之举

【原文】

为国者,不可从事于其小而忘其大者也。天下之事,小者固不可以不究心也①。然必究心于其大而后及其小,则所行为得体②。拘拘于其小者③,而大者未尝过而问,吾恐其小者之所得,不足以补其大者之所损矣。民之生固不可伤也。世之人君,知民生之不可伤,则不过重于刑而已。至于穷兵黩武之事④,则快心为之而不恤⑤。是岂真能不伤民也耶?国之用固不可以不节也。世之人君,知国用之所当节,则不过俭于服色之末而已⑥。至于滥官冗兵之费⑦,则视以为常而不怪。是岂真能不伤财也耶?梁武帝号为恭俭⑧,一冠三载,一衾三年⑨,食一瓜为十数种,治一菜为十数味,则帝非不俭也;然广造塔庙,穷极土木⑩。吾恐武帝之俭,俭于小者也。此省费息民⑪,所以不能禁贺琛之言。唐太宗以人命至重⑫,每决死囚则三覆奏⑬,下诸州则三覆奏。太常不举乐⑭,尚食彻酒肉⑮,则帝非不爱民也;然频岁东征,委民锋镝⑯。吾恐太宗之爱,爱其小者也。此无罪之士,肝脑涂地。所以不能已(九龄)[褚遂良]之谏⑰。

【注释】

①究心:尽心

②得体:恰到好处。

③拘拘：拳弯曲不伸。

④穷兵黩武：指好战不止。

⑤快心：称心。恤：忧虑，顾惜。

⑥服色：车马和祭牲的颜色。

⑦滥：过度。冗：多余，闲散。

⑧梁武帝：即萧衍。南兰陵（今江苏常州）人。字叔达。南朝梁的建立者。公元502——549年在位。南齐时为雍州刺史，乘齐内乱，代替齐建梁。为政崇儒尊佛，提倡节俭，协调士族与寒门关系，使社会得以安定。但迷信佛教，广泛建寺院，又纵容宗室官僚贪奢，终致侯景之乱，梁朝也因此灭亡。

⑨一衾三年：《南史·梁武帝纪》作"一被二年"。衾，大被。

⑩土木：指建筑工程。

⑪"此省费息民"二句：与上文文意不相连接。参照《南史》贺琛本传，此二句当为"所以不能禁贺琛'省其事而息其费'之言"。译文从此。《南史》贺琛本传言："夫国弊则省其事而息其费，事省则养人，费息则财聚。"贺琛，南朝梁人。字国宝。精通三礼。武帝时历官尚书左丞、御史中丞、通直散骑常侍。侯景之乱，逃归乡里，病死。他曾向梁武帝启陈四事，其宗旨为：制止侈靡之风，教育之以节俭，贬罢免雕饰，纠奏浮华，省事节费。

⑫唐太宗：见本卷90条第二段注②。

⑬死囚：已判处死刑，尚未执行的囚犯。覆奏：详审事情又上奏。《旧唐书·太宗纪下》载："初令天下决死刑必三覆奏，在京诸司五覆奏。"

⑭太常：官名，掌祭祀礼乐之官。不举乐：指祭祀时不演奏音乐。

⑮尚食：官名，掌帝王膳食。后用以指御膳。彻：通"撤"。

⑯委：付托，丢弃。锋镝：刀刃和箭镞。此指战场。

⑰九龄：即张九龄。但张九龄为玄宗时宰相，与唐太宗无涉。九龄当为"褚遂良"之错误。太宗征高丽时，谏议大夫褚遂良曾两次劝谏。

【译文】

国家的统治者，不应只注重于日常生活中的小事而忘掉了国家的大事。天下的事，小事当然不可以不用心，但一定要把主要精力放在大事上，然后再看小事，这样做便恰到好处。被小事绑了手脚，而对大事却不曾过问，我担心在小事上所取得的成果，不能够补偿在大事上所遭受的损失。百姓的生计固然不能受到损害。世上的君主知道百姓的生活保障不能损害，只不过对于使用刑罚比较慎重罢了。至于穷兵黩武的事，却任意而为，从不顾惜百姓的生命。这难道真能不损害百姓的生计吗？国家的费用本就不可以不节省。世上的君主，也知道国家的费用应该节省，但不过是在车马和祭牲的颜色等小事上俭省罢了。至于国家设置的多余的官吏和军队所需要的费用，却把它看作平常的事而去不重视。这难道真不损失国家的资财吗？梁武帝号称谦逊恭敬俭朴的君主，一顶帽子戴了三年，一床被子盖了三年，吃一个瓜就等于吃了十几种瓜果，做一样菜就等于品尝了十几种味道，[由此看来]梁武帝并不是不节俭；然而同时他在全国各地修建了大量的佛塔和寺庙，把资财全用在修建佛塔和寺庙上。我担心梁武帝的节俭，只俭省在日常生活小事上。

所以梁武帝不能不听从贺琛向他进献"省其事而息其费"的言论。唐太宗把人的性命看得最重,每次判死刑死囚,[在京诸司]必向朝廷奏请五次,下面州郡向朝廷奏请三次。[处决死囚这天,]太常祭祀时不演奏音乐,皇帝的膳食撤掉酒肉。[由此看来,]唐太宗不是不爱护百姓;然而他年年东征,把百姓的生命浪费在战场上。我担心唐太宗的仁义怜爱之心,只表现在对少数人的爱惜上。而那些无罪的士兵,却在战争中献身。所以太宗不能禁止褚遂良的规劝进谏。

【原文】

昔者读《诗》至于《魏国风》①,见其以葛屦而履霜②,以园桃而充殽③,其逸于贫瘠而安于俭陋也④,亦甚矣!然考《伐檀》之诗,则曰:"在位贪鄙⑤,无功而受禄。"失国家之重费,莫大于爵禄之及人。今魏乃不节无功之禄,而区区然计服食之末⑥,是其俭岂得为中礼耶?诗人疾而刺之⑦,以为俭啬褊急⑧,而附《伐檀》于《魏国风》之末。其意深矣!

【注释】

①《诗》:指《诗经》。
②葛屦履霜:《诗经·魏风》首篇《葛屦》:"纠纠葛屦,可以履霜。"葛屦,用葛草编的鞋。履,踏。《毛诗序》认为这首诗的旨意是:"刺褊也。魏地陿隘,其民机巧,趋势,其君俭啬褊急,而无德以将之。"
③园而充殽:《诗经·魏风》之《园有桃》:"园有桃,其实之殽。"殽,通"肴",吃。《毛诗序》认为这首诗的旨意是:"刺时也。大夫忧其君国小而迫,而俭以啬,不能用其民,而无德教,日以侵削,故作是诗也。"
④贫瘠:贫穷。俭陋:俭朴粗陋。
⑤在位贪鄙,无功受禄:为《毛诗序》中语。
⑥区区然:小、少貌。形容微小的不值得称道。
⑦疾:憎恶。
⑧褊急:气量狭小而性情急躁。

【译文】

从前读《诗经》读到《魏风》时,看到官吏穿着草鞋,踏着寒霜,用园中的桃子填饱肚子。他们安心于贫穷和简陋的环境中,生活够节俭的了。然而考察《伐檀》这首诗,前人却说:"居官显赫的人,贪婪卑鄙,无功而享受贡俸。"损失国家的大量费用,没有比把爵位和俸禄轻易给人更惨重的了。当时魏国竟不节省没有用的俸禄,而斤斤计较吃穿这些微小不足称道的小事。这种节俭怎能符合礼制呢?诗人痛恨这种行为,于是作诗给以讽刺,认为魏国统治者吝啬、气量狭小而性情急躁,因而把《伐檀》增加在《魏风》的末尾。诗人的用意深远啊!

【原文】

三年之服不能行①,而缌麻、小功之丧则致其察②;放饭流歠不能知③,而齿决之礼则致其问④。

【注释】

①三年之服:即三年丧服。古代丧服中最重的一种。臣为君,子为父,妻为夫等要服丧三年(古制为二十五个月,后来根据东汉郑玄说,都定二十七个月)。后经儒家提倡,帝王推行,三年之丧于是成为封建社会的基本丧制。

②缌麻:即缌麻服。古代丧服共为五服,即:斩衰、齐衰、大功、小功、缌麻。缌麻是五服中最轻者,孝服用细麻布制成,服期三个月。小功:丧服名,五服中第四等。孝服用较粗的熟布制成。服期五个月。

③放饭流歠:大口吃饭喝汤。古人认为这是对尊长极不敬的行为。

④齿决:用牙齿咬断它。《礼记·曲礼》:"濡肉齿决,干肉不齿决。"濡肉即湿肉。

【译文】

三年的丧服制不能实行,却要对缌麻、小功等较轻的服丧制度进行考察;还不懂得大口吃饭、喝汤是对尊长的不敬,却要过问用牙啃肉的礼节。

【原文】

汉武帝有意于慕古①。然唐虞画衣冠而民不犯②,帝之所自知也③;而任用张、赵④,穷治刻骨⑤。齐襄公复九世之仇⑥,帝一见之则快心胡越⑦,用师三十余年。岂非从事其小而忘其大乎?

【注释】

①汉武帝:见本卷第88条第二段注④。

②唐虞:即唐尧、虞舜。画衣冠:传说上古有象刑,即以异常的衣着象征五刑表示惩罚告诫。犯人穿着特殊标志的衣冠代替刑罚,称为"画衣冠"。

③帝之所自知也:汉武帝元光二年(前133)五月,武帝在求贤良诏书中说:"朕闻昔在唐虞,画象而民不犯,日月所烛,莫不率俾。"

④张、赵:即指汉武帝时的酷吏张汤和赵禹。

⑤彻底治:彻底整治。刻骨:感觉深切入骨。形容刑法严酷。

⑥齐襄公:春秋齐君。姜姓,名诸儿,僖公之子。公元前697——前686年在位。在位期间,齐国渐强,攻打卫国,摧抑鲁、郑,灭亡纪国,但荒淫无道。复九世之仇:《公羊传·庄公四年》载,春秋时齐哀公遭纪侯诬害,为周天子所烹,至襄公已历九世。襄公灭亡纪国,就是复远祖之仇。

⑦帝一见之则快胡越:此典未得出处。译文据字面翻译。快心,快意。胡越,指汉武帝时周边国家或地区。

【译文】

汉武帝仰慕古人的治理业绩。尧帝、舜帝实行象刑而百姓不触犯国法,武帝自己是清楚的;但他却重用张汤、赵禹等残酷的官吏,对案件彻底整治,使人觉得深入可行。齐襄公报了九世之仇,武帝一见到这段史实,就对用事边境地区感到快意,连续对外用兵三十多年。他不正是致力于[古代的象刑这样的]小事而忽略了[严刑酷法和连年用兵给国家带来重大损失的]大事吗?

九十二 立场坚定 以不变应万变

【原文】

执疑似之谋以求治者①,必无一定之说;怀迁就之心以致治者②,必无可致之功。自中古以还③,欲治之主,谁不欲措斯世于帝王之盛。然每旰食而焦劳、临朝而太息④,切切焉忧治道之愈邈⑤。何也?天下之事,惟不可与泛然者言之也⑥。说固一定于此,与泛者言之,则疑似足以惑人之听。治固可至于此,而泛者为之,则迁就足以变人之心。故夫人君之治天下,则亦当先为之立其在我而已。

【注释】

①疑似:是非难辨。治:指平定之世,即政治清明,社会安定。
②迁就:舍这取彼,委曲求合。
③中古:次于上古的时代。我国历史上的中古时代,说法不一。此大概指秦代。
④旰食:晚食,指事忙不能按时吃饭。焦劳:焦躁烦劳。临朝:当朝处理国事。太息:出声长叹。
⑤切切焉:忧思的样子。邈:久远。
⑥泛然:漂浮的样子,形容没有主见。

【译文】

带着是非难辨的谋略,想企图把国家治理好的人,必然没有一定的治国之方法;怀着舍此取彼、委曲求合的心理,想把国家治理好的人,一定不能取得功绩。自中古以来,想使国家政治清明生活安定的君主,有谁不想把当时社会置于古代帝王的太平盛世的处境。然而他们常常不按时吃饭而焦躁疲劳烦恼、在朝上处理国事而出声长叹,忧虑通向治平之世的道路更加不可及。这是什么原因呢?天下的事情,只不可与没有主见的人谈论。治国之道本来应定在某个方面,与没有主见的人谈论,那么对方的是非难以分辨的言论足以迷惑人的感觉。治理国家本来可以达到某种地步,与没有主见的人谈论,那么舍此取彼,委曲求统一的心理足以改变人的意志。因此君主治理天下,也应当首先确立自己的治国之道罢了。

【原文】

汉文帝恭俭之说①,是文帝在我者之先立也。文帝惟立是说于胸中,持之以不息,安之以不变。是故陈武建征伐之义②,害恭俭者也,帝则曰:"念不到此也。"贾生陈改易之说③,疵恭俭者也④,帝则曰:"未遑也⑤。"郡国有乘传之奸⑥,而帝不问;侯王有僭拟之罪⑦,而帝不诛⑧。治效益邈,而帝之恭俭益固。卒之海内富庶⑨,兴于礼义,则吾前日恭俭之致也。由是观之,文帝之恭俭,非泛然者。

【注释】

①汉文帝:见本卷88条第二段注④。

②陈武:西汉人,文帝时为将军。他曾建议文帝出兵朝鲜、越南等国,来树立汉朝的威望。文帝没有采纳。见《史记·律书》。建:立议。

③贾生:即贾谊。见本卷90条第二段注⑤。改易之说:指贾谊提出的改正朔、易服色、制法度、兴礼义之说。正朔,指历法。古时改朝换代,新王朝表示"应天承运",必须重定正朔。"正"为一年的开始,"朔"为一月的开始。服色,古时每个王朝所定的车马祭牲的颜色。

④疵:非议。

⑤未遑:来不及。

⑥郡国:即郡与国的合称,郡直属于朝廷,国分封于诸侯王。乘传:古代驿站用四匹下等马拉的车。

⑦僭拟:超越本分,自比于上位者。

⑧诛:惩罚。

⑨富庶:物多人众。

【译文】

汉文帝提倡的谦恭俭朴的观点,是文帝首先确立的治国之道理。文帝在思想上树立谦逊恭敬俭朴之说,并在行动上信守它,做到始终如一。因此陈武提议征伐邻国,这是有损于谦恭俭朴的治国之道,文帝便说:"不必考虑到这个问题。"贾谊向文帝陈述改正朔、变换服色之说,这实际是否定谦恭俭朴的治国之道,文帝便说:"没时间考虑。"郡国有传言越制的不合法行为,文帝却不过问;诸侯王有超越本分,自比于皇帝的行为,文帝却不惩罚。治国的成效更加渺茫,而文帝持谦恭俭朴之说就愈牢固。最终使国家富庶,礼法道义得以振兴。这是实施文帝先前的谦恭俭朴之说所取得的成效。由此看来,文帝的谦恭俭朴之说,绝不是摇摆不定的。

【原文】

唐太宗仁义之说,是太宗在我者之先立也。太宗惟立是说于胸中,持之以不息,安之以不变。是故封伦进刑罚之说①,反仁义者也,则却之而不顾②;权万纪献言利之策③,败仁义者也,则斥之而不用。术不以御臣下,而待以诚;法不以止盗,而抚以仁;治不加进,而帝之仁义益力。未几,外户不闭,行旅不赍粮④。则吾前日仁义之致也。太宗之义,非泛然而无所就者也。

【注释】

①封伦:见本卷90条第二段注⑮。

②却：推辞不受。

③权万纪：唐雍州万年(今陕西临潼区境)人。性强正，喜欢直言，贞观中为治书侍御史，迁尚书左丞。后任齐王李祐长史，被李祐所杀。

④赍粮：携带干粮。

【译文】

唐太宗提倡的仁义的学说，是太宗首先确立的治国之道。太宗在思想上树立仁义之说，并在行动上严格遵守它，做到有始有终。因此封伦向太宗进献刑罚之说，这实际是违背太宗所提倡的仁义之说，太宗便推辞不接受；权万纪向太宗进献言利之计策，这实际是败坏太宗所提倡的仁义之说，太宗便叱呵不用。不用权术统治臣下，而用诚挚之心去对待他们；不用刑法制止盗贼的猖獗，而用仁爱之心去顾惜他们。[如果]治绩没有取得进展，太宗皇帝实施仁义之说就更加努力。没有多久，便出现了夜间不必关外门、外出旅行不携带干粮的局面。这是实施太宗的仁义之说所取得的成效。[由此看来，]太宗的仁义之说，不是立场不坚而无所成就的。

【原文】

古之善致天下之治者，其不敢以轻心处之，而坚其在我以安其自成者，盖如此①。议论不出于己，而出于人，则没世无成说②；道学不得于己③，而得于人，则终身无特见；谋画不断于己④，而断于人，则百计无成功。天下之事，固不可无所立于(此)[己]也⑤。不立于己而信于人，轻听其说而尝试为之，未有不败事者。嗟夫！适千里者⑥，不先聚粮，而假贷于涂之人⑦；治病不得其所当用之药，而百品皆试于侥幸一物之中。天下固有是理哉⑧！

【注释】

①盖：大概、大致。

②没世：终身，永久。成说：成议。

③道学：一是指道家学说，即老庄之学；一是指宋时的理学。此约指后者。

④谋画：即谋划。

⑤固：确定。此：据下文当为"己"字，译文作"己"。

⑥适：往，至。

⑦假贷：借。涂：通"途"。

⑧固：岂。

【译文】

古代善于把国家推向到太平盛世的人，他不敢以轻率的态度处事国家政事，而是坚定地确立自己的治国方针，并静静地期待着实施这一方针所取得的成效，大概就是这种情形。对国家政事的谋虑和评论，不是出于自己的嘴里，而是出于别人嘴里，就永远不会有自己的见解；理学不是通过自己的研究学习获得，而是从别人的手里获得，就终生不会有自己的独特见解；谋略策划不取决于自己，却取决于别人，

[至使]有上百条妙计也不能取得成功。治理国家政事,确实不可不在思想上树立自己的主见。不树立自己的主见而相信别人,轻易地听取别人的主张并尝试着去做,肯定要坏事。唉!去千里之外旅行,不事先积蓄丰足的粮食,却向途中的行人借取;治病得不到病人所应服用的药物,却怀着借机取巧的心理,把几百种药物放在一个器物中,让病人尝试。天下难道有这样的道理吗?

【原文】

汉初之治,与民休息。其言治者曰:"贵清净。"①及其弊而欲振之也②,则曰:"汉家自有制度。"而其佐治者则曰:"奉行故事。"③是汉人之先立先定,而逆为数十百年之计者也④。至其间条目类例不可预决,随治而随新之,以备汉之治者。虽日计之,不害也。

【注释】

①其言治者曰:"贵清净。":汉初,曹参作齐相时,听说胶西盖公善于治理黄老之言,派人带重礼清盖公。曹参拜见盖公时,盖公对他说:"治道重在于清静而民自定。"见《史记·曹相国世家》。"净"同"静"。

②"及其弊而欲振之也"二句:汉宣帝时,太子刘奭曾对宣帝说:"陛下持法太深,宜用儒生。"宣帝气愤地说:"汉家自有制度,本以霸王道杂之,奈何纯任德教、用周政乎!"见《汉书·元帝纪》

③其佐治者:指汉宣帝时的丞相魏相。奉行故事:指奉行汉初的典章制度。魏相任丞相时,喜欢阅览汉初的典章制度和因利乘便、见机行事的章奏。魏相认为"古今不同制,方今在奉行故事而已"。见《汉书》魏相本传。

④逆:预先。

【译文】

汉初的政策,主要是与民休养生息。那时谈论治国之道的人说:"重视清净。"到了国家出现用法严格的弊病时,[太子刘奭]想振兴品德教育,[宣帝]却说:"汉家有自己的制度。"而辅佐[宣帝]治理国家的[宰相魏相]却说:"沿袭旧日的典章制度。"这是汉人早已确立的并预计实施几十年乃至上百年的大政方针。至于这个期间每项典章制度的具体条目和类例不能提前决定,而是伴随治国所出现的问题随时加以完善,以完备汉代的治国谋略。[对于每项典章制度的具体条目和类例,]即使天天考虑,对国家不会有什么损害。

【原文】

唐初之治,曰:"行仁义"。其言治者曰:"帝王之道,顾所行①。"及其弊而欲振之也。则曰:"刚明果决。"而其议于后者则曰:"先自治。"是唐人之先立先定,而逆为数十百年之计者也。至其间条目类例不可预决,随治而随新之,以备唐之治者。虽日计之,亦无害也。

【注释】

①顾：只是。

【译文】

唐初的政治，称为"实行仁义之国道。"那时谈论治国之道的人说："帝王的治国之道，只是实行仁义之道罢了。"到了国家出现只重品德教育的弊病时，有人想振兴法制，而统治者却说："执政者只要坚决、明智、果敢、决断就可以了。"而后来议论治理国家之道的人却说："应该先让人们自己管理自己。"这是唐人先确立的并计划实施几十年乃至上百年的大政方针。至于这个期间每项法令的具体条目和类例不能事先决定，而是伴随治国所出现的问题随时继续完善，以完善唐代的治国方略。[对于每项典章制度的具体条目和类例，尽管假设天天考虑，]对国家也不会有什么损害。

【原文】

大抵大而要者，逆定为数十百年之上；小而详者，毛举于日月岁时之渐至①。如高帝之造国②，大计已定，然后徐起而应百出之（罢）[罹]③；如韩信、耿弇之用兵④，先虑已决，然后徐起而趋其仓卒之会⑤。雍按："高帝"下，恐漏"光武"二字。

【注释】

①毛：即"毛目"，指具体细节。

②高帝：指汉高祖刘邦。造：建。

③罢：当为"罹"之讹。《诗经·王凤·兔爰》有"我生之后，逢此百罹"句。译文作"罹"。

④韩信：秦末淮阴（今江苏清江西南）人。初属项羽，继归刘邦，被任为大将。楚汉战争时，刘邦采其策，攻占关中。刘邦在荥阳、成皋间与项羽相持时，他率军抄项羽后路，破赵取齐，占领黄河下游之地。后刘邦封他为齐王。不久率军与刘邦会合，击灭项羽于垓下（今安徽灵璧南）。汉朝建立，改封楚王。后有人告他谋反，降为淮阴侯。后被吕后所杀。耿弇：东汉初扶风茂陵（今陕西兴平东北）人，字伯昭。王莽末年，州郡纷纷起事，耿弇归刘秀（光武帝），从战有功，由褊将军、大将军拜建威大将军，击败张步，定齐地城阳、琅邪等十二郡。为东汉开国功臣，封好畤侯。

⑤仓卒：指突发事件。

【译文】

大概治国的要旨，预定实施数十年乃至百年以上；具体的典章制度的确立，随着时间的前进而逐渐完备。好象汉高祖刘邦建立汉朝那样，重大谋划已经确定，然后再从容不迫地应付各种忧患；又如韩信、耿弇用兵那样，计谋事先已经决定，然后再安静从容地奔向战事突发的场合。

【原文】

高帝:"吾亦欲东①。"韩信北举燕、赵②。光武③:"天下郡国如是④。"耿弇北发渔阳⑤。

【注释】

①吾亦欲东:韩信在汉王刘邦部下任治粟都尉时,觉得自己不能得到重用,就逃走了。萧何得知后,来不及向刘邦请示,就亲自追赶韩信。过了一二天,当萧何拜见刘邦时,受到了刘邦的责备。萧何说;"诸将易得耳。至如信者,国士无双。王必欲长王汉中,无所侍奉;必欲争天下,非信无所与计事者。顾王策安所决耳。"刘邦说:"吾亦欲东耳,安能不快乐久居此乎?"见《史记·淮阴侯列传》。"吾也欲东"是刘邦的战略意图。

②北攻打燕、赵:汉高帝二年(前205)八月,刘邦派张耳与韩信一起引兵向东,打击北方的燕、赵。第二年十月,燕、赵被占领。举,攻克。燕,即燕国。今北京城西南。赵,即赵国,今河北邯郸市西南。"北举燕、赵"是体现刘邦"吾亦欲东"的战略意图的具体行动。

③光武:即汉光武帝刘秀,高祖九世孙。公元25——57年在位,小时候在民间。王莽地皇三年(公元22),从其兄刘縯起兵春陵(今湖北枣阳市东),受命于更始帝刘玄,大破王莽军于昆阳(今河南许昌市西南)。刘玄杀了刘縯后,刘秀同大司马之职定河北。更始三年(公元25)即帝位,定都洛阳,是为东汉。

④天下郡国都象这样:淮阳王更始二年(公元24),大司马刘秀引兵向东北,攻克广阿(今河北内丘县东南)。刘秀披览地图,指示邓禹说:"天下郡国如是,今始乃得其一。子前言以吾虑天下不足定,何也?"刘秀这几句话表明他有夺取天下的战略意图。

⑤弇耿北发渔阳:淮阳王更始二年(公元24),刘秀部将耿弇以上谷(今河北怀来且西南)、渔阳(今北京市密云区西南)兵行定郡县。"弇北发渔阳"是体现刘秀夺取天下战略意图的具体行动。

【译文】

汉高祖说:"我也要向东方出兵[,与项羽争天下]。"韩信攻克北方的燕、赵。光武帝说:"天下郡国这么多[,现在才占领其中一个]。"弇耿从北方渔阳发兵。

九十三　公正方可为治

【原文】

天下之事,不可以有所惩也。有所惩,则必有所偏②。故方其惩之也,惟恐其弊之复见也③。惩之而至于偏,则偏之弊生,而无以异于其所惩者矣。

【注释】

①惩:惩戒,即惩治过错,警戒将来。
②偏:偏颇,不公正。
③见:同"现"。

【译文】

对于天下的事物,不应怀有惩罚戒备的心理;怀有惩戒的心理,就一定会在行动上有偏颇。因此当人们对某种事物怀有惩戒心理时,只担心它的弊病再出现。对某种事物怀有惩戒的心理,以至于在行动上有偏向,于是偏颇的弊病又产生了。这与人们引以为戒的弊病没有什么不同。

【原文】

昔者周之衰也,齐、楚、三晋之强①,绵地数千里。外重内轻,而王室遂不振。秦人惩其弊也,于是收天下而郡县之②。堕名城③,销锋镝,聚天下之兵于咸阳,以重其内。而其弊也,匹夫横行而莫之禁④,郡县之吏熟视而莫敢谁何⑤。而秦遂以不祀。

【注释】

①三晋:春秋末年,晋国为韩、赵、魏三家卿大夫所分,各立为国,史称"三晋"。
②郡县:用如动词,即实行郡县制。秦始皇统一六国,分国内为三十六郡,为郡县政治之始。其后中央集权,郡县就成为常制。
③"堕名城"三句:出自汉贾谊《过秦论上》。但句子有倒置,文字有变通。原文为:"堕名城,杀豪俊,收天下之兵聚之咸阳,销锋铸锯,以为金人十二,以老百姓削弱之民。"堕,毁坏。销,熔化金属。锋镝,本指兵刃和箭镞,此泛指兵器。兵,兵器。按:作者在引《过秦论》时,可能把"兵"字理解为军队了。如理解为"兵器",由于后二句引文的倒置,则义欠通顺。咸阳,秦都城,在今陕西咸阳市东。
④匹夫:庶人,平民。莫:无指代词,没有人。
⑤视:细看。谁何:反问。

【译文】

从前周王朝消亡,齐、楚、赵、魏、韩等诸侯国的势力强盛,土地覆盖数千里。诸侯国的权威日益加重,而周王朝的权威受到削弱,周王朝的尊严不能维护。秦从这一弊病中吸取教训,于是夺取天下并实行郡县制。他们毁掉名城,熔化兵器,把天下的兵器集中到咸阳,以增强朝廷的权威。而它的弊病是,平民起来造反,却没有谁出来制止;郡县的官吏对此也是司空见惯没有人敢过问。秦朝终于灭亡了。

【原文】

汉兴,又惩秦孤立之弊①,故封同姓以镇天下②。大启九国分王子弟③,而天下所有才十五郡。当是时,惟恐同姓之不蕃炽昌大也④。然未几而七国生变⑤,几于危汉之宗社⑥。文、景、武、宣以来⑦,又惩之。损抑诸侯⑧,减黜其官⑨。惟得衣食租税,不为士民所尊。然[则]中外殚(傲)[微]⑩,本末俱弱⑪,而奸人无所忌惮⑫,而汉遂以亡。

【注释】

①秦孤立之弊:指秦朝建立后,不分封子弟为王。

②镇:镇抚。

③大启九国分王子弟:《汉书·诸侯王表》为"尊王子弟,大启九国"。汉初,高祖子弟同姓为王者九国,即齐、楚、荆、淮南、燕、赵、梁、代、淮阳。启,开。

④蕃炽:繁衍昌盛。

⑤未几:没多久。七国生变:即吴楚七国之乱。西汉初,刘姓诸侯王国割据势力逐渐强大,威胁中央集权。景帝采用晁错建议,削减诸侯王封地。吴王刘濞勾结楚、赵、胶西、济南、菑川、胶东等六国,于景帝前元三年(前154),以"诛晁错,清君侧"为名,发动武装叛乱。后被周亚夫平定。

⑥宗社:宗庙社稷。此代指国家政权。

⑦文、景、武、宣:指西汉的文帝刘恒、景帝刘启、武帝刘彻、宣帝刘询。

⑧损抑诸侯:汉武帝接受同姓诸侯王作乱的教训,采用主父偃的主张,下推恩之令,使诸侯王得分户邑朱封子弟。此后,齐分为七,赵分为六,梁分为五,淮南分为三。同姓诸侯王的势力得以削弱。

⑨减免罢黜其官:指减免诸侯国的官吏并限制其权力,如改丞相曰相,取消御史大夫、廷尉、少府、宗正、博士,减少大夫、谒者长丞的数量。

⑩然:此字下当有"则"字,否则义欠圆通。译文作"然则"二字译。中外:指朝廷和外地同姓诸侯国。殚微:尽都衰微。"微",原本作"傲",不得其解释,据《汉书·诸侯王表》改《诸侯王表》有言"王莽知汉中外殚微,本末俱弱"。

⑪本末:指皇室支庶子弟和王室支庶子弟。

⑫忌惮:有所顾虑惧怕而不敢胡作非为。

【译文】

汉朝兴起后,统治者又从秦朝统治者孤立无亲这一弊病中吸取教训,因此分封同姓子弟以安抚天下。大开九国分封子弟为王的先例，而天下只设立十五个郡，正赶上这个时候，统治者只担心同姓子弟不昌盛。然而没过多久，七个同姓诸侯国发生动乱，几乎打击汉朝的政权。白文、景、武、宣等各位皇帝即位以来，统治者又从同姓诸侯王叛乱中吸取教训。限制同姓诸侯王的势力，减少诸侯国的官吏人数并限制他们的权力。诸侯王只能从封地中征收衣食租税，不被官职平民所尊重。那么朝廷和同姓诸侯王的权威都衰微了，皇室支庶子弟都削弱了，而奸邪不究之人没有什么值得考虑害怕的了，汉朝终于因此灭亡。

【原文】

凡天下之弊，惩之则未尝无所偏。既偏矣，则其害未尝不甚于所惩。惟治亦然。西汉尚宽厚①，惩秦之暴虐也。然宽厚不已，其弊必至于软熟、委靡②，大盗移国而莫之抗③。东汉尚名节④，惩前日之委靡也。然名节不已，其弊遂至于矫激卓异⑤，而为党锢之祸⑥。呜呼！事之不可有所惩也如此。世之人主每不虑其所终⑦，不稽其所弊⑧，矫枉而过于正⑨，惩宽而至于严。快意甘心，卒以蹈其后日之悔。其亦不思甚也。夫天下之势，其状如长江大河，日夜推移，相激而不知止⑩，而夫人又从而导之，则天下之变，吾固未知其所终也⑪。

【注释】

①宽厚：宽容忠厚。

②软熟：性情柔和而不违背世俗。委靡：颓丧，不振作。

③大盗：大贼。此指西汉末年权臣王莽。移国：篡国。莫之抗：宾语前置，即"莫抗之"。莫，无指代词，没有人。

④名节：名誉节操。

⑤矫激：即矫情，掩饰真情。卓异：优异特出。

⑥党锢之祸：东汉桓帝时，宦官势盛，士大夫李膺等对此极为痛恨，捕杀其党，宦官竟扬言李膺等与太学游士结为朋党，诽谤朝廷，辞连二百余人，禁锢终身。灵帝时，李膺等又被起用，与大将军窦武谋诛宦官。事情败露，李膺等百余人被杀，死徙废禁者六七百人。史称"党锢之祸"。

⑦每：往往。

⑧稽：考核

⑨矫枉而过于正：指纠正错误，不能得中，反到太过。

⑩激：阻止水势。

⑪固：诚然。

【译文】

只要是天下的弊病，对它有所惩，就不能不在行动中出现偏颇。已经出现偏向，那么它的危害不能不比所惩戒的弊病还严重。治理国家也是这样。西汉的政治学宽容忠厚，这是吸取了秦朝政治凶暴残酷的教训。然而统治者一味地推行宽容忠厚的政治，它也有弊病是，使人们的性情懒惰而缺少进取心，当权臣夺取国家政权时，却没有谁出来抗争。东汉崇尚名誉和贞操，这是吸取了西汉末年人们性情柔和而缺少进取心的教训。然而统治者一味地崇尚名誉和节操，它的弊病是，终究导致人们掩饰真情而以新取代，酿成了党锢的祸患。唉！对某种事物不应怀有惩戒的心理，就是根据这样一些史实。世上的君主，往往不考虑某种事物的结果，不调查某种事物弊病产生的原因，改正错误，却超过了职责，汲取前朝君主崇尚宽大的教训，却导致政治上的严苛政苛。往日纠正错误时的心满自足，结果因此步入了来日后悔的境地。这也是君主不很好地考虑事物利弊造成的结果。天下的形势，就像长江大河一样，日夜奔腾不停，阻止它就不知静止，而人们又从而诱导它，那么天下的变化趋势，我确实不知它的结局怎样。

【原文】

天下之乱，未尝不激于其所偏①，而报于其所矫也②。偏则矫，矫则乱，乱则其势又不能以不偏。是以天下之势，一轩一轾③，随所矫枉，而祸乱俯伏于其问。反复去来，无有穷已。如庸医之用药④，病在于热，则用极天下之寒剂以下之；药之寒为病也，则复以金石酷烈之物以反之⑤。寒已而热⑥，药之病复作矣。盖不知和、扁之术⑦。不弛药以养疾⑧，亦不为过（则）以激疾⑨，使复其中和之常而已。

【注释】

①激：激发。
②报：往复。
③轩轾：车舆前高后低（前轻后重）称"轩"，前低后高（前重后轻）称"轾"。引申为轻重、高低。
④庸医：医术不高明的医生。
⑤金石：指矿物质药物。
⑥已：止。
⑦和、扁：指春秋时秦国的名医医和战国时名医扁鹊。
⑧弛：松懈。
⑨则：用在此处不适当，据上句句型，此字似为衍文。

【译文】

天下的祸乱，没有不是由偏颇激发而来的，而又在纠正偏颇的过程中得以重复。出现偏颇，就得纠正；纠正过当，就得发生动乱；发生动乱，形势又不能不出现偏颇。因此天下的形势,轻重缓急交替出现,统治者随时都在纠正偏颇,而祸乱就暗暗藏在纠偏的过程中。如此循环往复,没有结止。如庸医给病人用药一样,病是由热引起的,就用天下极寒的方剂治热;药物的寒性又给病人添了寒病,便又服用金石一类的烈性药物,来反寒为热。寒被止住了,而热又生了,药物造成的病患又发作了。这大概是因为不知道古代医和、扁鹊的医术。不放心用药来养病,也不过分用药来刺激病,只不过使病人恢复正常状态罢了。

【原文】

故夫备天下之理,以措天下之事,则平正而不偏。矫枉而不失乎中,惩乱而不急于治,遵乎礼义之安而无反侧①,蹈乎中庸之节而不作好恶②。夫是以天下之弊③,常若持衡,而祸患泯于无形④。盖惟知道之君子⑤,惟能识之;履道之君子⑥,惟能通之⑦。而智察于一隅者⑧,祸每伏于所察;权用于矫枉者,乱每伏于所矫。天下后世之所以多事,而常有智权不足之叹,夫岂知其所不足者,非智权也哉!

【注释】

①反侧:反复无常。
②蹈:实行,信守。中庸:不偏叫“中”,不变叫“庸”。儒家以中庸为最高的道德标准。
③是以:所以。
④泯:消灭。
⑤道:规律,真理。君子:泛称有才德的人。
⑥履:施行,执行。
⑦通:通晓,理解。
⑧一隅:一个角落。后称偏于一个方面未能统观全局为一隅之见。

【译文】

因此掌握天下的真理,并用来处理天下的事物,才能做到公正而无偏向。纠正错误,却不失于公正;惩戒祸乱,却不急于治理恪守儒家的礼法道义,并且不反复脱离常态;信守儒家的中庸之道,并且不夹杂个人的喜好与厌恶,所以天下的弊病,往往像是相互抵消了,而祸患在不知不觉中消失了。或许只有懂得真理的君子,才能意识到这一点;只有按真理办事的崇高的人,才能理解这一点。而智慧只能察觉某方面问题的人,祸患往往暗地藏在他所觉察的问题之中;权力用在纠正错误上的人,祸乱往往潜伏在他所纠正错误的过程中。天下后世所以多变幻的原因,而统治者常有智慧和权力不足的感慨与长叹,他们哪里知道自己所缺少的并不是智慧和权力啊!

【原文】

惩羹者吹齑①,惩噎者废食②。唐自兴元反旆之后③,乞糴剔带之事一惩④,则聚敛之科始亟⑤,而事始暴矣。

【注释】

①惩羹者吹齑：齑，细切的冷肉菜。此句是说，人曾被热汤烫过，以后吃冷菜也要吹一下。出自屈原《九章·惜诵》。

②噎者废食：即"因噎废食"。比喻因偶然挫折就停止应做的事。出自《吕氏春秋·荡兵》。

③兴元：唐德宗年号（公元784）。反旆：出师归来。此指副元帅李晟调兵马收复都城长安。唐德宗建中四年（公元783），长安为反将朱泚占据。

④乞襦剔带：襦，短袄，为平民服装。剔，除。带，玉带，为唐代文武官员三品以上的服饰。"乞襦剔带"是指唐京都长安陷落后，一些官员弃官为民。

⑤聚敛：搜刮资财。科：条律。亟：急速。

【译文】

有人尝过热汤烫嘴的教训，以后吃冷菜也要吹一下；有人尝过食物阻塞食道的教训，便停止了吃饭。唐朝兴元年间，李晟收复长安后，[长安陷落时，某些官员]弃官为民的事如果受到惩治，搜刮民财的法律条文开始急剧增加，国家政事开始逐渐至向暴虐。

附录:清《四库全书》文渊本提要

臣等谨案:《八面锋》十三卷,原本不著撰人名氏,卷末有明弘治癸亥都穆跋,谓:"宋时尝有版刻,第云永嘉先生。考陈傅良、叶适当时皆称永嘉先生。相传此为傅良所撰,或曰叶氏为之。今观其间多傅良平日之语,其为陈氏无疑。"云云。案:《宋史》本传载傅良有《诗解诂》《周礼说》《春秋传左氏章指》行于世,独不载此书,其为果出傅良与否,别无显证。然观其第二卷中称"今之劝农不必责于江浙,而当责于两淮。大江以北黄茅白苇荟蔚盈目",又称"太上皇朝偶官为民害,太上皇毅然罢之",第三卷称"国朝熙宁中",则固确然为南宋书。其"鲁桓"不作"鲁威",犯钦宗讳;"魏徵"不作"魏证",犯仁宗嫌名。盖明人重刊所改也。其书凡提纲九十有三(《四库全书总目提要》为八十有八一译注者)。每纲又各有子目,皆预拟程试,答策之用,非欲著书,故不署名耳。宋人好持议论,亦一代之风尚,而要其大旨,不失醇正。永嘉之学倡自吕祖谦,和以叶适及傅良,遂于南宋诸儒别为一派。朱子颇以涉于事功为疑。然事功主于经世,功利主于自私,二者似一而实二。圣人之道有体有用,亦顾其事功何如,未可以其末流遂全斥永嘉为俗学也。是编虽科举之书,专言时务,亦何尝涉申、韩、商、孔之术? 正可见其宗尚之未尝不正矣。

乾隆四十三年六月恭校上。

总纂官臣纪昀、臣陆锡熊、臣孙士毅

总校官臣陆费墀